ROME
ET L'INTÉGRATION DE L'EMPIRE
Tome 2

NOUVELLE CLIO
L'HISTOIRE ET SES PROBLÈMES

COLLECTION FONDÉE PAR ROBERT BOUTRUCHE ET PAUL LEMERLE
ET DIRIGÉE PAR JEAN DELUMEAU ET CLAUDE LEPELLEY

ROME

ET L'INTÉGRATION

DE L'EMPIRE

44 av. J.-C. - 260 apr. J.-C.

TOME 2

*Approches régionales
du Haut-Empire romain*

SOUS LA DIRECTION DE

CLAUDE LEPELLEY

AVEC LA COLLABORATION DE
PIERRE CABANES, JOSEPH MÉLÈZE-MODRZEJEWSKI,
DANIEL NONY, MARIE-THÉRÈSE RAEPSAET-CHARLIER, MAURICE SARTRE,
PATRICIA SOUTHERN, MICHEL TARPIN, JOHN WILKES

PRESSES UNIVERSITAIRES DE FRANCE

Ont contribué à cet ouvrage :

Pierre CABANES	professeur à l'Université de Paris X-Nanterre.
Claude LEPELLEY	professeur à l'Université de Paris X-Nanterre.
Joseph MÉLÈZE-MODRZEJEWSKI	professeur à l'Université de Paris I, directeur d'études à l'École pratique des hautes études (IVe section).
Daniel NONY	maître de conférences à l'Université de Paris I.
Marie-Thérèse RAEPSAET-CHARLIER	professeur à l'Université libre de Bruxelles.
Maurice SARTRE	professeur à l'Université François-Rabelais, Tours.
Patricia SOUTHERN	lecturer à l'Université de Newcastle-upon-Tyne.
Michel TARPIN	maître de conférences à l'Université de Grenoble II.
John WILKES	professeur à l'Université de Londres (University College).

ISBN 2 13 048711 4
ISSN 0768-2379

Dépôt légal — 1re édition : 1998, janvier

© Presses Universitaires de France, 1998
108, boulevard Saint-Germain, 75006 Paris

Avant-propos

Ce livre est la suite de l'ouvrage où François Jacques et John Scheid ont étudié les structures du Haut-Empire romain. Dans la même collection, Claude Nicolet a consacré l'un de ses deux volumes sur le temps des conquêtes à la « genèse d'un empire » : les grandes composantes géographiques de l'*orbis romanus* alors en formation y sont successivement étudiées. Ce choix s'imposait encore davantage pour le Haut-Empire. Quand Octave Auguste établit le régime du Principat, l'Empire romain était en réalité un Empire italien ; plus exactement, il l'était devenu au Ier siècle avant l'ère chrétienne, à partir du moment où l'ensemble des habitants libres de la Péninsule avaient été intégrés dans la citoyenneté romaine. Sous Auguste, ce fut l'élite dirigeante, y compris les plus proches collaborateurs du prince, qui se recruta dans toute l'Italie.

Deux cent cinquante années plus tard, la notion de patrie commune romaine, qui valait pour les Italiens au temps de Cicéron, était étendue par les juristes à l'ensemble de l'Empire. La diffusion de la citoyenneté romaine dans les provinces avait conduit en 212 à sa généralisation par l'édit de Caracalla. Les empereurs eux-mêmes et leurs plus proches conseillers, la majorité des sénateurs et des chevaliers, se recrutaient désormais hors d'Italie, chez les descendants romanisés des peuples jadis conquis. Quand l'Empire dut affronter, au IIIe siècle, les premières grandes invasions, sa survie fut le fruit de la résistance résolue et finalement victorieuse de dirigeants et de soldats issus de toutes les provinces, et le plus souvent sans nulle ascendance italienne. Le secret de l'Empire, celui de sa très longue durée, réside donc dans l'intégration des peuples multiples qu'avait rassemblés contre leur gré l'impérialisme de la République finissante.

Or ce long processus fut très complexe, et il a revêtu des formes très diverses selon les lieux. Ainsi, dès le Ier siècle de notre ère, Pline l'Ancien pouvait dire que la Gaule narbonnaise était « plus l'Italie qu'une province ». Mais d'autres régions de l'Occident, comme la Maurétanie, connurent jusqu'au bout une romanisation bien moindre ; si l'Espagne apparaît profondément intégrée dès le Ier siècle, l'Afrique proconsulaire ne se romanisa en profondeur qu'à partir du IIe siècle. L'Orient hellénophone ne se latinisa pas, car les Grecs tenaient par-dessus tout à sauvegarder leur culture hors de laquelle, selon eux, tout n'était que barbarie. Ils réussirent pourtant à s'intégrer dans l'Empire et à y jouer un rôle déterminant. Chaque région du monde romain eut donc son histoire spécifique qui doit être étudiée pour elle-même.

Les historiens antiques s'intéressèrent surtout aux empereurs et aux grands événements militaires. Ils laissèrent donc dans l'ombre l'histoire des provinces, qu'ils jugeaient d'un moindre attrait, sauf si une guerre s'y déroulait. Pour l'essentiel, cette histoire régionale a été révélée par la découverte de centaines de milliers d'inscriptions, et par les résultats de multiples fouilles archéologiques. Ces patients travaux, jamais achevés, ont mis au jour une histoire oubliée qui, plus que les intrigues du palais impérial, révèle ce que fut l'Empire dans toute sa diversité. Les découvertes régulières de documents nouveaux suscitent un enrichissement et un renouvellement constants des connaissances sur les provinces de l'Empire. Les mises au point, dues à des spécialistes, rassemblées dans ce volume permettent de faire un bilan de ces multiples progrès du savoir.

Cette approche régionale est, d'une certaine manière, une histoire éclatée : pour ne citer que ces trois exemples, la Grèce, l'Égypte et la Gaule, même réunies au sein de l'Empire, restèrent des mondes profondément distincts. Pourtant, au long de ces chapitres, on percevra une unité de destin, liée à l'adoption de la culture dominante hellénistico-romaine, et à la référence à la *communis patria* romaine, transcendant les particularismes. Rassemblés au départ par une conquête brutale, ces peuples, ces régions disparates sont lentement devenus solidaires de l'Empire et solidaires les uns des autres. Plus que la conquête, ce fut le grand succès de Rome.

Bibliographie

Il convient de se reporter à la bibliographie du premier volume pour rechercher les références aux sources, aux instruments de travail et aux études concernant les aspects non strictement régionaux des questions abordées. La présente bibliographie est numérotée par chapitre. Pour faciliter la consultation, les numéros sont précédés des sigles suivants, indiquant les chapitres concernés.

IT   Chapitre I - Italie, Sicile, Sardaigne.

AF   Chapitre II - Afrique.

HISP   Chapitre III - Provinces hispaniques.

GA   Chapitre IV - Gaules et Germanies.

BR   Chapitre V - Bretagne.

DAN   Chapitre VI - Provinces danubiennes.

GR   Chapitre VII - Monde grec européen.

AN   Chapitre VIII - Provinces anatoliennes.

OR   Chapitre IX - Orient sémitique.

ÉG   Chapitre X - Égypte.

ABRÉVIATIONS COURANTES

AE   *L'Année épigraphique* (Paris, depuis 1888).

ANRW   *Aufstieg und Niedergang der römischen Welt* (Berlin, depuis 1974).

CIL   *Corpus Inscriptionum Latinarum* (Berlin, depuis 1863).

IGR   CAGNAT R., *Inscriptiones Graecae ad res Romanas pertinentes* (Paris, 1906-1927).

ILS   DESSAU H., *Inscriptiones Latinae Selectae* (Berlin, 1892-1916).

RE   PAULY A. - WISSOWA G., *Real-Encyclopädie des Klassischen Altertumswissenschaft* (Berlin, depuis 1893).

RIC   MATTINGLY H. - SYDENHAM E. A., *Roman Imperial Coinage* (Londres, depuis 1923).

SEG   *Supplementum Epigraphicum Graecum* (Leyde, puis Amsterdam, depuis 1923).

Pour les autres éditions de documents et instruments de travail généraux, se reporter à la bibliographie du tome I, p. IX-XV.

CHAPITRE PREMIER
L'ITALIE, LA SICILE ET LA SARDAIGNE

La cadence de publication d'ouvrages et articles consacrés à l'Italie impériale rend impossible tout suivi et nous contraint à ne présenter qu'un petit échantillon de la matière disponible. La préférence a été accordée aux ouvrages les plus récents (postérieurs à 1980), à de rares exceptions près.

OUVRAGES GÉNÉRAUX, MANUELS, COLLECTIONS

[IT-1] *Antiche genti d'Italia,* catalogue d'exposition, Rome, 1994.
[IT-2] *La città nell'Italia settentrionale* («Coll. EFR», 130), Rome, 1990.
[IT-3] GIARDINA A., SCHIAVONE A. (éd.), *Società romana e produzione schiavistica,* Rome, 1981.
[IT-4] GIARDINA A. (éd.), *Società romana e impero tardo-antico,* 1 : *Istituzioni, ceti, economie* ; 2 : *Roma : politica, economia, paesaggio urbano* ; 3 : *Le merci, gli insediamenti,* Rome-Bari, 1986.
[IT-5] *Kaiser Augustus und die verlorene Republik,* exposition, Berlin, 1988 ; Mayence, 1988.
[IT-6] *L'Italie d'Auguste à Dioclétien,* Colloque international EFR, Rome, 1992, Rome («Coll. EFR», 198), 1994 (comprend de nombreuses mises à jour bibliographiques).
[IT-7] LEVI M. A., *L'Italia nell'evo antico,* Padoue, 1988.
[IT-8] MOMIGLIANO A., SCHIAVONE A. (éd.), *Storia di Roma,* II . 2 : *I principi e il mondo* ; II . 3 : *La cultura e l'impero ;* et IV : *Caratteri e morfologie,* Turin, 1991, 1992 et 1989 [comprend de nombreuses études fondamentales].
[IT-9] POTTER T. W., *Roman Italy,* Londres, 1987.
[IT-10] PUGLIESE CARATELLI G. (éd.), *Princeps urbium. Cultura e vita sociale dell'Italia romana,* Milan, 1991.
[IT-11] SETTIS S. (éd.), *Civiltà dei Romani,* Milan ; 1 : *La città, il territorio, l'impero,* 1990 ; 2 : *Il potere e l'esercito,* 1991 ; 3 : *Il rito e la vita privata,* 1992 ; 4 : *Un linguaggio commune,* 1993.
[IT-12] *Storia della società italiana,* 1, 2, Milan, 1981 et 1983.
[IT-13] *L'Vrbs, espace urbain et histoire* («Coll. EFR», 98), Rome, 1987.

L'ITALIE

DÉFINITION, LIMITES, ADMINISTRATION

Le concept d'Italie, le « Ius Italicum», les limites de l'Italie

[IT-14] BERNARDI A., Italia, *Enciclopedia Virgiliana,* III, Rome, 1987, 34-50.
[IT-15] CAMPANILE E., L'assimilazione culturale del mondo italico, dans A. Schiavone (éd.), *Storia di Roma,* II . 1, Turin, 1990, 305-312.

[IT-16] CARDINALI G., Italia, dans E. de Ruggiero (éd.), *Dizionario epigrafico*, IV . 1, Rome, 1946-1985, 101-108.

[IT-17] CATALANO P., Aspetti spaziali del sistema giuridico-religioso romano. « Mundus, templum, urbs, ager, Latium, Italia », *ANRW*, II . 16 . 1, 1978, 440-553.

[IT-18] CRACCO RUGGINI L., CRACCO G., L'eredità di Roma, *Storia d'Italia*, 5, Turin, 1973, 5-40.

[IT-19] DEGRASSI A., *Il confine nord-orientale dell'Italia romana*, Berne, 1954.

[IT-20] FERENCZY E., Rechtshistorische Bemerkungen zur Ausdehnung des römischen Bürgerrecht und zum « Ius Italicum » unter dem Prinzipat, *ANRW*, II, 14, 1982, 1017-1058.

[IT-21] GABBA E., Il problema dell'unità dell'Italia romana, dans *La cultura italica*, Pise, 1978, 11-27.

[IT-22] JULLIAN C., Les limites de l'Italie sous l'Empire romain, *Mélanges Ch. Graux*, Paris, 1884, 121-126.

[IT-23] MAZZARINO S., « Ius Italicum » e storiografia moderna, *I diritti locali nelle provincie romane*, Accad. Naz. Lincei (Quaderno 194), Rome, 1974, 357-382.

[IT-24] MILLAR F., Italy and the Roman Empire, *Phoenix*, XL, 1986, 295-318.

[IT-25] SCHERLING, « Italia », *RE*, suppl. 3, 1918, 1246-1302.

[IT-26] Von Premerstein A., « Ius Italicum », *RE*, 10 . 1 (1917), 1238-1253.

La gestion de l'Italie et la vie municipale

[IT-27] BOADWRIGHT M. T., Hadrian and Italian cities, *Chiron*, 19, 1989, 235-271.

[IT-28] CAMODECA G., Ricerche sui « curatores rei publicae », *ANRW*, II . 13, 1980, 453-534.

[IT-29] CHELOTTI M., Mobilità sociale e legami familiari alla luce dell'albo dei decurioni di Canosa (CIL IX 338), *MEFRA*, 102, 1990-2, 603-609.

[IT-30] CORBIER M., Les circonscriptions judiciaires de l'Italie de Marc-Aurèle à Aurélien, *MEFRA*, 85, 1973, 609 sq.

[IT-31] DUTHOY R., Le profil social des patrons municipaux en Italie sous le Haut-Empire, *Anc. Soc.*, 15-17, 1984-1986, 121-154.

[IT-32] ECK W., *Die staatliche Organisation Italiens in der hohen Kaiserzeit* (Vestigia 28), Munich, 1979.

[IT-33] ECK W., Galsterer H. (éd.), *Die Stadt in Oberitalien (...)*, Mayence, 1991.

[IT-34] GABBA E., L'impero di Augusto, dans A. Schiavone (éd.), *Storia di Roma*, II . 2, Turin, 1991, 9-28.

[IT-35] JACQUES F., *Le privilège de liberté. Politique impériale et autonomie municipale dans les cités de l'Occident romain (161-244)*, Rome, 1984.

[IT-36] JULLIAN C., *Les transformations politiques de l'Italie sous les empereurs romains, 43 av. J.-C. - 330 apr. J.-C.*, Paris, 1884.

[IT-37] KEPPIE L., *Colonisation and veteran settlement in Italy*, Rome, 1983.

[IT-38] LETTA C., L'epigrafia pubblica dei vici e pagi nella regio IV : imitazione del modello urbano e peculiarità del villaggio, *L'epigrafia del villaggio*, Faenza, 1993, 33-46.

[IT-39] LO CASCIO E., Curatores viarum, praefecti e procuratores alimentorum : a proposito dei distretti alimentari, *Studi di antichità*, Lecce, 1980, 237-275.

[IT-40] *Misurare la terra : centuriazione e colonie nel mondo romano,* Modène, 1983-1985 (comprend quatre volumes consacrés à des cas précis : Modène, Mantoue, la Vénétie, Rome et environs).

[IT-41] MOURITSEN H., *Elections, magistrates and municipal elite. Studies in Pompeian epigraphy,* Rome, 1988.

[IT-42] NICOLET Cl., L'origine des *regiones Italiae* augustéennes, *Cahiers du centre G. Glotz,* II, Paris, 1991, 73-97.

[IT-43] PANCIERA S., Ficolenses foederati, *Riv. Stor. dell'Antichità,* 6/7, 1976-1977, 195-213.

[IT-44] PAVIS D'ESCURAC H., *La préfecture de l'Annone. Service administratif impérial d'Auguste à Constantin,* Rome, 1987.

[IT-45] PETRACCIA LUCERONI M. F., *I questori municipali dell'Italia antica,* Rome, 1988.

[IT-46] RADKE G., *Viae publicae Romanae,* Bologne, 1981 (trad. de l'article homonyme dans *RE,* suppl. 13, 1973, 1417-1686).

[IT-47] SARTORI M., Osservazioni sul ruolo del « curator rei publicae », *Athenaeum,* LXVII, 1989, 5-20.

[IT-48] SIMSHAÜSER W., Untersuchungen zur Entstehung der Provinzialverfassung Italiens, *ANRW,* II . 13, 1980, 401-452.

[IT-49] THOMSEN R., *The Italic regions from Augustus to the Lombard invasion,* Copenhague, 1947.

[IT-50] TIBILETTI G., Italia Augustea, *Mélanges J. Carcopino,* Paris, 1966, 917-926.

Voir aussi Jongman, Franklin, Staccioli (Pompéi), Rome.

SOCIÉTÉ

[IT-51] ANDREAU J., Fondations privées et rapports sociaux en Italie romaine (Ier-IIIe siècle), *Ktéma,* 2, 1977, 157-209.

[IT-52] D'ARMS J. H., *Romans on the Bay of Naples. A social and cultural study of the villas and their owners from 150 BC to AD 400,* Cambridge, 1970.

[IT-53] BOULVERT G., *Esclaves et affranchis impériaux sous le Haut-Empire romain. Rôle politique et administratif,* Naples, 1970.

[IT-54] BUONOCORE M., *Schiavi e liberti dei Volusii Saturnini,* Rome, 1984.

[IT-55] CAPOGROSSI COLOGNESI L., Grandi proprietari, contadini e coloni nell'Italia romana (I-III d.C.), dans [4], 325-365.

[IT-56] DEMOUGIN S., *L'ordre équestre sous les Julio-Claudiens,* Rome, 1990.

[IT-57] DYSON S. L., *Community and society in Roman Italy,* Baltimore-Londres, 1992.

[IT-58] *Epigrafia e Ordine Senatorio, Tituli,* 4-5, Rome, 1982 [le volume 2 est consacré à des études régionales, avec des synthèses sommaires sur l'histoire de chaque région concernée].

[IT-59] FORNI G., Estrazione etnica e sociale dei soldati delle legioni nei primi tre secoli dell'impero, *ANRW,* II . 1, 1974, 339-391.

[IT-60] JACQUES F., L'ordine senatorio attraverso la crisi del III secolo, dans [IT-4], 1 : *Istituzioni, ceti, economie,* 81-225.

[IT-61] MEYER E. A., Explainig the epigraphic habit in the Roman Empire : the evidence of epitaphs, *JRS,* 80, 1990, 74-96.

[IT-62] Moscati S. (dir.), *Vita quotidiana nell'Italia antica*; 1 : *Vita in famiglia*; 2 : *Vita in società*, Bologne, 1993.
[IT-63] SEGENNI S., *I liberti ad Amiternum*, Pise, 1990.
[IT-64] SYME R., Eight consuls from Patavium, *PBSR.*, 51, 1983, 102-124.

Voir aussi Pompéi.

DÉMOGRAPHIE ET ÉCONOMIE

Démographie

[IT-65] BELOCH K. J., Die Bevölkerung Italiens im Altertum, *Klio*, III, 1903; 471-490.
[IT-66] BRUNT P. A., *Italian Manpower 225 BC-AD 14*, Oxford, 1971.
[IT-67] BRUNT P. A., Schiavi e classe subalterne nelle communità romano-italica, *Storia della società italiana*, Milan, 1983, 95-132.
[IT-68] HARVEY Jr P. B., Calculo de la poblacion de la antiqua Roma, datos, modelos y metodos, *Semanos de estudios romanos*, VI, Valparaiso, 1991, p. 175-187.
[IT-69] NICOLET Cl., *Rendre à César*, Paris, 1988.
[IT-70] POTTER T. W., Population hiatus and continuity (...), *Papers in Italian Archeology*, 1, Oxford, 1978, 99-110.

Économie générale, commerce, « industrie »

[IT-71] ANDREAU J., *La vie financière dans le monde romain : les métiers de manieurs d'argent (IVe siècle av. J.-C. - IIIe siècle apr. J.-C.)* (« BEFAR », 265), Rome, 1987.
[IT-72] D'ARMS J. H., KOPFF E. C. (éd.), The seaborn commerce of ancient Rome, (*MAAR*, 36), Rome, 1990.
[IT-73] BELLEN H., Die Krise der italischen Landwirtschaft unter Kaiser Tiberius (33 n. Chr.), *Historia*, 25, 1976, 217-234.
[IT-74] DE LIGT L., *Fairs and markets in the Roman empire. Economic and social aspects of periodic trade in a pre-industrial society*, Amsterdam, 1993.
[IT-75] DE MARTINO F., L'economia, dans [IT-10], 255-335.
[IT-76] FRAYN J. M., *Markets and fairs in Roman Italy. Their social and economic importance from the second century BC to the third century AD*, Oxford, 1993.
[IT-77] GABBA E., Mercati e fiere nell'Italia romana, *SCO*, 24, 1975, 141-163.
[IT-78] HELEN T., *Organisation of roman brick production in the first and second centuries AD*, Helsinki, 1975.
[IT-79] LEVEAU Ph. (éd.), *L'origine des richesses dépensées dans la ville antique*, Aix-en-Provence, 1985.
[IT-80] MCCANN A. M., BOURGEOIS J, GAZDA E. K., OLESON J. P., LYDING WILL E., *The roman port and fishery of Cosa*, Princeton, 1987 (voir aussi le compte rendu de P. Arthur dans *Gnomon*, 1990, 71-74).
[IT-81] MEIGS R., *Trees and timber in the ancient Mediterranean world*, Oxford, 1982.
[IT-82] MOELLER W. O., *The Wool trade of ancient Pompei*, Leyde, 1976.
[IT-83] PALMER R. E. A., Customs on market goods imported into the city of Rome, dans [IT-72], 217-225.

[IT-84] PRACHNER G., *Die Sklaven und Freigelassenen im arretinischen Sigillatagewerbe. Epigraphische, nomenklatorische sowie sozial- und wirtschaftsgeschichtliche Untersuchungen der arretinischen Firmen- und Töpferstempel*, Helsinki, 1980.

[IT-85] STEINBY M., I senatori e l'industria laterizia urbana, dans [58], I, 222-237.

[IT-86] VEYNE P., Rome devant la prétendue fuite de l'or, *Annales ESC*, 34, 1979, 217 sq.

[IT-87] VON FREYBERG H. U., *Kapitalverkehr und Handel im römischen Kaiserzeit*, Fribourg-en-Brisgau, 1988 (critique détaillée de J. Andreau dans [6], 175-203).

Paysage agraire et exploitation du sol

[IT-88] *Archéologie de la vigne et du vin, actes du Colloque ENS, 1988*, Tours (Caesarodunum 24), 1990.

[IT-89] ARTHUR P., *Romans in northern Campania. Settlement and land-use around the Massico and the Garigliano basin* (Archeological Monographs of the BSR), Londres, 1991.

[IT-90] BARKER G., LLOYD J. (éd.), *Roman Landscapes* (BSR), Rome, 1991.

[IT-91] BRACCO V., Un vasto demanio imperiale attorno alla Salerno romana, *Antiqua*, 9, 1984, 3-4, 52-59.

[IT-92] BUONOCORE M., Insediamenti e forme economiche nell'Abruzzo romano dei primi due secoli dell'impero, *St. Cl. Or.*, 36, 1986, 279-292.

[IT-93] CARANDINI A., *Settefinestre: una villa schiavistica nell'Etruria romana*, Modène, 1985 (2 vol.).

[IT-94] CARANDINI A., Orti e frutteti intorno a Roma, dans *Misurare la terra*, Modène, 1985, 66-74.

[IT-95] CHOUQUER G., CLAVEL LÉVÊQUE M., FAVORY F., VALLAT J.-P., *Structures agraires en Italie centro-méridionale: cadastres et paysages ruraux*, Rome, 1987.

[IT-96] CORBIER M., « Fiscus » and « patrimonium »: the Saepinum inscription and transhumance in the Abruzzi, *JRS*, 73, 1983, 126-131.

[IT-97] DE NEEVE P. W., *Colonus. Private farm-tenancy in Roman Italy during the Republic and the early principate*, Amsterdam, 1984.

[IT-98] DOUKELLIS N., MENDONI L. G., *Structures rurales et sociétés antiques*, Besançon, 1994.

[IT-99] FLACH D., *Römische Agrargeschichte* (*Handbuch der Altertumswissenschaft*, III, 9), 1990.

[IT-100] FRAYN J. M., *Subsistance farming in Roman Italy*, Londres, 1979.

[IT-101] FRAYN J. M., *Sheep-rearing and the wool trade*, Liverpool, 1984.

[IT-102] KOLENDO J., *L'agricoltura nell'Italia romana*, Rome, 1980.

[IT-103] KUZISHIN V. L., *La grande proprietà agraria nell'Italia romana*, Rome, 1984.

[IT-104] MOREL J.-P., La laine de Tarente (de l'usage des textes anciens en histoire économique), *Ktema*, 3, 1978, 93-110.

[IT-105] PATTERSON J. R., The upper Volturno valley in Roman times, dans R. Hodges, J. Mitchell (éd.), *S. Vincenzo al Volturno* (« BAR », Int. Series, 252), Oxford, 1985, 213-226.

[IT-106] POTTER T. W., *The changing landscape of South Etruria*, Londres, 1979.

[IT-107] PURCELL N., Wine and wealth in ancient Italy, *JRS*, 75, 1985, 1-19.

[IT-108] ROSAFIO P., Rural labour organization in Pliny the Younger, *Analecta Instituti Danici*, XXI, Rome, 1993, 67-79.

[IT-109] SEGENNI S., Iscrizioni inedite della IV regio : riflessioni sulla formazione della proprietà imperiale (...), *Epigraphica*, 51, 1989, 141-160.

[IT-110] SERENI E., *Storia del paesagio agrario italiano*, Bari, 1962.

[IT-111] SIRAGO V. A., *Principato di Augusto, concentrazione di proprietà e di poteri nelle mani dell'imperatore*, Bari, 1978.

[IT-112] SPURR M. S., The cultivation of millet in Roman Italy, *PBSR*, 51, 1983, 1-15.

[IT-113] SPURR M. S., Arable cultivation in Roman Italy c. 200 BC - c. AD 100, *JRS Monograph*, 3, Londres, 1986.

[IT-114] TCHERNIA P., *Le vin de l'Italie romaine. Essai d'histoire économique d'après les amphores* (« BEFAR », 261), Rome, 1986 (2ᵉ éd., 1992).

[IT-115] THOMPSON J., *Transhumant sheep-raising and the rural economy of Roman Italy 200 BC-AD 200*, Cambridge, 1988.

[IT-116] VEYNE P., Mythe et réalité de l'autarcie à Rome, *REA*, 81, 1979, 261-280.

Voir aussi Jongman (Pompéi).

Céréales et ravitaillement

[IT-117] ABRAMENKO A., Zur Organisation der Alimentarstiftung in Rom, *Laverna*, 1, 1990, 125-131.

[IT-118] VAN BERCHEM D., *Les distributions de blé et d'argent à la plèbe romaine sous l'Empire*, Genève, 1939.

[IT-119] DARDAINE S., PAVIS D'ESCURAC H., Ravitaillement des cités et évergétisme annonaire, *Ktema*, XI, 1986, 291-302.

[IT-120] GARNSEY P., *Famine and food supply in the Graeco-Roman world. Responses to risk and crisis*, Cambridge, 1988.

[IT-121] GIOVANNINI A. (éd.), *Nourrir la plèbe (Mélanges Van Berchem)*, Bâle-Cassel, 1991.

[IT-122] MROZEK S., *Les distributions d'argent et de nourriture dans les villes italiennes du Haut-Empire romain* (« Latomus », 198), Bruxelles, 1987.

[IT-123] PUCCI G., I consumi alimentari, dans A. Momigliano, A. Schiavone (éd.), *Storia di Roma*, IV, Turin, 1989, 369-388.

[IT-124] *Le ravitaillement en blé de Rome et des centres urbains des débuts de la République jusqu'au Haut-Empire* (« Coll. EFR », 196), Rome, 1995.

[IT-125] RICKMAN G., *Roman granaries and store buildings*, Cambridge, 1971.

[IT-126] RICKMAN G., *The corn supply of ancient Rome*, Oxford, 1980.

[IT-127] SIRK B., *Food for Rome : the legal structure of the transportation and processing of supplies for the imperial distributions in Rome and Constantinople*, Amsterdam, 1991.

[IT-128] VIRLOUVET C., « *Tessera frumentaria* ». *Les procédures de distribution du blé public à Rome à la fin de la République et au début de l'Empire* (BEFAR, 286), Rome, 1995.

URBANISME, ARCHITECTURE, ART

[IT-129] DE ALBENTIIS E., *La casa dei Romani*, Milan, 1990.

[IT-130] ANDREAE B., L'arte nell'età imperiale, dans [IT-10], 3-168.

[IT-131] BLAKE M., *Roman constructions in Italy from Nerva through the Antonines*, Philadelphie, 1973.

[IT-132] CLARKE J. R., *The houses of Roman Italy, 100 BC-AD 250*, Berkeley-Oxford, 1991.

[IT-133] ECK W., GALSTERER H. (éd.), *Die Stadt in Oberitalien und in den nordwestlichen Provinzen des römischen Reiches*, Mayence, 1991.

[IT-134] GROS P., TORELLI M., *Storia dell'urbanistica. Il mondo romano*, Rome-Bari, 1992 (167-426 pour l'Empire).

[IT-135] GULLINI E., L'architettura e l'urbanistica, dans [IT-10], 419-735.

[IT-136] HÖLSCHER T., *Staatsdenkmal und Publikum*, Constance, 1984 ; trad. italienne : *Monumenti statali e pubblico*, Rome, 1994.

[IT-137] MANSUELLI G. A., La città romana nei primi secoli del'impero. Tendenzi dell'urbanistica, *ANRW*, II . 12 . 1, 1982, 145-178.

[IT-138] MIELSCH H., *Die römische Villa. Architectur und Lebensform*, Munich, 1987 (= *La villa romana*, Florence, 1990).

[IT-139] REBECCHI F., Les enceintes augustéennes en Italie, *Bull. École antique de Nîmes*, 18, 1987, 129-146.

[IT-140] SAURON G., Quis deum ? l'expression plastique des idéologies politiques et religieuses à Rome à la fin de la République et au début de l'Empire (« BEFAR », 285), Rome, 1995.

[IT-141] SCHALLES H.-J., VON HESBERG H., ZANKER P. (éd.), *Die römische Stadt in 2. Jahrhundert n. Chr.* (« Xantener Berichte », Band 2), Cologne, 1992.

[IT-142] SOMELLA P., *Italia antica. L'urbanistica romana*, Rome, 1988.

[IT-143] ZANKER P., *Augustus und die Macht der Bilder*, Munich, 1987 (trad. ital. : *Augusto e il potere delle immagini*, Turin, 1989).

Rome et Ostie

[IT-144] BOATWRIGHT M. T., *Hadrian and the city of Rome*, Princeton, 1987.

[IT-145] *Città e architettura nella Roma imperiale* (« Analecta romana instituti Danici », supplementum X), Rome-Odense, 1983.

[IT-146] COARELLI F., *Roma (guide archeologiche Laterza)*, Rome-Bari, 1980 (plusieurs éditions depuis).

[IT-147] COARELLI F., *Dintorni di Roma (guide archeologiche Laterza)*, Rome-Bari, 1981.

[IT-148] COARELLI F., Organizzazione urbanistica della Roma augustea, *Roma repubblicana dal 270 a. C. all'età augustea*, Rome, 1987, 7-15.

[IT-149] DURET L., NÉRAUDEAU J.-P., *Urbanisme et métamorphose de la Rome antique*, Paris, 1983.

[IT-150] FRASCHETTI A., *Rome et le prince* (trad. V. Jolivet), Paris, 1994.

[IT-151] GATTI G., *Topografia e edilizia di Roma antica*, Rome, 1989.

[IT-152] KOLB A., *Die kaiserliche Bauverwaltung in der Stadt Rom*, Stuttgart, 1993.

[IT-153] PANCIERA S., Tra epigrafia e topografia, *Arch. Class.*, 22, 1970, 131-163.

[IT-154] PATTERSON J. R., The city of Rome, from republic to empire, *JRS*, 82, 1992, 186-215.

[IT-155] PAVOLINI C., *La vita quotidiana a Ostia*, Rome-Bari, 1986.

[IT-156] RICHARDSON Jr L., *A new topographical dictionary of ancient Rome*, Baltimore-Londres, 1992.

[IT-157] ROBINSON O. F., *Ancient Rome. City planning and administration*, 1994.

[IT-158] STEINBY E. M., *Lexicon topographicum urbis Romae I, A-C, II, D-G,* Rome, 1993, 1995 (se poursuit).

[IT-159] VITUCCI G., *Ricerche sulla praefectura urbis in età imperiale, sec. I-III,* Rome, 1956.

[IT-160] YAVETZ Z., *La plèbe et le prince* (trad. M. Sissung), Paris, 1983.

Pompéi

[IT-161] CASTRÉN P., *« Ordo populusque pompeianus » Polity and Society in Roman Pompeii,* Rome, 1975.

[IT-162] DE VOS M. et A., *Pompeii,* Rome-Bari, 1988.

[IT-163] ÉTIENNE R., *La vie quotidienne à Pompéi,* Paris, 1977 (2ᵉ éd.).

[IT-164] FRANKLIN J. L., *Pompeii: the electoral programmata, campaigns and politics, AD 71-79* (« Papers & Monographs of the Am. Accad. in Rome », 28), Rome, 1980.

[IT-165] JASHEMSKI W. F., *The gardens of Pompeii, Herculaneum and the villas destroyed by the Vesuvius,* New Rochelle - New York, 1979.

[IT-166] JONGMAN W., *The economy and society of Pompei,* Amsterdam, 1988.

[IT-167] STACCIOLI R. A., *Manifesti elettorali nell'antica Pompei,* Milan, 1992.

[IT-168] ZEVI F. (éd.), *Pompei,* Naples, 1992.

[IT-169] ZANKER P., *Pompei,* Turin, 1993.

LA PROVINCE DE SICILE

[IT-170] BELVEDERE O., Opere publiche ed edifici per lo spettacolo nella Sicilia di età imperiale, *ANRW,* II . 11 . 1, Berlin, 1988, 346-413.

[IT-171] CLEMENTE G., La Sicila nell'età Imperiale, dans R. Romeo (dir.), *Storia della Sicilia,* 1-2, Naples, 1979, p. 465-477.

[IT-172] CLEMENTE G., Considerazioni sulla Sicilia nell'impero romano (3 sec. a.C. - 5 sec. d.C.), *Kokalos,* 26-27, 1980-1981, 192-219.

[IT-173] COARELLI F., TORELLI M., *Sicilia (guide archeologiche Laterza),* Rome-Bari, 1984 (réédité).

[IT-174] FINLEY M. I., *A history of Sicily. Ancient Sicily,* Londres, 1968 (p. 148-166 pour le Haut-Empire).

[IT-175] HOLLOWAY R. R., *The archeology of ancient Sicily,* Londres, 1991.

[IT-176] Mangarano G., Per una storia della Sicilia romana, *ANRW,* I . 1, Berlin, 1972, 442-461.

[IT-177] MANGARANO G., La provincia romana, dans R. Romeo (dir.), *Storia della Sicilia,* 1-2, Naples, 1979, p. 442-461.

[IT-178] MANGARANO G., La Sicilia da Sesto Pompeo a Diocleziano, *ANRW,* II . 11 . 1, Berlin, 1988, 3-89.

[IT-179] MANGARANO G., Greco nei pagi e latino nelle città della Sicilia « romana » tra I e VI sec. d.C., *L'epigrafia del villagio,* Faenza, 1993, p. 543-594.

[IT-180] SARTORI F., Storia costituzionale della Sicilia antica, *Kokalos,* 26-27, 1980-1981, 263-291.

[IT-181] STONE III S. C., Sextus Pompey, Octavian and Sicily, *AJA,* 87, 1983, 11-22.

[IT-182] STOVE J. N., Imperial Sicily, Some aspects, *Classicum*, 15, 1989, 29-32.

[IT-183] VILLARI L., *Ibla Geleate, la villa romana di Piazza Armerina*, Rome, 1985.

[IT-184] WILSON R. J. A., Trade and industry in Sicily during the Roman empire, *ANRW*, II . 11 . 1, Berlin, 1988, 207-305.

[IT-185] WILSON R. J. A., *Sicily under the Roman empire. The archeology of a Roman province, 36 BC-AD 535*, Warminster (Wilthire), 1990.

[IT-186] *Kokalos*, la revue de l'Institut d'histoire ancienne de l'Université de Palerme, publie régulièrement des rapports d'activité archéologique et des synthèses par site ; on s'y reportera pour des études précises.

LA PROVINCE DE SARDAIGNE

[IT-187] *L'Africa romana*, Actes des congrès annuels de Sassari [chaque volume comprend un certain nombre de communications consacrées à la Sardaigne].

[IT-188] MANCONI D., PIANU G., *Sardegna (Guide archeologiche Laterza)*, Rome-Bari, 1981.

[IT-189] MELONI P., *L'amministrazione della Sardegna da Augusto all'invasione vandalica*, Rome, 1958.

[IT-190] MELONI P., La Sardegna romana, dans A. Boscolo (dir.), *Storia della Sardegna antica e moderna, 3*, Sassari, 1975.

[IT-191] MELONI P., La provincia romana di Sardegna, I, secoli I-III, *ANRW*, II . 11 . 1, Berlin, 1988, 451-490.

[IT-192] MELONI P., La Sardegna romana. I centri abitati e l'organizzazione municipale, *ANRW*, II . 11 . 1, Berlin, 1988, 491-551.

[IT-193] ROWLAND Jr R. J., The archeology of Roman Sardinia : A selected typological inventory, *ANRW*, II . 11 . 1, Berlin, 1988, 740-875.

[IT-194] THOMASSON B., Zur Verwaltungsgeschichte der Provinz Sardinia, *Eranos*, 70, 1972, 72-81.

[IT-195] WILSON R. J. A., Sardinia and Sicily during the Roman Empire (...), *Kokalos*, 26-27, 1980-1981, 219-242.

CHAPITRE II
L'AFRIQUE

Instruments bibliographiques spécialisés

Pour les publications antérieures à 1956, se reporter à la bibliographie établie par C. Courtois dans Ch.-A. Julien, *Histoire de l'Afrique du Nord*, t. I, Paris, 1956, p. 280-322. Les bibliographies publiées par M. Leglay dans la revue *Libyca. Archéologie-Épigraphie* (Alger) couvrent les années 1952-1960.

Les publications parues depuis 1960 sont recensées, dans la *Bibliographie de l'Afrique antique*, rédigée jusqu'à l'année 1985 par J. Desanges et S. Lancel, et continuée désormais par

J.-M. Lassère et Y. Le Bohec. Les trois premières chroniques sont intégrées dans le *Bulletin d'archéologie algérienne* ; depuis la chronique de 1977, l'éditeur est l'École française de Rome. Il s'agit d'un instrument de travail fondamental.

Recueils d'inscriptions

Corpus Inscriptionum Latinarum, vol. VIII, Berlin, 1881-1916 *(CIL).*
Inscriptions latines d'Afrique, par R. Cagnat et A. Merlin, Paris, 1923 *(ILAfr).*
Inscriptions latines de l'Algérie, 3 vol. parus, par S. Gsell et H.-G. Pflaum, Paris et Alger, 1922-1976 *(ILAlg).*
Inscriptions latines de la Tunisie, par A. Merlin, Paris, 1944 *(ILTun).*
Inscriptions of Roman Tripolitania, par J. M. Reynolds et J. B. Ward-Perkin, Londres, 1955 *(IRT).*
Inscriptions antiques au Maroc, II : *Inscriptions latines* (M. Euzennat, J. Marion, J. Gascou), Paris, 1982 *(IAM-L).*

Revues spécialisées

Africa, Tunis, depuis 1966.
Antiquités africaines, Aix-en Provence, depuis 1967 *(Ant. afr.).*
Bulletin archéologique du Comité des Travaux historiques et scientifiques, Paris, depuis 1887 *(BCTH).*
Bulletin d'archéologie algérienne, Alger, depuis 1962 (publication suspendue).
Bulletin d'archéologie marocaine, Rabat, depuis 1956.
Karthago, Tunis, puis Paris, depuis 1950
Libya Antiqua, Tripoli, depuis 1964.
Libyca - Archéologie et épigraphie, Alger, de 1954 à 1961.
Libyan Studies, Londres, depuis 1969.

Ouvrages généraux, colloques, recueils d'articles

S. GSELL, *Histoire ancienne de l'Afrique du Nord,* 8 vol., Paris, 1913-1928 (seul le t. 8 concerne directement la période impériale).
S. GSELL, *Études sur l'Afrique antique (Scripta varia)* , Lille, 1981, 310 p.
H.-G. PFLAUM, *Afrique romaine, études épigraphiques (Scripta Varia I),* Paris, 1978, 456 p.
G.-Ch. PICARD, *La civilisation de l'Afrique romaine,* 1re éd., Paris, 1959 ; 2e éd., revue et augmentée, Paris, 1990, 360 p.
Colloques internationaux d'histoire et d'archéologie de l'Afrique du Nord du *Comité des Travaux historiques et scientifiques* ; 6 recueils d'actes parus, de 1981 à 1995, les deux premiers dans le *BCTH,* n.s., 17 B, 1981 et 19 B, 1983.
Série *L'Africa Romana,* éd. par A. Mastino, Université de Sassari (Actes de colloques annuels réunis depuis 1983).
L'Afrique dans l'Occident romain, colloque de l'École française de Rome, 1987, Rome (« Coll. EFR », 134), 1990, éd. M. Lenoir et C. Pietri.

[AF-1] AURIGEMMA S., *I mosaici di Zliten,* Rome-Milan, 1926, 314 p.
[AF-2] BARADEZ J., *Vue aérienne de l'organisation romaine dans le Sud algérien. « Fossatum Africae»,* Paris, 1949, 362 p.
[AF-3] BENABOU M., *La résistance africaine à la romanisation,* Paris, 1976, 636 p.

[AF-4]   BENSEDDIK N., *Les troupes auxiliaires de l'armée romaine en Maurétanie Césarienne sous le Haut-Empire*, Alger, 1982, 286 p.

[AF-5]   BENSEDDIK N., Limes – Mauretania Caesariensis, dans E. Di Ruggiero, *Dizionario epigrafico di Antichità romana*, IV, 43, Rome, 1985, p. 1376 / 47-67.

[AF-6]   BESCHAOUCH A., Mustitana. Recueil des nouvelles inscriptions de Mustis, cité romaine de Tunisie, dans *Karthago*, 14, 1967-1968, p. 117-224.

[AF-6 bis] BESCHAOUCH A., Mosaïque de chasse découverte à Smirat, *CRAI*, 1966, p. 134-167.

[AF-7]   BESCHAOUCH A., Uzappa et le proconsul d'Afrique Sextus Cocceius Anicius Faustus Paulinus, dans *MEFR*, 81, 1969, p. 195-218.

[AF-8]   BESCHAOUCH A., Une hypothèse sur les légats du proconsul d'Afrique sous le Haut-Empire, dans *Africa*, 7-8, 1982, p. 117-126.

[AF-9]   BESCHAOUCH A., Sur l'application du droit latin provincial en Afrique proconsulaire : le cas de Thignica, dans *Bull. Soc. nat. Ant. de Fr.*, 1991, p. 137-144.

[AF-10] BESCHAOUCH A., Mactaris, cité de droit latin, dans *BCTH*, n.s. 23, 1990-1992, p. 203-204.

[AF-10 bis] BESCHAOUCH A., Civitas Aurelia Thugga, Actes du colloque Dougga (Thugga), *Études épigraphiques*, Bordeaux, 1997.

[AF-11] BOUCHER-COLOZIER E., Recherches sur la statuaire de Cherchel, dans *MEFR*, 66, 1954, p. 101-139.

[AF-12] CAGNAT R., *L'armée romaine d'Afrique et l'occupation militaire sous les empereurs*, 2ᵉ éd., Paris, 1912, 812 p.

[AF-13] CAGNAT R., L'annone d'Afrique, dans *Mém. Acad. des Inscr.*, 11, 1916, p. 247-284.

[AF-14] CAILLEMER A. - CHEVALLIER R., Les centuriations de l'Africa Vetus, dans *Annales ESC*, 9, 1954, p. 433-460.

[AF-15] CAILLEMER A. - CHEVALLIER R., Les centuriations romaines de Tunisie, dans *Annales ESC*, 12, 1957, p. 275-286.

[AF-16] CAMPS-FABRER H., *L'olivier et l'huile dans l'Afrique romaine*, Alger, 1953, 96 p.

[AF-17] CARCOPINO J., L'inscription d'Aïn-el-Djemala, dans *MEFR*, 26, 1906, p. 365-481.

[AF-18] CARCOPINO J., *Le Maroc antique*, Paris, 1943.

[AF-19] CARANDINI A., Produzione agricola e produzione ceramica dell'Africa di età imperiale, dans *Studi Miscellanei*, 15, 1969-1970, p. 95-119.

[AF-20] CHASTAGNOL A., Les légats du proconsul d'Afrique au Bas-Empire, dans *Libyca*, 6, 1958, p. 7-19 (= *L'Italie et l'Afrique au Bas-Empire*, Lille, 1987, p. 67-82 – avec addendum).

[AF-20 bis] CHASTAGNOL A., Gigthis municipe latin d'Hadrien, dans *BCTH*, n.s. 24, 1993-1995 [1997], p. 89-94.

[AF-21] CHAMOUX F., Documents du musée de Cherchel, dans *Bull. Soc. nat. des Ant. de Fr.*, 1962, p. 43-45.

[AF-22] CHRISTOL M., Gallien Thugga et Thubursicum Bure, dans *Ant. afr.*, 14, 1979, p. 217-223.

[AF-23] CHRISTOL M. et MAGIONCALDA A., *Studi sui procuratori delle due Mauretaniae*, Sassari, 1989, 268 p.

[AF-23 bis] COLTELLONI-TRANNOY M., *Le royaume de Maurétanie sous Juba II et Ptolémée*, Paris, 1997, 271 p.

[AF-24] CORBIER M., Les familles clarissimes d'Afrique proconsulaire (Iᵉʳ-IIIᵉ siècle), dans *Epigrafia e ordine senatorio* (*Tituli*, 5), Rome, 1982, p. 685-754.

[AF-25]   COURTOIS C., *Timgad, antique Thamugadi*, Alger, 1951, 104 p.

[AF-26]   DEININGER J., *Die Provinziallandtage der Römischen Kaiserzeit von Augustus bis zum Ende des dritten Jahrhunderts n. Chr.* (*Vestigia*, 6), Munich-Berlin, 1965, 220 p.

[AF-27]   DESANGES J., *Catalogue des tribus africaines de l'Antiquité classique à l'ouest du Nil*, Dakar, 1962, 298 p.

[AF-28]   DESANGES J., Le triomphe de Cornelius Balbus, dans *Rev. africaine*, 1957, p. 5-43.

[AF-29]   DESANGES J., L'Afrique romaine et libyco-berbère, dans C. Nicolet, *Rome et la conquête du monde méditerranéen*, II : *Genèse d'un empire* (coll. « Nouvelle Clio »), Paris, 1978, p. 627-656.

[AF-30]   DESANGES J., Permanence d'une structure indigène en marge de l'administration romaine : la Numidie traditionnelle, dans *Ant. afr.*, 15, 1980, p. 77-89.

[AF-31]   DESANGES J., Commentaire à l'édition de Pline l'Ancien, *Histoire naturelle*, V, 1-40, (« CUF-Budé »), Paris, 1980, 498 p.

[AF-32]   DESANGES J., La toponymie de l'Afrique du Nord antique : bilan des recherches depuis 1965, dans *L'Afrique dans l'Occident romain* (« Coll. Éc. fr. de Rome », 134), Rome, 1990, p. 251-272.

[AF-33]   DI VITA A., Gli « Emporia » di Tripolitania dall'età di Massinissa a Diocleziano, dans *ANRW*, II, 10, 2 (1982), p. 515-595.

[AF-34]   DUNCAN-JONES R. P., Equestrian Rank in the Cities of the African Provinces under the Principate : an Epigraphical Survey, dans *Papers of the British School at Rome*, 35, n.s. 22, 1967, p. 147-188.

[AF-35]   DUNCAN-JONES R. P., *The Economy of the Roman Empire*, Cambridge, 1974, 396 p. (Prices in the African Provinces, p. 63-119 ; The Size of Cities, p. 259-287).

[AF-36]   DUPUIS X., Nouvelles promotions municipales de Trajan et d'Hadrien. A propos de deux inscriptions récemment publiées, dans *ZPE*, 93, 1992, p. 123-131.

[AF-37]   DUPUIS X., Constructions publiques et vie municipale en Afrique de 244 à 276, dans *MEFRA*, 104, 1992, p. 233-280.

[AF-38]   DUPUIS X., A propos d'une inscription de Thugga : un témoignage sur la vitalité des cités africaines pendant la crise du IIIᵉ siècle, dans *MEFRA*, 105, 1993, p. 63-73.

[AF-39]   DUVAL N., L'urbanisme de Sufetula (Sbeitla) en Tunisie, dans *ANRW*, II, 10, 2, 1982, p. 633-671.

[AF-40]   DUVAL N., Topographie et urbanisme d'Ammaedara (actuellement Haïdra), Tunisie, dans *ANRW*, II, 10, 2, 1982, p. 633-671.

[AF-41]   EUZENNAT M., Héritage punique et influence gréco-romaine au Maroc à la veille de la conquête romaine, dans *Actes du VIIIᵉ Congrès intern. d'Arch. classique*, Paris, 1965, p. 261-278.

[AF-42]   EUZENNAT M., *Le limes de Tingitane : la frontière méridionale*, Paris, 1989, 340 p.

[AF-43]   FENTRESS E. W. B., *Numidia and the Roman Army. Social, Military and Economic Aspects of the Frontier Zone* (« BAR », Inter. Ser., 53), Oxford, 1979, 242 p.

[AF-44]   FENTRESS E. W. B., Limes - Africa, dans E. de Ruggiero, *Dizionario epigrafico di Antichità romana*, vol. 4, 43, Rome, 1984, p. 1376 / 21-46.

[AF-45]   FENTRESS E. W. B., The Economy of an Inland City : Sétif, dans *L'Afrique dans l'Occident romain* (« Coll. Éc. fr. de Rome », 134), Rome, 1990, p. 117-128.

[AF-46]   FENTRESS E. W. B. et PERKINS Ph., Counting African Red Slip ware, dans *Africa Romana*, 1987, p. 205-214.

[AF-47] FÉVRIER P.-A., Notes sur le développement urbain en Afrique du Nord : les exemples comparés de Djemila et de Sétif, dans *Cahiers archéologiques*, 14, 1964, p. 1-26.

[AF-48] FLACH D., Inschriftenuntersuchungen zum römischen Kolonat in Nordafrika, dans *Chiron*, 8, 1978, p. 441-492.

[AF-49] FLACH D., Die Pachtbedingungen der Kolonen und die Verwaltung der kaiserlichen Güter in Nordafrika, dans *ANRW*, II, 10, 2, 1982, p. 427-473.

[AF-50] FRÉZOULS E., Les Baquates et la province romaine de Tingitane, dans *Bull. d'Archéol. marocaine*, II, 1957, p. 65-116.

[AF-51] GASCOU J., *La politique municipale de l'Empire romain en Afrique proconsulaire de Trajan à Septime Sévère* (« Coll. Éc. fr. de Rome », 8), Rome, 1972, 258 p.

[AF-52] GASCOU J., La politique municipale de Rome en Afrique du Nord, I : De la mort d'Auguste au début du IIIᵉ siècle, dans *ANRW*, II, 10, 2 (1982), p. 136-229 ; II : Après la mort de Septime Sévère, *ibid.*, p. 230-320.

[AF-53] GASCOU J., « Pagus » et « castellum » dans la confédération cirtéenne, dans *Ant. afr.*, 19, 1983, p. 175-207.

[AF-54] GASCOU J., Note sur l'évolution du statut juridique de Tanger entre 38 av. J.-C. et le règne de Claude, dans *Ant. afr.*, 8, 1974, p. 67-71.

[AF-55] GERMAIN S., *Les mosaïques de Timgad, étude descriptive et analytique*, Paris, 1969, 170 p., 90 pl.

[AF-56] GROS P., Le forum de la haute ville dans la Carthage romaine, d'après les textes et l'archéologie, dans *CRAI*, 1982, p. 636-658.

[AF-57] GROS P., Le premier urbanisme de la « colonia Iulia Carthago », dans *L'Afrique dans l'Occident romain* (« Coll. Éc. fr. de Rome », 134), Rome, 1990, p. 547-573.

[AF-58] GSELL S., *Histoire ancienne de l'Afrique du Nord*, 8 vol., Paris, 1913-1928 (seul le tome 8 concerne la période impériale – de César à Caligula).

[AF-59] GSELL S., Esclaves ruraux dans l'Afrique romaine, dans *Mélanges G. Glotz*, t. I, Paris, 1932, p. 397-415 (= *Études sur l'Afrique antique, Scripta Varia*, Lille, 1981, p. 253-271).

[AF-60] GSELL S., Virgile et les Africains, dans *Cinquantenaire de la Faculté des lettres d'Alger*, Alger, 1932, p. 397-415 (= *Études sur l'Afrique antique, Scripta Varia*, Lille, 1981, p. 273-310).

[AF-61] GSELL S., La Tripolitaine et le Sahara au IIIᵉ siècle de notre ère, dans *Mémoires de l'Ac. des Inscriptions*, 43, 1926, p. 149-166 (= *Études sur l'Afrique antique, Scripta Varia*, p. 157-174). L'intérêt de cette étude est seulement historiographique.

[AF-62] HAYES J. W., *Late Roman Pottery*, Londres, 1972.

[AF-62 *bis*] *A Supplement to Late Roman Pottery*, Londres, 1980, 82 p.

[AF-63] HITCHNER R. B., The Kasserine archaeological survey, 1982-1986, dans *Ant. afr.*, 24, 1988, p. 7-41.

[AF-64] HITCHNER R. B., The Kasserine archaeological survey, 1987, dans *Ant. afr.*, 26, 1990, p. 231-258.

[AF-65] JACQUES F., « Ampliatio et mora » : évergètes récalcitrants d'Afrique romaine, dans *Ant. afr.*, 9, 1975, p. 159-180.

[AF-66] JACQUES F., Les curateurs des cités africaines au IIIᵉ siècle, dans *ANRW*, II, 10, 2 (1982), p. 62-135.

[AF-67] JACQUES F., L'urbanisme en Italie et dans l'Afrique romaine, dans *Journal of Roman Archaeology*, 2, 1989, p. 238-244.

[AF-68] JACQUES F., « Municipia libera » de l'Afrique proconsulaire, dans *Epigrafia, Actes du colloque en mémoire de Attilio Degrassi,* Rome (« Coll. Éc. fr. de Rome », 143), 1991, p. 583-606.

[AF-69] JARRETT M. G., The African Contribution to the Imperial Equestrian Service, dans *Historia,* 12, 1963, p. 209-226.

[AF-70] JOUFFROY H., *La construction publique en Italie et dans l'Afrique romaine,* Strasbourg, 1966, 538 p.

[AF-71] KHANOUSSI M., Nouveaux documents sur la présence militaire dans la colonie julienne augustéenne de Simitthu (Chemtou), Tunisie, dans *CRAI,* 1991, p. 825-839.

[AF-72] KOLENDO J., *Le colonat en Afrique sous le Haut-Empire,* Paris, 1976, 118 p.

[AF-73] KOTULA T., Les origines des assemblées provinciales dans l'Afrique romaine, dans *Eos,* 52, 1962, p. 147-167.

[AF-74] LASSÈRE J.-M., « *Ubique populus* » : *peuplement de mouvements de population dans l'Afrique romaine de la chute de Carthage à la fin de la dynastie des Sévères,* Paris, 1977, 716 p.

[AF-75] LASSÈRE J.-M., Un conflit routier : observations sur les causes de la guerre de Tacfarinas, dans *Ant. afr.,* 18, 1982, p. 11-25.

[AF-76] LASSÈRE J.-M., L'organisation des contacts de population dans l'Afrique romaine sous la République et au Haut-Empire, dans *ANRW,* II, 10, 2, p. 397-426.

[AF-77] LE BOHEC Y., *La Troisième Légion Auguste,* Paris, 1989, 632 p.

[AF-78] LE BOHEC Y., *Les unités auxiliaires de l'armée romaine en Afrique proconsulaire et en Numidie sous le Haut-Empire,* Paris, 1989, 220 p.

[AF-79] LE GLAY M., *Saturne africain, Histoire* (« BEFAR », 205), Paris, 1966, 522 p.

[AF-80] LE GLAY M., *Saturne africain, Monuments,* 2 vol., Paris, 1961 et 1966, 464 et 366 p.

[AF-81] LE GLAY M., Les Flaviens et l'Afrique, dans *MEFRA,* 80, 1968, p. 201-246.

[AF-82] LE GLAY M., Sénateurs de Numidie et des Maurétanies, dans *Epigrafia e ordine senatorio* (*Tituli,* 5), Rome, 1982, p. 755-781.

[AF-83] LEPELLEY C., *Les cités de l'Afrique romaine au Bas-Empire,* 2 vol., Paris, 1979 et 1981, 422 et 610 p. (évoque souvent la période du Haut-Empire).

[AF-84] LEPELLEY C., « Ubique Respublica ». Tertullien témoin méconnu de l'essor des cités africaines à l'époque sévérienne, dans *L'Afrique dans l'Occident romain* (« Coll. Éc. fr. de Rome », 134), Rome, 1990, p. 403-421.

[AF-85] LEPELLEY C., Les sièges des *conventus* judiciaires de l'Afrique proconsulaire, dans *BCTH,* n.s. 23, 1990-1992, p. 145-157.

[AF-86] LEVEAU P., *Caesarea de Maurétanie : une ville romaine et ses campagnes,* Rome, 1984, 556 p.

[AF-87] LEVEAU P., Caesarea de Maurétanie, dans *ANRW,* II, 10, 2, p. 683-738.

[AF-88] LEVEAU P., L'aile II des Thraces, la tribu des Mazices et les *praefecti gentis* en Afrique du Nord, dans *Ant. afr.,* 7, 1973, p. 153-192.

[AF-89] MAHJOUBI A., *Recherches d'histoire et d'archéologie à Henchir-el-Faouar : la cité des Belalitani Maiores,* Tunis, 1978, 486 p.

[AF-90] MAHJOUBI A., La cité des « Belalitani Maiores ». Exemple de permanence et de transformation de l'urbanisme antique, dans *L'Africa romana,* I, 1983, p. 63-71.

[AF-91] MARCILLET-JAUBERT J., *Les inscriptions d'Altava,* Aix-en-Provence, 1968, 244 p.

[AF-92] MATTINGLY D. J., Oil fort Export ? A Comparison of Libyan, Spanish and Tunisian Oil Production in the Roman Empire, dans *Journ. of Roman Archaeology,* I, 1988, p. 33-56.

XXII   *Rome et l'intégration de l'Empire*

[AF-93] M'CHAREK A., *Aspects de l'évolution démographique et sociale à Mactar aux IIe et IIIe siècles apr. J.-C.*, Tunis, 1982, 252 p.

[AF-94] M'CHAREK A., Maghrawa, lieu de provenance des stèles punico-numides dites de La Ghorfa, dans *MEFRA*, 100, 1988, p. 731-760.

[AF-95] MONCEAUX P., *Histoire littéraire de l'Afrique chrétienne*, t. I : *Tertullien et les origines*, Paris, 1901, 512 p. ; t. II : *Saint Cyprien et son temps*, Paris, 1902, 390 p.

[AF-96] MORIZOT P., Inscriptions inédites de l'Aurès, dans *ZPE*, 22, 1976, p. 137-168.

[AF-97] PANELLA C., Le anfore tardoantiche : centri du produzione e mercati preferenziali ; Le merci : produzioni, itinerari e destini, dans *Società romana e impero tardoantico*, éd. par A. Giardina, t. III, Rome-Bari, 1986, p. 251-277 et 431-459.

[AF-98] PAVIS D'ESCURAC H., Pour une étude sociale de l'*Apologie* d'Apulée, dans *Ant. afr.*, 8, 1974, p. 89-101.

[AF-99] PAVOLINI C., La circolazione delle lucerne in terra sigillata africana, dans *Società romana e impero tardoantico*, éd. par A. Giardina, t. III, Rome-Bari, 1986, p. 241-250.

[AF-100] PEYRAS J., *Le Tell nord-est tunisien dans l'Antiquité, essai de monographie régionale*, Paris, 1991, 538 p.

[AF-101] PEYRAS J., Paysages agraires et centuriations dans le bassin de l'oued Tine (Tunisie du Nord), dans *Ant. afr.*, 19, 1983, p. 209-253.

[AF-102] PFLAUM H.-G., Remarques sur l'onomatique de Castellum Celtianum, dans *Carnuntina, Römische Forschungen in Niederösterreich*, III, 1956, p. 126-151 (=*Afrique romaine, Scripta Varia I*, Paris, 1978, p. 87-112).

[AF-103] PFLAUM H.-G., Onomastique de Cirta, dans *Limes-Studien Vorträge*, IIIe Congrès (« Coll. Inst. suisse de préhistoire et d'hist. ancienne », 14), Bâle, 1959, p. 96-133 = *Scripta varia*, I : *Afrique romaine*, Paris, 1978, p. 161-198.

[AF-104] PFLAUM H.-G., La romanisation de l'ancien territoire de la Carthage punique à la lumière des découvertes épigraphiques récentes, *Ant. afr.*, 4, 1970, p. 75-117 (=*Afrique romaine, Scripta varia I*, Paris, 1978, p. 300-344).

[AF-105] PICARD G.-C., *La civilisation de l'Afrique romaine*, 2e éd. revue et augmentée, Paris, 1990, 360 p.

[AF-106] PICARD G.-C., *Castellum Dimmidi*, Alger, 1947, 230 p.

[AF-107] PICARD G.-C., *Civitas Mactaritana* (=*Karthago*, 8, 1957), 166 p.

[AF-108] PICARD G.-C., *Les religions de l'Afrique antique*, Paris, 1954, 268 p.

[AF-109] PICARD G.-C. (avec MAHJOUBI A. et BESCHAOUCH A.), Pagus Thuscae et Gunzuzi, dans *CRAI*, 1963, p. 124-130.

[AF-110] POINSSOT C., *Les ruines de Dougga*, Tunis, 1958, 82 p.

[AF-111] POINSSOT C., Immunitas perticae Carthaginiensis, dans *CRAI*, 1962, p. 65-76.

[AF-112] REBUFFAT R., Deux ans de recherche dans le sud de la Tripolitaine, dans *CRAI*, 1969, p. 189-212. Autres rapports sur ces recherches importantes : *CRAI*, 1972, p. 319-339 ; *CRAI*, 1975, p. 395-505.

[AF-113] REBUFFAT R., Enceintes urbaines et insécurité en Maurétanie Tingitane, dans *MEFRA*, 86, 1974, p. 501-522.

[AF-114] REBUFFAT R., Une zone militaire et sa vie économique : le « limes » de Tripolitaine, dans *Armées et fiscalité dans le monde antique*, Colloques du CNRS, vol. 93, Paris, 1977, p. 395-419.

[AF-115] REBUFFAT R., La frontière romaine en Afrique : Tripolitaine et Tingitane, dans *Ktèma*, 4, 1979, p. 225-247.

[AF-116] REBUFFAT R., L'implantation militaire romaine en Maurétanie Tingitane, dans *Africa Romana*, IV, 1986 (1987), p. 31-78.

[AF-117] REBUFFAT R., Les fermiers du désert, dans *Africa romana*, V, 1987 (1988), p. 33-68.

[AF-118] REBUFFAT R., Nomadisme et archéologie, dans *L'Afrique dans l'Occident romain* (« Coll. Éc. fr. de Rome », 134), Rome, 1990, p. 231-247.

[AF-119] ROMANELLI P., *Storia delle province romane dell'Africa*, Rome, 1958, 720 p.

[AF-120] ROMANELLI P., *Topografia e archeologia dell'Africa romana* (Enciclopedia Classica, III, 10, 7), Turin, 1970, 864 p.

[AF-121] SALAMA P., *Les voies romaines de l'Afrique du Nord*, Alger, 1951, 144 p., 12 pl., carte hors texte.

[AF-122] SALAMA P., Vues nouvelles sur l'insurrection maurétanienne dite de 253 : le dossier numismatique, dans *L'armée et les affaires militaires*, Actes du IVᵉ Colloque d'histoire et d'archéologie de l'Afrique du Nord, Strasbourg, 1988, t. II, Paris, CTHS, 1991, p. 455-470.

[AF-123] SAUMAGNE C., Le Byzacium protoromain : villes libres, *stipendiarii, liberi Massinissae*, dans *Cahiers de Tunisie*, II, 1963, p. 48-62.

[AF-124] SESTON W. - EUZENNAT M., La citoyenneté romaine au temps de Marc Aurèle et de Commode d'après la *Tabula Banasitana*, dans *CRAI*, 1961, p. 317-324 (= W. SESTON, *Scripta Varia*, « Coll. Éc. fr. de Rome », 43, p. 77-84).

[AF-125] SESTON W. - EUZENNAT M., Un dossier de la chancellerie romaine, la *Tabula Banasitana*, dans *CRAI*, 1971, p. 468-107 (= W. SESTON, *Scripta Varia*, « Coll. Éc. fr. de Rome », 43, p. 85-107).

[AF-126] SHERWIN-WHITE A. N., Geographical Factors in Roman Algeria, dans *Journ. of Roman Studies*, 34, 1944, p. 1-10.

[AF-127] SOYEZ J., Les centuriations romaines en Algérie orientale, dans *Ant. afr.*, 10, 1976, p. 107-180.

[AF-128] TCHERNIA A. et ZEVI F., Les amphores de Byzacène au Bas-Empire, dans *Ant. afr.*, 3, 1969, p. 173-214.

[AF-129] TROUSSET P., *Recherches sur le « Limes Tripolitanus » du chott El-Djerid à la frontière tuniso-libyenne*, Paris, 1974, 178 p.

[AF-130] TROUSSET P., Les bornes du Bled Segui : nouveaux aperçus sur la centuriation romaine du Sud tunisien, dans *Ant. afr.*, 12, 1978, p. 125-177.

CHAPITRE III
LES PROVINCES HISPANIQUES

Il faut se reporter à :

[HISP-1] NICOLET Claude, *Rome et la conquête du monde méditerranéen*, 2, *Genèse d'un empire*, 2ᵉ éd., Paris, PUF, « Nouvelle Clio », 1989, p. 489-496, et p. XIV-XVII, pour retrouver bon nombre d'ouvrages utilisables également sur la période du Haut-Empire romain. La vitalité des recherches est à découvrir avec

[HISP-2] *Histoire et archéologie de la péninsule Ibérique. Vingt ans de recherches, 1968-1987*, Paris, 1993, qui reprend des Chroniques parues antérieurement dans la *REA* (Bordeaux).

Manuels généraux

[HISP-3] MENÉNDEZ PIDAL R., *Historia de España. España romana (218 a. J.-C. - 414 de J.-C.)*, 1 : MONTENEGRO DUQUE A. y BLAZQUEZ J. M., *La conquista y la explotación económica* ; 2 : MANGAS MANJARRÈS J. et al., *La sociedad, el derecho, la cultura*, Madrid, 1982.

[HISP-4] ALARCÃO J., *Roman Portugal*, Warminster, 1988.

[HISP-4 *bis*] LE ROUX P., *Romains d'Espagne. Cités et politiques dans les provinces, IIᵉ s. av. J.-C. - IIIᵉ s. apr. J.-C.*, Paris, 1995.

[HISP-5] KEAY S. J., *Roman Spain*, Londres, 1988.

[HISP-6] CURCHIN L. A., *Roman Spain. Conquest and Assimilation*, Londres, 1991.

Sources

Les sources littéraires sont clairement indiquées dans

[HISP-7] *Fontes Hispaniae antiquae*, vol. VI à IX, par A. Schulten, R. Grosse, V. Bejarano, Barcelone, 1947-1987.

Pour les sources épigraphiques, le

[HISP-8] *Corpus Inscriptionum Latinarum*, vol. II avec suppl., Berlin, 1869 et 1892, par E. Hübner, demeure indispensable, en partie remplacé par

[HISP-9] *CIL* II², XIV, 1, *Conventus Tarraconensis*, fasc. 1, Pars meridionalis, ed. G. Alföldy, M. Clauss et M. Mayer Olivé, Berlin-New York, 1995.

[HISP-10] *CIL* II², VII, *Conventus Cordubensis*, ed. A. U. Stylow, Berlin-New York, 1995

et de nombreux recueils spécialisés, dont

[HISP-11] ALFÖLDY G., *Romische Inschriften von Tarraco*, Berlin, 1975.

[HISP-12] FABRE G., MAYER M., RODA I., *Inscriptions romaines de Catalogne*, I : *Barcelone (sauf Barcino)*, II : *Lérida*, III : *Gérone*, Paris, 1984-1991.

[HISP-13] *Corpus de inscripciones latinas de Andalucia*, 5 vol. parus, Séville, 1989-1991.

[HISP-14] *Corpus de Inscricións Romanas de Galicia* (G. Pereira Menaut, éd.) 1 : *Provincia de A Coruña*, Santiago, 1991, 2 : *Provincia de Pontevedra*, Santiago, 1994.

Des documents épigraphiques capitaux sont apparus récemment

[HISP-15] GONZALEZ J., Tabula Siarensis, Fortunales Siarenses et municipia civium Romanorum, *ZPE*, 55, 1984, 55-100.

[HISP-16] GONZALEZ J. (avec la coll. de M. Crawford), The Lex Irnitana : a New Copy of the Flavian Municipal Law, *JRS*, 76, 1986, 147-243.

[HISP-17] GONZALEZ J., The first oath pro salute Augusti found in Baetica, *ZPE*, 72, 1988, 113-127.

[HISP-18] ECK W., Das sc. de Cn. Pisone und seine Publikation in der Baetica, *Cahiers du Centre Glotz*, 4, 1993, 189-208.

Une réflexion se développe sur

[HISP-19] *Épigraphie hispanique. Problèmes de méthode et d'édition*, Paris, 1984.

[HISP-20] *Roma y el nacimiento de la cultura epigráfica en Occidente* (Beltrán Lloris éd.), Saragosse, 1995.

[HISP-21] ABASCAL PALAZÓN J. M., *Los nombres personales en las inscripciones latinas de Hispania*, Murcie, 1994.

Pour la numismatique, un guide commode

[HISP-22] VILLARONGA L., *Numismatica antigua de Hispania. Iniciación a su estudio*, Barcelone, 1979, ainsi que de nombreuses monographies comme celle de

[HISP-23] LLORENS Ma., *La ceca de Ilici*, Valence, 1987.

Les chantiers archéologiques donnent lieu à des synthèses, par exemple pour deux sites urbains :

[HISP-24] *Fouilles de Conimbriga*, sous la direction de J. Alarcão et R. Étienne, Paris, 1974-1979.

[HISP-25] *Belo*, 6 vol. parus, Madrid-Paris, 1973-1991.

[HISP-25 *bis*] SILLIÈRES P., *Baelo Claudia, une cité romaine de Bétique, Géographie historique*, Madrid, 1995.

Géographie historique

[HISP-26] SCHULTEN A., *Geografía y etnografía antiguas de la península Ibérica*, 1, Madrid, 1959.

[HISP-27] CARO BAROJA, *Los pueblos de España*, 2ᵉ éd., Madrid, 1976.

[HISP-28] TOVAR A., *Iberische Landeskunde*, 3 vol., Baden-Baden.

Synthèses et recueils de travaux

[HISP-29] ALBERTINI E., *Les divisions administratives de l'Espagne romaine*, Paris, 1923.

[HISP-30] VITTINGHOFF F., *Römische Kolonisation und Bürgerrecht-politik unter Caesar und Augustus*, Wiesbaden, 1952.

[HISP-31] THOUVENOT R., *Essai sur la province romaine de Bétique*, 2ᵉ éd., Paris, 1973, en partie périmé mais non remplacé.

[HISP-32] *Les empereurs romains d'Espagne*, Colloque, Paris, 1965.

[HISP-33] *Legio VII Gemina*, Léon, 1970, avec une contribution de

[HISP-34] SYME R., The Conquest of North-West Spain, dans *Legio VII Gemina*, Léon, 1970, 79-107.

[HISP-35] *Aufstieg und Niedergang der Römischen Welt* (TEMPORINI H.), II, 3, Berlin, 1975, 428-684, indispensable et incomplet.

[HISP-36] *Symposium de ciudades augusteas*, Saragosse, 1976.

[HISP-37] TRANOY A., *La Galice romaine. Recherches sur le nord-ouest de la péninsule Ibérique dans l'Antiquité*, Paris, 1981.

[HISP-38] ALFÖLDY G., *Römische Stadtewesen auf der neukastilischen Hochebene. Ein Testfall für die Romanisierung*, Heidelberg, 1987.

[HISP-39] DOPICO CAINZOS M. D., Los conventus iuridici. Origen, cronología y naturaleza histórica, *Gerión*, 4, 1986, 265-283.

[HISP-40] *Les villes de la Lusitanie romaine. Hiérarchies et territoires*, Paris, 1990.

[HISP-41] LE ROUX P. et TRANOY A., Rome et les indigènes dans le nord-ouest de la péninsule Ibérique. Problèmes d'épigraphie et d'histoire, *Mélanges de la Casa de Velazquez*, IX, 1973, p. 177-232.

[HISP-42] ÉTIENNE R., L'horloge de la *civitas Igaeditanorum* et la création de la province de Lusitanie, *REA*, 94, 3-4, 1992, 355-362.

[HISP-43] LE ROUX P., *Romains d'Espagne. Cités et politiques dans les provinces, IIe siècle av. J.-C. - IIIe siècle apr. J.-C.*, Paris, 1995, une analyse stimulante.

[HISP-44] CABALLOS RUFINO A., *Itálica y los Italicenses*, Séville, 1994.

Instruments du pouvoir impérial

[HISP-45] ROLDÁN HERVAS J. M., *Hispania y el ejercito romano. Contribución a la historia social de la España antigua*, Salamanque, 1974.

[HISP-46] LE ROUX P., *L'armée romaine et l'organisation des provinces ibériques*, Paris, 1982.

[HISP-47] LE ROUX P., L'armée romaine dans la péninsule Ibérique sous l'Empire : bilan pour une décennie, *REA*, 94, 1-2, 1992, 231-258.

[HISP-48] SILLIÈRES P., La rareté des voies romaines en Hispanie méridionale : explication et conséquences, *Labor omnibus unus. Gerold Walser zum 70 Geburtstag dargebracht von Freunden, Kollegen und Schülern* (« Historia Einzelschriften », 60), Stuttgart, 1989, 105-111.

[HISP-49] SILLIÈRES P., *Les voies de communication de l'Hispanie méridionale*, Paris, 1990.

[HISP-50] LE ROUX P., Procurateur affranchi *in Hispania* : Saturninus et l'activité minière, *Madrider Mitteilungen*, 26, 1985, 218-233.

[HISP-51] CHRISTOL M. et DEMOUGIN S., De Lugo à Pergame : la carrière de l'affranchi Saturninus dans l'administration impériale, *MEFRA*, 102, 1990, 159-211.

L'histoire économique

[HISP-52] VAN NOSTRAND J., Roman Spain dans Frank, *An Economic Survey of Ancient Rome*, III, Paterson, 1959, Baltimore, 1937, 119-224.

[HISP-53] VASQUEZ DE PRADA V., *Historia económica y social de España*, I : *La antigüedad*, par A. d'Ors, J. Maluquer de Motes, A. Balil, J. M. Blazquez, J. Orlandis, Madrid, 1973.

[HISP-54] COLLS D., ÉTIENNE R., LIOU B., MAYET F., L'épave *Port-Vendres II* et le commerce de la Bétique à l'époque de Claude, *Archeonautica*, 1, 1977.

[HISP-55] LIOU B., Le commerce de la Bétique au Ier siècle de notre ère : notes sur l'épave Sud-Lavezzi 1 (Bonifacio, Corse du Sud), *Archeonautica* 10, 1990, 125-155.

[HISP-56] LIOU B. et DOMERGUE C., Le commerce de la Bétique au Ier siècle de notre ère : l'épave Sud-Lavezzi 2 (Bonifacio, Corse du Sud), *Archeonautica* 10, 1990, 11-123.

[HISP-57] BLAZQUEZ J.-M., *Historia económica de la Hispania romana*, Madrid, 1978.

[HISP-58] BOST J.-P., CAMPO M., COLLS D., GUERRERO V., MAYET F., *L'épave* Cabrera, III *(Majorque). Échanges commerciaux et circuits monétaires au milieu du IIIe s. après J.-C.*, Paris, 1992.

[HISP-59] PEREIRA I., BOST J.-P., HIERNARD J., *Fouilles de Conimbriga*, III : *Les monnaies*, Paris, 1974.

[HISP-60] BOST J.-P., CHAVES F., DEPEYROT G., HIERNARD J. et RICHARD J.-C., *Belo IV, Les monnaies*, Madrid, 1987.

[HISP-61] GURT ESPARRAGUERA J.-M., *Clunia*, III : *Hallazgos monetarios. La romanización de la Meseta Norte a través de la circulación monetaria en la ciudad de Clunia*, Madrid, 1985.

Sur des domaines particuliers

[HISP-62] DOMERGUE C., *La mine antique d'Aljustrel (Portugal) et les tables de bronze de Vipasca*, Paris, 1983.

[HISP-63] DOMERGUE C., *Les mines de la péninsule Ibérique dans l'Antiquité romaine*, Rome, 1990, fondamental, à compléter par

[HISP-64] BERNARD H. et DOMERGUE C., Les lingots de plomb de l'épave romaine *SudPerduto 2* (Bouches de Bonifacio, Corse), *Bull. de la Soc. des Sciences historiques et naturelles de la Corse*, 111ᵉ année, fasc. 659, 1991, 41-95.

[HISP-65] *Producción y comercio del aceite en la antigüedad. Primer congreso internacional*, Madrid, 1983.

[HISP-66] RODRIGUEZ ALMEIDA E., *Il Monte Testaccio. Ambiente, storia, materiali*, Rome, 1984.

[HISP-67] REMESAL RODRIGUEZ J., *La annona militaris y la exportación de aceite bético a Germania*, Madrid, 1986.

[HISP-68] MATTINGLY D. J., Oil for export? A comparison of Libyan Spanish and Tunisian olive oil production in the Roman Empire, *Jl of Rom. Arch.*, 1, 1988, 33-56.

[HISP-69] JACQUES F., L'huile de Bétique dans le nord de la France d'après les marques d'amphores Dressel 20, *Revue du Nord - Archéologie*, 73, 1991, n° 292, 195-223.

[HISP-70] PONSICH M. et TARADELL M., *Garum et industries antiques de salaison dans la Méditerranée occidentale*, Paris, 1965.

[HISP-71] ÉTIENNE R., A propos du *garum sociorum*, *Latomus*, 29, 1970, 297-313.

[HISP-72] ÉTIENNE R., MAKAROUN Y., MAYET F., *Un grand comptoir industriel à Troia (Portugal)*, Paris, 1994 (usine à garum).

[HISP-73] *El vi a l'antiguitat. Economia, producció i comerç al Mediterrani occidental*, Badalona, 1987.

[HISP-74] MAYET F., *Les céramiques à parois fines dans la péninsule Ibérique*, Paris, 1975.

[HISP-75] MAYET F., *Les céramiques sigillées hispaniques. Contribution à l'histoire économique de la péninsule Ibérique*, Paris, 1984.

[HISP-76] PONSICH M., *Implantation rurale antique sur le Bas-Guadalquivir*, Paris, I, 1974; II, 1979; III, 1986.

[HISP-77] GORGES J. G., *Les villes hispano-romaines. Inventaire et problématique archéologique*, Paris, 1979.

[HISP-78] ALARCÃO J., ÉTIENNE R., MAYET F., *Les villas romaines de São Cucufate (Portugal)*, Paris, 1990.

[HISP-79] JACQUES F., Un exemple de concentration foncière en Bétique d'après le témoignage des timbres amphoriques d'une famille clarissime, *MEFRA*, 102, 1990-2, 865-899.

[HISP-80] AGUILAR SAENZ A., GUICHARD P., *Villas romaines d'Estremadure : Dona Maria, La Sevillana et leur environnement*, Madrid, 1993.

Sur les transformations

[HISP-81] DEININGER J., *Die Provinziallandtage der römischen Kaiserzeit von Augustus bis zum Ende des dritten Jahrhunderts n. Chr.*, Munich, 1965.

[HISP-82] ALFÖLDY G., *Fasti Hispanienses. Senatorische Reichsbeamte und Offiziere in den spanischen Provinzen des römischen Reiches von Augustus bis Diokletian*, Wiesbaden, 1969.

[HISP-83] GALSTERER H., *Untersuchungen zum römischen Städtwesen auf der iberischen Halbinsel*, Berlin, 1971.

[HISP-84] ALFÖLDY G., *Flamines provinciae Hispaniae citerioris*, Madrid, 1972.

[HISP-85] ALFÖLDY G. et HALFMANN H., *El Edetano M. Cornelius Nigrinus, general de Domiciano y rival de Trajano*, Valence, 1973.

[HISP-86] LE ROUX P., Les sénateurs originaires de la province d'*Hispania Citerior* au Haut-Empire romain, *Epigrafia e ordine senatorio*, II (*Tituli*, 5), Rome, 1982, 439-464.

[HISP-87] CABALLOS RUFINO A., *Los senadores hispanoromanos y la romanización de Hispania (siglos I-III)*, I : *Prosopografia*, 2 vol., Ecija, 1990.

[HISP-88] SYME R., Spaniards at Tivoli, *Ancient Society*, 13-14, 1982-1983, 241-263 (= *Roman Papers*, IV, 1988, 94-114).

[HISP-89] MANGAS J., Hospitium y patrocinium sobre colectividades públicas : términos sinónimos ? (Da Augusto a finés de los Severos), *DdHA*, 9, 1983, 165-184.

[HISP-90] MACKIE N., *Local Administration in Roman Spain AD 14-212*, Oxford, 1983.

[HISP-91] LE ROUX P., Municipe et droit latin en Hispania sous l'Empire, *RHDFE*, 1986, 3, 325-350.

[HISP-92] ÉTIENNE *et al.*, La *tessera hospitalis*, instrument de sociabilité et de romanisation dans la péninsule Ibérique, *Sociabilité, pouvoirs et société*, Rouen, 1987, 323-336.

[HISP-93] GONZALEZ J., ARCÉ J. (éd.), Estudios sobre la Tabula Siarensis, *Anejos de Archivo Esp. de Arqu.*, 9, Madrid, 1986.

[HISP-94] ABASCAL J. M. et ESPINOSA U., *La ciudad hispano-romana. Privilegio y poder*, Logroño, 1989.

[HISP-95] CURCHIN L. A., *The Local Magistrates of Roman Spain*, Toronto, 1990.

[HISP-96] *Ciudad y comunidad cívica en Hispania (siglos II y III d.C.). Cité et communauté civique en Hispania*, Madrid, 1993.

[HISP-97] MELCHOR GIL E., *El mecenazgo cívico en la Bética. Contribución de los evergetas a la vida municipal*, Cordoue, 1994.

[HISP-98] MANGAS J., *Esclavos y libertos en la España Romana*, Salamanque, 1971.

[HISP-99] FABRE G., Les affranchis et la vie municipale dans la péninsule Ibérique sous le Haut-Empire romain : quelques remarques, *Actes du Colloque 1973 sur l'esclavage (Besançon)*, Paris, 1976, 417-462.

[HISP-100] SERRANO DELGADO J. M., *Status y promoción social de los libertos en Hispania Romana*, Séville, 1988.

[HISP-101] SCHULZE-OBEN H., *Freigelassene in der Städte des römischen Hispanien. Juristische wirtschaftliche und soziale Stellung nach dem Zeugniss der Inschriften*, Bonn, 1989.

Sur le culte impérial

[HISP-102] ÉTIENNE R., *Le culte impérial dans la péninsule Ibérique d'Auguste à Dioclétien*, Paris, 1958.

[HISP-103] FISHWICK D., *The Imperial Cult in the Latin West. Studies in the Ruler Cult of the Western Provinces of the Roman Empire* (« EPROER », 108), 2 vol., Leyde, 1987 et 1991.

[HISP-104] ÉTIENNE R., Le culte impérial, vecteur de la hiérarchisation urbaine, *Les villes de la Lusitanie romaine*, Paris, 1990, 215-231.

[HISP-105] LE ROUX P., L'évolution du culte impérial dans les provinces occidentales d'Auguste à Domitien, *Les Années Domitien* (*Pallas*, 40), Toulouse, 1993, 397-411.

Histoire religieuse

[HISP-106] PEETERS F., Le culte de Jupiter en Espagne d'après les inscriptions, *Revue belge de philologie et d'histoire*, 17, 1938, 157-193 et 853-886.

[HISP-107] BLAZQUEZ J. M., *Religiones primitivas de Hispania*, I : *Fuentes literarias y epigráficas*, Madrid, 1962.

[HISP-108] LAMBRINO S., Les cultes indigènes en Espagne sous Trajan et Hadrien, *Les empereurs romains d'Espagne*, Paris, 1965, 223-242.

[HISP-109] GARCIA y BELLIDO A., *Les religions orientales dans l'Espagne romaine*, Leyde, 1967.

[HISP-110] *La religión romana en Hispania*, Madrid, 1981.

[HISP-111] KNAPP R., The epigraphic evidence for native and roman religion in Iberia, *Praktica*, 1, 1984, 219-230.

[HISP-112] LE ROUX P., Cultes indigènes et religion romaine en Hispania sous l'Empire, *Mélanges à la mémoire de M. Le Glay*, Bruxelles, 1994, 560-567.

Aspects culturels

[HISP-113] DOLÇ M., *Hispania y Marcial. Contribución al conocimientto de la España antigua*, Barcelona, 1953.

[HISP-114] ALARCÃO J., ÉTIENNE R., GOLVIN J. C., SCHREYECK J., MONTURET R., Vitruve à Conimbriga, *Conimbriga*, 17, 1978, 5-14.

[HISP-115] DIDIERJEAN F., NEY C., PAILLET J.-L., *Belo III, Le macellum*, Paris, 1986.

[HISP-116] COARELLI F., Munigua, Preneste e Tibur, i modelli laziali di un municipio della Baetica, *Lucentum*, VI, 1987, 91-100.

[HISP-117] DUPRÉ y RAVENTÓS X., *L'arc romà de Berà (Hispania citerior)*, Barcelone, 1994.

[HISP-118] QUET M.-H., *La mosaïque cosmologique de Mérida, proposition de lecture*, Paris, 1981.

[HISP-119] LANCHA J., *Mosaïque et culture dans l'Occident romain (Iᵉʳ-IVᵉ s.)*, Rome, 1996, 141-260, 253-391 *(à paraître)*.

[HISP-120] *Mosaicos romanos. Estudios sobre iconografía. Actas de Homenaje in Memoriam de Alberto Balil*, Guadalajara, 1990 (éd. D. Fernandez Galiano).

[HISP-121] MORAND I., *Idéologie, culture et spiritualité chez les propriétaires ruraux de l'Hispanie romaine*, Bordeaux-Paris, 1995.

[HISP-122] ARCÉ J. et BURKHALTER F. (coord.), *Bronces y Religión romana* (Actas del XI Congreso internacional de bronces antiguos, Madrid, mayo-junio 1990), Madrid, 1993.

Pour conclure:

[HISP-123] ÉTIENNE R., FABRE G., LE ROUX P. et TRANOY A., Les dimensions sociales de la romanisation dans la péninsule Ibérique des origines à la fin de l'Empire, *Assimilation et résistance à la culture gréco-romaine dans le monde ancien*, Travaux du VIᵉ Congrès international d'études classiques (Madrid, septembre 1974), Bucarest-Paris, 1976, 95-107.

Et une magnifique somme :

[HISP-124] TRILLMICH W., HAUSCHILD Th., BLECH M., NIEMEYER H. G., NÜNNERICH ASMUS A., KREILINGER U., *Hispania Antiqua. Denkmäler der Römerzeit*, Mayence, 1993, 503 p. dont 185 de catalogue, 24 pl. couleurs, 230 pl. noir.

CHAPITRE IV
LES GAULES ET LES GERMANIES

De façon générale, la bibliographie sélective présentée ici procure uniquement, à quelques exceptions près, les références les plus récentes sur le sujet, où le lecteur trouvera mention des ouvrages plus anciens.

Bibliographies spécialisées

Pour les publications antérieures aux années 70, se reporter aux différents rapports d'ensemble parus dans la collection « ANRW » (II, 3-5) dont plusieurs sont mentionnés ci-dessous.

Les publications relatives au monde gallo-romain dans son ensemble sont recensées et commentées par P.-M. Duval, puis par H. Lavagne dans la *Chronique gallo-romaine* qui paraît dans la *REA*. Pour les découvertes archéologiques, consulter les diverses chroniques régionales ou thématiques (comme la *Chronique de céramologie de la Gaule* due à C. Bémont, également dans la *REA*) qui paraissent dans les revues spécialisées ainsi que les séries de travaux annuels du type *Archéologie de la Bourgogne* ou *Archäologie im Rheinland* dont on trouvera la liste dans l'*Archäologische Bibliographie* ou les *Fasti archaeologici*.

Pour la France, on citera plus particulièrement aussi les :

Carte archéologique de la Gaule, Paris, depuis 1931 (par département), actuellement sous la direction de M. Provost.

Guides archéologiques de la France, Paris, depuis 1984 (parus : Alba, Alésia, Argentomagus, Arles, Autun, Bavay, Besançon, Bibracte, les Bolards, Glanum, Limoges, Narbonne, Nîmes, Orange, Saintes, Saint-Romain-en-Gal, Sanxay, Vaison-la-Romaine, Bliesbrück-Reinheim).

Sources

Pour un répertoire complet des sources historiques et littéraires, voir :

DUVAL P.-M., *La Gaule jusqu'au milieu du Ve siècle* (« Sources de l'histoire de France »), Paris, 2 vol., 1971.

Aussi :

KLINGHÖFER H., *Germania Latina. Sammlung literarischer, inschriftlicher und archäologischer Zeugnisse zur Geschichte und Kultur Westdeutschlands in der Römerzeit*, Dusseldorf, 1955.

HOWALD E. et MEYER E., *Die Römische Schweiz. Texte und Inschriften*, Zurich, 1940.

LERAT L., *La Gaule romaine* (coll. « U2 »), Paris, 2e éd., 1986 (textes traduits et commentés).

Recueils d'inscriptions :

Corpus Inscriptionum Latinarum, vol. XII *(Narbonnaise)*, Berlin, 1888 ; vol. XIII *(Trois Gaules et Germanies)*, Berlin, 1899-1943 ; vol. XVII *(Milliaires)*, Berlin, 1986.

ESPÉRANDIEU Em., *Inscriptions latines de Gaule (Narbonnaise)*, Paris, 1929.

GASCOU J. et JANON M., *Inscriptions latines de Narbonnaise (ILN)*, I : *Fréjus*, XLIVe suppl. à *Gallia*, Paris, 1985.

CHASTAGNOL A., *Inscriptions latines de Narbonnaise (ILN)*, II : *Antibes, Riez, Digne*, XLIVe suppl. à *Gallia*, Paris, 1992.

GASCOU J., *Inscriptions latines de Narbonnaise (ILN)*, III : *Aix-en-Provence*, XLIVe suppl. à *Gallia*, Paris, 1995.

WUILLEUMIER P., *Inscriptions latines des Trois Gaules (France)*, XVIIe suppl. à *Gallia*, Paris, 1963.

FAGES Br. et MAURIN L., *Inscriptions latines d'Aquitaine (ILA)*. *Nitiobroges*, Agen, 1991.

MAURIN L. *et al.*, *Inscriptions latines d'Aquitaine (ILA)*. *Santons*, Bordeaux, 1994.

RÉMY B., *Inscriptions latines d'Aquitaine (ILA)*. *Vellaves*, Bordeaux, 1995.

RÉMY B., *Inscriptions latines d'Aquitaine (ILA)*. *Arvernes*, Bordeaux, 1996.

DUVAL P.-M., *Les inscriptions antiques de Paris*, Paris, 1961.

DEMAN A. et RAEPSAET-CHARLIER M.-Th., *Les inscriptions latines de Belgique (ILB)*, Bruxelles, 1985.

FINKE H. , Neue Inschriften, dans *BRGK*, 17, 1927, p. 1-107 et 198-231.

NESSELHAUF H., Neue Inschriften aus dem römischen Germanien und den angrenzenden Gebieten, dans *BRGK*, 27, 1937, p. 51-134.

NESSELHAUF H. et LIEB H., Dritter Nachtrag zu CIL, XIII. Inschriften aus den germanischen Provinzen und dem Treverergebiet, dans *BRGK*, 40, 1959, p. 120-229.

SCHILLINGER-HÄFELE U., Vierter Nachtrag zu CIL, XIII und zweiter Nachtrag zu Fr. Vollmer. Inscriptiones Baivariae Romanae. Inschriften aus dem deutschen Teil der germanischen Provinzen und des Treverergebiets sowie Rätiens und Noricums, dans *BRGK*, 58, 1977, p. 447-506.

GALSTERER Br. et H., *Die römischen Steininschriften aus Köln*, Cologne, 1975.

WALSER G., *Römische Inschriften in der Schweiz*, Berne, 1979-1980.

LAGUERRE G., *Inscriptions antiques de Nice-Cimiez (Cemelenum, ager Cemelenensis)*, Paris, 1975.

MARICHAL R., *Les graffites de La Graufesenque*, XLVIIe suppl. à *Gallia*, Paris, 1988.

SCHALLMAYER E., *Der römische Weihebezirk von Osterburken*. I : *Corpus der griechischen und lateinischen Beneficiarier-Inschriften des Römischen Reiches*, Stuttgart, 1990.

VOINOT J., *Inventaire des cachets d'oculistes gallo-romains*, Annonay, 1983.

Voir aussi dans le volume 1 les n°s 595 et 869.

Revues spécialisées

Aquitania
Archäologisches Korrespondenzblatt
Bericht der Römisch-Germanischen Kommission (des DAI)
Berichten van de Rijksdienst voor het oudheidkundig Bodemonderzoek
Bonner Jahrbücher
Bulletin archéologique des Travaux du Comité des Travaux historiques (Antiquités nationales)
Bulletin de l'Association Pro Aventico
Fundberichte aus Baden-Württemberg
Gallia
Germania
Helinium
Hémecht
Jahrbuch der Schweizerischen Gesellschaft für Ur- und Frühgeschichte
Jahrbuch des Römisch-Germanischen Zentralmuseums Mainz

Jahresberichte aus Augst und Kaiseraugst
Kölner Jahrbuch für Vor- und Frühgeschichte
Mainzer Zeitschrift
Saalburg Jahrbuch
Revue archéologique de l'Est et du Centre-Est
Revue archéologique de l'Ouest
Revue archéologique de Narbonnaise
Revue archéologique de Picardie
Revue archéologique du Centre (de la France)
Revue du Nord
Trierer Zeitschrift
Vallesia

Ouvrages généraux, recueils d'articles, colloques

[GA-1] JULLIAN C., *Histoire de la Gaule,* Paris, 1908-1926 (toujours important sur le plan historiographique).

Pour l'époque républicaine :

[GA-2] NICOLET Cl. (éd.), *Rome et la conquête du monde méditerranéen,* II (coll. « Nouvelle Clio »), Paris, 2ᵉ éd., 1989.

[GA-3] FÉVRIER P.-A. *et al., La ville antique, des origines au IXᵉ siècle* (« Histoire de la France urbaine », 1), Paris, 1980.

[GA-4] KING A., *Roman Gaul and Germany,* Londres, 1990.

[GA-5] GROS P., *La France gallo-romaine,* Paris, 1991.

[GA-6] DELAPLACE Chr. et FRANCE J., *Histoire des Gaules (VIᵉ s. av. J.-C. / VIᵉ s. apr. J.-C.),* Paris, 1995.

[GA-7] BURNAND Y., *Les Gallo-Romains* (« Que sais-je ? »), Paris, 1996.

[GA-8] A. K. BOWMAN, E. CHAMPLIN, A. LINTOTT (éd.), *Cambridge Ancient History.* Second Edition. X : *The Augustan Empire, 43 BC-AD 69,* Cambridge, 1996 (Chr. Goudineau, *Gaul,* p. 464-502 ; C. B. Rüger, *Germany,* p. 517-534).

[GA-9] FRÉZOULS Ed., Gallien und römisches Germanien, dans F. Vittinghoff (éd.), *Europäische Wirtschafts- und Sozialgeschichte in der Römischen Kaiserzeit,* Stuttgart, 1990, p. 428-509.

[GA-10] GRENIER A., La Gaule romaine, dans T. Frank (éd.), *An Economic Survey of Ancient Rome,* III, Baltimore, 1937, p. 379-544.

[GA-11] LE GLAY M., La Gaule romanisée, dans *Histoire de la France rurale,* I : *La formation des campagnes françaises des origines au XIVᵉ siècle,* Paris, 1975, p. 191-285.

[GA-12] FERDIÈRE A., *Les campagnes en Gaule romaine,* I : *Les hommes et l'environnement en Gaule rurale* ; II : *Les techniques et les productions rurales en Gaule (52 av. J.-C. - 486 apr. J.-C.),* Paris, 1988.

[GA-13] BEDON R. *et al., Architecture et urbanisme en Gaule romaine,* Paris, 2 vol., 1988.

[GA-14] CLAVEL-LÉVÊQUE M., *Puzzle gaulois. Les Gaules en mémoire,* Besançon-Paris, 1989.

[GA-15] DUVAL P.-M., *Travaux sur la Gaule (1946-1986)* (« Coll. Éc. fr. Rome », 116), Rome, 1989.

[GA-16]   VITTINGHOFF F., *Civitas Romana. Stadt und politisch-soziale Integration im Imperium Romanum der Kaiserzeit*, Stuttgart, 1994.

[GA-17]   CHASTAGNOL A., *La Gaule romaine et le droit latin*, Lyon-Paris, 1995.

[GA-18]   *Mélanges offerts au D* *J.-B. Colbert de Beaulieu*, [Paris], 1987.

[GA-19]   WEINMANN-WALSER M. (éd.), *Historische Interpretationen. Gerold Walser zum 75. Geburtstag dargebracht von Freunden, Kollegen und Schülern* («Historia Einzelschr.», 100), Stuttgart, 1995.

[GA-20]   HARTLEY B. et WACHER J. (éd.), *Rome and her Northern Provinces*, Gloucester, 1983.

[GA-21]   BARRETT J. C. *et al.* (éd.), *Romans and Barbarians in North-West Europe : from the Later Republic to late Antiquity* («BAR», Int. Ser., 471), Oxford, 1989.

[GA-22]   HACKENS T. et MARCHETTI P. (éd.), *Histoire économique de l'Antiquité*, Louvain-la-Neuve, 1987.

[GA-22 *bis*]   METZLER J. *et al.* (éd.), *Integration in the Early Roman West. The Role of Culture and Ideology* («Doss. Arch. Mus. Hist. Art», 4), Luxembourg, 1995.

[GA-23]   SCHALLES H.-J. *et al.* (éd.), *Die römische Stadt im 2. Jahrhundert n. Chr. Die Funktionswandel des öffentlichen Raumes. Kolloquium in Xanten von 2. bis 4. Mai 1990* («Xantener Berichte», 2), Cologne et Bonn, 1992.

[GA-24]   FRÉZOULS Ed. (éd.), *La mobilité sociale dans le monde romain*, Strasbourg, 1992 [1993].

[GA-25]   FERDIÈRE A. (dir.), *Monde des morts, monde des vivants en Gaule rurale. Actes du colloque ARCHÉA/AGER. Orléans, Conseil régional, 7-9 février 1992*, 6ᵉ suppl. à la *RAC*, Tours, 1993.

[GA-26]   ECK W. et GALSTERER H. (éd.), *Die Stadt in Oberitalien und in den nordwestlichen Provinzen des römischen Reiches* («Kölner Forschungen», 4), Mayence, 1991.

[GA-27]   WOOD M. et QUEIROGA Fr. (éd.), *Current Research on the Romanization of the Western Provinces* («BAR», Int. Ser., S575), Oxford, 1992.

[GA-28]   PETIT J.-P. et MANGIN M. (dir.), *Les agglomérations secondaires. La Gaule Belgique, les Germanies et l'Occident romain*, Paris, 1995 (+ atlas, avec une documentation archéologique et épigraphique inégalement traitée selon les régions).

Travaux de portée générale

[GA-29]   ALFÖLDY G., La politique provinciale de Tibère, dans *Latomus*, 24, 1965, p. 824-844.

[GA-30]   BURNAND Y., *Primores Galliarum. Sénateurs et chevaliers romains originaires de Gaule de la fin de la République au IIIᵉ siècle*, Paris, 1985 (thèse inédite).

[GA-31]   CHASTAGNOL A., L'empereur Hadrien et la destinée du droit latin provincial au second siècle après Jésus-Christ, dans *RH*, 241 (592), 1995, p. 217-227.

[GA-32]   CHOUQUER G. et FAVORY Fr., *Les paysages de l'Antiquité. Terres et cadastres de l'Occident romain*, Paris, 1991.

[GA-33]   CHOUQUER G. et FAVORY Fr., *Les arpenteurs romains. Théorie et pratique*, Paris, 1992.

[GA-34]   DUTHOY R., Recherches sur la répartition géographique et chronologique des termes Sevir Augustalis, Augustalis et Sevir dans l'Empire romain, dans *Ep. St.*, 11, 1976, p. 143-214.

[GA-35]   DYSON S. L., Native Revolt Patterns in the Roman Empire, dans *ANRW*, II, 3, 1975, p. 138-175.

[GA-36]   ECK W., Der Euergetismus im Funktionszusammenhang der Kaiserzeitlichen Städte, dans *Actes du Xᵉ Congrès international d'Épigraphie grecque et latine*, Nîmes, 4-9 octobre 1992, Paris, 1997, p. 305-331.

[GA-37] FRANCE J., Administration et fiscalité douanières sous le règne d'Auguste : la date de la création de la *Quadragesima Galliarum*, dans *MEFRA*, 105, 1993, p. 895-927.

[GA-38] THOMASSON B. E., *Laterculi praesidum*, I, Göteborg, 1984.

[GA-39] WALSER G., *Rom, das Reich und die fremden Völker in der Geschichtsschreibung*, Baden-Baden, 1951.

Voir aussi dans la bibliographie du volume 1 : n°s 111, 591, 611, 636, 667, 690, 703, 709, 710, 731, 762, 869, 898, 906.

Pour la Narbonnaise :

[GA-40] BATS M. *et al.* (éd.), *Marseille grecque et la Gaule. Actes du Colloque international d'Histoire et d'Archéologie et du Ve Congrès archéologique de Gaule méridionale (Marseille, 18-23 novembre 1990)* (« Études massaliètes », 3), Lattes et Aix-en-Provence, 1992.

[GA-41] CHRISTOL M., Le droit latin en Narbonnaise : l'apport de l'épigraphie (en particulier dans la cité de Nîmes), dans *Les inscriptions de Gaule narbonnaise. Actes de la Table ronde de Nîmes 1987*, Nîmes, 1989, p. 87-100.

[GA-42] CHRISTOL M., Les colonies de Narbonnaise et l'histoire sociale de la province, dans W. Eck (éd.), *Prosopographie und Sozialgeschichte*, Cologne, 1993, p. 277-291.

[GA-43] CHRISTOL M., Pline l'Ancien et la *formula* de la province de Narbonnaise, dans *La mémoire perdue*, Paris, 1994, p. 45-63.

[GA-44] CHRISTOL M., De l'Italie à la Gaule méridionale, un transfert : l'épigraphie latine, dans *CCG*, 6, 1995, p. 163-181.

[GA-45] CHRISTOL M. et GOUDINEAU Chr., Nîmes et les Volques Arécomiques au Ier siècle avant J.-C., dans *Gallia*, 45, 1987-1988, p. 87-103.

[GA-46] CHRISTOL M. et HEIJMANS M., Les colonies latines de Narbonnaise : un nouveau document d'Arles mentionnant la Colonia Iulia Augusta Avennio, dans *Gallia*, 49, 1992, p. 37-44.

[GA-47] FÉVRIER P.-A. *et al.*, *La Provence des origines à l'an mil. Histoire et archéologie*, s.l., 1989.

[GA-48] GASCOU J., Duumvirat, quattuorvirat et statut dans les cités de Gaule narbonnaise, dans *Epigrafia. Actes du Colloque Degrassi* (« Coll. Éc. fr. Rome », 143), Rome, 1991, p. 547-563.

[GA-49] GASCOU J., Magistratures et sacerdoces municipaux dans les cités de Gaule narbonnaise, dans *Actes du Xe Congrès international d'Épigraphie grecque et latine, Nîmes, 4-9 octobre 1992*, Paris, 1997, p. 75-140.

[GA-50] LEVEAU Ph. *et al.*, *Les campagnes de la Méditerranée romaine. Occident*, Paris, 1993.

[GA-51] RIVET A. L. F., *Gallia Narbonensis with a chapter on Alpes maritimae. Southern France in Roman Times*, Londres, 1988.

Voir aussi vol. 1, n°s 595, 642, 879.

Pour les Trois Gaules :

[GA-52] *Villes et agglomérations urbaines antiques du sud-ouest de la Gaule. Histoire et archéologie. IIe Colloque Aquitania. Bordeaux 13-15 septembre 1990*, VIe suppl. à *Aquitania*, Bordeaux, 1992.

[GA-53] Les villes de la Gaule Belgique au Haut-Empire, Actes du Colloque tenu à Saint-Riquier, 1982, dans *RAPic*, 3-4, Amiens, 1984.

[GA-54] Hommage à Robert Étienne, dans *REA*, 88, 1986.

[GA-55] AUDOUZE Fr. et BUCHSENSCHUTZ O., *Villes, villages et campagnes de l'Europe celtique*, Paris, 1989.

[GA-56] BURNAND Y., *Histoire de la Lorraine. Les temps anciens*, 2 : *De César à Clovis*, Nancy, 1990.

[GA-57] CAHEN-DELHAYE A. *et al.* (éd.), *Les Celtes en Belgique et dans le nord de la France. Actes du VIe Colloque tenu à Bavay et Mons, RN*, numéro spécial hors série, Lille, 1984.

[GA-58] DRINKWATER J. F., *Roman Gaul. The Three Provinces, 58 BC-AD 260*, Londres, 1983.

[GA-59] DUVAL A. *et al.* (éd.), *Les Gaulois d'Armorique. Actes du XIIe Colloque de l'AFEAF Quimper mai 1988*, IIIe suppl. à la *RAO*, Rennes, 1990.

[GA-60] FICHTL St., *Les Gaulois du nord de la Gaule (150-20 av. J.-C.)*, Paris, 1994.

[GA-61] FINCKER M. et TASSAUX Fr., Les grands sanctuaires « ruraux » d'Aquitaine et le culte impérial, dans *MEFRA*, 104, 1992, p. 41-76.

[GA-62] FRÉZOULS Ed. (dir.), *Les villes antiques de la France. Belgique*, I : *Amiens, Beauvais, Grand, Metz*, Strasbourg, 1982.

[GA-63] GALLIOU P. et JONES M., *Les anciens Bretons, des origines au XVe siècle*, Paris, 1993.

[GA-64] GOUDINEAU Chr., *César et la Gaule*, Paris, 1990.

[GA-65] GOUDINEAU Chr., Les provinces de Gaule : problèmes d'histoire et de géographie, dans *Mélanges P. Lévêque*, 5, Besançon-Paris, 1990, p. 161-176.

[GA-66] GOUDINEAU Chr. et REBOURG A. (éd.), *Les villes augustéennes de Gaule, Actes du Colloque international d'Autun 1985*, Autun, 1991.

[GA-67] LANGOUËT L. (éd.), *Terroirs, territoires et campagnes antiques*, IVe suppl. à la *RAO*, Rennes, 1991.

[GA-68] MARIÊN M. E., *L'empreinte de Rome. Belgica antiqua*, Anvers, 1980.

[GA-69] PROVOST M., *Le Val de Loire dans l'Antiquité*, LIIe suppl. à *Gallia*, Paris, 1993.

[GA-70] RAEPSAET-CHARLIER G. et M.-Th., Gallia Belgica et Germania inferior. Vingt-cinq années de recherches historiques et archéologiques, dans *ANRW*, II, 4, 1975, p. 3-299 (avec un complément épigraphique par A. Deman, p. 300-319).

[GA-71] WIGHTMAN Ed.-M., *Gallia Belgica*, Londres, 1985.

[GA-72] WOLFF H., Die regionale Gliederung Galliens im Rahmen der römischen Reichspolitik, dans G. Gottlieb (éd.), *Raumordnung im Römischen Reich*, Munich, 1989, p. 1-35.

Voir aussi vol. 1, n°s 641, 722, 732, 803, 885, 974, 995.

Pour les Germanies :

[GA-73] *2000 Jahre Römer in Westfalen*. Catalogue d'exposition, Mayence, 1989.

[GA-74] BAATZ D. et HERRMANN F.-R. (éd.), *Die Römer in Hessen*, Stuttgart, 1982.

[GA-75] BECHERT T., *Römisches Germanien zwischen Rhein und Maas. Die Provinz Germania inferior*, Munich, 1982.

[GA-76] BOGAERS J. E. et RÜGER C. B. (éd.), *Der niedergermanische Limes. Materialien zu seiner Geschichte*, Cologne, 1974.

[GA-77] CÜPPERS H. (éd.), *Die Römer in Rheinland-Pfalz*, Stuttgart, 1990.

[GA-78] DRACK W. et FELLMANN R., *Die Römer in der Schweiz*, Stuttgart-Jona, 1988.

[GA-79] FILTZINGER Ph. *et al.* (éd.), *Die Römer in Baden-Württemberg*, Stuttgart, 3e éd., 1986.

[GA-80] FRÉZOULS Ed. (dir.), *Les villes antiques de la France. Germanie supérieure*, 1 : *Besançon, Dijon, Langres, Mandeure*, Strasbourg, 1988.

[GA-81] HORN H.-G. (éd.), *Die Römer in Nordrhein-Westfalen*, Stuttgart, 1987.

[GA-82] OLDENSTEIN-PFERDEHIRT B., Die römischen Hilfstruppen nördlich des Mains, dans *JRGZM*, 30, 1983, p. 303-348.

[GA-83] PFERDEHIRT B., Die römische Okkupation Germaniens und Rätiens von der Zeit von Tiberius bis zum Tode Trajans, dans *JRGZM*, 33, 1986, p. 221-320.

[GA-84] ROYMANS N., *Tribal Societies in Northern Gaul. An anthropological perspective* («Cingula», 12), Amsterdam, 1990.

[GA-85] SCHÖNBERGER H., Die römischen Truppenlager der frühen und mittleren Kaiserzeit zwischen Nordsee und Inn, dans *BRGK*, 66, 1985, p. 321-497.

[GA-86] SOMMER C. S., Kastellvicus und Kastell. Untersuchungen zum Zugmantel im Taunus und zu den Kastellvici in Obergermanien und Rätien, dans *FBW*, 13, 1988, p. 457-707.

[GA-87] TIMPE D., *Romano-Celtica. Gesammelte Studien zur Germania des Tacitus*, Stuttgart et Leipzig, 1995.

[GA-88] TRIER B. (éd.), *Die römische Okkupation nördlich der Alpen zur Zeit des Augustus*, Munster, 1991.

[GA-89] URBAN R., *Der «Bataveraufstand» und die Erhebung des Iulius Classicus* («Trierer Historische Forschungen», 8), Trèves, 1985.

[GA-90] VAN BERCHEM D., *Les routes et l'histoire. Études sur les Helvètes et leurs voisins dans l'Empire romain*, Genève, 1982.

[GA-91] VETTERS H. et KANDLER M. (éd.), *Akten des 14. internationalen Limeskongresses 1986 in Carnuntum* («Der römische Limes in Österreich», 36), Vienne, 1990.

[GA-92] von PETRIKOVITS H., *Die Rheinlande in römischer Zeit*, 2 vol., Dusseldorf, 1980.

[GA-93] von PETRIKOVITS H., *Beiträge zur römische Geschichte und Archäologie*, I-II («Beihefte der BJ», 36 et 49), Cologne, 1976-1991.

[GA-94] WELLS C. M., *The German Policy of Augustus*, Oxford, 1972.

Voir aussi vol. 1, nᵒˢ 514, 519, 567, 568, 571, 638, 701, 702.

Pour les Alpes :

[GA-95] BÉRARD Fr., Un nouveau procurateur à Aime en Tarentaise, dans *Gallia*, 52, 1995, p. 343-358.

[GA-95 *bis*] FREI-STOLBA R., Die römische Schweiz : Ausgewählte staats- und verwaltungsrechtliche Probleme im Frühprinzipat, dans *ANRW*, II, 5, 1, 1976, p. 288-403.

[GA-96] PRIEUR J., L'histoire des régions alpestres (Alpes Maritimes, Cottiennes, Grées et Pennines) sous le Haut-Empire romain (Iᵉʳ-IIIᵉ siècle après J.-C.), dans *ANRW*, II, 5, 2, 1976, p. 630-656.

[GA-97] PRIEUR J. et al., *La Savoie des origines à l'an mil*, Rennes, 1983.

[GA-98] WALSER G., *Summus Poeninus. Beiträge zur Geschichte des Grossen St. Bernhard-Passes in Römischer Zeit* («Historia Einzelschr.», 46), Wiesbaden, 1984.

[GA-99] WALSER G., *Via per Alpes Graias. Beiträge zur Geschichte des Kleinen St. Bernhard-Passes in Römischer Zeit* («Historia Einzelschr.», 48), Stuttgart, 1986.

[GA-100] WALSER G., *Studien zur Alpengeschichte in antiker Zeit* («Historia Einzelschr.», 86), Stuttgart, 1994.

Voir aussi vol. 1, nᵒ 672.

Pour les religions :

[GA-101] Actes de la XIIᵉ Journée d'études du centre de Recherches archéologiques de l'Université de Lille III : Les religions orientales dans le nord de la Gaule, dans *RN*, 1991, p. 9-68.

[GA-102] *Matronen und verwandte Gottheiten* («Beihefte der *BJ*», 44), Cologne-Bonn, 1987.

[GA-103] BRUNAUX J.-L. (éd.), *Les sanctuaires celtiques et le monde méditerranéen*, Paris, 1991.

[GA-104] DUVAL P.-M., *Les dieux de la Gaule*, Paris, 2ᵉ éd., 1976.

[GA-105] FISHWICK D., The Dedication of the *Ara Trium Galliarum*, dans *Latomus*, 55, 1996, p. 87-100.

[GA-106] GOUDINEAU Chr. *et al.* (dir.), *Les sanctuaires de tradition indigène en Gaule romaine. Actes du colloque d'Argentomagus 1992*, Paris, 1994.

[GA-107] HAASE W. (éd.), *Aufstieg und Niedergang der römischen Welt*. II. 18, 1 (Heidentum : die religiösen Verhältnisse in den Provinzen), Berlin et New York, 1986, p. 410-871.

[GA-108] RAEPSAET-CHARLIER M.-Th., *Diis deabusque sacrum. Formulaire votif et datation dans les Trois Gaules et les Deux Germanies*, Paris, 1993.

Pour mémoire :

[GA-109] HATT J.-J., *Mythes et dieux de la Gaule*, I : *Les grandes divinités masculines*, Paris, 1989 (voir le compte rendu de J.-M. Pailler, *Annales ESC*, 1990, p. 916-919).

[GA-110] LAMBRECHTS P., *Contributions à l'étude des divinités celtiques*, Bruges, 1942.

[GA-111] THÉVENOT Ém., *Divinités et sanctuaires de la Gaule*, Paris, 1968.

Voir aussi vol. 1, nᵒˢ 474, 508, 509, 742, 891, 966.

Études diverses

[GA-112] *La civilisation romaine de la Moselle à la Sarre*, Catalogue d'exposition, Mayence, 1983.

[GA-113] *Les martyrs de Lyon (177)*, Paris, 1978.

[GA-114] *Der römische Weihebezirk von Osterburken. II. Teil 1 : Beneficiarii. Kolloquium über eine römische Heerescharge von 3. bis 5. September 1990 in Osterburken*, Stuttgart, 1994.

[GA-115] *Trier Augustusstadt der Treverer*, Catalogue d'exposition, Mayence, 1984.

[GA-116] AGACHE R., *La Somme préromaine et romaine*, Amiens, 1978.

[GA-117] ALFÖLDY G., *Bellum desertorum*, dans *BJ*, 171, 1971, p. 367-376 (= *Die Krise des Römischen Reiches*, Stuttgart, 1989, p. 69-80).

[GA-118] ALFÖLDY G., Les *equites Romani* et l'histoire sociale des provinces germaniques de l'Empire romain, dans *Corsi di cultura sull'arte ravennate e bizantina*, 1977, p. 7-19.

[GA-119] ALFÖLDY G., Caius Popilius Carus Pedo und die Vorverlegung des obergermanischen Limes, dans *FBW*, 8, 1983, p. 55-67 (= *Römische Heeresgeschichte*, Amsterdam, 1987, p. 394-409).

[GA-120] AMOURETTI M.-Cl., L'attelage dans l'Antiquité. Le prestige d'une erreur scientifique, dans *Annales ESC*, 1991, p. 211-232.

[GA-121] AMOURETTI M.-Cl., Barbegal, de l'histoire des fouilles à l'histoire des moulins, dans *Autour de Paul-Albert Février, Provence historique*, XLII, 167-168, 1992, p. 135-150.

[GA-122] ASSKAMP R., Zur frühesten römerzeitlichen Besiedlung im rechtsseitigen, südlichen Oberrheingebiet, dans *Archäologie und Geschichte des ersten Jahrtausend in Südwestdeutschland*, Archäologie und Geschichte. Freiburger Forschungen zum ersten Jahrtausend in Südwestdeutschland, I, Sigmaringen, 1990, p. 43-50.

[GA-123] BARATTE Fr., *Orfèvrerie gallo-romaine. Le trésor de Rethel*, Paris, 1988.

[GA-124] BARBET A., *Recueil général des peintures murales de la Gaule*, XXVIIᵉ suppl. à *Gallia*, I, Paris, 1974 ; voir aussi BARBET A. (éd.), *La peinture murale romaine dans les provinces de l'Empire* («BAR», Int. Ser., 165), Oxford, 1983.

[GA-125] BARRUOL G. (dir.), *Ruscino. Château-Roussillon, Perpignan (Pyrénées-Orientales)*, I, 7ᵉ suppl. à la *RAN*, Paris, 1980.

[GA-126] BAUCHHENSS G. et NOELKE P., *Die Iuppitersäulen in den germanischen Provinzen* (« Beihefte der *BJ* », 41), Cologne et Bonn, 1981.

[GA-127] BAUDOUX J., *Les amphores du nord-est de la Gaule (territoire français). Contribution à l'histoire de l'économie provinciale dans l'Empire romain*, Paris, 1996 (cf. *Ktèma*, 13, 1988, p. 95-107).

[GA-128] BAYARD D. et MASSY J.-L., Amiens romain. *Samarobriva Ambianorum, RAPic*, Amiens 1983.

[GA-129] BEDON R., Les magistrats et sénateurs gaulois, fondateurs des capitales de *civitates* dans les Trois Gaules ou acteurs de leur romanisation, à la fin du Iᵉʳ siècle avant notre ère, dans *BSAF*, 1993, p. 101-117.

[GA-130] BELTRÁN LLORIS Fr. et PINA POLO Fr., Roma y los Pirineos : la formación de una frontera, dans *Chiron*, 24, 1994, p. 103-133.

[GA-131] BÉMONT C. *et al.*, *Les figurines en terre cuite gallo-romaines*, Paris, 1993.

[GA-132] BÉMONT C. et JACOB J.-P. (dir.), *La terre sigillée gallo-romaine*, Paris, 1986.

[GA-133] BENOIT J., Nîmes : études sur l'urbanisme antique. Problèmes de méthode et résultats, dans *Bull. Éc. ant. de Nîmes*, n.s., 16, 1981, p. 69-90.

[GA-134] BÉRARD Fr., *Territorium legionis* : camps militaires et agglomérations civiles aux deux premiers siècles de l'Empire, dans *CCG*, 3, 1992, p. 75-105.

[GA-135] BÉRARD Fr., *Vikani, kanabenses, consistentes* : remarques sur l'organisation des agglomérations militaires, dans *L'epigrafia del villagio*, Faenza, 1993, p. 61-90.

[GA-136] BÉRARD Fr., Bretagne, Germanie, Danube : mouvements de troupes et priorités stratégiques sous le règne de Domitien, dans *Les années Domitien* (= *Pallas*, 40, 1994), p. 221-240.

[GA-137] BERTHAULT Fr., Le commerce du vin à Bordeaux au Iᵉʳ siècle avant notre ère, dans *RAN*, 22, 1989, p. 89-97.

[GA-138] BESSAC J.-Cl. *et al.*, *Ugernum. Beaucaire et le Beaucairois à l'époque romaine*, 2 vol., (« Trav. C. C. Jullian », 2), Caveirac, 1987.

[GA-139] BESSAC J.-Cl. *et al.*, Recherches sur les fondations de l'amphithéâtre de Nîmes (Gard-France), dans *RAN*, 17, 1984, p. 223-237.

[GA-140] BIELMAN A., A propos de Quintus Cluvius Macer, duumvir d'Avenches, dans *Bull. Ass. Pro Aventico*, 34, 1992, p. 23-30.

[GA-141] BOGAERS J. E., Civitas en stad van de Bataven en de Canninefaten, dans *BROB*, 10-11, 1960-1961, p. 263-317 (cf. *BJ*, 172, 1972, p. 310-333).

[GA-142] BORRÉANI M. et BRUN J.-P., Une exploitation agricole antique à Costebelle (Hyères, Var) : huilerie et nécropole (Iᵉʳ s. av. J.-C. - VIᵉ s. apr. J.-C.), dans *RAN*, 23, 1990, p. 117-151.

[GA-143] BOURGEOIS Cl., *Divona*, I : *Divinités et ex-voto du culte gallo-romain de l'eau ;* II : *Monuments et sanctuaires du culte gallo-romain de l'eau*, Paris, 1991-1992.

[GA-144] BRUN J.-P., *L'oléiculture antique en Provence. Les huileries du département du Var*, Paris, 1986.

[GA-145] BRUN J.-P. *et al.*, La villa gallo-romaine de Saint-Michel à La Garde (Var). Un domaine oléicole au Haut-Empire, dans *Gallia*, 46, 1989, p. 103-162.

[GA-146] BRUNAUX J.-L., Religion gauloise et religion romaine. La leçon des sanctuaires de Picardie, dans *CCG*, 6, 1995, p. 139-161.

[GA-147] BURNAND Y., Un aspect de la géographie des transports dans la Narbonnaise rhodanienne : les nautes de l'Ardèche et de l'Ouvèze, dans *RAN*, 4, 1971, p. 149-158.

[GA-148] BURNAND Y., Personnel municipal dirigeant et clivages sociaux en Gaule romaine sous le Haut-Empire, dans *MEFRA*, 102, 1990, p. 541-571

[GA-149] BURNAND Y., Remarques sur quelques problèmes institutionnels du *pagus* et du *uicus* en Narbonnaise et dans les Trois Gaules, dans *Latomus*, 53, 1994, p. 733-747.

[GA-150] CABUY Y., *Les temples gallo-romains des cités des Tongres et des Trévires*, Bruxelles, 1991.

[GA-151] CAUUET B., La mine antique des Fouilloux (Jumilhac, Dordogne) : les premiers résultats de la fouille, dans *Aquitania*, 6, 1988, p. 181-190.

[GA-152] CHASTAGNOL A., L'expression épigraphique du culte impérial dans les provinces gauloises, dans *REA*, 97, 1995, p. 593-614.

[GA-153] CHEVALLIER R. (éd.), *Le bois et la forêt en Gaule et dans les provinces voisines*, (« Caesarodunum », XXI), Paris, 1985.

[GA-154] CHEVALLIER R. (éd.), *Mines et métallurgie en Gaule et dans les provinces voisines*, (« Caesarodunum », XXII), Paris, 1987.

[GA-155] CHOUQUER G., Le plan de la ville antique et de la ville médiévale de Besançon, dans *RAE*, 45, 1994, p. 361-407.

[GA-156] CHOUQUER G. et de KLIJN H., Le Finage antique et médiéval, dans *Gallia*, 46, 1989, p. 261-299.

[GA-157] CHRISTOL M., Remarques sur les naviculaires d'Arles, dans *Latomus*, 30, 1971, p. 643-663.

[GA-158] CHRISTOL M., Nîmes et les marchands de vin lyonnais, dans *Inscriptions latines de Gaule lyonnaise. Actes de la Table ronde de novembre 1990*, Lyon, 1992, p. 125-133.

[GA-159] CHRISTOL M., Les ambitions d'un affranchi à Nîmes sous le Haut-Empire : l'argent et la famille, dans *CCG*, 3, 1992, p. 241-258.

[GA-160] CHRISTOL M., Épigraphie et territoire autour de Narbonne et de Béziers. A propos d'une inscription d'Aigues-Vives (Hérault), dans *Gallia*, 52, 1995, p. 333-341.

[GA-161] CLAVEL M., *Béziers et son territoire dans l'Antiquité*, Paris, 1970.

[GA-162] CUNLIFFE B., *La Gaule et ses voisins. Le grand commerce dans l'Antiquité*, Paris, 1993.

[GA-163] CZYSZ W., *Wiesbaden in der Römerzeit*, Stuttgart, 1994.

[GA-164] DAUBIGNEY A. et FAVORY Fr., L'esclavage en Narbonnaise et Lyonnaise d'après les sources épigraphiques, dans *Actes du Colloque 1972 sur l'esclavage*, Paris-Besançon, 1974, p. 315-388.

[GA-165] DE BOE G., L'environnement rural : grandes villas et petites fermes, dans *Dossiers Arch.*, 21, mars-avril 1977, p. 37-45.

[GA-166] DE BOE G. et HUBERT Fr., *Une installation portuaire d'époque romaine à Pommerœul*, (« Arch. Belg. », 192), Bruxelles, 1977.

[GA-167] DE WEERT M. D., Sind keltische Schiffe römisch ?, dans *JRGZM*, 34, 1987, p. 387-410.

[GA-168] DE WEERT M. D., *Schepen voor Zwammerdam*, Alkmaar, 1988.

[GA-169] DEMOUGIN S., A propos des Médiomatriques, dans *CCG*, 6, 1995, p. 183-194.

[GA-170] DENIAUX El., L'artisanat du textile en Gaule : remarques sur quelques inscriptions, dans *CCG*, 6, 1995, p. 195-206.

[GA-171] DERKS T., La perception du panthéon romain par une élite indigène : le cas des inscriptions votives de la Germanie inférieure, dans *MEFRA*, 104, 1992, p. 7-23.

[GA-172] DESACHY B., Le site archéologique de Beauvais (Oise), dans *RAPic*, 1991, p. 11-43.

[GA-173] DESBAT A., Établissements romains ou précocement romanisés de Gaule tempérée, dans A. Duval *et al.* (éd.), *Gaule interne et Gaule méditerranéenne aux IIe et Ier siècles avant J.-C. : confrontations chronologiques*, XXIe suppl. à la *RAN*, Paris, 1990, p. 243-254.

[GA-174] DESBAT A., Un bouchon en bois du Ier s. après J.-C. recueilli dans la Saône à Lyon et la question du tonneau à l'époque romaine, dans *Gallia*, 48, 1991, p. 320-336.

[GA-175] DESBORDES J.-M., Les limites des Lémovices, dans *Aquitania*, 1, 1983, p. 37-48.

[GA-176] DESBORDES J.-M., Les fortifications du second âge du fer en Limousin : caractères et fonction, dans *Gallia*, 43, 1985, p. 25-47.

[GA-177] DESCHAMPS St. *et al.*, *Ratiatum* (Rezé, Loire-Atlantique) : origines et développement de l'organisation urbaine, dans *RAO*, 9, 1992, p. 111-127.

[GA-178] DEYTS S., *Les bois sculptés des sources de la Seine*, XLIIe suppl. à *Gallia*, Paris, 1983 ; *Un peuple de pèlerins. Offrandes de pierre et de bronze des sources de la Seine*, XIIIe suppl. à *RAE*, Dijon, 1994.

[GA-179] DIETZ K., Zur Verwaltungsgeschichte Obergermaniens und Rätiens unter Mark Aurel, dans *Chiron*, 19, 1989, p. 407-447.

[GA-180] DOMERGUE Cl. (dir.), *Un centre sidérurgique romain de la Montagne noire. Le domaine des Forges (Les Martys, Aude)*, XXVIIe suppl. à la *RAN*, Paris, 1993.

[GA-181] DRINKWATER J. F., A Note on Local Careers in the Three Gauls Under Early Empire, dans *Britannia*, 10, 1979, p. 89-100.

[GA-182] DUMASY Fr., *La villa du Liégeaud et ses peintures*, Paris, 1991.

[GA-183] DUNIKOWSKI Chr. et CABBOI S., *La sidérurgie chez les Sénons : les ateliers celtiques et gallo-romains des Clérimois (Yonne)*, Paris, 1995.

[GA-184] ÉTIENNE R., *Bordeaux antique*, Bordeaux, 1962.

[GA-185] EUSKIRCHEN M., Epona, dans *BRGK*, 74, 1993, p. 607-838.

[GA-186] FABRE G. et BOST J.-P., Aux origines de la province de Novempopulanie : nouvel examen de l'inscription d'Hasparren, dans *Aquitania*, 6, 1988, p. 167-178.

[GA-187] FAUDUET Is., *Les temples de tradition celtique en Gaule romaine*, Paris, 1993.

[GA-188] FERDIÈRE A. et VILLARD A., *La tombe augustéenne de Fléré-la-Rivière (Indre) et les sépultures aristocratiques de la cité des Bituriges*, VIIe suppl. à la *RAC*, Saint-Marcel, 1993.

[GA-189] FISCHER F., Caesar und die Helvetier. Neue Überlegungen zu einem alten Thema, dans *BJ*, 185, 1985, p. 1-26.

[GA-190] FISHWICK D., The sixty Gallic tribes and the Altar of the Three Gauls, dans *Historia*, 38, 1989, p. 111-112.

[GA-191] FRANCE J. et HESNARD A., Une *statio* du quarantième des Gaules et les opérations commerciales dans le port romain de Marseille (place Jules-Verne), dans *JRA*, 8, 1995, p. 79-93.

[GA-192] FRÉZOULS Ed., Les noms de métiers dans l'épigraphie de la Gaule et de la Germanie romaines, dans *Ktèma*, 16, 1991, p. 33-72.

[GA-193] FRENZ H., Drusus maior und sein Monument in Mainz, dans *JRGZM*, 32, 1985, p. 394-421.

[GA-194] GALLIOU P., Commerce et société en Armorique romaine, dans *REA*, 94, 1992, p. 23-40.

[GA-195] GALSTERER H., Von den Eburonen zu den Agrippinensiern. Aspekte der Romanisation am Rhein, dans *KJVF*, 23, 1990, p. 117-126 (cf. *CCG*, 3, 1992, p. 107-121).

[GA-196] GANS U.-W., Der Quellbezirk von Nîmes : zur Datierung und zum Stil seiner Bauten, dans *MDAI (R)*, 97, 1990, p. 93-125.

[GA-197] GASCOU J., Quand la colonie de Fréjus fut-elle fondée ?, dans *Latomus*, 41, 1982, p. 132-145.

[GA-198] GASCOU J., Le statut d'Avignon d'après un prétendu faux épigraphique de la cité d'Apt (Vaucluse), dans *RAN*, 23, 1990, p. 225-233.

[GA-199] GAYRAUD M., *Narbonne antique des origines à la fin du IIIe siècle*, Paris, 1981.

[GA-200] GOUDINEAU Chr., *Les fouilles de la Maison au Dauphin. Recherches sur la romanisation de Vaison-la-Romaine*, XXXVIIe suppl. à *Gallia*, Paris, 2 vol., 1979.

[GA-201] GOUDINEAU Chr., Note sur la fondation de Lyon, dans *Gallia*, 044, 1986, p. 171-173.

[GA-202] GOUDINEAU Chr. (dir.), *Aux origines de Lyon* (« Doc. d'Arch. Rhône-Alpes », 2), Lyon, 1989.

[GA-203] GOUDINEAU Chr. et PEYRE Chr., *Bibracte et les Eduens. A la découverte d'un peuple gaulois*, Paris, 1993.

[GA-204] GROS P., Les temples géminés de Glanum. Étude préliminaire, dans *RAN*, 14, 1981, p. 125-158.

[GA-205] GROS P., Note sur deux reliefs des « Antiques » de Glanum : le problème de la romanisation, dans *RAN*, 14, 1981, p. 159-172.

[GA-206] GROS P., L'Augusteum de Nîmes, dans *RAN*, 17, 1984, p. 123-134.

[GA-207] GROS P., Une hypothèse sur l'arc d'Orange, dans *Gallia*, 44, 1986, p. 191-201.

[GA-208] GROS P., Un programme augustéen : le centre monumental d'Arles, dans *JDAI*, 103, 1987, p. 339-363.

[GA-209] GROS P. et VARÈNE P., Le forum et la basilique de Glanum : problèmes de chronologie et de restitution, dans *Gallia*, 42, 1984, p. 21-52.

[GA-210] HAALEBOS J. K., Neues aus Noviomagus, dans *AKB*, 20, 1990, p. 193-200.

[GA-211] HEIJMANS M. et SINTÈS Cl., L'évolution de la topographie d'Arles antique. Un état de la question, dans *Gallia*, 51, 1994, p. 135-170.

[GA-212] HEINEN H., *Trier und das Trevererland in römischer Zeit*, Trèves, 1985.

[GA-213] HERZ P., Der praefectus annonae und die Wirtschaft der westlichen Provinzen, dans *Ktèma*, 13, 1988, p. 69-85.

[GA-214] JACQUES Fr. et PIERRE J.-L., Les cadastrations romaines aux confins des Rèmes et des Trévires, dans *RN*, 1981, p. 901-928.

[GA-215] JANON M., *Le décor architectonique de Narbonne. Les rinceaux*, XIIIe suppl. à la *RAN*, Paris, 1986.

[GA-216] JACOBSEN G., *Primitiver Austausch oder freier Markt ? Untersuchungen zum Handel in den gallisch-germanischen Provinzen während der römischen Kaiserzeit*, Saint-Katharinen, 1995.

[GA-217] KRIER J., *Die Treverer ausserhalb ihrer Civitas*, Trèves, 1981.

[GA-218] KRIER J., *Ricciacus : der römische Vicus von Dalheim*, Luxembourg, 1987.

[GA-219] KUHOFF W., Der Handel im römischen Süddeutschland, dans *MBAH*, 3, 1984, p. 77-107.

[GA-220] KÜNZL E., Zur Verbreitungsgebiet der Okulistenstempel, dans *ZPE*, 65, 1986, p. 200-202.

[GA-221] LABROUSSE M., *Toulouse antique*, Paris, 1968.

[GA-222] LAUBENHEIMER F., Le vin gaulois, dans *REA*, 91, 1989, p. 5-22.

[GA-223] LAUBENHEIMER F., *Le temps des amphores en Gaule*, Paris, 1990.

[GA-224] LAUBENHEIMER F. (dir.), *Les amphores en Gaule. Production et circulation*, Besançon-Paris, 1992.

[GA-225] LAUBENHEIMER F. et TARPIN M., Un *pagus* à Sallèles-d'Aude ? Essai sur les *pagi* de Narbonnaise, dans *RAN*, 26, 1993, p. 259-276.

[GA-226] LAUFFRAY J., *La Tour de Vésone à Périgueux, temple de Vesunna Petrucoriorum*, XLIXᵉ suppl. à *Gallia*, Paris, 1990 (cf. compte rendu de J.-P. Bost, dans *REA*, 92, 1990, p. 309-315).

[GA-227] LAZZARO L., *Esclaves et affranchis en Belgique et en Germanies romaines d'après les sources épigraphiques*, Besançon-Paris, 1993.

[GA-228] LEBEK W. D., Die drei Ehrenbogen für Germanicus, dans *ZPE*, 69, 1987, p. 129-148.

[GA-229] LEBEK W. D., Die Mainzer Ehrungen für Germanicus, den älteren Drusus und Domitian, dans *ZPE*, 78, 1989, p. 45-82.

[GA-230] LEHMANN G. A., Das Ende der römischen Herrschaft über das «westelbische» Germanien : von der Varus-Katastrophe zur Abberufung des Germanicus Caesar 16/7 n. Chr., dans *ZPE*, 86, 1991, p. 79-96.

[GA-231] LE NY Fr., *Les fours de tuiliers gallo-romains*, Paris, 1988.

[GA-232] LEVEAU Ph., Agglomérations secondaires et territoires en Gaule Narbonnaise, dans *RAN*, 26, 1993, p. 277-299.

[GA-233] LEVEAU Ph. et PROVANSAL M. (dir.), *Archéologie et environnement : de la Sainte-Victoire aux Alpilles*, Aix-en-Provence, 1993.

[GA-233 *bis*] LIERTZ U.-M., Zur Frage der Romanisierung durch das Heer in Germania Inferior am Beispiel der Kaiserkult, dans *Arctos*, 28, 1994, p. 27-37.

[GA-234] LIOU B. et MOREL M., L'orge des Cavares : une amphorette à inscription peinte trouvée dans le port de Marseille, dans *RAN*, 10, 1977, p. 189-197.

[GA-235] MANGIN M., *Un quartier de commerçants et d'artisans d'Alésia. Contribution à l'histoire de l'habitat urbain en Gaule*, («Publ. Univ. Dijon», 60), Paris, 2 vol., 1981.

[GA-236] MANGIN M. *et al.* (dir.), *Les agglomérations antiques de Côte-d'Or*, Besançon-Paris, 1994.

[GA-237] MATTSON B., *The Ascia Symbol on Latin Epitaphs*, Göteborg, 1990.

[GA-238] MENNELLA G., La Quadragesima Galliarum nelle Alpes maritimae, dans *MEFRA*, 104, 1992, p. 209-232.

[GA-239] MERTEN H., Der Kult des Mars im Trevererraum, dans *TZ*, 48, 1985, p. 7-113.

[GA-240] METZLER J. *et al.*, *Clémency et les tombes de l'aristocratie en Gaule Belgique* («Doss. Arch. Mus. Hist. Art», 1), Luxembourg, 1991.

[GA-241] METZLER J., *Das treverische Oppidum auf dem Titelberg (G.-H. Luxemburg). Zur Kontinuität zwischen den spätkeltischen und der frührömischen Zeit in Nord-Gallien* («Doss. Arch. Mus. Hist. Art», 3), Luxembourg, 1995.

[GA-242] MITARD P.-H., *Le sanctuaire gallo-romain de Genainville (Val d'Oise)*, Guiry-en-Vexin, 1993.

[GA-243] MÓCSY A., Bemerkungen zu den *negotiatores* von Colijnsplaat, dans *MBAH*, 3, 1984, p. 43-58.

[GA-244] MOREL J. et AMSTAD S., *Un quartier romain de Nyon de l'époque augustéenne au IIIᵉ siècle*, («Noviodunum», 2), Lausanne, 1990.

[GA-245] MROZEWICZ L., Die Veteranen in den Munizipalräten an Rhein und Donau zur hohen Kaiserzeit (I.-III. Jh.), dans *Eos*, 77, 1989, p. 65-80.

[GA-246] NIFFELER U., *Römisches Lenzburg : Vicus und Theater* («Ver. Ges. Pro Vindonissa», 8), Windisch, 1988.

[GA-247] NUBER H. U., Das Ende des Obergermanisch-Raetischen Limes – eine Forschungsaufgabe, dans *Archäologie und Geschichte des ersten Jahrtausend in Südwestdeutschland*, Archäologie und Geschichte. Freiburger Forschungen zum ersten Jahrtausend in Südwestdeutschland, I, Sigmaringen, 1990, p. 51-68.

[GA-248] PAILLER J.-M., Domitien et la « cité de Pallas ». Un tournant dans l'histoire de Toulouse antique, dans *Pallas*, 35, 1988, p. 99-109.

[GA-249] PAILLER J.-M., Domitien, la « loi des Narbonnais » et le culte impérial dans les provinces sénatoriales d'Occident, dans *RAN*, 22, 1989, p. 171-189.

[GA-250] PASSELAC M. et GAYRAUD M., Le vicus Eburomagus, dans *RAN*, 3, 1970, p. 71-114.

[GA-251] PAUNIER D. *et al.*, *Le vicus gallo-romain de Lousonna-Vidy*, (« Lousonna », 7), Lausanne, 1989.

[GA-252] PICARD G.-Ch., L'enrichissement par le commerce en Gaule à l'époque impériale, dans *BACTH*, 23-24, 1987-1988 (1991), p. 7-37.

[GA-253] POUPET P. *et al.*, La campagne avant la ville, dans M. Monteil (dir.), *Les fouilles de la ZAC des Halles à Nîmes (Gard)*, Nîmes, 1993, p. 29-79.

[GA-254] QUERRIEN A., Parcellaires antiques et médiévaux du Berry, dans *JS*, juill.-déc. 1994, p. 235-366.

[GA-255] RAEPSAET G., Attelages antiques dans le nord de la Gaule, dans *TZ*, 45, 1982, p. 215-274.

[GA-256] RAEPSAET G., Les prémices de la mécanisation agricole entre Seine et Rhin de l'Antiquité au XIIIᵉ siècle, dans *Annales HSS*, 1995, p. 911-942.

[GA-257] RAEPSAET-CHARLIER G. et M.-Th., Aspects de l'organisation du commerce de la céramique sigillée dans le nord de la Gaule au IIᵉ siècle de notre ère, dans *MBAH*, 6, 1987, p. 1-29 ; 7, 1988, p. 45-69.

[GA-258] RAEPSAET-CHARLIER G. et M.-Th., Drusus et les origines augustéennes de Namur, dans Y. Le Bohec (éd.), *L'Afrique, la Gaule et la religion à l'époque romaine. Mélanges Marcel Le Glay*, Bruxelles, 1994, p. 447-457.

[GA-259] RAEPSAET-CHARLIER M.-Th., Un affranchi impérial à Saint-Mard (Pr. Luxembourg), dans *Ant. Cl.*, 60, 1991, p. 276-286.

[GA-260] RAEPSAET-CHARLIER M.-Th., Priscus, gouverneur de Gaule Belgique (*CIL*, X, 1705), dans *RN*, 1991, p. 71-82.

[GA-261] RAEPSAET-CHARLIER M.-Th., La cité des Tongres sous le Haut-Empire : problèmes de géographie historique, dans *BJ*, 194, 1994, p. 43-59.

[GA-262] RAEPSAET-CHARLIER M.-Th., Aspects de l'onomastique en Gaule Belgique, dans *CCG*, 6, 1995, p. 207-226.

[GA-263] RAEPSAET-CHARLIER M.-Th., *Municipium Tungrorum*, dans *Latomus*, 54, 1995, p. 361-369.

[GA-264] RALSTON I. B. M., *Les enceintes fortifiées du Limousin. Les habitats protohistoriques de la France non méditerranéenne*, Paris, 1992.

[GA-265] REDDÉ M., Scènes de métier dans la sculpture funéraire gallo-romaine, dans *Gallia*, 36, 1978, p. 43-63.

[GA-266] REDDÉ M., Les ouvrages militaires romains en Gaule sous le Haut-Empire, dans *JRGZM*, 34, 1987, p. 343-368.

[GA-267] REMESAL-RODRIGUEZ J. et REVILLA-CALVO V., Weinamphoren aus Hispania Citerior und Gallia Narbonensis in Deutschland und Holland, dans *FBW*, 16, 1991, p. 389-439.

[GA-268] RIEDEL M., Das römische Baden-Baden, dans *FBW*, 4, 1979, p. 260-315; 7, 1982, p. 273-300.

[GA-269] ROCHE-BERNARD G. et FERDIÈRE A., *Costumes et textiles en Gaule romaine*, Paris, 1993.

[GA-270] ROMAN Y., *De Narbonne à Bordeaux. Un axe économique au Ier siècle avant J.-C.*, Lyon, 1983.

[GA-271] ROMEUF A.-M., Ex-voto en bois de Chamalières (Puy-de-Dôme) et des sources de la Seine. Essai de comparaison, dans *Gallia*, 44, 1986, p. 65-89.

[GA-272] RÖSGER A. et WILL W., Die Drususbrücke zu Bonn. Nochmals Flor. epit. 2, 30, 26, dans *BJ*, 185, 1985, p. 27-39.

[GA-273] ROTH CONGÈS A., Glanum, *oppidum Latinum* de Narbonnaise: à propos de cinq dédicaces impériales récemment découvertes, dans *RAN*, 25, 1992, p. 29-48.

[GA-274] ROUGIER J., *Aoste-la-Romaine: Aoste, Isère. Approche archéologique d'un vicus gallo-romain*, Lyon, 1988.

[GA-275] RUPPRECHT G., *Die Mainzer Römerschiffe*, Mayence, 3e éd., 1984.

[GA-276] SABLAYROLLES R., Les *praefecti fabrum* de Narbonnaise, dans *RAN*, 17, 1984, p. 239-247.

[GA-277] SABLAYROLLES R., Un prêtre du culte impérial au début de notre ère à Segodunum, dans *Mém. Soc. arch. Midi Fr.*, 54, 1994, p. 49-53.

[GA-278] SALVIAT Fr., Quinte-Curce, les *insulae Furianae*, la *fossa Augusta* et la localisation du cadastre C d'Orange, dans *RAN*, 19, 1986, p. 101-116.

[GA-279] SANQUER R. et GALLIOU P., Garum, sel et salaisons en Armorique gallo-romaine, dans *Gallia*, 30, 1972, p. 199-223.

[GA-280] SCHEID J., Épigraphie et sanctuaires guérisseurs en Gaule, dans *MEFRA*, 104, 1992, p. 25-40.

[GA-281] SCHEID J., Les temples de l'Altbachtal à Trèves: un « sanctuaire national »?, dans *CCG*, 6, 1995, p. 227-243.

[GA-282] SCHLIPPSCHUH O., *Die Händler im römischen Kaiserreich in Gallien, Germanien und den Donauprovinzen Rätien, Noricum und Pannonien*, Amsterdam, 1974.

[GA-283] SCHMITT O., Anmerkungen zum Bataveraufstand, dans *BJ*, 193, 1993, p. 141-160.

[GA-284] SCHWINDEN L., Gallo-römisches Textilgewerbe nach Denkmälern aus Trier und dem Trevererland, dans *TZ*, 52, 1989, p. 279-318.

[GA-285] SENNEQUIER G., *Verrerie d'époque romaine*, Rouen, 1985.

[GA-286] SOMMER C. S., *Municipium Arae Flaviae*. Militärisches und ziviles Zentrum im rechtsrheinischen Obergermanien. Das römische Rottweil im Licht neuer Ausgrabungen, dans *BRGK*, 73, 1992, p. 269-313.

[GA-287] SPEIDEL M. P., Die Brittones Elantienses und die Vorverlegung des obergermanischen Limes, dans *FBW*, 11, 1986, p. 309-311 (= *Roman Army Studies*, II, Stuttgart, 1992, p. 145-148).

[GA-288] SPEIDEL M. P. et SCARDIGLI B., Neckarschwaben *(Suebi Nicrenses)*, dans *AKB*, 20, 1990, p. 201-207.

[GA-289] SPICKERMANN W., « *Mulieres ex voto* » *Untersuchungen zur Götterverehrung von Frauen im römischen Gallien, Germanien und Rätien (1.-3. Jahrhundert n. Chr.)*, Bochum, 1994 (cf. *Historia*, 43, 1994, p. 189-240).

[GA-290] STROBEL K., Der Chattenkrieg Domitians, dans *Germania*, 65, 1987, p. 423-452.

[GA-291] STROBEL K., Anmerkungen zur Geschichte der Bataverkohorten in der hohen Kaiserzeit, dans *ZPE*, 70, 1987, p. 271-292.

[GA-292] STROBEL K., Bemerkungen zur Wechsel zwischen den Legionen XIV Gemina und XXII Primigenia in Mainz, dans *Germania*, 66, 1988, p. 437-453.

[GA-293] STERN H. *et al.*, *Recueil général des mosaïques de la Gaule*, X^e suppl. à *Gallia*, Paris, 1957-.

[GA-294] STÖCKLI W., Römer, Kelten und Germanen. Probleme von Kontinuität und Diskontinuität zur Zeit von Caesar und Augustus zwischen Nordrhein und Rheinmündung, dans *BJ*, 193, 1993, p. 121-140.

[GA-295] STUART P. *et al.*, *Deae Nehalenniae. Gids bij de tentoonstelling*, Middelburg, 1971.

[GA-296] TARPIN M., *Vici* et *pagi* chez les Voconces et les Allobroges, dans *Revue drômoise*, 459, 1991, p. 293-308.

[GA-297] TARPIN M., Inscriptions des *vici* et *pagi* dans les Trois Gaules et les Germanies : remarques et problèmes, dans *L'epigrafia del villagio*, Faenza, 1993, p. 217-236.

[GA-298] THOEN H., *De Belgische kustvlakte in de Romeinse tijd*, Bruxelles, 1978.

[GA-299] THOLLARD P., Le développement urbain à Bavay à la lumière des recherches récentes, dans *RN*, 308, 1994, p. 21-35.

[GA-300] TOULEC D., *Le Silvanus gallo-romain. L'assimilation Silvanus-Sucellus. Epistémologie, méthode et sources*, Paris, 1993 (thèse inédite).

[GA-301] TRANOY L. et AYALA Gr., Les pentes de la Croix-Rousse à Lyon dans l'Antiquité, dans *Gallia*, 51, 1994, p. 171-189.

[GA-302] TRUNK M., *Römische Tempel in den Rhein- und westlichen Donauprovinzen* («Forsch. Augst», 14), Augst, 1991.

[GA-303] TUFFREAU-LIBRE M., *La céramique en Gaule romaine*, Paris, 1992.

[GA-304] TURCAN R., L'Autel de Rome et d'Auguste «ad Confluentem», dans *ANRW*, II, 12, 1, 1982, p. 607-644.

[GA-305] VAGINAY M. et GUICHARD V., *L'habitat gaulois de Feurs (Loire). Fouilles récentes (1978-1981)*, Paris, 1988.

[GA-306] VANDERHOEVEN A. *et al.*, Het oudheidkundig bodemonderzoek aan de Kielenstraat te Tongeren, dans *Archeologie in Vlaanderen*, 2, 1992, p. 89-146.

[GA-307] VARÈNE P., *L'enceinte gallo-romaine de Nîmes. Les murs et les tours*, LIIIe suppl. à *Gallia*, Paris, 1992.

[GA-308] WIERSCHOWSKI L., Die Decimi Titii aus Aix-les-Bains. Das soziale und wirtschaftliche Umfeld eines Dekurio der *colonia Viennensis*, dans *ZPE*, 98, 1993, p. 203-221.

[GA-309] WIERSCHOWSKI L., *Die regionale Mobilität in Gallien nach den Inschriften des 1. bis 3. Jahrhunderts n. Chr.* («Historia Einzelschr.», 91), Stuttgart, 1995.

[GA-310] WIGHTMAN Ed.-M., Peasants and Potentates : an Investigation of Social Structure and Land Tenure in Roman Gaul, dans *AJAH*, 3, 1978, p. 97-128.

[GA-311] WILL E., Le sel des Morins et des Ménapiens, dans *Hommages à Albert Grenier*, Bruxelles, 1962, p. 1649-1657.

[GA-312] WILL W., Römische «Klientel-Randstaaten» am Rhein? Eine Bestandsaufnahme, dans *BJ*, 187, 1987, p. 1-61.

[GA-313] WILLIAMSON C. H., A Roman Law from Narbonne, dans *Athenaeum*, 65, 1987, p. 173-189.

[GA-314] WOLTERS R., Zum Waren- und Dienstleistungsaustausch zwischen dem Römischen Reich und dem Freien Germanien in der Zeit des Prinzipats, dans *MBAH*, 9, 1990, p. 14-44 ; 10, 1991, p. 78-131.

[GA-315] WYSS R., Handel und Verkehr über die Alpenpasse, dans H. Jankuhn (éd.), *Untersuchungen zu Handel und Verkehr in ur- und frühgeschichtlicher Zeit*, V, Göttingen, 1989, p. 155-172.

[GA-316] ZIMMERMANN B., Zur Authentizität des « Clemensfeldzuges », dans *Jb Augst*, 13, 1992, p. 289-301.

Voir aussi vol. 1, n°s 951, 996, 1035.

CHAPITRE V
LA BRETAGNE

Sources antiques principales

Des informations se trouvent dans les textes littéraires suivants : César, *Guerre des Gaules* ; Dion Cassius, *Histoire romaine* ; Hérodien, *Histoire* ; Ptolémée, *Géographie* ; Strabon, *Géographie* ; Tacite, *Annales* ; *Histoire* ; Vie d'Agricola.

Inscriptions :

BOWMAN A. K., THOMAS J. D., *Vindolanda : The Latin Writing-Tablets*, Londres, 1983.

BOWMAN A. K., THOMAS J. D., *The Vindolanda Writing Tablets. Tabulae Vindulendenses*, II, Londres, 1994.

COLLINGWOOD P. G. et WRIGHT R. P., *The Roman Inscriptions of Britain*, vol. I : *Inscriptions on Stone*, Oxford, 1965 ; vol. II : *Instrumentum Domesticum*, fasc. 1-7, Gloucester, 1990-1995.

Instruments de travail

BIRLEY A. R., *The Fasti of Roman Britain*, Oxford, 1981.

IRELAND S., *Roman Britain : a sourcebook*, Londres, 1986.

MANN J. C., PENMAN R. G., *Literary Sources for Roman Britain*, Londres Association of Classical Teachers, 1978.

RIVET A. L. F., SMITH C., *The Place-Names of Roman Britain*, Londres, 1979.

Tabula Imperii Romani : Condate-Glevum-Londinium-Lutetia, Union académique internationale, Londres, 1985.

Tabula Imperii Romani : Britannia Septentrionalis, Union académique internationale, Londres, 1987.

HISTOIRE POLITIQUE ET MILITAIRE

Ouvrages généraux

[BR-1] CLAYTON P. A., *A Companion to Roman Britain*, Oxford, 1987.

[BR-2] COLLINGWOOD R. G., RICHMOND I. A., *The Archaeology of Roman Britain*, éd. rev., Londres, 1969.

[BR-3] FRERE S. S., *Britannia*, 3rd ed., Londres, 1987.

[BR-4] FRERE S. S., ST JOSEPH J. K. S., *Roman Britain from the Air*, Cambridge, 1983.

[BR-5] JONES G. D. B., MATTINGLY D., *An Atlas of Roman Britain*, Oxford, 1990.

[BR-6] MANN J. C., The Administration of Roman Britain, *Antiquity*, 35, 1961, 316-320.

[BR-7] POTTER T., JOHNS C., *Roman Britain*, Londres, 1992.

[BR-8]   SALWAY P., *The Oxford Illustrated History of Roman Britain*, Oxford, 1993.
[BR-9]   SALWAY P., *Roman Britain*, Oxford, 1981.
[BR-10] SOULLARD H. H., *Roman Britain: Outpost of Empire*, Londres, 1979.
[BR-11] TODD M., *Roman Britain 55 BC - AD 400*, Londres, 1981.
[BR-12] TODD M. (ed.), *Research on Roman Britain 1960-1989*, Londres, 1989.
[BR-13] WACHER J., *Roman Britain*, Londres, 1978.
[BR-14] WILSON R. J. A., *A Guide to the Roman Remains in Britain*, 3ᵉ éd., Londres, 1988.

Le peuplement initial

[BR-15] BRADLEY R. J., *The Social Foundations of Prehistoric Britain*, Londres, 1984.
[BR-16] CUNLIFFE B. W., *Hengistbury Head. Dorset*, vol. 1 : *The Prehistoric and Roman Settlement 3500 BC - AD 500*, Oxford, 1987.
[BR-17] CUNLIFFE B. W., *Iron Age Communities in British*, 3ᵉ éd., Londres, 1991.
[BR-18] MACREADY S., THOMPSON F. H. (eds), *Cross-Channel Trade Between Gaul and Britain in the Pre-Roman Iron Age*, Londres, 1984.
[BR-19] MITCHELL S., Cornish Tin, Julius Caesar and the Invasion of Britain, *Collection Latomus*, 180, 1983, 80-99.
[BR-20] REYNOLDS P. J., *Iron Age Farm: The Butser Experiment*, Londres, 1979.
[BR-21] STEVENS C. E., Britain Between the Invasions 54 BC and AD 43 : a Study in Ancient Diplomacy, *in* W. F. Grimes (ed.), *Aspects of Archaeology in Britain and Beyond*, Londres, 1951, 332-344.

L'armée romaine

[BR-22] BIRLEY E., *Roman Britain and the Roman Army*, Kendal, 1953.
[BR-23] DOBSON B., MANN J. C., The Roman army in Britain and Britons in the Roman army, *Britannia*, 4, 1973, 191-205.
[BR-24] HOLDER P. A., *The Roman Army in Britain*, Londres, 1982.
[BR-25] JOHNSON A., *Roman Forts of the 1st and 2nd Centuries AD in Britain and the German Provinces*, Londres, 1983.
[BR-26] JONES M. J., *Roman Fort Defences to AD 117*, Oxford (« British Archaeological Reports », 21), 1977.
[BR-27] SIMPSON G., *Britons and the Roman Army*, Londres, 1964.

La conquête romaine

[BR-28] BURNHAM B. C., JOHNSON H. B. (eds), *Invasion and Response: the Case of Roman Britain*, Oxford (« British Archaeological Reports », 73), 1979.
[BR-29] WACHER J. S., *The Coming of Rome*, Londres, 1979.
[BR-30] WEBSTER G., *Boudica: the British Revolt Against Rome AD 60*, éd. rev., Londres, 1993.
[BR-31] WEBSTER G., The Military Situations in Britain Between AD 43 and 71, *Britannia*, 1, 1970, 179-197.
[BR-32] WEBSTER G., *The Roman Invasion of Britain*, éd. rev., Londres, 1993.
[BR-33] WEBSTER G., The Roman Military Advance under Ostorius Scapula, *Archaeological Journal*, 115, 1958, 49-58.
[BR-34] WEBSTER G., *Rome Against Caratacus: The Roman Campaigns in Britain AD 48-58*, éd. rev., Londres, 1993.

Le pays de Galles

[BR-35] BIRLEY E., Roman Garrisons in Wales, *Archaeologia Cambrensis*, 1952, 9-19.
[BR-36] JARRETT M., Military Occupation of Roman Wales, *Bulletin of the Board of Celtic Studies*, 22, part 2, 1963.
[BR-37] KNIGHT J., *Caerleon Roman Fortress*, Cardiff, 1994.
[BR-38] MANNING W. H., *Report on the Excavations at Usk, 1965-1976: the Fortress Excavations, 1968-1971*, Cardiff, 1981.
[BR-39] MANNING W. H., *Report on the Excavations at Usk, 1965-1976; the Fortress Excavations, 1972-1974*, Cardiff, 1989.
[BR-40] NASH-WILLIAMS V. E., *The Roman Frontier in Wales*, 2ᵉ éd., Cardiff, 1969.

Le Nord

[BR-41] BRANIGAN K. (éd.), *Rome and the Brigantes : The Impact of Rome on Northern England*, Sheffield, 1980.
[BR-42] BREEZE D. J., DOBSON B., Roman Military Deployments in North England, *Britannia*, 16, 1987, 1-20.
[BR-43] HARTLEY B. R., Some Problems of the Roman Military Occupation of the North of England, *Northern History*, 1, 1966, 7-20.
[BR-44] HIGHAM H. J., Brigantia Revisited, *Northern History*, 23, 1987, 1-19.
[BR-45] POTTER T. W., *The Romans in North-West England*, Carlisle, 1979.
[BR-46] RICHMOND I. A., Queen Cartimandua, *JRS*, 44, 1954, 43-52.
[BR-47] SHOTTER D., *The Romans and Britons in North West England*, Lancaster, 1993.

Agricola et l'Écosse

[BR-48] CURLE J., *A Roman Frontier Post and its People: The Fort of Newstead in the Parish of Melrose*, Glasgow, 1911.
[BR-49] FRERE S. S., WILKES J., *Strageath: Excavations within the Roman Fort 1973-1986* (« Britannia Monograph », no. 9), Londres, 1989.
[BR-50] HANSON W. S., *Agricola and the Conquest of the North*, Londres, 1987.
[BR-51] KEPPIE L. J. F., *Scotland's roman Remains*, Edinburgh, 1986.
[BR-52] MAXWELL G. S., *A Battle Lost: Romans and Caledonians at Mons Graupius*, Edinburgh, 1990.
[BR-53] MAXWELL G. S., *The Romans in Scotland*, Edinburgh, 1989.
[BR-54] PITTS L. F. and ST. JOSEPH J. K., *Inchtuthil: The Roman legionary Fortress* (« Britannia Monograph », no. 6), Londres, 1986.

Les frontières : le mur d'Hadrien et le mur d'Antonin

[BR-55] AUSTEN P. S., *Bewcastle and Old Penrith: A Roman Outpost Fort and a Frontier Vicus: Excavations 1977-1978*, Carlisle, 1991.
[BR-56] BIDWELL P. T., *The Roman Fort of Vindolanda at Chesterholm, Northumberland*, Londres, 1985.
[BR-57] BIRLEY E., *Research on Hadrian's Wall*, Kendal, 1961.

[BR-58] BISHOP M. C., DORE J. N., *Corbridge: Excavations in the Roman Fort and Town 1947-1980*, Londres, 1988.

[BR-59] BOWMAN A. K., *Life and Letters on the Roman Frontier: Vindolanda and its People*, Londres, 1994.

[BR-60] BREEZE D. J., *The Northern Frontiers of Roman Britain*, Londres, 1982.

[BR-61] BREEZE D. J. and DOBSON B., The Development of the Mural Frontier in Britain from Hadrian to Caracalla, *Proceedings of the Society of Antiquaries of Scotland*, 102, 1969-1970, 109-121.

[BR-62] BREEZE D. J. and DOBSON B., *Hadrian's Wall*, 3ᵉ éd., Londres, 1987.

[BR-63] DANIELS C. M., The Antonine Abandonment of Scotland, *in* V. A. Maxfield and M. J. Dobson (eds), *Roman Frontier Studies 1989: Proceedings of the XVᵉ International Congress of Roman Frontier Studies*, Exeter, 1991, 48-51.

[BR-64] DANIELS C. M., *Handbook to the Roman Wall*, 13ᵉ éd., Newcastle upon Tyne, 1978.

[BR-65] DORE J. N. and GILLAM J. P., *The Roman Fort at South Shields: Excavations 1875-1975*, Newcastle upon Tyne, 1979.

[BR-66] GILLAM J. P., Calpurnius Agricola and the Northen Frontier, *Transactions of the Architectural and Archaeological Society of Durham and Northumberland*, 10, 1953, 359-375.

[BR-67] GILLAM J. P., The Frontier After Hadrian: A History of the Problem, *Archaeologia Aeliana*, 5th series, 2, 1974, 1-15.

[BR-68] GILLAM J. P. and MANN J. C., The Northern British Frontier from Antoninus Pius to Caracalla, *Archaeologia Aeliana*, 4th series, 48, 1970, 1-44.

[BR-69] HANSON W. S. and MAXWELL G. S., *Rome's North West Frontier: The Antonine Wall*, Edinburgh, 1983.

[BR-70] JARRETT M. G. and MANN J. C., Britain from Agricola to Gallienus, *Bonner Jahrbuch*, 170, 1970, 178-210.

[BR-71] JOHNSON S., *Hadrian's Wall*, Londres, 1989.

[BR-72] MACDONALD G., *The Roman Wall in Scotland*, 2ᵉ éd., Oxford, 1934.

[BR-73] MAXFIELD V., Hadrian's Wall in its Imperial Setting, *Archaeologia Aeliana*, 5th series, 18, 1990, 3-27.

[BR-74] MILLER S. N. (ed.), *The Roman Occupation of South-Western Scotland*, Glasgow, 1952.

[BR-75] Ordnance Survey, *Antonine Wall Map*, Londres, 1969.

[BR-76] Ordnance Survey, *Hadrian's Wall Map*, Londres, 1964.

[BR-77] ROBERTSON A. S., *The Antonine Wall: A Handbook to the Surviving Remains*, éd. rév. par Lawrence Keppie, Glasgow, 1990.

[BR-78] SHOTTER D., Coin Evidence and the Northern Frontier in the Second Century AD, *Proceedings of the Society of Antiquaries of Scotland*, 107, 1975-1976, 81-91.

De Septime Sévère à Carausius

[BR-79] REED N., The Scottish Campaigns of Septimius Severus, *Proceedings of the Society of Antiquaries of Scotland*, 107, 1975-1976, 92-102.

[BR-80] JOHNSON S., *Roman Fortifications on the Saxon Shore*, Londres, 1977.

[BR-81] JOHNSON S., *The Roman Forts of the Saxon Shore*, Londres, 1979.

[BR-82] MAXFIELD V. (ed.), *The Saxon Shore: A Handbook for the 15th International Congress of Roman Frontier Studies*, Canterbury, 2-10 September 1989, Exeter, 1989.

[BR-83] JOHNSTON D. E. (ed.), *The Saxon Shore* (« Council for British Archaeology Research Report », no. 18), Londres, 1977.

[BR-84] CASEY J., *Carausius and Allectus: The British Usurpers*, Londres, 1994.

[BR-85] SHIEL N., *The Episode of Carausius and Allectus: The Literary and Numismatic Evidence* (« British Archaeological Reports », 40), Oxford, 1977.

LA POPULATION CIVILE

Le développement des villes

[BR-86] BENNETT J., *The Towns of Roman Britain.*

[BR-87] BRANIGAN K., *Town and Country: Verulamium and the Roman Chilterns*, Bourne End, 1974.

[BR-88] CRICKMORE J., *Romano-British Urban Defences* (« British Archaeological Reports », 126), Oxford, 1984.

[BR-89] FRERE S. S., British Urban Defences in Earthwork, *Britannia*, 15, 1984, 63-74.

[BR-90] LA BÉDOYÈRE G. de, *Roman Towns in Britain*, Londres, 1992.

[BR-91] RIVET A. L. F., The Origins of Cities in Roman Britain, in *Thèmes de recherches sur les villes antiques d'Occident*, Strasbourg, 1971, 161-172.

[BR-92] RIVET A. L. F., *Town and Country in Roman Britain*, 1958.

[BR-93] WACHER J., *Towns of Roman Britain*, Londres, 2ᵉ éd., 1995.

Londres

[BR-94] HOBLEY B., *Roman and Saxon London: A Reappraisal*, Londres, 1986.

[BR-95] MARSDEN P., *The Roman Forum Site in London: Discoveries Before 1985*, Londres, 1987.

[BR-96] MERRIFIELD R., *London: City of the Romans*, Londres, 1983.

[BR-97] MILNE G., *The Port of Roman London*, Londres, 1985.

[BR-98] MORRIS J., *Londinium: London in the Roman Empire*, Londres, 1982.

[BR-99] PERRING D., *Roman London*, Londres, 1991.

Bath

[BR-100] CUNLIFFE B., *Roman Bath* (« Report of the Research Committee of the Society of Antiquaries of London », no. 24), Oxford, 1969.

[BR-101] CUNLIFFE B., *Roman Bath Discovered*, Londres, 1984.

[BR-102] CUNLIFFE B., The Roman Baths at Bath, *Britannia 7*, 1976, 1-32.

Les colonies

[BR-103] HULL M. R., *Roman Colchester*, Oxford, 1958.

[BR-104] NIBLETT R., *Sheepen: An Early Roman Industrial Site at Camulodunum* (« Council for British Archaeology Research Report », no. 57), Londres, 1985.

[BR-105] OTTAWAY R., *Roman York*, Londres, 1993.

[BR-106] Royal Commission on Historical Monuments, *Inventory of the Historical Monuments of York*, Vol. I : *Eburacum*, Londres, 1962.

Les capitales des cités

[BR-107] BIDWELL P., *The Legionary Bath-house and Basilica and Forum at Exeter,* Exeter, 1979.

[BR-108] BOON G. C., *Silchester: The Roman Town of Calleva,* Newton Abbot, 1974.

[BR-109] BUSHE-FOX J. P., *Excavations on the Site of the Roman Town at Wroxeter, Shropshire, 1912,* Londres, 1913.

[BR-110] BUSHE-FOX J. P., *Second Report on the Excavations on the Site of the Roman Town at Wroxeter, 1913,* Londres, 1914.

[BR-111] BUSHE-FOX J. P., *Third Report on the Excavations on the Site of the Roman Town at Wroxeter, 1914,* Londres, 1915.

[BR-112] CHARLESWORTH D., Roman Carlisle, *Archaeological Journal,* 135, 1978, 115-137.

[BR-113] DOWN A., *Chichester Excavations,* vol. 1-5, Londres, 1971-1981.

[BR-114] FRERE S. S. *Verulamium Excavations,* vol. 1-3, Londres et Oxford, 1972-1984.

[BR-115] FULFORD M., *Silchester: Excavations on the Defences 1974-1980* («Britannia Monograph», no. 5), Londres, 1984.

[BR-116] MCWHIRR A., *Houses in Roman Cirencester,* Cirencester, 1986.

[BR-117] REECE R., CATLING C., *Cirencester: Development and Buildings British* («Archaeological Reports», 12), Oxford, 1975.

[BR-118] WACHER J., *Cirencester Excavations,* 1 : *Early Roman Occupation,* Cirencester, 1982.

[BR-119] WACHER J. S., *The Civitas Capitals of Roman Britain,* Leicester, 1966.

[BR-120] WACHER J. S., *Excavations at Brough on Humber, 1958-1961,* Londres, 1969.

Les petites villes

[BR-121] BENNETT J., *Sea Mills: The Roman Town of Abonae,* Bristol, 1985.

[BR-122] BURNHAM B. C., The Origin of Romano-British Small Towns, *Oxford Journal of Archaeology,* 5, 2, juillet 1986, 185-203.

[BR-123] BURNHAM B. C., WACHER J., *The Small Towns of Roman Britain,* Londres, 1990.

[BR-124] EDDY M. R., *Kelvedon: The Origins and Development of a Roman Small Town,* Chelmsford, 1982.

[BR-125] RODWELL V., ROWLEY T., *The Small Towns of Roman Britain: Papers Presented to a Conference, Oxford, 1975* («British Archaeological Reports», 15), Oxford, 1975.

Les «Vici»

[BR-126] BIRLEY R. E., Housesteads Vicus, *Archaeologia Aeliana,* 4th series, 40, 1962.

[BR-127] SOMMER S., *The Military Vici in Roman Britain* («British Archaeological Reports», 129), Oxford, 1984.

Les établissements ruraux

[BR-128] HALLAM S. J., Villages in Roman Britain : Some Evidence, *Antiquaries Journal,* 44, 1964, 19-32.

[BR-129] HINGLEY R., *Rural Settlement in Roman Britain,* Londres, 1989.

[BR-130] LEECH R., *Excavations at Catsgore, 1970-1973: A Romano-British Village,* Bristoil, 1982.

[BR-131] MILES D. (ed.), *The Romano-British Countryside: Studies in Rurtal Settlement and Economy* («British Archaeological Reports», no. 103), 2 vol., Oxford, 1982.

[BR-132] MORRIS P., *Agricultural Buildings in Roman Britain* («British Archaeological Reports», no. 70), Oxford, 1979.

[BR-133] PARTRIDGE C., *Skeleton Green: A Late Iron Age and Romano-British Site* («Britannia Monograph», no. 2), Londres, 1981.

[BR-134] STEAD I. M., RIGBY V., *Baldock: The Excavation of a Roman and Pre-Roman Settlement, 1968-1972* («Britannia Monograph», no. 7), Londres, 1986.

Les villae

[BR-135] BRANIGAN K., *The Roman Villa in South-West England*, Bradford on Avon, 1976.

[BR-136] CUNLIFFE B., *Excavations at Fishbourne*, 2 vol., Londres, 1971.

[BR-137] JOHNSTON D. E., *Roman Villas*, Aylesbury, 1979.

[BR-138] LA BÉDOYÈRE G. de, *Roman Villas and the Countryside*, Londres, 1993.

[BR-139] MEATES G. V., *The Roman Villa at Lullingstone, Kent*, Canterbury, 1979.

[BR-140] RIVET A. L. F. (éd.), *The Roman Villa in Britain*, Londres, 1969.

[BR-141] TODD M. (éd.), *Studies in the Romano-British Villa*, Leicester, 1978.

LA ROMANISATION

[BR-142] ALLASON-JONES L., *Women in Roman Britain*, Londres, 1989.

[BR-143] BIRLEY A., *Life in Roman Britain*, Londres, 1964.

[BR-144] BIRLEY A., *The People of Roman Britain*, Londres, 1979.

[BR-145] BLAGG T. F. C., KING A. C., *Military and Civilian in Roman Britain: Cultural Relationships in a Frontier Province* («British Archaeological Reports», 136), Oxford, 1984.

[BR-146] BURNHAM B. C., DAVIES J. L., *Conquest, Co-existence and Change: Recent Work in Roman Wales*, Lampeter, 1991.

[BR-147] BUTLER R. M. (ed.), *Soldier and Civilian in Roman Yorkshire*, Leicester, 1971.

[BR-148] FISHWICK D., The Imperial Cult in Roman Britain, *Phoenix: Journal of the Classical Association of Canada*, 15, pt. 3 and 4, 1961, 159-173 and 213-229.

[BR-149] HAVERFIELD F., *The Romanisation of Britain*, 4th ed., Cambridge, 1926.

[BR-150] HENIG M., *Religion in Roman Britain*, Londres, 1984.

[BR-151] LA BÉDOYÈRE G. de, *The Buildings of Roman Britain*, Londres, 1991.

[BR-152] LA BÉDOYÈRE G. de, *The Finds of Roman Britain*, Londres, 1989.

[BR-153] LEWIS M. J. T., *Temples in Roman Britain*, Cambridge, 1966.

[BR-154] LIVERSIDGE J., *Britain in the Roman Empire*, Londres, 1968.

[BR-155] MANN J. C., Spoken Latin in Britain as Evidenced in Inscriptions, *Britannia*, 2, 1971, 218-224.

[BR-156] MARGARY I. D., *Roman Roads in Britain*, 2nd ed., Londres, 1967.

[BR-157] MILLETT M., *The Romanization of Britain: An Essay in Archaeological Interpretation*, Cambridge, 1990.

[BR-158] RICHMOND I. A. (ed.), *Roman and Native in North Britain*, Edinburgh, 1958.

[BR-159] SALWAY P., *Frontier People of Roman Britain*, Cambridge, 1965.

[BR-160] WEBSTER G. (éd.), *Fortress into City: The Consolidation of Roman Britain in the First Century AD*, Londres, 1988.

Commerce et industrie

[BR-161] BIRLEY A. R., The Economic Effects of Roman Frontier Policy, *in* A. C. King and M. Henig (eds), *The Roman West in the Third Century*, Oxford, 1981, 39-53.

[BR-162] BREEZE D. J., Demand and Supply on the Northern Frontier, *in* R. Miket and C. Burgess (éd.), *Between and Beyond the Walls*, Edinburgh, 1984, 264-286.

[BR-163] DAVEY N., LING R., *Wall-painting in Roman Britain* («Britannia Monograph», no. 3), Londres, 1982.

[BR-164] McWHIRR A., *Roman Crafts and Industries*, Aylesbury, 1982.

[BR-165] McWHIRR A., *Roman Brick and Tile*, Oxford, 1979.

[BR-166] NEAL D. S., *Roman Mosaics in Britain* («Britannia Monograph», no. 1), Londres, 1981.

[BR-167] PEACOCK D. P. S. (ed.), *Pottery and Early Commerce*, Londres, 1977.

[BR-168] SWANN V., *The Pottery Kilns of Roman Britain*, Londres, 1984.

[BR-169] TAYLOR J., CLEERE H. (eds), *Roman Shipping and Trade: Britain and the Rhine Provinces* («Council for British Archaeology Research Report», no. 24), Londres, 1978.

[BR-170] WHITTICK G. C., Roman Lead-mining on Mendip and in North Wales, *Britannia*, 13, 1982, 113-123.

[BR-171] WILSON R. R., *The Crambeck Roman Pottery Industry*, Leeds, Yorkshire Archaeological Society, 1989.

[BR-172] YOUNG C. J., *The Roman Pottery Industry of the Oxford Region*, Oxford, 1977.

CHAPITRE VI
LES PROVINCES DANUBIENNES

ABRÉVIATIONS

AIJ   HOFFILLER V., SARIA B., *Antike Inschriften aus Jugoslawien*, Hft. 1 *Noricum und Pannonia*, Zagreb, 1938.

IDR   PIPPIDI D. M., RUSSU I. I., *Inscriptiones Daciae Romanae*, Bucarest, 1977.

IGBulg MIHAILOV G., *Inscriptiones Graecae in Bulgaria repertae*, Sofia, 1956-1970.

ILGR   ŠAŠEL KOS M., *Inscriptiones Latinae in Graecia repertae: additamenta ad CIL III*, Faenza, 1979.

ILIug   ŠAŠEL A. et J., *Inscriptiones Latinae quae in Iugoslavia... repertae et editae sunt* (Situla 5, 19, 25), Ljubljana, 1963, 1978, 1986.

IMS   PAPAZOGLU F., *Inscriptions de la Mésie supérieure*, Belgrade, 1976.

ISM   PIPPIDI D. M., RUSSU I. I., *Inscriptiones Scythiae Minoris Graecae et Latinae*, Bucarest, 1980.

RPC   BURNETT A., AMANDRY M., RIPOLLES P. P., *Roman Provincial Coinage*, Londres, Paris, 1992.

[DAN-1]   ALFÖLDY G., Senatoren in der römischen Provinz Dalmatien, *Epigraphische Studien* (Düsseldorf), 5, 1968, 99-144.

[DAN-2]   ALFÖLDY G., *Noricum*, Londres, 1974.

[DAN-3]   ALFÖLDY G., *Römische Heeresgeschichte: Beiträge 1962-1985* («Mavors Roman Army Researches», III), Amsterdam, 1987.

[DAN-4]   ALFÖLDY G., *Die Krise des Römischen Reiches: Geschichte, Geschichtsschreibung und Geschichtsbetrachtung: Ausgewählte Beiträge*, Stuttgart, 1989.

[DAN-5]   ALFÖLDY G., La Pannonia e l'Impero romano, *in* G. Hajnóczi (ed.), *La Pannonia e l'Impero romano*, Milan, 1995.

[DAN-6]   BIRLEY A., *The African Emperor Septimius Severus*, Londres, 1988.

[DAN-7]   BOJANOVSKI I., *Système routier de Dolabella dans la province romaine de Dalmatia*, Sarajevo, 1974.

[DAN-8]   BÓNIS E., *Die spätkeltische Siedlung Gellerthégy-Tabán in Budapest* («Archaeologica Hungarica», n.s. XLVII), Budapest, 1969.

[DAN-9]   BÓNIS E., Pottery, *in* A. Lengyel et G. Radan (eds), *The Archaeology of Roman Pannonia*, Lexington et Budapest, 1980, 357-379.

[DAN-10] BOSWORTH A., Asinius Pollio and Augustus, *Historia*, 21, 1972, 441-473.

[DAN-11] BRADFORD J., *Ancient Landscapes*, Londres, 1957.

[DAN-12] CLAIRMONT C., *Excavations at Salona, Yugoslavia, 1969-1972*, Park Ridge NJ, 1975.

[DAN-13] COLLART P., Les Milliaires de la Via Egnatia, *BCH*, 100, 1976, 177-200.

[DAN-14] CONOLE P., MILNS R., Neronian Frontier Policy: The Career of Ti. Plautius Silvanus, *Historia*, 32, 1983, 183-200.

[DAN-15] CRAWFORD M., *Coinage and Money under the Roman Republic: Italy and the Mediterranean Economy*, Londres, 1985.

[DAN-16] CRIŞAN I., *Burebista and his Time*, Bucarest, 1978.

[DAN-17] DAICOVICIU H., Napoca, *Aufstieg und Niedergang der römischen Welt*, ed. H. Temporini, II Principat, vol. VI, Berlin et New York, 1977, 919-949.

[DAN-18] DAICOVICIU H., Das Reich der Daker, in *Die Daker: Archäologie in Rumänien* («Historische Museen der Stadt Köln»), Mayence, 1980, 72-106.

[DAN-19] DAICOVICIU H. and ALICU D., *Colonia Ulpia Traiana Augusta Dacica Sarmizegetusa*, Bucarest, 1984.

[DAN-20] DOBÓ A., *Publicum Portorium Illyrici* (Diss. Pann. ii.16), Budapest, 1940.

[DAN-21] DUŠANIĆ S., Aspects of Roman Mining in Noricum, Pannonia, Dalmatia and Moesia Superior, *Aufstieg und Niedergang der römischen Welt*, ed. H. Temporini, II Principat, vol. VI, Berlin et New York, 1977, 52-94.

[DAN-22] FITZ J., *Gorsium-Herculia*, Székesfehérvár, 1976.

[DAN-23] FITZ J., *The Great Age of Pannonia (AD 193-284)*, Budapest, 1982.

[DAN-24] GABLER D., VADAY A., *Terra Sigillata im Barbaricum zwischen Pannonien und Dazien* («Font. Arch. Hung.»), Budapest, 1986.

[DAN-25] GAJDUKEVIĆ F., *Das Bosporanische Reich*, Berlin, 1971.

[DAN-26] GEROV B., Die lateinisch-griechische Sprachgrenze auf der Balkanhalbinsel, *in* G. Neumann and J. Untermann (eds), *Die Sprachen im römischen Reich der Kaiserzeit* («Bonner Jahrb. Beiheft», 40), Cologne et Bonn, 1980, 147-165.

[DAN-27] GEROV B., *Landownership in Roman Thracia and Moesia (1st-3rd century)*, Amsterdam, 1988.

[DAN-28] GIORGETTI D., Ratiaria and its Territory, *in* A. Poulter (ed.), *Ancient Bulgaria*, Nottingham, 1983, pt. 2, 19-39.

[DAN-29] GLODARIU I., *Dacian Trade with the Hellenistic and Roman World* (« BAR », Suppl. Ser. 8), Oxford, 1976.

[DAN-30] GOČEVA Z., OPPERMANN M., *Corpus cultus Equitis Thracii I-II*, Leiden, 1979-1984.

[DAN-31] GRBIĆ M., Bassianae, Yugoslavia, *Antiquity*, 10, 1936, 475-477.

[DAN-32] GRUEN E., The expansion of the empire under Augustus, *Cambridge Ancient History* (2nd ed.), vol. X, Cambridge, 1996, 171-178.

[DAN-33] HAMMOND N., *A History of Macedonia*, vol. 1 : *Historical geography and prehistory*, Oxford, 1972.

[DAN-34] HODDINOTT R., *Bulgaria in Antiquity. An historical introduction*, Londres et Tonbridge, 1975.

[DAN-35] HODDINOTT R., *The Thracians*, Londres, 1981.

[DAN-36] HORVAT J., *Nauportus (Vrhnika)*, Ljubljana, 1990.

[DAN-37] IVANOV T., The Roman Cities of Moesia and Thrace, *in* A. Poulter (ed.), *Ancient Bulgaria*, Nottingham, 1983, pt. 2, 129-154.

[DAN-38] IVANOV T., Architekturschmuk der Forumkomplexes der Colonia Ulpia Oescensium in Untermoesien (VR Bulgarien), *Studien zu den Militärgrenzen Roms III*, ed. D. Planck, Aalen, 1986, 498-503.

[DAN-39] JONES A., *Cities of the Eastern Roman Provinces* (2nd ed.), Oxford, 1971.

[DAN-40] KANDLER M., VETTERS H., *Der römische Limes in Oesterreich. Ein Führer*, Vienne, 1986.

[DAN-41] KELLNER H.-J., Augsburg, Provinzhauptstadt Raetiens, *Aufstieg und Niedergang der römischen Welt*, ed. H. Temporini, II Principat, vol. 5.2, Berlin et New York, 1976, 690-717.

[DAN-42] KOS P., *The Monetary Circulation in the Southeastern Alpine Region ca. 300 BC-AD 1000* (Situla 24), Ljubljana, 1986.

[DAN-43] KRAFT K., *Zur Rekrutierung der Alen und Kohorten am Rhein und Donau*, Berne, 1951.

[DAN-44] LEPPER F., FRERE S., *Trajan's Column*, Gloucester, 1988.

[DAN-45] MACKENDRICK P., *The Dacian Stones Speak*, Chapel Hill, 1975.

[DAN-46] MANN J., *Legionary Recruitment and Veteran Settlement during the Principate* (« Institute of Archaeology », Occ. Publ. 7), Londres, 1983.

[DAN-47] MAXFIELD V., The Danube Frontier, in *The Roman World*, ed. J. Wacher, vol. 1, 171-193, Londres, 1987.

[DAN-48] MIRKOVIĆ M., Sirmium – its history from the 1st century AD to AD 582, in *Sirmium* I, ed. V. Popović, Belgrade, 1971, 5-90.

[DAN-49] MIRNIK I., *Coin Hoards in Yugoslavia* (« BAR », Int. Ser. 95), Oxford, 1981.

[DAN-50] MÓCSY A., Die vertuschte Dakerkrieg des M. Licinius Crassus, *Historia*, 15, 1966, 511-514.

[DAN-51] MÓCSY A., *Pannonia and Upper Moesia*, Londres, 1974.

[DAN-52] MROZEK S., Die Goldbergwerke im römischen Dazien, *Aufstieg und Niedergang der römischen Welt*, ed. H. Temporini, II.6, Berlin et New York, 1977, 95-109.

[DAN-53] PAPAZOGLU F., *The Central Balkan Tribes in Pre-Roman Times*, Amsterdam, 1978.

[DAN-54] PAPAZOGLU F., Quelques aspects de l'histoire de la province de Macédoine, *Aufstieg und Niedergang der römischen Welt*, ed. H. Temporini, II Principat, vol. 7.1, Berlin et New York, 1979, 302-369.

[DAN-55] PAPAZOGLU F., *Les Villes de Macédoine à l'Époque romaine* («BCH», Suppl. XVI), Athènes, 1988.

[DAN-56] PETROVIĆ P., La Voie romaine dans les Portes de Fer, *Starinar*, 37, 1986, 41-52.

[DAN-57] PICCOTTINI G., Die Stadt auf dem Magdalensberg – spätkeltisches und frühromisches Zentrum im sudlichen Noricum, *Aufstieg und Niedergang der römischen Welt*, ed. H. Temporini, II Principat, vol. 6, Berlin et New York, 1977, 263-301.

[DAN-58] PICCOTTINI G., VETTERS H., *Führer durch die Ausgrabungen auf dem Magdalensberg*, 2nd. ed., Klagenfurt, 1981.

[DAN-59] PIPPIDI D., *Contribuții la istoria veche a Romaniei*, Bucarest, 1967.

[DAN-60] PÓCZY K., Pannonian Cities, in *The Archaeology of Roman Pannonia*, ed. A. Lengyel and G. Radan, Lexington et Budapest, 1980, 239-274.

[DAN-61] PÓCZY K., La citta di *Aquincum* sede del luogotenente della Pannonia Inferiore, *in* G. Hajnóczi (ed.), *La Pannonia e l'Impero romano*, Milan, 1995, 221-231.

[DAN-62] POULTER A., Town and Country in Moesia Inferior, in *Ancient Bulgaria*, ed. A. Poulter, Nottingham, 1983, pt. 2, 74-118.

[DAN-63] POULTER A., The Lower Moesian Limes and the Dacian Wars of Trajan, *Studien zu den Militärgrenzen Roms III*, ed. D. Planck, Stuttgart, 1986, 519-528.

[DAN-64] POULTER A., *Nicopolis ad Istrum : A Roman, Late Roman and Early Byzantine City*, Londres, 1995.

[DAN-65] RADULESCU A., BARBULESCU M., *Dacia*, XXV (1981), 353-358.

[DAN-66] RAPANIĆ Ž. (éd.), *La vallée du fleuve Neretva depuis la préhistoire jusqu'au début du Moyen Age*, Split, 1980.

[DAN-67] SARIA B., Poetovio, Pauly-Wissowa, *Realencyclopädie* XXIA, 1951, 1167-1184.

[DAN-68] ŠAŠEL J., *Opera Selecta* («Situla», 30), Ljubljana, 1992.

[DAN-69] ŠAŠEL-KOS M., The 15th Legion at Emona – Some Thoughts, *Zeitschrift für Papyrologie und Epigraphik*, 109, 1995, 227-244.

[DAN-70] SCHLEIERMACHER W., *Cambodunum-Kempten : eine Römerstadt im Allgau*, Bonn, 1972.

[DAN-71] STARR Ch., *The Roman Imperial Navy*, repr. Cambridge, 1960.

[DAN-72] STIGLITZ H. *et al.,* Carnuntum, *Aufstieg und Untergang der römischen Welt*, ed. H. Temporini, II Principat, vol. 6, Berlin et New York, 1977, 583-730.

[DAN-73] STROBEL K., *Untersuchungen zu den Dakerkriegen Trajans*, Bonn, 1984.

[DAN-74] SUIĆ M., *Antički Grad na Istočnom Jadranu*, Zagreb, 1976.

[DAN-75] SULLIVAN R., Thrace in the eastern dynastic network, *Aufstieg und Niedergang der römischen Welt*, ed. H. Temporini, II Principat, vol. 7. 1, Berlin et New York, 1979, 186-211.

[DAN-76] SWOBODA E., *Forschungen am obermoesischen Limes* («Schriften der Balkankommission», X), Vienne, 1939.

[DAN-77] SYME R., *The Roman Revolution*, Oxford, 1939.

[DAN-78] SYME R., *Danubian Papers*, Bucarest, 1971.

[DAN-79] SYME R., *History in Ovid*, Oxford, 1978.

[DAN-80] SYME R., *Roman Papers 1-2*, ed. E. Badian, Oxford, 1979.

[DAN-81] THOMASSON B., *Laterculi Praesidum*, Gothenburg, 1975-1984.

[DAN-82] TUDOR D., *Oltenia Romana*, Bucarest, 1968.

[DAN-83] VERMASEREN M., *Corpus inscriptionum et monumentorum religionis Mithriacae*, vol. II, La Haye, 1960.

[DAN-84] VETTERS H., Virunum, *Aufstieg und Niedergang der römischen Welt*, ed. H. Temporini, II Principat, vol. 6, Berlin et New York, 1977, 302-354.

[DAN-85] VISY Z., *Der pannonische Limes in Ungarn*, Budapest, 1988.

[DAN-86] VULPE R., BARNEA I., *Romani la Dunarea de Jos* («Din Istoria Dobrogei», vol. 2), Bucarest, 1968.

[DAN-87] WEBER E., *Die römerzeitliche Inschriften der Steiermark*, Graz, 1969.

[DAN-88] WILKES J., *Dalmatia*, 1969.

[DAN-89] WILKES J., Romans, Dacians and Sarmatians in the First and Early Second Centuries, in *Rome and her Northern Provinces*, ed. B. Hartley and J. Wacher, Gloucester, 1983, 255-289.

[DAN-90] WILKES J., *The Illyrians*, Oxford, 1992.

[DAN-91] ZACCARIA C. (ed.), *I Laterizi di Eta romana nell'Area nordadriatica*, Rome, 1993.

CHAPITRE VII
LE MONDE GREC EUROPÉEN
ET LA CYRÉNAÏQUE

[GR-1] ACCAME S., *Il dominio romano in Grecia dalla guerra Acaica ad Augusto*, Rome, 1946.

[GR-2] ALCOCK S. E., *Graecia capta. The Landscape of Roman Greece*, Cambridge University Press, 1993.

[GR-3] AMANDRY M., *Le monnayage des duovirs corinthiens*, Supplément du *BCH*, XV, 1988.

[GR-4] BASLEZ M.-F., *Saint Paul*, Paris, 1991.

[GR-5] BASLEZ M.-F., La famille de Philopappos de Commagène : un prince entre deux mondes, *DHA*, 18 (1992), p. 89-101.

[GR-6] BENJAMIN A. S., The Altars of Hadrian in Athens and Hadrian's Panhellenic Program, *Hesperia*, 32 (1963), p. 57-86.

[GR-7] BOWERSOCK G. W., Zur Geschichte des römischen Thessalien, *Rhein. Mus.*, 108 (1965), p. 277-289.

[GR-8] BOWERSOCK G. W., *Augustus and the Greek World*, Oxford, 1965.

[GR-9] CABANES P., Recherches archéologiques en Albanie, 1945-1985, *RA*, 1986, 1, p. 107-142.

[GR-10] CABANES P., L'empereur Hadrien à Nicopolis, *Nicopolis I, Proceedings of the first International Symposium on Nicopolis (1984)*, Preveza, 1987.

[GR-11] CHRYMES K. M. T., *Ancient Sparta*, Manchester, 1949.

[GR-12] CHRYSOS E. (éd.), *Nikopolis I. Proceedings of the first International Symposium on Nikopolis (23-29 September 1984)*, Prévéza, 1987.

[GR-13] DAUX G., L'amphictionie delphique sous l'Empire, *Mélanges André Plassart*, Paris, 1976, p. 59-80.

[GR-14] DENIAUX É., Cicéron et les hommes d'affaires de l'Illyrie et de l'Épire, in *L'Illyrie méridionale et l'Épire dans l'Antiquité*, II, Paris, 1993, p. 263-270.

[GR-15] DENIAUX É., *Clientèles et pouvoir à l'époque de Cicéron*, Rome, 1993, p. 402-404.

[GR-16] DUCAT J., *Les Hilotes*, Supplément du *BCH*, XX, 1990.

[GR-17] EHRENBERG V. et JONES A. H. M., *Documents illustrating the Reigns of Augustus and Tiberius*, 2ᵉ éd., Oxford, 1955.

[GR-18]   FERRARY J.-L., in *Rome et la conquête du monde méditerranéen*, 2. *Genèse d'un empire*, 2ᵉ éd., 1989, p. 729-788.

[GR-19]   FERRARY J.-L., *Philhellénisme et impérialisme*, Rome («BEFAR», 271), 1988.

[GR-20]   FOLLET S., *Rev. phil.*, 1979, p. 40-42.

[GR-21]   FOLLET S., *Athènes aux IIᵉ et IIIᵉ siècles*, Paris, 1979.

[GR-22]   FRANKE P. R., *Die antiken Münzen von Epirus*, Wiesbaden, 1961.

[GR-23]   FRASER P. M., *Hadrian and Cyrene*, *JRS*, 40 (1950), p. 78.

[GR-24]   FREIS H., *Zwei lateinische Inschriften aus Albanien*, *ZPE*, 61 (1985), p. 224-226.

[GR-25]   GEAGAN D. J., *The Athenian Constitution after Sulla*, Princeton, 1967.

[GR-26]   GEAGAN D. J., Roman Athens: Some Aspects of Life and Culture, I: 86 BC - AD 267, *ANRW*, II 7 1, 1979, p. 371-437.

[GR-27]   GRAINDOR P., *Athènes sous Auguste*, Le Caire, 1927.

[GR-28]   GRAINDOR P., *Athènes de Tibère à Trajan*, Le Caire, 1931.

[GR-29]   GRAINDOR P. , *Athènes sous Hadrien*, Le Caire, 1934.

[GR-30]   GSCHNITZER F., *Forschungen und Funde* (Festschrift B. Neutsch) («Innsbrucker Beiträge zur Kulturwissenschaft», 21), 1980, p. 149-156.

[GR-31]   HATZOPOULOS M., Photice, colonie romaine en Thesprotie et les destinées de la latinité épirote, *Balkan Studies*, *21, 1*, Thessalonique, 1980, p. 97-105.

[GR-32]   HELLY B., La Thessalie à l'époque romaine (en grec), *in* Ἱστορία τοῦ ἑλληνικοῦ ἔθνους, VI, Athènes, 1976, p. 179-184; (en français) dans *Mémoires du Centre Jean-Palerne*, II, Saint-Étienne, 1980, p. 37-50.

[GR-33]   HOLLEAUX M., *Études d'épigraphie et d'histoire grecques*, I, 1938.

[GR-34]   HOROWITZ Ph., *Rev. phil.*, 13 (1939), p. 230-231.

[GR-35]   Institut Fernand Courby, *Nouveau choix d'inscriptions grecques*, Paris, 1970.

[GR-36]   KAHRSTEDT U., Die Territorien von Patrai und Nikopolis in der Kaiserzeit, *Historia*, I (1950), p. 549-561.

[GR-37]   LARONDE A., La Cyrénaïque romaine, des origines à la fin des Sévères (96 av. J.-C. - 235 apr. J.-C.), *ANRW*, II, 10, 1 (1988), p. 1006-1064.

[GR-38]   LARSEN J. A. O., dans T. Frank, *An economic Survey of Ancient Rome*, IV, 1959, p. 436-498.

[GR-39]   MELLOR R., Θεὰ Ῥώμη, the worship of the Goddess Roma in the greek world, *Hypomnemata*, 62, Göttingen, 1975.

[GR-40]   MULLIEZ D., *Les actes d'affranchissement delphiques*, thèse, Paris, 1994.

[GR-41]   MURRAY W. M. et PETSAS P. M., *Octavian's Campsite Memorial for the Actian War*, Philadelphie, 1989.

[GR-42]   MURRAY W. M., Le trophée naval de la victoire d'Actium, *Les dossiers de l'archéologie*, 183, juin 1993, p. 66-73.

[GR-43]   MURPHY O'CONNOR J., *Corinthe au temps de saint Paul*, Paris, 1986.

[GR-44]   OLIVER J. H., Marcus Aurelius. Aspects of civic and cultural policy in the East, *Hesperia*, Suppl. XIII, 1970.

[GR-45]   OLIVER J. H., Roman Emperors and Athenian Ephebes, *Historia*, 26 (1977), p. 89-94.

[GR-46]   OLIVER J. H., Roman Emperors and Athens, *Historia*, 30 (1981), p. 412-423.

[GR-47]   PAPAZOGLOU F., Sur les *koina* régionaux de la Haute-Macédoine, *Ziva Antika*, 9 (1959), p. 163-171.

[GR-48]   PAPAZOGLOU F., Quelques aspects de l'histoire de la province de Macédoine, *ANRW*, II, 7, 1, 1979, p. 302-369.

[GR-49] PAPAZOGLOU F., Les villes de Macédoine à l'époque romaine, *BCH*, Supplément XVI, Athènes, Paris, De Boccard, 1988.

[GR-50] PATSCH C., *Das Sandschak Berat in Albanien*, Wien, 1904.

[GR-51] PERL G., Die römischen Provinzbeamten in Cyrenae und Creta zur Zeit der Republik, *Klio*, 52 (1970), p. 319-354 et Nachträge, *Klio*, 53 (1971), p. 369-379.

[GR-52] PFLAUM H. G., *Essai sur les procurateurs équestres*, Paris, 1950.

[GR-53] PFLAUM H. G., *Les carrières procuratoriennes équestres*.

[GR-54] PICARD G. Charles et ROUGÉ J., *Textes et documents relatifs à la vie économique et sociale dans l'Empire romain*, Paris, SEDES, 1969.

[GR-55] POLLO G., Die Germanicus-Inschrift aus Buthrotum, *Tyche*, 5 (1990), p. 105-108.

[GR-56] PUECH B., Grands-prêtres et helladarques d'Achaïe, *REA*, 85 (1983), p. 15-43.

[GR-57] QUASS Fr., *Die Honoratiorenschicht in den Städten des griechischen Ostens, Untersuchungen zur politischen und sozialen Entwicklung in hellenistischer und römischer Zeit*, Stuttgart, Fr. Steiner Verlag, 1993 (cf. Ph. Gauthier, *Bull. épigr.*, 1994, 194).

[GR-58] RIZAKIS Th., TOURATSOGLOU G., Ἐπιγραφές ἄνω Μακεδονίας, A, Athènes (1985).

[GR-59] ROSTOVTZEFF M. I., L'empereur Tibère et le culte impérial, *RH*, 163 (1930), p. 1-26.

[GR-60] SARIKAKIS Th., *Hellenika*, XIX (1966), p. 197-198.

[GR-61] SARTRE M., *L'Orient romain*, Paris, 1991.

[GR-62] SHERK R. K., *Rome and the Greek East to the Death of Augustus*, Cambridge, 1984.

[GR-63] SHERK R. K., *The Roman Empire : Augustus to Hadrian*, Cambridge, 1988.

[GR-64] SPAWFORTH A. J. S., Sparta and the Family of Herodes Atticus : A Reconsideration of the evidence, *ABSA*, 75 (1980), p. 203-220.

[GR-65] SYME R., Lentulus and the origin of Moesia, *JRS*, 24 (1934), reprise avec des compléments dans *Danubian papers*, Bucarest, 1971, p. 40-72.

[GR-66] VISSCHER F. de, *Les Édits d'Auguste découverts à Cyrène*, Louvain, Paris, 1940.

[GR-67] WISEMAN J., Corinth and Rome I : 228 BC - AD 267, *ANRW*, II, 7, 1, p. 438-548.

[GR-68] WOLOCH M., Four Leading Families in Roman Athens (AD 96-161), *Historia*, 18 (1969), p. 503-510.

[GR-69] WOLOCH M., *Roman Citizenship and the Athenian Elite AD 96-161*, Amsterdam, 1973.

[GR-70] *Les provinces hellénophones de l'Empire romain : de Pompée au milieu du IIIe siècle apr. J.-C.* [recueil bibliographique à partir des analyses du *Bulletin analytique d'histoire romaine* (1962-1974)], Strasbourg, 1986.

CHAPITRE VIII
LES PROVINCES ANATOLIENNES

INSTRUMENTS BIBLIOGRAPHIQUES

[AN-1] *Les provinces hellénophones de l'Empire romain : de Pompée au milieu du IIIe siècle apr. J.-C*, Strasbourg, 1986.

[AN-2] PEKARY Th., Kleinasien unter römischer Herrschaft, *ANRW*, II. 7. 2, 595-657.

[AN-3] RÉMY B., Bibliographie analytique de l'Anatolie grecque et romaine (BAGR), *De Anatolia Antiqua-Eski Anadolu*, 1, Istanbul, 1991.

AUTEURS ANCIENS : Cf. t. 1, p. x-xii ; ajouter

[AN-4]   ARRIEN, *Extaxis kat'Alanôn*, dans F. Jacoby, *FGrHist*, 156, ou éd. A. G. Roos, Leipzig, 1968.

[AN-5]   ARRIEN, *Périple du Pont-Euxin*, éd. et trad. A. Silberman, Paris, 1995.

[AN-6]   *Martyre de saint Polycarpe*, éd. trad. Th. Camelot, Paris, 1975.

[AN-7]   Xénophon d'Éphèse, *Les Éphésiaques*, trad. P. Grimal, *Romans grecs et latins*, Paris, 1958.

INSCRIPTIONS

Vue d'ensemble des publications dans **[23]** F. Bérard, D. Feissel, P. Petitmengin, M. Sève, *Guide de l'épigraphiste*, 2ᵉ éd., Paris, 1989. Les principales séries en cours sont :

[AN-8]   *Inschriften griechischer Städte aus Kleinasien*, Bonn, 1972.

[AN-9]   *Tituli Asiae Minoris*, Vienne, 1901- *(= TAM)* à compléter par les *Ergänzungsbände zu den Tituli Asiae Minoris*, 18 fasc. parus.

[AN-10]   *Monumenta Asiae Minoris Antiqua*, Manchester, 1928- *(= MAMA)*.

Sur la base des inscriptions et des monnaies, il faudrait citer toute l'œuvre de Louis Robert, dont l'Anatolie fut le terrain privilégié ; on remarquera en particulier :

[AN-12]   ROBERT L., *Études anatoliennes*, Paris, 1937.

[AN-13]   ROBERT L., *Hellenica*, I-XIII, Paris, 1940-1965.

[AN-14]   ROBERT L., *La Carie*, II, Paris, 1954.

[AN-15]   ROBERT L., *Noms indigènes de l'Asie Mineure gréco-romaine*, Paris, 1963.

[AN-16]   ROBERT L., *Villes d'Asie Mineure*, 2ᵉ éd., Paris, 1966.

[AN-17]   ROBERT L., *Documents de l'Asie Mineure méridionale*, Genève-Paris, 1966.

[AN-18]   ROBERT L., *A travers l'Asie Mineure*, Paris, 1980.

[AN-19]   ROBERT L., *Documents d'Asie Mineure*, Paris, 1987 (= art. *BCH*, 1977-1985).

[AN-20]   ROBERT L., *Opera minora Selecta*, I-VII, Amsterdam, 1969-1990.

OUVRAGES GÉNÉRAUX

Notice sommaire sur les sites archéologiques dans Stillwell **[17]**. Les bases sont constituées par Magie **[640]**, Broughton dans **[962]**, Jones **[695]** et **[760]**, Temporini et Haase (éd.) **[75**, t. II . 7 . 2**]** ; ajouter :

[AN-21]   DABROWA E., *L'Asie Mineure sous les Flaviens. Recherche sur la politique provinciale*, Wroclaw, 1980.

[AN-22]   MITCHELL St., *Anatolia. Land, Men and Gods in Asia Minor*, 2 vol., Oxford, 1993-1994.

[AN-23]   SARTRE M., *L'Orient romain*, Paris, 1991.

[AN-23 *bis*]   SARTRE M., *L'Asie Mineure et l'Anatolie d'Alexandre à Dioclétien*, Paris, 1995.

ADMINISTRATION ET DÉFENSE

Armées et frontière orientale

[AN-24] BOSWORTH A. B, Arrian and the Alani, *HSCP*, 81, 1977, 217-253.

[AN-25] BOSWORTH A. B., Vespasian's reorganisation of the northeastern frontier, *Antich-thon*, 10, 1976, 63-78.

[AN-26] CHAPOT V., *La frontière de l'Euphrate, de Pompée à la conquête arabe*, Paris, 1907.

[AN-27] CHRISTOL M., DREW-BEAR Th., *Un castellum romain près d'Apamée de Phrygie*, Vienne, 1987.

[AN-29] FRENCH D., LIGHTFOOT C. S., *The Eastern Frontier of the Roman Empire, Colloquium, Ankara 1988*, Oxford, 1989.

[AN-30] FRENCH D. H., Classis pontica, *EA*, 4, 1984, 53-60.

[AN-31] HALFMANN H., Die Alanen und die römische Ostpolitik unter Vespasian, *EA*, 8, 1986, 39-51.

[AN-32] KETTENHOFEN E., Die Enfälle der Heruler ins römischen Reich im 3 Jh. n. Chr., *Klio*, 74, 1992, 291-313.

[AN-34] SHERWIN-WHITE A. N., *Roman Foreign Policy in the East (168 BC to AD 1)*, Londres, 1984.

[AN-35] SPEIDEL M. P., The Caucasian Frontier. Second Century Garrisons at Apsarus, Petra and Phasis, *Studien zu den Militärgrenzen Roms*, III, Stuttgart, 1986, 657-660. [= **514/III**].

Cf. aussi Chaumont **[655]**, Freeman et Kennedy **[518]**, Kennedy dans **[516]**, Luttwak **[579]**, Mitchell **[517]**, Mitford dans **[528]**.

Géographie administrative, gouvernement provincial, États-clients

[AN-36] CHRISTOL M., DREW-BEAR Th., Une délimitation de territoire en Phrygie-Carie, *Travaux et recherches en Turquie, 1982*, Louvain, 1983.

[AN-37] CHRISTOL M., DREW-BEAR Th., Bornes routières et géographie administrative en Asie Mineure sous les Antonins et les Sévères, *BASF*, 1992, 338-348.

[AN-38] CHRISTOL M., LORIOT X., Le *Pontus* et ses gouverneurs dans le second tiers du IIIᵉ siècle, *Mémoires du Centre Jean-Palerne*, VII, 1986, 13-40.

[AN-39] CHRISTOL M., LORIOT X., Aurelius Basileus, gouverneur de Cappadoce : problèmes de géographie administrative dans la première moitié du IIIᵉ siècle apr. J.-C., *Cahiers du Centre Gustave-Glotz*, 4, 1993, 209-221.

[AN-40] CUMONT F., L'annexion de la Petite-Arménie et du Pont Polémoniaque, *Anatolian Studies W. M. Ramsay*, Manchester, 1923, 109-119.

[AN-41] FRÉZOULS E., La politique dynastique de Rome en Asie Mineure, *Ktêma*, 12, 1987, 175-192.

[AN-42] KNIBBE D., Zeigt das Fragment IvE 13 das steuertechnische Inventar des *fiscus asiaticus*?, *Tyche*, 2, 1987, p. 75-93.

[AN-43] RÉMY B., *Les carrières sénatoriales dans les provinces romaines d'Anatolie au Haut-Empire (31 av. J.-C. - 284 apr. J.-C.)*, Istanbul, 1987.

[AN-44] ROUÉCHÉ Ch., Rome, Asia and Aphrodisias in the Third Century, *JRS*, 71, 1981, 103-120.

Cf. Bowersock **[635]**, Braund **[654]**, Brunt **[607]**, Burton **[608]** et **[609]**, Deininger **[636]**, Gaudemet **[613]**, Habicht **[639]**, Holtheide **[674]**, Rémy **[643]**, Rossner **[897]**.

Fiscalité, réquisitions

[AN-45] ECK W., Cn. Calpurnius Piso, cos. ord. 7 v. Chr. und die *lex portorii provinciae Asiae*, *EA*, 15, 1990, 139-145.

[AN-46] ENGELMANN H., KNIBBE D., HÜBER F., Das Zollgesetz der Provinz Asia. Eine neue Inschrift aus Ephesos, *EA*, 14, 1989.

[AN-47] HERMANN P., *Hilferufe aus römischen Provinzen. Ein Aspekt der Krise des römischen Reiches im 3. Jhdt. n. Chr.*, Hambourg, 1990.

[AN-48] NICOLET C., A propos du règlement douanier d'Asie : *Dèmosiôna* et les prétendus *quinque Publica Asiae*, *CRAI*, 1990, 675-698.

[AN-49] NICOLET C., Le *monumentum ephesenum* et les dîmes d'Asie, *BCH*, 1991, 465-480.

Cf. Mitchell **[619]**, Nicolet **[594]**, Neesen **[424]**, De Laet **[611]**, Frend **[923]**.

LE MONDE DES CITÉS

Généralités. Diffusion de la cité

[AN-50] *Sociétés urbaines, sociétés rurales dans l'Asie Mineure et la Syrie hellénistiques et romaines, Colloque de Strasbourg, 1985*, Strasbourg, 1987.

[AN-51] BROUGHTON T. R. S., Some Non-Colonial Colonies of Augustus, *TAPA*, 66, 1935, 18-24.

[AN-52] LE GLAY M., *Villes, temples et sanctuaires de l'Orient romain*, Paris, 1986.

[AN-53] MACRO A. D., The cities of Asia Minor under the Roman Imperium, *ANRW*, II . 7.2, 658-697.

[AN-54] MILLAR F., The Greek City in the Roman Period, dans M. H. Hansen (éd.), *The Ancient Greek City State* (= *Historisk-filosofiske Meddelelser*, 67), Copenhague, 1993, 232-260.

[AN-55] STRUBBE J. H. M., Gründer Kleinasiatischer Städte, *AncSoc*, 15-17, 1984-1986, 257-263.

Cf. Jones **[695]** et **[760]**.

Cité et Empire

[AN-56] MILLAR F., Empire and City, Augustus to Julian : obligations, excuses and status, *JRS*, 73, 1983, 76-96.

[AN-57] NÖRR D., Zur Herrschaftsstruktur des römischen Reiches : die Städte des Ostens und das Imperium, *ANRW* II.7.1, 3-20.

[AN-58] STAHL M., *Imperiale Herrschaft und provinziale Stadt. Strukturprobleme der römischen Reichorganisation im 1.-3. Jht der Kaiserzeit*, Göttingen, 1978.

Cf. Bernhardt **[692]**, Nörr **[699]**.

Institutions civiques et sociétés urbaines

[AN-59] ANDREAU J., SCHMITT P., SCHNAPP A., Paul Veyne et l'évergétisme, *AESC*, 1978, 307-325.

[AN-60] FRANKE P. R., *Kleinasien zur Römerzeit. Griechisches Leben im Spiegel der Münzen*, Munich, 1968.

[AN-61] HARL K., *Civic coins and civic politics in the Roman East, 180-275*, Berkeley, 1987.

[AN-62] HERZ P., Asiarchen und Archiereiai. Zum Provinzialkult der Provinz Asia, *Tyche*, 7, 1992, 93-115.

[AN-63] KEARSLEY R. A., A leading family of Cibyra and some asiarchs of the first century, *AS*, 38, 1988, 43-51.

[AN-64] KEARSLEY R. A., Asiarchs, Archiereis and Archiereiai of Asia, *GRBS*, 27, 1986, 183-192.

[AN-65] KEARSLEY R. A., Asiarchs, Archiereis and Archiereiai of Asia. New Evidence from Amorium in Phrygia, *EA*, 16, 1990, 69-80.

[AN-66] LAUM B., *Stiftungen in der griechischen und römischen Antike*, Leipzig-Berlin, 1914.

[AN-67] LÉVY I., Études sur la vie municipale de l'Asie Mineure sous les Antonins, *REG*, 1895, 203-250; 1899, 225-289; 1901, 350-371.

[AN-68] MIGEOTTE L., *L'emprunt public dans les cités grecques*, Québec-Paris, 1984.

[AN-69] MIGEOTTE L., *Les souscriptions publiques dans les cités grecques*, Genève, 1992.

[AN-70] MITCHELL St., Imperial Building in the Eastern Roman Provinces, *HSCP*, 91, 1987, 333-365.

[AN-71] NEESEN L., Die Entwicklung der Leistungen und Ämter *(munera et honores)* in römischen Kaiserreich des zweiten bis vierten Jahrhundert, *Historia*, 30, 1981, 203-235.

[AN-72] PERA R., *Homonoia sulle monete da Augusto agli Antonini*, Gênes, 1984.

[AN-73] QUASS F., *Die Honoratiorenschicht in den Städten des griechischen Ostens. Untersuchungen zur politischen und sozialen Entwicklung in hellenistischer und römische Zeit*, Stuttgart, 1993.

[AN-74] ROGERS G. M., Demosthenes of Oenoanda and models of Euergetism, *JRS*, 81, 1991, 91-100.

[AN-74 *bis*] SCHULTE C., *Die Grammateis von Ephesos*, Stuttgart, 1994.

[AN-75] SHEPPARD A. R. R., Homonoia in the Greek Cities of the Roman Empire, *AS*, 15-17, 1984-1986, 229-251.

[AN-76] STEIN A., Zur sozialen Stellung der Provinzialen Oberpriester, *Epitymbion H. Swoboda dargebracht*, Reichenberg, 1927, 300-311.

[AN-77] STRUBBE J. H. M., The *sitonia* in the cities of the Asia Minor under the Principate, *EA*, 10, 1987, 45-81 et 13, 1989, 99-121.

[AN-77 *bis*] VAN BREMEN R., *The Limits of Participation. Women and civic life in the Greek East in the Hellenistic and Roman Periods*, Amsterdam, 1996.

Cf. t. I, Buckler **[942]**, Cracco-Ruggini **[945]**, De Sainte-Croix **[834]**, Devreker **[865]**, Halfmann **[851]** et dans **[849]**, Macmullen **[823]**, Pleket **[1026]**, Sherwin-White **[838]**, Veyne **[841]**, Waltzing **[956]**.

Concours et fêtes

[AN-78] PLEKET H. W., Games, prizes, athletes and ideology, *Stadion*, 1, 1975, 49-89.

[AN-79] QUET M.-H., Remarques sur la place de la fête dans le discours des moralistes grecs et dans l'éloge des cités et des évergètes aux premiers siècles de l'Empire, dans *La Fête. Pratique et discours*, Paris, 1981, 41-84.

[AN-80] ROBERT L., Discours d'ouverture, *Xe Congrès international d'épigraphie grecque et latine, Athènes, 1982*, Athènes, 1984, 35-45.

[AN-81] ROBERT L., *Les gladiateurs dans l'Orient grec*, Paris, 1940.

[AN-82] ROUÉCHÉ Ch., *Performers and Partisans at Aphrodisias in the Roman and Late Roman Periods*, Londres, 1993.

[AN-83] SCHMITT-PANTEL P., *La cité au banquet*, Rome, 1992.

[AN-84] WÖRRLE M., *Stadt und Fest im kaiserzeitlichen Kleinasien*, Munich, 1988.

VIE RURALE, SOCIÉTÉS INDIGÈNES

[AN-85] BASLEZ M.-F., Présence et traditions iraniennes dans les cités de l'Égée, *DHA*, 11, 1985, 137-155.

[AN-86] BRIANT P., Les Iraniens d'Asie Mineure après la chute de l'Empire achéménide, *DHA*, 11, 1985, 167-195.

[AN-87] BROUGHTON T. R. S., New Evidence on Temple Estates in Asia Minor, *Studies A. C. Johnson*, Princeton, 1951, 236-250.

[AN-88] DEBORD P., Populations rurales de l'Anatolie gréco-romaine, *Atti del Centro RDAC*, 8, 1976-1977, 43-58.

[AN-89] FLAM-ZUCKERMANN L., Un exemple de la génèse des domaines impériaux, *Historia*, 21, 1972, 114-119.

[AN-90] HALL A., The Gorgoromeis, *Anatolian Studies*, 21, 1971, 125-166.

[AN-91] HALL A., The Milyadeis and their territory, *AS*, 36, 1986, 137-157.

[AN-92] HOFFMANN A., Eine römische Meervilla an der kleinasiatische Westküste, *MDAI (I)*, 43, 1993, 437-443.

[AN-93] LAFFI U., I terreni del tempio di Zeus ad Aizanoi, *Athenaeum*, 49, 1971, 3-53.

[AN-94] MITCHELL St., Roman residents and Roman Property in Southern Asia Minor, *Acta 10th International Congress of Classical Archaeology, Ankara-Izmir 1973*, Ankara, 1978, 311-318.

[AN-95] RAMSAY W. M., *The social basis of the Roman power in Asia Minor*, Aberdeen, 1941 (reprint Amsterdam, 1967).

[AN-96] SCARCELLA A. M., Les structures socio-économiques du roman de Xénophon d'Éphèse, *REG*, 90, 1977, 249-262.

[AN-97] STRUBBE J., A group of Imperial Estates in Central Phrygia, *AS*, 6, 1975, 229-250.

[AN-98] WAELKENS M., Phrygian Votive and Tombstones as sources of social and economic Life in Roman Antiquity, *AncSoC*, 8, 1977, 277-315.

Cf. Debord **[806]**, Macmullen **[927]**, Shaw **[932]**, Svencickaja **[934]**.

ÉCONOMIE GÉNÉRALE, ARTISANAT, COMMERCE

[AN-99] ASGARI N., Objets de marbre finis, semi-finis et inachevés du Proconnèse dans *Pierre éternelle. Du Nil au Rhin, carrières et préfabrication*, Bruxelles, 1990.

[AN-100] ASGARI N., Roman and Early Byzantine Marble Quarries of Proconnesus, *Acta of the 10th Intern. Congress of Class. Arch., Ankara-Izmir 1973*, Ankara, 1978, 467-480.

[AN-101] CHRISTOL M., DREW-BEAR Th., Documents latins de Phrygie, *Tyche*, 1, 1986, 41-87.

[AN-102] CRAWFORD M. H. (éd.), *L'impero romano e le strutture economiche e sociali delle province*, Côme, 1986.

[AN-103] FANT J. C., *Cavum Antrum Phrygias*, Oxford, 1989.

[AN-104] GARNSEY P., *Famine et approvisionnement dans le monde gréco-romain*, Paris, 1996.

[AN-105] GREN E., *Kleinasien und der Ostbalkan in der wirtschaftlichen Entwicklung der römischen Kaiserzeit*, Uppsala, 1941.

[AN-106] GUNNEWEG J., PERLMAN I., YELLIN J., *The provenience, typology and chronology of Eastern Terra Sigillata*, Jérusalem, 1983.

[AN-107] HEALY J. F., *Mining and Metallurgy*, Londres, 1978.

[AN-108] WAELKENS M., Carrières de marbre en Phrygie, *Bull. Musée d'art et d'histoire Bruxelles*, 53/II, 1982, 33-54.

[AN-109] WAELKENS M., *Dokimeion. Die Werkstatt der repräsentativen kleinasiatischen Sarkophage. Chronologie und Typologie ihrer Produktion*, Berlin, 1982.

Cf. D'Arms et Kopff **[1011]**, Garnsey et Whittaker **[1021]**, Monna et Pensabene **[1005]**, Raschke **[1029]**, Ward-Perkins **[1038]**.

ROUTES, MONNAIES

[AN-110] FRENCH D., *Roman Roads and Milestones of Asia Minor*, I : *The Pilgrim's Road*, Oxford, 1981.

[AN-111] FRENCH D., The Roman Road System of Asia Minor, *ANRW*, II.7.2, 698-729.

[AN-112] BARAG D., KINDLER A., Proceedings of the International Numismatic Convention on Greek Imperials, Jerusalem, 1983, *INJ*, 6-7, 1982-1983.

[AN-113] BELLINGER A. R., Greek Coins under the Roman Empire, *Essays in Roman Coinage*, Londres, 1956, 137-148.

[AN-114] BOSCH Cl., Die kleinasiatischen Münzen der römischen Kaiserzeit, *AA*, 1931.

[AN-115] HOWGEGO C. J., *Greek Imperial Countermarks. Studies in the provincial coinage of the Roman Empire*, Londres, 1985.

[AN-116] JOHNSTON A., Hierapolis revisited, *NC*, 1984, 52-80.

[AN-117] JONES T. B., A numismatic riddle. The So-called Greek Imperial, *Proc. Am. Philos. Soc.*, 107, 1963, 308-347.

[AN-118] KRAFT K., *Das System der kaiserzeitlichen Münzprägung in Kleinasien. Materialen und Entwürfe*, Berlin, 1972.

[AN-119] METCALF W. E., *The Cistophori of Hadrian*, New York, 1980 (id., A Corrigendum, *ANS.MN*, 26, 1981, 185-186).

ÉTUDES PROVINCIALES

Asie

[AN-120] ALZINGER W., *Die Ruinen von Ephesos*, Berlin-Vienne, 1972.

[AN-122] CHAPOT V., *La province romaine proconsulaire d'Asie*, Paris, 1904.

[AN-123] CHUVIN P., Observations sur les reliefs du théâtre de Hiérapolis. Thèmes agonistiques et légendes locales, *RA*, 1987, 97-108.

[AN-124] DE LA GENIÈRE J., ERIM K., *Aphrodisias de Carie. Colloque de Lille 1985*, Paris, 1987.

[AN-125] DEBORD P., La Lydie du Nord-Est, *REA*, 87, 1985, 345-358 (c. r. de P. Hermann, *TAM*, V, 1, Vienne, 1981).

[AN-126] ERIM K., *Aphrodisias, city of Venus-Aphrodite*, New York - Oxford, 1986.

[AN-127] HANFMANN G. M. A., *Sardis, from prehistoric to Roman Times*, Cambridge (Mass.) - Londres, 1983.

[AN-128] KLEINER G., *Das römische Milet*, Wiesbaden, 1970.

[AN-129] KNIBBE D., ALZINGER W., Ephesos vom Beginn der römischen Herrschaft in Kleinasien bis zum Ende des Principatszeit, *ANRW*, II . 7 . 2, 748-830.

[AN-130] NAOUR Chr., *Tyriaion de Cabalide*, Zutphen, 1980.

[AN-131] RADT W., *Pergamon: Geschichte und Bauten, Funde und Erforschung einer antiken Metropole*, Cologne, 1988.

[AN-132] ROGERS G. M., *The sacred identity of Ephesos. Foundation myths of a Roman City*, Londres, 1991.

[AN-133] ROUÉCHÉ Ch., ERIM K. T., *Aphrodisias Papers. Recent Works on architecture and sculpture* Ann Arbor, 1990 (*JRA* Suppl. 1) ; *Aphrodisias Papers 2*, Ann Arbor, 1991 (*JRA* Suppl. 2).

[AN-134] SHERWIN-WHITE A. N., *Ancient Cos. An historical study from the Dorian settlement to the imperial period*, Göttingen, 1978.

[AN-135] VON AULOCK H., *Münzen und Städte Phrygiens*, t. 1, Tübingen, 1980.

Cf. Reynolds **[700]**.

Bithynie

[AN-136] GROS P., « Modèle urbain » et gaspillage des ressources dans les programmes édilitaires des villes de Bithynie au début du IIᵉ siècle apr. J.-C., *Colloque sur l'origine des richesses dépensées dans la ville, Aix-en-Provence 1984*, Aix-en-Provence, 1985, 69-85.

[AN-137] HARRIS B. F., Bithynia : Roman souvereignty and the survival of Hellenism, *ANRW*, II . 7 . 2, 857-901.

[AN-138] LANGER P. N., *Power and Propaganda. Relations between Rome and Bithynia under the Empire 27 BC - 260 AD*, PhD University of Virginia, Charlottesville, 1981.

[AN-139] MITCHELL St., The Greek City in the Roman World : the case of Pontus and Bithynia, *VIIIᵉ Congrès international d'épigraphie grecque et latine, Athènes, 1982*, Athènes, 1984, 120-133.

[AN-140] ROBERT L., La titulature de Nicée et de Nicomédie : la Gloire et la Haine, *HSCP*, 81, 1977, 1-39.

Cappadoce

[AN-141] BARRETT A. A., Sohaemus, king of Emesa and Sophene, *AJPh*, 98, 1977, 153-159.
[AN-142] FRANCK L., Sources classiques concernant la Cappadoce, *Revue hittite et asianique*, 24, 1966, 5-122.
[AN-143] FRENCH D., Cappadocia and the Eastern Limes: aspects of the Romanisation at Amaseia in Cappadocia, **[518]**, 277-285.
[AN-144] TEJA R., Die römische Provinz Kappadokien in der Prinzipatszeit, *ANRW*, II . 7 . 2, 1083-1124.

Cf. Liebmann-Frankfort **[661]**.

Galatie, Lycaonie

[AN-145] BELKE K., *Galatien und Lykaonien*, Vienne, 1984.
[AN-146] BOSCH E., *Quellen zur Geschichte der Stadt Ankara*, Ankara, 1967.
[AN-147] DEVREKER J., WAELKENS M., *Les fouilles de la Rijkuniversiteit te Gent à Pessinonte (1967-1973)*, Bruges, 1984.
[AN-148] LAMINGER-PASCHER G., *Beiträge zu den griechischen Inschriften Lykaoniens*, Vienne, 1984.
[AN-149] LAMINGER-PASCHER G., *Die kaiserzeitlichen Inschriften Lykaoniens*, I : *Der Süden*, Vienne, 1993.
[AN-150] LESCHHORN W., Die Anfänge der Provinz Galatia, *Chiron*, 22, 1992, 315-336.
[AN-151] MITCHELL St., Galatia under Tiberius, *Chiron*, 16, 1986, 17-33.
[AN-152] MITCHELL St., Population and the land in Roman Galatia, *ANRW*, II . 7 . 2, 1053-1081.
[AN-153] VON AULOCK H., *Münzen und Städte Lykaoniens*, Tübingen, 1976.

Cf. Levick **[719]** et **[720]**, Mitchell **[740]**.

Lycie, Pamphylie, Pisidie

[AN-154] BALLAND A., *Fouilles de Xanthos*, VII : *Inscriptions d'époque impériale du Létôon*, Paris, 1981.
[AN-155] BLACKMAN D. J., Researches at Phaselis, *Acta of the 10th Intern. Cong. of Class. Arch.*, *Ankara-Izmir 1973*, Ankara, 1978, 829-839.
[AN-156] BORCHHARDT J., DOBESCH G., *Akten des II. Internationalen Lykien-Symposions, Wienn 6-12 mai 1990*, Vienne, 1993 (avec une très complète bibliographie par auteurs et par sites, t. II, 245-314).
[AN-157] BORCHHARDT J., *Myra. Eine lykische Metropole in antiker und byzantinischer Zeit*, Berlin, 1975.
[AN-158] BRANDT H., *Gesellschaft und Wirtschaft Pamphyliens und Pisidiens im Altertum*, Bonn, 1992 (« Asia Minor Studien », 7).
[AN-159] COULTON J. J., MILNER N. P., REYES A. T., Balboura survey : Onesimos and Meleager, Part I, *AS*, 38, 1988, 121-145 ; Part II, *ibid.*, 39, 1989, 41-62.
[AN-160] COULTON J. J., Opramoas and the Anonymous Benefactor, *JHS*, 107, 1987, 171-178.
[AN-161] HORSLEY G. H. R., The inscriptions from the so-called Library at Cremna, *AS*, 38, 1988, 49-80.

[AN-162] JAMESON S., The Lycian League: some problems in its administration, *ANRW*, II . 7 . 2, 832-855.

[AN-163] MITCHELL St., WAELKENS M., Cremna and Sagalassus 1987, *AS*, 38, 1988, 53-65.

[AN-164] NOLLÉ J., Die feindlichen Schwestern. Betrachtungen zur Rivalität der pamphylischen Städte, *Die epigraphische und altertumskundliche Erforschung Kleinasiens*, Vienne, 1993, 297-317.

[AN-165] NOLLÉ J., Pamphylische Studien, 1-5, Chiron, 16, 1986, 199-212; 6-10, *ibid.*, 17, 1987, 235-265; 11-12, *ibid.*, 21, 1991, 331-344.

[AN-166] NOLLÉ J., *Side im Altertum. Geschichte und Zeugnisse*, I : *Geographie, Geschichte, Testimonia. Griechische und lateinische Inschriften (1-4)*, Bonn, 1993.

[AN-167] SCHINDLER F., Die Inschriften von Bubon (Nord-Lykien), *Sitz. Ost. Ak.*, 277/3, 1972.

[AN-168] SCHWERTHEIM E., *Forschungen in Pisidien*, Bonn, 1992 (« Asia Minor Studien », 6).

[AN-169] VON AULOCK H., *Münzen und Städte Pisidiens*, I, Tübingen, 1977 ; et II, Tübingen, 1979.

Pont

[AN-170] BALDUS H. R., Die Daten on Münzprägung und Tod der Königin Pythodoris von Pontus, Chiron, 13, 1983, 537-543.

[AN-171] CHAPOT V., La frontière nord de la Galatie et les *koina* du Pont, *Anatolian Studies W. M. Ramsay*, Manchester, 1923, 93-107.

[AN-172] OLSHAUSEN E., Pontos und Rom (63 v. Chr. - 64 n. Chr.), *ANRW*, II . 7 . 2, 903-912.

[AN-173] RÉMY B. (éd.), *Pontica*, I, Istanbul, 1991.

Cf. Sullivan **[664]**.

Cilicie

[AN-174] BARRETT A. A., Polemo II of Pontus and M. Antonius Polemo, *Historia*, 27, 1978, 437-448.

[AN-175] BEAN G. E., MITFORD T. B., *Journeys in Rough Cilicia, 1962-1963*, Vienne, 1965; *Journeys in Rough Cilicia, 1964-1968*, Vienne, 1970.

[AN-176] CHUVIN P., Apollon au trident et les dieux de Tarse, *JSav.*, 1981, 305-326.

[AN-177] HELLENKEMPER H., HILD F., *Neue Forschungen in Kilikien*, Vienne, 1986.

[AN-178] HOPWOOD K., Policing the Hinterland : Rough Cilicia and Isauria, dans **[517]**, 173-187.

[AN-179] HOPWOOD K., Towers, Territory and Terror : How the East was held, dans **[518]**, 343-356.

[AN-180] LEWIN A., Banditismo e *civilitas* nella Cilicia Tracheia antica e tardoantico, *Quaderni Storici*, 76, 1991, 167-184.

[AN-181] ROBERT L., DUPONT-SOMMER A., *La déesse de Hiérapolis-Castabala (Cilicie)*, Paris, 1964.

[AN-182] STAFFIERI G. M., Alcune puntualizzazioni sul principato teocratico di Olba nella Cilicia Trachea, *Quaderni Ticinesi di Numismatica e Antichità Classica*, 5, 1976, 159-168.

[AN-183] ZIEGLER R., *Stadtisches Prestige und kaiserliche Politik : Studien zum Festwesen in Ostkilikien im 2. und 3. Jahrhundert*, Dusseldorf, 1985.

[AN-184] ZIEGLER R., *Kaiser, Heer und Städtisches Geld. Untersuchungen zu Münzprägung von Anazarbos und anderer ostkilikischer Städte*, Vienne, 1993.

Cf. Mitford **[662]**.

Chypre

[AN-185] *Annual Report of the Department of Antiquities*, Nicosie, *[RDAC]* fait régulièrement le point sur les nouvelles découvertes et les travaux en cours.

[AN-186] AUPERT P., HELLMANN M.-C. *et al.*, *Amathonte*, I : *Testimonia*, Paris, 1984.

[AN-187] CASSON S., *Ancient Cyprus*, Londres, 1937 (trad. franç. *Chypre dans l'Antiquité*, Paris, 1939).

[AN-188] HERMARY A., L'architecture religieuse à Chypre à l'époque impériale : traditions et innovations, *Chypre. La vie quotidienne de l'Antiquité à nos jours. Actes du Colloque Musée de l'Homme 1982*, Paris, 1985, 127-134.

[AN-189] HILL G. F., *A History of Cyprus*, Cambridge, 1940.

[AN-190] KARAGEORGHIS V., *Archaeology in Cyprus 1960-1985*, Nicosie, 1985.

[AN-191] MITFORD T. B., Roman Cyprus, *ANRW*, II . 7 . 2, 1285-1384.

[AN-192] MITFORD T. B., The Cults of Roman Cyprus, *ANRW*, II . 18 . 3, 2176-2211.

[AN-193] *Salamine de Chypre, Histoire et archéologie*, Paris, 1980.

[AN-194] SOREN D., JAMES J., *Kourion : the search for a lost Roman City*, New York, 1988.

[AN-195] VESSBERG O., WESTHOLM A., *The Swedish Cyprus Expedition*, vol. IV, part 3 : « The hellenistic and roman periods in Cyprus », Stockholm, 1956.

VIE ARTISTIQUE ET INTELLECTUELLE

Littérature

[AN-196] ANDERSON G., *Philostratus. Biography and Belles Lettres in the Third Century AD*, Londres, 1985.

[AN-197] BOULANGER A., *Aelius Aristide et la sophistique dans la province d'Asie au IIe siècle de notre ère*, Paris, 1923.

[AN-199] DESIDERI P., *Dione di Prusa. Un intellettuale greco dell'impero romano*, Messine-Florence, 1978.

[AN-200] DUBUISSON M., Lucien et Rome, *AS*, 15-17, 1984-1986, 183-207.

[AN-201] DZIELSKA M., *Apollonius of Tyana in legend and history*, Rome, 1986.

[AN-202] JONES C. P., *Culture and Society in Lucian*, Londres, 1986.

[AN-203] JONES C. P., *The Roman World of Dio Chrysostom*, Cambridge (Mass.), 1978.

[AN-204] MILLAR F., *A Study of Cassius Dio*, Oxford, 1964.

[AN-205] MORAUX P., *Galien. Mémoires d'un médecin au IIe siècle apr. J.-C.*, Paris, 1985.

[AN-206] OLIVER J. H., *The Civilizing Power : a study of the Panathenaic discourse of Aelius Aristides*, Philadelphie, 1968.

[AN-207] OLIVER J. H., *The Ruling Power : a study of the Roman Empire in the Second Century after the Christ through the Roman Oration of Aelius Aristides*, Philadelphie, 1953.

[AN-208] QUET M.-H., Rhétorique, culture et politique. Le fonctionnement du discours idéologique chez Dion de Pruse et dans les *Moralia* de Plutarque, *DHA*, 4, 1978, 51-117.

[AN-209] RÉARDON B. P., *Courants littéraires grecs des IIe et IIIe siècles apr. J.-C.*, Paris, 1971.

[AN-210] SCHWARTZ J., *Biographie de Lucien de Samosate*, Bruxelles, 1965.
[AN-211] TONNET H., *Recherches sur Arrien*, Amsterdam, 1988.
    Cf. Bowersock **[878]**.

Architecture, sculpture et arts plastiques

[AN-212] BALTY J.-Ch., *Curia Ordinis. Recherches d'architecture et d'urbanisme antiques sur les curies municipales du monde romain*, Bruxelles, 1990.
[AN-213] GIULIANO A., La ritrattistica dell'Asia Minore dell'89 a.C. al 211 d.C., *Rivista dell'Istituto Nazionale di Archeologia*, 17, 1959, 146-201.
[AN-214] INAN J., ROSENBAUM E., *Roman and Early Byzantine portrait sculpture in Asia Minor*, I, Londres, 1966.
[AN-215] MACMULLEN R., Roman Imperial Building in the Provinces, *HSCP*, 64, 1959, 207-235.
[AN-216] STIERLIN H., *L'art antique au Proche-Orient*, I : *Grèce d'Asie : arts et civilisation classiques de Pergame au Nemroud Dagh*, Paris, 1986.
[AN-217] VERMEULE C. C., *Roman Imperial Art in Greece and Asia Minor*, Cambridge (Mass.), 1968.
[AN-218] WAELKENS M., Hellenistic and roman influence in the imperial architecture of Asia Minor, dans S. Walker et A. Cameron, *The Greek Renaissance in the Roman Empire*, Londres, 1989, 77-88.
[AN-219] WARD-PERKINS J. B., The architecture of Roman Anatolia, *Proc. Xth Intern. Congress of Classical Archaelogy, Ankara-Izmir 1973*, Ankara, 1978, II, 881-891.

LA VIE RELIGIEUSE

Dieux grecs, dieux indigènes, dieux étrangers

[AN-220] BOYCE M., GRENET F., *A History of Zoroastrianism*, III, Leyde, 1991, 197-308.
[AN-221] *Corpus Cultus Iovis Sabazii*, I : *The Hands*, par M. J. Vermaseren, Leyde, 1983; II : *The Other Monuments and Literary Evidence*, par E. N. Lane, Leyde, 1985; III : *Conclusions*, par E. N. Lane, Leyde, 1989.
[AN-223] DREW-BEAR Th., Local Cults in Graeco-roman Phrygia, *GRBS*, 17, 1976, 247-268.
[AN-224] DREW-BEAR Th., *Nouvelles inscriptions de Phrygie*, Zutphen, 1978.
[AN-225] DUNAND F., *Le culte d'Isis dans le bassin de la Méditerranée*, 3 vol., Leyde, 1972-1973.
[AN-226] FLEISCHER R., *Artemis von Ephesos und Verwandte Kultstatuen aus Anatolien und Syrien*, Leyde, Brill, 1979.
[AN-227] FONTENROSE J., *Didyma. Apollo's Oracle, Cult and Companions*, Berkeley, University of California Press, 1988.
[AN-228] FRÉZOULS E., Les cultes de la Lycie occidentale, dans [AN-156], 203-212.
[AN-229] GRAILLOT H., *Le culte de Cybèle à Rome et dans l'Empire romain*, Paris, 1912.
[AN-230] JOHNSON S. E., The present state of Sabazios research, *ANRW*, II . 17 . 3, 1583-1613.
[AN-231] KEIL J., Die Kulte Lydiens, *Anatolian Studies W. M. Ramsay*, Manchester, 1929, 239-266.
[AN-232] LANE E. N., *Corpus Cultus Dei Menis*, 4 vol., Leyde, 1971-1978.
[AN-233] PARKE H. W., *The Oracles of Apollo in Asia Minor*, Londres, 1985.
[AN-234] PETZL G., Die Beichtinschriften Westkleinasiens, *EA*, 22, 1994.

[AN-235] ROBERT L., Trois oracles de la théosophie et un prophète d'Apollon à Didymes, *CRAI*, 1968, 568-599.

[AN-236] ROBERT L., Les dieux des *Motaleis* en Phrygie, *JS*, 1983, 45-63.

[AN-237] SFAMENI-GASPARRO G., *Soteriology and Mystic Aspects in the Cult of Cybele and Attis*, Leyde, 1985.

[AN-238] SHEPPARD A. R. R., Pagan Cults of Angels in Roman Asia Minor, *Talanta*, 12-13, 1980-1981, 77-101.

[AN-239] THOMAS G., *Magna Mater* and Attis, *ANRW*, II.17.3, 1500-1535.

[AN-240] VERMASEREN M. J., *Cybele and Attis. The Myth and the Cult*, Londres, 1977.

Cf. Bianchi et Vermaseren **[495]**, Debord **[806]**, Turcan **[509]**.

Culte impérial

[AN-241] FRIESEN S. J., *Twice Neokoros. Ephesus, Asia and the Cult of the Flavian Imperial Family*, Leyde, 1993.

[AN-242] HABICHT Chr., *Gottmenschentum und griechische Städte*, Munich, 1956.

[AN-243] HALFMANN H., Zur Datierung und Deutung der Priesterliste am Augustus-Roma Tempel in Ankara, *Chiron*, 16, 1986, 35-42.

[AN-244] KRENCKER D., SCHEDE M., *Der Tempel in Ankara*, Berlin-Leipzig, 1936.

[AN-245] MELLOR R., The Goddess Roma, *ANRW*, II.17.2, 950-1030.

[AN-246] REYNOLDS J., Further Information on imperial cult at Aphrodisias, *Festschrift D. M. Pippidi* = *StClass*, 24, 1986, 109-117.

[AN-247] REYNOLDS J., The origins and beginnings of the Imperial Cult at Aphrodisias, *Proc. Class. Philol. Soc.*, 206, 1980, 70-83.

[AN-248] ROBERT L., Le culte de Caligula à Milet et la province d'Asie, *Hellenica*, VII, 206-238.

[AN-249] ROBERT L., Sur des inscriptions d'Éphèse. Fêtes, athlètes, empereurs, épigrammes, *RPh*, 1967, 7-84.

[AN-250] ROUÉCHÉ Ch., Floreat Perge, *in* M. M. McKenzie, Rouéché Ch., *Images of Authority. Papers presented to Joyce Reynolds on the occasion of her 70th Birthday, Proceedings of the Cambridge Philological Society*, Suppl. 16, Cambridge, 1989, 206-228.

[AN-251] SMITH R. R. R., *Simulacra Gentium*: the *ethne* from the Sebasteion at Aphrodisias, *JRS*, 78, 1988, 50-77.

[AN-252] SMITH R. R. R., The Imperial reliefs from the Sebasteion at Aphrodision, *JRS*, 77, 1987, 88-138.

[AN-253] TUCHELT K., PREISSHOFEN F., Zur Identitätsfrage des «Augustus-Tempels» in Ankara, *AA*, 1985, 317-322.

[AN-254] WAELKENS M., The Early Imperial Sanctuary at Pessinus, *EA*, 7, 1986, 37-72.

[AN-255] WÖRRLE M., Neue Inschriftenfunde aus Aizanoi I, *Chiron*, 22, 1992, 337-376.

Cf. aussi Bowersock, Habicht, Millar dans **[471]**, Price **[478]** et **[479]**.

La diaspora juive

[AN-257] BLANCHETIÈRE F., Le Juif et l'autre: la diaspora asiate, dans R. Kuntzman et J. Schlosser, *Études sur le judaïsme hellénistique*, Paris, 1984, 41-59.

[AN-258] KRAABEL A. T., Paganism and Judaism: the Sardis Evidence, *Mélanges Marcel Simon*, Paris, 1978, 13-33.

[AN-259] LIFSHITZ B., *Donateurs et fondateurs dans les synagogues juives*, Paris, 1967.

[AN-260] REYNOLDS J., TANNENBAUM R., *Jewish and God-Fearers at Aphrodisias: greek inscriptions with commentary*, Cambridge, 1987.

[AN-261] SEAGER A. R., KRAABEL A. T., The Synagogue and the Jewish community, dans [AN-127], 168-190.

[AN-262] TREBILCO P. R., *Jewish Communities in Asia Minor*, Cambridge, 1991.

Cf. Juster [500].

CHAPITRE IX
L'ORIENT SÉMITIQUE

GÉNÉRALITÉS

Recueils d'inscriptions

Cf. [23] 283-306 et 1893-1894 (Syrie-Arabie-Palestine), n°s 1417-1456 et 2014-2021 (épigraphie sémitique). Ajouter :

[OR-1] AGGOULA B, *Inventaire des inscriptions hatréennes*, Paris, 1991.

[OR-2] SARTRE M., *Inscriptions de la Jordanie*, IV : *Pétra et la Nabatène*, Paris, 1993.

Papyri

[OR-3] BOWERSOCK G. W., The Babatha Papyri, Masada and Rome, *JRA*, 4, 1991, 336-344 (c. r. du n° 8).

[OR-4] FEISSEL D. et GASCOU J., Documents d'archives romains inédits du Moyen-Euphrate (IIIe s. apr. J.-C.), *CRAI*, 1989, 535-561.

[OR-5] FEISSEL D. et GASCOU J., Documents d'archives romains inédits du Moyen-Euphrate (IIIe s. apr. J.-C.), *JS*, 1995, 65-119.

[OR-6] LEWIS D., A jewish landowner in Provincia Arabia, *Scripta Classica Israelica*, 8-9, 1985-1988 [1989], 132-137.

[OR-7] LEWIS N., KATZOFF R. et GREENFIELD J. C., Papyrus Yadin 18, *IEJ*, 37, 1987, 229-250.

[OR-8] LEWIS N., *The Documents of the Cave of Letters. The Greek Documents*, Jérusalem, 1989 (archives de Babatha) (avec c. r. G. W. Bowersock ci-dessus [OR-3] et M. Goodman, *JRS*, 81, 1991, 169-175).

[OR-9] ROSS S., The Last King of Edessa : New Evidence from the Middle Euphrates, *ZPE*, 97, 1993, 187-206.

[OR-10] TEIXIDOR J., Les derniers rois d'Édesse d'après deux nouveaux documents syriaques, *ZPE*, 76, 1989, 219-222.

[OR-11] TEIXIDOR J., Deux documents syriaques du IIIe siècle après J.-C. provenant du Moyen-Euphrate, *CRAI*, 1990, 144-166.

[OR-12] WELLES C. B., FINK R. O. et GILLIAM J. F., *The Excavations at Dura Europos, Final Report* V, 1 : *The Parchments and Papyri*, New Haven, 1959.

Quelques grandes expéditions archéologiques

[OR-13] BRÜNNOW R. E. et VON DOMASZEWSKI A., *Die Provincia Arabia*, 3 vol., Strasbourg, 1905-1909.

[OR-14] BUTLER H. C. *et al.*, *Publications of an American Expedition to Syria in 1899-1900*, New York, 1914.
[OR-15] BUTLER H. C. *et al.*, *Publications of the Princeton Archaeological Expedition to Syria in 1904-1905 and 1909*, Leyde, 1914-1941.

Et le point sur les recherches en cours

[OR-16] *Contribution française à l'archéologie jordanienne*, Amman, 1984.
[OR-17] *Contribution française à l'archéologie syrienne, 1969-1989*, Damas, 1989.
[OR-18] KERNER S. (éd.), *The Near East in Antiquity. German contributions to the Archaeology of Jordan, Palestine, Syria, Lebanon and Egypt*, I, Amman, 1990 ; II, Amman, 1991 ; III, Amman, 1992.
[OR-19] Chroniques archéologiques dans *American Journal of Archaeology, Israel Exploration Journal, Liber Annuus, Revue biblique, Syria*.

Études générales

[OR-20] BOWERSOCK G. W., *Roman Arabia*, Cambridge (Mass.), 1983.
[OR-21] DENTZER J.-M., ORTHMANN W. (éd.), *Histoire de la Syrie*, II, Sarrebrück, 1989.
[OR-22] ISAAC B., *The Limits of Empire. The Roman Army in the East*, Oxford, 1990.
[OR-23] MACADAM H. I., *Studies in the History of the Roman Province of Arabia*, Londres, 1986.
[OR-24] MILLAR F., *The Roman Near East (31 BC-AD 337)*, Londres, 1993.
[OR-25] REY-COQUAIS J.-P., Syrie romaine, de Pompée à Dioclétien, *JRS*, 68, 1978, 44-73.
[OR-26] SARTRE M., *L'Orient romain*, Paris, 1991.

Colloques, recueils

[OR-27] *Actes du Colloque sur le Moyen-Euphrate, Strasbourg, 1977*, Leyde, 1980.
[OR-28] *L'hellénisme au Proche-Orient, Delphes, novembre 1986*, Athènes, 1991.
[OR-29] *Studies in the History and Archaeology of Jordan*, I, Amman, 1982 ; II, Amman, 1985 ; III, Amman, 1987 ; IV, Amman, 1992 ; V, Amman, 1995.
[OR-30] CHRISTE Y., SARTRE M. et URIO I. (éd.), *Le désert. Image et réalité*, Louvain, 1989.
[OR-31] FAHD T. (éd.), *L'Arabie préislamique*, Leyde, 1989.
[OR-32] FAHD T. (éd.), *La géographie administrative et politique d'Alexandre à Mahomet*, Leyde, 1982.
[OR-33] FREZOULS E. (éd.), *Sociétés urbaines, sociétés rurales dans l'Asie Mineure et la Syrie hellénistiques et romaines*, Leyde, 1987.
[OR-34] GATIER P.-L., HELLY B., REY-COQUAIS J.-P. (éd.), *Géographie historique au Proche-Orient*, Paris, 1988.
[OR-35] INVERNIZZI A., SALLES J.-F. (éd.), *Arabia Antiqua. Hellenistic Centres around Arabia*, Rome, 1993.
[OR-36] SALLES J.-F., *L'Arabie et ses mers bordières*, I, Lyon, 1988.
[OR-37] SEYRIG H., *Antiquités syriennes*, 6 vol., Paris, 1934-1966.
[OR-38] SEYRIG H., *Scripta Varia*, Paris, 1985.
[OR-39] TEMPORINI H. et HAASE W., *Aufstieg und Niedergang der römischen Welt*, II.8 (Syrie, Palestine, Arabie), II.9.1 (Mésopotamie), New York - Berlin, 1980 et 1978.

Cf. Bowersock G. W., dans **[849]**.

Problèmes administratifs et militaires

[OR-40] BALTY J.-Ch., Apamée (1986) : nouvelles données sur l'armée romaine d'Orient et les raids sassanides du milieu du IIIe siècle, *CRAI*, 1987, 213-242.

[OR-41] CHAPOT V., *La frontière de l'Euphrate, de Pompée à la conquête arabe*, Paris, 1907.

[OR-42] GRAF D., The Saracens and the defence of the Arabian Frontier, *BASOR*, 229, 1978, 1-26.

[OR-43] GRAF D. F., The Nabataean Army and the *cohortes Ulpiae Petraeorum*, dans E. Dabrowa, *The Roman and Byzantine Army in the East, Cracovie 1992*, Cracovie, 1994, 265-311.

[OR-44] ISSAC B., The Decapolis in Syria : a neglected inscription, *ZPE*, 44, 1981, 67-74.

[OR-45] KENNEDY D. L., The Frontier Policy of Septimius Severus : new evidence from Arabia, dans **[516]**, 879-887.

[OR-46] KENNEDY D. L. et RILEY D., *Rome's desert frontier from the air*, Londres, 1990.

[OR-47] KETTENHOFEN E., *Die römische-persischen Kriege des 3. Jahrhunderts n. Chr nach der Inschrift Shahpuhrs an der Ka'be-ye Zartost*, Wiesbaden, 1982.

[OR-48] KENNEDY D. L., The Eastern Frontier, dans J. Wacher, *The Roman World*, Londres, 1987.

[OR-49] PARKER S. T., The Decapolis reviewed, *JBL*, 94, 1975, 437-441.

[OR-50] PARKER S. T., *Romans and Saracens : A History of the Arabian Frontier*, Philadelphie, 1986.

[OR-51] POIDEBARD A., *La trace de Rome dans le désert de Syrie. Le limes, de Trajan à la conquête arabe*, Paris, 1934.

[OR-52] POIDEBARD A. et MOUTERDE R., *Le limes de Chalcis. Organisation de la steppe, documents aériens*, Paris, 1945.

[OR-53] PRÉAUX Cl., Une source nouvelle sur l'annexion de l'Arabie par Trajan : les papyrus Michigan 465 et 466, *Mélanges J. Hombert*, Bruxelles, 1950-1951, 123-139.

[OR-54] SARTRE M., *Trois Études sur l'Arabie romaine et byzantine*, Bruxelles, 1982.

[OR-55] VAN BERCHEM D., Une inscription flavienne du Musée d'Antioche, *MH*, 40, 1983, 185-196.

[OR-56] VAN BERCHEM D., Le port de Séleucie de Piérie et la logistique des campagnes parthiques, *BonnerJahrb.*, 185, 1985, 47-87.

[OR-57] WINTER E., *Die Sasanidisch-römischen Friedensverträge des 3. Jahrhunderts n. Chr.*, Francfort, 1988, avec le compte rendu de E. Kettenhofen, *Bibliotheca Orientalis*, janvier-mars 1990, col. 163-178.

[OR-58] WISSMANN H. von, Die Geschichte des Sabäerreichs und der Feldzug des Aelius Gallus, *ANRW*, II . 9 . 1, New York - Berlin, 1978, 308-544 ; 705-707.

Cf. Freeman-Kennedy **[518]**.

Économie générale, monnayage

[OR-59] CASSON L. (éd. trad.), *The Periplus Maris Erythraei*, Princeton, 1989.

[OR-60] JANVIER Y., Rome et l'Orient lointain : le problème des Sères. Réexamen d'une question de géographie antique, *Ktêma*, 9, 1984 [1988], 261-303.

[OR-61] KRAAY C. M., Notes on the early imperial tetradrachms of Syria, *RN*, 1966, 58-68.

[OR-62] RASCHKE M., The Role of Oriental Commerce in the Economies of the Cities of the Eastern Mediterranean in the Roman Period, dans E. M. Meyers et W. West, *The Archaeology of Trade in the East Mediterranean. A Symposium*, Tallahassee, 1979, 68-77.

[OR-63] SEYRIG H., *Scripta Numismatica*, Paris, 1986.

[OR-64] SPIJKERMAN A., *The Coins of the Decapolis and Provincia Arabia*, Jérusalem, 1978.

[OR-65] WEST L. C., Commercial Syria under the Roman Empire, *TAPA*, 55, 1924, 159-189.

Cf. De Laet **[611]**, Raschke, **[1029]**, Sidebotham **[1037]**; Rougé, Gawlikowski dans **[OR-31]**; Rey-Coquais dans **[OR-21]**.

COMMAGÈNE

[OR-66] CROW J. G. et FRENCH D. H., New Research on the Euphrates Frontier in Turkey, dans **[516]**.

[OR-67] DÖRNER F. K. - NAUMANN R., *Forschungen in Kommagene*, Berlin, 1939.

[OR-68] FRASER P. M., The Kings of Commagene and the Greek World, *Mélanges F. Dörner*, Leyde, 1978, 359-374.

[OR-69] FRENCH D. H., Commagene : territorial Definitions, dans *Asia Minor Studien*, 3 : *Studien zum antiken Kleinasien*, Bonn, 1991, 11-19.

[OR-70] WAGNER J., *Seleukeia am Euphrat-Zeugma*, Wiesbaden, 1976.

[OR-71] WAGNER J., Die Römer am Euphrat, *AW*, 6, 1975, 68-82.

Cf. aussi Demougin **[646]**, Sullivan **[663]**.

SYRIE ET ARABIE

Cités et sociétés urbaines

[OR-72] *Jerash Archaeological Project*, I, Amman, 1986 ; II, Paris, 1989.

[OR-73] *The Decapolis. ARAM third International Conference, Oxford, september 1992*, Oxford, 1994.

[OR-74] BALTY J.-Ch., *Guide d'Apamée*, Bruxelles, 1981.

[OR-75] BALTY J.-Ch., Apamea in Syria in the Second and Third Centuties AD, *JRS*, 78, 1988, 91-104.

[OR-76] BIETENHARDT H., Die syrische Decapolis von Pompeius bis Trajan, *ANRW*, II . 8, 220-261.

[OR-77] BOWERSOCK G.W., Syria under Vespasian, *JRS*, 63, 1973, 123-129.

[OR-78] BROWNING I., *Jerash and the Decapolis*, Londres, 1982.

[OR-79] CHEHAB M., Tyr à l'époque romaine. Aspects de la cité à la lumière des textes et des fouilles, *MUSJ*, 38, 1962, 11-40.

[OR-80] CHEHAB M., Fouilles de Tyr. La nécropole, I : l'arc de triomphe, *BMB*, 33, 1983.

[OR-81] COLLINET P., *L'École de droit de Beyrouth*, Paris, 1923.

[OR-82] *Doura-Europos*, I, Paris, 1986 ; II, Paris, 1988 ; III, Paris, 1992 ; IV, Beyrouth, 1997 (éd. P. Leriche, dans *Syria* pour I-III).

[OR-83] DOWNEY G., *A History of Antioch*, Princeton, 1961 (2ᵉ éd., 1974).

[OR-84] *Excavations at Dura-Europos. Final Report*, I-VIII, New Haven, 1943-1977.

[OR-85] FEISSEL D., Deux listes de quartiers d'Antioche astreints au creusement d'un canal (73-74 apr. J.-C.), *Syria*, 62, 1985, 77-103.

[OR-86] *Fouilles d'Apamée de Syria*, t. I, 1 (Bruxelles, 1969) et VIII, 1 (Bruxelles, 1979) ; id., *Miscellanea*, 9 vol., Bruxelles, 1968-1984.
[OR-87] FREZOULS E., Observations sur l'urbanisme dans l'Orient Syrien, *AAAS*, 21, 1971, 231-248.
[OR-88] GOOSSENS R., *Hiérapolis de Syrie*, Louvain, 1943.
[OR-89] KRAELING C. H., *Gerasa, a city of Decapolis*, New Haven, 1938.
[OR-90] LAUFFRAY J., Forums et monuments de Béryte, *BMB*, 7, 1944-1945, 13-80.
[OR-91] LAUFFRAY J., Beyrouth, archéologie et histoire, I : Période hellénistique et Haut-Empire romain, *ANRW*, II.8, 135-163.
[OR-92] MILLAR F., The Roman *coloniae* of the Near East : a Study of Cultural Relations, dans H. Solin et M. Kajava, *Roman Eastern Policy and Other Studies in Roman History*, Helsinki, 1990, 7-58.
[OR-93] MOUTERDE R. et LAUFFRAY J., *Beyrouth, ville romaine*, Beyrouth, 1952.
[OR-94] PETERS F. E., City-planning in graeco-roman Syria : some new considerations, *DaM*, 1, 1981, 269-277.
[OR-95] POIDEBARD A. et LAUFFRAY J., *Sidon*, Paris, 1951.
[OR-96] REY-COQUAIS J.-P., Lucius Iulius Agrippa et Apamée, *AAAS*, 23, 1973, 39-84.
[OR-97] REY-COQUAIS J.-P., *Arados et sa pérée*, Paris, 1974.
[OR-98] REY-COQUAIS J.-P., Philadelphie de Coele-Syrie, *ADAJ*, 25, 1981, 25-31.
[OR-99] SACK D., *Damaskus. Entwicklung und Struktur einer orientalisch-islamischen Stadt*, Mayence, 1989.
[OR-100] SARTRE M., *Bostra. Des origines à l'Islam*, Paris, 1985.
[OR-101] SARTRE M., Vie municipale et intégration des notables dans la Syrie et l'Arabie romaines, *Colloque sur les élites provinciales dans l'Empire romain, Wroclaw, 1994.*
[OR-102] SEIGNE J., Jérash romaine et byzantine : développement urbain d'une ville provinciale, dans [OR-29], 331-341.
[OR-103] WATZINGER C. et WULZINGER K., *Damaskus. Die antike Stadt*, Berlin-Leipzig, 1921.
[OR-104] WEBER Th., *Damaskos polis Episemos*. Hellenistische, römische und byzantinische Bauwerke in Damaskus aus der Sicht griechischer und lateinischer Schriftquellen, *DaM*, 7, 1993, 135-176.
[OR-105] WILL Er., Damas antique, *Syria*, 71, 1994, 1-43.
[OR-106] ZIEGLER R., Laodicea, Antiochia und Sidon in der Politik der Severer, *Chiron*, 8, 1978, 493-514.

Cf. Jones [695].

Vie rurale

[OR-107] CALVET Y. et GEYER B., *Barrages antiques de Syrie*, Lyon-Paris, 1992.
[OR-108] DENTZER J. M. et VILLENEUVE F., Les villages de la Syrie romaine dans une tradition d'urbanisme oriental, *De l'Indus aux Balkans. Recueil Jean Deshayes*, Paris, 1985, 213-248.
[OR-109] DENTZER J.-M. (éd.), *Hauran I*, 2 vol., Paris, 1985.
[OR-110] DODINET M., LEBLANC J., VALLAT J.-P., VILLENEUVE F., Le paysage antique en Syrie : l'exemple de Damas, *Syria*, 67, 1990, 339-355.
[OR-111] EVENARI M., SHANAN L. et TADMOR N., *The Negev : The challenge of a desert*, 2ᵉ éd., Harvard, 1982.

[OR-112] GEYER B. (éd.), *Techniques et pratiques hydro-agricoles en domaine irrigué*, Paris, 1990.

[OR-113] MACADAM H. I., Epigraphy and Village Life in Southern Syria during the roman and early Byzantine Periods, *Berytus*, 31, 1983, 103-115.

[OR-114] MACADAM H. I., Some aspects of Land Tenure and Social Development in the Roman Near East : Arabia, Phoenicia and Syria, dans T. Khalidi (éd.), *Land Tenure and Social transformation in the Middle East*, Beyrouth, 1984, 45-62.

[OR-115] McLEAN-HARPER J., Village administration in the Roman Province of Syria, *YCS*, 1, 1928, 105-168.

[OR-116] SARTRE M., Villes et villages du Hauran (Syrie) du Ier au IVe siècle, dans *Sociétés urbaines, sociétés rurales dans l'Asie Mineure et la Syrie hellénistiques et romaines, Strasbourg, 1985*, Strasbourg, 1987, 239-257.

[OR-117] TATE G., *Les campagnes de la Syrie du Nord du IIe au VIIe siècle*, Paris, 1992.

[OR-118] TCHALENKO G., *Villages antiques de la Syrie du Nord*, Paris, 1953-1955.

[OR-119] VAN LIERE W. J., *Ager centuriatus of the roman colonia of Emesa (Homs), AAS*, 1958, 55-58.

Cf. Villeneuve **[993]**.

Nomades

[OR-120] BANNING E. B., Peasants, Pastoralists and *Pax Romana* : Mutualism in the Southern Highlands of Jordan, *BASOR*, 261, 1986, 25-50.

[OR-121] BANNING E. B., De Bello Paceque : a Reply to Parker, *BASOR*, 265, 1987, 52-54.

[OR-122] BEAUCAMP J., Rawwafa, *Dict. Bible*, Suppl. 9, fasc. 53, Paris, 1979, col. 1467-1475.

[OR-123] BOWERSOCK G. W., The Greek-Nabataean Bilingual Inscription at Ruwwafa, Saudi Arabia, *Le Monde grec. Hommages à Claire Préaux*, Bruxelles, 1975, 513-522.

[OR-124] DUSSAUD R., *La pénétration des Arabes en Syrie avant l'Islam*, Paris, 1955.

[OR-125] GRAF D. F., Rome and the Saracens : reassessing the nomadic menace, dans Fahd [31], 341-400.

[OR-126] GRAF D. et O'CONNOR M., The origin of the term Saracens and the Rawwafa inscriptions, *Byz. St.*, 4, 1977, 52-66.

[OR-127] MACDONALD M. C. A., Was the Nabataean Kingdom a « Bedouin State », *ZDPV*, 107, 1991, 102-119.

[OR-128] MACDONALD M. C. A., Nomads and the Hawran in the late Hellenistic and Roman Periods : reassessment of the epigraphic evidence, *Syria*, 70, 1993, 303-413.

[OR-129] PARKER S. Th., Peasants, Pastoralists and *Pax Romana* : a different view, *BASOR*, 265, 1987, 35-51.

[OR-130] SARTRE M., Transhumance, économie et société de montagne en Syrie du Sud, *Colloque de Pau, 1990*, dans G. Fabre (éd.), *La montagne dans l'Antiquité*, Pau, 1992, 39-54.

[OR-131] SHAHID I., *Rome and the Arabs*, Dumbarton Oaks, 1984.

[OR-132] VAN DEN BRANDEN A., *Histoire de Thamoud*, Beyrouth, 1960.

[OR-133] VILLENEUVE F., Citadins, villageois, nomades : le cas de la *Provincia Arabia*, *DHA*, 1989, 119-138.

Cf. Sartre dans [OR-54] et [OR-171].

Nabatéens

[OR-134]   BALTY J. Ch., Architecture à Pétra et à Hégra. Chronologie et classes sociales, sculpteurs et commenditaires, *Actes du Colloque Architecture et société, Rome, 1980*, Paris, 1983, 303-324.

[OR-135]   BROWNING I., *Petra*, Londres, 1974.

[OR-136]   HAMMOND Ph. C., *The Nabataeans, their History, Culture and Archaeology*, Göteborg, 1973.

[OR-137]   LINDNER M., *Petra und das Königreich der Nabatäer*, 3ᵉ éd., Munich-Bad Windsheim, 1986.

[OR-138]   LINDNER M., *Petra neue Ausgrabungen und Entdeckungen*, Munich-Bad Windsheim, 1986.

[OR-139]   McKENZIE J., *The Architecture of Petra*, Londres, 1990.

[OR-140]   McKENZIE J. et PHIPPEN A., The Chronology of the principal monuments at Petra, *Levant*, 19, 1987, 145-165.

[OR-141]   MESHORER Y., *Nabatean Coins*, Jérusalem, 1975.

[OR-142]   NEGEV A., *The Nabatean Potter's Workshop at Oboda*, Bonn, 1974.

[OR-143]   NEGEV A., The Nabataeans and the Provincia Arabia, *ANRW*, II . 8, New York - Berlin, 1977, 520-686.

[OR-144]   NEGEV A., *Nabatean Archaeology Today*, New York - Londres, 1986.

[OR-145]   SARTRE M., Rome et les Nabatéens à la fin de la République (65-31 av. J.-C.), *REA*, 81,1979, 37-53.

[OR-146]   STARCKY J., Pétra et la Nabatène, *Dictionnaire de la Bible*, Suppl. VII, col. 886-1017.

   Cf. Bowersock **[653]**.

Émèse

[OR-147]   BALDUS H. A., *Uranius Antoninus: Münzprägung und Geschichte*, Bonn, 1971 (avec le compte rendu de A. Chastagnol, *Syria*, 51, 1974, 208-214).

[OR-148]   CHAD C., *Les dynastes d'Émèse*, Beyrouth, 1966.

[OR-149]   SEYRIG H., Caractères de l'Histoire d'Émèse, *Syria*, 36, 1959, 184-192.

Palmyre

[OR-150]   *Palmyre : bilan et perspectives*, Strasbourg, 1977.

[OR-151]   *Palmyre et la route de la soie, Palmyre, avril 1992, AAAS*, 42, 1996.

[OR-152]   BROWNING I., *Palmyra*, Londres, 1979.

[OR-153]   COLLEDGE M. A. R., *The Art of Palmyra*, Londres, 1976.

[OR-154]   DEGEORGE G., *Palmyre*, Paris, 1987.

[OR-155]   DENTZER J.-M., Khans ou casernes à Palmyre ? A propos de structures visibles sur des photographies aériennes anciennes, *Syria*, 71, 1994, 45-112.

[OR-156]   DREXHAGE R., Der Handel Palmyras in römischer Zeit, *Munst. Beiträge zur ant. Handelsgeschichte*, 1, 1980.

[OR-157]   DRIJVERS H. J. W., *The Religion of Palmyra*, Leyde, 1976.

[OR-158]   EQUINI SCHNEIDER E., *Septimia Zenobia Sebaste*, Rome, 1993.

[OR-159]   GAWLIKOWSKI M., *Monuments funéraires de Palmyre*, Varsovie, 1970.

[OR-160]   GAWLIKOWSKI M., *Palmyre VI : Le temple palmyrénien*, Varsovie, 1973.

[OR-161]   GAWLIKOWSKI M., Le Temple d'Allat à Palmyre, *RA*, 1977, 253-274.

[OR-162] GAWLIKOWSKI M., Les princes de Palmyre, *Syria*, 62, 1985, 251-261.

[OR-163] GAWLIKOWSKI M., Les comptes d'un homme d'affaires dans une tour funéraire à Palmyre, *Semitica*, 36, 1986, 87-99.

[OR-164] HAERINCK E., Quelques monuments funéraires de l'île de Kharg dans le golfe Persique, *IA*, 11, 1975, 134-167.

[OR-165] MATTHEWS J. F., The Tax Law of Palmyra, *JRS*, 74, 1984, 157-180.

[OR-166] MICHALOWSKI K., *Palmyre. Fouilles polonaises*, I-VIII, Varsovie, 1959-1984.

[OR-167] RUPRECHTSBERGER M. (éd.), *Palmyra. Geschichte, Kunst und Kultur der syrischen Oasenstadt*, Linz, 1987.

[OR-168] SCHLUMBERGER D., *La Palmyrène du Nord-Ouest*, Paris, 1951.

[OR-169] SCHLUMBERGER D., Palmyre et la Mésène, *Syria*, 38, 1961, 256-260.

[OR-170] SARTRE M., Palmyre, cité grecque, dans *Palmyre et la route de la soie, Palmyre, avril 1992, AAAS*, 42, 1996, 385-405.

[OR-171] SARTRE M., Arabs and the desert peoples, *CAH*, XII, 2ᵉ éd., sous presse.

[OR-172] SEYRIG H., L'incorporation de Palmyre à l'Empire romain, *Syria*, 13, 1932, 266-277.

[OR-173] SEYRIG H., Inscription relative au commerce maritime de Palmyre, *Mélanges Franz Cumont*, Bruxelles, 1936, 397-402.

[OR-174] STARCKY J. et GAWLIKOWSKI M., *Palmyre*, Paris, 1986.

[OR-175] TEIXIDOR J., *The Pantheon of Palmyra*, Leyde, 1979.

[OR-176] TEIXIDOR J., Cultes tribaux et religion civique à Palmyre, *RHR*, 1980, 277-287.

[OR-177] TEIXIDOR J., *Un port romain du désert : Palmyre*, Paris, 1984.

[OR-178] WILL E., Marchands et chefs de caravanes à Palmyre, *Syria*, 34, 1957, 262-271.

[OR-179] WILL E., Pline l'Ancien et Palmyre : un problème d'histoire ou d'histoire littéraire, *Syria*, 62, 1985, 263-270.

[OR-180] WILL E., *Les Palmyréniens. La Venise des sables*, Paris, 1992.

[OR-181] ZAHRNT M., Zum Fiskalgesetz von Palmyra und zur Geschichte der Stadt in hadrianischer Zeit, *ZPE*, 62, 1986, 279-293.

La vie religieuse, artistique et culturelle

[OR-182] AMER Gh. et GAWLIKOWSKI M., Le sanctuaire impérial de Philippopolis, *DaM*, 2, 1985, 1-15.

[OR-183] AMY R., Temples à escaliers, *Syria*, 27, 1950, 82-186.

[OR-184] AMY R., SEYRIG H., WILL E., *Le Temple de Bel à Palmyre*, Paris, 1975.

[OR-185] BALTY J., Iconographie classique et identités régionales : les mosaïques romaines de Syrie, *BCH*, Suppl. XIV, 1986, 395-406.

[OR-186] BOWERSOCK G. W., The Arabian God Ares, *Scritti A. Momigliano*, Côme, 1983, 43-47.

[OR-187] BRIQUEL-CHATONNET F., Les derniers témoignages sur la langue phénicienne en Orient, *Riv. St. Fenici*, 19, 1991, 3-21.

[OR-188] CALLOT O. et MARCILLET-JAUBERT J., Hauts-lieux de Syrie du Nord, dans G. Roux, *Temples et sanctuaires*, Lyon, 1984, 185-202.

[OR-189] GATIER P.-L., A propose de la culture grecque à Gerasa, dans A. Invernizzi et J.-F. Salles, *Arabia Antiqua. Hellenistic Centres around Arabia*, Rome, 1993, 15-35.

[OR-190] GLUECK N., *Deities and Dolphins : the story of the Nabataeans*, New York, 1961.

[OR-191] GRAF D., Hellenisation and the Decapolis, *Aram*, IV, Oxford, 1994, 1-48.

[OR-192] HAJJAR Y., *La triade d'Héliopolis-Baalbeck*, Leyde, 1977.

[OR-193] KRENCKER D., ZSCHIETZSCHMANN W., *Römische Tempel in Syrien*, Berlin-Leipzig, 1938.

[OR-194] LINANT DE BELLEFONDS P., *Sarcophages attiques de la nécropole de Tyr. Une étude iconographique*, Paris, 1985.

[OR-195] LYTTLETON M., *Baroque Architecture in Classical Antiquity*, Londres, 1974.

[OR-196] McDERMOTT W. C., Plotina Augusta and Nicomachus of Gerasa, *Historia*, 26, 1977, 192-203.

[OR-197] MACMULLEN R., Provincial Languages in the Roman Empire, *AJPh*, 1966 (= *Changes in the Roman Empire*, Princeton, 1990, 32-40).

[OR-198] MILLAR F., Empire, Community and Culture in the Roman Near East : Greeks, Syrians, Jews and Arabs, *JJS*, 38, 1987, 143-164.

[OR-199] PERKINS A., *The Art of Dura-Europos*, Oxford, 1973.

[OR-200] RAGETTE F., *Baalbek*, Londres, 1980.

[OR-201] REY-COQUAIS J.-P., Du sanctuaire de Pan à la « guirlande » de Méléagre. Cultes et cultures dans la Syrie hellénistique, dans Biaggio (éd.), *Aspetti e Problemi del'Ellenismo*, Pise, 1994, 47-90 (*Studi Ellenistici*, IV).

[OR-202] ROSCHINSKI H. P., Sprachen, Schriften und Inschriften in Nordwestarabien, *Bonner Jahrbücher*, 180, 1980, 155-188.

[OR-203] SAVIGNAC R., Le sanctuaire d'Allat à Iram, *RB*, 42, 1933, 405-422.

[OR-204] SAVIGNAC R. et HORSFIELD G., *ibid.*, 44, 1935, 245-278.

[OR-205] SCHLUMBERGER D., *L'Orient hellénisé*, Paris, 1970.

[OR-206] SEYRIG H., Les dieux armés et les Arabes en Syrie, *Syria*, 47, 1970, 77-112.

[OR-207] SOURDEL D., *Les cultes du Hauran à l'époque gréco-romaine*, Paris, 1952.

[OR-208] SOYEZ B., *Le rituel des Adonies*, Leyde, 1977.

[OR-209] STIERLIN H., *Cités du désert*, Paris, 1987.

[OR-210] TAYLOR G., *The Roman Temples of Lebanon*, Beyrouth, 1967.

[OR-211] TEIXIDOR J., L'hellénisme et les Barbares, *Le Temps de la réflexion*, 2, 1981, 257-294.

[OR-212] ZAYADINE F, L'iconographie d'al-Uzza-Aphrodite, dans *Mythologies gréco-romaines, mythologies périphériques*, Paris, 1981, 113-118.

MÉSOPOTAMIE, OSRHOÈNE

[OR-213] BOWERSOCK G. W., La Mésène (Maishân) antonine, dans T. Fahd, [OR-31], 159-168.

[OR-214] BRIZZI G., Città greche, communità giudaiche e rapporti romano-partici in Mesopotamia (I-II sec. d. C.), *RSA*, 11, 1981, 103-118.

[OR-215] DILLEMAN L., *Haute Mésopotamie et pays adjacents*, Paris, 1960.

[OR-216] DRIJVERS H. J. W., Hatra, Palmyra and Edessa, *ANRW*, II.8, New York - Berlin, 1977, 799-906.

[OR-217] DUVAL R., *Histoire d'Édesse*, Paris, 1892.

[OR-218] KENNEDY D. L., Ti. Claudius Subatianus Aquila, first prefect of Mesopotamia, *ZPE*, 36, 1979, 255-262.

[OR-219] KENNEDY D. L., The garrisonning of Mesopotamia in the late Antonine and early Severan period, *Antichthon*, 1986.

[OR-220] MARICQ A., *Classica et Orientalia*, Paris, 1965.

[OR-221] NODELMAN S. A., A preliminary history of Characene, *Berytus*, 13, 1960, 83-121.

[OR-222] POTTS D. T., Arabia and the Kingdom of Characene, dans D. T. Potts (éd.), *Araby the Blest. Studies in Arabia Archaeology*, Copenhague, 1988, 137-167.

[OR-223] POTTS D. T., *The Arabian Gulf in Antiquity*, Copenhague, 1990.

[OR-224] PUCCI M., Traiano, la Mesopotamia e gli Ebrei, *Aegyptus*, 1979, 168-189.

[OR-225] SEGAL J. B., *Edessa, the blessed city*, Oxford, 1970.

[OR-226] TEIXIDOR J., *Bardesane d'Édesse. La première philosophie syriaque*, Paris, 1992.

[OR-227] WAGNER J., Provincia Osrhoenae. New archaeological finds illustrating organisation under the Severan Synasty, dans **[517]**, 103-129.

Cf. Angeli Bertinelli **[651]** ; Neusner dans **[39]** ; Sartre **[OR-171]**.

PALESTINE

Quatre volumes de cette collection ont traité du judaïsme et donné une bibliographie abondante où figurent en particulier tous les instruments de travail indispensables. On s'y reportera en priorité, notamment à ceux de M. Simon et A. Benoît **[506]** et de C. Nicolet **[54]**.

Sources ; Flavius Josèphe

[OR-228] COHEN (S. J. D.), *Josephus in Galilee and Rome*, Leyde, 1979.

[OR-229] COTTON H. M., GEIGER J., *Masada, II : The Latin and Greek Documents*, Jérusalem, 1989.

[OR-230] DUPONT-SOMMER A. et PHILONENKO M., *La Bible. Écrits intertestamentaires*, Paris, 1987.

[OR-231] *Encyclopedia of Archaeological Excavations in the Holy Land*, 4 vol., Oxford, 1973-1978.

[OR-232] HADAS-LEBEL M., *Flavius Josèphe, le Juif de Rome*, Paris, 1989.

[OR-233] LINDER A., *The Jews in Roman Imperial Legislation*, Detroit-Jérusalem, 1987.

[OR-234] YADIN Y., NAVEH J., MESHORER Y., *Masada I*, Jérusalem, 1989.

[OR-235] STERN M., *Greek and Latin Authors on Jews and Judaism*, 2 vol., Leyde, 1974-1980.

[OR-236] WACHOLDER B. Z., *Nicolaus of Damascus*, Berkeley, 1962.

Ouvrages généraux

[OR-237] ALON G., *Jews, Judaism and the Classical World. Studies in the Jewish History in the times of the Second Temple and Talmud*, Jérusalem, 1977.

[OR-238] ALON G., *The Jews in their Land in the Talmudic Age*, Jérusalem, 1983.

[OR-239] APPLEBAUM S., *Judaea in Hellenistic and Roman Times*, Leyde, 1989.

[OR-240] AVI-YONAH M., *The Holy Land from the Persian to the Arab Conquests (536 BC - 640 AD). A Historical Geography*, Jérusalem, 1966.

[OR-241] AVI-YONAH M. et BARAS Z., *The Herodian Period*, Londres, 1975 (t. 7 de *The World History of the Jewish People*).

OR-242] AVI-YONAH M. et BARAS Z., *Society and Religion in the Second Temple Period*, Jérusalem, 1977 (t. 8 de *The World History of the Jewish People*).

[OR-243] AVI-YONAH M., *The Jews of Palestine. A political History from the Bar Kochba war to the Arab Conquest*, Oxford, 1976; repris sous le titre : *The Jews under Roman and Byzantine Rule*, New York - Jérusalem, 1984.

[OR-244] AZIZA C., Juifs et judaïsme dans le monde romain. État des recherches (1976-1980), *REL*, 59, 1981, 44-52 (importante bibliographie commentée).

[OR-245] CASTEL F., *Histoire d'Israël et de Juda. Des origines au II* siècle apr. J.-C.*, Paris, 1983.

[OR-246] FREYNE S., *Galilee from Alexander the Great to Hadrian*, Notre-Dame, 1980.

[OR-247] HADAS-LEBEL M., *Jérusalem contre Rome*, Paris, 1990.

[OR-248] JEREMIAS J., *Jérusalem au temps de Jésus*, Paris, 1967.

[OR-249] PAUL A., *Le monde des Juifs à l'heure de Jésus*, Paris, 1981.

[OR-250] ROKEAH D., *Jews, Pagans and Christians in conflict*, Jérusalem, 1982.

[OR-251] SAFRAI S., STERN M., *The Jewish People in the First Century. Historical Geography, Political History, Social and Cultural Life and Institutions*, I, Assen, 1974; II. 1, Assen, 1976; II. 2 (éd. M. E. Stone), Assen, 1984.

[OR-252] SAULNIER (Chr.), *Histoire d'Israël, de la conquête d'Alexandre à la destruction du Temple*, Paris, 1985.

[OR-253] SCHÄFER P., *Histoire des Juifs dans l'Antiquité*, Paris, 1989.

[OR-254] SCHÜRER E., *A History of the Jewish People in the Time of Jesus Christ*, Édimbourg, I, 1973; II, 1975; III/1 et 2, 1986.

[OR-255] SMALLWOOD E. M., *The Jews under the Roman Rule*, Leyde, 1976.

Statut légal

[OR-256] RABELLO A. M., The legal conditions of the Jews in the Roman Empire, *ANRW*, II. 13, New York - Berlin, 1980, 662-762.

[OR-257] RABELLO A. M., Il problema della « circumcisio » in diritto romano fino ad Antonino Pio, *Studi Arnaldo Biscardi*, II, Milan, 1982, 187-214.

[OR-258] RAJAK T., Was there a Roman Charter for the Jews ?, *JRS*, 74, 1984, 107-123.

[OR-259] SAULNIER Chr., Les lois romaines sur les Juifs d'après Flavius Josèphe, *RB*, 88, 1981, 161-185.

Le temps des Hérodiens et des procurateurs

[OR-260] BAMMEL E., The organisation of Palestine by Gabinius, *JJS*, 12, 1961, 159-162.

[OR-261] BRAUND D., Four Notes on the Herods, *CQ*, 77, 1983, 239-242.

[OR-262] COHEN G. M., The Hellenistic military colony. A Herodian exemple, *TAPA*, 103, 1972, 83-95.

[OR-264] GHIRETTI M, Lo « status » della Giudea dell'età Augustea all'età Claudia, *Latomus*, 44, 1985, 751-766.

[OR-265] GRACEY M., The armies of the Judaean Client Kings, dans **[517]**.

[OR-266] HOEHNER H. W., *Herod Antipas*, Cambridge, 1972.

[OR-267] HOENIG S., *The Great Sanhedrin*, New York, 1953.

[OR-268] HORSLEY R. A., Josephus and the Bandits, *JSJ*, 10, 1979, 37-63.

[OR-269] ISSAC B., Bandits in Judaea and Arabia, *HSCP*, 88, 1984, 171-203.

[OR-270] JONES A. H. M., *The Herods of Judaea*, Oxford, 1938.
[OR-271] KANAEL B., The partition of Judaea by Gabinius, *IEJ*, 7, 1957, 98-106.
[OR-272] LEMONON J.-P., *Pilate et le gouvernement de la Judée*, Paris, 1981.
[OR-273] MOMIGLIANO A., *Ricerche sull'organizzazione della Giudea sotto il dominio romano*, 2ᵉ éd., Amsterdam, 1967.
[OR-274] PEROWNE S., *The Later Herods*, Londres, 1958.
[OR-275] SCHWARTZ S., *Josephus and Judaean Politics*, Leyde, 1990.
[OR-276] SCHWARZ D. R., *Agrippa I : the last King of Judaea*, Tübingen, 1990.

Cf. Frankfort **[656]**, Grant **[658]**, Sullivan **[663b]**.

Sectes

[OR-277] APPLEBAUM S., The Zealots : the case for revaluation, *JRS*, 61, 1971, 155-170.
[OR-278] BRANDON S. G. F., *Jésus et les zélotes*, Paris, 1975.
[OR-279] DELCOR M. (éd.), *Qumrân. Sa piété, sa théologie et son milieu*, Paris-Gembloux-Louvain, 1978.
[OR-280] DUPONT-SOMMER A., *Les écrits esséniens découverts près de la mer Morte*, 4ᵉ éd., Paris, 1983.
[OR-281] FARMER W. R., *Maccabees, Zealots and Josephus. An inquiry into Jewish Nationalism in the Greco-roman period*, New York, 1956.
[OR-282] HENGEL M., *Die Zeloten. Untersuchungen zur jüdischen Freiheitsbewegung in der Zeit von Herodes I. bis 70 n. Chr.*, Leyde 1976 (trad. angl. Édimbourg, 1989).
[OR-283] HORSLEY R. A., The Sicarii : Ancients Jewish « Terrorists », *Journal of Religion*, 59, 1979, 435-458.
[OR-284] HORSLEY R. A., The Zealots : their origin, relationships and importance in the Jewish Revolt, *NT*, 28, 1986, 159-192.
[OR-285] HORSLEY R. A., Popular Prophetic movements at the Time of Jesus, *Journ. Study of the New Testament*, 26, 1986, 3-27.
[OR-286] LAPERROUSSAZ E. M., *Qoumrân. L'établissement essénien des bords de la mer Morte. Histoire et archéologie du site*, Paris, 1976.
[OR-287] LAPERROUSSAZ E. M., *Les manuscrits de la mer Morte*, 5ᵉ éd., Paris, 1978.
[OR-288] LE MOYNE J., *Les Sadducéens*, Paris, 1972.
[OR-289] MASON S. N., *Josephus on the Pharisees*, Leyde, 1990.
[OR-290] NIKIPROWETZKY V., Sicaires et zélotes : une reconsidération, *Semitica*, 23, 1973, 51-63.
[OR-291] PELLETIER M., *Les Pharisiens. Histoire d'un parti méconnu*, Paris, 1990.
[OR-292] SMITH M., Zealots ans Sicarii. Their origins and relations, *HTR*, 64, 1971, 1-19.

La guerre de 66-70 et ses conséquences

[OR-293] BILDE P., The causes of the Jewish War according to Josephus, *JSJ*, 10, 1979, 179-202.
[OR-294] FELDMANN L. H., Masada : a critique of recent scholarship, *Mélanges Morton Smith*, t. 3, Leyde, 1975, 218-248.
[OR-295] GOODMAN M., *The Ruling Class of Judaea. The origins of the Jewish revolt against Rome AD 66-70*, Cambridge, 1987.

[OR-296] HORSLEY R. A., Ancient Jewish Banditry and the Revolt against Rome AD 66-70, *Catholic Biblical Quarterly*, 43, 1981, 409-432.

[OR-297] ISSAC B., Judaea after AD 70, *JJS*, 35, 1984, 44-50.

[OR-298] KADMAN L., *The Coins of the Jewish War of AD 66-73*, Jérusalem, 1962.

[OR-299] PRICE J. J., *Jerusalem under siege. The collapse of the Jewish State 66-70 CE*, Leyde, 1992.

[OR-300] RHOADS D. M., *Israel in Revolution, 6-74 AD. A political History based on the writings of Josephus*, Philadelphia, 1976.

[OR-301] ROTH C., The Pharisees in the Jewish Revolution of 66-73, *JJS*, 7, 1962, 63-80.

[OR-302] VIDAL-NAQUET P., Flavius Josèphe et Masada, *RH*, 527, 1978, 3-21.

[OR-303] WILLIAMSON G. A., *The Jewish War*, Hardmondsworth, 1970.

[OR-304] YADIN Y., *Masada. Herod's Fortress and the Zealots Last Stand*, New York, 1966.

La seconde révolte

[OR-305] APPLEBAUM S., *Prolegomena to the Study of the Second Jewish Revolt (AD 132-135)*, Londres, 1976.

[OR-306] APPLEBAUM S., Points of view on the Second Jewish Revolt, *Scripta Classica Israelica*, 7, 1983-1984, 77-87.

[OR-307] APPLEBAUM S., The Second Jewish Revolt (AD 131-135), *Palestine Exploration Quarterly*, 116, 1984, 35-41.

[OR-308] HERR M. D., Persecutions and Martyrdom in the Hadrian's Days, *Scripta Hierosolymitana*, 23, 1952, 85-125.

[OR-309] ISSAC B., Roman Colonies in Judaea. The Foundation of Aelia Capitolina, *Talanta*, 12-13, 1980-1981, 31-54.

[OR-310] ISSAC B., ROLL I., Judaea in the early years of Hadrian's reign, *Latomus*, 38, 1979, 54-66.

[OR-311] MANTEL H., The Causes of the Bar Kokhba Revolt, *JQR*, 58, 1968, 224-242 et 274-296.

[OR-312] MILDENBERG L., *The Coinage of the Bar Kokhba War*, Aarau, 1984.

[OR-313] MILIK J. T., Une lettre de Siméon Bar Kokheba, *RB*, 60, 1953, 276-294.

[OR-314] PUCCI M., Il movimento insurrezionale in Giudea (117-118 a.C.), *Scripta Classica Israelica*, 4, 1978, 63-76.

[OR-315] SCHÄFER P., *Der Bar-Kokhba Aufstand: Studien zum zweiten jüdischen Krieg gegen Rom*, Tübingen, 1981.

[OR-316] YADIN Y., *Bar Kochba*, Londres, 1971.

Vie religieuse; Judaïsme rabbinique

[OR-317] BAMBERGER B. J., *Proselytism in the Talmud Period*, 2ᵉ éd., New York, 1968.

[OR-318] CHAMBERS R. R., *Greek Athletics and the Jews*, PhD Miami University, 1980.

[OR-319] CHARLESWORTH J. H., The concept of the Messiah in the Pseudepigrapha, *ANRW*, II . 19 . 1, 1980.

[OR-320] GREEN W. S. (éd.), *Approaches to Ancient Judaism*, I-II, Ann Arbor, 197, 1980.

[OR-321] GRUENWALD I., Jewish Apocalyptic Literature, *ANRW*, II . 19 . 1, New York - Berlin, 1979, 89-118.

[OR-322] HACHLILI R., *Ancient Jewish Art and Archaeology in the Land of Israel*, Leyde, 1988.

[OR-323] HELLHOLM D. (éd.), *Apocalypticism in the Mediterranean World and the Near East*, Tübingen, 1983.

[OR-324] KLAUSNER J., *The Messianic Idea in Israel*, Londres, 1956.

[OR-325] LAPERROUSSAZ E. M., *L'attente du Messie en Palestine à la veille et au début de l'ère chrétienne*, Paris, 1982.

[OR-326] LEVINE L. I., The Jewish Patriarch (Nasi) in the Third Century Palestine, *ANRW*, II . 19 . 2, New York - Berlin, 1979, 649-688.

[OR-327] MANTEL H., *Studies in the History of the Sanhedrin*, Cambridge (Mass.), 1961.

[OR-328] MEYERS E. M., STRANGE J.-F., *Les rabbins et les premiers chrétiens : archéologie et histoire*, Paris, 1984.

[OR-329] MONLOUBOU L. - CAZELLES H., *Apocalypses et théologie de l'espérance*, Paris, 1977.

[OR-330] MOORE G. F., *Judaism in the First Centuries of the Christian Era. The Era of the Tannaim*, 3 vol., Cambridge (Mass.), 1927-1930.

[OR-331] NEUSNER J., *A Life of Rabban Yohanan bar Zakkai, ca 1-80 CE*, Leyde, 1962 (2ᵉ éd., Leyde, 1970) ; édition refondue : *First Century Judaism in Crisis. Yohanan ben Zakkai an the Renaissance of Torah*, Nashville-New York, 1975.

[OR-332] NEUSNER J., *The Idea of Purity in Ancient Judaism*, Leyde, 1973.

[OR-333] NEUSNER J., *Early rabbinic Judaism*, Leyde, 1975.

[OR-334] NEUSNER J., The formation of Rabbinic Judaism : Yavneh (Jamnia) from AD 70 to 100, *ANRW*, II . 19 . 2, New York - Berlin, 1979, 3-42.

[OR-335] NEUSNER J., *Le Judaïsme à l'aube du christianisme*, Paris, 1986.

[OR-336] NICKELSBURG G. W. E., *Resurrection, Immortality and Eternal Life in the Intertestamental Judaism*, Cambridge (Mass.), 1972.

[OR-337] STONE M. E., *Scriptures, Sects and Visions. A profile of Judaism from Ezra to the Jewish Revolts*, Philadelphie, 1980.

[OR-338] VERMES J., *Jesus and the world of Judaism*, Philadelphie, 1984.

Économie et société

[OR-339] APPLEBAUM S., Judaea as a Roman Province ; the countryside as a political and economic factor, *ANRW*, II . 8, 355-396.

[OR-340] BEN-DAVID A., *Talmudische Ökonomie*, Hildesheim, 1974.

[OR-341] BROSCHI M., La population de l'ancienne Jérusalem, *RB*, 92, 1975, 5-14.

[OR-342] BRUNT P. A., Josephus on Social Conflicts in Roman Judaea, *Klio*, 59, 1977, 149-153.

[OR-343] BUECHLER A., *The Economic Conditions of Judaea after the destruction of the Second Temple*, Londres, 1912.

[OR-344] GLUCKER C. A. M., *The city of Gaza in the Roman and Byzantine Periods*, Oxford, 1987.

[OR-345] GOODMAN M., *State and Society in Roman Galilee*, Totowa (NJ), 1983.

[OR-346] KASHER A., *Jews and Hellenistic Cities in Eretz-Israel. Relations of the Jews in Eretz-Israel with the Hellenistic cities during the Second Temple Period (332 BCE - 70 CE)*, Tübingen, 1990.

[OR-347] KASHTAN N., Akko-Ptolemais : a maritime Metropolis in Hellenistic and early Roman Times, 332 BCE - 70 CE, as seen in the literary sources, *Med. Hist. Review*, 3, 1988, 37-53.

[OR-348] KINDLER A., The status of cities in the Syro-Palestinian Area as reflected in their coins, *INJ*, 6-7, 1982-1983, 79-87.

[OR-349] KREISSIG H., Die landwirtschaftliche Situation in Palästina vor dem jüdäischen Krieg, *AAAcadHung*, 17, 1969, 223-254.

[OR-350] KREISSIG H., *Die sozialen Zusammenhänge des jüdäischen Krieges*, Berlin, 1970.

[OR-351] LEVINE L. I., *Caesarea under Roman Rule*, Leyde, 1975.

[OR-352] MESHORER Y., *City-coins of Eretz-Israel and the Decapolis in the Roman Period*, Jérusalem, 1985.

[OR-353] MILLER S. S., *Studies in the History and traditions of Sepphoris*, Leyde, 1984.

[OR-354] OPPENHEIMER A., *The 'Am Ha-aretz. A study in the social history of the Jewish people in the hellenistic-roman period*, Leyde, 1977.

[OR-355] RINGEL J., *Césarée de Palestine. Étude historique et archéologique*, Paris, 1975.

[OR-355 bis] SAFRAI Z., *The Economy of Roman Palestine*, Londres, 1994.

[OR-356] SPERBER D., *Roman Palestine 200-400: Money and Prices*, Ramat-Gan, 1974.

Cf. Juster **[506]** ; Sherwin-White **[505]**.

CHAPITRE X
L'ÉGYPTE

MANUELS, INSTRUMENTS DE TRAVAIL

[EG-1] BAGNALL R. S., *Egypt in Late Antiquity*, Princeton, 1993.

[EG-2] *Les Lois des Romains* (ouvrage collectif), éd. V. Giuffrè, Naples-Camerino, 1977.

[EG-3] MÉLÈZE MODRZEJEWSKI J., Égypte gréco-romaine et monde hellénistique, *RHD*, 1963 et s.; Bibliographie de papyrologie juridique, *Arch. f. Pap.*, *1976-1978* (pour 1962-1972) et *1985-1988* (pour 1972-1982), continué par J. HENGSTL, *Juristische Literaturübersicht* à partir du t. 39, 1993 (pour 1983-1989, à compléter par B. KRAMER, *Urkundenreferat*, à partir du t. 40, 1994) ; Papyrologie juridique, *SDHI*, *1975-1983* (pour 1970-1982), continué dans le *JJP*, Bibliographie de papyrologie documentaire, depuis 1990 [bulletins bibliographiques].

[EG-4] MONTEVECCHI O., *La papirologia*, Turin, 1973; rééd. avec mise à jour, Milan, 1988.

[EG-5] OATES J. F., BAGNALL R. S., WILLIS W. H., WORP K. A., *Checklist of Editions of Greek and Latin Papyri*, Ostraca and Tablets, 4ᵉ éd., Atlanta, GA, 1992.

[EG-6] PESTMAN P. W., *The New Papyrological Primer*, Leyde, 1990; 2ᵉ éd., 1994.

[EG-7] RUPPRECHT H.-A., *Kleine Einführung in die Papyruskunde*, Darmstadt, 1994.

[EG-8] TURNER E. G., *Greek Papyri. An Introduction*, Oxford, 1968; 2ᵉ éd., 1980.

LA « SINGULARITÉ » DE L'ÉGYPTE

La fin des Lagides

[EG-9] GRUEN E. S., *The Hellenistic World and the Coming of Rome*, Berkeley, Los Angeles, Londres, 1984.

[EG-10] SCHRAPEL T., *Das Reich der Kleopatra. Quellenkritische Untersuchungen zu den « Land-schenkungen » Mark Antons*, Trier, 1996 (« Trierer Historische Forschungen », 34).

[EG-11] THOMPSON D. J., Egypt, 146-31 BC, *Cambridge Ancient History*, Second Edition, IX : *The Last Age of the Roman Republic, 146-43 BC, Empire*, Cambridge, 1994, 310-326.

[EG-12] WILL E., *Histoire politique du monde hellénistique*, II, 2ᵉ éd., Nancy, 1982.

Province impériale ou domaine du prince ?

[EG-13] *Aufstieg und Niedergang der römischen Welt*, II. Prinzipat, 10/1 : *Politische Geschichte (Provinzen und Randvölker : Afrika und Ägypten)*, éd. H. Temporini, Berlin et New York, 1988. Divers aspects de l'Égypte romaine : le règne d'Auguste (E. G. Huzar et G. Geraci) ; l'administration provinciale sous les Julio-Claudiens (O. Monte-vecchi) ; la préfecture d'Égypte (P. Bureth, G. Bastianini et A. Barzanò) ; les stra-tèges (J. Whitehorne) ; Alexandrie et Antinooupolis (E. G. Huzar et M. Zahrnt) ; les femmes (S. B. Pomeroy) ; les soldats (S. Daris, M. P.Speidel) ; société et écono-mie (J. F. Oates, D. Foraboschi, J. A. Straus, A. Gara, H.-J. Drexhage).

[EG-14] BOWMAN A. K., Egypt, *Cambridge Ancient History*, Second Edition, X : *The Augustan Empire, 43 BC - AD 69*, Cambridge, 1996, 676-702.

[EG-15] GERACI G., *Genesi della provincia romana d'Egitto*, Bologne, 1983.

[EG-16] GERACI G., La formazione della provincia romana d'Egitto, *Egitto e società antica*, Milan, 1985, 163-180.

[EG-17] GRENIER J.-Cl., Le protocole pharaonique des empereurs romains (analyse for-melle et signification historique), *Rev. d'égyptol.*, 38, 1987, 81-104.

[EG-18] GRENIER J.-Cl., Traditions pharaoniques et réalités impériales : le nom de couron-nement du pharaon à l'époque romaine, *Egitto e storia antica*, Bologne, 1989, 403-420.

[EG-19] GRENIER J.-Cl., *Les titulatures des empereurs romains dans les documents en langue égyp-tienne*, Bruxelles, 1989.

[EG-20] HUSSON G., Valbelle, D., *L'État et les institutions en Égypte des premiers pharaons aux empereurs romains*, Paris, 1992.

[EG-21] LEWIS N., « Greco-Roman Egypt » : Fact or Fiction ?, *Proc. XIIth Intern. Congr. of Papyrology*, New Haven et Toronto, 1970, 3-14 (= *On Government and Law in Roman Egypt*, 1995, 138-149).

[EG-22] LEWIS N., The Romanity of Roman Egypt: A Growing Consensus, *Atti XVII Congr. intern. di Papirologia*, Naples, 1984, 1077-1084 (= *On Government and Law in Roman Egypt*, 1995, 298-305).

L'ÉGYPTE IMPÉRIALE

Auguste

[EG-23] AMELOTTI M., L'Egitto augusteo tra novità e continuità. Una lettura della più recente bibliografia, *Egitto e storia antica*, Bologne, 1989, 243-249 (= *JJP*, 20, 1990, 19-24).

[EG-24] GERACI G., « Eparchia de nûn esti ». La concezione augustea del governo d'Egitto, *ANRW*, II, 10/1, 1988, 383-411.

[EG-25] GRENIER J.-C., Remarques sur la « Kratèsis » des revers monétaires alexandrins de l'année 68/69, *Ann. Serv. Ant. Ég.*, 69, 1983, 259-263.

[EG-26] HUZAR E. G., Augustus, Heir of the Ptolemies, *ANRW*, II, 10/1, 1988, 343-382.

[EG-27] MANFREDINI A. D., Ottaviano, l'Egitto, i senatori e l'oracolo, *Labeo*, 32, 1986, 7-26.

[EG-28] RATHBONE D., Egypt, Augustus and Roman Taxation, *Cahiers du Centre G. Glotz*, 4, 1993, 81-112.

[EG-29] SKEAT T. C., *The Reign of Augustus in Egypt. Conversion Tables for the Egyptian and Julian Calendars, 30 BC- 14 AD*, Munich, 1993 (compte tenu de D. HAGEDORN, Zum ägyptischen Kalender unter Augustus, *ZPE*, 100, 1994, 211-223).

Tibère

[EG-30] MONTEVECCHI O., Problemi di datazione: Tiberio, *YCS*, 28, 1985 (N. Lewis, *Papyrology*), 267-272.

[EG-31] WEINGÄRTNER D. G., *Die Ägyptenreise des Germanicus*, Bonn, 1969.

Néron

[EG-32] CESARETTI M. P., Nerone in Egitto, *Aegyptus*, 64, 1984, 3-24 [relevé de documents].

[EG-33] CESARETTI M. P., *Nerone e l'Egitto. Messaggio politico e continuità culturale*, Bologne, 1989 (« Studi di storia antica », 12).

[EG-34] PERRIN Y., Néron et l'Égypte: une stèle de Coptos montrant Néron devant Min et Osiris (Musée de Lyon), *Rev. ét. anc.*, 84, 1982, 117-131.

Titus

[EG-35] MONTEVECCHI O., Tito alla luce dei papiri, *Atti del Congresso intern. di studi flaviani* (Rieti, septembre 1981), Rieti, 1983, 345-354.

Hadrien

[EG-36] BAKHOUM S., Aspect égyptianisant du programme monétaire d'Hadrien dans l'atelier d'Alexandrie, *DHA*, 12, 1986, 365-370.

Marc Aurèle et Commode

[EG-37] BAKHOUM S., Commode: témoignage en Égypte et monnayage alexandrin, *Mélanges Étienne Bernand*, Paris, 1991, 3-13.

[EG-38] BALDINI A., La rivolta bucolica e l'usurpazione di Avidio Cassio (Aspetti del principato di Marco Aurelio), *Latomus*, 37, 1978, 634-678.

[EG-39] BERTRAND J.-M., Les Boucôloi ou le monde à l'envers, *Rev. ét. anc.*, 90, 1988, 139-149.

[EG-40] SPIESS J., *Avidius Cassius und der Aufstand des Jahres 175*, Munich, 1975.

[EG-41] YOYOTTE J., CHUVIN P., Les hors-la-loi qui ont fait trembler Rome, *L'Histoire*, 88, 1986, 40-48.

Septime Sévère, Caracalla et Géta

[EG-42] BOWERSOCK G. W., The Miracle of Memnon, *BASP*, 21, 1984, 21-32.

[EG-43] CORIAT J.-P., La technique du rescrit à la fin du Principat, *SDHI*, 51, 1985, 319-348.

[EG-44] CORIAT J.-P., *Le prince législateur*, Rome, 1997.

[EG-45] HEINEN H., Herrscherkult im römischen Ägypten und damnatio memoriae Getas. Überlegungen zum Berliner Severertondo und zu Papyrus Oxyrhynchus XII 1449, *Mitt. d. Deutschen Archäol. Instituts, Röm. Abt.*, 98, 1991, 263-298 et pl. 68-69.

[EG-46] LUKASZEWICZ A., *Aegyptiaca Antoniniana*, Varsovie, 1993.

LES ROUAGES DU RÉGIME PROVINCIAL

La préfecture d'Égypte

[EG-47] BURETH P., Le préfet d'Égypte (30 av. J.-C. - 297 apr. J.-C.). État présent de la documentation en 1973, *ANRW*, II, 10/1, 1988, 472-502, et mise à jour par G. Bastianini, Il prefetto d'Egitto (30 a.C. - 297 d.C.). Addenda (1973-1985), *ibid.*, 503-517.

[EG-48] BASTIANINI G., «Eparchos Aigyptou» nel formulario dei documenti da Augusto a Diocleziano, *ANRW*, II, 10/1, 1988, 581-597.

[EG-49] BASTIANINI G., La titolatura del prefetto d'Egitto nella documentazione greca: precisazioni di tipologia formulare, *Atti XVII Congr. intern. di Papirologia*, Naples, 1984, 1335-1340.

[EG-50] BRUNT P. A., The Administrators of Roman Egypt, *JRS*, 65, 1975, 124-147 = *Roman Imperial Themes*, Oxford, 1990, 215-254 et 514-515 *(addenda)*.

[EG-51] GERACI G., Praefectus Alexandreae et Aegypti: alcuni riflessioni, *Simblos, Scritti di storia antica*, Bologne, 1995, 159-175.

Cornelius Gallus

[EG-52] BRESCIANI E., La stele trilingue di Cornelio Gallo: una rilettura egittologica, *EVO*, 12, 1989, 93-98 et *Roma e l'Egitto nell'Antichità classica* (Cairo, Febbraio 1989), Rome, 1992, 99-102.

[EG-53] HAUBEN H., Gallus Apostata. Encore le POxy. 2820, *Atti XVII Congr. intern. di Papirologia*, Naples 1984, 1085-1097.

[EG-54] LEWIS N., P.Oxy. 2820: Gallus... Vous dites Gallus?, *Chron. d'Ég.*, 62, 1987, 219-222 (= *On Government and Law in Roman Egypt*, 1995, 192-195).

Galerius

[EG-55] BALCONI C., La prefettura d'Egitto di C. Galerius, *Atti XVII Congr. intern. di Papirologia*, Naples 1984, 1099-1105.

Tiberius Julius Alexander

[EG-56] BARZANÒ A., Tiberio Giulio Alessandro, Prefetto d'Egitto (66/70), *ANRW*, II, 10/1, 1988, 518-580.

[EG-57] CHALON G., *L'Édit de Tiberius Julius Alexander. Étude historique et exégétique,* Olten-Lausanne, 1964.

Iuridicus Alexandreae

[EG-58] KUPISZEWSKI H., The Iuridicus Alexandreae, *JJP,* 7-8, 1953-1954, 187-204.

Idiologue

[EG-59] SWARNEY P. R., *The Ptolemaic and Roman Idios Logos,* Toronto, 1970.

Archiereus

[EG-60] PARÁSSOGLOU G. M., A Prefectural Edict Regulating Temple Activities, *ZPE,* 13, 1974, 21-37.

[EG-61] RIGSBY K. J., On the High Priest of Egypt, *BASP,* 22, 1985, 279-289.

LES CITÉS GRECQUES

Alexandrie

[EG-62] ARGOUD G. (éd.), *Science et vie intellectuelle à Alexandrie (Ier-IIIe siècle après J.-C.),* Saint-Étienne, 1994 (Centre Jean-Palerne, Mémoires 14).

[EG-63] BALCONI C., Alessandria nell'età augustea, *Egitto e società antica,* Milan, 1985, 181-196.

[EG-64] BURKHALTER-ARCE F., Le gymnase d'Alexandrie: centre administratif de la province romaine d'Égypte, *BCH,* 116, 1992, 345-373.

[EG-65] CANFORA L., *La biblioteca scomparsa,* Palerme, 1986; version française: *La véritable histoire de la bibliothèque d'Alexandrie,* Paris, 1988.

[EG-66] DELIA D., *Alexandrian Citizenship during the Roman Principate,* Atlanta, 1991.

[EG-67] DELIA D., The Population of Roman Alexandria, *TAPA,* 118, 1988, 275-292.

[EG-68] HUZAR E. G., Alexandria ad Aegyptum in the Julio-Claudian Age, *ANRW,* II, 10/1, 1988, 619-668.

Antinooupolis

[EG-69] MONTEVECCHI O., Adriano e la fondazione di Antinoopolis, *Neronia IV, Alejandro Magno, modelo de los emperadores romanos,* Bruxelles, 1990, 183-195.

[EG-70] STURM F., Ha conferito Hadriano un statuto personale speciale agli antinoiti?, *Iura,* 13, 1992, 83-97.

[EG-71] ZAHRNT M., Antinoopolis in Ägypten. Eine hadrianische Gründung und ihre Privilegien in der neueren Forschung, *ANRW,* II, 10/1, 1988, 699-706.

La chôra. Villes et villages.

[EG-72] BASTIANINI G., WHITEHORNE J., *Strategi and Royal Scribes of Roman Egypt. Chronological List and Index,* Florence, 1987 (« Papyr. Flor. », 15).

[EG-73] CASARICO L., La metropoli dell'Arsinoite in epoca romana, *Aevum*, 69, 1995, 69-94.

[EG-74] DREW-BEAR M., *Hermoupolis-la-Grande à l'époque de Gallien. Recherches sur l'histoire d'une cité grecque dans l'Égypte romaine à la lumière des archives de son Conseil*, thèse d'État, Université de Paris I, 1988 (sous presse).

[EG-75] KRÜGER J., *Oxyrhynchos in der Kaiserzeit. Studien zur Topographie und Literaturrezeption*, Berne, 1989.

[EG-76] LUKASZEWICZ A., *Les édifices publics dans les villes de l'Égypte romaine. Problèmes administratifs et financiers*, Varsovie, 1986.

[EG-77] SIJPESTEIJN P. J., *Nouvelle liste des gymnasiarques des métropoles de l'Égypte romaine*, Zutphen, 1986.

[EG-78] THOMAS J. D., *The epistrategos in Ptolemaic and Roman Egypt*, 2 : *The Roman epistrategos*, Opladen, 1982.

SOCIÉTÉ ET ÉCONOMIE

Citoyens et non-citoyens

[EG-79] ALSTON R., *Soldier and Society in Roman Egypt. A Social History*, Londres et New York, 1995.

[EG-80] BAGNALL R. S., FRIER B. W., *The Demography of Roman Egypt*, Cambridge, 1994.

[EG-81] BIEZUNSKA-MALOWIST I., *L'esclavage dans l'Égypte gréco-romaine*, II : *Période romaine*, Wroclaw, 1977.

[EG-82] CANDUCCI D., I 6475 cateci greci dell'Arsinoite, *Aegyptus*, 70, 1990, 211-255, et 71, 1991, 121-216.

[EG-83] LEGRAS B., *Néotês. Recherches sur les jeunes Grecs dans l'Égypte ptolémaïque et romaine*, thèse d'histoire, Université de Paris-I, Paris 1991 [à paraître dans la série « Hautes études du monde gréco-romain », EPHE, IVᵉ section].

[EG-84] LEWIS N., *Life in Egypt under Roman Rule*, Oxford, 1983; trad. franç.: *La mémoire des sables. La vie en Égypte sous la domination romaine*, préface et traduction de P. Chuvin, Paris, 1988.

[EG-85] LEWIS N., *On Government and Law in Roman Egypt*, Collected Papers, éd. A. E. Hanson, Atlanta, GA, 1995.

[EG-86] MONTEVECCHI O., Il censimento romano d'Egitto, *Aevum*, 50, 1976, 72-84.

[EG-87] MÉLÈZE MODRZEJEWSKI J., Entre la cité et le fisc. Le statut grec dans l'Égypte romaine, *Symposion 1982*, Valencia, 1985, et Cologne-Vienne, 1989, 241-280 = *Droit impérial et traditions locales dans l'Égypte romaine*, Aldershot, 1990, nº I.

[EG-88] MÉLÈZE MODRZEJEWSKI J., Aristote et les Grecs d'Égypte, *Aristote et Athènes. Table ronde du centenaire de l'« Athênaiôn politeia »* (Fribourg, Suisse, mai 1991), éd. M. Piérart, Fribourg, 1993, 1-24.

[EG-89] NELSON C. A., *Status Declarations in Roman Egypt*, Amsterdam, 1979.

[EG-90] NOWICKA M., Quelques remarques sur les portraits de momies, *Ritratto ufficiale e ritratto privato*, éd. N. Bonacasa et G. Rizza, Rome, 1988, 397-399.

[EG-91] POTTER D., *Prophets and Emperors. Human and Divine Authority from Augustus to Theodosius*, Cambridge, Mass., et Londres, 1994.

[EG-92] SCHUBERT P., *Les archives de Marcus Lucretius Diogenes et textes apparentés*, Bonn, 1990.

[EG-93] STRAUS J. A., L'esclavage dans l'Égypte romaine, *ANRW*, II, 10/1, Berlin, 1988, 841-911.

Production et commerce

[EG-94] FORABOSCHI D., L'Egitto, *L'impero romano e le strutture economiche e sociali delle province*, ed. M. H. Crawford, Come, 1986, 109-125.

[EG-95] GERACI G., L'Egitto provincia frumentaria, *Le ravitaillement en blé de Rome et des centres urbains*, Actes du Colloque international de Naples, 1991, Rome et Naples, 1994, 279-294.

[EG-96] GEREMEK H., *Karanis, communauté rurale de l'Égypte romaine au II⁰-III⁰ siècle de notre ère*, Wroclaw-Varsovie-Cracovie, 1969.

[EG-97] KEHOE D. P., *Management and Investment on Estates in Roman Egypt during the Early Empire*, Bonn, 1992.

[EG-98] KLEIN M. J., *Untersuchungen zu den kaiserlichen Steinbrüchen an Mons Porphyrites und Mons Claudianus in der östlichen Wüste Ägyptens*, Bonn, 1988.

[EG-99] LEWIS N., *Papyrus in Classical Antiquity*, Oxford, 1974.

[EG-100] RATHBONE D., *Economic Rationalism and Rural Society in Third-Century AD Egypt. The Heroninos Archive and the Appianus Estate*, Cambridge, 1991.

[EG-101] PARÁSSOGLOU G. M., *Imperial Estates in Roman Egypt*, Amsterdam, 1978.

[EG-102] PEACOCK D. P. S., *Rome in the Desert: A Symbol of Power*, Southampton, 1992

[EG-103] WIPSZYCKA E., *L'industrie textile dans l'Égypte romaine*, Wroclaw, 1965.

Fiscalité, liturgies, circulation monétaire

[EG-104] BOGAERT R., *Trapezitica Aegyptiaca. Recueil de recherches sur la banque en Égypte gréco-romaine*, Florence, 1994.

[EG-105] BONNEAU D., *Le fisc et le Nil. Incidences des irrégularités de la crue du Nil sur la fiscalité foncière dans l'Égypte grecque et romaine*, Paris, 1971.

[EG-106] BONNEAU D., *Le régime administratif de l'eau du Nil dans l'Égypte grecque, romaine et byzantine*, Leyde, 1993.

[EG-107] GARA A., *Prosdiagraphomena e circolazione monetaria. Aspetti dell'organizzazione fiscale in rapporto alla politica monetaria dell'Egitto romano*, Milan, 1976.

[EG-108] LEWIS N., *The Compulsory Public Services of Roman Egypt*, Florence, 1982.

[EG-109] RUPPRECHT H.-A., Rechtsmittel gegen die Bestellung zu Liturgien nach den Papyri, *Recht und Rechtserkenntnis (Festschrift E. Wolf)*, Cologne, 1985, 581-594.

[EG-110] SIJPESTEIJN P. J., *Customs Duties in Graeco-Roman Egypt*, Zutphen, 1987.

[EG-111] WALLACE S. L., *Taxation in Egypt from Augustus to Diocletian*, Princeton, 1938; index: WORP C., WORP K. A., *ZPE*, 16, 1975, 83-120.

RÉSISTANCE ET ADHÉSION A L'EMPIRE

Le contentieux romano-alexandrin

[EG-112] MÉLÈZE MODRZEJEWSKI J., Le procès d'Isidôros. Droit pénal et affrontements idéologiques entre Rome et Alexandrie sous l'empereur Claude, *Praktika tês Akadêmias Athênôn*, 61, Athènes, 1986, 245-275.

[EG-113] MÉLÈZE MODRZEJEWSKI J., Trajan et les Juifs. Propagande alexandrine et contre-propagande rabbinique, *Problèmes d'histoire du christianisme*, 17, Bruxelles, 1987, 7-31.

[EG-114] MUSURILLO H. A., *The Acts of the Pagan Martyrs. Acta Alexandrinorum*, Oxford, 1954.

Droit impérial et droits locaux

[EG-115] ANAGNOSTOU-CANAS B., *Juge et sentence dans l'Égypte romaine*, Paris, 1991.

[EG-116] FOTI TALAMANCA G., *Ricerche sul processo nell'Egitto greco-romano*, I : *L'organizzazione del « conventus» del «praefectus Aegypti»*, Milan, 1974; II : *L'introduzione del giudicio*, 1, Milan, 1979.

[EG-117] HERRMANN J., Zum Edikt des Präfekten C. Avidius Heliodorus, *ZSS. RA*, 92, 1975, 260-265 = *Kleine Schriften zur Rechtsgeschichte*, éd. G. Schiemann, Munich, 1990, 249-255.

[EG-118] KATZOFF R., Sources of Law in Roman Egypt: The Role of the Prefect, *ANRW*, II/13, Berlin et New York 1980, 807-844 (complément: *ZPE*, 48, 1982, 214, n. 26).

[EG-119] MÉLÈZE MODRZEJEWSKI J., La règle de droit dans l'Égypte romaine. État des questions et perspectives de recherches, *Proc. XIIth Intern. Congr. Papyr.*, New Haven et Toronto, 1970, 317-378.

[EG-120] MÉLÈZE MODRZEJEWSKI J., *Droit impérial et traditions locales dans l'Égypte romaine*, Aldershot, Variorum, 1990.

[EG-121] MÉLÈZE MODRZEJEWSKI J., Diritto romano e diritti locali, *Storia di Roma*, III/2, Turin, 1993, 985-1009.

[EG-122] MITTEIS L., *Reichsrecht und Volksrecht in den östlichen Provinzen des römischen Kaiserreiches*, Leipzig, 1891.

[EG-123] PURPURA G., Gli editti dei prefetti d'Egitto, I sec. a.C. - I sec. d.C., *Annali Sem. giur. Univ. Palermo*, 42, 1992, 487-671 (Indice generale degli editti dei prefetti d'Egitto: 663-671).

[EG-124] SPAGNUOLO VIGORITA T., Cittadini e sudditi tra II e III secolo, *Storia di Roma*, III/1, Turin, 1993, 5-50.

[EG-125] STRASSI ZACCARIA S., *L'editto di M. Sempronius Liberalis*, Trieste, 1988.

[EG-126] TAUBENSCHLAG R., *The Law of Greco-Roman Egypt in the Light of the Papyri, 332 BC-640 AD*, 2e éd., Varsovie, 1955 ; réimpr. Milan, 1972.

[EG-127] TAUBENSCHLAG R., *Opera minora*, I-II, Varsovie, 1959.

[EG-128] WOLFF H. J., *Das Recht der griechischen Papyri Ägyptens in der Zeit der Ptolemäer und des Prinzipats*, II : *Organisation und Kontrolle des privaten Rechtsverkehrs*, Munich, 1978.

Édit de Caracalla et ses effets

[EG-129] BURASELIS K., *« Divine donation ». Studies on the Policy of the Severans and the Constitutio Antoniniana*, Athènes, 1989.

[EG-130] MÉLÈZE MODRZEJEWSKI J., *Constitutio Antoniniana, Les Lois des Romains*, Naples-Camerino, 1977, C. VIII/21, 479-490 = *Droit impérial et traditions locales dans l'Égypte romaine*, Aldershot, 1990, n° X.

[EG-131] MASTINO A., Antonino Magno, la cittadinanza e l'impero universale, *La nozione di « Romano» tra cittadinanza e universalità*, Naples, 1984 («Da Roma alla Terza Roma», Studi, II), 559-563.

PAÏENS, JUIFS, CHRÉTIENS : PAIX ET GUERRE

Temples, prêtres, cultes

[EG-132] *Aufstieg und Niedergang der römischen Welt*, II. Prinzipat, 18/5 : *Religion (Heidentum: Die religiösen Verhältnisse in den Provinzen)*, éd. W. Haase, Berlin et New York, 1995 : problèmes religieux de l'Égypte romaine (L. Kákosy) ; cultes païens à Oxyrhynchos (J. Whitehorne) ; culte impérial (E. G. Huzar, H. Heinen, J.-C. Grenier) ; la divinité du Nil (D. Bonneau) ; pratiques et croyances funéraires (F. Dunand-R. Lichtenberg) ; survivances pharaoniques (L. H. Corcoran) ; magie (R. Ritner, W. M. Brashear, S. Pernigotti).

[EG-133] BERNAND A., *Leçon de civilisation*, Paris, 1994.

[EG-134] BURKHALTER F., Le mobilier des sanctuaires d'Égypte et les « listes des prêtres et du cheirismos », *ZPE*, 59, 1985, 23-134.

[EG-135] DUNAND F., La figure animale des dieux en Égypte hellénistique et romaine, *Les grandes figures religieuses. Fonctionnement pratique et symbolique dans l'Antiquité*, Paris, 1986, 59-84.

[EG-136] DUNAND F., *Catalogue des terres cuites gréco-romaines d'Égypte. (Musée du Louvre, Département des Antiquités égyptiennes)*, Paris, 1990.

[EG-137] DUNAND F., ZIVIE-COCHE C., *Dieux et hommes en Égypte, 3000 av. J-C. - 395 apr. J.-C. Anthropologie religieuse*, Paris, 1991.

[EG-138] MACMULLEN R., *Le paganisme dans l'Empire romain*, Paris, 1987 (orig. amér. 1981).

Apogée et destruction du judaïsme égyptien

[EG-139] KASHER A., *The Jews in Hellenistic and Roman Egypt*, Tübingen, 1985.

[EG-140] MÉLÈZE MODRZEJEWSKI J., *Les Juifs d'Égypte, de Ramsès II à Hadrien*, 2ᵉ éd., Paris, 1997 (« Quadrige ») ; version américaine, Philadelphie et Jérusalem, 1995 ; 2ᵉ éd., Princeton, 1997.

[EG-141] MÉLÈZE MODRZEJEWSKI J., « Ioudaioi aphêirêmenoi ». La fin de la communauté juive en Égypte, *Symposion 1985* (« Akten der Gesellschaft für griechische und hellenistische Rechtsgeschichte », VI), Cologne, 1989, 337-361.

[EG-142] SLY D. I., *Philo's Alexandria*, Londres-New York, 1996.

L'émergence de l'Église d'Alexandrie

[EG-143] BOTERMANN H., *Das Judenedikt des Kaisers Claudius. Römischer Staat und « Christiani » im 1. Jahrhundert*, Stuttgart, 1996 (« Hermes Einzeschriften », 71).

[EG-144] CANNUYER C., L'ancrage juif de la première Église d'Alexandrie, *Le monde copte*, 23, 1995, 31-46.

[EG-145] GRIGGS C. W., *Early Egyptian Christianity, from its Origins to 451 CE*, Leyde, 1990.

[EG-146] MARTIN A., Les premiers siècles du christianisme à Alexandrie. Essai de topographie religieuse (IIIᵉ-IVᵉ siècles), *Rev. ét. aug.*, 30, 1984, 211-225.

[EG-147] RITTER A. M., De Polycarpe à Clément : aux origines d'Alexandrie chrétienne, *Mélanges offerts au Père Cl. Mondésert*, Paris, 1987, 151-172.

CHAPITRE PREMIER

L'Italie, la Sicile et la Sardaigne

PAR MICHEL TARPIN

On ne s'étonnera pas que les sources soient infiniment plus riches pour l'Italie que pour n'importe quelle autre partie de l'Empire romain : presque tous les auteurs dont les textes nous sont conservés sont soit des Italiens, soit des provinciaux ayant vécu à Rome. L'essentiel des documents de nature économique, par exemple, est italien : tablettes financières conservées sous les cendres du Vésuve, traités d'agronomie et même, sous la plume de Pline le Jeune, un exemple de gestion réelle d'un domaine. Les progrès rapides de l'archéologie italienne de l'après-guerre et les *surveys,* ces prospections intensives, ont enrichi notablement notre connaissance de l'occupation du sol. L'épigraphie italienne est la plus riche de l'Empire : à elle seule, Rome a livré plus d'inscriptions que les Gaules et les Germanies. Paradoxalement, cette extraordinaire richesse des sources ne trouve guère d'écho dans la littérature moderne, qui ignore l'Italie impériale : l'ouvrage récent de T. W. Potter [Potter, 9] et, plus encore, le Colloque organisé par l'École française de Rome en 1992 [6] sont, de ce point de vue, des exceptions, d'ailleurs remarquables. La documentation italienne a surtout été utilisée pour des études thématiques de portée générale : institutions de l'Empire, économie, monde rural, etc. De manière caractéristique, les grandes synthèses traitent de l'Italie républicaine, puis des institutions impériales en général et des provinces. La recherche se concentre essentiellement sur la décadence économique d'une Italie supplantée par les provinces et la perte d'autonomie des cités au profit du « pouvoir central ». A vrai dire, l'attitude des Modernes reflète un problème institutionnel antique parfaitement décrit par E. Lo Cascio [8, *132*] : « L'Italie se caractérise en quelque sorte en négatif, comme ce qui n'est pas Rome et n'est pas (ou pas encore) province : il n'y a aucune structure politico-administrative qui la rattache particulièrement au centre du pouvoir en dépassant le niveau local des *municipia* »

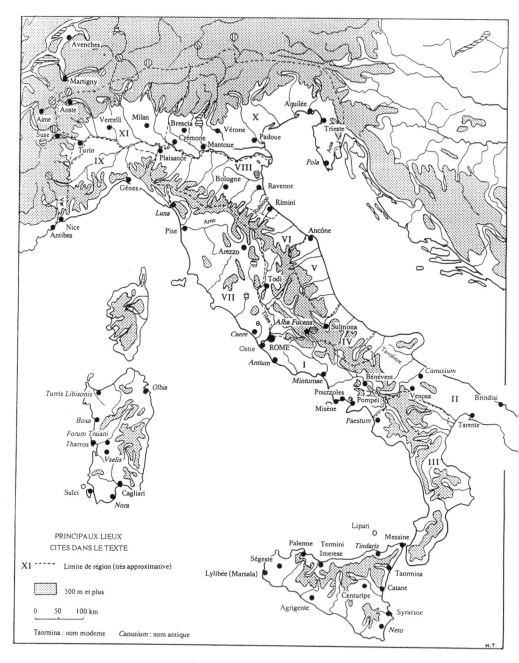

L'Italie, la Sicile et la Sardaigne
sous le Haut-Empire
Fond d'après *L'Atlante mondiale*,
Vallardi Industrie Grafiche, Lainate (Milano), 1994

[comparer avec Eck, dans 6, *329-351*]. Ni province ni centre de l'Empire, l'Italie est inclassable. Elle existe pourtant et joue un rôle important, non seulement dans le discours de la propagande impériale, mais aussi dans le fonctionnement de l'Empire : encore aux IIIe et IVe siècles, une grande partie des sénateurs en sont issus [Jacques, dans Giardina, 4]. On est donc en droit de se demander ce qu'était l'Italie, en quoi elle parvenait à former une unité et en quoi elle se distinguait des provinces, y compris la Sicile et la Sardaigne toutes proches, qui ne furent jamais italiennes durant le Haut-Empire et comptent même parmi les provinces les moins romanisées d'Occident.

L'ITALIE

DÉFINITION ET STATUT

Le concept d'Italie

Suivant Hécatée de Milet (frg. 80-85, Jacoby) et toute une tradition qui remonte au moins au Ve siècle av. J.-C., Strabon *(5, 1, 1)* rappelle que le nom d'Italie désignait chez les « Anciens » le seul Bruttium, soit la partie de l'Italie contiguë à la région occupée par les cités grecques de Calabre [cf. Bernardi, 14, *34-35*]. Ce n'est, semble-t-il, qu'au IVe, voire au début du IIIe siècle av. J.-C., lors de la chute de Tarente, que Rome récupère l'appellation d'Italie pour l'intégrer à son programme de propagande impérialiste [Scherling, 25, *1249*; Catalano, dans *Studi Volterra*, IV, Milan, 1971, *807*; date plus haute chez Campanile, 15, *305-306*, mais sans argument convaincant]. Ce nouveau concept d'Italie adapte aux réalités territoriales, issues de la conquête, des précédents normatifs et religieux romains : ainsi le grand pontife ne peut pas quitter l'Italie [Gabba, 21, *13*] (cf. Liv., *28, 38, 12*). Ce n'est cependant pas tant un territoire administratif unique et cohérent (il peut y avoir des morceaux d'Italie isolés) qu'un espace sacré, déterminé par la nature des auspices que l'on peut y prendre [Catalano, 21, *530-531*]. L'Italie est limitée par l'eau, ce qui explique que Sicile et Sardaigne aient conservé leur statut provincial [Catalano, 21, *536*]. En parallèle à cette évolution politico-religieuse se fait jour l'idée que l'ensemble de la péninsule jusqu'aux Alpes formait une entité géographique unique malgré une évidente diversité de sols et de climats [cf. Haussmann, dans *Storia d'Italia*, Turin, 1972]. On en trouve les premières attestations chez Caton l'Ancien et Polybe, mais elle doit remonter sans doute au IIIe siècle av. J.-C. : la première carte de l'Italie date d'ailleurs de la fin du IIIe siècle (Caton, frg. *85*,

Peter; Polyb., *6, 17, 2*) [Giardina, 6, *47-49*; Bernardi, 14, *40*; Catalano, 17, *544*]. Enfin, les menaces gauloise et punique, qui culminent en 225 (Télamon) et 218 (arrivée d'Hannibal, puis trahison de la Campanie hellénisée) provoquent, après les terribles campagnes de Pyrrhus, la prise de conscience (voulue par Rome) d'une unité culturelle italienne, définie par opposition à des cultures étrangères, et manifestée par le sacrifice d'un couple de Gaulois et d'un couple de Grecs sur le forum Boarium [S. Mazzarino, *Il pensiero storico*, 213 sq.] (voir chez Tite-Live, *22, 39*, le discours de Fabius Maximus). Cela explique sans doute la permanence, encore sous l'Empire, d'une notion d'Italie réduite, excluant Cisalpine (gauloise), Grande Grèce (grecque) et parfois même Étrurie (non italique) : les Étrusques se représentent parfois sous la forme de Grecs, face aux Romains identifiés aux Troyens [Giardina, dans 6, *73*; Cracco Ruggini, 18, *35-36*]. La conjonction de ces trois éléments, discours impérialiste, notion géographique de mieux en mieux établie et prise de conscience culturelle, ravivée par la question agraire, conduira à la constitution d'une première entité politique du nom d'Italie, créée paradoxalement par les alliés contre Rome [Susini, dans 1, *131*]. Ce n'est qu'après la mort de César, et sans doute sous son influence, que l'Italie politique rejoindra avec bien du retard l'Italie des géographes, en s'étendant jusqu'aux Alpes [Bernardi, 14, *40*]. Ce concept unitaire dépasse sans doute largement la somme des territoires des cités, comme on l'affirme souvent. La propagande augustéenne s'en emparera, faisant de toute l'Italie le prolongement naturel de Rome.

La pauvreté des sources ne permet pas de savoir précisément comment a évolué le statut de l'Italie, et tout particulièrement de la Cisalpine entre la guerre sociale et Auguste. En 90, la *lex Iulia* accorde la citoyenneté aux alliés, comprenant la Cispadane et les colonies latines de Transpadane, tandis que le reste de la Transpadane reçoit le droit latin en 89 par une *lex Pompeia* [Cassola, dans *Die Stadt in Oberitalien*, Mayence, 1991, *17-44*] (mais les dates et les contenus de ces lois font l'objet de discussions). Certains, sur la foi d'Asconius [*In Pis. 3*, Clark], admettent que ce droit latin a provoqué la création de colonies latines honoraires, mais les preuves manquent, et A. Degrassi a préféré ne pas compter les cités latines de Transpadane parmi les colonies latines [Kornemann, *RE*, 4, 1900, s.v. *colonia*; Cardinali, 16, *102*; Galsterer, dans *La valle d'Aosta*, Aoste, 1987, *82*; Bandelli, dans 2, *260-264*; Degrassi, dans V. Ussani, *Guida allo studio della civiltà romana*, Naples-Rome-Milan, 1952, *317-327*]. Ce serait aussi à ce moment que des peuples alpins, soumis à des dates inconnues, auraient été «attribués» à des colonies de Vénétie [Laffi, *« Adtributio » e « contributio »*, Pise, 1966]. La Cisalpine reste cependant une province dotée de troupes, alors que les réformes de Sylla ont fait de l'Italie un territoire démilitarisé. En 65, un projet visant à intégrer les Transpadans n'est pas réalisé (Dio, *38, 39*). Ce n'est qu'entre 49 et 42 que se fera, en deux étapes, l'intégration de la Cisalpine. En 49 César accorde la citoyenneté romaine aux Transpadans et à ceux des Cispadans qui ne l'avaient pas encore (Dio., *41, 36*;

Tac., *Ann.*, *11, 24*; Cic., *Orat.*, *10, 34*), sans doute par une *lex Iulia*, plutôt que par une *lex Roscia*, que U. Laffi [dans *Athenaeum*, 74, 1986, *5-44*] préfère identifier avec la loi de fin 42 qui supprima la province de Cisalpine. En effet, après la victoire de Philippes, l'Italie fut étendue jusqu'aux Alpes par intégration de la Transpadane (App., *BC, 5, 3*; Dio., *48, 12*). Les nouveaux municipes sont alors organisés selon le modèle déjà appliqué aux municipes d'Italie et partiellement connu par la « table d'Héraclée ». Les fragments d'Este et de Véléia, qui rapportent des lois (ou des décrets d'application) de date discutée, montrent que cette intégration comprenait l'application du droit romain et une limitation des compétences judiciaires des magistrats locaux. A de petites nuances près, l'Italie ne changera plus. A. Giardina a même contesté l'idée d'une bipartition de l'Italie au Bas-Empire, en relevant qu'il y a bien deux vicaires, mais que l'Italie ne forme en fait qu'un seul diocèse, la répartition des tâches correspondant à des districts alimentaires [Giardina, dans 4, 1, *1-30*; discussion de J. Arce, dans 6, *399-409*].

Les frontières de l'Italie

La formation d'une entité politique italienne impliquait la définition d'un espace borné lui correspondant [Nicolet dans 6, *377*]. Pour des raisons religieuses, l'Italie est limitée par la mer et des cours d'eau. En 49 av. J.-C., lors de la marche de César sur Rome, ce sont encore l'Arno et le Rubicon, fixés par Sylla, qui marquent la frontière de la province de Cisalpine. Entre les deux rivières, c'est l'Apennin qui forme limite, mais il est impossible de savoir si l'Italie s'arrête au pied du massif ou sur la crête [Jullian, 22, *122*], à moins que le massif dans son ensemble n'ait constitué la frontière [cf. Gabba, dans *Le Alpi e l'Europa*, Milan, 1975, *88*]. L'intégration de la Cisalpine en 42 av. J.-C. provoque un déplacement de la frontière, reportée sur le Var à l'ouest et l'Arsa (en Istrie, à environ 30 km à l'ouest de Rijeka) à l'est : Strabon [*5, 1, 1*] indique que Polla est en Italie. La date de cette extension n'est pas connue avec certitude. Contre Nissen, Detlefsen et Thomsen, qui hésitaient entre 8 av. J.-C., date de l'extension du pomérium de Rome (hypothèse séduisante mais pas documentée), et la fin du règne d'Auguste, A. Degrassi [19, *54-59*] a proposé de placer cet événement entre 18 et 12 av. J.-C., en relevant que les sources semblent remonter à un document réalisé du vivant d'Agrippa. Le choix du Var et de l'Arsa, s'il tendait à faire coïncider l'Italie politique et l'Italie géographique est cependant quelque peu arbitraire puisque Nice, située à l'est du Var, et donc en Italie, dépend encore de Marseille, alors qu'Antibes, située à l'ouest du Var, est italienne aux dires de Strabon [*4, 1, 9*]. A l'est, la situation paraît embrouillée.

Du fait que Pline l'Ancien (*Hist. nat.*, *3, 130* et *139*) cite deux fois les six mêmes cités liburnes, on a parfois déduit que ces villes se sont trouvées en Italie avant d'en être exclues à une date postérieure à la rédaction de la liste d'Agrippa, mais en gardant le statut de sol italien. Une autre remarque du même auteur (*Hist. nat.*,

3, 127], qui écrit que le *Formio*, à une dizaine de kilomètres de Trieste, était « l'ancienne limite de l'Italie agrandie (par César ?), maintenant (la frontière) de l'Istrie » ne contribue guère à simplifier le débat. A. Degrassi a préféré placer la frontière sur l'Arsa dès les années 18-12 av. J.-C. en arguant d'une part qu'Emona abritait le camp de la XVe légion *Apollinaris* du temps d'Auguste, ce qui paraît incompatible avec la démilitarisation du sol italien, et d'autre part que Pline *(Hist. nat., 3, 147)* place Emona en Pannonie. Pour Cl. Nicolet [42, *93*], la frontière a été établie après les victoires de Drusus et Tibère sur les peuples alpins, hypothèse qui a pour elle l'avantage de la cohérence historique. Pour sa part, A. Degrassi propose de mettre l'intégration des cités liburnes en relation avec l'invasion des Quades et des Marcomans en 167-168, en notant qu'un procurateur des *alimenta per Transpadum, Histriam, Liburniam* est attesté au début du IIIe siècle [Degrassi, 19, *112-130*]. En fait aucune solution n'est satisfaisante puisqu'il reste à expliquer soit pourquoi la frontière a été retirée vers l'Istrie aux dépens de la Liburnie, soit pourquoi les cités liburnes ont reçu le droit italique très tôt sans pour autant être intégrées complètement à l'Italie.

Le tracé de la frontière terrestre entre l'Arsa et le Var est parfois aussi difficile à cerner. Contre Mommsen et Zippel, qui penchaient pour la vallée de la Save, A. Degrassi [19, *86*; cf. Scherling, 25, *1250*] proposait de suivre la ligne de crêtes des Alpes juliennes. Mais, à vrai dire, le passage de Velléius Paterculus [*2, 110, 4*] invoqué semble seulement indiquer que *Nauportus* (Vrhnika, au sud-ouest de Ljubljana) se trouvait en Italie au moment de la révolte de Pannonie, en 6 de notre ère. Il y a donc une hésitation qui porte sur une trentaine de kilomètres. Entre les Alpes juliennes et le Var, la frontière suivait sans doute en partie le pied du massif, comme l'écrit Strabon [*5, 1, 3*]. Cela est évident du côté des Alpes cottiennes, dont la capitale, Suse, est peu éloignée de la plaine ; la limite se trouvait à *Ocellum*, soit juste en limite du massif. Au-delà vers l'est C. Jullian proposait de placer la frontière sur la ligne de crêtes [Jullian, 22, *124*; suivi par J. Prieur, dans *ANRW*, II . 5 . 2, *636*, mais cf. Susini, dans 1, *131*], ce qui convient assez bien à la frontière entre les Alpes pennines et l'Italie, à peu de distance du col du Grand-Saint-Bernard, ainsi qu'à la frontière entre Italie et Rhétie, que R. Frei Stolba [dans *ANRW*, II . 5 . 1, *317-318*] fait passer par les sommets des Monte Lema, Monte Tàmaro, Monte Ceneri, Monte Mormontana. Cependant, la région de Bellinzona n'est pas clairement attribuée soit à l'Italie, soit à la Rhétie. En Vénétie, la situation est complexe. Pline place en Italie de nombreux peuples alpins comme les *Carni*, et clôt la description des peuples alpins par « *haec est Italia* » *(Hist. nat., 3, 38, 127* et *138)*. Mais, par ailleurs, les *Anauni, Sinduni, Tulliasses,* et sans doute d'autres comme les *Laebactes, Camuni* et *Trumpilini* ne sont pas citoyens romains, et dépendent juridiquement de colonies romaines situées en Italie (Trieste et Brescia) (*ILS*, 206, 6680) [sur la nature de cette dépendance, voir les avis contrastés de Laffi, « *Adtributio* » e « *contributio* », Pise, 1966 et de Bertrand, dans *Cahiers du Centre Glotz*, II, 1991, *127-164*]. Il est cependant peu probable que les *Trumpilini* aient été esclaves de l'État, comme le pense G. Tibiletti [*Storie locali*, Pavie, 1978, *109*]. D'autres encore, comme les *Rundictes,* ne sont apparemment même pas attribués. Il faut sans doute admettre que ces peuples se trouvent en Italie [Zaccaria, dans 1, *316-317*], mais que, n'étant pas soumis en 49 av. J.-C., ils n'ont pas bénéficié du droit de cité.

Cl. Nicolet résume la situation en écrivant que, en Italie, tout le monde est citoyen sauf « quelques *attributi* attardés » [Nicolet, 42, *93*; cf. Susini, dans 1, *131*]. Il n'y eut cependant jamais de loi unitaire définissant la position des Italiens au regard de la citoyenneté romaine. En somme, si l'existence d'une Italie comme entité politique n'est pas douteuse, il semble qu'elle repose d'avantage sur une pratique empirique que sur une norme rigide.

Les régions augustéennes

Sous l'Empire, l'Italie comprend onze régions, dont la nature et la fonction nous échappent en grande partie [cf. Thomsen, 49]. On a parfois suspecté dans ces régions un premier exemple d'intrusion du « pouvoir central » dans la vie des cités. E. Gabba [34, *26*], par exemple, s'est demandé s'il n'y aurait pas un lien entre les régions et un projet d'impôt direct qu'Auguste n'a finalement pas réalisé ; mais Dion Cassius *(56, 28, 6)* précise bien qu'il s'agit d'une menace politique et non d'une intention réelle de renouer avec le tribut. La date même à laquelle a été établie cette division n'est pas assurée, même si Pline l'Ancien l'attribue à Auguste. En effet, les huit premières régions se trouvent au sud du Rubicon et de la Magra ; il y aurait donc eu une première division antérieure à Auguste, qui aurait simplement ajouté les trois régions de Cisalpine [Cardinali, 16, *105*]. Mais il n'y a pas de trace de « régions » sous la République (en contexte électoral, Q. Cicéron *(Comm. Pet., 30, 5)* parle de l'Italie « *tributim descripta* »). Cl. Nicolet suppose néanmoins, d'après quelques indices, que les livres de cens des cités ont pu être assez tôt regroupés au sein d'unités ethniques. Auguste aurait alors formalisé la pratique en donnant des numéros aux régions [Nicolet, 42, *91-92*].

Ces régions n'ont pas de rôle politique, administratif, financier ou judiciaire apparent [Tibiletti, 50, *918*]. Le mot *regio* lui-même est dépourvu de signification précise. La fonction première des régions était alors sans doute de faciliter le regroupement des documents censitaires, puisque depuis 45 av. J.-C. au plus tard (date la plus basse possible pour la table d'Héraclée [Nicolet, 42, *79*; Lo Cascio, dans *Athenaeum*, 78, 1990-1992, *315-316*]), le cens est réalisé dans chaque municipe ou colonie et les résultats regroupés à Rome. Les régions avaient ainsi un rôle purement statistique et géographique [Cardinali, 16, *105*; Tibiletti, 50, *918*]. On en aurait un écho dans une inscription qui mentionne un magistrat envoyé recenser une *regio* lors du cens de Vespasien (*AE*, 1968, 145). Cl. Nicolet relève que le « *liber coloniarum* » (un recueil technique compilé au IVᵉ siècle d'après des documents plus anciens) utilise des listes de cités classées par régions [Nicolet, 42, *88*]. En somme, même si Auguste avait une intention administrative précise en les créant, les *regiones* n'ont eu dans les faits qu'une fonction de regroupement de documents statistiques et de classement d'archives : lorsque se mettront en place des administrations précises, pour la perception des impôts indirects, l'entretien des voies ou la gestion des *alimenta*, elles adopteront d'autres cadres géographiques. Mais il ne faut pas pour autant sous-estimer l'importance politique du cens [Susini, dans 1, *133*]. En revanche, il n'est pas surprenant de voir que les *iuridici* ont en charge un district regroupant un certain nombre de régions, puisque leurs fonctions impliquent une bonne connaissance des cadastres et des propriétés privées et publiques. Pour les autres administrations, les districts seront définis en fonction de critères pragmatiques, au cas par cas. Les critères qui ont conduit à définir ces régions nous échappent en grande partie. Pour G. Tibiletti [50, *918*], Auguste, en respectant des différences culturelles anciennes, aurait ainsi rendu hommage à l'histoire locale. En effet, Strabon (livres 5 et 6) désigne les régions par des noms de type ethnique. Par ailleurs, le « projet » administratif de Mécène prévoyait, selon Dion, une division de l'Italie par peuples (Dio., *52, 22, 1*). Cependant, les limites des régions, d'ailleurs mal connues, ne coïncident pas exactement avec les frontières historiques des grands groupes culturels italiques. Récemment G. Susini [dans 1, *135*; cf. Potter, 9, *18-21*] a proposé une interprétation complexe de ces régions, qui intégreraient des critères économiques et linguistiques, permettant ainsi de dépasser l'éclatement « cellulaire » en municipes, sans pour autant imposer de cadre administratif.

Le « *ius Italicum* » et les privilèges de l'Italie

L'assimilation de certaines cités de provinces à l'Italie, à travers ce que l'on nomme le *ius Italicum*, le « droit italique », nous aide à comprendre ce qui fait la particularité de l'Italie au sein de l'Empire. Ce droit italique est attesté pour la première fois chez Pline l'Ancien *(Hist. nat., 3, 139)* et semble avoir été créé sous Auguste, en formalisant une vieille pratique religieuse qui permettait de rendre italien un lopin de terre conquis dans une province, par exemple pour pouvoir y prendre les auspices (Serv., *ad Aen., 2, 178*) [Catalano, 17]. A l'origine, il s'agissait soit de maintenir légalement en Italie des cités qui s'étaient retrouvées en province suite à un déplacement de frontière [Von Premerstein, 26, *1239*; Giardina, dans 6, *63*], soit d'accorder simplement une faveur à des cités particulières [Degrassi, 19, *100*]. Par la suite, ce sera toujours un privilège concédé par l'empereur, chichement sous les Julio-Claudiens, Flaviens et Antonins, plus largement par les Sévères (cf. *Dig., 50, 15*). Le droit italique est attribué à des colonies ou, plus rarement, à des municipes (plus après Hadrien), voire à des cités latines, comme le laisse entendre le cas, très discuté, d'Antibes (Strabon, *4, 1, 9*; Plin., *Hist. nat., 3, 4, 35*]. Plutôt que de comprendre, avec A. Chastagnol [*ILN, II, 26-27*], que Strabon parle par allusion, il est plus simple de considérer que le territoire d'Antibes est assimilé à un sol italien (c'est à cela que tend l'opposition avec Nice), ce qui n'a jamais voulu dire que tous les habitants devaient être d'office citoyens romains.

Le contenu de ce droit fait l'objet de discussions. Dans la mesure où le sol provincial ne peut être propriété que du peuple romain (puis du prince sous l'Empire), il est impossible à des particuliers de le posséder de plein droit, *ex iure Quiritium*. Le droit italique, en assimilant une partie de ce sol à l'Italie, rend possible la pleine propriété et les formes de vente légitimes qui y sont associées, mancipation et usucapion (Gaius, *2, 27*; *2, 31*; *Grom.*, p. 35 et 62-3 L) [Nicolet, dans 6, *391-393*; Von Premerstein, 26; Mazzarino, 23]. On admet d'ordinaire que le droit italique inclut aussi l'immunité fiscale [Von Premerstein, 26, *1245*], en particulier sur la base d'un passage du juriste Paul *(Dig., 50, 15, 8, 7)* et d'une phrase de Pline l'Ancien *(Hist. nat., 3, 139)*. Mais, d'une part, le texte de Paul n'est pas très explicite, d'autre part, la lecture du texte de Pline dépend de la place d'une virgule : S. Mazzarino [23, *363-364*] en conclut que certaines communautés de droit italique ne sont pas exemptes d'impôts directs. Selon Dion Cassius *(56, 28, 6)*, Auguste aurait menacé de rétablir un impôt sur la terre en 13 apr. J.-C. pour faire passer sa taxe de 5 % sur les héritages. Agennius Urbicus (*Grom.*, p. 62.23-5 L) distingue clairement droit italique et immunité, mais aucun des gromatiques ne cite d'*ager tributarius* italique. Il semble donc que l'Italie ait été libre d'impôts directs sur le sol, mais qu'il n'y avait pas de principe d'exception, comme le relève W. Simshaüser [48, *405*]. Par conséquent, le droit italique n'incluait peut-être pas d'exemption, mais elle devait être considérée de fait comme un privilège normal du sol italique. Les réactions suscitées par la menace de 13 montrent assez que le tribut faisait peur et que les Italiens préféraient toute autre forme de perception à celle-ci, considérée en outre comme infamante, car elle les assimilait à des provinciaux. Il n'y a d'ailleurs plus d'opération de cens général attesté après celles de Claude et de Vespasien (Plin., *Hist. nat., 7, 162*). Cl. Nicolet ajoute que l'on ne connaît pas d'attestation de *portorium* en Italie, mais que cela ne constituait pas vraiment un privilège, puisque les marchandises avaient été taxées à leur sortie de province et n'avaient aucune raison de l'être deux fois [Nicolet dans 6, *383-391*]. A. Von Premerstein [26, *1248*] considère en outre que le droit italique comprend un troisième aspect : le privilège de s'administrer de manière autonome. Cet aspect sera discuté plus loin, mais, de fait, l'Italie du Haut-Empire n'a pas connu de régime provincial [en dernier lieu Eck, dans 6, *329-351*]. Le point le mieux assuré est donc l'assimilation du sol de la communauté bénéficiaire à une partie d'Italie et l'application à cet endroit du droit civil romain. Cette identité de sol a conduit A. Von Premerstein à expliquer la présence de cités à la fois dans la dixième région italique et hors d'Italie (Plin., *Hist. nat., 3, 130* et *139*) par le fait que les cités jouissant du droit italique étaient recensées en Italie et non dans la province où elles se trouvaient géographiquement [Von Premerstein, 26, *1246*; Degrassi, 19, *100*]. L'hypothèse est logique et d'autant plus séduisante que les listes de cités italiques du *Digeste* figurent dans un chapitre consacré au cens *(Dig., 50, 15)* [Simshaüser, 48, *405*]. Elle est malheureusement impossible à démontrer. On l'aura noté, la seule composante vraiment certaine du *ius Italicum* est l'identification d'un territoire à un sol italien, avec tout ce que cela comporte en termes de droit et de « statut » social supérieur, comme le souligne Tacite *(Ann., 13, 30, 1)* [Susini, dans 1, *131*]. Pour Cl. Nicolet, il faut avoir son domicile et sans doute son *origo* en Italie pour pouvoir exercer les magistratures urbaines [Nicolet dans 6, *395*]. La fulgurante carrière d'un Valérius Asiaticus, originaire de Vienne, serait alors une exception (mais la question est difficile [voir Giardina, dans 6]).

Un des privilèges certains de l'Italie est de ne pas avoir à supporter la présence de troupes [Nicolet dans 6, *380-381*; voir Tac., *Hist., 2, 12, 3*]. En effet, avec l'extension de l'Italie jusqu'aux Alpes en 42, le principe de démilitarisation, déjà acquis pour l'Italie syllanienne, a été étendu à toute la péninsule [Tibiletti, 50, *921*; Simshaüser, 48, *406*]. Suétone *(Aug., 49, 1*; confirmé par Tac., *Ann., 4, 5, 1-4)* dit explicitement qu'Auguste répartit les troupes entre les provinces, licencia sa garde espagnole (en 31 av. J.-C.), puis sa garde germaine (après la défaite de Varus en 9 de notre ère), et ne conserva que trois cohortes dans Rome, laissant les autres près des villes voisines. Ne restent donc sur sol italien, outre les troupes de Rome (cohortes de vigiles, cohortes urbaines, et cohortes prétoriennes), que les soldats des petites *stationes* disposées par Tibère pour lutter contre le brigandage (Suét., *Tib., 37, 2*). Nous n'avons pas de trace archéologique de ces dernières, et elles ne paraissent pas avoir été très efficaces : les bergers doivent être armés, et même sur les routes on peut risquer sa vie (Varro., *Rust., 2, 10, 1-3*; Prop., *1, 21*; Plin., *Épist., 6, 25*). Il faut y ajouter les flottes de Misène (mer Tyrrhénienne) et de Ravenne (Adriatique), dont les effectifs sont surtout pérégrins ou d'origine servile. Ces corps d'armée, aux effectifs limités, dépendent directement de l'empereur, et il peut arriver qu'ils aient un rôle politique, surtout au Ier siècle : la flotte représente alors un contrepoids à la puissance des prétoriens [D. Kienast, *Untersuchungen zu den Kriegsflotten der römischen Kaiserzeit*, 1966; cf. G. Alföldy, dans *Gnomon*, 39, 1967, *604-609*]. L'empereur reste libre, le cas échéant, de faire donner la troupe pour réprimer des désordres dans les cités italiennes, comme le fit Tibère à Pollentia (Suét., *Tib., 37, 5*) ou Néron à Pouzzoles (Tac., *Ann., 13, 48*). Mais, dans l'ensemble, il y a peu de soldats sur le sol italien. Ainsi, lorsqu'en 24 apr. J.-C. éclata une petite révolte servile en Apulie, le questeur en poste dans la région dut recourir à des troupes de marine qui se trouvaient là par hasard, avant que n'arrivent les soldats envoyées par Tibère (Tac., *Ann., 4, 27*). Auguste avait cependant prévu de disposer des troupes dans des provinces limitrophes, mais près de la frontière, afin de pouvoir les appeler promptement. Tacite sous-entend que ce n'est pas tant par confiance que par principe (et par défiance ?) qu'Auguste a démilitarisé l'Italie (Tac., *Ann., 4, 5, 5*). Elle reste néanmoins pendant un temps un réservoir de troupes d'élites, et les cohortes urbaines et prétoriennes, composées de citoyens romains, sont recrutées de préférence en Italie centrale (Tac., *Ann., 4, 5, 5*) [Forni, 59]. Finalement, il reviendra à Septime-Sévère, qui se défiait des prétoriens après les abus de 193, d'installer une légion, la deuxième Parthique, près de Rome, dans les monts Albains *(SHA, Sev., 6, 11)*. Très explicitement, la démilitarisation de l'Italie apparaît dans nos sources comme un effet de la seule volonté impériale, non d'une loi ou d'un sénatus-consulte.

La démilitarisation n'exclut pas une certaine capacité de défense de la part des cités, comme on le constate lors de la guerre civile en 69, et surtout en 238, lors du retour de Maximin le Thrace, que le sénat a destitué au profit des Gordiens. L'exceptionnelle résistance d'Aquilée, une des villes les plus importantes d'Italie, il est vrai, témoigne d'un degré d'organisation et d'entraînement inattendu de la part de civils, que nos sources présentent d'ordinaire comme endormis par la longue paix (Hérod., *7, 8, 5-6* et *8, 2-6*; *SHA, Maxim., 21-23*). Il est plus que probable que les cités d'Italie entretenaient un corps de vigiles et des gardes, comme nous le savons pour la colonie d'*Urso* en Bétique (*CIL, II, 5439*, § 3). D'autre part, les *iuuenes*, ces jeunes gens des municipes, organisés en collèges, semblent avoir joué un rôle important dans la défense de l'Italie contre l'empereur déchu. Nous trouvons ici, face à la démilitarisation officielle, c'est-à-dire l'absence de garnison permanente en Italie, un élément important de l'autonomie des cités, qui ne refait surface qu'en temps de crise grave.

Un dernier privilège est à mentionner, d'autant plus qu'il introduit une hiérarchie entre Rome et le reste de l'Italie. Ce que l'on appelle le *ius trium liberorum*, c'est-à-dire les exemptions liées au fait d'avoir trois enfants, ne s'applique sous cette forme qu'à Rome : en Italie il faut quatre enfants et en province cinq, et ce peut-être dès Auguste [Nicolet dans 6, *393-394*] (cf. *Cod. Just. V, 66, 1*).

TOTA ITALIA : UNITÉ ET DIVERSITÉ DE L'ITALIE IMPÉRIALE

La nature même de l'Italie, au-delà du concept juridique de *terra Italia*, nous reste assez obscure. En particulier, il est difficile de désigner le lien qui unit les Italiens. A. Giardina [dans 6] a remarquablement analysé l'ambiguïté du concept d'Italie dans un article au titre significatif : « L'identité inachevée de l'Italie ». Pour E. Gabba [21, *24*], il n'y a pas de conscience nationale italique dans l'Antiquité mais seulement un lien moral. D'autres historiens ont adopté des positions plus négatives : Th. Mommsen, U. Von Wilamowitz Moellendorf et de G. De Sanctis [cf. Nicolet, 42, *74*] considéraient que l'Italie était une banlieue de Rome ; C. Jullian voyait dans l'organisation augustéenne les prémisses d'une provincialisation ; plus récemment, T. W. Potter [9, *60*] a admis qu'à partir d'Hadrien l'Italie est une province parmi les autres. Pourtant, l'Italie augustéenne, sans être une nation, au sens moderne du mot, est plus qu'un thème de propagande. Même si l'affirmation de Velléius Paterculus [*2, 15, 2*], pour qui les Italiens sont *homines eiusdem gentis et sanguinis*, paraît relever de la propagande officielle, il y a derrière la notion de *tota Italia* une réalité que l'on aimerait cerner.

Une unité italienne ?

L'expression *tota Italia*, déjà présente chez Cicéron (*ad. Q. fr., 4; De domo, 75)*, ne prend pleinement son sens que sous le règne d'Auguste (mais César – *Civ. 1, 35* – avait déjà légitimé le siège de Marseille par l'*auctoritas*

Italiae). Pour Cicéron, elle désigne les élites des colonies et des municipes d'Italie et de Cisalpine, alors que le serment (spontané...) prêté à Octavien en 32 av. J.-C., et, dans une moindre mesure, son élection à la charge de grand pontife *(RGDA, 10, 2 ; 25, 2)* engagent véritablement une unité politique cohérente parce que de même statut et réunie (de gré ou de force) dans un même parti [Syme, *Révolution romaine*, Paris, 1967, *271*]. Cela était d'autant plus aisé au temps d'Auguste que le processus de normalisation culturelle entamé avec la domination romaine s'était accéléré depuis la guerre sociale. Dans les inscriptions républicaines de Délos il est impossible de distinguer un Romain d'un Italien : tous sont désignés comme *Italicei*, et écrivent en latin [Campanile, 15, *310*]. Mais on ne mentionne les *italici* que hors d'Italie [Giardina, dans 6, *66-70*]. Le latin est devenu la langue dans laquelle s'expriment les Italiens, au moins dans la littérature et les inscriptions : il y a une véritable hégémonie de la langue sur l'ensemble de la péninsule (cf. Virg., *Énéide, 12, 837*) [Cracco Ruggini, Cracco, 18, *22*]. Si la chancellerie impériale a toujours trouvé normal de traduire en grec les documents destinés à l'Orient, nul ne s'est étonné que tous les Italiens dussent lire le latin. Au temps de Claude, la lecture de l'étrusque était réservée à un cercle restreint d'érudits (mais la langue n'avait pas pour antant disparu). La présence de nombreux Italiens dans les cercles animés par Mécène l'Étrusque – Virgile (Mantoue), Tite-Live (Padoue), Horace (Venosa), Ovide (Sulmona), Properce (Ombrie) – montre bien que le latin est devenu la langue unique de la création littéraire (cf. Plin., *Hist. nat., 3, 39-42*). Mais, à vrai dire, cette uniformisation de la culture est surtout nette dans les couches supérieures de la population (Plin., *Épist., 9, 23, 2*), et, sous Auguste, elle a déjà débordé largement les frontières de l'Italie [Càssola, dans 6, *423*]. Par de rares témoignages, nous savons cependant que les couches populaires pratiquaient le latin, certes avec des incorrections [cf. V. Väänänen, *Le latin vulgaire des inscriptions pompéiennes*, Berlin, 1959 ; Mazzarino, *L'Impero romano, 350-354*]. Enfin, les brassages de populations ont dû jouer un rôle majeur dans l'unification culturelle de l'Italie.

Déjà sous la République, les intérêts commerciaux (présence de nombreux Latins en Campanie, par exemple) et surtout le vaste mouvement colonial, accéléré entre 42 et 29 av. J.-C. (et peut-être quelques déportations massives) ont contribué à unifier l'Italie par déplacement de populations et en particulier de vétérans passés par le moule de la légion romaine. Dans certaines régions, comme le Picénum, la conquête a purement et simplement fait disparaître les vieux cadres sociaux [Gasperini, Paci, dans 58, II, *206* ; Gaggioti, *ibid., 250*]. Des légionnaires issus du Samnium, traditionnel réservoir à soldats, se sont trouvés lotis dans la plaine du Pô, avant parfois de reprendre du service pour Octavien et d'obtenir de nouvelles terres ailleurs. L. Keppie estime à quelque 36 000 les vétérans lotis en

Italie après Philippes (42 av. J.-C.). 20 000 hommes sont à nouveau libérés après Nauloque (36 av. J.-C.), mais sans doute pas tous lotis en Italie (App., *BC, 5, 129*), et peut-être 120 000 après Actium (31 av. J.-C.) [chiffre discuté, cf. Brunt, 66, *338*] dont quelque 50 000 probablement lotis en Italie [Keppie, 37]. En gros, on peut estimer qu'une centaine de milliers d'hommes, sur un total de 300 000 (*RGDA*, 3, 3), issus en bonne partie de l'Italie centrale, se sont trouvés déplacés, surtout vers la plaine padane, entre 42 et 29 av. J.-C. L'onomastique et la production épigraphique témoignent de ce vaste mouvement [cf. par exemple : H. Gabelmann, *Römische Grabbauten der frühen Kaiserzeit*, Aalen, 1979 ; G. A. Mansuelli, *Genesi e caratteri della stela funeraria Padana*, « *Studi Calderini Paribeni* » III, 365 sq.].

L'uniformisation des institutions, découlant de la guerre sociale, mais mise en place très lentement et bien souvent aboutie seulement sous Auguste, ainsi que l'intégration progressive de notables italiens au sein de l'aristocratie romaine [cf. 58, II] ont contribué à unir les Italiens dans un même cadre. En outre, la prospérité et la paix ont favorisé le regroupement urbain souhaité par le pouvoir [Lloyd, dans 90, *233-234* ; Gualtieri, Polignac, *ibid.*, *185, 198* ; Gros, Torelli, 134 ; Somella, 142]. L'importante vague édilitaire de l'époque d'Auguste a incité les cités à adopter l'idéologie et les symboles urbains dominants, en particulier les édifices liés au culte impérial [Bejor, dans 11, 3, 1992 ; Letta, 38, Zanker, 171], mais aussi tout simplement les aqueducs [Potter, 9, *144*], ainsi que l'usage du marbre et les canons formels élaborés à Rome [Torelli, dans 11, 1990, *64* ; Somella, 142 ; Zanker, 143 ; Hölscher, 136]. Cette diffusion était d'autant plus rapide qu'Auguste et ses proches sont intervenus souvent dans les cités italiennes – en particulier dans les 28 colonies qu'il avait fondées – et en province, comme César, mais contrairement à la tradition républicaine (Suét., *Aug. 46*) [Kienast, *Augustus*, Darmstadt, 1988, *343*]. L'urbanisme des villes nouvelles présente, sous une adaptation intelligente aux conditions locales, une planification rigoureuse, basée sur un système modulaire, qui se lit, par exemple, dans les plans des trois *Augusta* de Cisalpine : *Augusta Bagiennorum, Augusta Praetoria, Augusta Taurinorum*. Il faudrait y ajouter les remparts offerts à de nombreuses villes, produits peut-être d'une école d'urbanisme augustéenne [Mansuelli, 137 ; Somella, 142 ; Cracco Ruggini, dans 2, Rebecchi, 139]. L'organisation de certaines villes en *vici*, voire en *regiones* [Camodeca, dans *Puteoli*, 1, 1977, *62-98*] calque le modèle romain. De nombreux forums – c'est l'élément essentiel de la parure urbaine augustéenne – sont pavés et ornés d'inscriptions en lettres de bronze [G. Alföldy, *Studi sull'epigrafia augustea e tiberiana di Roma*, Roma, 1992 ; Zanker, dans 6, *263*]. Ces travaux ont en outre contribué à unifier la métrologie. Dans d'autres régions, c'est tout simplement l'adoption de certaines pratiques monumentales, jusque-là ignorées, qui manifeste l'intégration dans un ensemble cohérent [Torelli, dans 58, II, *169* ; Gabba, *Studi Class. Orient.*, 21, 1972, 73 sq.]. Les étroites parentés dont témoignent les temples corinthiens augustéens trahissent une large diffusion, au-delà même de l'Italie, des résultats obtenus dans ce grand chantier qu'était devenu Rome, même si l'évolution avait commencé avant Auguste [cf. Gros, *Aurea templa*, Rome, 1976 ; Torelli, dans 11, 4, *55-58*]. La similitude formelle entre le tombeau de Caecilia Metella à Rome et celui de C. Ennius Marsus à Sulmona, dérivés du mausolée d'Auguste sur le Champ de Mars, en est un exemple frappant [Coarelli, Thébert, dans *MEFRA*,

100, 1988-2, *790-798*; Von Hesberg, *Monumenta*, Milan, 1992]. Les forums sont encombrés de monuments en l'honneur de la famille régnante [cf. Zanker, 169], comme le montrent de nombreux groupes statuaires [Cogitore, dans *MEFRA*, 104, 1992-2, *817-870*], et de statues de notables locaux, uniformisés en fonction de critères sociaux [Sanzi di Mino *et al., Gentes et principes,* Chieti, 1993]. La production massive, le long des voies, de monuments funéraires sur lesquels les familles affichent leurs titres de gloire, qui sont ceux de la société nouvelle, magistratures sénatoriales, carrières équestres auprès du prince, ou magistratures (normalisées) des municipes, le tout exprimé en latin, dans un langage conventionnel émaillé d'abréviations, confirme la suprématie d'un modèle culturel unique [cf. Susini, dans 1, *133*; *ibid., compitare per via,* dans *Alma Mater Studiorum,* 1988, I, 1, *105-116*; Von Hesberg, Zanker, *Römische Gräberstrassen,* Munich, 1987; Gabelmann, *Römische Grabbauten der frühen Kaiserzeit,* Aalen, 1979; Toynbee, *Death and burial in the roman world,* Londres, 1971]. Comme le résume A. Bernardi, l'homme italien était habitué à se sentir partout chez lui [Bernardi, 14, *48-49*]. Mais, au-delà des faits matériels, Étrusques et Italiques (voire Grecs d'Italie et de Sicile) disposaient d'un ensemble de mythes interactifs, qui leur permettaient de se rejoindre par-delà l'histoire. Ainsi, lorsque Claude, en 48, proposa au sénat d'ouvrir ses rangs aux riches Gaulois citoyens, les *patres* lui opposèrent la *consanguinitas Italica* et non des arguments juridiques [Tac., *Ann., 11, 23, 2-3*; cf. App., *BC, 1, 9, 35*; Giardina, dans 6, *23-36*]. Cette attitude explique aussi que des traités passés avec des peuples gaulois à partir du IIe siècle av. J.-C. aient inclu une interdiction d'attribuer la citoyenneté aux ressortissants de ces nations (Cic., *pro Balbo, 14, 32*) [Frei-Stolba, dans *ANRW, II.5.1, 312-316*].

Disparités régionales et refus de l'uniformisation

Évoquant une exhibition publique de Néron, Tacite *(Ann., 16, 5, 1)* oppose le peuple de Rome, enthousiaste, et les citoyens des municipes, indignés, montrant ainsi que l'uniformisation sociale et culturelle avait ses limites : si l'on en croit Aulu-Gelle *(11, 7, 4)*, on parlait encore étrusque dans des campagnes reculées [Giardina, dans 6, *51-55*]. Le faible nombre de sénateurs issus des régions les plus méridionales de l'Italie (Apulie, Calabre, Lucanie) prouve en outre que les situations sociales et économiques étaient très différentes [Camodeca, dans 58, II]. Mais c'est surtout l'archéologie qui montre que les cultures traditionnelles n'ont pas disparu d'un coup à l'avènement de l'Empire [Potter, 9]. Ainsi les peuples alpins des *Trumpilini* et des *Sabini* ont conservé quelque temps des *principes* (*CIL, V, 4893, 4910*) ; les *Arusnates* ont utilisé, pour leurs inscriptions sacrées, un vocabulaire bien éloigné du latin. Sous les Julio-Claudiens, certains Transpadans portent encore des fibules, donc un vêtement gaulois et non la toge. Les monuments funéraires, conservés en nombre, trahissent parfois une originalité locale. A Pompéi, par exemple, on rencontre jusqu'à la fin de la cité en 79 des stèles funéraires grossièrement anthropomorphes et des cénotaphes en forme de banquette arrondie, typiques de cette ville [Zanker, 169]. Ces faits, et bien d'autres, montrent que, dans certains domaines, des traditions locales ont pu subsister.

Parfois il nous est permis d'observer une revendication explicite d'une identité culturelle propre, qui n'est pas le fait d'un conservatisme passif, mais bien d'une volonté de maintenir le souvenir d'un passé indépendant ou d'une différence entre populations [Giardina, dans 6, *60-63*]. Ainsi, les *Clusini Veteres* ou *Novi*, ou les *Aretini Veteres* ou *Fidentiores* sont tous citoyens romains, mais leurs noms rappellent qu'ils ne se sont pas établis au même moment à *Clusium* (Chiusi) ou *Aretium* (Arezzo) ; chacun, descendant d'indigène ou de colon, se rattache à une parcelle d'histoire qui lui est propre [Keppie, 37, *102-103*]. En Étrurie tout particulièrement, il y a une expression de l'appartenance à une culture différente de celle de Rome qui aboutit à des rivalités entre « indigènes » et descendants de colons. L'attribution du titre de *praetor Etruriae* ainsi que des monuments comme l'éloge des Spurina, qui rappelle des victoires étrusques sur des « Latins » au IVe siècle av. J.-C., en témoignent [Torelli, *Elogia tarquiniensia*, Florence, 1975 ; *ibid.* dans *Mél. P. Lévêque*, 5, 1990, *355 s.*]. Certaines cités manifestent leur attachement à un passé indépendant par des titres traditionnels. Ainsi, *Caere* (Cerveteri) a conservé son dictateur alors que l'on attendrait des duovirs à la tête de la cité. En 32 av. J.-C., à *Interamnia Nahars*, on use encore d'une ère locale remontant à la fondation de la ville *(CIL, X, 4170 = ILS, 157)*. Le rappel orgueilleux du titre de *foederati,* par certaines cités, parfois encore au IIIe siècle, trahit un refus du moule municipal imposé au lendemain de la guerre sociale, même si le *foedus* a perdu l'essentiel de sa signification : un titre comme *municipium foederatum Capenatensium* signifie alors un rapport historique privilégié avec Rome (*AE*, 1954, 167) [cf. Gell., *16, 13*]. En 210, Septime Sévère se déplace à *Camerinum* pour renouveler un *foedus* qui n'était qu'un souvenir archéologique *(ILS, 432)*, et au IIIe siècle, *Forum Clodi* se dit encore préfecture, sans doute pour rappeler que les premiers *Foroclodienses* étaient Romains de souche et non indigènes naturalisés (*AE*, 1979, 216). Tous ces témoignages montrent que sous l'apparente unité, et malgré le discours de propagande sur l'intégration des vaincus (déjà chez Polybe), perce bien souvent le souvenir de l'humiliation historique ; souvenir que Rome, seule à détenir la vraie vertu guerrière [Giardina, dans 6, *39-47*], est la première à rappeler : le chant séculaire d'Horace contient encore une allusion à la soumission des Latins (c'est-à-dire des Italiens) et Virgile chante les alliés étrusques et grecs d'Énée en même temps que ses ennemis italiques ; Appien (*Romaika,* pr. 4) dira encore que l'Italie est sujette de Rome. Les Romains eux-mêmes ont tenu à se distinguer des Italiens, d'abord à travers le mythe troyen, ensuit à travers une tradition érudite, qui faisait du latin un dialecte éolique (Dion. Hal., *1, 90*) [Giardina, dans 6, *51, 75-85*]. Le discours antique sur l'Italie est donc nourri de contradictions, d'oppositions, de tensions. Mais c'est que l'Italie n'est pleinement réalisée qu'à un moment où la romanité a largement débordé ses frontières, comme en témoigne l'attitude de Claude quand il voulut accepter au sénat les élites gauloises.

L'AUTONOMIE MUNICIPALE

Nous avons vu que pour A. von Premerstein, un des privilèges du sol italique était le droit pour les cités de s'administrer elles-mêmes. E. Gabba [34, *26-27*] va dans le même sens en écrivant que l'Italie est « un complexe de municipes et colonies largement dotés d'autonomie administrative et également capables de quelque initiative politique, au-delà des questions locales ». Pour lui, le lien entre les cités italiennes est idéal et moral. De même, G. Cardinali [16, *104*], suivi par H. Galsterer [dans *La valle d'Aosta e l'arco Alpino*, Aoste, 1987, 79], définit l'Italie impériale comme un « agglomérat de cités sans besoin d'administration commune ». G. Tibiletti [50, *918-919*] parle de « système d'amples autonomies ». En notant que : « En fait, en Occident, l'identité ne se définissait pas contre Rome, mais dans Rome », F. Jacques [36, *797, 800*] défend la thèse d'un respect absolu de l'autonomie des cités sous le Haut-Empire. Il s'appuie en outre sur l'absence de toute législation limitant les prérogatives des cités. De son côté, W. Eck [32, *6*; *ibid.*, dans 6, *329-351*] considère que l'Italie a été partagée après la guerre sociale en « unités dotées d'un lieu central » (les cités), autonomes dans leur administration. Mais les positions sont nuancées. Sans aller jusqu'à l'attitude radicale de C. Jullian [36], qui considérait que l'organisation augustéenne portait en elle les germes de la « provincialisation » de l'Italie, W. Simshäuser [48, *402*] considère qu'il n'y a plus de cités-États du fait de l'intégration à Rome, mais que l'Italie bénéficie de privilèges, en particulier de l'absence de régime provincial et d'une position économique favorisée. Abordant la question sous un autre angle, G. Susini [dans 1, *131*] rappelle que l'organisation augustéenne met un terme à « l'élargissement du territoire gouverné par les magistrats de la capitale ». Toute la difficulté vient de ce que le concept d'autonomie locale des cités italiennes ne repose pas sur des textes explicites, mais sur l'interprétation d'une série de faits en apparence contradictoires. C'est pourquoi, plutôt que de débattre de l'existence d'une autonomie, qui serait à définir, il est préférable d'envisager la question de manière large et d'examiner comment évolue la situation des cités italiennes par rapport à un pouvoir central au sein duquel il faut bien établir une distinction entre le sénat et l'empereur [cf. Jullian, 36, *88*] : dans le discours politique, le mot de « liberté » désigne le système républicain sénatorial. Dans les faits, il ne semble pas y avoir eu de « constitution » de l'Italie. La question de soumettre la péninsule à une administration de type provincial se serait posée, si l'on en croit Dion Cassius *(52, 19)*, qui rapporte un projet de Mécène dans ce sens ; projet qui aurait été refusé par Auguste. Mais ce texte célèbre est sujet à caution, et le discours de Mécène est profondément remanié, si ce n'est inventé. En sens inverse, il n'y a pas trace d'une loi qui garantirait positivement l'autonomie des cités et en fixerait les limites. Il est cependant possible de délimiter les contours de la capacité de gestion municipale dans quelques domaines.

Une autonomie limitée mais réelle

Les cités n'ont bien entendu aucune autonomie en matière de guerre ou de relations extérieures, mais cela est une conséquence normale de la conquête, et même les *foederati* italiens les plus privilégiés en étaient démunis. Le fait que, lors du partage de 27 av. J.-C., l'Italie soit demeurée du ressort du sénat (Tac., *Ann., 13, 4, 2*; Suét., *Tib., 24*) [cf. Simshaüser, 48, *403*] n'implique pas de sujétion particulière, au contraire : c'est la preuve du respect du prince pour les privilèges de l'Italie. Selon Tacite, Auguste avait rappelé que l'Italie et les provinces du peuple romain devaient s'adresser au tribunal des consuls ; c'est-à-dire, d'une part, que le problème essentiel était d'ordre judiciaire, et, d'autre part qu'il comptait maintenir la situation républicaine. Or, comme nous le savons par la *lex de Gallia Cisalpina,* qui doit refléter une situation italienne générale, seules les affaires importantes sont jugées à Rome : les magistrats locaux disposent d'une délégation de pouvoir (ou du maintien partiel de leurs anciennes prérogatives ?) pour juger les causes mineures (inférieures à 15 000 sesterces à Véléia) [Laffi, dans *Athenaeum*, 74, 1986, *22-24*]. De l'empereur il n'est pas question, alors même que son image est omniprésente dans les cités. Nous sommes donc assurés de l'existence d'une autonomie judiciaire, limitée mais bien réelle. Le fait que l'empereur puisse être magistrat d'une cité, et donc y exercer des fonctions judiciaires, n'implique en aucun cas une ingérence : il déléguait d'ordinaire à sa place un notable local qui agissait comme n'importe quel duovir. En outre, la nomination de l'empereur comme magistrat municipal répond toujours à un souhait de la cité et non à la seule volonté du prince. Les cités étaient libres aussi de décider de l'usage des fonds dont elles disposaient, à savoir les revenus des terres publiques ou la location d'emplacements en ville, comme on le voit dans l'inscription des *merides* d'Orange, mais aussi les sommes dues par des notables qui se sont engagés à faire un don à la cité, et quelques taxes indirectes [c'est un point discuté, cf. De Ligt, 74, *208-211*]. C'est justement à travers l'incapacité des décurions à gérer sainement ce budget public – et à travers les solutions envisagées par l'État – que nous avons connaissance de cet aspect de la liberté municipale [Jacques, 35]. S. Mrozek considère ainsi que la disparition des distributions publiques dans les cités italiennes au milieu du IIIᵉ siècle reflète le déclin de l'autorité municipale [Mrozek, 122 ; critiques de Garnsey, dans *JRS*, 79, 1989, *232*]. Les cités paraissent avoir joui, en outre, d'une grande liberté en matière de cultes [Jacques, Scheid, *Rome et l'intégration de l'Empire*, *125*]. L'existence d'une vie municipale active et autonome est enfin attestée par l'extraordinaire résistance des cités italiennes face à l'empereur Maximin en 238 ; résistance permise par l'activité de ces institutions « pseudo-politiques » [Zanker, dans 6, *273-275*] que sont les collèges de *iuuenes* et les corporations, qui représentaient, au sein de chaque cité, des cadres de regroupement et d'organisation de la population. La question de l'autonomie ne se pose donc ni en termes modernes d'indépendance nationale, ni dans le sens où pouvaient l'entendre des Grecs. Les Anciens n'employaient d'ailleurs pas le terme d'autonomie, mais celui de « liberté », beaucoup plus souple.

Chez les Modernes, l'évaluation de cette autonomie varie selon que l'on se place sur le plan du droit (F. Jacques) ou celui des faits (C. Jullian). Par exemple, l'absence de fiscalité directe (tribut) en Italie a été perçue comme une preuve de cette liberté. Mais C. Jullian a rappelé que le tribut n'a jamais été formellement supprimé – Auguste avait menacé de le rétablir (Dio., *56, 28, 6*), et, à deux reprises, Néron a dû recourir à une taxe directe (Suét., *Nero, 44, 3* ; Dio., *62, 18, 5*) –, mais seulement suspendu, et que les impôts indirects payés par les Italiens leur coûtaient sans doute aussi cher que l'ancien tribut [Jullian, 36, *63-70*]. Il serait cependant abusif de penser, avec C. Jullian, qu'Auguste préparait déjà une « provincialisation » de l'Italie : aucune de nos sources ne permet de l'affirmer. Il est préférable d'admettre que, face à une situation difficile (le sénat n'était pas en mesure de faire face à toutes les difficultés rencontrées par les cités) on a préféré faire un compromis pragmatique, concédant aux communautés intégrées à la cité romaine le droit de conserver un fonctionnement administratif, limité et aussi normalisé que possible, de manière à ne pas empiéter sur les compétences des autorités romaines, la guerre, la paix, les revenus de l'État, la citoyenneté, etc. L'autonomie des cités se définit en quelque sorte en négatif, comme la liberté de s'occuper de tout ce qui ne regarde pas l'État. Il est vrai que ce n'est pas grand-chose : G. Tibiletti a remarqué que Pise avait pu fonctionner plusieurs mois sans duovirs *(CIL, X, 1421)* [Tibiletti, 50, *923*], et A. Giardina [dans 6] a rappelé que la provincialisation, sous Dioclétien, ne semblait pas avoir suscité beaucoup de réactions.

Les élections municipales

Dans notre mode de pensée moderne, la pratique électorale d'un État est un témoin de son degré de liberté. Les élections romaines, contrôlées par l'aristocratie, seraient donc la preuve d'une liberté réduite. Cependant, prenant le contre-pied de Th. Mommsen et W. Liebenam, F. Jacques [Jacques, 35] a fort justement souligné les limites d'un tel raisonnement, en rappelant d'une part que la société italienne antique est fondamentalement aristocratique, et que le peuple n'a sans doute jamais contrôlé les élections, d'autre part que les sources donnent des exemples d'interventions populaires couronnées de succès encore au IIIe, voire au IVe siècle. Il tente en outre de montrer que la concurrence pour les charges municipales n'a jamais vraiment disparu et qu'il ne faut pas surinterpréter les textes juridiques qui évoquent des nominations d'office en cas de manque de candidats : ce n'est qu'une clause de précaution. La question est d'autant plus délicate que les documents concernant la vie politique municipale sont rares et de lecture très controversée.

L'exemple le plus célèbre est celui des graffiti électoraux de Pompéi [Mouritsen, 41 ; Franklin, 164]. Pour certains historiens, leur seul nombre (quelque 2 800) suffit à prouver que le débat politique était encore très vif sous les Flaviens. C'est encore la position de R. A. Staccioli [167], qui note pourtant que ces inscriptions peuvent être placées dans des endroits peu passants et que leur conservation sur plusieurs décennies est surprenante, à moins qu'elles n'aient eu (aussi ?) le rôle de preuve d'allégeance envers le candidat. Mais, développant les travaux de P. Castrén et J. L. Franklin, W. Jongman [Castrén, 161 ; Franklin, 164 ; Jongman, 166, *275-329*] rappelle que les *programmata* de Pompéi ne ressemblent pas à des affiches électorales : il n'y a pas de slogan politique, mais seulement une recommandation *(dignum est)*, dont l'utilité est d'autant plus limitée que les graffiti sont surtout concentrés autour de la maison du candidat et que seule l'édilité peut donner lieu à une rivalité, avec deux paires de candidats pour deux postes, alors qu'il n'y a d'ordinaire que deux candidats au duovirat pour deux postes. En outre, l'analyse d'un document exceptionnel, l'album des décurions de *Canusium*, en Apulie, pour l'année 223 *(CIL, IX, 338)* [cf. Chelotti, 29], permet de montrer qu'il y a une sorte de prédestination aux carrières municipales, alors qu'inversément, beaucoup de décurions ne peuvent jamais accéder à une magistrature pour des raisons démographiques évidentes, et tout particulièrement dans des cités comme Pompéi, où il n'y a que deux magistratures au lieu de trois [Jongman, 166, *312-325* ; Jacques, 35, *456-496*]. Les noms figurant sur cet album ont été diversement interprétés. F. Jacques, partant du fait qu'environ 40 % des *pedani* (les décurions qui n'ont pas occupé de magistrature) portent les mêmes gentilices que des magistrats, y voit des fils de magistrats destinés à être élus à moyen terme. Mais ces *pedani* sont trop nombreux pour pouvoir être tous élus, et ne présentent pas de relation onomastique avec les *quinquennales,* qui forment l'élite de l'assemblée. Aussi W. Jongman s'est-il plutôt intéressé aux *praetextati* (des jeunes gens de bonnes familles autorisés à assister aux séances avant l'âge de se présenter aux élections), dont les trois quarts portent mêmes noms et prénoms que des magistrats. Il en conclut que les *pedani* sont des décurions sans chances de promotion, alors que les *praetextati*, mieux nés, seraient destinés à faire carrière [Jongman, 166, *321-328*]. La relation onomastique des *pedani* avec des duovirs pourrait s'expliquer par l'inscription sur l'album, par faveur familiale, de parents socialement moins favorisés, appelés à soutenir le chef de file du clan. L'aspect figé des carrières municipales est confirmé par un autre document, moins connu : les fastes de la colonie de *Venusia*, dans le Samnium méridional, pour les années 35 à 28 av. J.-C. *(CIL, IX, 422)*. Quatre des douze questeurs connus ont accédé au duovirat, alors que les édiles ne sont pas passés par la questure et n'ont pas poursuivi leur carrière. Il y a donc des carrières à deux vitesses et quatre nouveaux magistrats élus chaque année : deux questeurs (plus ou moins destinés au duovirat) et deux édiles (placés sur une « voie de garage »), ce qui suffit à assurer le renouvellement de l'*ordo*, en compensant les décès éventuels par des itérations des duovirs les plus importants, lors du quinquennat par exemple [Aberson, Tarpin, dans *Basilicata*, Venosa, 1990, *55-56*]. Dans la mesure où plusieurs édiles appartiennent à des *gentes* représentées parmi les duovirs, on est, là encore, tenté d'y voir des membres de branches collatérales moins bien placées, mais destinées éventuellement à assurer la succession en cas d'absence d'héritier direct, selon un procédé que F. Jacques [dans 4] a bien identifié pour les familles sénatoriales à Rome. Cette attitude expliquerait une constatation faite par M. Cébeillac [dans 58, II, *69*], qui note que lorsque des notables locaux accèdent au sénat, ils sont remplacés par des parents dans les charges municipales, ce qui implique que ces parents y étaient préparés. Le renouvellement de l'ordre peut être aussi l'occasion pour des fils d'affranchis de devenir décurions. Le plus souvent ils restent *pedani*, les magistratures n'étant accessibles qu'à leurs propres fils. Ainsi se renouvelle lentement l'élite de l'Italie [Demougin, dans 6, *358-376*].

Mais le fait que les carrières municipales soient bloquées n'implique ni une perte d'autonomie de la part des cités, ni que le peuple soit devenu inexistant dans la vie politique locale. D'une part, les aristocraties locales de la République n'avaient pas non plus l'habitude d'admettre le premier venu en leur sein ou de partager leur pouvoir héréditaire, d'autre part, les exemples relevés par F. Jacques, même s'ils sont peu nombreux, montrent que le peuple gardait la possibilité d'imposer un candidat qui lui était particulièrement cher, le cas échéant contre l'avis des décurions. En outre, le maintien de l'ordre public imposait aux magistrats de respecter les souhaits essentiels du peuple, qui pouvait manifester lors des fêtes dans les lieux d'assemblée, comme les théâtres et les amphithéâtres. Enfin, notre vision moderne de la démocratie ne permet guère d'appréhender un système dans lequel ce n'est pas tant l'individu qui s'exprime que le groupe social, corporation professionnelle ou groupe de voisinage, comme le montrent les *programmata* de Pompéi [Staccioli, 167]. S'il est vrai qu'en l'absence de concurrence les élections devaient être souvent symboliques, il est possible qu'elles aient été importantes pour jauger la popularité d'une

famille face à une autre : le système électoral romain prévoyait une hiérarchie des élus, en fonction du nombre de voix acquises, comme le prévoit la
lex Malacitana. Cependant, le déplacement des centres d'intérêt édilitaires
du forum central et des lieux de culte (sous Auguste) vers les lieux de spectacle et de plaisir, souvent excentrés, trahit une certaine désaffection pour
la vie civique [Zanker, dans 6, *259-284*].

UNE « PROVINCIALISATION » ?

Au regard de ces témoignages d'une vie municipale réelle, il faut
considérer tous les témoignages de ce qui pouvait porter atteinte à l'autonomie municipale. U. Laffi [dans *Athenaeum*, 74, 1986, *26-29*] a ainsi
remarqué qu'un certain nombre de prérogatives judiciaires des magistrats
locaux dans la *lex de Gallia Cisalpina* apparaissent de la compétence du préteur chez les auteurs du *Digeste* (cf. *Dig.*, 2, 1, 12). Il y a là un signe évident
de recul de l'autonomie judiciaire des cités en deux siècles et demi. Mais
on s'est surtout attaché à chercher les traces de la « provincialisation » de
l'Italie dans la mise en place d'administrations impériales, bien connues
[Eck, 32 ; Id., dans 6, *329-351*], mais dont il reste à déterminer la signification en termes de respect ou de mépris de l'autonomie municipale et de
la liberté de l'Italie. En effet, à l'exception de la mise en place de *correctores*
sous Dioclétien, à la fin du IIIe siècle, aucune d'entre elles n'est vraiment
comparable à l'administration des provinces, confiées à des gouverneurs :
les interventions des empereurs sont pragmatiques et visent à répondre à
des problèmes conjoncturels précis, non à « gérer » l'Italie. On peut adopter deux approches différentes de ces administrations. Celle de W. Eck
d'abord, qui classe les créations nouvelles selon leur degré d'interférence
avec l'autonomie municipale ; l'ordre est alors grossièrement chronologique. Mais il est aussi possible de prendre en compte certaines remarques
faites par F. Jacques [35], et de poser comme critère d'évaluation le rôle
de l'empereur et le respect de la « liberté » de l'Italie, c'est-à-dire du principe, posé par Auguste, selon lequel le sénat était responsable de la péninsule. Enfin il est indispensable de considérer les limites concrètes de ces
administrations italiennes.

Les administrations impériales

Les revenus de l'État romain sont composés d'impôts directs, d'impôts indirects et de revenus du domaine public. Dans l'Italie du Haut-Empire, les revenus
du domaine public (ou de ce qu'il en reste) sont maintenus, mais le tribut, impôt
direct sur les personnes ou sur le sol, n'est plus attesté. Aussi, pour remplir les
caisses de l'État et subvenir aux besoins de l'armée et du corps des vigiles, Auguste

recourra aux impôts indirects, dont l'impact psychologique était moindre. Ses successeurs feront de même et le projet de Néron de les abolir en bloc pour éviter les abus des publicains restera à l'état de vœu pieu (Tac., *Ann.*, *13, 50)*. Aux droits de douanes et à la vieille *vicesima libertatis* (5 % sur les affranchissements, portée à 10 % par Caracalla et ramenée à 5 % par Macrin), Auguste ajoute une *centesima rerum venalium* (1 % sur les ventes aux enchères, qui ne semble pas avoir eu un grand avenir [De Ligt, 74, *208*]), une *vicesima quinta venalium mancipiorum* (4 % sur les ventes d'esclaves) et une *vicesima hereditatum* (5 % sur les héritages), qui ne touche que les citoyens, et donc l'Italie au premier chef. La perception de la taxe sur les affranchissements était confiée à des sociétés de publicains, selon la tradition républicaine. Tout au plus peut-on soupçonner dans le procurateur de l'impôt sur les affranchissements, nommé au plus tard à partir de 79, un fonctionnaire chargé de surveiller les abus des publicains [Eck, 32, *117*]. Le fonctionnement du vingtième des héritages, créé en 6 apr. J.-C. et officialisé par une *lex Iulia* de 13, destiné à alimenter l'*aerarium militare,* sous le contrôle de trois préfets de rang prétorien, est plus complexe en apparence. Pline le Jeune *(Épist. 7, 14)* écrit encore que l'on paie cette taxe à des publicains, mais depuis le milieu du Iᵉʳ siècle on dispose d'attestations de procurateurs et d'esclaves impériaux. Au plus tard sous Vespasien il y a à Rome un procurateur de haut rang dont les compétences semblent couvrir l'Italie. Au plus tard sous Antonin, les procurateurs sont répartis par grands districts territoriaux, sans relation directe avec les régions augustéennes. Mais l'institution d'une taxe nouvelle et son mode de perception ne sont pas des ingérences dans l'autonomie des cités : l'*aerarium militare,* créé par Auguste pour lotir les vétérans, est directement lié aux compétences militaires de l'empereur. Il ne s'agit pas d'un détournement des prérogatives municipales, mais d'une institution nouvelle, gérée par des fonctionnaires dont la compétence est strictement limitée.

Outre l'armée, l'État avait aussi la charge des grandes voies, dont l'entretien avait été délaissé pendant les guerres civiles. Aussi Auguste demanda-t-il aux triomphateurs de dépenser pour l'entretien de ces voies l'argent du butin qu'ils ne pouvaient utiliser pour des constructions dans la ville de Rome (Suét., *Aug.,* *30, 1*). Les exemples sont cependant très rares. C'est sans doute pourquoi, en 20 av. J.-C., Auguste assuma lui-même la charge d'entretenir les routes et d'en ouvrir de nouvelles, assisté de curateurs de rang prétorien (Dio., *54, 8*; cf. Suét., *Aug.,* *37*). W. Eck [Eck, 32, *26-27*] a pu montrer que l'empereur reçut la responsabilité des routes, par loi ou sénatus-consulte, en dehors du cadre des magistratures (consulat ou censure surtout) qu'il peut être amené à gérer, contrairement à une opinion commune. Pour leur part, les *curatores uiarum,* dont l'existence est attestée dès 11 av. J.-C. (Frontin., *Aq., 101*), sont sans doute nommés, comme les *curatores aquarum,* par l'empereur avec l'accord du sénat. Le nombre de ces fonctionnaires et la durée de leur charge, pour autant que ces éléments aient été constants, font l'objet de discussions depuis Th. Mommsen [Eck, 32, *41-44*]. En fait, peu de *curatores* sont connus, mais on peut relever qu'ils sont presque tous sénateurs, au moins pour les routes importantes, et majoritairement anciens préteurs, avec cependant une hiérarchie liée à l'importance des routes concernées. Pour les travaux importants nécessités par l'ouverture de la *uia noua Traiana* on nomma un consulaire *(CIL, X, 6321; III, 12117)*. La fonction de ces curateurs s'exerce sur des districts déterminés par le trajet de la voie (ou des voies) concernée(s), sans relation avec les régions augustéennes : il y a un curateur de la *uia Aemilia,* un de la *uia Appia,* un pour les *uiae Aurelia, Cornelia, triumphalis,* etc. En tout, une dizaine de districts sont attestés, mais nous n'en connaissons aucun pour la Transpadane, la Vénétie et l'Histrie, où les empereurs ont pourtant ouvert plusieurs routes nouvelles. Il n'y a pas de milliaire au nom des curateurs : ils agissent donc par délégation d'une autorité qui ne peut être que celle de l'empereur. Cependant, au moins en principe, les frais sont partagés entre le sénat et le prince (cf. Dio., *53, 22, 1).* Les milliaires porteurs de la mention *ex senatus consulto* indiquent des voies payées par le sénat. Mais on n'en rencontre plus après Claude, alors que Stace, au temps de Domitien, place l'entretien des routes parmi les postes budgétaires importants des finances impériales. Il y a donc eu un glissement, d'ailleurs général dans la gestion des finances de l'État, de la caisse du sénat vers celle de l'empereur. Ce qui importe ici est que l'empereur, responsable des voies italiennes, ait choisi d'assumer cette responsabilité sous le couvert du sénat, dont nous avons vu qu'il restait, au moins formellement, responsable de l'Italie. Les empereurs ont évité autant que possible de confier ces missions à des affranchis ou à des chevaliers fonctionnaires, ce qui aurait signifié une perte de « liberté » pour les Italiens.

Les communautés locales ne sont pas pour autant complétement déchargées de l'entretien des routes. Quelques rares documents rappellent qu'elles ont des responsabilités précises. Siculus Flaccus, par exemple, écrit que les voies vicinales sont à la charge des propriétaires (*Grom.,* p. 146, 7-9 L), et deux inscriptions (*AE,* 1947, 41 et 42) signalent que les *Teatini Marrucini* et les *Frentani Histonenses* ont participé à l'entretien de la *via Claudia Valeria.* Le mode de répartition entre l'État et les cités ne nous est pas connu. Contre Th. Pekáry [*Untersuchungen zu den römischen Reichsstrassen,* Bonn, 1968, *162*], W. Eck [Eck, 32, *79*] soutient que la part des communautés locales était nettement minoritaire. La participation des cités explique sans doute la décision prise par Marc-Aurèle *(SHA, Marc, 11, 9)* d'autoriser les curateurs des voies à juger (ou à déférer devant le préfet de la ville) ceux qui auraient exigé des sommes supérieures au vectigal fixé. Sans doute y a-t-il eu des abus qui expliquent cette mesure, probablement calquée sur la *lex Quinctia* de 9 av. J.-C., qui accordait de semblables pouvoirs aux *curatores aquarum* (Frontin., *Aq.,* 129). Il y aurait alors un empiétement sur l'autorité des magistrats locaux, puisque la justice locale est du ressort des duovirs. Mais si les coupables étaient justement ces derniers, il fallait bien une instance supérieure pour les juger, et la limite des 15 000 sesterces fixée par la *lex de Gallia Cisalpina* comme limite de compétence des magistrats locaux devait être souvent dépassée. L'intervention du pouvoir impérial dans la vie des communautés italienne est donc encore fort limitée, d'autant que la justice est ici rendue par des sénateurs de rang au moins prétorien, c'est-à-dire ayant exercé des fonctions judiciaires à Rome.

L'institution des *alimenta,* créée par Nerva et Trajan, a pour particularité d'être destinée strictement à l'Italie, où l'empereur souhaitait encourager la natalité. On a parfois recherché derrière les *alimenta* une forme de soutien à la petite et moyenne propriété. Cette hypothèse a été détruite par R. Duncan Jones [*Economy* (1974), 294 sq.]. En effet, les sources font toutes allusion à une aide alimentaire en faveur des familles pauvres. La question est plutôt aujourd'hui de savoir dans quelle mesure les propriétaires participants étaient volontaires. On peut rapprocher de cette mesure l'extension aux enfants des *frumentationes* à Rome en vue de faciliter le recrutement romain (Plin., *Panégyr., 26, 3*). Trajan a d'ailleurs fait frapper des monnaies portant la légende *Italia rest(ituta)*. Le principe de l'institution est simple : l'empereur prête à des propriétaires une somme, déterminée en fonction de la valeur des terres qu'ils acceptent d'engager (selon une proportion qui varie entre un quart et un tiers de cette valeur [Duncan Jones, *Economy* (1974), 333 sq.]), contre le versement d'un intérêt perpétuel destiné à nourrir des enfants pauvres de la cité concernée (cet intérêt est plus élevé à Véléia où dominent les grands domaines qu'à Bénévent). Les *alimenta* se mettent donc en place cité par cité, selon des critères qui nous échappent. Dans un premier temps, Trajan en confie la responsabilité à des sénateurs, sans doute de rang consulaire. Peut-être dès ce moment sont nommés des *quaestores alimentorum* locaux dans les communautés concernées. En 136 est attesté le premier *praefectus alimentorum*, qui est en même temps *curator viae Flaminiae (ILS, 1061).* Très logiquement, le curateur a en charge les *alimenta* des cités situés le long de la route dont il s'occupe. Le rôle des préfets est sans doute surtout de veiller au bon fonctionnement de l'institution dans les cités, et en particulier au paiement des intérêts par les propriétaires, ce qui implique des pouvoirs de justice, comme pour les *curatores aquarum* et les *curatores viarum* [Eck, 32, *179-181*]. La relation entre les deux fonctions, curateur des routes et préfet des *alimenta* paraît donc simple, mais elle dissimule un glissement fonctionnel relevé par W. Eck. Pour lui, ces préfets représentent le premier exemple d'instance intermédiaire entre les cités, dotées dans ce domaine de leurs *quaestores alimentorum*, et l'empereur, source du financement de l'institution [Eck, 32, *182*]. Pour reprendre la définition de l'Italie « en négatif » telle que la propose E. Lo Cascio, les préfets des *alimenta* représenteraient le premier pas vers une provincialisation de l'Italie, même si le champ de leurs activités est très strictement limité. Cependant, ici encore, on a pris soin de confier ces fonctions importantes à des sénateurs, afin de maintenir la fiction de l'autorité du sénat sur la péninsule. En outre, il n'y a pas ingérence dans les activités traditionnelles des communautés, mais création d'une nouvelle activité, gérée par des magistrats locaux sous le contrôle de représentants du bailleur de fonds, ce qui paraît légitime.

Les derniers venus de ces envoyés de l'empereur sont parfois considérés comme l'ultime étape avant la provincialisation de l'Italie. L'institution des *iuridici* apparait sous Marc-Aurèle *(SHA, Marc, 11, 6),* mais reprend l'exemple donné par Hadrien, qui avait envoyé quatre consulaires, dont Antonin, le futur empereur, rendre la justice en Italie *(SHA, Hadrien., 22, 13),* peut-être d'après un précédent républicain (App., *BC, 1, 38, 172).* Les *consulares* d'Hadrien n'ont pas laissé de trace, et, de toute manière, la mesure semble avoir été très vite rapportée. En revanche, les *iuridici* sont mieux connus. Chacun de ces juges opère dans un district donné qui regroupe une à trois régions augustéennes (pour des raisons censitaires évidentes) avec quelques nuances. On a tenté de reconstituer l'évolution de ces districts [Corbier, 1973], mais le faible nombre des documents, les limites inhérentes à l'épigraphie et la variabilité des missions des *iuridici* rendent cette tentative très hypothétique [Eck, 32, *251-254*]. Comme leur nom l'indique, les *iuridici* ont pour charge essentielle de rendre la justice, mais aussi, par exemple d'officialiser une adoption faite en leur présence. De toute évidence leur rôle s'apparente à celui du préteur urbain, responsable de la justice à Rome (malgré les empiétements du préfet de la ville et du préfet du prétoire, surtout à partir de la fin du IIe siècle). Or les *iuridici* ont tous été préteurs. W. Eck [32, *260-261*] considère de ce fait, et faute de source contraire, que la compétence des *iuridici* n'est pas limitée par le montant du litige : ils représentent donc simplement une décentralisation de la justice supérieure. En effet, la compétence des juridictions locales était limitée en fonction des sommes en litige, ce qui signifie que jusqu'à l'institution des *iuridici*, tout procès important devait être porté à Rome, faute de magistrat supérieur disponible localement (et de ce point de vue les Italiens étaient désavantagés par rapport aux provinciaux, dont les gouverneurs étaient itinérants). Peut-être faut-il alors comprendre la présence d'un proconsul dans un procès à Milan au début de notre ère comme un écho de tentatives ponctuelles de résoudre le problème de la justice en Italie hors de Rome (Suét., *Gramm. et rhét., 30, 6*). Quoi qu'il en soit, l'existence des *iuridici* n'implique pas en soi une réduction des prérogatives des magistrats locaux : les secteurs confiés aux juges étaient trop importants pour qu'ils puissent s'occuper des petites affaires, que les duovirs pouvaient juger. De même, l'intervention de *iuridici* lors de crises alimentaires n'implique pas que l'annone ait été de leur ressort : il était socialement normal pour un aristocrate se trouvant, avec d'importantes responsabilités, dans une cité en proie à la famine de lui venir en aide, indépendamment de tout fonctionnement institutionnel. S'il est vrai qu'à travers les *iuridici* l'État s'occupe des citoyens des municipes, il le fait au nom d'un droit ancien et apparemment sans remettre en question les quelques éléments d'autonomie que Rome avait concédés aux municipes après la guerre sociale. Ce respect apparent des institutions transparaît aussi dans le fait, identifié par F. Jacques, que nombre de *iuridici* sont en quelque sorte des spécialistes de l'Italie. Ainsi, dans les années 170, Marcus Fabius Magnus Valerianus est successivement curateur de cité, curateur des voies et *iuridicus* [Jacques, 32, *76-78*].

L'empereur face aux cités

Si, dans le droit, le respect de l'autonomie des cités paraît avoir commandé la plupart des mesures administratives, il faut bien reconnaître que, dans les faits, l'empereur est sans cesse plus présent dans le fonctionnement de l'Italie [Lo Cascio, dans 8, *2.2, 125*]. Sa fortune exceptionnelle lui permet de venir en aide aux cités, par exemple lors de crises alimentaires *(SHA, Marc, 11, 3)*, et de contribuer à les embellir. Une étude récente a ainsi recensé des interventions édilitaires d'Hadrien dans 21 cités [Boatwright, dans *Chiron*, 19, 1989, *250-269*]. On ne compte plus celles d'Auguste, quoiqu'une synthèse manque sur le sujet [cf. Kienast, *Augustus*, Darmstadt, 1982, *344-348*]. L'empereur agit alors comme n'importe quel patron, même s'il ne revêt pas ce titre. Par ailleurs, très tôt nous constatons que les cités ou les communautés qui rencontrent des difficultés de gestion ou se heurtent à des problèmes de droit (y compris de droit privé) s'adressent plus volontiers à la chancellerie impériale qu'au sénat, comme le montre l'exemple de Vardagate [Tibiletti, 50, *924*]. Inversement, l'empereur peut être amené à user de son pouvoir dans les cités. A Pompéi, sous les Flaviens, c'est au nom de l'empereur *(ex auctoritate)* qu'un tribun viendra contrôler le cadastre et rendre à la cité les terres abusivement accaparées par des particuliers *(CIL, X, 1018)* ; une tâche qui sera de la compétence des *iuridici* par la suite. On remarque la conjonction d'un sénateur, magistrat du peuple romain, et de l'*auctoritas* du prince (un des mots clés du nouveau régime). C'est donc à travers elle, et non à travers son *imperium* (qui lui donne des pouvoirs étendus dans les provinces), que l'empereur vient en aide aux communautés italiennes. Dans le domaine judiciaire, la présence de l'empereur se fait sentir de manière indirecte : à travers les rescrits impériaux, qui font jurisprudence, l'empereur tend à devenir source du droit. Or celui-ci s'applique dans les communautés de droit romain. Par exemple, nous voyons Marc-Aurèle et Lucius Verus interdire aux décurions de fixer le prix du blé et surtout de le vendre à un prix inférieur au prix normal du service de l'annone *(Dig., 48, 12, 3 = 50, 1, 8)*. Nous ne savons pas si le sénatus-consulte par lequel Claude accordait à ses procurateurs le droit de prendre des décisions de justice, jusque-là du seul ressort du préteur, a été étendu à l'Italie (Tac., *Ann., 12, 60*; Suét., *Cl., 12, 3*). A priori, ces décisions ne pouvaient concerner que les domaines impériaux, mais l'enquête sur les *Anauni, Tulliasses* et *Sinduni* fut confiée à des procurateurs impériaux. En pratique, il faut attendre encore un demi-siècle pour rencontrer des représentants officiels de l'empereur intervenant dans les affaires des cités.

Les curateurs de cités

Peut-être déjà sous Domitien *(Lucius Caesennius Sospes ?, ILS, 1017)* ou Nerva (Ulp., *Dig., 43, 24, 3, 4*), en tout cas certainement sous Trajan, apparaissent des mandataires impériaux qui portent le titre de curateurs de cité [Jacques, 35 ; Camodeca, 28]. Le formulaire ne laisse aucun doute sur la procédure de nomination ; ils tiennent leurs prérogatives d'une lettre de l'empereur *(curator rei publicae ex epistula imperatoris)*, pour une durée variable, qui peut atteindre plusieurs années. Ce sont parfois des sénateurs (surtout dans le Latium et en Campanie, où l'aristocratie romaine possédait des biens importants), mais aussi des chevaliers engagés dans des carrières procuratoriennes, voire de simples notables de cités. Le plus souvent ils ne sont pas originaires de la cité où ils interviennent, mais couramment de cités voisines. Il est possible que les cités ou leurs patrons aient pu proposer des noms à l'empereur. En tenant compte de la surreprésentativité épigraphique des sénateurs, W. Eck [32, *195*] conclut que ces derniers devaient être minoritaires, ce qui marque une nuance importante avec les fonctions envisagées ci-dessus. La part des sénateurs paraît cependant être devenue plus importante à partir de Marc-Aurèle [Camodeca, 28, *489*]. Les curateurs sont encore peu nombreux jusqu'à Antonin et leur institution ne paraît jamais avoir été généralisée à toutes les cités d'Italie. Il s'agit chaque fois d'une mesure ponctuelle, liée aux difficultés d'une cité précise. L'activité de ces curateurs est centrée sur les finances publiques, comme il ressort aussi de la mission de Pline le Jeune en Bithynie. Une des questions qui reviennent le plus souvent est celle du domaine public, mal surveillé par les décurions et les magistrats municipaux depuis les vastes opérations de récupération des Flaviens. Nous possédons un témoignage concret du fonctionnement de la curatèle à *Caere* (Cerveteri), où les décurions, après avoir voté l'attribution d'un lopin de terre publique à un affranchi impérial pour construire le siège des *augustales*, envoient (quatre mois plus tard!) une lettre à leur curateur pour consultation. Ce dernier répond le mois suivant. Le contrôle des finances de *Caere* se faisait donc de loin et de manière plutôt relâchée. En même temps que les curateurs des cités apparaissent des *curatores kalendarii*, probablement aussi nommés par l'empereur (et en province par le gouverneur) [Eck, 32, *228-229*]. Leur relation éventuelle avec les curateurs des cités est inconnue, mais leur fonction était assez proche, puisque, comme leur nom l'indique, ils étaient chargés de surveiller les rentrées de revenus publics. Vers la fin du IIIe siècle, leur fonction évolue vers un *munus personale*, exercé à la demande de la cité.

Le rôle des curateurs a été diversement apprécié par les Modernes sur la base d'une documentation réduite. Pour certains ils représentent la première intervention directe de l'empereur dans les affaires des cités, c'est-à-dire une atteinte à l'autonomie municipale. Pour d'autres, ils représentent seulement un service que le prince peut offrir à des cités dans l'embarras; on souligne alors que bien des curateurs sont ensuite élus patrons des cités où ils ont rempli leur tâche [Jacques, 35; Camodeca, 28, 489]. Plus nuancé, E. Lo Cascio [dans 8, 2.2, *135*] relève que, si le rôle des magistrats locaux n'est pas remis en question, il n'y a pas non plus de différence entre les curateurs des provinces et ceux d'Italie. Il y aurait donc dès ce moment une tendance à aligner l'Italie sur l'Empire. En fait, le pouvoir exact des curateurs est mal connu: ils sont souvent perçus comme des «conseils en gestion» dépourvus de pouvoir exécutif réel. Cependant, ils paraissent avoir eu leur mot à dire pour toute attribution d'un emplacement sur sol public, même si ce n'est qu'après Gallien qu'ils s'occupent de bâtiments publics et apparaissent seuls dans les inscriptions, où jusqu'alors dominait la formule traditionnelle *locus datus decreto decurionum*. Mais, même sans citer un exemple d'Éphèse, où le curateur doit examiner les comptes des magistrats sur les vingt ans passés et faire rapport à l'empereur (*AE*, 1932, 50), on trouve dans les textes juridiques des indications précises, qui montrent que les curateurs peuvent avoir des pouvoirs exécutifs. Ainsi, il leur revient de récupérer les terres publiques (inaliénables en principe) vendues, même si l'acheteur était de bonne foi (*Dig., 50, 8, 11, 2)*. Mais ils sont libres de réclamer un vectigal pour loyer du bien public usurpé, selon ce qui est le plus avantageux pour la cité, suivant un principe énoncé d'abord pour les *praesides* de province: «il vaut mieux augmenter les revenus publics» (*Dig. 50, 10, 5, 1)*. Le curateur est donc un mandataire impérial, qui consacre ses soins aux intérêts de la cité. Sa fonction est alors de pallier les déficiences de l'administration municipale et non de réduire *a priori* les compétences des magistrats. Aucune de nos sources ne présente le curateur comme un chef de l'administration locale [Eck, 32, *226*]. En outre, l'exemple de la récupération des terres publiques nous renvoie à des situations antérieures déjà citées, où les envoyés impériaux agissent *ex auctoritate principis*. Très probablement il n'y a pas eu de loi définissant un nouveau cadre juridique de l'Italie pour permettre l'action des curateurs : leur pouvoir devait être limité par le recours toujours possible à la juridiction des magistrats de Rome. Plus que d'une négation de l'autonomie municipale, les curateurs témoignent de l'incompétence chronique des notables locaux. Tout récemment, D. Wittacker [dans 6] a proposé une lecture intéressante de la fonction des curateurs : ils compenseraient le désintérêt des élites locales pour les cités ; l'empereur obligerait ainsi des chevaliers et des sénateurs à investir dans les villes d'Italie. Ce n'est sans doute pas la seule raison, mais cette hypothèse provocante devrait contribuer à renouveler le débat sur ce sujet.

Autonomie ou dépendance ?

Ces exemples témoignent donc des interventions, sans cesse plus nombreuses, de l'empereur dans un territoire confié originellement au sénat. Mais presque à chaque fois nous rencontrons des sénateurs, ce qui implique que, formellement, c'était l'État qui était concerné et non le seul prince. Or l'intervention de l'État sur le sol italien était légitime, puisque l'Italie était une hypertrophie de Rome, soumise par l'effet de la conquête à l'autorité des magistrats romains [cf. J.-M. Bertrand, dans *Cahiers du centre Glotz*, II, Paris, 1991, *127-133*]. Plusieurs textes montrent à quel point Rome et l'Italie apparaissaient indissociables (par exemple Dio., *57, 2, 5* ; *60, 33, 3 b* ; *65, 1, 4* ; Gaius, *3, 121 a*). Lorsqu'en 58 le sénat résout un conflit entre le peuple et l'*ordo* de Pouzzoles en y envoyant une cohorte prétorienne (Tac., *Ann., 13, 48*), ce n'est pas un abus de pouvoir : le sénat est souverain sur l'*ager Romanus*. Certains empereurs, comme Marc-Aurèle *(SHA, Marc, 11, 2)*, veillent d'ailleurs à confier le plus possible de charges à des sénateurs afin de respecter la fiction de la répartition augustéenne, dans laquelle l'Italie était du ressort du sénat. En matière d'autorité judiciaire, l'Empire ne marque donc pas de rupture ; la seule vraie révolution avait été celle de la guerre sociale, qui avait ôté aux alliés une grande partie de leur autonomie en les plaçant sous la tutelle directe du sénat. Quant aux envoyés impériaux, leur rôle est toujours très limité à l'origine, et il n'y eut pas, durant tout le Haut-Empire, de magistrat ou de fonctionnaire chargé de la gestion globale d'un district déterminé, et encore moins de toute l'Italie ; aucun contrôle régulier ne s'exerce sur l'administration municipale [Tibiletti, 50, *921-922*]. Il n'y eut même pas de véritable découpage administratif de l'Italie : chaque administration disposait de ses propres districts, définis sur des critères empiriques. Les mentalités évoluèrent cependant, et il n'est sans doute pas gratuit qu'Hadrien ait choisi de faire figurer l'Italie parmi les 26 personnifications des régions de l'Empire sur des monnaies de la fin du règne [cf. Potter, 9, *60* ; Cracco Ruggini, Cracco, 18, *23*; Boatwright, dans *Chiron*, 19, 1989, *270*] (on ne sait si l'Italie figurait aux côtés des provinces sur les reliefs du temple d'Hadrien). La question de l'autonomie des cités italiennes ne peut donc pas être résolue en termes positifs, au moins dans notre conception moderne du mot. Dans les faits, il faut admettre que la situation établie après la guerre sociale n'a guère été modifiée, au moins dans un premier temps.

En revanche l'inégalité de la relation entre Rome et les cités est patente. Les études de prosopographie sénatoriale en sont la plus claire illustration. D'une part, les sénateurs sont libérés des charges dans leurs cités d'origine (*Dig.*, *50, 1, 22, 5*; *50, 1, 23*, pr.), ce qui prive celles-ci de ressources importantes au profit de Rome, où le nouveau sénateur se doit de tenir son rang. Et, de fait, on constate une désaffection fréquente des sénateurs envers l'édilité de leurs cités [Zanker, dans 6, *259-284*; Segenni, 109, *19*]. Le patronat, exercé par ces sénateurs souvent avant même l'accès au sénat [Camodeca, dans 58, II, *114*], s'il est important pour la vie des cités, ne représente pas le même investissement financier local. D. Wittacker [dans 6, *140-142*] insiste sur le fait que Pline le Jeune est une exception en matière d'évergétisme local : les encouragements de Nerva (Plin., *Épist.*, *10, 8, 1*) paraissent être restés sans effet. D'autre part, il y a de moins en moins de nouveaux sénateurs italiens d'origine non romaine sous l'Empire, ce qui implique un cloisonnement social important dans les cités italiennes [plusieurs exemples dans 58, II]. Dans le Latium, seule une cité aussi importante que Préneste a pu fournir des sénateurs durant tout le Haut-Empire [Licordari, dans 58, II, *12*]. Cette attraction à Rome de l'élite des cités, commencée aussitôt après la guerre sociale, parfois même avant, affaiblit les cités financièrement et politiquement. Elle explique sans doute en partie la réduction rapide du dynamisme édilitaire augustéen [cf. Zanker, dans 6, *259-284*]. On remarque en outre une réduction progressive puis une disparition au IIIe siècle des dons importants (plus de 10 000 sesterces), alors même que l'augmentation des sportules semble trahir une nette inflation [Andreau, dans 6, *197*]. On comprend mieux que les Triestins aient tenu a intégrer les plus riches de leurs *adtributi* dans l'*ordo* des décurions, afin de mieux répartir les charges communes *(ILS, 6680)* [Jacques, *Les cités de l'Occident romain*, Paris, 1990, n° 41].

DÉMOGRAPHIE ET ÉCONOMIE

Depuis longtemps les historiens de l'Antiquité cherchent à appuyer leurs études sur des bases chiffrées et des statistiques. La rareté des données quantitatives a conduit à restreindre ce genre de recherches aux domaines dans lesquels nous avons quelques renseignements, soit essentiellement la population des citoyens romains, connue par les chiffres des cens (presque tous républicains), et le commerce du blé, lié à l'annone. S'y sont ajoutées des estimations plus délicates, sur la base des chiffres livrés par les auteurs de traités d'agronomie, Caton et Columelle en particulier. Ce travail est d'autant plus fragile que les chiffres statistiques n'avaient pas dans l'Antiquité la même valeur maniaque que de nos jours : ils ont donc été souvent corrigés. Le résultat est donc entaché de beaucoup d'incertitudes et, comme l'écrit Cl. Nicolet, le quantitatif que l'on peut atteindre est « un peu caricatural » [Nicolet, 69, *30*]. Il faut en outre garder à l'esprit que bien des raisonnements ont été bâtis sur des suites d'estimations, ce qui est très dangereux. Il est facile de montrer que le calcul par lequel P. Brunt [66, *126*] estime à quelque 40 % la surface du sol italien exploitée pour l'alimentation est inutilisable. En admettant que chacune de ses estimations puisse souffrir d'une erreur de $\pm$ 10 %, ce qui est minime, et sans modifier les hypothèses sur l'assolement biennal et la population de l'Italie (celle-ci probablement erronée), on arrive à un résultat compris entre 31 % et 52 %, ce qui n'a aucune signification historique. En effet, contrairement à un lieu commun très répandu, il n'y a pas de neutralisation statistique des erreurs : le résultat est toujours compris dans une fourchette déterminée par la conjugaison des éléments les plus favorables et les plus défavorables, et la moyenne n'est pas statistiquement plus probable que les valeurs qui l'encadrent. L'estimation de la population de Pompéi montre bien les faiblesses de ces méthodes de calcul : la cité ensevelie aurait eu de 7 000 à 20 000 habitants selon les auteurs [cf. Jongman, 168, *108-111*]. De la même manière, les études qui utilisent les valeurs en calories des biens alimentaires (en surexploitant parfois les rapports de la FAO) négligent d'une part les différences importantes que peut présenter une même céréale, d'autre part le fait que la valeur nutritive ne se résume pas aux calories [voir V. Silano *et al.*, *Improvement of nutritional quality of food drops*, Rome (FAO), 1981], enfin, que nous ignorons tout de la composition réelle des céréales antiques. On pourrait citer bien d'autres exemples qui incitent à la prudence, ce serait inutile. Il suffit de garder à l'esprit que presque tous les résultats obtenus en matière de quantification de l'économie antique sont sujets à caution. Cela n'interdit pas, bien entendu, de discuter raisonnablement les rares documents chiffrés en notre possession. Les plus importants sont ceux du cens. Les résultats de J. Beloch et P. Brunt, longtemps considérés comme définitifs, méritent en fait une rediscussion, qui a été en grande partie entreprise récemment par E. Lo Cascio.

LA POPULATION DE L'ITALIE

Nous disposons d'un nombre assez important de chiffres du cens pour la République et seulement de quelques données pour l'Empire puisque le cens a vite cessé d'être régulier : seuls Claude et Vespasien ont occupé la charge de censeur (avant la censure perpétuelle de Domitien). En outre, dès la fin de la République, il y a un nombre important de citoyens hors d'Italie. Il devient donc délicat de déduire la population italienne du nombre total des citoyens. A cela s'ajoute une difficulté particulière pour les cens augustéens et postérieurs : les *Res Gestae* d'Auguste donnent le chiffre de 4 063 000 individus pour le cens de 28 av. J.-C., alors que le chiffre de 70-69 av. J.-C. était seulement de 910 000 citoyens. L'augmentation est impressionnante et le chiffre du cens d'Auguste impliquerait que l'Italie ait compté une population globale d'environ 12 à 15 millions d'habitants au tournant de notre ère, soit entre un quart et un tiers de la population actuelle. Ces chiffres ont paru souvent trop élevés et ont conduit P. Brunt [66] à adopter une estimation basse (qui repose sur les recherches de J. Beloch [65], et sur des travaux de démographie moderne), soit environ 4-4,5 millions de libres et 3 millions d'esclaves. Le total représenterait alors entre un sixième et un septième de la population actuelle, entre 50 % et 60 % de la population aux XVIᵉ-XVIIᵉ siècles, seulement [Jongmann, 168, *72*]. Si l'on suit P. Brunt, il faut donc admettre que l'Italie impériale était somme toute peu peuplée, surtout si l'on tient compte des extraordinaires concentrations urbaines de l'époque. Reste à savoir dans quelle mesure l'*a priori* qui veut que l'Italie antique ait été beaucoup moins peuplée que celle du XIXᵉ siècle est vrai : à la fin du XVIᵉ siècle, l'Italie péninsulaire nourrissait entre 11 et 12 millions d'habitants [Beloch, 65, *488*].

J. Beloch [65] a proposé de résoudre le problème posé par la forte croissance des chiffres entre 70/69 et 28 av. J.-C. en considérant qu'Auguste avait compté aussi les femmes et les enfants (contre Nissen, S. Mazzarino et T. Frank), alors que les cens antérieurs ne comptaient que les *capita ciuium*, les citoyens mâles adultes. Il a été suivi en cela par P. Brunt sans argument solide (« il faut adopter l'interprétation de Beloch même en l'absence de preuves positives »...), puis F. De Martino, Cl. Nicolet, et bien d'autres [Brunt, 66, *113-120*; De Martino, *Storia economica, 235*; Nicolet, *Rome et la conquête du monde méditerranéen*, 1, *79-85*; Id., 69, *46*; Gallo, dans 11, 3, *247*]. En tenant compte d'une erreur moyenne de 20-25 % (exagérée selon F. De Martino [*Storia economica, 176*], qui penche pour 10 %) dans les opérations de cens (opération impopulaire à laquelle auraient échappé bien des citoyens), P. Brunt estime le nombre total des citoyens à la mort d'Auguste entre 5 924 000 et 6 171 000 (pour un chiffre officiel de 4 937 000). Si l'on adopte le rapport de un quart pour les mâles en âge de porter les armes, attesté dans les sources

pour plusieurs peuples non romains, on constate qu'il n'y aurait guère eu de croissance du corps civique entre 70-69 et 28 (c'est la conclusion de Beloch [65, *489*]).
En revanche, avec un rapport de l'ordre de 35 % [Beloch, 65, *483*; Brunt,
66, *117*], il y aurait eu une croissance notable malgré les guerres civiles; croissance
qui s'expliquerait par la naturalisation de communautés, par exemple en Transpadane (en 49 av. J.-C.), et par de nombreux affranchissements. Le cens de Claude,
en 47, donne un total de 5 984 000 citoyens, soit 1 million de plus qu'en 14, sans
doute en bonne partie dus aux affranchissements et naturalisations. Mais on ne
peut pas exclure, au vu d'un chiffre de cette importance, une croissance démographique interne du corps des citoyens. En fait, E. Lo Cascio [dans 6, *91-125*] a
montré que les chiffres de Brunt impliquent une décroissance démographique brutale en Italie, une population très réduite en Transpadane et une forte augmentation du pourcentage de mâles adultes entre 70 et 28 av. J.-C., ce qui est irréaliste.
Il opte donc d'une part pour une lecture « normale » des sources : le cens de 28
ayant compté les *capita ciuium*, on obtiendrait une population citoyenne d'environ
13 500 000 personnes en 28 av. J.-C. et 16 400 000 en 14 de notre ère, dont
quelque 10 % hors d'Italie. On obtient ainsi une croissance de la population italienne citoyenne de l'ordre de 4,1 ‰, comprenant les affranchissements, soit un
peu moins de 3 ‰ de croissance démographique, comme il convient pour une
société à ce stade de développement. Il n'est alors plus indispensable d'imaginer
un nombre très élevé d'esclaves pour aboutir à un résultat global « raisonnable ».
L'effectif servile admis par J. Beloch, soit 2 millions [Beloch, 65, *483-485, 489*],
contre Nissen, qui en estimait le nombre à 5-6 millions, est possible, mais il n'y a
malheureusement aucune source fiable, et l'estimation de P. Brunt – autour de
3 millions d'esclaves [Brunt, 66, *124*; 67, *95*] – repose sur un parallèle avec le sud
des États-Unis en 1850 (un tiers d'esclaves) et sur le présupposé que le modèle de
la « grande villa esclavagiste » a été appliqué largement en Italie. S'il est vrai que
certains grands propriétaires pouvaient posséder de nombreux esclaves, les exemples, toujours cités, de Caius Caecilius Isodorus, qui possédait 4 116 esclaves (sans
doute pas tous en Italie), ou de Pedanius Secundus, qui avait 400 esclaves (chiffre
rhétorique) dans sa seule maison romaine [Plin., *Hist. nat., 33, 135*; Tac., *Ann.,
14, 43*] ne doivent sans doute pas être trop vite généralisés. G. Alföldy rappelle que
le prix des esclaves en limitait l'acquisition, en dehors de quelques moments
privilégiés [Alföldy, *Histoire sociale de Rome*, Paris, 1991, *126*]. En outre, pour que
les esclaves restent très nombreux, il faudrait que les affranchissements soient rares.
Or la législation augustéenne, qui limite les affranchissements au cinquième des
familiae d'esclaves, suppose qu'il y avait des gens qui souhaitaient en affranchir une
proportion plus importante. En somme, l'effectif de la population servile
italienne ne peut pas être établi, même approximativement, sans prendre position
dans un débat (celui de la production esclavagiste) qui ne pourrait justement être
résolu qu'en connaissant le nombre des esclaves ! Or, malgré les lamentations
des Anciens, il devait subsister d'importantes populations rurales libres, comme
le montre E. Lo Cascio [Lo Cascio, dans 6, *91-125*; Capogrossi Colognesi,
dans 4, 1, *344*].

Paradoxalement, c'est là où les chiffres sont les plus extrêmes, c'est-à-dire à
Rome, que nous disposons d'informations utilisables. La discussion n'est pas ache-

vée, mais les travaux récents concordent généralement au moins au niveau de l'ordre de grandeur. Plusieurs procédés ont été utilisés avec plus ou moins de succès. Le calcul sur la base des 1 790 *domus* et 44 602 *insulae* mentionnées par les régionnaires, aboutit à un résultat extravagant de quelque 4 millions d'habitants [critique dans Harvey, 68, *184*]. Inversement, les chiffres voisins avancés par J. Beloch (800 000) et P. Brunt (750 000, dont 500 000 citoyens) [Brunt 66, *116*; 1983, *97*] sont peut-être un peu bas: Rome serait à peine plus peuplée qu'Antioche (600 000; Plin., *Hist. nat. 6, 30, 122*). F. De Martino [*Storia economica*, I, *175-182*], après avoir repoussé plusieurs hypothèses, s'arrête à un maximum de 750 000 libres et au moins 100 000 esclaves, soit un effectif global un peu plus élevé. Mais il refuse d'utiliser les effectifs des bénéficiaires des distributions de blé, pourtant acceptés par bon nombre d'historiens. Le plus élevé de ces chiffres, 320 000 bénéficiaires, est atteint à deux reprises, en 46 et en 5 av. J.-C. Comme il ne s'agit que de mâles adultes, ingénus et affranchis, il faut admettre une population minimum autour de 900 000 personnes, auxquelles il faut ajouter les esclaves, exclus des distributions (même s'il y a eu de nombreux tricheurs), et un petit effectif d'habitants aisés qui ne recourent pas aux distributions. Les estimations sont variables, celle de G. E. Rickman, par exemple [dans 72, *263*], se situe entre 750 000 et 1 million, mais il n'est sans doute pas exagéré de dire que la Rome d'Auguste dépassait le million d'habitants [Garnsey, Saller, *L'Empire romain*, Paris, 1994, *147-148*]. Il serait intéressant de pouvoir estimer la part des citoyens dans cet ensemble. Or les sources nous précisent qu'en 46 av. J.-C., César entreprit un *recensus* qui permit de réduire à 150 000 le nombre des bénéficiaires du blé public. On a souvent admis que ce *recensus* visait à établir une liste fermée et limitée de bénéficiaires [par exemple Rickman, 126, *176*; Fraschetti, 150, *259*; Virlouvet, dans 121, *46-62*; Id., *128*], mais une lecture attentive des sources a incité E. Lo Cascio [dans *Athenaeum*, 78, 1990-2, *303, 306-318*; cf. Van Berchem, 118, *22*] à considérer qu'il s'agit plutôt d'un cens local, selon le modèle connu par la « table d'Héraclée », destiné à établir la liste des citoyens résidants à Rome et, par voie de conséquence, d'exclure des distributions tous ceux qui n'y avaient pas vraiment droit; il est même possible que ce chiffre n'ait compris que les ingénus. On pourrait alors estimer autour de 500 000 la population des citoyens (ou ingénus) domiciliés officiellement à Rome, ce qui laisse une large place à la population esclave et immigrée, sans que les ingénus soient pour autant écrasés: le seul personnel de maison des sénateurs et de l'empereur pouvait représenter quelque 100 000 esclaves (nous en connaissons nominalement près de 200 pour quatre générations de la seule famille des Volusii Saturnini entre 20 et 97 [Buonocore, *54*]). La proposition de P. Brunt, pour qui deux tiers de la main-d'œuvre romaine est servile ou affranchie est peut-être un peu excessive. Cependant, les inscriptions donnent un pourcentage d'affranchis beaucoup plus élevé [Staccioli, dans 62, *210*]. E. A. Meyer [61] a expliqué ce phénomène par le fait que la manifestation épigraphique d'un individu est plus importante lorsqu'il a changé de statut: les affranchis tiennent à faire savoir qu'ils ont accédé à la citoyenneté.

Une crise de peuplement ?

Nos sources sont unanimes à souligner l'appauvrissement démographique de l'Italie dès la fin de la République. On a donc cherché des traces de cette dépopulation [cf. Carandini, dans 3, *250*]. Elles existent, mais leur interprétation n'est pas univoque. Cl. Nicolet admet qu'il y a un fond de vérité dans ce leitmotiv de la littérature impériale, mais qu'il faut écarter l'image d'un dépeuplement dramatique de l'Italie profonde : une partie au moins du million de citoyens supplémentaires recensés entre 14 et 47 devait résider en Italie [Nicolet, 69, *51, 54* ; Gallo, dans 11, 3, 1992]. Insistant sur l'importance de la crise, P. Brunt [66, *130*] rappelle qu'il a été difficile d'opérer une levée en Italie après la perte des légions de Varus en 9 de notre ère, et que Tibère a renoncé à la conscription. Mais il n'est pas évident que les difficultés du recrutement aient reflété directement l'évolution de la démographie. En étudiant l'origine des légionnaires, G. Forni [Forni, 59, *381-386*] a pu montrer qu'il y a un déplacement régulier des principaux centres de recrutement pour les légions d'Occident, passant de l'Italie (surtout centrale et septentrionale) sous Auguste aux provinces très romanisées (Bétique ou Narbonnaise par exemple), puis à la Gaule chevelue et aux provinces plus éloignées à partir des Flaviens. Il faut donc plutôt penser que le problème de recrutement est affaire de modification culturelle et de niveau de vie : l'armée paie mal, le butin se fait rare et les camps de garnison du *limes* représentent un cadre de vie peu attirant : les plaintes des mutins de Pannonie, en 14 de notre ère, sont assez explicites (Tac., *Ann.*, 1, *17*). En outre, les nouvelles légions sont toujours recrutées en Italie lors de leur création et il y a des levées en Italie en cas d'urgence [Forni, 59, *382*]. Cependant, les lois natalistes, à commencer par celles d'Auguste, montrent bien que le pouvoir constatait un problème de population citoyenne en Italie. Déjà César, en interdisant aux citoyens de 20 à 60 ans de quitter l'Italie plus de trois ans de suite [Suét., *Iul.*, *42, 1*], tentait d'enrayer une déperdition par émigration. Des colons avaient été installés sans succès à Tarente et Antium, nous dit Tacite *(Ann.*, *14, 27, 2)*, pour repeupler ces endroits désertés. Enfin, l'institution alimentaire de Trajan, où l'on a voulu voir parfois une mesure économique de type moderne (aide à l'agriculture par un prêt à faible intérêt [Potter, 9, *123*]), est aujourd'hui interprétée comme un encouragement à la natalité dans les milieux défavorisés, pour permettre le recrutement de légionnaires en Italie. Pour E. Lo Cascio les *alimenta* permettent de nourrir une population très importante au regard de la *carrying capacity* de l'Italie [Lo Cascio, dans 6, *123*].

Dans une certaine mesure, l'archéologie apporte des éléments qui confirment la dépopulation progressive d'une partie de l'Italie. Par exemple, les fouilles de l'*ager Cosanus*, en Étrurie méridionale, montrent qu'à une phase d'exploitation agricole intense (jusqu'aux Flaviens) a succédé une phase de repli et d'abandon progressif de certains sites [Ricci, dans 4; McCann *et al.*, 80]. Il est possible que la multiplication des luxueuses villas maritimes sur certaines côtes ait correspondu à une baisse de l'exploitation agricole, comme cela apparaît dans le sud du Latium. Mais, dans le même temps, les grands crus voisins de l'*ager Falernus*, très demandés, font l'objet d'une exploitation intense [Arthur, dans 90, *157*] et certaines régions voient l'occupation humaine gagner des marges jusqu'alors inoccupées [Lo Cascio, dans 6, *112-113*]. En fait, la notion de dépopulation dans l'Antiquité n'est pas statistique mais subjective : les Romains voyaient nombre de petites villes du Latium, abandonnées au profit de Rome, devenir de simples villages (Strabon, *5, 3, 2* et *5*]. Cosa, en Étrurie, ou Gabies, près de Rome, étaient déjà en partie désertées au Ier siècle av. J.-C., pendant que de grandes villas se développaient à proximité [Coarelli, 147, *168*; Torelli, *Étruria*, Rome-Bari, 1980, *195*; cf. Gagioti, dans 58, II, *257*]. *Norba*, dans le Latium, ne s'est pas relevée des destructions de 82 av. J.-C. et n'est même plus citée par Strabon [Licordari, dans 58, II, 11]. Le cas de la colonie de *Lucus Feroniae*, aspirée dans l'orbite de la villa des *Volusii Saturnini* est bien connu [Torelli, *Étruria*, Rome-Bari, 1980, *31-32*]. Mais, dans ces exemples, il s'agit de l'abandon de villes qui avaient perdu leur raison d'être par déplacement de population vers Rome ou des villas [Patterson, dans *PBSR*, 55, 1987, 115-146; lecture plus nuancée de Arthur, dans 90, 1991, *158*]. On ne saurait en déduire une réduction effective de la population italienne. D'autres éléments ont été allégués, qui pourraient expliquer un phénomène de dépopulation rurale : par exemple une détérioration climatique (attestée au nord des Alpes) qui aurait entraîné l'abandon des moins bonnes terres, ou les conséquences de l'érosion due à une surexploitation [K. Greene, *Archeology of the Roman Empire*, Londres, 1986, *82-86*; Frayn, 101, *117*; cf Tac., *Ann.*, 4, 6, 6; Colum., *Rust.*, 1, *praef.*, *18*]. Il n'est pas exclu que l'insécurité, ou simplement le mouvement d'urbanisation [cf. Lloyd, dans 90], ait conduit les paysans à vivre en ville dans certaines régions, ce qui se trahirait en fouille par la disparition de nombreux habitats ruraux, sans qu'il y ait abandon des cultures [Potter, 9, *120*]. Peut-être faut-il interpréter ainsi le constat de P. Arthur, qui dénombre dans son aire de prospection du Latium méridional 138 sites ayant livré de la céramique du Ier siècle, 80 pour les IIe-IIIe siècles, 27 pour le IVe et le début du Ve siècle et 5 seulement pour la fin du Ve et le VIe siècle (données à corriger en fonction de la représentativité des céramiques) [Arthur, dans 90, *157-158*]. Récemment E. Lo Cascio a proposé une reconstitution de l'évolution démographique italienne à la fois conforme aux résultats des *surveys* et démographiquement cohérente. Pour lui, la population aurait crû au Haut-Empire sous l'effet de la *pax Augusta*, avec un taux faible de l'ordre de 3‰, jusqu'à l'épidémie qui emporta Marc-Aurèle. On calcule ainsi qu'avec 20% de pertes, il faudrait environ soixante-quinze ans pour revenir à une population équivalente. Mais de nouvelles épidémies au milieu du IIIe siècle auraient limité pour longtemps la population italienne au-dessous de son maximum [Lo Cascio, dans 6, *123-125*]. Cette hypothèse très séduisante demande encore des confirmations, mais elle donne une cohérence intéressante à des sources en apparence contradictoires. Mais la question de la prétendue dépopulation du Haut-Empire est surtout celle des modes d'occupation des sols.

L'OCCUPATION DU SOL ET LA « CRISE DE L'AGRICULTURE »

La fouille et la publication remarquables de la villa de Settefinestre, près de Cosa, ont contribué à relancer le débat sur la concentration et le mode d'exploitation des terres à la fin de la République [Carandini, 93]. Les résultats auxquels arrive A. Carandini semblent donner une caution archéologique aux textes théoriques de Caton et Columelle. De fait, des documents concomitants montrent que d'immenses domaines se constituent, surtout au Ier siècle av. J.-C., et que cette tendance se maintient sous l'Empire [cf. Arthur, dans 90]. Récemment M. Torelli, suivant J. C. Toynbee, a réaffirmé que la Lucanie, ravagée par le passage d'Hannibal, était passée aux mains de riches Romains qui y avaient établi de vastes domaines [Torelli, dans *Da Leukania a Lucania, XVIII-XXVII*]. Cependant, les *surveys* ont montré que subsistait un habitat rural traditionnel même dans les régions où on l'attendait le moins, comme la Lucanie justement [Gualtieri, De Polignac, dans 90, *201*; Patterson, *ibid., 178*; Lloyd, *ibid., 235*]. Ainsi, dans la province de Caserta, on a pu montrer l'existence d'un réseau dense de petites exploitations, capables d'acheter des produits extérieurs, donc de dégager des surplus [Lloyd, dans 90, *238*]. Il faut donc nuancer le discours sur le développement des *latifundia* [De Martino, *Storia economica, 219*; Brunt, 67, *104*; Potter, 1987]. Les *surveys* ont surtout montré que chaque région présentait un profil différent en fonction de critères variés [Vera, dans 6, *239-248*] : proximité de Rome [Carandini, 94], de la mer ou d'un cours d'eau navigable, nature du relief, etc. [Small, dans 90, *204-222*]. L'état actuel de la documentation montre l'existence d'énormes fortunes foncières, dont celle de l'empereur, qui ne cessera de croître [Bracco, 91], ainsi que des disparités criantes entre des régions dévolues aux grandes villas spécialisées et d'autres où persiste un mode d'exploitation plus dispersé (ce qui n'exclut pas la formation de grands domaines regroupant plusieurs petites fermes). Enfin, il est évident que la terre italienne devient d'un intérêt médiocre dès la fin du Ier siècle de notre ère, obligeant l'empereur à prendre des mesures pour éviter l'abandon excessif de terres agricoles.

Nos sources ne donnent pas les surfaces possédées par les riches propriétaires fonciers, mais l'ampleur de certaines fortunes implique des domaines immenses, jamais cependant au même point qu'en Afrique (Plin., *Hist. nat., 18, 6, 35*) [Alföldy, *Histoire sociale de Rome*, Paris, 1991, *83-84, 100*]. Parmi les exemples les plus souvents cités figure *Caecilius Isodorus*, qui laissa à sa mort 3 600 paires de bœufs, 257 000 têtes de petit bétail et 60 millions de sesterces, ou *Cornelius Lentulus*, dont le patrimoine aurait atteint 400 millions de sesterces (mais ces sommes étaient sans doute en partie placées hors d'Italie) (Plin., *Hist. nat., 33, 10, 135*; Sén., *de Ben., 2, 27, 1*; cf. Tac., *Ann., 13, 30, 2*). Ces fortunes appartiennent essentiellement à des sénateurs ou des chevaliers, mais aussi à des affranchis et remontent parfois à la République [cf. Demougin, 56, *131-132*; De Martino, *Storia economica, 220*]. Il y a peut-être une légère baisse par la suite, puisque la fortune privée la plus élevée au début du IIe siècle se monte à 288 millions de sesterces seulement [Plut., *Vita public., 15, 3*]. A côté de ces exemples particuliers, on connaît des fortunes « moyennes », comme celle de Perse, qui laissa 2 millions de sesterces, sa bibliothèque et des terres; Pline le Jeune possédait une fortune de quelque 20 millions de sesterces. L'empereur, qui fut d'abord un grand propriétaire parmi d'autres (Tac., *Ann., 4, 6, 8*), ne tarde pas à devenir le plus important d'entre eux, en grande partie par confiscation et héritages plus ou moins volontaires (la position de V. A. Sirago [111], qui suppose le domaine impérial constitué dès Auguste, est discutable). Trajan serait ainsi propriétaire d'environ 10 % des terres à Bénévent et 1 % à Véléia [Jacques-Scheid, *Rome et l'intégration de l'Empire, 167*], alors que l'*ager publicus* représenterait respectivement 10 % et 22 % [Duncan Jones, *Structures and scale*, 1992, *121*]. Mais les jeux d'alliance et l'habileté économique et politique permettaient encore de bâtir de belles fortunes : sous les Antonins et les Sévères, les *Bruttii*, peut-être originaires de Volcei, avaient des biens à *Casilinum, Tegianum, Venusia, Grumentum, Trebula Mutuesca, Amiternum*, ainsi que des résidences à *Antium* et Rome [Camodeca, dans 58, II, *119*]. La crise agraire et financière de 33 a sans doute permis à d'habiles spéculateurs fortunés de constituer des domaines importants [Bellen, 73, *228-229*; Demougin, 56, *117-123*]. Prospections et fouilles ont montré le développement rapide de grandes villas, surtout en Étrurie méridionale et dans certaines parties du Latium et de la Campanie au Ier siècle av. J.-C. [Attolini *et al.*, dans 90, *149*; Rossiter, *Roman farm building in Italy*, Oxford, 1978]. Il semble ainsi que le sol de l'Italie ait été occupé au maximum des possibilités au temps d'Auguste. L'absence de mention de déduction coloniale augustéenne en Italie après 29 av. J.-C. s'expliquerait, selon L. Keppie, par le manque de bonnes terres : la colonie d'Aoste a pu être déduite en 25 av. J.-C. sur des terres fraîchement prises aux Salasses. Si les noms des *fundi* des tables alimentaires correspondent à des domaines de l'époque d'Auguste, on serait passé de 323 à 52 propriétaires à Véléia, de 98 à 50 à Bénévent [Patterson, dans *PBSR*, 55, 1987, *146*; De Martino, *Storia economica, 238*]. F. De Martino en déduit que le phénomène a été plus accentué dans le nord. Mais l'entrée au sénat de plusieurs familles de Bénévent au IIe siècle implique, là aussi, une importante concentration de propriété [Camodeca, dans 58, II, *109*] : le phénomène est donc général. D'autres témoignages vont plutôt dans le sens de la permanence, au moins temporaire, d'une petite propriété. En dépensant 600 millions de sesterces pour lotir des vétérans en Italie *(RGDA, I, 3, 18)*, soit une fois et demie la fortune du plus riche des contemporains de Sénèque, Auguste contribua massivement à une redistribution du sol (mais la plupart des déductions avaient été faites dans le nord : elles ne mettaient donc pas en question la grande propriété dans le Latium et en Campanie [Keppie, 35; De Martino, *Storia economica, 219*]). Dans certaines régions, les *surveys* montrent que la villa reste exceptionnelle : c'est le cas près de Sienne

[Barker, dans 11, 2, *160*; divers exemples dans 90]. Au sud de la colonie de *Venusia*, l'habitat reste groupé selon une tradition indigène [Small, dans 90, 212-213]. Même en Campanie il pouvait y avoir des exploitations de taille très modeste : les fouilles des villas du Vésuve ont conduit les historiens à leur attribuer des domaines de tailles très variables, allant (ce sont des estimations) de 15 à 250 jugères (soit à peu près 4 à 60 ha), contre quelque 500 jugères (environ 125 ha) autour de Cosa [Jongman, 168].

Le phénomène le plus marquant de l'histoire du paysage italien antique est l'abandon rapide de régions encore prospères à la fin de la République [Carandini, dans 6, *167-174*; Potter, 9, *123-124*]. Néron put lotir des vétérans en Campanie, Vespasien vers Rieti, Hadrien à Sora, sans parler des lotissements de Tarente et d'Antium, où les colons refusèrent de rester [Keppie, 35, *83, 210-211*; Boatwright, dans *Chiron*, 19, 1989, *238-243*] (Tac., *Ann.*, *14, 27, 2*). L'exemple le plus connu est celui de l'*ager Cosanus*, bien illustré par la villa de Settefinestre. La villa correspond à une grande exploitation viticole du Iᵉʳ siècle av. J.-C., qui se développe rapidement et fonctionne ainsi jusqu'aux Flaviens, avant de subir une régression rapide, les propriétaires de la villa se tournant vers d'autres productions (esclaves et porc), avant d'abandonner le site sous les Sévères [Carandini, 93 ; Ricci, dans 4, 3, *83-88*], pendant que le port de Cosa était abandonné au profit d'une grande résidence (impériale ?), selon un processus qui se retrouve à Sinuessa [cf. d'Arms, 52 ; McCann *et al.*, 80 ; Arthur, dans 90, *158*]. Dès le IIᵉ siècle, la villa n'est plus autosuffisante [Ricci, dans 4, *85-87*]. Par la suite, la région subit une importante désertification [Attolini *et al.*, dans 90, *151*]. De même, dans le sud du Latium, il y a déplacement des ateliers d'amphores, liés à la production viticole, de la côte vers l'intérieur [Arthur, dans 90, *157*]. Il est vrai que ces régions côtières étaient inhospitalières et que l'agriculture impliquait de coûteux travaux [Attolini *et al.*, dans 90, 142]. En Cisalpine, C. Zaccaria voit des traces épigraphiques de l'appauvrissement des communautés [dans 2, *129-162*]. Mais, d'une manière générale, le rendement de la terre italienne semble avoir baissé, malgré une fiscalité supposée plus avantageuse (mais le rétablissement d'une fiscalité directe sous Dioclétien ne provoquera pas de réaction des exploitants, qui disposaient donc de marges utilisables). En exigeant que les candidats aux charges sénatoriales placent le tiers de leur fortune en terres italiennes (Plin., *Épist. 6, 19, 4*) [Vera, dans 6, *243*], Trajan avoue qu'ils préféraient employer leur argent ailleurs, soit en terres provinciales (Pline précise à son correspondant que c'est le moment de se débarrasser de ses terres italiennes pour acheter en province), soit dans le commerce ou la finance : un personnage du *Satyricon* de Pétrone mentionne un riche affranchi qui laissa à sa mort une importante fortune entièrement en liquide (Pétron., *Satyr., 43*). En réduisant la proportion à un quart pour les sénateurs provinciaux, Marc-Aurèle prit acte de la réticence des sénateurs à acheter une terre prestigieuse mais de peu d'intérêt *(SHA, Marc, 11, 8)*. Cette désaffection des riches pour la terre italienne se ressent aussi dans les mesures prises par Domitien, Nerva et Pertinax pour faire cultiver les terres en friches. Le premier accepta de céder les *subsecivae* (des terres marginales de la centuriation) à leurs occupants dépourvus de titres de propriété, le second restaura la pratique des déductions de colonies en Italie, le troisième, enfin, accorda une exemption de dix ans à ceux qui voudraient cultiver les friches impériales en Italie comme en province (*Grom.*, *8, 22 = 111, 6; 20, 22; 54, 11 = 82, 2 L;* Herodien., *2, 4, 6*) [cf. De Martino, *Storia economica, 244*]. L'évolution du couvert forestier, en relation avec cet abandon des cultures fait encore l'objet de discussions [Meiggs, dans 72, *189-190, 194*]. Les *surveys* conduisent pourtant à nuancer cette désertion de la campagne [Potter, 9, *123*]. En effet, là où l'on produisait des articles de qualité, comme certains vins réputés de Campanie, il ne semble pas y avoir eu de disparition des villas. En outre, l'exemple de Pline le Jeune [Rosafio, 108] prouve que l'on pouvait encore gagner de l'argent dans l'agriculture italienne en gérant bien ses terres, comme le montre aussi la prédominance des Italiens au sein du sénat, et la survie de nombreuses familles sénatoriales au cours du III⁰ siècle [Jacques, dans 4, 1, *96-99*]. Enfin, certains sites, dont l'économie n'était pas fondée sur la monoculture ont apparemment assez bien survécu. Ainsi, à Saturnia, non loin de Cosa, les villas, qui présentent une grande continuité avec l'occupation étrusque, se maintiennent encore aux IV⁰ et V⁰ siècles : elles semblent même disposer de produits à exporter [Attolini *et al.*, dans 90, 151]. Dans la région de Capena et de Sutri, en Étrurie, de nouveaux territoires sont conquis aux Iᵉʳ et IIᵉ siècles [Coluzza, Regoli, dans *D.d.A.*, 4.1, 1982, 54 sq.]. Sur trois *surveys* en Basilicate et Lucanie, on ne constate de fléchissement de la densité d'habitat qu'à partir du milieu du IIᵉ siècle (voire plus tard [Vera, dans 6, *241*]), et il faudra attendre les Goths et les Lombards au VIᵉ siècle pour assister à un véritable déplacement des sites [Small, dans 90, *204-222*].

Sur la base du *latifundia perdidere Italiam* de Pline l'Ancien *(Hist. nat., 18, 6, 35)* on a voulu attribuer cette décadence de l'agriculture italienne à une « crise de la villa esclavagiste » [cf. Carandini, dans Giardina, 3, 2, *252*; Lo Cascio, dans 8, 4, 1991, 330 sq.], fragile et limitée dans sa croissance, « inélastique » selon le mot de L. Capogrossi Colognesi [dans 4, 1, *359*]. Il est vrai que les témoignages de modifications des rapports entre propriétaires et exploitants (il n'y a d'ailleurs plus de révolte servile) trahissent une faillite de la grande villa catonienne. L'exemple bien connu du domaine toscan de Pline le Jeune [cf. Rosafio, 108] ne doit pas être trop vite généralisé, mais il est très éclairant : Pline achète bon marché un domaine que l'ancien propriétaire avait rapidement conduit à la faillite en confisquant les outils et les esclaves du personnel en retard de paiement des loyers. Obligé d'investir pour remplacer ces outils, il en vient rapidement à adopter une gestion basée sur un intéressement des exploitants, en les faisant contrôler par ses esclaves, jugés plus fiables. Le colonat partiaire, utilisé par Pline, s'oppose au système du loyer fixe non seulement par le fait que le loyer est variable, mais aussi parce que le colon partiaire, qui n'a plus besoin de se procurer des devises, peut diversifier sa production (commercialisée de manière globale par le propriétaire : Pline vend sa récolte sur pied), ce qui contribue à en assurer la stabilité. En outre, on a parfois souligné le fait que le colonat libre (et servile) était sans doute plus ancien et plus important qu'il ne semblait au vu de nos sources (cf. Hor. *Sat.*, 2, 7, 118; *Épist.*, 1, 14, 1-3), peu préoccupées par ces individus à la fois libres et dépendants [Capogrossi Colognesi, dans 4, 1, *325-365*; Vera, dans 6, *239-248*; Brunt, 66, *103*]. Enfin, il faut rappeler que la crise ne touche pas que l'agriculture : certaines industries l'ont ressentie encore plus fortement (par exemple la céramique arétine) [cf. Carandini, dans 3]. Il est probable que les gros investissements spéculatifs, aisés lorsque d'abondants butins font baisser les taux du crédit : 4 %/an en 29 av. J.-C. au lieu du taux officiel de 12 % (Suét., *Aug., 41, 1;* Dio., *51, 21, 5*), deviennent plus délicats à amortir lorsque ces taux remontent fortement, comme cela s'est produit sous le règne de Tibère [cf. Bellen, 73]. Ce n'est donc pas tant la forme d'exploitation qu'une importante modification du mode d'enrichissement sous l'Empire – le flux de capitaux acquis par la guerre se tarit –, ainsi que le déplacement des zones de production vers les centres de consommation importants qui sont en question dans cette « crise » de l'agriculture italienne [Wittacker, dans 6, *253-254*]. On y ajoutera, avec E. Lo Cascio, un double mouvement : dans un premier temps une monoculture intensive sur les meilleures terres, qui oblige à étendre les cultures vivrières indispensables au fonctionnement de la villa (cf. Plin, *Hist. nat., 18, 38*), dans un deuxième temps, une perte des marchés extérieurs et des apports de capitaux (butin, tributs) indispensables aux importations de biens essentiels, qui nécessitent une reconversion, voire une extension des cultures vivrières [Lo Cascio, dans 6, *119-121*]. On le voit, la « crise » de l'agriculture italienne est surtout une crise de la monoculture d'exportation. Notre regard est faussé par la part des amphores dans la documentation archéologique et par le fait que « l'autoconsommation », selon le mot des Italiens, ne laisse pas de trace. Certains préfèrent alors parler, avec E. Le Roy Ladurie, de « cycles agraires » plutôt que de « crise » [Vera, dans 6, *240*].

Les produits de la polyculture italienne

L'agriculture italienne reposait sur la triade méditerranéenne classique : céréales, oliviers, vigne, qui permet une répartition du travail sur l'année [Fentress, dans 11, 2, *139*; K. Greene, *The archeology of the Roman Empire*, Londres, 1986, *87*; Jongman, 166, *78*; Spurr, 113]. La polyculture présente donc une rationalité en termes d'exploitation qui peut difficilement avoir échappé aux exploitants. Cette variété a donné lieu à un « topos » littéraire destiné à justifier la suprématie de l'Italie, par nature autarcique (par exemple Varro, *Rust, 1, 2, 3; Denys Hal., 1, 36*). De fait, nous trouvons presque partout trace de production, en proportion variable, de ces produits, complétés par d'autres cultures, fruitières par exemple, et par l'élevage. Les vestiges des villas du Samnium méridional attestent une complémentarité formée de céréales variées, ovinés et suinés ; vin et huile restant minoritaires pour des raisons de climat [Lloyd, dans 90, *180-193*; cf. Frayn, 101]. Les agronomes antiques, on l'a trop souvent oublié, soutiennent que l'exploitation doit d'abord être autosuffisante, y compris quand on développe une monoculture intensive à côté de la polyculture de subsistance. Les crises qui touchent la première n'ont sans doute pas autant atteint la seconde. En dehors des grandes villas, cette polyculture de subsistance devait être la règle, comme le montrent certains sites, dépourvus de témoignages de commercialisation [Frayn, 100; Von Freyberg, 87, *41*]. Même le grand domaine racheté par Pline le

Jeune est polyvalent [Rosafio, 108, *69*]. Il ne faut pas négliger, enfin, la petite production des jardins et espaces ouverts en ville, comme l'ont montré les travaux de W. F. Jashemski [165].

Il est difficile de se faire une idée précise de la place des céréales dans l'agriculture italienne. En tout état de cause, il ne faut pas extrapoler à toute la péninsule le cas particulier de Rome, qui ne devait sa survie qu'aux importations, d'autant que le coût des transports par terre doublait le prix des céréales tous les 450 km environ [Brunt, 67, *97*]. On admet donc aujourd'hui que l'autosuffisance était la règle normale [Lo Cascio, dans 6, *91-125*; Spurr, 113; Von Freyberg, 87, *40*] : Horace *(Épist.*, *1, 12, 28)* parle encore d'abondantes récoltes en Italie, dans un discours de propagande, il est vrai. Quoi qu'il en soit, les céréales, principale source d'alimentation (les crises de subsistance sont toujours liées à des carences en céréales), représentaient sans doute l'essentiel de la production agricole italienne, et on a récemment réévalué leur rôle dans des régions où l'on supposait une nette prédominance de la viticulture [Jongman, 166, *99-149*; Vera, dans 6, *246*]. Même Rome dépendait en partie de la production italienne puisque la ville pouvait connaître la famine en cas de mauvaise récolte en Italie (Suét., *Aug.*, *42, 3*; Dio., *55, 26, 1*) [Bellen, 73, *220*]. L'importance accordée par les historiens au blé (*triticum durum* surtout) a fait négliger les autres céréales, comme l'orge et le millet. Des recherches récentes [Spurr, 112] ont montré que ce dernier était encore cultivé sous l'Empire, en quantités moindres que sous la République, et que sa résistance aux intempéries et son bas prix de revient en faisaient un aliment de choix pour les couches pauvres de la population, *coloni* ou plèbe urbaine (Col., *2, 9, 17*; Plin., *Hist. nat.*, *18, 117)*. Un intéressant passage de Sénèque *(Épist.*, *86, 16)* associe deux grands oubliés de l'agriculture de subsistance italienne : les fèves et le millet, cultivés en alternance. Le rôle des légumineuses, beaucoup plus riches que les céréales en protéines, plus faciles à cultiver et qui fatiguent moins la terre, doit sans doute être aussi réévalué. On pense, par exemple, aux fèves commercialisées par les *Cominii* de Minturnes (*AE*, 1922, 123).

La diffusion massive d'amphores italiennes (y compris de mauvais vin) à la fin de la République atteste assez la place de la viticulture dans la production agricole de la péninsule. L'explication en est donnée par les agronomes latins, Caton, Varron et Columelle, qui placent la vigne parmi les cultures les plus rentables pour qui a les moyens d'investir. Le propos très optimiste de Columelle est cependant à nuancer : son calcul théorique repose sur une très bonne récolte en période de forte demande – ce qui est déjà contradictoire – et néglige plusieurs postes dans la rubrique « coûts et maintenance » de l'exploitation, et tout simplement le prix de la villa (Col., *Rust.*, *3, 3, 8-13)* [Rosafio, 108 ; De Martino, *Storia economica*, *233-234*; Tchernia, 114, *198-212*; Jongman, 166, *132*]. Mais les omissions de Columelle sont significatives d'un débat qui a lieu dans l'Italie du milieu du Ier siècle entre partisans de la viticulture intensive et sceptiques. Pour défendre la cause des premiers, l'agronome doit fausser ses chiffres (un écho, peut-être ironique, de ce discours chez Pétrone, *Satyr.*, *43)*. Peu après Columelle, Pline l'Ancien [*Hist. nat.*, *18, 6, 37-38*] adopte une position plus prudente et rappelle le cas d'un certain Lucius Tarius Rufus, qui investit, au temps d'Auguste, 100 millions de sesterces dans un grand domaine et se ruina. Cette baisse de rendement financier du vignoble explique les traces d'abandon que les archéologues parviennent parfois à identifier : si les grands crus de Campanie, comme le Falerne, dont la réputation était très bien établie, se sont maintenus jusqu'au IIe, voire jusqu'au IIIe siècle [Panella, Tchernia, dans 6, *146-147*; Arthur, dans 90, 1991, *157*; Panella, dans 72, *251-259*; Tchernia, 114, *160*], les vins de qualité moyenne ou basse ne pouvaient plus s'opposer aux produits des provinces proches, sans doute moins chers. Mais il faut rester nuancé [cf. Desbat, Savay-Guerraz, dans *Gallia*, 47, 1990, *203-213*]. A. Tchernia note que la modification des conteneurs ne suffit pas à expliquer la raréfaction des amphores italiennes en Gaule au début de l'Empire et que, d'autre part, on rencontre des amphores importées à Rome dès l'époque d'Auguste [Tchernia, 114, *138-157*]. Sous les Antonins, les amphores italiques ne représentent que 26 % des dépôts d'Ostie [Panella, Tchernia, dans 6; Fentress, dans 11, 1, *144*]. Il faut donc distinguer les vins de qualité, chers et très demandés, souvent exportés encore sous l'Empire, et les «vins de table», qui ne sont rentables que si l'on peut avoir un fort rendement à faible coût. Des vins courants pouvaient être vendus à 20 sesterces l'amphore ; Columelle suppose un prix de vente théorique de 60 sesterces ; Pline évoque un *Opimius* à 100 sesterces en 121 av. J.-C., parvenant ainsi à des prix exorbitants (autour de 1 000 sesterces) sous l'Empire (à 6 %/an) ; en gros, le Falerne coûte quatre fois le prix du vin courant (Mart., *12, 76*; Col., *3, 3, 8*; Plin., *Hist. nat., 14, 56*; *CIL, IV, 1679*). Les vins de Pompéi étaient sans doute moins bons qu'on ne l'a cru parfois [Jongman, 166, *102-104*]. La disparition d'une partie du vignoble italien vers la fin du Ier ou le début du IIe siècle tient sans doute plus à la fragilité d'exploitations spéculatives à risque qu'à une «crise de la villa esclavagiste», d'autant que l'on constate depuis quelques années un déplacement du vignoble. L'analyse des dépôts d'amphores montre l'émergence de nouvelles zones de production : Italie centrale intérieure de Tibère aux Sévères, Émilie des Flaviens au début du IIIe siècle, côte adriatique, où la production paraît stable dans le temps, et surtout important vignoble du Bruttium, qui permet à l'Italie de renouer avec les exportations au IIIe siècle [Panella, Tchernia, dans 6 ; Vera, *ibid., 244*]. Quant au décret de Domitien interdisant la plantation de nouveaux ceps en Italie et exigeant des arrachages en province, souvent considéré comme un prototype de mesure économique protectionniste, il est en fait une réaction à la trop grande extension du vignoble : Suétone *(Dom., 7, 2)* précise bien que cette mesure, non appliquée, était dictée par une production de vin excédentaire en période de disette. Il s'agit seulement de rééquilibrer la situation agricole de l'Italie et d'assurer en priorité les cultures vivrières [Nicolet, 69, *99*]. On ne cessa donc pas de cultiver la vigne en Italie, mais son rendement n'était pas partout suffisant pour justifier l'entretien d'un trop grand vignoble. La production locale à petite échelle, attestée depuis peu en ville de Pompéi, mais qui devait se rencontrer partout ailleurs, s'est sans doute maintenue [Jashemski, 165].

Varron consacre une place importante à l'élevage d'ovins. En effet, la laine est un textile essentiel dans l'Antiquité et la consommation devait être largement plus élevée que ce que nous pouvons connaître aujourd'hui, même si aucun chiffre ne peut être avancé [Frayn, 101]. En outre, les ovins peuvent être élevés sur les nombreuses terres pauvres de la péninsule, comme le Tavoliere des Pouilles. Les troupeaux de moutons pouvaient dépasser le millier de têtes; ils se déplacaient des plaines (en hiver) vers les montagnes (en été). Le « petit » troupeau de Varron, soit quelque 700 têtes, estive sur ses terres de Rieti, en Sabine, et hiverne en Apulie *(Rust., 2, 2, 9; 10, 11)* [cf. Thompson, 115]. La laine pouvait alors être lavée en cours de déplacement [Frayn, 101, *148-149*; Patterson, 105]. Une célèbre inscription de Sepino relate le différend entre les procurateurs des troupeaux impériaux et l'*ordo* de la ville lors du passage des grands troupeaux de Marc-Aurèle [Corbier, 96]. En revanche, la transhumance n'était pas pratiquée en Cisalpine. Les bergers en déplacement représentaient une population instable et mal acceptée par les sédentaires : le Code Théodosien *(9, 30, 1-5)* leur interdira la possession de chevaux, qui les rendaient plus mobiles. Les *calles*, les voies de transhumance sont donc contrôlées, aussi pour des raisons fiscales, par des questeurs (Tac., *Ann., 4, 27, 2*; cf. Dio., *55, 4, 4*). Les théoriciens (Columelle, par exemple), pour leur part, s'intéressent plus à l'élevage en stabulation. Le commerce de la laine explique le développement de cités comme *Luceria*, grande foire samnite. Strabon *(5, 1, 7)* mentionne Padoue pour ses textiles : grâce à cette industrie 500 citoyens auraient atteint le cens équestre (400 000 sesterces). En revanche, il est difficile d'admettre, avec W. O. Moeller [82] que Pompéi était un grand centre de l'industrie et du commerce international de la laine, employant jusqu'à 10 % de la population : cette hypothèse repose sur la surinterprétation systématique de rares sources et de témoignages archéologiques ténus [Frayn, 101, *166*; Jongman, 166, *157-186*]. Certaines laines étaient très réputées et pouvaient atteindre des prix élevés, comme la laine de Tarente ou d'*Altinum*, en Vénétie (200 deniers la livre de laine non lavée dans l'édit de Dioclétien). Les moutons de Tarente portaient, dit-on, des manteaux pour protéger leur laine (Varro, *Rust., 2, 2, 18)* [cf. Morel, 104]. Il semble que l'Italie exportait encore de la laine à la fin du IIIᵉ siècle [Frayn, 101, *163-164*]. Si les ovins représentent la part la plus importante du cheptel italien, l'élevage du porc prend une importance grandissante au cours de l'Empire, lorsque croît la part de la viande dans l'alimentation : F. De Martino a justement remarqué que cet animal occupe plus de place chez Columelle que chez ses prédécesseurs. L'élevage porcin n'est plus un monopole de la Cisalpine, comme le laissaient entendre Polybe et Strabon [Giardina, dans 4, *18*; Gallo, dans 11, 3, 1992]. L'évolution de la villa de Settefinestre confirme cette tendance, puisque, au IIᵉ siècle, les propriétaires ont cru bon de se tourner vers ce type d'exploitation. La décision d'Aurélien d'ajouter de la viande de porc aux distributions de blé public montre bien que cet animal était devenu une source essentielle de protéines animales bon marché. En effet, il s'en distribuait quelque 8 à 10 t par jour à Rome [Barker, dans 11, 1, *155*]. Dans certaines parties de l'Italie, particulièrement dans le sud, l'élevage porcin semble être devenu une source de revenus de première importance, qui permettait de rentabiliser les forêts, comme celle de la Sila [Small, dans 90, *208*]. L'élevage bovin, lui, reste minoritaire : le bœuf est avant tout un animal de traction et sa consommation n'est concevable que lorsqu'il est âgé ou à l'occasion de sacrifices [Barker, dans 11, 1, *160*]. Il ne faut cependant pas négliger cette source de protéine stockable que représentent les produits laitiers (Varro, *Rust., 11, 1-4)* [Barker, dans 11, 1, *154-155*]. Si le beurre n'est pas consommé (sauf pour oindre les enfants !), les fromages peuvent être appréciés. Martial mentionne ainsi trois fromages produits dans des endroits proches de Rome, et précise qu'il existe un fromage vestin qui remplace la viande. On fumait des fromages à Rome même, pour en assurer la conservation (Mart., *13, 30-33*). Varron classe les laits par qualités nutritives et digestibilité et décrit plusieurs types de fromages à manger frais ou à laisser veillir (Varro, *Rust., 2, 11, 1-4*). En outre, on importait des fromages gaulois (Plin., *Hist. nat., 11, 239-241*).

Des productions mineures complètent la variété alimentaire italienne. Sans compter les produits de luxe comme les oiseaux et poissons rares, les agronomes accordent une bonne place à l'élevage des volailles courantes. Il ne faut pas non plus oublier le miel, seul édulcorant à l'époque, qui devait être produit dans des quantités plus importantes que ne le laisseraient soupçonner les vestiges archéologiques, à peu près nuls [Barker, dans 11, 1, *157*]. Il n'y a sans doute pas que de l'ironie (envers Columelle ?) chez Pétrone lorsqu'il fait dire à Trimalcion qu'il a importé des abeilles d'Athènes pour améliorer son cheptel (Pétron., *Satyr., 38*).

Les lieux d'échange

Tous ces produits, lorsqu'ils n'étaient pas consommés sur place ou destinés à une exportation lointaine, entraient dans un circuit de distribution local et régional dont nous avons peu d'attestations, mais qui a dû jouer un rôle important dans l'économie de l'Italie impériale [De Ligt, 74 ; Frayn, 76 ; Andreau, dans 8, II.2 ; Gabba, 77]. Des marchés destinés aux populations locales pouvaient se tenir régulièrement avec une durée très limitée, parfois seulement un jour [*Dig., 33, 1, 20*]. En revanche, la grande foire des *Campi Macri,* près de Modène, où l'on négociait des bestiaux et sans doute aussi la laine de qualité de la région, attirait des chalands à plusieurs centaines de kilomètres à la ronde [cf. Varro, *Rust.,* 2 pr. 6]. Il en allait de même de la foire d'octobre à Crémone. Des calendriers donnaient les dates et lieux des foires importantes *(CIL, XIV, 3025).* De puissants propriétaires pouvaient demander l'autorisation d'ouvrir des marchés sur leurs terres, au risque de créer une concurrence importante pour les cités voisines. Le cas de Lucius Bellicus Sollers en 105 montre ainsi que ces marchés représentaient un intérêt financier réel pour les cités (Plin., *Épist., 5,4* et *13*). Cependant, l'exemple de Pline le Jeune montre que les grands propriétaires pouvaient vendre leur récolte sans passer par des marchés, puisque lui-même vend tout son raisin sur pied à des grossistes venus chez lui, quitte à rediscuter le prix si la récolte s'avère moins bonne que prévue [Rosafio, 108]. La question des lieux d'échange et de l'interaction ville-campagne dans le rapport production-consommation est au cœur de la théorie webérienne de la « cité consommatrice », récemment défendue par D. Wittacker [dans 6 ; cf. Lo Cascio, dans 8, 4]. Si pertinent que puisse être le modèle, il est arbitraire d'affirmer que la production n'a pas besoin de villes et se suffit de villas. L'exemple de Cosa et de son *ager* montre bien que l'interdépendance ville-campagne est plus étroite que ne le suppose D. Wittacker. Même s'il n'y a pas besoin de ville pour pratiquer des échanges, la ville reste le lieu de contact privilégié entre producteur rural et consommateur urbain, en même temps que lieu d'approvisionnement normal pour l'exploitant agricole (Varro, *Rust.*, *16*, *4* et *20*, *3*).

Y A-T-IL UN « DÉFICIT DE LA BALANCE
COMMERCIALE ITALIENNE » ?

Les résultats de l'archéologie récente confirment un lieu commun de la littérature antique : l'Italie exporte de moins en moins et importe de plus en plus [en dernier lieu : 8]. La céramique africaine (et parfois gauloise) prend rapidement le pas sur la production locale ; les vins, gaulois ou autres, remplacent les crus étrusques ; l'huile espagnole devient prépondérante, etc. En termes modernes, cette évolution aurait dû conduire à la faillite de l'Italie, dont le numéraire s'évaderait progressivement [Von Freyberg, 87 ; Potter, 9, *169*]. L'État avait peut-être conscience du problème posé par les importations car l'exportation d'or était contrôlée, au moins à la fin de la République (Cic., *Flacc.*, *67* ; *in Vat. 12*), mais le mythe de la fuite de l'or romain n'est plus guère défendu aujourd'hui [Veyne, 86]. En fait, il semble que l'ensemble du trafic, importations comme exportations ait été sujet à la baisse : les fouilles d'épaves montrent un ralentissement du commerce méditerranéen dès la fin du Ier siècle, qui devient très net au IIe siècle [Von Freyberg, 87, *43* ; Potter, 9, *157*]. Par ailleurs, il n'est pas du tout évident que les mécanismes de l'économie de marché puissent être appliqués à l'Italie impériale. Sans entrer dans le débat assez stérile entre « modernistes » et « primitivistes », remarquablement résumé par E. Lo Cascio [dans 8, 2.2 ; cf. Nicolet, 69, *33-40* ; Potter, 9, *152* ; Von Freyberg, 87 ; Andreau, dans 6], il convient de souligner quelques faits. D'une part, nous ne savons rien de la part des produits consommés qui passaient par une économie de marché : D. Wittacker a pu ainsi supposer que quelque 40 % de la population de Rome disposait de produits agricoles qui échappaient au marché [Wittacker, dans *Opus*, 4, 1985, 49-75], mais le chiffre pourrait être plus élevé ; à la campagne, en revanche, on devait souvent dépasser les 90 %. Bon nombre des produits importés n'étaient pas payés ou pouvaient l'être avec les impôts dus par les « exportateurs » : le blé d'Égypte ne coûtait à l'empereur que le prix de son transport. Cl. Nicolet a montré qu'entre 58 et 45 av. J.-C., au prix moyen, le blé public de Rome représentait à peine l'équivalent de 2 % de la dette fiscale de la seule province d'Asie [Nicolet, 69, 97-98]. Les œuvres d'art, parfois citées comme poste budgétaire important, sont moins importées sous l'Empire (Hadrien décorera sa villa de Tivoli en partie avec des copies et des pastiches) et le plus souvent prises comme butin ou volées (cf. Tac., *Ann.*, *16, 23, 1*) ; c'est dire que leur coût était tout relatif. Les marbres, utilisés en abondance à Rome, proviennent de carrières impériales : leur coût est donc minime ; d'ailleurs la production n'était pas liée à des commandes précises [Ward Perkins, dans 72, *325-338*]. Enfin, nous ignorons tout des relations financières entre les industriels italiens, producteurs de céramique en particulier, et leurs filiales des Gaules ou des Germanies [cf. Potter, 9, *163-164*]. Deux autres points méritent de retenir l'attention : d'une part l'Empire est doté d'une monnaie unique : il ne peut pas y avoir de dévaluation locale comme compensation d'un déséquilibre des échanges, même si les parités des métaux peuvent varier [Crawford, dans *JRS*, 60, 1970, *43*; Andreau, dans 6, *182-183*]. Les provinciaux doivent donc exporter pour payer leurs impôts. D'autre part, la monnaie est métallique. Or, dès Tibère, les mines sont aux mains de l'empereur (Suét., *Tib.*, *49, 5*), qui perçoit le produit intégralement lorsqu'elles sont en régie directe et un fort pourcentage (la moitié à Vipasca) lorsqu'elles sont affermées [Domergue, *L'État romain et le commerce des métaux*, dans *Entretiens d'archéologie et d'histoire*, S. Bertrand-de-Comminges, 1994, *99-113*] (cf. Stat., *Silv.*, *3, 3, 85-105*). Autrement dit, l'Italie importe des métaux, mais cette importation représente un enrichissement et non une fuite de capitaux [Nicolet, 69, *78*; Tchernia, dans 6, *254-256*]. L'empereur dispose ainsi de réserves énormes. Tibère put mettre 100 millions de sesterces sur le marché en 33 pour résoudre une crise conjoncturelle, et laissa à sa mort au moins 2,7 milliards de sesterces [voir Von Freyberg, 87 ; Bellen, 73] (mais l'impact économique de cette thésaurisation a dû être désastreux). Il reste possible de produire en Italie des monnaies très pures, lorsque les refontes successives ont trop altéré le numéraire. Ainsi, Domitien, entre 82 et 85, produira des deniers à très haut taux d'argent (entre 97,8 et 98,2 % d'argent, au lieu de moins de 90 % auparavant) [Carradice, Cowell, dans *Metallurgy in numismatics*, 1, 1980, *168-173*]. La frappe des monnaies permet donc d'équilibrer jusqu'à un certain point la balance des échanges italiens, surtout pour les métaux monétaires surévalués [Andreau, dans 6, 182-183 ; Von Freyberg, 87, *96*]. Cet aspect pose cependant un problème archéologique, puisque nous ne connaissons pas d'épave de transport d'argent ou d'or, alors que le commerce de plomb, d'étain et de cuivre est déjà bien attesté [Domergue, dans *Epigrafia della produzione e della distribuzione*, Rome, 1994, 61-91]. En somme, le lexique et les concepts modernes sont difficiles, voire dangereux, à appliquer à l'Italie antique [Andreau, dans 6 ; Potter, 9, *171*; Carandini, dans 3, *259-260*]. S'il paraît évident que le mouvement d'enrichissement de l'Italie augustéenne s'essouffle assez vite, cela n'est probablement pas dû uniquement à un déséquilibre des échanges avec l'Empire, mais aussi à des modifications politiques, comme le tarissement du butin et la présence de groupes importants de consommateurs (l'armée en particulier) bien loin de l'Italie [Lo Cascio, dans 8, 2 . 2, *314, 320, 323*; Garnsey, Saller, *L'Empire romain*, Paris, 1994, 155-164]. De ce point de vue, l'analyse de H. U. von Freyberg [87], qui accorde une importance primordiale aux transferts de capitaux est très novatrice. Il est cependant impossible de déterminer à partir de quel moment exactement les échanges sont devenus négatifs pour l'Italie : l'hypothèse de von Freyberg (début du règne d'Auguste) peut être discutée [Andreau, dans 6, *185*] .

ROME : LE PRINCE EN SA VILLE

Au-delà de sa position politique privilégiée, Rome est une ville exceptionnelle par ses dimensions et sa population. A l'origine cité-État comme tant d'autres, elle est devenue une mégalopole qui ne forme plus d'unité avec son territoire [Lo Cascio, dans 8, II . 2, *126*] ; de même, la plèbe urbaine forme un corps à part dans l'Empire [Nicolet, dans *MEFRA*, 97, 1985-2, *799-839*]. Conscient de ces mutations et désireux d'assurer politiquement son pouvoir, Auguste va amplifier cette tendance en dotant Rome d'une organisation particulière, indépendante du reste de l'Italie (et du sénat !). En outre, Rome bénéficie de la sollicitude particulière du prince, qui offre banquets, vivres ou argent à une plèbe toujours prompte à s'émouvoir [cf. Yavetz, *La plèbe et le prince*, Paris, 1983]. Il embellit la ville, et la dote d'équipements civiques et de loisirs nouveaux. Il est cependant certainement exagéré de ne voir dans Rome qu'une mégalopole parasitaire : de nombreux produits manufacturés, en particulier en terre cuite, y sont encore fabriqués : on a pu y dénombrer 160 activités artisanales différentes [cf. Jongman, 166, *185*] .

Une organisation particulière

Le gigantisme de Rome posait des problèmes de gestion qu'Auguste ne pouvait ignorer. La plus significative des mesures adoptées, la création de la préfecture de la ville, montre dès 26 av. J.-C. la volonté du prince d'administrer Rome de manière particulière. Le premier titulaire de cette charge, le républicain Valerius Messala Corvinus, en avait démissionné car il la trouvait peu civique (Tac., *Ann.*, *10, 11*). Elle ne fut régulière qu'à

PRINCIPAUX MONUMENTS DE ROME
D'après F. Scagnetti (1985)

Rome à l'époque impériale

Région

Zone approximative des
implantations portuaires

Légende du plan de Rome (d'après F. Coarelli)

1. Cirque de Caligula ; 2. Mausolée d'Hadrien (château Saint-Ange) ; 3. Muraille d'Aurélien ; 4. Mausolée d'Auguste ; 5. *Vstrinum* (bûcher) *domus Augustae* ; 6. *Horologium Augusti* (immense cadran solaire) ; 7. *Ara Pacis Augustae* ; 8. Temple de *Sol* ; 9. *Vstrinum* de Marc-Aurèle ; 10. *Vstrinum* d'Antonin le Pieux ; 11. Stade de Domitien (place Navone) ; 12. Thermes de Néron et Alexandre Sévère ; 13. Panthéon et portique ; 14. Temple de Matidie ;15. Temple du divin Hadrien ; 16. Rempart dit de Servius Tullius ; 17. *Saepta Iulia et diribitorium* ; 18. Temple d'Isis et Sérapis ; 19. Temple de *Minerva Chalcidica* ; 20. « *Divorum* » ; 21. *Stagnum Agrippae* ; 22. Thermes d'Agrippa ; 23. Odéon de Domitien ; 24. Théâtre et portique de Pompée ; 25. Zone sacrée de Largo Argentina, avec quatre temples républicains : peut-être ceux de Juturne, de la *Fortuna huiusce diei*, de *Feronia* et des *Lares Permarini* ; 26. *Porticus Minucia frumentaria* et temple des Nymphes, selon l'hypothèse de F. Coarelli ; 27. Théâtre et portique de Balbus ; 28. Portique d'Octavie, avec les temples de *Jupiter Stator* et de Junon Reine ; 29. Portique de Philippe, avec un temple identifié par F. Coarelli comme celui d'*Hercules Musarum* ; 30. Temple de Neptune ou (plutôt) de Mars ; 31. Temples de *Bellona* et *Spes*, sur le *Forum Holitorium* ; 32. Théâtre de Marcellus ; 33. Temples républicains de Janus, Junon Sospita et *Spes*, sur le *Forum Holitorium* ; 34. Temple d'Esculape ; 35. Cirque de Flaminius ; 36. Temples archaïques de *Mater Matuta* et *Fortuna* ; 37. Temple de *Portunus* ; 38. Temple d'*Hercules Olivarius* ; 39. Capitole, avec le temple de *Jupiter Optimus Maximus*, celui de *Fides* et celui d'*Ops* ; 40. *Arx*, avec le temple de *Iuno Moneta* ; 41. «Forum romain » ; 42. Forum de César ; 43. Forum de Trajan ; 44. Forum d'Auguste ; 45. *Forum Transitorium* (ou forum de Nerva) ; 46. *Templum Pacis*: forum de Vespasien ; 47. Basilique de Maxence (ou de Constantin) ; 48. Maison des Vestales et temple de Vesta ; 49. Temple de Vénus et Rome ; 50. *Adonea* (?) de Domitien et temple d'Héliogabale ; 51. Palais impérial du Palatin ; 52. Temple d'Apollon Palatin ; 53. Temple de *magna Mater* (Cybèle) ; 54. Cirque Maxime ; 55. Temple de Minerve ; 56. Temple de Diane ; 57. Thermes de Dèce ; 58. Colisée ; 59. Thermes de Titus ; 60. Thermes de Trajan ; 61. Portique de Livie ; 62. *Ludus magnus* ; 63. *Ludus matutinus* ; 64. Temple du Divin Claude ; 65. Temple de Sérapis ; 66. Thermes de Constantin ; 67. Thermes de Dioclétien ; 68. Temple de Vénus Erycine ; 69. *Castra praetoria* ; 70. Thermes d'Hélène ; 71. *Castra equitum singularum*, sans doute construits par Trajan ; 72. *Amphiteatrum castrense* ; 73. Thermes de Caracalla ; 74. *Horrea Galbana* ; 75. *Porticus Aemilia*.

partir de 27 apr. J.-C. Le préfet de la ville, substitut de l'empereur, dont la fonction fut d'abord discrète, finit par assimiler les compétences judiciaires des magistrats supérieurs et devint sous les Sévères le président du principal tribunal italien. Il est assisté de trois cohortes urbaines [Freis, *Die « Cohortes urbanae »*, Bonn, 1967]. Mais la surveillance de la ville n'était pas le seul problème qui se posait à Auguste. Faute de précédent en matière d'administration des mégalopoles, il adopta des solutions empiriques au fur et à mesure que se présentaient des difficultés nouvelles. Il fallait assurer le ravitaillement de la ville en eau et en blé, veiller aux incendies et assurer l'entretien des bâtiments que l'on n'osait plus confier aux généraux vainqueurs pour des raisons politiques. Dans un premier temps, Auguste paya de sa personne, par exemple en restaurant 82 temples en 28 av. J.-C., et il usa des compétences de Marcus Vipsanius Agrippa.

En 33 av. J.-C., ce dernier accepta d'occuper l'édilité, alors qu'il avait déjà été consul. Il restaura des aqueducs, en construisit de nouveaux et dota Rome de nombreuses fontaines. Pour ce faire, il organisa un corps de 200 esclaves de sa maison. Son action continua bien au-delà de sa sortie de charge, jusqu'à sa mort en 12 av. J.-C. [J.-M. Roddaz, *Marcus Agrippa*, Rome, 1984]. Auguste, héritier d'Agrippa, confia ce personnel à l'État et nomma à partir de 11 av. J.-C. des curateurs des eaux, choisis parmi les consulaires de haut rang, dont le plus célèbre sera Frontin, auteur d'un traité sur les aqueducs de Rome [Eck, dans *Wasserversorgung im antiken Rom*, Munich, 1982, *63-77*]. La mort d'Agrippa privait aussi Auguste d'un soutien important en matière d'entretien des constructions. Plutôt que de prendre ces travaux explicitement à sa charge, il préféra, à une date indéterminée, nommer des responsables, peut-être d'abord une commission, puis un unique curateur des bâtiments publics. Le premier connu, Quintus Varius Geminus, sous Tibère, est de rang prétorien. A partir de Claude, ils seront tous consulaires, marque de respect pour une institution qui n'a guère son mot à dire dans les travaux en ville de Rome : les inscriptions ne mentionnent que peu d'esclaves publics aux côtés de ceux de la *familia Caesaris*. Dans un premier temps, Auguste avait créé une fonction de *curator locorum publicorum iudicandorum*, qui trahit les difficultés à récupérer les parcelles du domaine public aliénées par des particuliers. Cette charge sera incorporée à celle du curateur des bâtiments dès Tibère [Kolb, 154]. Rome était souvent la proie d'incendies dévastateurs. Reprenant le précédent d'Egnatius Rufus, qui avait utilisé ses propres esclaves pour lutter contre le feu lors de son édilité de 26 av. J.-C., Auguste, qui avait fait exécuter Egnatius en 19, créa en 6 apr. J.-C. un corps de pompiers permanents, les vigiles, répartis en sept cohortes (une pour deux régions) sous les ordres d'un préfet équestre (Dio., *55, 26*). Ce préfet prendra de l'importance au IIe siècle, lorsque les organisations des *vici* seront placées sous son autorité (cf. *Dig. 1, 15*) [Panciera, 153]. Contrairement aux prétoriens et aux soldats des cohortes urbaines, les vigiles peuvent être recrutés parmi les affranchis (ils obtiennent alors la *civitas* après six puis trois ans de service), mais, dans l'ensemble, ce sont surtout des ingénus. Un détachement de ce corps était stationné à Ostie sans doute depuis Claude (Suét., *Claud., 25*), quoique le premier état de la caserne date de Domitien (peut-être les vigiles ont-ils été rappelés à Rome après l'incendie de 64 [Sablayrolles, *Libertinus miles,* Rome (EFR), 1996, Pavolini, *La vita quotidiana a Ostia,* Rome-Bari, 1991, *205*]). Afin de faciliter la circulation fluviale, Auguste s'était chargé de faire nettoyer le lit du Tibre. A partir de 15 apr. J.-C. fonctionnera une commision de trois consulaires, *curatores alvei Tiberis et riparum.* Ces administrations ont en commun de relever toutes de l'autorité du prince, montrant ainsi sa volonté de contrôler personnellement la ville.

Les Romains ne connaissent pas que des privilèges : certaines charges reposent sur leurs épaules. Sans compter les taxes et contributions plus ou moins fantaisistes imposées par Caligula (Suét., *Cal., 40, 1*), on peut mentionner le célèbre impôt de Vespasien sur l'urine utilisée par les foulons (Suét., *Vesp., 23, 5*), et surtout un octroi régulier, l'*ansarium* et le *foricularium,* perçus aux portes de Rome sur les marchandises qui entrent dans la ville, et créés semble-t-il par Vespasien en 74, peut-être sur un précédent augustéen. Les postes de péage auraient respecté la ligne du pomérium selon J. Le Gall [Palmer, dans *72, 217-225*; Le Gall, dans *Points de vue sur la fiscalité antique,* Paris, 1979, *121-126*].

Le nouveau régime nécessitait l'adhésion des foules. C'est pourquoi le calendrier vit les vieilles fêtes républicaines progressivement remplacées par des cérémonies liées aux grands événements de la famille impériale : Rome, plus encore que le reste de l'Empire, vit au rythme des victoires et des voyages d'Auguste, ou de l'accession aux magistratures de l'un de ses descendants [Fraschetti, 150]. Pour compléter cette prise en main idéologique, Auguste, devenu grand pontife en 12 av. J.-C., entreprit une réorganisation de la ville, achevée en 7 av. J.-C. [la date est discutée, et la documentation en apparence contradictoire : voire les positions opposées de Fraschetti, 150, et Niebling, dans *Historia,* 5, 1956]. Il agrandit semble-t-il le pomérium, l'enceinte sacrée de Rome (Claude en fit autant après la conquête de la Bretagne), et divisa la ville en 14 régions, comprenant chacune un certain nombre de *vici,* quartiers, dotés de *magistri,* dont les fonctions nous échappent en grande partie : ils avaient des responsabilités en matière de prévention des incendies (Dio., *55, 8, 6*) ; peut-être étaient-ils aussi chargés de tâches de police locale et de la mise à jour des listes d'habitants de leurs quartiers. En tout cas, les *vici* servent de cadre au culte dynastique des Lares Augustes, en qui il faut reconnaître les Lares familiaux d'Auguste, confiés aux vestales [Tarpin, *LDP,* 1, N. 6 ; contra : Zanker, 143 ; Fraschetti, 150], plutôt qu'une transformation de vieux Lares républicains, comme on l'a cru longtemps. A travers ce culte, la plèbe de Rome s'identifie à la clientèle ou à la famille du prince en un lien personnel très fort, renforcé par le culte du *Genius* de l'empereur, qui explique, par ailleurs, la dégénerescence des rapports de clientèle entre plèbe urbaine et aristocratie romaine, telle qu'elle ressort par exemple de Martial, et de la disparition progressive des maisons à *atrium* en ville de Rome. Selon A. Fraschetti, les *magistri vici* seraient une invention d'Auguste, mais cette hypothèse ignore l'inscription [*CIL, VI, 1324 = ILLRP, 704*], qui mentionne des magistrats d'un *vicus* dans les années 60 ou 40 av. J.-C. Les inscriptions, en particulier les « fastes des *magistri vici* », montrent une désaffection rapide de la plèbe urbaine pour la magistrature des *vici* au cours du Ier siècle, correspondant d'ailleurs à une désaffection générale pour le culte impérial, que P. Zanker [169] constate à Pompéi. A un moment difficile à préciser, au plus tard sous Trajan, mais peut-être déjà sous Domitien, est entamée une campagne de restauration des édicules des *vici*, et des *magistri* sont de nouveau régulièrement nommés, comme l'atteste la «base capitoline» *(CIL, VI, 975)*. Les régions, contrôlées à l'origine par des préteurs, des édiles ou des tribuns de la plèbe passent sous l'autorité directe de l'empereur, à travers le préfet des vigiles, au plus tard sous Hadrien [Panciera, 153; Id., dans 13].

Du blé pour Rome

La population de Rome était depuis longtemps trop importante pour pouvoir être nourrie sur les seules ressources des campagnes proches. L'alimentation à base céréalière des Anciens impliquait de faire venir des provinces (un long transport par mer coûtait moins qu'un moyen transport par terre) le blé nécessaire d'une part aux distributions gratuites, d'autre part au marché libre. Sous la République ce système de ravitaillement avait connu des crises, qui conduisirent le peuple à attribuer une mission extraordinaire à Pompée en 57 av. J.-C. La même situation se représenta en 22 av. J.-C., lors d'inondations. Auguste refusa alors la dictature que lui proposait le peuple mais accepta une *cura annonae,* dont la signification précise nous échappe en partie (Dio., *54, 1)*.

H. Pavis d'Escurac considère que cette charge recouvre l'ensemble de l'approvisionnement, comprenant les distributions gratuites et le marché libre [Pavis d'Escurac, 44, *12-17*; sur le fonctionnement des distributions, voir maintenant Virlouvet, 128]. Il est en tout cas évident que les distributions sont contrôlées par Auguste, puisque c'est lui qui limita semble-t-il le nombre des bénéficiaires à un peu plus de 200 000 en 2 av. J.-C. [cf. Virlouvet, dans 121; Id., 128]. Mais, à vrai dire, les procédures de contrôle des effectifs des bénéficiaires du blé public (portés par la suite à un peu plus de 150 000) ne peuvent être reconstituées que de manière hypothétique. Auguste songera même à abolir le blé gratuit, mais devra reculer devant l'opposition populaire (Suét., *Aug., 42)*. Pour ne pas heurter le sénat, les distributions sont confiées à deux, puis quatre (en 18 av. J.-C.), anciens préteurs, appelés d'abord *curatores frumenti,* puis *praefecti frumenti dandi*. En 6 apr. J.-C., face à de nouveaux problèmes, Auguste crée une commission de deux consulaires, chargés d'éviter la spéculation. Mais cette charge annuelle, renouvelée au moins une fois ne permettait pas de disposer de professionnels compétents. Aussi, créa-t-il entre 8 et 14 apr. J.-C. une préfecture équestre de l'annone, à l'image de la préfecture des vigiles. Le haut fonctionnaire titulaire de cette charge, qui pouvait rester plusieurs années en charge, avait pour fonction essentielle de négocier des contrats entre l'État et des importateurs, puisqu'il n'y avait pas de flotte d'État [Pavis d'Escurac, 44, *27-29*; Lo Cascio, dans 11, 1, 1990, *240-242*]. Avec quelques nuances, comme l'adjonction aux préfets chargés de distribuer le blé d'un *procurator Miniciae* équestre, le système fonctionne assez correctement durant les deux premiers siècles. Le rôle des *aediles ceriales* sénatoriaux, conservé depuis César, est passablement diminué par la création de la préfecture. D'un passage de Pétrone

(Satyr., 44), on peut conclure qu'ils doivent veiller au respect des prix sur le marché libre en ville. Un questeur, basé à Ostie, contrôle la bonne arrivée des marchandises et sans doute le travail des *mensores frumentarii*, les mesureurs de blé; il sera remplacé par deux procurateurs sous Claude [Houston, dans 72, 1990, *157-162*]. Cet empereur aménagea aussi la *porticus Minucia frumentaria*, où les bénéficiaires du blé gratuit venaient chaque mois chercher leur ration, ce qui représentait à peu près 150 personnes par guichet et par jour [Lo Cascio, dans 11, 1, 1990, *248*; Rickman, dans *Città e architettura nella Roma imperiale*, Odense, 1983, *105-107*; cf. *CIL, VI, 220, 10223-5; XIV, 4499-4515*]. Auparavant, les distributions avaient lieu dans le cirque de Flaminius, dans les *Saepta*, voire dans la *villa publica* [Virlouvet, dans 13, *175-189*; Id., *128*]. La position prépondérante prise par le prince dans le domaine du ravitaillement s'explique non seulement par l'incurie chronique du sénat, mais aussi par le simple fait qu'une bonne partie du blé importé est issu du fisc et des propriétés impériales [Lo Cascio, dans 11, 1, 1990, *229*]. D'ailleurs, en cas de crise, le peuple ne s'en prend qu'à l'empereur et non au sénat [Rickman, 126, *152*]. L'empereur doit aussi intervenir personnellement auprès des fournisseurs lors de difficultés, en particulier par des incitations financières ou des indemnisations en cas de perte de la marchandise, comme le fit Claude, ou par la concession de privilèges, comme le fit Hadrien; jamais semble-t-il par des mesures autoritaires ou bureaucratiques [Lo Cascio, dans 11, 1, 1990, *243*]. Ces mesures rappellent que la ville dépendait surtout du blé libre et que les distributions ne couvraient qu'une partie des besoins. La responsabilité de l'empereur dans le ravitaillement de Rome a conduit Claude d'abord, sans grand succès, Trajan ensuite à aménager un véritable port à Ostie, où les gros porteurs devaient jusque-là être déchargés en haute mer. En somme, il n'y a pas de véritable administration du blé, mais seulement des organes sommaires chargés de s'assurer que les quantités nécessaires parviennent à la ville [Rickman, dans 72, *268-272*].

Nous ne possédons guère de données sur les quantités de blé importées et sur les prix pratiqués, et les chiffres connus sont interprétés très diversement. Il est difficile d'extrapoler ceux que donne Cicéron, car le contexte est fort différent [Rickman, 126, *170*]. Les estimations récentes varient entre 150 000 et 400 000 t par an : c'est dire les incertitudes de la recherche [Garnsey, Saller, *L'Empire romain*, Paris, 1994, 149-150; cf. Von Freyberg, 87, *42-43*]. Selon une de nos sources, souvent rejetée, l'Égypte au temps d'Auguste, aurait fourni 20 millions de *modii*, soit environ 175 millions de litres (la conversion en kilogrammes implique des marges d'incertitude importantes) (Aur. Vict., *Epit. de Caes., 1, 6*). Si l'on en croit Flavius Josèphe *(Bell. Iud., 2, 16, 4)*, au temps de Vespasien, Rome en aurait reçu le triple, dont deux tiers en provenance de l'Afrique. Ce chiffre aussi a paru excessif à certains historiens, insuffisant à d'autres [cf. Lo Cascio, dans 11, 1, 1990, *236*, Casson, dans 62, *23*], mais il faut tenir compte de nos incertitudes en matière de population de Rome et des stocks constitués d'avance (cf. *SHA, Sept. Sév., 23, 2*), qui devaient bien souvent être perdus, compte tenu de la fragilité du blé [Rickman, 1971]. A date inconnue, on fixa à cinq *modii* par mois (environ 43,75 l) la quantité distribuée gratuitement à chaque bénéficiaire, soit une dépense de quelque 8,75 millions de litres par mois (sur la base de Sall. *Hist., 3, 48 (61), 19)* : cela était insuffisant pour l'ensemble de la population, d'où la nécessité d'un marché libre, très mal connu, mais qui devait représenter au moins le double des quantités distribuées gratuitement [Sirk, 127 ; Rickman, dans 72, *263* ; cf. Casson, *ibid.*, *22-23* ; Rickman, 125, *171*]. Il faut y ajouter les quantités nécessaires aux soldats de Rome et au personnel administratif. La navigation étant limitée à une brève période, les bateaux égyptiens ne faisaient parfois qu'un seul aller-retour (environ quinze jours à l'aller et un à deux mois au retour [Rickman, dans 72, *266*]) et se trouvaient en masse à quai : en 62, 200 navires coulèrent dans le port de Claude (Tac., *Ann.*, *15, 18, 3*), ce qui représente, dans une estimation moyenne, le quart du ravitaillement annuel [Lo Cascio, dans 11, 1, 1990]. Une série de papyrus montre en outre que les opérations portuaires pouvaient requérir des délais importants : 12 jours entre l'arrivée et le déchargement, puis encore une quinzaine de jours pour obtenir l'autorisation de repartir [Hunt, Edgar, *Selected papyri*, *1, 113*]. A Rome même, où les installations portuaires couvrent presque 2 km sur chaque rive du Tibre [Castagnoli, dans 72], de nombreux entrepôts privés puis de plus en plus souvent impériaux, servent à abriter le blé [Rickman, 125]. Le prix du stockage dans les *horrea* de Pouzzoles est connu par une tablette de Pompéi : un sesterce par mois, pour environ 75 t de marchandises ; autant dire un prix symbolique [Casson, dans 72, *26*]. Les régionaires du Bas-Empire citent 35 *horrea* dans Rome, sans doute en grande partie vers l'Aventin. Pour ce qui est des prix du blé, ceux que donnent de rares papyri conservés montrent surtout une importante variation saisonnière sur les lieux de production [cf. Duncan Jones, *Structures and scale*, 1992, *145-151*]. Le rôle du préfet et de l'empereur était alors sans doute d'éviter des répercussions trop brutales à Rome. Ainsi, en 19, Tibère dut verser une compensation de deux sesterces par *modius* aux marchands pour qu'ils puissent vendre leur blé à un prix acceptable pour le peuple [Rickman, 126, *147*]. D'ordinaire, l'empereur ne peut pas fixer arbitrairement les prix du marché, mais il peut plus ou moins le contrôler en jouant sur l'ouverture des stocks fiscaux, mais en 32, les prix provoquent des émeutes (Tac., *Ann.*, *6, 13, 1*) [cf. Lo Cascio, dans 11, 1, 1990, *246*]. En fait, nous ne savons rien du prix du blé libre à Rome. Le nombre des bénéficiaires du blé public est mieux connu, malgré quelques imprécisions. Les distributions d'Auguste ont touché de 100 000 à 320 000 personnes, mais il semble avoir adopté un chiffre définitif d'environ 150 000, encore attesté en 202 (Dio., *55, 10, 1* ; *76, 1, 1*) [Virlouvet, 128, *187* ; Rickman, 126, *176-184*].

Le grand chantier

La fin des luttes pour les magistratures et des triomphes personnels (l'*imperium* est concentré entre les mains de l'empereur) signait aussi la fin de l'édilité triomphale : l'amphithéâtre de Taurus et le portique de Marcius Philippus en 29 av. J.-C., ainsi que le théâtre de Balbus, en 13 av. J.-C., sont les exemples ultimes (cf. Suét., *Aug.*, *28, 4-5*). Afin de limiter la popularité des magistrats et d'assurer la sienne, et aussi pour garantir un minimum de cohérence, Auguste prit en charge les constructions publiques, déléguant parfois à des proches (Agrippa en particulier) certains bâtiments ou secteurs de la ville. Le Champ de Mars, par exemple, est, de fait, annexé aux biens impériaux. Dès après la mort de César, il

donna à ses interventions une tonalité « romaine » et civique, pour éviter la connotation monarchique des derniers travaux du dictateur. De même, il adopta un
programme d'urbanisme moins ambitieux et plus pragmatique que celui de César
[Coarelli, dans 5, *68-80*]. Le Mausolée, sans doute commencé dès avant Actium,
marque son attachement à Rome, malgré une monumentalité qui évoquait plutôt
Alexandre le Grand [cf. H. von Hesberg, dans 5, 1988, *245-250*; Coarelli, Thébert,
dans *MEFRA*, 100, 1988-2, *790-798*]. L'utilité publique et la piété sont très vite au
cœur du discours édilitaire d'Auguste [Coarelli, dans 11, 1, *29-30*]. Dès 28 av.
J.-C., 82 temples sont restaurés, en conservant le nom de leur fondateur *(RGDA,
20, 4)*. L'embellissement du forum, qui permet de masquer la puissance d'anciennes grandes familles, vise à assurer à Rome une élégance urbaine digne de sa
puissance [Coarelli, *Il foro romano, 2*, Rome, 1992]. Enfin, l'inauguration du forum
d'Auguste (n° 44) en 2 av. J.-C. assure à la dynastie qui se met en place un lieu de
propagande sans comparaison, tout en exaltant un discours formel explicitement
« romain » [Ganzert, Kockel, dans 5, *149-199*; Zanker, *Il foro di Augusto*, Rome,
1984; E. La Rocco (éd.), *I luoghi del consenso imperiale*, Rome, 1995]. Formellement,
le forum d'Auguste, qui est le plus grand *atrium* patricien de tous les temps, recourt
encore à un langage culturel aristocratique, à travers des séquences de symboles
parfois hermétiques. En ce sens, comme dans le choix de privilégier forums et temples, Auguste se montre encore homme de la République [Hölscher, 136]. L'ambiguïté est donc de règle : l'inventeur d'un nouveau régime plaque de marbre (italien certes) des bâtiments traditionnels, comme l'Empire se plaque sur les formes
de la République [Zanker, 143]. Le premier établissement de bains public de
Rome sera construit sous le nom d'Agrippa (n° 22) et non d'Auguste, pour préserver le mythe de la restauration civique. La même tendance se marque dans les
cités d'Italie, où l'on construit des forums, des temples et des lieux de vie civique
(curies, basiliques) [Zanker, dans 6, *259-284*]. Ses successeurs immédiats furent soit
plus économes, comme Tibère, qui construisit le *castrum* des prétoriens (n° 69),
mais thésaurisa des milliards de sesterces, soit plus portés aux dépenses personnelles, comme Caligula, qui dilapida des fortunes en plaisirs, ou Néron, qui s'offrit
le luxe d'une immense villa, la *domus aurea*, en pleine ville (recouvrant les n°s 47, 49
à 51, 58 à 64), amplifiant un travers de l'aristocratie romaine déjà condamné par
Varron *(Rust., 1, 13, 6-7)* [Steinby, 158, II, *49-64*]. Seul Claude, en construisant
de nouveaux aqueducs, la *porticus Minucia frumentaria* pour les distributions de blé
(n° 26 ?) [Virlouvet, 128, *373-380*], et un port à Ostie, s'orienta clairement vers
l'intérêt public, dans le sens souhaité par Auguste. Les Flaviens revinrent à une
politique d'utilité commune explicite, en rasant partiellement la *domus Aurea* pour
faire place au premier grand amphithéâtre en pierre de Rome, le Colisée (n° 58),
aux thermes de Titus (n° 59) et au forum de la Paix (n° 46) [Conforti, Diebner,
Anfiteatro flavio, Rome, 1988]. Il fallut en outre restaurer le Capitole (n° 39),
incendié en 69. Domitien, dernier empereur de la dynastie eut une activité édilitaire comparable à celle d'Auguste, mais sur laquelle il manque une véritable synthèse. Il dut en particulier restaurer le Champ de Mars, détruit en 80 : il y construisit un stade (n° 11, actuelle piazza Navona) et un odéon (n° 23). Lors de la
reconstruction des quartiers incendiés, il fixa, comme Néron, des normes d'urbanisme (jamais respectées). Il relia le forum d'Auguste et le forum de la Paix par un

forum long et étroit (n° 45), dédié par Nerva, et dont le décor renoue avec le classicisme augustéen [Meneghini, *Il foro di Nerva*, Rome, 1991]. Mais il modifia aussi considérablement le palais impérial (n° 51), ajouta sur le vieux forum (n° 41) un temple consacré à Vespasien et Titus, et construisit un ensemble dynastique, le *templum gentis Flaviae*, sur le Quirinal [cf. R. Paris (dir.), *Dono Hartwig*, Rome, 1994]. Il est difficile de mesurer la place des édifices de culte dans les travaux de Domitien : elle paraît importante, rapellant ainsi plus Auguste que Néron ou même Vespasien et Titus, qui avaient les premiers accordé une grande importance aux lieux de plaisir. Afin de marquer le retour à une politique moins monarchique, les premiers Antonins adoptèrent une politique édilitaire active dans le domaine public. Trajan confia à son architecte, Apollodore de Damas, la construction du plus grand forum de la ville (n° 43), ce sera le dernier forum impérial, mais le premier à se présenter comme une place civile, par rejet du temple dans une partie annexe [Hölscher, 136] : cet ensemble, doté de sa célèbre colonne historiée, fut complété par un vaste marché, étendu sur plusieurs étages. L'empereur offrit aussi à ses concitoyens un vaste ensemble thermal (n° 60), peut-être le premier des grands thermes impériaux (nous ne connaissons pas le plan de ceux de Titus). Enfin, il reconstruisit presque intégralement Ostie (mais les travaux ont peut-être été entamés par Domitien [cf. Pavolini, *La vita quotidiana a Ostia*, Rome-Bari, 1986]) et y ajouta le premier vrai port permanent, celui de Claude s'étant avéré inutile. Hadrien acheva les travaux d'Ostie, mais s'orienta, à Rome même, vers une politique de prestige, en dotant la ville de deux édifices spectaculaires : le Panthéon, sur lequel il laissa le nom d'Agrippa (n° 13), et le temple de Vénus et Rome (n° 49), aussi gigantesque qu'inélégant : Apollodore de Damas mourut, dit-on, de l'avoir signalé à l'empereur-architecte. Pour échapper au désastreux précédent de Néron, il se fit construire un palais hors de Rome, à Tivoli, où il pouvait se retirer au calme, mais aussi traiter ses affaires [Boatwright, 144]. Les derniers Antonins, jugèrent sans doute que Rome était suffisamment équipée. Ce sont les Sévères, qui, au tournant du IIᵉ et du IIIᵉ siècle, renouèrent avec l'édilité publique, en restaurant de nombreux bâtiments détruits lors de l'incendie de 191, et en ajoutant le Septizonium (connu seulement par des dessins anciens), les gigantesques thermes de Caracalla (n° 73), le Sérapeum du Quirinal (n° 65), qui était le plus grand temple de Rome, le temple d'Héliogabal sur le Palatin (n° 50 ?), et le dernier aqueduc de Rome, l'*aqua Alexandriana*. Ce sera la dernière grande phase édilitaire. Seul le règne d'Aurélien, avec la construction du rempart et du *templum Solis* (n° 8) fait exception dans le IIIᵉ siècle, avant les travaux de Dioclétien (thermes, n° 67), puis de Maxence (basilique, n° 47) et de Constantin (thermes, n° 66).

Il est difficile d'identifier une orientation continue dans cet apparent désordre, et peut-être n'y a-t-il justement pas de conduite cohérente du régime, mais seulement des improvisations de chaque empereur, en fonction de sa volonté politique et des moyens disponibles : la *forma Vrbis* sévérienne trahit l'impuissance des empereurs à structurer véritablement l'habitat de manière cohérente [Staccioli, dans 62, *214*]. La centralisation du pouvoir a permis d'envisager des travaux irréalisables auparavant : le

Colisée, qui frappa de stupeur les contemporains, impliquait une concentration de moyens inimaginable sous la République. Sur deux siècles apparaît cependant une évolution, attestée dans toute l'Italie, qui privilégie de plus en plus les lieux de plaisir, et en particulier les thermes (au début du IVe siècle, les « régionaires » comptent 11 grands établissements et 856 petits), qui offrent à la plèbe le luxe des grandes villas en pleine ville [Duret, Néraudau, 149, *257*; Zanker, dans 6], au détriment des lieux de culte traditionnels et même des théâtres : témoignage explicite de l'échec des tentatives de restauration religieuse et civique d'Auguste. La vogue des thermes conduisit même à importer du bois de chauffe d'Afrique [Meiggs, dans 72, *194*]. Un simple coup d'œil au plan montre la place de plus en plus importante prise par les constructions impériales : les seuls thermes de Caracalla couvrent sans doute plus de surface que l'ensemble des temples républicains. Rome est le chantier privilégié des empereurs, où ils peuvent exprimer les formes qu'ils souhaitent faire revêtir à leur pouvoir : l'opposition entre les travaux de Néron et ceux de Vespasien est explicite ; ceux de Domitien n'ont pas encore été évalués à leur juste valeur. Le jeu des thèmes décoratifs, des formes de cette décoration, ou tout simplement le choix d'un type particulier de bâtiment exprime non le régime, qui évolue en continu vers un absolutisme, mais des nuances conventionnelles destinées à donner la « couleur » de chaque règne, en fonction des valeurs morales dominantes du temps. Rome est aussi le grand laboratoire de l'architecture romaine, dont les résultats sont exportés à travers l'Empire [cf. Gros, *La France gallo-romaine*, Paris, 1991].

LA PROVINCE DE SICILE

MILIEU NATUREL ET CULTURES

L'importance de la plus grande île de la Méditerranée était un peu sous-estimée par les Anciens, qui n'avaient pas conscience de sa taille. En revanche, sa position privilégiée, toute proche de l'Italie et à 150 km à peine de l'Afrique, n'échappait à personne : une tradition rapportée par Pline l'Ancien *(Hist. nat. 3, 8, 86)* voulait que la Sicile ait été anciennement jointe au Bruttium. La diversité des reliefs et la grande fertilité du sol expliquent aussi l'attirance pour cette île. En effet, si les plaines fluviales importantes (celle de Catane par exemple) sont rares, les zones de collines propices à la céréaliculture sont nombreuses. Plusieurs cités grec-

ques s'y étaient d'ailleurs établies. L'Etna (un peu plus de 3 300 m actuellement) est à la fois une menace permanente (mais il n'y a pas de mention
d'éruption violente dans l'Antiquité) et une source de richesses pour les
agriculteurs qui exploitent les riches terres volcaniques de la région
d'Enna. Les études palynologiques sont encore trop rares pour permettre
une description de l'environnement naturel antique, mais si l'on suit les
sources littéraires, la Sicile devait être infiniment plus boisée qu'elle ne
l'est aujourd'hui, et il n'est pas exclu que le climat antique ait été légèrement plus humide. La déforestation, qui a sans doute commencé à
l'époque romaine, n'a pris une ampleur catastrophique qu'à partir du
XVIᵉ siècle [Wilson, 185, 7]. La fertilité de la Sicile antique ne fait pas de
doute : Pline l'Ancien *(Hist. nat. 18, 70)* décrit un blé de printemps, et les
premières analyses de macrorestes ont déjà permis d'identifier quatre
espèces différentes de *triticum* (groupe de céréales regroupant le blé et
l'épeautre). En revanche, l'olivier n'a laissé que fort peu de traces. Cependant, la mise à ferme de la dîme sur l'huile implique l'existence d'une production oléicole conséquente. La vigne était certainement cultivée et certains vins de Sicile étaient renommés, comme celui de Taormina, qui était
exporté. Le *Mesopotamium* de Gela arrivait jusqu'à Vindonissa, en Suisse.
Martial *(13, 117)* précise que le Messine peut être bon s'il est vieux. En
tout état de cause, la spécialisation céréalière de la Sicile ne paraît pas
avoir été remise en cause durant l'Antiquité. Le climat et le sol y étaient
bien entendu pour beaucoup, mais aussi l'attitude politique de Rome, qui
avait encore besoin du blé de Sicile, même après la conquête de l'Égypte.
E. Gabba a cru cependant pouvoir conclure de l'instauration d'un *stipendium* fixe sous César ou Auguste que le régime de monoculture avait été
atténué.

LE MAINTIEN DU STATUT PROVINCIAL
ET LES FONDATIONS COLONIALES

Strabon *(6, 1, 15)* ajoute la Sicile à la suite de sa description de l'Italie
sans marquer de distinction particulière. Cela tient au fait qu'il a adopté
comme plan général de traiter les îles après les terres continentales. Mais
comme, par définition, l'Italie ne pouvait s'étendre au-delà des mers,
Sicile et Sardaigne, premières provinces de Rome, conservèrent ce statut
durant tout le Haut-Empire : la Sicile n'était pas, comme on l'a écrit parfois, « un district extérieur de l'Italie » [Finley, 174, *154*]. En fait, il faudra
attendre les réformes de Dioclétien puis celles de Constantin pour que la
Sicile devienne une subdivision du diocèse d'Italie suburbicaire, contrôlée
par un *corrector,* puis par un *consularis.* Sardaigne, Corse et Rhétie sont

intégrées dans le même mouvement. Le fait qu'elle ait été la seule province, avant la Narbonnaise (sous Claude), où les sénateurs pouvaient se rendre sans autorisation (Tac., *Ann., 12, 23, 1*) signifie seulement qu'elle abritait de nombreux domaines sénatoriaux et ne présentait pas de risque politique. Le maintien du statut provincial sous l'Empire impliquait le maintien de la dîme, qui prit peut-être la forme d'un *stipendium* fixe à l'époque d'Auguste (en 27 selon G. Mangarano), ou peut-être déjà sous César (selon G. Clemente). On ne sait s'il était perçu en nature ou en deniers [Wilson, 185, *35*; Finley, 174, *153*; Mangarano, 177, *451*; Clemente, 171, *467*]. Quoi qu'il en soit, ce *stipendium* n'implique pas un arrêt des exportations de céréales.

Au contraire de bien des provinces, la Sicile n'avait pas vu de fondation coloniale durant la République et nul ne s'était soucié de mieux l'intégrer à la romanité par la concession d'un statut avantageux, comme cela s'était fait pour la Cisalpine, avec laquelle les liens étaient pourtant moins anciens : Taormina faisait remonter un traité jusqu'à Énée [Mangarano, *Par. Pass.,* 29, 1974, 395 sq.], et les *Centuripini* et *Segestani* se disaient consanguins des *Lanuvini* (Cic., *II Verr., 5, 83*) [Mangarano, *Rend. Accad. Napoli,* 38, 1963, *23-44*]. Cependant, César, peu avant sa mort en mars 44 av. J.-C., accorda le droit latin aux cités de Sicile, à la grande désapprobation de Cicéron. Peu après, Antoine donna le droit romain aux Siciliens, en se cautionnant du défunt dictateur, dont il détenait les archives (Cic., *Att., 14, 12, 1*). Les cités se mirent alors à frapper monnaie avec des légendes mentionnant des duovirs. On connaît ainsi, fait exceptionnel en Sicile, quelques monnaies avec légende en latin [Mangarano, 177, *448*]. L'annulation des actes d'Antoine par le sénat fin 44-43 resta sans effet, d'autant que Sextus Pompée, seul fils survivant de Pompée, s'était établi en Sicile et Sardaigne, d'où il lançait des expéditions de piraterie (App., *BC, 4, 84-86*; Dio., *48, 17, 4-19*). Le rejoignirent des esclaves fugitifs, mais aussi des proscrits et des adversaires des triumvirs, qui l'aidèrent à mettre sur pied une armée hétéroclite mais efficace, qui se livra à la piraterie, vivant sur le pays. La Sardaigne fut livrée à Octavien par un lieutenant de Sextus Pompée, mais la Sicile résistait. En 36, les triumvirs décidèrent d'en finir et écrasèrent les troupes de Sextus Pompée dans un combat sanglant qui mit aux prises plusieurs dizaines de légions. M. I. Finley estime les effectifs à quelque 200 000 hommes et 1 000 navires ; R. Syme avance le chiffre de 40 légions, G. Mangarano et G. Clemente celui de 45 légions [Finley, 174, *149*; Syme, *Révolution romaine, 224*; Mangarano, 176, *450*; Clemente, 171, *465*]. Les perdants furent traités durement : Messine fut mise à sac ; 30 000 esclaves furent rendus à leurs maîtres et 6 000 autres crucifiés (Oros., *Hist., 6, 18, 33*) ; les habitants de Taormina et ceux de Lipari furent déportés ; une indemnité de 1 600 talents, soit 4 600 000 deniers fut imposée, en plus des impôts (Appien, *BC, 5, 129*; Diodore, *16, 7, 1*) [Mangarano, 178, *14*]. Cette somme, pour énorme qu'elle soit, ne couvrait sans doute pas le cadeau de 500 deniers par tête fait par Octavien aux soldats des légions qui avaient participé aux combats [Mangarano, 176, *450*]. Toutes nos sources décrivent une Sicile appauvrie et en butte au brigandage au lendemain de la victoire d'Octavien. Dans les années qui suivirent, quelques colonies furent déduites dans l'île. On remarque que la Sicile a dû attendre plus longtemps que les provinces d'Afrique, d'Espagne, de Gaule ou de Macédoine. On ignore dans quelle mesure les cités qui ne bénéficiaient pas de la protection personnelle du triumvir ou qui ne subirent pas de déduction de colons ont pu conserver le statut accordé par César.

En effet, la question du statut des villes siciliennes après Nauloque est des plus vivement débattue. En fait, aucune source ne dit explicitement qu'Octavien a retiré le droit latin concédé par César. De ce fait, de nombreux historiens ont préféré admettre que la Sicile restait globalement latine [Mangarano, 177, *451-452*; Clemente, 171, *466*], sauf les colonies et les *oppida ciuium Romanorum* de Messine et Lipari. G. Mangarano [178, *10*], par exemple, explique ainsi le faible nombre de sénateurs et de légionnaires d'origine sicilienne, mais cet argument serait aussi valable pour des cités pérégrines. Notre source principale, parfois contredite par de rares inscriptions, est la liste donnée par Pline l'Ancien *(Hist. nat., 3, 86-94)*, qui cite 5 colonies (Taormina, Catane, Syracuse, Termini Imerese et Tindari), 3 communautés « *Latinae condicionis*» *(Centuripini, Netini, Segestani)* et des *oppida* stipendiaires. Si l'on suit le texte à la lettre, comme l'admettent M. I. Finley, E. Gabba et R. J. A. Wilson [Finley, 174, *152*; Gabba, *Del buon uso della ricchezza*, Milan, 1988, *169*; Wilson, 185, *35-37*], il faut conclure que la majorité des cités de Sicile sont redevenues pérégrines après un très bref passage par le droit latin ou romain. D'autres historiens, suivant une correction de K. J. Beloch [Beloch, *Die Bevölkerung der griechisch-römischen Welt*, Leipzig, 1886, *327*], considèrent que toutes les cités sont latines mais que Centuripe, Neto et Ségeste sont en plus *immunes* [Mangarano, 178, *18-21*; Id., 177, *452*], c'est-à-dire exemptes d'impôts directs. Il paraît cependant difficile de corriger un texte qui ne présente pas de difficulté de syntaxe : la liste plinienne, avec tous ses défauts, repose sur deux documents officiels, à savoir la carte de l'Empire et les « Commentaires » d'Agrippa (Pline, *Hist. nat., 3, 5, 46)*. Si l'on suit Pline, il y a donc d'une part des colonies (de droit romain), à savoir Taormina, peut-être fondée dès 36 [Mangarano, 178, *14*; Finley, 174, *152* et Wilson, 185, *35* restent prudents], et qui a livré un calendrier romain datable avant 19 av. J.-C., Catane, Syracuse, Termini Imerese (par déduction d'une XXe légion ?) et Tindari, fondées en 21, lors du passage d'Auguste en Sicile (Dio., *54, 7, 1*), puis Palerme à une date postérieure à la rédaction de la liste utilisée par Pline (peut-être en 14 av. J.-C.). S'y ajoutent trois cités latines, Centuripe (qui avait pris le parti d'Octavien), Neto et Ségeste, des *oppida* stipendiaires (la plupart des cités) et deux *oppida ciuium Romanorum*, Messine et Lipari. On a proposé d'assimiler ces *oppida ciuium Romanorum* à des municipes [cf. Mangarano, 178, *152*; Clemente, 171, *467*] ou à des *conuentus ciuium Romanorum* [L. Teutsch, *Das Städtewesen in Nordafrika*, Berlin, 1962, *27-51*]. Aucune de ces deux solutions n'est satisfaisante, et il faut se demander si ces villes ne sont pas simplement des communautés de citoyens romains établis hors d'Italie, sans fondation coloniale formelle (depuis l'arrivée des Mamertins au IIIᵉ siècle, Messine était une ville de citoyens romains). L'hypothèse d'un statut de « municipe romain » imposé à Lipari et Messine après Nauloque implique une contradiction : G. Clemente [171, *467*] considère qu'à Messine il s'agit d'une « réparation » et qu'à Lipari ce statut fait suite à la déportation des habitants (il y aurait donc eu une déduction pour les remplacer !). Or les deux cités ont été considérées également comme traîtres et il n'est fait nulle mention d'une immunité. En outre, Cagliari, en Sardaigne, toujours fidèle et césarienne de la première heure, est aussi *oppidum ciuium Romanorum*.

Il est cependant possible que les statuts de certaines cités aient été rapidement modifiés. En effet, nous connaissons des dédicaces à Auguste érigées par les municipes de *Halaesa* et *Haluntium*, et des monnaies des municipes d'Agrigente et de Lilybée (l'actuelle Marsala). A Tripi (cité non identifiée), sont attestés des duovirs à la fin du Iᵉʳ siècle. Inversement, les attestations de boulès manquent absolument pour l'époque impériale (mais l'épigraphie est très pauvre) [Wilson, 185, *42-43*]. Seules certitudes : Vespasien a déduit des colonies à Palerme (peut-être déjà colonie sous Auguste) et Ségeste, et Lilybée obtient le titre de colonie probablement en 193. On le voit, la question du statut des cités de Sicile est particulièrement embrouillée ; seules de nouvelles découvertes épigraphiques pourraient donner une image plus claire de la situation.

Lors du partage de 27 av. J.-C., la Sicile, considérée comme pacifiée, et donc dépourvue de troupes, est laissée à la garde du sénat. Elle reçoit dès lors comme gouverneurs des proconsuls de rang prétorien assistés de questeurs. G. Clemente [dans Sartori, 180, *282*] a remarqué que les gouverneurs appartiennent à la haute aristocratie romaine, ce qui témoigne de l'importance accordée à cette province. Il n'est pas impossible que ces grands aristocrates aient été concernés directement en tant que propriétaires. Des procurateurs y sont aussi attestés, qui témoignent simplement de l'ampleur des domaines impériaux et de l'importance de cette province céréalière dans la politique impériale.

LES VILLES ET L'EXPLOITATION DU SOL

Le faciès urbain de la Sicile subit de profondes modifications dès les dernières années de la République, et plus encore au début de l'Empire. Il est possible que la création de colonies dans sept villes ait contribué au développement local, comme le note Strabon *(6, 1, 6)*, mais on ignore les effectifs des vétérans déduits : P. A. Brunt [66, *331*] propose le chiffre de 3 000 colons pour Taormina, mais ce n'est qu'une hypothèse, car Auguste *(RGDA, 28)* ne livre que des données globales. R. J. A. Wilson [185, *39*] estime ce chiffre incompatible avec les surfaces cultivables disponibles à proximité. Pour G. Mangarano, les colons étaient minoritaires dans les cités où ils ont été implantés. E. Gabba estime que les colonies ont servi tout au plus à repeupler quelques cités grecques qui avaient souffert de la guerre, sans véritable apport démographique supplémentaire [Gabba, *Del buon uso della ricchezza*, Milan, 1988, *166*]. Il n'y a d'ailleurs pas d'attestation de lotissement de vétérans en Sicile, si ce n'est à Himère (Termini Imerese ; *CIL, X, 7349*). Quoi qu'il en soit, l'activité édilitaire sicilienne est concentrée dans ces nouvelles colonies, ainsi qu'à Lilybée, qui, sans jouir de ce statut, était un centre administratif important [Belvedere, 170, *348*]. A l'inverse, certaines villes grecques entrent en décadence dès le milieu du Ier siècle av. J.-C., et finissent par être abandonnées ou, tout au moins, par perdre leur statut « civique », passant alors sous le contrôle d'une cité majeure [Mangarano, dans 58, II, *373*].

Morgantina, Megara Hyblaea, Leontinoi et *Camarina* ont disparu vers le milieu du Ier siècle. Solunto est abandonnée peu après, peut-être par déplacement vers la plaine. Pausanias *(5, 23, 6)* [cf. Mangarano, 177, *453*] signale, au IIe siècle, que des deux villes nommées *Hybla*, l'une est devenue un village des Cataniens, l'autre a été abandonnée et intégrée au territoire de Catane. Les résultats des fouilles suisses à Monte Iato sont bien représentatifs de cette évolution urbaine très contrastée : le théâtre est réparé à l'époque d'Auguste, mais occupé par une habitation dès l'époque de Tibère ; le bouleutérion est condamné peu après Auguste ; les temples s'effondrent vers le milieu du IIe siècle, sans que la ville soit pour autant complètement abandonnée. Sans doute faut-il en déduire que l'époque impériale a marqué une modification rapide du mode d'habitat. Ainsi, à Castello di Marianopoli, l'occupation urbaine se réduit, alors que se construisent des villages et des fermes alentour. On peut alors supposer que la fonction défensive de nombreuses villes de l'intérieur est devenue caduque avec la paix et que les populations ont préféré s'implanter directement dans les lieux de culture et d'élevage : il y aurait alors modification du mode d'habitation et non baisse démographique [Wilson, 185, *144-155*]. En effet, lorsque les villes étaient bien situées ou bénéficiaient d'un statut privilégié, elles se sont bien maintenues. Ainsi Centuripe, où l'activité édilitaire est importante encore au IIe siècle [G. Libertini, *Centuripe*, Catane, 1926]. On a suggéré de rapprocher les monnaies d'Hadrien de 123, avec la légende *restitutor Siciliae*, d'un programme édilitaire financé au moins en partie par le prince [Clemente, 171, *469*; Belvedere, 170, *363*], mais dont les traces archéologiques sont assez ténues, si l'on excepte les restaurations des théâtres de Taormina et Catane [Belvedere, 170, *364-370*]. Dans l'ensemble, les colonies, ainsi que Messine, Lilybée et Agrigente restent importantes sous l'Empire, ce qui est somme toute bien peu pour la taille de l'île. Syracuse, de loin la plus grande de ces villes, avec environ 280 ha, atteint la taille de Trèves (285 ha), mais Catane, avec 128 ha est à peine de la taille de Paestum (126 ha), plus petite que Nîmes (220 ha), et Lilybée (77 ha) dépasse de peu Pompéi (64 ha), qui est pourtant une ville secondaire [Wilson, 185, *171*].

Ce faible développement urbain joint à l'importance de la Sicile comme producteur de céréales (importance contestée par G. Clemente [171, *472*], sans argument pertinent) laisse supposer une croissance de l'habitat rural. Dans l'état de la recherche archéologique, il est difficile d'appliquer à la Sicile le modèle de la « grande villa esclavagiste », et de supposer que la céréaliculture a régressé face aux vignes et aux oliveraies dès la colonisation augustéenne [Mangarano, 177, *451*; Gabba, *Del buon uso della Ricchezza*, Milan, 1988, *170*]. Ce que l'on peut déduire des sources est contradictoire : de Cicéron, il ressort que la moyenne propriété dominait au moins dans la région de Léontinoi [Duncan Jones, dans Finley, *Studies in Roman property*, Cambridge, 1976, p. 13-14; *ibid., Structures and scale*, 1992, *127-128*], alors que Diodore parle de grands domaines. Vers Héracléa Minoa, les *surveys* permettent d'identifier à peu près une exploitation pour 38 ha, ce qui n'exclut pas l'existence de grands domaines regroupant plusieurs exploitations. Vers Himère, la concentration semble se faire après le milieu du Ier siècle av. J.-C. [Wilson, 185, *21*]. Pour G. Mangarano [dans 58, II, *373*], la structure agraire de la Sicile (majorité de petites et moyennes exploitations) n'est pas modifiée sous l'Empire « malgré quelques taches de *latifundia* privés ou impériaux ». Dans le même sens, J. R. A. Wilson, tout en admettant que le *latifundium* n'a jamais été le mode d'exploitation dominant, note que les révoltes serviles impliquent forcément l'existence de grands domaines. On relèvera pourtant que ces révoltes sont très rares sous l'Empire. Pour sa part, E. Gabba [*Del buon uso della ricchezza*, Milan, 1988, *172*] considère que l'essentiel de la propriété est concentré entre les mains de grands propriétaires absentéistes et de l'empereur. A. Giardina fait remarquer que les documents doivent être interprétés différemment selon qu'il s'agit de grandes exploitations agricoles ou de grands domaines d'élevage. Il remet donc en question la relation qui avait été proposée entre les rares attestations de sénateurs et la localisation des grands domaines, et préfère considérer que les riches propriétaires établissent volontiers leurs résidences dans le triangle Himère-Lilybée-Palerme, mais qu'ils peuvent posséder des domaines importants ailleurs [Giardina, *Palermo in età imperiale romana*, *235-236*]. L'empereur est très certainement le plus grand propriétaire, ne serait-ce que par l'effet des confiscations des terres de Sextus Pompée et de l'héritage d'Agrippa, dont les domaines siciliens sont connus (Hor., *Épist.*, *1, 12, 1*). Caligula hérite en outre des terres d'un autre Sextus Pompée, consul en 14 de notre ère. Ces domaines impériaux participent très certainement à la production céréalière de l'île, puisque certains procurateurs impériaux ont exercé par ailleurs d'autres charges liées à l'approvisionnement de Rome en blé [Clemente, 171, *469*]. Il est donc certain que la Sicile contribuait à fournir au fisc une partie du blé destiné aux distributions populaires. Quelques exemples de grandes villas sont connus, comme la célèbre villa tardive de Piazza Armerina, où une grande salle à colonnes a été identifiée comme grenier à blé. Des alignements de dolia retrouvés dans des fermes de plus petite taille ont aussi été reconnus comme des lieux de stockage de céréales.

La seconde production de la Sicile, en ordre d'importance, est la laine (Strabon, *6, 2, 7*) : sa production est attestée encore au IVe siècle, bien qu'il n'y ait pas de rubrique la concernant dans l'édit des prix de Dioclétien. L'importance des ovins dans l'élevage sicilien est attestée par le mobilier osseux de la ferme de Castagna (deuxième moitié du Ier et IIe siècles), dans la province d'Agrigente, où les ovi-caprinés représentent 73 % de l'ensemble animal. C'est peut-être dans ce domaine, plus que dans celui des céréales, que se développent de très grands domaines, pour des troupeaux importants gardés par des esclaves, comme il ressort d'une inscription des environs de 100, qui mentionne le *magister magnus ovium*, responsable des troupeaux, de la veuve de Domitien, Domitia Longina (*AE*, 1985, 483). En 261, lors de troubles généraux une « quasi-guerre servile » est attestée, mêlant peut-être esclaves et libres *(SHA, Gallien., 4, 9)*.

Quoi qu'il en soit, l'ensemble des témoignages, si rares soient-ils, montrent que malgré sa situation très particulière, en marge de l'Italie et même des provinces romanisées de l'Occident romain, la Sicile a connu une prospérité réelle jusqu'au Bas-Empire ; prospérité accrue par sa position privilégiée, qui en fait un havre de paix jusqu'à l'arrivée des Vandales en 440. Pour Ausone, Catane et Syracuse figurent parmi les 17 villes les plus importantes de l'Empire, même si elles sont classées vers la fin de la liste.

UNE ROMANISATION SUPERFICIELLE ET TARDIVE

La romanisation de la Sicile paraît avoir été très limitée et cette province semble avoir fort peu bénéficié des bienfaits impériaux. Un certain nombre de monuments augustéens sont connus, mais nous ignorons comment ils ont été financés. Cependant l'exemple de Syracuse, où sont édifiés un amphithéâtre et un arc, monuments étrangers à la tradition architecturale sicilienne, montre une volonté d'imposer le modèle romain, au moins dans les grandes villes. Pourtant, il faut attendre Hadrien pour voir apparaître les premiers théâtres véritablement romains et les ensembles théâtre-odéon [Belvedere, 170]. Les Siciliens accusent aussi un certain isolement technique : par exemple, ils n'ont adopté l'*opus caementicium* qu'au temps d'Auguste, avec plus d'un siècle de retard sur l'Italie, et jamais systématiquement : il est très rare, par exemple, dans les campagnes [Wilson, 185, *22*]. L'usage de la brique à Taormina fait figure d'exception. Les maisons à atrium sont très rares encore sous l'Empire, alors que les péristyles à la mode grecque sont fréquents. Du temps de Cicéron, le calendrier grec est encore en vigueur (Cic., *II Ver., 2, 52, 129*). Surtout, c'est la permanence du grec qui montre que l'île est restée exclue du vaste mouvement d'acculturation qui a touché les provinces d'Occident. Si la présence d'Italiens est attestée très tôt, par exemple grâce aux briques à estampilles en latin de Monte Iato vers 130 av. J.-C. [Wilson, 185, *27*], le fond grec paraît avoir prédominé. Encore à la fin du Ier siècle, quand les premiers sénateurs originaires de Sicile intègrent la curie, ce sont surtout des descendants d'Italiens, et il n'y a presque pas de légionnaires siciliens [Mangarano, dans 58, II, *374*]. G. Mangarano [179] a constaté que le latin n'est vraiment utilisé que pour les inscriptions officielles (ou pour les marqués sur les gradins de l'amphithéâtre augustéen de Syracuse). On rencontre occasionnellement en grec des translittérations du latin. Encore aux IIIe-IVe siècles, les citoyens de la colonie de Taormina font graver, à Rome, une inscription en grec. Dans la catacombe de S. Giovanni, à Syracuse, entre 350 et 450 environ, il y a une inscription latine pour neuf grecques [Finley, 174, *166*]. De même, le christianisme ne s'impose que lentement : les témoignages sont encore rares au IVe siècle. Cet ensemble d'indices montre bien la nature profondément rurale de la Sicile et le rôle de simple producteur de matière première dans lequel Rome l'a maintenue.

LA PROVINCE DE SARDAIGNE

Sicile et Sardaigne présentent, à première vue, bien des points communs. Les deux plus grandes îles de Méditerranée occidentale sont très proches, présentent des reliefs animés et des climats assez voisins. Mais les plaines côtières sardes sont réputées malsaines (Strabon, *5, 2, 7*; cf. *Ann., 2, 85, 2*). En outre, il n'y a pas eu d'implantation grecque en Sardaigne. Ceci explique au moins en partie, selon J. R. A. Wilson [195], le retard urbanistique de l'île et la survie d'une importante population indigène réfractaire à toute assimilation. Alors qu'en Sicile les Romains avaient adapté leur administration au système grec des cités, en reprenant sans doute des éléments de la loi de Hiéron, en Sardaigne ils se contenteront de répéter les pratiques d'exploitation des Carthaginois, sans doute avec la même brutalité. Il convient donc de bien distinguer les deux provinces, comme le faisaient d'ailleurs les Anciens. Du fait de l'essor très récent de l'archéologie sarde, nous devons encore nous contenter pour l'essentiel des sources classiques de l'historien : textes littéraires et inscriptions, ces dernières en petit nombre.

DES RELATIONS COMPLEXES AVEC ROME

Selon une tradition très discutée, les contacts entre Rome et les Sardes seraient fort anciens, puisque le premier traité romano-carthaginois de 508/507 autorisait les Romains à commercer en Sardaigne (Polybe, *3, 22*). Un autre texte discuté

(Diod., *15, 24, 2*) mentionne l'envoi de 500 colons en Sardaigne en 386 ou 378/377 [Meloni, 191, *452*; Mastino, dans 1, *34*], alors que le deuxième traité romano-carthaginois interdisait justement aux Romains de s'établir dans l'île. Des travaux archéologiques récents ont livré des terres cuites de type latial ou campanien, qui attestent au moins des rapports commerciaux [Moscati, dans 1, *17*]. Mais, en 258 av. J.-C., Lucius Cornelius Scipio, consul l'année précédente, triompha *De Poenis et Sardin(ia)*. Rome connaîtra encore plusieurs triomphes sur les Sardes dans les années 230, signe que l'île n'est pas pacifiée. Elle deviendra province en 227, regroupée avec la Corse sous l'autorité d'un préteur, sans pour autant que les populations intérieures soient vraiment soumises, puisque nous avons des échos de révoltes encore en 181-176 et même en 111 (Marcus Caecilius Metellus) [Meloni, 191, *458*]. L'expression *Sardi venales* (Sardes à vendre) (Liv., *41, 28, 8*), passée en proverbe, trahit bien le nombre des conflits et la brutalité de l'occupant. Les Sardes ne semblent d'ailleurs pas avoir compté de cité « amie et libre » [Meloni, 191, *461*], contrairement aux Siciliens. Pourtant, depuis le débarquement de Titus Manlius Torquatus en 215 av. J.-C., Cagliari est restée fidèle à Rome (malgré Florus 1, 22, 35) et des Italiens se sont installés dans l'île comme en témoigne la célèbre inscription des Falisques établis en Sardaigne *(CIL, XI, 3078)*.

César n'a pas cru utile d'accorder aux Sardes les mêmes privilèges qu'aux Siciliens, bien que Cagliari soit passée de son côté dès 49 (Dio., *41, 18, 1*; App., *BC, 2, 6, 40*). Il passe en tout cas dans l'île en 46 ; c'est sans doute à cette occasion qu'il fonde le municipe de *Karales* (Cagliari), en récompense des services rendus pendant la guerre civile. C'est peut-être aussi à ce moment qu'il fonde une colonie à *Turris Libisonis* (Porto Torres) [Mastino, dans 1, *35*]. La participation de la Sardaigne à la guerre civile qui suivit la mort de César est marginale : l'île, prise par Sextus Pompée en 40, est livrée aux triumvirs par son légat Ménodoros dès 38. Les Sardes ne semblent pas avoir pris de position commune lors du conflit. Quoi qu'il en soit, la province apparaît suffisamment pacifiée en 27 av. J.-C. pour être laissée à la garde du sénat. Mais de nombreuses attestations d'affranchis impériaux prouvent que l'empereur possédait des biens importants dans l'île : les importants domaines d'Atta, affranchie de Néron, ont sans doute été pris sur les possessions impériales. Comme sous la République, Sardaigne et Corse forment une province unique, gouvernée par un préteur. Dès 6 apr. J.-C., des troubles justifient une reprise en main par Auguste, qui envoie des troupes commandées par un fonctionnaire de rang équestre. En 19, Tibère retire peut-être les légionnaires et envoie 4 000 jeunes juifs chassés de Rome, à titre punitif, « pour combattre les brigands », tout en comptant sur la mort rapide de ces soldats forcés, à cause du climat malsain. Sous Claude, le pro-légat est remplacé par un préfet : peut-être y a-t-il dès ce moment séparation de la Sardaigne et de la Corse, bien que le premier procurateur de Corse ne soit attesté qu'en 69 [Vismara, dans *Studi Laura Breglia*, 1987, *61-62*]. Il est aussi possible que l'occupation militaire ait cessé sous Claude. En 67, en échange de la Grèce, rendue à la liberté, Néron rétrocède la Sardaigne au sénat, qui y envoie (en 69, lors de conflits entre pasteurs montagnards et cultivateurs de la plaine) un proconsul, accompagné d'un légat propréteur, d'un questeur propréteur et de son personnel de bureau [Meloni, 191, *468*; Mastino, dans 1, *36*]. Mais lorsque la Grèce est rendue au sénat (probablement en 73), Vespasien récupère la Sardaigne et la confie à un *procurator Augusti et praefectus*. Ce fonctionnaire équestre est de rang ducénaire et, d'ordinaire, ancien officier supérieur. Les attestations de magistrats sont rares, mais il faut noter un proconsul, sans doute sous le règne de Trajan ; de nouveau un *procurator Augusti et praefectus* à la fin du IIe siècle ; il deviendra *procurator Augusti praeses prouinciae Sardiniae* au plus tard en 227, et accédera au rang de « perfectissime » sous Aurélien. A travers cette diversité transparaissent deux aspects fondamentaux de la Sardaigne. D'une part cette province est assez importante pour que l'empereur éprouve le besoin de la surveiller étroitement, en y envoyant des magistrats ou fonctionnaires de haut rang ; d'autre part il est difficile d'en garder le contrôle, comme le montrent les corps de troupe qui y sont stationnés [Meloni, 191, *480*]. On admet d'ailleurs généralement que le centre de l'île, difficile d'accès, n'a jamais été vraiment maîtrisé par Rome. Mais l'intérêt porté par le pouvoir impérial au maintien de l'ordre contraste avec le faible développement des cités sardes : il n'a jamais paru important d'intégrer l'île à la romanité.

Comme pour la Sicile, le texte de Pline l'Ancien *(Hist. nat., 3, 7, 85)* apporte plus de questions que de réponses. La liste des cités paraît être en ordre hiérarchique [Meloni, 192, *493*; Mastino, dans 1, *35*] : d'abord les peuples non urbanisés, puis les cités et enfin la seule colonie, *Turris Libisonis* (Porto Torres). Les noms, comme chez Ptolémée *(3, 3, 6)*, sont donnés sous la forme ethnique. *Turris Libisonis* est en outre *colonia Iulia*, c'est-à-dire fondée par César ou par Octavien avant 27 av. J.-C. *Turris Libisonis* présente la particularité de ne pas avoir livré de traces d'occupation punique et d'avoir compté le chiffre exceptionnel de 23 curies *(CIL, X, 7953)*. Il faut ajouter *Vselis* (Usellus), *colonia Iulia Augusta*, citée comme colonie par Ptolémée *(3, 3, 2)*. P. Meloni déduit de l'absence de cette ville dans la liste de Pline qu'elle était un municipe (latin ?) julien devenu colonie augustéenne sans déduction de colons [Meloni, 192, *510*]. *Tharros* (sur le cap S. Marco) a peut-être aussi bénéficié d'un statut colonial. A côté des colonies, trois sites sont identifiés par P. Meloni [190, *512*] comme municipes de citoyens romains : *Carales* (Cagliari), *Sulci* (S. Antioco), *Nora* (Nora). Mais le statut de cette dernière ville ne peut être assimilé à celui de Cagliari qu'en forçant le texte de Pline. Si un municipe est attesté épigraphiquement à *Sulci*, ce n'est pas le cas à *Nora*. Cagliari est qualifiée par Pline d'*oppidum ciuium Romanorum*. Une inscription de 83 apr. J.-C. mentionne cependant un *municipium C[---]*, restitué en *C[aralit(anorum)]*. L'attestation d'un *princeps ciuitatis* encore au début du IIIe siècle *(CIL, X, 7808)* semble montrer la persistance d'une communauté sardo-punique aux côtés de la communauté romaine. *Bosa* et *Olbia* ont peut-être aussi été municipes [Meloni, 192, *495*]. Enfin, on doit à Trajan la fondation d'un *forum Traiani* (Fordongianus) sur le site thermal punique d'*Aquae Hypsitanae*, au point de contact entre montagne et plaine et sur le point de passage obligé des montagnards qui veulent atteindre l'Oristhène. La ville a donc un rôle de commerce, de contact et peut-être aussi de surveillance. Le reste de l'île est occupé par des cités indigènes stipendiaires (mais avec peut-être une forte population immigrée) et des peuplades mal contrôlées. A Bitia, il y a encore des suffètes vers la fin du IIe ou le début du IIIe siècle [Wilson, 195, *226*].

UNE ROMANISATION TRÈS LIMITÉE

Les signes les plus patents de la romanisation d'une province sont d'ordinaire l'urbanisation « à la romaine » et l'accès à des statuts dits privilégiés, qui assimilent progressivement les communautés indigènes à l'Italie. Sur les deux plans la Sardaigne accuse un retard très marqué, auquel s'ajoute un très faible effort de développement routier [Meloni, 191, *473*] et une latinisation qui, à en juger par les inscriptions, est surtout limitée aux côtes [Secchi, dans 187, VII, *644*]. Si l'on en croit Pline l'Ancien et Strabon (*5, 2, 7*, mais sans doute d'après une source plus ancienne), il subsiste en Sardaigne des peuples incontrôlés, non urbanisés et réputés brigands, qui ont donné son nom à la *Barbaria* [Meloni, 191, *469-470*; Mastino, dans 1, *35-36*], et dont les noms ne sont pas connus avec certitude des auteurs romains. P. Meloni a proposé de rapprocher ces peuples de certains noms qui figurent sur des cippes de bornage et de les considérer comme *adtributi* de cités côtières [Meloni, 190, *540*]. Mais ailleurs il suggère de voir dans les ethniques de ces cippes les noms de « populations rurales qui prennent le nom du *latifundium* » [Meloni, 191, *462*]. Dans les faits, il faut reconnaître que nous n'avons aucune attestation d'*adtributio* en Sardaigne et que l'usage d'un ethnique pour désigner un grand domaine est surprenant. J. R. A. Wilson [195, *237*], pour sa part, identifie dans ces cippes une symbolique funéraire. Ce sont donc des documents particulièrement délicats à exploiter et seule l'archéologie est à même de nous éclairer sur les populations de Sardaigne centrale. Quant aux cités côtières, nous l'avons vu, Rome ne semble pas leur avoir volontiers accordé des statuts privilégiés.

Rome a apporté aux Sardes des modèles architecturaux dont ils étaient dépourvus, par exemple pour les monuments publics. R. J. A. Wilson [195, *222-225*] note que les exemples d'époque républicaine sont rares : Cagliari aurait ainsi reçu un ensemble temple-théâtre directement inspiré des constructions du Latium. Ce n'est cependant que sous l'Empire que l'on s'occupe de doter quelques villes de Sardaigne d'équipements publics, y compris de thermes, qui reprennent en modèle réduit les bâtiments romains. Mais les exemples sont rares en l'état de la recherche. On sait par ailleurs que la construction en brique n'a pénétré l'île que vers la fin du Ier siècle de notre ère – alors que l'*opus Africanum* se maintient – et que la maison à atrium et péristyle, typiquement italienne, tout comme l'*insula* sont inconnus [Wilson, 195, *231*]. Le temple principal de l'île, celui de *Sardus Pater* (un dieu mal connu, qui serait fils d'Hercule, c'est-à-dire de Melqart), à Antas, est certes reconstruit sous la forme d'un temple ionique italique en 213-217, mais il intègre un lieu de culte punique antérieur [Wilson, 195, *227*; Meloni, 191, *484-485*]. C'est surtout la permanence d'occupation des « nuraghes », ces constructions préhistoriques circulaires en pierres sèches, si caractéristiques de la Sardaigne, qui montre le conservatisme culturel des populations de l'intérieur de l'île. Il est assez courant que des nuraghes soient réutilisés à l'époque impériale comme magasins, complétés par des bâtiments rectangulaires. Dans certains cas on a ainsi l'élaboration d'un plan original de *villa rustica* [Pala, dans 187, VII, *550*]. Il y a même quelques exemples de continuité d'habitats en grottes [Lilliu, dans 187, VII, *422*].

LE BLÉ DE SARDAIGNE

Le rôle du blé sarde dans l'économie romaine est diversement interprété, G. Rickman [126, *107*], suivant Flavius Josèphe, pour qui l'Afrique fournit les deux tiers du blé de Rome et l'Égypte le tiers restant, a récemment émis des réserves sur l'importance de l'île dans le cadre de l'annone, malgré Strabon *(5, 2, 7)* qui insiste sur la fertilité du sol en matière de blé. S'il est vrai que ce blé joue un rôle mineur en quantité après la conquête de l'Afrique et surtout de l'Égypte (P. Meloni [191, *401*] estime la dîme sarde autour du tiers de la dîme sicilienne), il reste proche et donc bon marché. Les transporteurs peuvent faire plusieurs allers-retours pendant la bonne saison, alors que la flotte d'Alexandrie ne faisait sans doute bien souvent qu'un voyage. L'envoi de 4 000 jeunes juifs en exil en Sardaigne, en 19 de notre ère, « pour réprimer le brigandage » est interprété par G. Marasco [dans 187, VIII, *649-659*] comme la preuve que la Sardaigne avait un rôle crucial dans l'approvisionnement en blé dans les moments critiques. Cet épisode se situe en effet lors de la révolte de Tacfarinas, qui touche sans doute la production africaine, au moment où Germanicus, en ouvrant les greniers d'Alexandrie au peuple, contribue peut-être à réduire les quantités exportées d'Égypte. Si le blé est de culture ancienne en Sardaigne (on rencontre plusieurs variétés dès le néolithique récent [Piga, Porcu, dans 187, VII, *572*]), sa culture semble avoir été longtemps minoritaire face à l'élevage, chez des peuples décrits par nos sources comme des brigands primitifs (Varro, *Rust., 1, 16, 2*). Selon la tradition, les Carthaginois auraient fait couper tous les arbres fruitiers et auraient interdit qu'on en replante sous peine de mort. De fait, les analyses botaniques, encore rares il est vrai, n'ont pas identifié de traces d'oléiculture ou de viticulture [Piga, Porcu, dans 187, VII, *574*]. Un épisode célèbre de la vie de Caius Gracchus (Plut., *C. Gracchus, 2,5*; Aulu Gell., *15, 12, 4*) montre que les officiers en poste en Sardaigne amenaient leur vin avec eux (et remportaient les amphores pleines du produit de leurs rapines), ce que confirment les amphores retrouvées, d'importation italienne ou rhodienne. Il n'est cependant pas impossible que la vigne ait été cultivée sous l'Empire, au moins de manière limitée, puisque Martial *(9, 2, 6)* évoque un vin sarde de mauvaise qualité. La culture de l'huile a été supposée, mais de manière limitée [Mastino, dans 1, *37*].

Le rôle particulier du blé dans la production sarde et la brutalité des guerres de conquêtes ont conduit bien des historiens à supposer le développement de *latifundia* dès l'époque républicaine (c'est en particulier la position de P. Meloni et A. Mastino). La cadastration d'une partie de l'île peut-être dès la fin du IIe siècle av. J.-C. a été interprétée comme une confirmation d'une confiscation globale de l'île au lendemain de la conquête [Mastino, dans 1, *36-37*]. Mais, s'il est certain que l'empereur était un grand propriétaire, les grands domaines privés, quoique probables, au moins dans certaines régions, ne sont guère attestés pour le moment. On a remarqué en outre que bon nombre de nuraghes ont survécu dans les zones cultivables et donc que la romanisation n'a pas provoqué l'abandon des sites indigènes comme cela aurait dû se produire si le modèle de la «grande villa esclavagiste» avait été appliqué. En outre, un *survey* autour de *Forum Traiani* n'a pas révélé de trace d'habitat romain. Les auteurs de ces constatations, S. L. Dyson et R. J. Rowland Jr. [dans 187, VII, *525-532*] en concluent qu'une économie mixte a dû persister, intégrée à l'économie de marché romain. Le développement de petites fermes à partir de nuraghes préexistants laisse entendre que les petites et moyennes exploitations n'ont pas disparu.

Mais la céréaliculture n'est pas la seule ressource de la Sardaigne. Les éleveurs des zones de montagne devaient disposer de produits à échanger lors de leurs contacts avec les agriculteurs des plaines. Outre les bovidés (viande), dont la consommation est importante depuis le début de l'Âge du Fer (c'est la viande principale à Porto Torres sous le Haut-Empire), il faut tenir compte des ovins : il est possible qu'il y ait eu une importante production de laine exportée à travers les cités côtières [Piga, Porcu, dans 187, VII, *579-580*]. Enfin, la Sardaigne dispose de salines (dès le IIe siècle av. J.-C. est attesté un fermier des salines *(CIL X, 7856)*) et de quelques mines, en particulier de plomb argentifère, mais aussi de fer et de cuivre [Meloni, 191, *471*; Wilson, 195, *240*]. Deux lingots de plomb portant une marque impériale laissent entendre que, comme la plupart des mines, celles de Sardaigne appartenaient à l'empereur. Inversement, une part importante des produits manufacturés est importée, surtout d'Italie ou d'Afrique (céramique), mais apparemment guère de Sicile. Les *bolli*, marques sur briques, montrent que même ces objets étaient au moins en partie importés d'Italie [Wilson, 195, *228, 232-236*]. Dans l'ensemble, le commerce avec l'Occident paraît très faible.

Paradoxalement, la seconde province en ordre d'ancienneté est aussi une des plus mal traitées. La proximité de l'Italie n'a joué aucun rôle comme facteur d'intégration et aucun empereur n'a tenté de romaniser véritablement l'île : il suffisait d'y maintenir l'ordre pour assurer la production des matières premières nécessaires à Rome et y écouler des produits finis. Elle s'oppose en cela à des provinces comme la Narbonnaise ou la Bétique.

CHAPITRE II

L'Afrique

PAR CLAUDE LEPELLEY

Les Latins ont appelé Afrique les pays que les Grecs nommaient Libye, soit la frange méditerranéenne du continent, au nord du Sahara et à l'ouest de l'Égypte. On n'étudiera pas ici la partie orientale de la région, la Cyrénaïque, qui appartenait pourtant au monde berbère, mais qui, depuis la colonisation grecque du VIIe siècle av. J.-C., a été liée au domaine hellénique. Des limites occidentales de la Cyrénaïque, les Autels des Philènes au fond de la grande Syrte, jusqu'à l'Atlantique, on compte à vol d'oiseau 2 600 km, la largeur en latitude de l'espace cultivable variant d'un mince liseré littoral dans la grande Syrte à près de 400 km dans l'actuelle Tunisie. Ces vastes territoires avaient une unité humaine, leurs populations autochtones parlant des langues apparentées que les anciens appelaient libyques et que nous nommons berbères. Depuis les IXe-VIIIe siècles av. J.-C., l'influence de la civilisation carthaginoise avait été très profonde, et elle a imprimé sa marque sur les royaumes berbères de Numidie et de Maurétanie, qui se sont développés à partir du IIIe siècle av. J.-C.

L'histoire de l'Afrique romaine couvre plus de huit siècles, de l'annexion par Rome du territoire carthaginois en 146 avant notre ère, à l'issue de la troisième guerre punique, jusqu'à la prise de Carthage par les Arabes musulmans en 698 apr. J.-C. Les trois siècles étudiés ici vont de l'annexion du royaume de Numidie par César en 46 av. J.-C., aux crises de la seconde moitié du IIIe siècle. En Afrique comme ailleurs dans l'Empire, cette période a vu l'achèvement de la conquête, l'organisation et la mise en valeur du territoire, le développement d'un vigoureux processus d'intégration dans la romanité. On constate pourtant d'emblée des particularités qui opposent cette région au reste de l'Occident romain : le maintien, dans les zones méridionales et les montagnes de l'ouest maurétanien, de groupements tribaux berbères restés jusqu'au bout très étrangers à la civilisation romaine ; ailleurs, un retard dans le

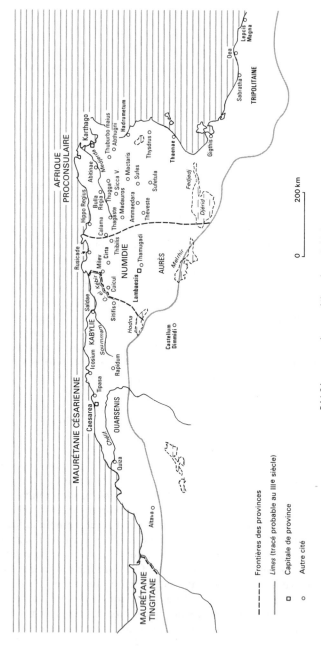

L'Afrique romaine au début du IIIᵉ siècle

MAURÉTANIE TINGITANE

MAURÉTANIE CÉSARIENNE

AFRIQUE PROCONSULAIRE

TRIPOLITAINE

OUARSENIS

KABYLIE

NUMIDIE

AURÈS

Lepcis Magna

Oea

Sabratha

Gigthis

Thaenae

Thysdrus

Hadrumetum

Abthugni

Thuburbo maius

Karthago

Meuerbe

Abtinae

Sicca V

Thugga

Bulla Regia

Calama

Hippo Regius

Rusicade

Cirta

Milev

aï Kebir

Cuicul

Sitfisos

Saldae

Icosium

Tipasa

Caesarea

Quiza

Attava

Rapidum

Soummam

Hodna

Castellum Dimmidi

Lambaesis

Thamugadi

Thibilis

Thagaste

Madauros

Ammaedara

Theveste

Sufes

Mactaris

Sufetula

Meirhir

Chélif

Djérid

Fedjedj

Fedjedj

——— Frontières des provinces

– – – *Limes* (tracé probable au IIIᵉ siècle)

□ Capitale de province

○ Autre cité

0   200 km

processus de mise en valeur et de romanisation, qui ne prit vraiment son essor qu'au IIe siècle de notre ère, soit nettement plus tard qu'en Gaule et en Espagne. Ajoutons une longue et vigoureuse persistance des traditions carthaginoises, en particulier dans l'usage de la langue punique et dans la vie religieuse.

Ces faits ont induit des historiens modernes à minimiser la romanisation de l'Afrique, qu'ils ont décrite comme un vernis fragile recouvrant les traditions ancestrales et ne concernant qu'une part réduite de la population, formée de descendants d'immigrés européens et d'une faible minorité d'autochtones latinisés. On discerne aisément ici la projection anachronique sur cette lointaine histoire de l'expérience de la colonisation du Maghreb aux XIXe et XXe siècles, qui vit de fait la domination d'une minorité immigrée sur la masse de la population autochtone, les deux communautés ne se mélangeant pas. Si une situation comparable avait prévalu dans l'Afrique romaine, cette région aurait constitué, pour des raisons mal explicables, un cas tout à fait à part dans le monde romain. En fait, la question est fort complexe et elle ne peut être abordée sans de multiples nuances, car des situations très diverses ont prévalu selon les temps et selon les lieux. Retenons d'emblée que c'est à l'Est, en Afrique proconsulaire (et non dans l'Ouest maurétanien) que le processus d'intégration et de romanisation fut efficace et profond, et que, même là, il ne s'épanouit vraiment qu'à partir de l'époque antonine. Un amalgame indu entre des régions et des périodes radicalement différentes a souvent amené, dans les études modernes, des simplifications et des généralisations abusives. Il nous a donc semblé nécessaire d'étudier séparément, d'une part l'Afrique proconsulaire et la Numidie, d'autre part la Maurétanie : les évolutions respectives de ces deux parties de l'Afrique romaine se révèlent si différentes que leur étude simultanée ne pourrait que fausser les perspectives historiques.

La documentation sur l'Afrique romaine est d'une grande richesse, mais on doit noter que les sources littéraires, fort nombreuses pour les guerres puniques, la guerre de Jugurtha et les conflits civils de la fin de la République, deviennent rares à partir de l'époque d'Auguste. Il faut attendre la fin du IIe siècle, avec l'écrivain chrétien carthaginois Tertullien, pour retrouver des textes abondants. Cette lacune documentaire a heureusement été comblée par la découverte de dizaines de milliers d'inscriptions et de vestiges archéologiques multiples. Le rassemblement, l'analyse et l'interprétation de cette immense documentation ont permis, depuis le milieu du XIXe siècle, une découverte progressive de cette histoire oubliée.

L'AFRIQUE PROCONSULAIRE ET LA NUMIDIE

Un siècle sépare la destruction de Carthage en 146 av. J.-C., à la fin de la troisième guerre punique, de l'annexion en 46 du royaume de Numidie sur la décision de César, à l'issue de sa guerre contre les Pompéiens réfugiés en Afrique et leur allié le roi numide Juba. La République avait mené des conquêtes de grande ampleur en Orient ou en Espagne ; elle se contenta en Afrique d'une tête de pont de 20 000 à 25 000 km², au nord-est de la Tunisie actuelle, qui correspondait au territoire conservé par Carthage jusqu'à sa destruction. Ainsi Rome pouvait contrôler le détroit de Sicile et exercer une surveillance sur le royaume numide voisin : la guerre de Jugurtha (113-105) montra que la République ne voulait pas voir se reconstituer au sud de la Méditerranée un état trop puissant, mais, cet épisode mis à part, le contrôle exercé sur les royaumes clients de Numidie et de Maurétanie demeura alors assez lointain. L'échec, dans les années 123-121 av. J.-C., de la tentative de colonisation menée par Caïus Gracchus, manifesta clairement le peu d'intérêt que le Sénat portait à cette région. Toutefois, l'absence de colonisation limita l'étendue des terres prises aux indigènes. De grandes propriétés sénatoriales, qui devinrent par la suite des domaines impériaux, se développèrent pourtant et furent consacrées à la production du blé. L'arboriculture, en particulier l'oléiculture, très florissante à l'époque punique, régressa fortement, de même que les activités commerciales, malgré la présence d'assez nombreux négociants italiens, tant en Numidie que dans la province. Mommsen a dit que « Rome se contenta alors de garder le cadavre de Carthage » et que « cette région n'eut pas d'histoire sous la République » (*Histoire romaine*, III, chap. 6, 1856 ; trad. fr., Paris, Laffont, 1985, p. 936). Ces formules sont peut-être excessives, mais elles rendent bien compte d'un manque d'intérêt qui dura un siècle. Ce fut au temps de César et d'Auguste, à partir de 46 av. J.-C., que l'impérialisme romain prit vraiment son essor en Afrique.

L'ÉPOQUE DE CÉSAR ET D'AUGUSTE (47 AV. J.-C. - 14 AP. J.-C.)

La colonisation

César vint en Afrique à l'automne 47 av. J.-C. pour y combattre ses adversaires pompéiens rassemblés autour de Caton et forts du soutien du roi numide Juba. La victoire de Thapsus, en février 46, suivie des suicides de Caton et de Juba, faisait de César le maître de la petite province romaine d'Afrique. D'emblée, le dictateur affirma la hardiesse de sa politique en annexant à l'Empire le royaume numide, qui forma la province d'*Africa Nova*. Le premier gouverneur, l'historien Salluste, s'installa probablement dans la ville de *Sicca Veneria* (Le Kef), qu'on appela la « Nouvelle Cirta ». Cirta (la future Constantine) était la capitale du royaume numide de l'Ouest, dont le roi, Mastenissa, avait été mis en déroute par un aventurier campanien nommé Sittius, maître d'une armée privée qu'il avait mise au service du roi Bocchus II de Maurétanie. Le condottiere, devenu l'allié de César, occupa, avec Cirta, la Numidie occidentale, que le dictateur lui offrit, telle une principauté où il put attribuer des terres à ses compagnons.

César décida de créer en Afrique des colonies romaines, et en particulier de rebâtir Carthage : chef du parti populaire, il reprenait l'œuvre de Caïus Gracchus, anéantie par le Sénat. La fondation fut effectuée peu après l'assassinat du dictateur le 15 mars 44 av. J.-C. On fit venir 3 000 colons d'Italie. César avait assurément de grands projets, que sa disparition prématurée ne lui permit que d'ébaucher. Cinq ports de la région de Carthage devinrent des colonies romaines probablement du vivant de César ou peu après : quatre autour du cap Bon (*Curubis*-Korba, *Clupea*-Kélibia, *Neapolis*-Nabeul, *Carpis*-Mraïssa), et un vers l'est (*Hippo Diarrhytus*-Bizerte).

L'assassinat de César suscita dans tout l'Empire une nouvelle phase de désordres et de guerres civiles, qui n'épargnèrent pas l'Afrique. Après quatre années de troubles, qui virent notamment la mort de Sittius et la disparition de son éphémère principauté cirtéenne, les deux provinces africaines échurent en 40 au triumvir Lépide, qui les gouverna jusqu'à sa rupture avec Octave et sa destitution en 36. Il laissa de mauvais souvenirs, car il s'entendit mal avec les colons de Carthage auxquels il reprochait, semble-t-il, d'empiéter sur le territoire maudit en 146. L'entrée définitive de l'Afrique dans le domaine d'Octave en 36 marqua pour la région la fin des guerres civiles, et la reprise du programme césarien par le fils adoptif du dictateur.

Avant même qu'Octave ne reçût, en 27 av. J.-C., le nom d'Auguste, il conforta et confirma les créations de César. Le fait le plus spectaculaire fut, en 29, une nouvelle·déduction de la colonie de Carthage. La malédiction sur le sol punique fut solennellement levée ; la ville put donc s'étendre jusqu'à la mer et accueillir un nouveau contingent de 3 000 colons. La colonie Julienne de Carthage reçut un très vaste territoire (la *pertica*) : des unités appelées *pagi* regroupaient des citoyens carthaginois dispersés et enclavés dans les cités jusqu'à plus de 100 km vers l'intérieur ; ainsi à Thugga (Dougga), qui était pourtant dans la nouvelle province. Des colons installés individuellement depuis l'époque de Marius reçurent ainsi un statut. Carthage fut dotée de divers privilèges, surtout d'une immunité fiscale [Poinssot, 111]. Auguste fit délimiter un vaste territoire urbain de plus de 300 ha, dont le quadrillage reprit pour une large part celui de la ville punique. Sur l'acropole de Byrsa, une immense esplanade de 190 m sur 165, où allait être construit un forum, fut édifiée au prix d'immenses travaux de terrassement, révélés par les fouilles récentes [Gros, 57]. Ces dernières ont cependant montré que la ville resta longtemps assez modeste, et qu'elle ne remplit pas au Ier siècle le vaste cadre augustéen. Ce n'est qu'au IIe siècle, à l'époque antonine et sévérienne, que Carthage devint une métropole riche, étendue et très peuplée, la seconde ville de l'Occident romain. Cette lenteur dans le développement se retrouve du reste pour toute l'Afrique romaine.

A Cirta, la colonie de fait des compagnons de Sittius devint une *colonia Iulia* officielle, dotée d'un très vaste territoire : la Cirtéenne constitue en gros un carré d'une centaine de kilomètres de côté, soit une superficie qui rappelle davantage celle des immenses cités gauloises que celle des petites unités africaines. Villes et villages *(castella; pagi)* y étaient placés sous l'autorité de Cirta ; au plus tard sous Trajan, trois villes reçurent le titre de colonie (Rusicade, Chullu et Milev), honneur qui, cependant, ne leur valut guère d'autonomie au sein de ce qu'on appelle la « confédération des quatre colonies ». Cette entité très particulière bénéficiait d'une grande indépendance vis-à-vis des autorités provinciales. Les études onomastiques de H.-G. Pflaum [102, 103] ont révélé que la citoyenneté romaine y fut attribuée fort généreusement.

La fondation de colonies était indispensable pour Auguste, car il lui fallait procurer des terres aux innombrables vétérans des armées des guerres civiles. Huit ou neuf colonies augustéennes furent créées par lui en Afrique proconsulaire, en plus de l'extension de Carthage et de la « légalisation » de Cirta. La principale fut *Sicca Veneria* (Le Kef), avec un vaste territoire et des villages *(castella)* dépendants. *Uthina, Thuburbo Minus* et *Maxula* complétèrent la couronne de petites colonies fondées par César autour de Carthage. Ces fondations coloniales manifestaient l'intérêt que l'état romain portait désormais à sa province africaine, et elles introduisaient (de même que les *pagi* et autres dépendances de Carthage), d'actifs foyers de latinisation. On doit cependant constater qu'Auguste se préoccupait fort peu d'intégrer les Africains dans la romanité. Des communautés d'immigrés, dont l'onomastique permet de retrouver l'origine et de détecter la répartition [Lassère, 74], cohabitaient avec les autochtones, à qui ils prenaient une partie de leurs terres. Pour l'heure, l'essor de l'Afrique romaine avait donc un caractère nettement colonial, au sens moderne de ce terme.

Certains faits, pourtant, laissaient augurer une évolution différente. Ainsi trois cités reçurent le statut de municipe, qui en faisait des communes romaines sans apport de colons : Mustis, dès l'époque de César pensent certains [Beschaouch, 6, p. 149-150 ; Gascou, 52, p. 141], l'importante cité portuaire d'*Hippo Regius* (Annaba, ex-Bône), et l'antique ville d'Utique, capitale de la province sous la République. Il est vrai que résidaient déjà dans ces cités des communautés de citoyens romains (négociants ou, à Mustis, descendants de colons installés individuellement par Marius après la guerre de Jugurtha). Fait beaucoup plus considérable, il se révèle qu'Auguste, dans son organisation de la province, reconnut le rang de cité (pérégrine) à un grand nombre de villes et de bourgades. Pline l'Ancien, dont les renseignements se réfèrent le plus souvent à l'époque augustéenne, évoque 30 cités libres, mais bien d'autres, tout en étant tributaires et soumises en principe à l'arbitraire des autorités romaines, étaient reconnues comme dotées, au moins potentiellement, du statut de cité. Les inscriptions font connaître un bon nombre de ces cités, régies par leurs institutions puniques (des magistrats appelés suffètes) ou libyques (des conseils de « onze premiers », – *undecemprimi*). Pline l'Ancien – *Hist. nat.*, V, 29 [cf. Desanges, 31, p. 276-281] dit que 516 communautés obéissaient à Rome dans la province. Certes, il pouvait s'agir de tribus, mais dans la plupart des cas, Pline pensait à des villes ou à des bourgades. L'épigraphie confirme ce témoignage et révèle, surtout dans le nord de la Proconsulaire, un véritable pullulement de cités. Par cette reconnaissance d'une autonomie même embryonnaire, l'organisation augustéenne ouvrait donc la porte à l'évolution ultérieure. Certaines cités pérégrines de constitution punique connurent un grand essor dès cette époque : le cas le mieux connu est celui de Lepcis Magna, la grande ville de la côte de Tripolitaine, où la romanisation était déjà forte et où les dirigeants offraient dès ce moment de riches monuments.

L'organisation provinciale

Depuis l'arrivée de Lépide en 40, l'ancienne et la nouvelle province *(Africa Vetus* et *Africa Nova)* étaient placées sous une même autorité. A partir de 36, Octave les fit administrer par un gouverneur unique, de rang consulaire. En 27 av. J.-C., cette unité devint officielle, par la création de la vaste province d'Afrique proconsulaire, regroupant les territoires romains depuis les lointains confins de la Cyrénaïque à l'est, jusqu'à la frontière du royaume de Maurétanie, fixée sur l'Amsaga (oued el Kebir), à l'ouest de la Numidie. C'est probablement à ce moment que Carthage succéda à Utique comme capitale provinciale. L'Afrique revint au Sénat lors du partage de 27, et l'assemblée y délégua un proconsul annuel, choisi parmi les anciens consuls effectifs. Les proconsuls d'Afrique furent les seuls gouverneurs de province sénatoriale à conserver une autorité militaire : jusqu'à ce que Caligula leur retirât ce privilège en 39 de notre ère, ils commandèrent l'armée d'Afrique, ce qui ne fut pas une sinécure, vu les multiples opérations auxquelles donna lieu la lente et difficile conquête des confins méridionaux de leur province (cf. *infra,* p. 79-81). Le Sénat désignait un des questeurs romains en exercice pour accompagner le proconsul et l'assister dans le domaine financier et fiscal. Le proconsul choisissait lui-même ses légats, parmi des sénateurs en principe de rang prétorien (mais ils étaient parfois de simples anciens questeurs, ou au contraire des consulaires) ; ils le secondaient dans ses diverses tâches judiciaires, administratives et militaires. Il semble que ces légats aient été au départ au nombre de trois, comme dans la province proconsulaire d'Asie. Comme l'ont montré A. Chastagnol et A. Beschaouch, leur nombre fut réduit à deux quand Caligula retira en 39 apr. J.-C. le commandement des troupes au proconsul, pour le confier à un délégué de l'empereur, le légat de la IIIe légion Auguste : il y eut donc toujours trois légats, mais l'un d'eux, désormais, ne dépendait plus du proconsul mais de l'empereur [Chastagnol, 20 ; Beschaouch, 8]. Dès l'époque d'Auguste, un procurateur équestre chargé de la gestion des biens impériaux est attesté en Afrique.

Comme ailleurs, Rome manifesta son emprise sur la terre par l'établissement d'un cadastre inscrit sur le sol, mais l'opération fut particulièrement spectaculaire en Afrique ; dès la République dans l'*Africa Vetus,* à l'époque triumvirale ou augustéenne en *Africa Nova,* sous Tibère dans les régions méridionales, les arpenteurs divisèrent tout le territoire, jusqu'au sud de la Tunisie actuelle, en centuries quadrangulaires de 50 ha environ, en laissant de côté les régions montagneuses ou boisées (les subcessives). Les parcelles étaient découpées selon des lignes parallèles, à l'intérieur de ce gigantesque damier, ce qui impliquait que, lors de l'opération, il y eut remembrement des propriétés et des exploitations. Ces limites furent inscrites sur le sol par des chemins, des levées de terre ou de pierres sèches, et leur empreinte est demeurée visible d'avion, ce qui a permis la découverte de ce cadastre antique par la photographie aérienne [Caillemer-Chevallier, 14, 15 ; Trousset, 130]. La plupart des régions cadastrées n'ont pas reçu de colons : l'opération n'était pas prioritairement liée à une colonisation éventuelle, mais elle avait pour but de faciliter la répartition de l'impôt foncier et de résoudre aisément les problèmes liés à la possession de la terre.

En ce qui concerne la production, tous les auteurs des premiers siècles avant et après J.-C. évoquent la richesse de la céréaliculture ; Pline l'Ancien (*Hist. nat.,* V, 24 ; *Id.,* Varron, *De l'Agriculture,* I, 44) mentionne des rendements records de plus cent épis pour un grain. L'olivier, qui devait faire la fortune de l'Afrique romaine à partir du IIe siècle, paraît sans grande importance économique à cette époque ; Salluste (*Jugurtha*, XVII) et Pline l'Ancien (*Hist. nat.*, XV, 3) évoquent la pauvreté de l'Afrique en arbres fruitiers, ce qui surprend quand on connaît l'évolution ultérieure. Flavius Josèphe écrit sous Vespasien (*Guerre des Juifs*, II, 16, 4) que l'Afrique fournissait le ravitaillement de Rome en blé pendant les deux tiers de l'année, le dernier tiers étant procuré par l'Égypte. Dès le premier siècle de l'Empire, l'Afrique a donc été la principale pourvoyeuse des services de l'annone de Rome, procurant à la plèbe des distributions gratuites de blé. Ceci implique que l'impôt foncier (le tribut du sol) était payé le plus souvent en nature. Dès l'époque de Claude, nous constatons l'existence de la puissante corporation des naviculaires, armateurs qui acheminaient les cargaisons de blé africain vers Rome [Cagnat, 13]. Quant aux taxes indirectes, elles restèrent longtemps confiées à des compagnies de publicains, les « quatre fermes publiques d'Afrique » ; au IIe siècle, la perception de ces impôts fut toutefois contrôlée par un procurateur équestre.

L'armée et la conquête des zones méridionales

Après le licenciement des armées des guerres civiles, Auguste laissa en Afrique deux légions [Le Bohec, 77, p. 340]. A partir de 6 apr. J.-C., il n'en resta qu'une, qui avait reçu le nom de Troisième légion Auguste (*legio Tertia Augusta*) [Le Bohec, 77, p. 337-340]. Dès avant la mort d'Auguste, elle fut installée à *Ammaedara* (Haïdra) où elle resta jusqu'à l'époque flavienne. Elle partit plus à l'ouest, à *Theveste* (Tébessa) en 75 probablement, avant de s'installer définitivement en Numidie du Sud, dans le camp de Lambèse, où une implantation partielle est attestée dès 81 apr. J.-C. [Fentress, 44 ; Le Bohec, 77, p. 653], le transfert total s'étant déroulé vers 115-117 [Le Bohec, 77, p. 369]. La légion était assistée par des corps auxiliaires dont l'effectif total était quelque peu supérieur (Le Bohec, 77, p. 369). Au total, cette armée d'Afrique ne comptait guère plus d'une dizaine de milliers d'hommes (sans compter les corps affectés à la Maurétanie après l'annexion de 39 apr. J.-C.). Dès le temps d'Auguste, on la voit occupée à défendre (ou à conquérir) les territoires du Sud : les régions riches et urbanisées du Nord n'ont donc pas opposé de résistance particulière à l'autorité de Rome, y compris dans le royaume de Numidie annexé par César.

Il n'en fut pas de même dans les régions méridionales. Au sud de la Cirtéenne, à l'ouest de Thysdrus et du Byzacium, au sud de la région d'Ammaedara et de Madaure, les tribus berbères, nomades ou non, n'avaient manifesté envers les rois numides qu'une allégeance théorique fort vague. On appelait Gétules les habitants des steppes et du pré-désert.

Certains peuples étaient nombreux et puissants : ainsi les Musulames des steppes situées entre la Tunisie et l'Algérie actuelle, ou les Garamantes du Fezzan. Les villes de la côte de Tripolitaine redoutaient les incursions des Nasamons du désert libyen : il est certain que ces voisins pouvaient paraître incommodes aux agriculteurs et aux citadins du nord. Au vrai, tout dépaysait les Romains dans ces immenses steppes, y compris leur climat et leur abondante faune tropicale (lions, panthères, éléphants) qui devait du reste être recherchée pour les spectacles de l'amphithéâtre.

Pourtant, Auguste a voulu, d'emblée, affirmer en Proconsulaire l'autorité romaine jusqu'aux confins du désert (ce que Rome ne chercha jamais à faire en Maurétanie). Les conflits étaient donc inévitables, et on en a la trace dès les années 33 à 19 av. J.-C., pour lesquelles les *Fastes triomphaux* mentionnent six triomphes célébrés à Rome par des gouverneurs d'Afrique. Les sources donnent des précisions sur l'opération menée par le proconsul Cornelius Balbus (qui triompha en 19 av. J.-C.) chez les Gétules du sud de la Numidie et chez les Garamantes du Fezzan, expédition qui conduisit l'armée romaine en plein Sahara [Desanges, 28, qui montre que l'hypothèse d'un voyage jusqu'au Niger ne peut être retenue]. De nouvelles guerres eurent lieu entre 4 av. J.-C. et 6-8 de notre ère. En 4 apr. J.-C., les Nasamons tuèrent même dans une embuscade le proconsul L. Cornelius Lentulus (Desanges, dans *Mélanges Marcel Renard*, Bruxelles, 1969, t. II, p. 197-213). Les détails de toutes ces opérations sont mal connus, mais leur nombre montre que l'occupation des zones méridionales jusqu'aux limites du Sahara fut une œuvre longue et difficile, seulement ébauchée sous Auguste (elle ne fut achevée que sous Trajan, un siècle plus tard) ; il ne pouvait s'agir alors que d'intimider des adversaires que leur mobilité rendait peu saisissables, et dont la guerre de Tacfarinas, au temps de Tibère, allait bientôt révéler la résolution.

LA PROCONSULAIRE DE TIBÈRE A TRAJAN (14-117)

L'annexion du royaume de Maurétanie en 39 apr. J.-C. fut une étape fondamentale de la mainmise de Rome sur l'Afrique (voir *infra*, p. 106). Les quatre premiers successeurs d'Auguste manifestèrent en revanche peu d'intérêt pour la Proconsulaire : ainsi, ils n'y créèrent ni colonie ni municipe. Cependant, les domaines impériaux s'accrurent considérablement, du fait de la confiscation des terres des sénateurs condamnés. Pline l'Ancien (*Hist. nat.*, XVIII, 6, 35) affirme que Néron mit à mort six sénateurs « qui possédaient plus de la moitié de l'Afrique », formule assurément très exagérée, mais qui exprime bien l'ampleur de ces possessions.

Guerres et conquêtes, de Tibère à Néron

L'événement le plus grave de cette période fut, au temps de Tibère, la révolte de Tacfarinas, bien connue grâce à Tacite (*Annales*, II, 52 ; III, 20, 32 ; IV, 23). Ce Numide avait servi comme auxiliaire dans l'armée romaine. D'abord chef d'une bande de pillards, il prit la tête du puissant peuple des Musulames, il obtint l'appui de tribus maures venues de l'ouest et de diverses tribus sub-sahariennes. Pendant sept ans (17-23), il tint en échec les forces romaines dans une guerre qui s'étendit à tout le sud de la Proconsulaire et de la Maurétanie, en rassemblant de nombreux peuples. Il fallut faire venir d'Europe une seconde légion pour venir à bout de cette révolte. Comme l'a montré J.-M. Lassère [75], ce conflit violent n'était pas lié à la colonisation, limitée aux zones nordiques et inexistante dans les steppes, mais au contrôle que l'autorité romaine cherchait à imposer aux semi-nomades et à leurs déplacements, clairement manifesté par la construction alors toute récente d'une route stratégique joignant *Ammaedara*, siège de la légion, à *Capsa* (Gafsa) et *Tacape* (Gabès) [Trousset, 30]. Habitués a l'indépendance, ces peuples supportaient mal un contrôle qui pouvait être vexatoire, et qui cherchait à limiter leurs parcours. Encore en 45, le proconsul Galba[1] dut combattre les Musulames qui se soumirent alors, et dont beaucoup s'engagèrent dans les troupes auxiliaires romaines. Ils furent traités équitablement, car ils se virent affecter un très vaste territoire, que des bornes délimitèrent sous Trajan, de part et d'autre de l'actuelle frontière algéro-tunisienne, installation qui les satisfit, puisqu'ils ne se révoltèrent plus. Dans le sud de la Tunisie actuelle, l'Empire contrôlait désormais le terrain jusqu'aux confins du désert.

La politique des Flaviens

Comme l'a bien démontré Marcel Le Glay [81], l'époque de la dynastie flavienne (69-96) vit un nouveau départ de la romanisation de l'Afrique, après une indéniable stagnation au temps des quatre premiers successeurs d'Auguste. On constate d'abord une reprise de l'expansion territoriale. En 81, un détachement de la IIIe légion Auguste est attesté à Lambèse, le futur quartier général, à 180 km à l'ouest de Theveste, au pied de l'Aurès. Rome occupa ainsi la Numidie du sud, jusque-là laissée, semble-t-il, aux nomades et semi-nomades. Nos sources n'évoquent pas de

---

1. Futur empereur éphémère en 68, Galba avait été nommé proconsul directement par Claude, non par le Sénat, et doté du commandement militaire, en dérogation à la mesure prise par Caligula en 37 et réservant le commandement des troupes au légat impérial de la IIIe légion Auguste.

difficultés particulières pour cette expansion. En revanche, la côte de Tripolitaine subit en 86 un violent assaut de la part des Nasamons, tribu saharienne de la Grande Syrte, qui refusèrent de payer le tribut, massacrèrent les représentants de Rome et s'emparèrent d'un camp romain. Ils furent bientôt vaincus et beaucoup furent mis à mort ; une mosaïque de Zliten, en Tripolitaine montre des Nasamons prisonniers exposés aux fauves dans un amphithéâtre – cette mosaïque date en fait du début du IIe siècle [Picard, 105, p. 287-288]. Ces événements déterminèrent l'Empire à élaborer un système défensif pour la Tripolitaine, et d'abord la construction d'une grande route côtière, achevée en 97.

Pour la première fois depuis Auguste, les Flaviens créèrent en Proconsulaire des cités de statut romain ou latin. *Ammaedara* devint colonie, après le départ de la légion vers Theveste, et la colonie de Madaure fut fondée au nord du pays musulame. Trois vieilles cités furent promues : *Bulla Regia* devint municipe, de même que *Lepcis Magna*, qui garda pour l'heure, malgré l'obtention du droit latin, ses institutions puniques (ainsi des suffètes) ; *Hippo Regius* fut peut-être la première cité africaine à devenir colonie honoraire [Gascou, 52, p. 164, *contra* Desanges, 31, p. 201-203]. Ces fondations (auxquelles il faut peut-être ajouter *Sufetula* - Sbeitla) étaient encore peu nombreuses, mais elles amorçaient un vaste processus ultérieur. Vespasien créa le conseil de la province d'Afrique [Deininger, 26 ; Kotula, 73], qui célébrait chaque année le culte impérial sous la présidence du prêtre provincial ; les délégués des cités pouvaient y émettre un jugement sur le proconsul sorti de charge et, le cas échéant, lui intenter un procès. Comme nous le verrons, ce fut sous le règne de Vespasien que fut promulgué le règlement agraire dit « loi Manciana », dont l'importance fut immense pour l'essor agricole ultérieur de l'Afrique.

Trajan, l'achèvement de la conquête et la fixation du limes

Ce n'est qu'au début du IIe siècle, sous Trajan (98-117), que s'acheva la conquête du pays (les Maurétanies mises à part), de la mer au désert. C'est alors, en effet, que fut menée à son terme l'occupation militaire de la Numidie méridionale, avec l'établissement de la frontière au sud de l'Aurès, la IIIe légion Auguste s'installant vers 115-117 [Le Bohec, 77, p. 369] à Lambèse, au nord de la montagne. On constate ici un retard flagrant par rapport à la Gaule, intégralement soumise par César en l'espace de huit années, ou à l'Espagne, dont les derniers bastions de résistance furent maîtrisés au début du principat d'Auguste. La raison était évidemment la difficulté à soumettre des groupes tribaux bien mieux adaptés aux steppes et aux pré-déserts que les troupes romaines, et dont le genre de vie différait totalement de celui du monde des cités. On doit cependant constater que, cette très longue conquête achevée, l'Afrique proconsulaire (la Numidie incluse) connut une ère de paix qui dura jusqu'au Ve siècle, et qui contrasta fortement avec les troubles récurrents qui agitèrent la Maurétanie. Des rapports satisfaisants s'établirent donc entre Rome et les tribus soumises : on l'a vu pour les Musulames, et ce fut aussi le cas sous Septime Sévère pour les Garamantes du Fezzan. On récuse aujourd'hui la théorie d'un refoulement des nomades vers le Sahara, ou d'un cantonnement dans des espaces restreints [comme le soutenait jadis Gsell, 61 ; *contra* Trousset, 129]. L'autorité romaine a, certes, voulu surveiller leurs transhumances et contrôler leurs franchissements de la frontière, mais l'absence de troubles connus dans ces régions pendant plus de trois siècles montre que cette cohabitation ne posa pas de problèmes particuliers [Trousset, 129 ; voir préface de M. Euzennat, p. 5-7]. Le grand développement de l'oléiculture au IIe siècle (*infra*, p. 89) en Proconsulaire centrale, en Numide du Sud, et sous les Sévères dans la Tripolitaine intérieure, enleva assurément au nomadisme pastoral bien des terres, mais des tribus se sédentarisèrent et s'adaptèrent assez facilement aux nouvelles conditions économiques.

Ce fut donc sous Trajan que la frontière méridionale fut définitivement établie. Proche de la mer sur le littoral désertique de la grande Syrte, elle s'en éloigne, en Tripolitaine, de 150 km en moyenne à partir de la longitude de Bou Njem. Dans le sud de l'actuelle Tunisie, elle passe entre les chotts et la limite nord du grand erg oriental. En Numidie, elle passe entre les chotts pré-sahariens et le rebord sud des monts des Némenchas et de l'Aurès. Elle remonte ensuite vers le nord, le long des monts du Zab, en direction du chott El Hodna. L'exploration archéologique [Trousset, 129 ; Rebuffat, 114, 115] et la photographie aérienne [Baradez, 2] ont permis de trouver les traces des routes, des forts et des obstacles linéaires (murs et fossés) qui constituaient ce *limes*. De Bou Njem au Hodna, on compte 1 120 km à vol d'oiseau. Cette très longue frontière demeura stable (sauf pour les postes avancés) jusqu'à l'époque vandale, au Ve siècle. Septime Sévère devait établir par la suite une série de postes sahariens avancés : en particulier Bou Njem, l'antique Gholaia ou Golas, en Tripolitaine [Rebuffat, 112] ; Ghadamès, l'antique Cydamus, la capitale des Garamantes, dans le Fezzan, et Castellum Dimmidi, au sud des monts des Ouled Naïl [Picard, 106] ; ces positions furent évacuées après le milieu du IIIe siècle, et l'on revint alors à la frontière antonine.

On a déjà noté la faiblesse des effectifs préposés à la garde d'une frontière aussi longue : une légion et ses corps auxiliaires, soit quelque 10 000 hommes. Dans le discours (connu par une inscription) qu'il adressa aux troupes de Lambèse lors de son inspection de 128, l'empereur Hadrien remarquait que la belle manœuvre à laquelle il avait assisté était limitée par l'absence de nombreux soldats, dispersés dans des postes éloignés. On constate aussi la légèreté de la barrière défensive, obstacle plus symbolique que réél. Les postes militaires assuraient simplement la police des confins sahariens, et le contrôle des transhumances des nomades. L'historien Hérodien (*Histoire*, VII, 9, 1) a évoqué le rôle de ces garnisons pour empêcher les razzias auxquelles pouvaient se livrer les tribus sahariennes ou maurétaniennes. Une telle mission supposait des unités habituées au désert, d'où l'utilisation de corps auxiliaires recrutés en Syrie, soit une région géographiquement similaire : les archers palmyréniens, attestés au milieu du IIe siècle, les cavaliers émésiens, attestés sous Caracalla.

On ne pense plus, aujourd'hui, que l'Aurès abritait des populations hostiles qui constituaient une menace : les vallées auraslennes révèlent une forte présence romaine et une riche exploitation, mais de faibles détachements militaires [Morizot, 96]. Comme celles de Proconsulaire, les villes de Numidie étaient dépourvues de remparts (y compris Timgad, au pied de l'Aurès), et ne paraissaient pas redouter des attaques. En bref, à l'abri d'un système défensif assez léger, la Proconsulaire et la Numidie ont vécu en paix et, depuis l'époque déjà lointaine de la guerre de Tacfarinas, on n'y remarque pas de résistance à la domination romaine dont nos sources auraient conservé la mémoire, ni de zones d'insoumission. Le contraste est donc très grand avec la situation de la Maurétanie. Au reste, l'agitation qui troublait fréquemment cette dernière région pouvait menacer la Numidie, d'où la présence de la légion près de la frontière orientale de cette province. On le vit au IIIe siècle lors de la très grave insurrection qui sévit en Maurétanie césarienne dans les années 253-260, et qui amena des tribus révoltées à envahir la Numidie [Salama, 122]. Or le danger était venu de l'ouest maurétanien, et non du sud saharien.

Le processus de romanisation juridique a manifesté jusqu'à Trajan une lenteur comparable à celle de la conquête. Trajan déduisit en Afrique les dernières colonies de vétérans : ainsi, en Numidie du Sud, la colonie de *Thamugadi* (Timgad), créée en 100 par la légion, ainsi que le municipe de *Diana Veteranorum* (Zana), formé d'une communauté numide et d'un groupe de vétérans [Gascou, 52, p. 174-175] ou *Theveste* (Tébessa), plus à l'ouest, après le départ des soldats ; *Thelepte* (Fériana) est une colonie installée aux confins nord des steppes de l'actuelle Tunisie. A l'ouest de la Cirtéenne, près de la frontière maurétanienne, fut déduite (par Nerva ou Trajan) la colonie de *Cuicul* (Djemila). Trajan se soucia cependant de la romanisation de quelques vieilles cités pérégrines : Hadrumète (Sousse) devint colonie honoraire, de même que *Lepti Minus* (Lemta). *Calama* (Guelma), *Thubursicu Numidarum* (Khemissa), *Cillium* (Kasserine) devinrent des municipes. *Lepcis Magna*, municipe latin depuis Vespasien, devint colonie honoraire, et le dernier suffète, dont le petit-fils allait devenir l'empereur Septime Sévère, fut le premier duumvir de la nouvelle colonie romaine. C'est au plus tard sous Trajan que les trois principales villes de la Cirtéenne, Cirta mise à part (*Rusicade* - Skikda, *Chullu* - Collo, *Milev* - Mila) reçurent le titre de colonie, sans que le lien *(contributio)* avec Cirta fût rompu.

La politique africaine de Trajan fut assurément hardie et dynamique, mais on peut dire avec J. Gascou [52, p. 178-179] qu'il ne pratiqua qu'une « romanisation sélective et autoritaire », les implantations dans des zones périphériques répondant à des buts avant tout stratégiques. Il a renoué, après une longue stagnation rompue encore timidement par les Flaviens, avec la politique augustéenne, plus qu'il ne préluda à la mutation radicale qui devait advenir après lui. Un nombre limité de cités (environ 15), si l'on excepte évidemment les colonies de vétérans, avaient alors reçu le statut de commune romaine (municipe ou colonie honoraire) : les empereurs du Ier siècle semblent s'être bien peu préoccupés de romaniser les Africains. La différence apparaît nettement avec l'Espagne, où Vespasien accorda le droit latin à tous les hommes libres et où les municipes se multiplièrent sous les Flaviens.

On a pu observer au Ier siècle une brillante renaissance dans certaines régions, ainsi celle de Mactar, des traditions artistiques puniques et numides ; en témoignent notamment les belles et originales stèles dites de La Ghorfa, qu'on sait aujourd'hui être originaires de la région de Mactar [M'Charek, 94]. Les deux civilisations semblent avoir alors coexisté parallèlement, sans se mêler encore véritablement en une culture romano-africaine. Cette lenteur de la romanisation révèle une donnée importante : la vigueur des traditions puniques, et le profond attachement que leur vouaient beaucoup d'Africains. On a pu dire que l'influence punique fut aussi forte après la destruction de Carthage qu'avant, et que l'Afrique au Ier siècle était plus punique que romaine [Le Glay, 81]. Lepcis Magna avait reçu des Flaviens le statut de municipe, mais elle avait tenu à garder ses suffètes jusqu'à sa promotion au rang de colonie honoraire par Trajan. On ne constate pas en Afrique un processus comparable à l'abandon rapide en Gaule des traditions celtiques, jugées barbares par les autochtones eux-mêmes. On pourrait plutôt comparer l'attitude de beaucoup d'Africains à celle des Grecs, maintenant fièrement et jalousement durant tout le Haut-Empire les traditions de la cité hellénique, et refusant le statut de municipe, auquel ils préféraient celui de cité libre (rappelons que 30 cités libres africaines sont évoquées par Pline l'Ancien). Ce n'est que dans le courant du IIe siècle que les Africains se détachèrent de plus en plus nettement des traditions puniques, et qu'ils acceptèrent de se conformer, mais désormais résolument, à la norme romaine et à la culture dominante latine.

Pourtant, la romanisation avait déjà bien progressé en Afrique ; même dans les cités à forte tradition punique, le latin supplantait le néo-punique sur les inscriptions, les individus prenaient de plus en plus des noms latins, même s'ils n'étaient pas citoyens romains : on le voit à Mactar, sur une liste des membres d'une association de jeunes *(iuvenes)* datée du temps de Domitien [Picard, 107, p. 77-81], où très souvent les fils avaient des noms latins (tout en restant pérégrins), alors que leurs pères portaient des noms puniques. Mais il ne s'agissait que du lent démarrage d'un processus de romanisation (et d'enrichissement) qui ne devint profond et spectaculaire qu'au cours du IIe siècle, à partir du règne d'Hadrien.

L'ESSOR DE L'AFRIQUE PROCONSULAIRE
D'HADRIEN A CARACALLA (117-217)

Le siècle qui s'étend de l'avènement d'Hadrien à la mort de Caracalla a vu une mutation profonde et radicale de l'Afrique romaine, avec un enrichissement considérable fondé d'abord sur une une mise en valeur systématique des campagnes, un brillant essor des villes, une accélération décisive du processus de romanisation. Jusqu'au règne de Trajan, on l'a vu, l'autorité impériale s'était surtout souciée en Afrique proconsulaire d'achever la conquête, d'établir des colonies de vétérans, de constituer de grands domaines sénatoriaux et impériaux, d'étendre la céréaliculture pour le ravitaillement de Rome. Il s'agissait donc plus d'une domination extérieure que d'une intégration des autochtones, et la romanisation des élites africaines était restée lente et limitée [Pflaum, 104]. C'est à partir du règne d'Hadrien (117-138) qu'elle devint rapide et profonde, par la volonté conjointe des Africains et de l'autorité impériale. Désormais, aucune colonie de vétérans ne fut plus fondée ; l'armée n'amena plus guère d'apports extérieurs, car les soldats furent de plus en plus exclusivement recrutés en Afrique [Le Bohec, 77, p. 494-506]. Surtout, les promotions de cités aux rangs de municipe ou de colonie honoraire se multiplièrent. Ces faits, connus par les inscriptions, constituent un excellent indice de la romanisation. Mais il importe, avant de les étudier, d'analyser un développement économique très considérable, qui suscita un enrichissement rendant possible l'extension des villes et leur romanisation.

L'essor économique

Avant le IIe siècle, l'Afrique n'avait eu qu'une place limitée dans la vie économique et les échanges au sein de l'Occident romain, une place incomparablement moindre que celle qu'occupaient l'Espagne et la Gaule. Elle paraît s'être alors bornée à l'exportation du blé, ou à celle du marbre de Numidie extrait des carrières de Simitthu (Chemtou), propriété impériale, par des carriers pris parmi les condamnés de droit commun [Khanoussi, 71]. Notons cependant que l'huile de Tripolitaine était déjà exportée vers Pompéi. Il convient toutefois de ne pas oublier que l'essor ultérieur a été rendu possible par la lente unification du pays sous l'égide de Rome, par l'organisation administrative mise en place à partir du principat d'Auguste, par l'établissement d'une paix durable, par l'organisation d'une flotte annonaire qui devait faciliter les échanges commerciaux de toutes sortes avec l'Italie. C'est dès les Flaviens que fut promulguée la législation agraire qui devait avoir un rôle déterminant dans l'essor agricole ultérieur. L'acquis de la longue phase antérieure était évidemment une condition nécessaire pour le développement spectaculaire de l'Afrique au IIe siècle.

Un élément indispensable à l'expansion économique était la présence d'une main-d'œuvre nombreuse. Cette condition se trouva remplie grâce au peuplement abondant de la Proconsulaire, et grâce aussi à une indéniable expansion démographique. Au nord des déserts et des steppes, le peuplement de l'Afrique antique paraît avoir été dense, même dans les zones montagneuses, vu le grand nombre des ruines antiques révélées par la prospection archéologique. Dans le nord de l'actuelle Tunisie, villes et bourgades se comptaient par centaines, et des découvertes d'inscriptions en révèlent fréquemment de nouvelles [Desanges, 32]. Les études de Richard Duncan-Jones [35, p. 259-277] permettent de fixer l'effectif de la population des villes moyennes entre 6 000 et 15 000 habitants. L'accroissement des territoires bâtis et la construction de quartiers nouveaux sous les Antonins et surtout les Sévères [pour Cuicul, voir Février, 47], sont l'indice tant d'un enrichissement que d'une augmentation de la population, de même que la mise en valeur à la même époque de zones montagneuses ou steppiques (*infra*, p. 89). J.-M. Lassère, dans une étude savante et prudente, évalue à environ 70 % la croissance démographique de l'Afrique entre la conquête et l'époque sévérienne [Lassère, 74, p. 565-596 ; Picard, 105, p. 55-61]. La population de l'Afrique romaine aurait atteint entre 7 et 8 millions d'habitants à la fin du Haut-Empire selon G.-Ch. Picard [*ibid.*].

C'est au IIe siècle que la production agricole africaine se diversifia et connut un essor spectaculaire, que les recherches archéologiques récentes ont fortement mis en lumière. La base juridique de ce développement a été révélée, voici déjà un siècle, par la découverte en Tunisie du Nord, entre 1879 et 1906, de documents qui ont fourni des informations capitales. Il s'agit de quatre grandes inscriptions concernant la mise en valeur des domaines impériaux par faire-valoir indirect, grâce à des tenanciers à qui étaient confiées des parcelles. La plus ancienne, l'inscription d'Henchir-Mettich, a été gravée sous Trajan ; elle reproduit un règlement détaillé appelé loi *Manciana*. Il y était prévu que des paysans pourraient obtenir l'usage de terres des domaines non cadastrées (subcessives), les mettre en valeur et garder pour eux les deux tiers des récoltes, le tiers restant étant remis aux fermiers ou aux propriétaires. Ils devaient aussi quelques journées de travail gratuit par an, sur la partie du domaine cultivée en faire-valoir direct. Ils acquéraient ainsi sur les terres qui leur étaient confiées une véritable possession sans limite de temps, qu'ils pouvaient transmettre en héritage à leurs descendants. La mention, à côté des fermiers ou intendants impériaux, de propriétaires *(domini)*, devant percevoir un tiers des récoltes, implique que la loi *Manciana* s'appliquait aussi sur des domaines privés [Flach, 48, 49 ; Kolendo, 72]. Une seconde inscription, trouvée à Aïn-Jemala, date du règne d'Hadrien [Carcopino, 17]. On y voit des paysans demander et obtenir des lots de terre pris sur un domaine impérial, en application de la loi *Manciana* et d'une loi d'Hadrien sur les terres incultes : des oliviers, des vignes et d'autres arbres fruitiers pouvaient être plantés sur les terres laissées jusque-là à la forêt, aux broussailles ou aux marécages. La perpétuité de la possession était garantie, ainsi que sa transmission héréditaire, toujours moyennant le versement d'un tiers des récoltes, à partir du moment où la plantation portait des fruits (soit au bout de dix ans pour un olivier). Le texte du temps d'Hadrien a été reproduit sur une autre inscription (trouvée à Aïn Ouassel), gravée sous Septime Sévère, preuve que le système mancien continua d'être appliqué dans la suite des temps. Des terres manciennes sont encore mentionnées sur les *Tablettes Albertini*, actes notariés rédigés à la fin du Ve siècle, dans le royaume vandale.

La quatrième inscription, celle de Souk-el-Khemis, reproduit une plainte auprès de Commode de paysans manciens d'un domaine impérial, contre le fermier et le procurateur (intendant) de l'empereur, qui cherchaient, au besoin par la violence, à augmenter les redevances et à multiplier les journées de travail gratuit dues par les paysans sur la partie non allotie du domaine. Une réponse (rescrit) de Commode leur donnait satisfaction et ordonnait de s'en tenir aux six jours annuels de corvées prévus par la loi *Manciana*. Ce conflit montre que le statut des paysans manciens était privilégié, qu'il pouvait être mis en question, mais que, dans ce cas, les paysans étaient résolus à le défendre.

Les paysans manciens sont appelés colons sur ces inscriptions, au sens, non de membres d'une colonie, mais d'agriculteurs petits tenanciers. Ce système d'exploitation des domaines paraît avoir prédominé en Afrique, et il est possible qu'il ait repris des coutumes pré-romaines. Comme S. Gsell l'a montré dans une étude qui a fait date [59], l'esclavage rural n'a eu qu'un rôle mineur dans l'exploitation des domaines africains, sauf en certains endroits, ainsi en Tripolitaine, où l'on voit les domaines de Pudentilla, femme de l'écrivain Apulée, cultivés par des centaines d'esclaves (Apulée, *Apologie*, 93). Cependant, même ailleurs, le personnel de gestion et d'encadrement (intendants - *procuratores ;* régisseurs - *actores)* était formé d'esclaves ou d'affranchis, tant sur les domaines impériaux que sur les domaines privés.

La loi d'Hadrien sur les terres incultes manifestait un souci de mettre en valeur les friches des domaines impériaux, notamment sur les *saltus,* ces vastes domaines qui comprenaient des territoires montagneux, dont les pentes et les vallées étroites étaient impropres à la céréaliculture. Ce fut, de fait, à l'époque antonine que l'arboriculture africaine connut un grand développement, sur les versants des collines du nord et, plus au sud, aux dépens de la steppe. Deux régions bien étudiées révèlent ce processus : la vallée de l'oued Tine, entre la Mejerda et les plaines du nord de la Tunisie [Peyras, 100, 191], où l'on passa au IIe siècle d'une agriculture primitive à une exploitation arboricole rationnelle ; la région de Kasserine, à 250 km au sud, où de très vastes plantations d'oliviers remplacèrent l'élevage extensif [Hitchner 63, 64]. Les multiples traces d'huileries antiques, parfois de très grandes dimensions (ainsi à Bir Sgaoun, près de Tébessa) manifestent l'ampleur de la production [Camps-Fabrer, 16]. Il s'agissait d'une culture spéculative, destinée à l'exportation, vers l'Italie tout particulièrement [Mattingly, 92]. La lointaine Tripolitaine bénéficia aussi de cet enrichissement, comme l'a montré R. Rebuffat [114], mais surtout à partir du règne de Septime Sévère : de vastes espaces désertiques (surtout des vallées) furent alors mis en valeur, et ils restèrent cultivés jusqu'à l'invasion des Vandales au Ve siècle.

Au début du IIe siècle, le poète Juvénal se moquait encore de la mauvaise qualité de l'huile africaine (*Satires*, V, v. 88). Les choses évoluèrent ensuite, et l'Afrique devint le principal fournisseur d'huile de toutes les qualités pour le monde romain occidental, à tel point qu'elle concurrença gravement l'Espagne, qui perdit à la fin du IIe siècle sa prédominance sur le marché de Rome. L'acheminement du blé de l'annone vers les ports italiens (Pouzzoles ; Ostie) par les soins des corporations de naviculaires avait suscité un trafic maritime intense et régulier, depuis Carthage et les autres ports africains, trafic qui devait favoriser, au IIe siècle, l'exportation d'autres produits africains : l'huile, le vin, les amphores qui contenaient ces produits, et également la céramique fine.

De la fin de l'époque punique au Ier siècle apr. J.-C., la céramique de luxe fut importée d'Italie. Dans la seconde moitié du Ier siècle, l'Afrique commença à produire sa propre céramique de qualité, dont l'essor date du début du IIe siècle. La récente découverte de l'origine africaine de la céramique sigillée claire des types A, C et D, l'identification de ces types et l'établissement de leur chronologie ont beaucoup renouvelé tant les méthodes de l'archéologie que les perspectives sur l'économie de l'Afrique romaine [voir surtout Hayes, 62 et 62 *bis*]. A. Carandini [19] a montré le parallélisme de l'essor de cette industrie et de celui de la production agricole : la fabrication et l'exportation ont connu leur apogée dans la seconde moitié du IIe siècle et au début du IIIe, soit à l'époque du grand développement de l'arboriculture africaine (et aussi de l'urbanisme). Les ateliers identifiés se trouvent dans la région de Carthage et, en Byzacène, dans la zone de Kairouan. Cette céramique ornée de semi-luxe se retrouve en très grande abondance à travers le monde méditerranéen, et sa présence révèle des routes commerciales actives, au départ de l'Afrique [Panella, 97 ; Fentress-Perkins, 46]. Sous les derniers Antonins et les Sévères, la prédominance de la sigillée africaine apparaît écrasante à Ostie. Elle a supplanté au cours du IIe siècle les productions gauloises sur les marchés méditerranéens occidentaux, et elle a envahi l'Orient au IIIe siècle. L'exportation a quelque peu baissé après 230 [Fentress-Perkins, 46], mais elle devait reprendre vigoureusement au IVe siècle. La crise du IIIe siècle n'a donc pas entraîné de rupture, tant pour les manufactures de céramique africaine que pour la production et l'exportation de l'huile d'olive. En plus de la céramique de table, on doit noter l'essor au IIe siècle de l'exportation des lampes africaines de terre cuite [Pavolini, 99].

Même massifs, la production et le commerce de la poterie africaine ne pouvaient à eux seuls susciter des profits très considérables, mais ils sont l'indice (et l'un des éléments) d'une activité et d'une prospérité globales [Carandini, 19]. A partir de l'étude de cette céramique (et de celle des amphores africaines destinées au transport de l'huile et du vin), Clementilla Panella [97] a démontré la constitution au IIe siècle d'un axe commercial privilégié entre Rome – et donc l'Italie centrale – et l'Afrique. Ce débouché italien a suscité un enrichissement très important de l'Afrique, dont l'essor spectaculaire de l'urbanisme donne le témoignage le plus visible.

L'histoire économique de l'Afrique romaine a, bien entendu, suscité des controverses entre « modernistes » et « primitivistes » (sur cette question, voir t. I, p. 291-294 ; 377-378). G.-Ch. Picard, qui parle de « révolution économique » [105, p. 55-10] exprime le point de vue des premiers. P. D. A. Garnsey et surtout C. R. Whittaker (dans *Trade in the Ancient Economy*, Londres, 1983) ont soutenu la thèse primitiviste, en insistant sur les permanences du monde rural et en minimisant à l'extrême l'évolution à l'époque impériale et ses effets économiques. Ce point de vue bien trop systématique a été vigoureusement contesté par D. Mattingly [92], qui a démontré, pour la Tunisie centrale, que les immenses plantations d'oliviers et la multiplicité des pressoirs supposent une production spéculative, desti-

née à l'exportation et source de très gros profits. De fait, cette dernière analyse est la seule qui puisse expliquer l'essor spectaculaire des villes : un urbanisme coûteux supposait évidemment des disponibilités financières substan-
tielles. La profonde mutation économique de l'Afrique au IIᵉ siècle est
attestée par trop de sources archéologiques pour pouvoir être niée.

Est particulièrement notable la simultanéité chronologique, au
IIᵉ siècle et au début du IIIᵉ siècle, de séries parallèles de phénomènes
attestés par des sources distinctes : l'extension de la culture de l'olivier et
l'exportation croissante de l'huile, le développement de la céramique et sa
diffusion dans le monde méditerranéen[1], l'essor des villes. On a déjà relevé
que les fouilles récentes ont montré comment Carthage ne devint une
métropole vaste et très peuplée (assurément plus de 100 000 habitants)[2]
qu'au IIᵉ siècle, et que, l'acropole de Byrsa et son forum mis à part, les
grands monuments ne furent édifiés qu'à cette époque. Ce qu'on constate
pour la capitale vaut pour quasiment toutes les villes. Si l'on prend
l'exemple de Thamugadi (Timgad, en Numidie du Sud), on constate que
la colonie de Trajan couvrait au départ douze hectares mais que la ville
finit par en occuper une cinquantaine [Courtois, 25] ; on relève deux
étapes importantes de cette expansion, l'une sous Antonin le Pieux, et
l'autre sous Septime Sévère, qui vit la construction des plus vastes monuments, dont un immense capitole[3]. Les fouilles d'A. Mahjoubi à Belalis
Maior (Henchir El Faouar), dans le nord de la Proconsulaire, ont permis
de découvrir l'histoire d'une très petite ville occupée sans interruption du
IIIᵉ siècle av. J.-C. aux premiers siècles de l'époque arabe. Belalis devint
une véritable ville, ornée de monuments à la romaine, entre Hadrien et
Septime Sévère. L'histoire de cette fort modeste agglomération est tout à
fait caractéristique, et elle correspond assurément à celle de bien d'autres
petites cités [Mahjoubi, 89 et 90]. Au témoignage des inscriptions, l'apogée de l'Afrique romaine se situa sous Septime Sévère et sous Caracalla
(193-217) : c'est alors que furent élevées les plus riches constructions et
que les évergésies furent les plus nombreuses et les plus généreuses[4].

---

1. Il faut assurément tenir compte également d'autres produits, moins connus des sources ou
laissant moins de traces, comme le textile, abondant grâce aux nombreux moutons élevés en
Afrique. On connaît dans plusieurs villes des édifices appelés *basilicae vestiariae*, c'est-à-dire marchés
aux étoffes, ce qui montre l'importance du commerce des textiles.

2. L'évaluation proposée par P. Gros (60 000 habitants) [57] est trop faible, car elle ne tient
pas compte des petites gens, entassés dans des habitats sommaires.

3. Pour Timgad et bien d'autres villes, il faut aussi prendre en compte une nouvelle extension
de la ville au IVᵉ siècle, époque où l'Afrique romaine connut une dernière phase de grande
prospérité.

4. L'expansion de Lepcis Magna, en Tripolitaine, fut alors très spectaculaire, mais il faut tenir
compte des générosités impériales envers une ville dont était originaire la dynastie régnante.

Un contemporain, l'écrivain carthaginois chrétien Tertullien, a donné un témoignage fort éloquent sur cet apogée sévérien de l'Afrique romaine. Il a évoqué « les sillons qui ont dompté la forêt, les étendues de sable maintenant ensemencées, les marécages asséchés, les troupeaux qui ont mis en fuite les bêtes sauvages ». Il affirme qu'il y a « maintenant plus de villes qu'il n'existait jadis de maisons : partout des peuples, partout des cités, partout la vie ! » (*De anima*, 30, 3) [cf. Lepelley, 84]. Exagération de rhéteur, certes, mais qui procède cependant d'une constatation objective, confirmée par l'épigraphie et l'archéologie.

La promotion des cités pérégrine au statut de communes romaines

Cette période fut aussi celle qui vit le processus de romanisation juridique s'accélérer de manière décisive. On connaît grâce aux inscriptions onze cités sur le territoire de l'actuelle Tunisie qui furent promues au rang de municipe sous le règne d'Hadrien (117-138) [Gascou, 52, p. 180-192 ; Dupuis, 36, p. 129]. L'une d'elles Turris Tamalleni, était l'ancien chef-lieu de la tribu des *Nybgenii*, au sud du chott Fejej, ce qui montre que les processus de municipalisation et d'urbanisation ne se limitaient plus aux zones septentrionales. De même la vieille ville punique de Gigthis, sur le golfe de Gabès, devint un municipe sous Hadrien plutôt que sous Antonin le Pieux, selon A.Chastagnol [20 *bis*], et les dirigeants de la tribu des *Cinithii*, jadis alliée de Tacfarinas, furent intégrés dans la cité. Trois villes au passé punique ou numide brillant reçurent le rang colonial honoraire d'Hadrien : Zama Regia, Bulla Regia et Utique, plus trois autres moins célèbres (Lares, Thaenae et Canope). Mactar, tout en demeurant cité pérégrine, reçut le droit latin et romanisa ses institutions [Beschaouch, 10]. Au total, nous connaissons donc la promotion de 18 villes en vingt et un ans, soit davantage que depuis César, cent cinquante ans plus tôt. Dix se trouvaient dans le nord-est de la Proconsulaire, soit le pays de Carthage, où les cités pérégrines étaient restées dans la mouvance de la métropole et des autres colonies de vétérans. Ces promotions libéraient donc les pérégrins d'une sujétion [Gascou, 52, p. 191]. Il apparaît clairement que ce processus d'intégration des Africains dans la romanité était lié à une décision politique personnelle d'Hadrien.

Aucune création de commune romaine ou latine n'est connue sous le long règne d'Antonin le Pieux (138-161), qui, là comme ailleurs, se contenta de conserver l'acquis sans prendre d'initiatives. Il promut simplement le municipe de Gigthis au droit latin majeur, création d'Hadrien qui permettait à tous les décurions, et non aux seuls magistrats, d'obtenir la pleine citoyenneté romaine [Chastagnol, 20 *bis*]. Sous Marc Aurèle et sous Commode, entre 161 et 192, le mouvement reprit : quatre cités devinrent colonies honoraires, dont Mactar, dans les monts de la Dorsale, jusque-là cité pérégrine mais déjà fortement romanisée et dotée, on l'a vu, du droit latin par Hadrien. Quatre municipes furent créés dans le nord-est de la province. La cité pérégrine de Thugga (Dougga) reçut le droit latin de Marc Aurèle, sous le nom de *civitas Aurelia Thugga* ([Beschaouch, 10 *bis*]. Le *pagus* carthaginois de Thugga obtint alors une réelle autonomie et constitua une manière de « cité double » avec la *civitas* : on s'acheminait vers la fusion, et donc le démantèlement de la « grande Carthage ».

Dans la Numidie du Sud, l'agglomération qui s'était créée autour du camp de Lambèse devint un municipe sous Marc Aurèle, de même que celle qui jouxtait le camp de Gemellae, dans le pré-désert. Depuis le règne d'Hadrien au plus tard, le légat de la IIIe légion Auguste assumait en fait les fonctions de gouverneur provincial dans cette région, qui fut définitivement séparée de la Proconsulaire au temps de Septime Sévère ; cette province de Numidie ne comprit que la partie occidentale de l'ancien royaume, la partie orientale restant rattachée à la Proconsulaire, où elle constitua le « diocèse » de Numidie proconsulaire, ou Numidie d'Hippone.

Le processus de municipalisation romaine a atteint son plein effet en Proconsulaire sous Septime Sévère (193-211) ; les inscriptions permettent de connaître la création à cette époque de deux colonies honoraires et d'au moins huit municipes. Plusieurs de ces derniers étaient situés sur le territoire de la *pertica* de Carthage, et l'on voit par le cas bien connu de Thugga qu'ils unissaient désormais l'ex-cité pérégrine et l'ex-dépendance de Carthage (le *pagus*). Septime Sévère avait donc privé Carthage de ses dépendances, au profit des nouveaux municipes, ce qui manifeste très bien la fusion, achevée alors, entre les citoyens de la capitale résidant sur place et les élites romanisées des communautés pérégrines. On a pu penser que l'appellation de « municipe libre » portée par certaines de ces cités (ainsi Thugga) exprimait la libération d'une sujétion à l'égard de Carthage. Comme l'a montré François Jacques [68], le mot « libre » signifiait en fait l'extension aux nouveaux municipes des privilèges dont jouissait la colonie « libre » de Carthage, c'est-à-dire de son immunité fiscale, dont bénéficiaient déjà les Carthaginois dispersés dans la *pertica*. Trois cités prestigieuses, Carthage, Utique et Lepcis Magna, reçurent sous Septime Sévère ou sous Caracalla le droit italique, qui leur donnait l'ensemble des avantages fiscaux de l'Italie.

Septime Sévère mourut en 211 et, dès l'année suivante, son fils Caracalla donna la citoyenneté romaine à tous les hommes libres de l'Empire. Du coup, la promotion d'une cité pérégrine au rang de municipe ou de colonie pouvait sembler sans objet, puisqu'elle cessait de conférer une citoyenneté déjà acquise. Or on doit constater que le processus, loin de s'arrêter, s'accéléra en Afrique, jusqu'au règne de Gallien (260-268). Dans la Proconsulaire et la Numidie (devenue sous Septime Sévère une province pleinement autonome confiée au légat de la légion), on connaît dix cités qui devinrent des colonies honoraires, et seize cités qui devinrent des municipes à cette époque [Gascou, 52, p. 233-318]. Pour leurs habitants, l'accès personnel à la citoyenneté romaine était insuffisant, il fallait aussi que leur communauté fût officiellement intégrée dans la romanité par l'octroi de ces statuts et l'adoption des institutions civiques romaines qu'ils impliquaient. Il est fort notable que ce mouvement de romanisation, à la fois spontané et favorisé par les autorités, continua et même s'amplifia en une période où l'Empire connaissait de très graves difficultés. De 253 à 268, sous les règnes de Valérien et de Gallien, marqués en Orient et en Europe par des événements dramatiques, on vit en Afrique deux promotions de colonies honoraires [dont celle de Thugga ; Christol, 22], deux de municipes, et l'octroi de la pleine autonomie aux cités qui dépendaient de Cirta, suite à la dissolution de la confédération [Gascou, 52, p. 262-264]. Ces faits révèlent la poursuite de la dynamique de la romanisation, et ils manifestent que l'Afrique fut beaucoup moins touchée par les effets de la crise que la plupart des autres régions du monde romain [Dupuis, 37]. On peut penser qu'au IIIᵉ siècle, c'est l'ensemble des multiples cités de la Proconsulaire qui acheva d'accéder ainsi au rang de commune romaine : les inscriptions, toujours découvertes en grand nombre en Tunisie, font connaître fréquemment de nouveaux exemples de ces promotions qui s'échelonnent d'Hadrien à Gallien [Desanges, 32].

La signification du processus de municipalisation

La multiplication des communes romaines ou latines en Proconsulaire était un processus politico-juridique reflétant la volonté des empereurs, depuis Hadrien, de romaniser l'Afrique, mais elle était aussi le résultat et l'expression d'une profonde évolution socio-culturelle. D'abord, elle manifestait un notable enrichissement, car le système municipal romain coûtait cher à la communauté et tout spécialement à ses dirigeants. L'archéologie révèle que ces multiples villes se sont alors donné un cadre urbain à la romaine, comprenant les monuments traditionnels (forum, portiques, temples, thermes, aqueducs, fontaines, théâtre). Cela supposait des disponibilités financières permettant le développement de cet urbanisme, soit aux frais de la cité, soit grâce aux générosités évergétiques des notables. Une cité ne pouvait être promue commune romaine que si un groupe suffisamment nombreux de notables remplissait les conditions censitaires nécessaires pour devenir décurion, et pouvait payer les sommes honoraires exigées des dignitaires. Le processus municipal qui prit son essor sous

Hadrien et qui devait culminer sous Septime Sévère et ses successeurs supposait donc une accumulation de richesses, tirées avant tout des revenus de l'agriculture.

Aucune cité n'était jamais contrainte de devenir municipe ou colonie ; au contraire, ces promotions exigeaient des démarches, des interventions de patrons puissants, des ambassades auprès des empereurs dont des inscriptions font état. Tant l'adoption des formes d'urbanisme romain (qui impliquaient une vie quotidienne romanisée) que la modification du statut des communes furent donc des mouvements très largement spontanés d'intégration. Les empereurs répondaient favorablement à ces demandes s'ils estimaient la collectivité apte à adopter le complexe système municipal romain (décrit t. I, p. 251-269), assez riche pour se doter du décor urbain requis, et possédant une élite dirigeante déjà romanisée, apte à faire face aux dépenses. La municipalisation accentuait évidemment la romanisation, mais celle-ci devait aussi la précéder. Un tel processus impliquait pour une large part l'abandon des traditions culturelles antérieures : ainsi, on cessa de graver, au IIe siècle, des inscriptions néo-puniques et cette langue, n'étant plus écrite, ne fut plus qu'un dialecte rural. La situation « coloniale » au sens moderne avait donc disparu en Proconsulaire au cours du IIe siècle : il n'y eut plus une société d'immigrés privilégiés juxtaposée à une société autochtone, mais une élite, large vu le grand nombre des cités, où se mêlaient les descendants des colons du Ier siècle et, en bien plus grand nombre, les Africains romanisés ; élite dominant une masse rurale beaucoup moins atteinte par la romanisation, qui touchait en revanche assez profondément le petit peuple des villes, bénéficiant quotidiennement des agréments de l'urbanisme.

Ainsi le IIe siècle vit l'Afrique proconsulaire rattraper ce retard dans l'intégration à la romanité, que l'on constate pour le siècle précédent, par rapport au reste de l'Occident romain.

Les structures sociales

Tant le développement économique rapide et considérable évoqué plus haut que le processus désormais accéléré de la romanisation entraînèrent de profondes mutations des structures sociales. Le point le plus important est évidemment l'affaiblissement décisif, au IIe siècle, du clivage « colonial » au sens moderne entre autochtones et descendants d'immigrés. La diffusion de plus en plus large de la citoyenneté romaine ou du droit latin a permis un large mélange des deux éléments, et la naissance d'une véritable société romano-africaine. Un des signes les plus clairs de cette fusion est la grande difficulté qu'éprouve l'historien à distinguer l'origine ethnique de personnages mentionnés par ses sources et portant tous des noms latins [Lassère, 74]. Le rhéteur cirtéen Fronton, précepteur de l'empereur Marc Aurèle et consul suffect en 143, disait être issu de « Libyens nomades » (probablement en ligne maternelle) ; un peu plus tard, l'écrivain Apulée, né dans la colonie de Madaure, se disait fièrement (*Apologie*, XXIV) demi-Numide, demi-Gétule (du nom donné aux nomades des confins du désert). On peut supposer que les Africains intégrés dans le Sénat romain descendaient d'immigrés italiens quand ils étaient issus de colonies comme Carthage ou Cirta, et qu'ils descendaient d'autochtones quand ils étaient issus de cités non romaines à l'origine, comme Bulla Regia ou Uzappa ; pourtant, un clivage aussi simple est loin d'être sûr. A l'époque d'Hadrien, qui fut assurément sur tous les plans une étape décisive, ces promotions d'Africains au Sénat se multiplièrent [Corbier, 24 ; Le Glay, 82]. On pense que les sénateurs africains constituaient environ 15 % de l'assemblée, soit une centaine de clarissimes, au temps de Marc Aurèle et de Commode : ce fut de leurs rangs que sortit l'empereur Septime Sévère.

De nombreux Africains furent intégrés dans l'ordre équestre ; si en majorité ils restèrent dans leurs cités [Duncan-Jones, 34], beaucoup aussi entrèrent au service de l'empereur comme officiers et comme procurateurs : on en a recensés 162 [Jarrett, 69], la plupart originaires de la Proconsulaire et de la Cirtéenne. On constate donc qu'à l'époque antonino-sévérienne, une part de l'élite africaine fut intégrée dans la couche dirigeante de l'Empire, où elle joua un rôle important que couronna l'accession de Septime Sévère au pouvoir impérial en 193. La multiplicité des cités et leur municipalisation romaine progressive contraignaient de nombreux notables à assumer des magistratures exigeant des compétences juridiques et administratives, ce qui prépara certains à entrer dans les carrières procuratoriennes équestres. Ces magistrats se faisaient assister par des techniciens du droit, qui furent de plus en plus nombreux : dès le temps de Trajan, le poète Juvénal appelait l'Afrique « la nourrice des avocats » (Satire VII, 148-149). Or il ne s'agissait pas seulement d'un goût pour la chicane souvent reproché aux Africains, mais aussi d'une compétence pour le droit et l'administration, qui fut utilisée par le pouvoir impérial : ainsi le plus grand juriste du temps d'Hadrien, Salvius Julianus, à qui l'empereur confia la rédaction de l'Édit perpétuel, était probablement un Africain, originaire d'Hadrumète (*SHA*, *Didius Iulianus*, 1, 2).

Dans cette société, le clivage entre *honestiores* et *humiliores* apparaissait essentiel, et il se substituait de plus en plus au clivage entre citoyens romains et pérégrins. La catégorie des *honestiores* comprenait évidemment les sénateurs et les chevaliers, ainsi que les vétérans de l'armée, mais elle était avant tout formée par les membres des conseils des multiples cités, les décurions si la cité avait le statut de commune latine ou romaine. Bien entendu, cette catégorie n'était nullement homogène économiquement : parmi les notables d'une même cité coexistaient des décurions peu fortunés, à la limite du cens, et de riches et puissants propriétaires, souvent honorés de la dignité équestre (soit ceux dont on attendait les générosités évergétiques). D'autre part, il n'existait aucune commune mesure entre les dirigeants, le plus souvent assez modestes, des nombreuses petites cités et les grands personnages qu'étaient les décurions de Carthage et ceux des autres villes importantes. On le voit par le taux des sommes honoraires versées par les magistrats et les prêtres officiels : 30 000 sesterces à Carthage, 20 000 à Cirta, et seulement 3 000 dans une petite ville comme Thuburbo Maius [Duncan-Jones, 35, p. 345-380].

L'enrichissement général permit de belles promotions sociales : on l'a vu pour les Africains entrés dans le Sénat et l'ordre équestre, mais il faut tenir compte aussi de gens modestes qui devinrent des notables des cités. Le plus célèbre est l'anonyme dit « le moissonneur de Mactar », connu par son épitaphe versifiée datable du IIIe siècle (*CIL*, VIII, 11824 ; *D* 7457) : petit propriétaire, ouvrier agricole itinérant, puis patron d'une troupe de journaliers moissonneurs, il fit fortune, il acquit un domaine, et il devint magistrat (« censeur », c'est-à-dire duumvir quinquennal) à Mactar, sa patrie. Il étale sur l'inscription sa vanité de parvenu. Son cas fut assurément assez répandu, car la mise en valeur spectaculaire du pays permit bien des enrichissements et des promotions sociales. Les paysans qui accédaient, sur les domaines impériaux et privés, au statut de colons « manciens » devaient, quant à eux, se contenter de l'aisance bien plus modeste que leur permettait le droit de garder pour eux les deux tiers des récoltes. L'énergie avec laquelle, d'après l'inscription de Souk-el-Khemis (*supra*, p. 88), ces tenanciers savaient défendre leurs privilèges, montre assurément qu'ils les jugeaient substantiels.

Comme ailleurs dans le monde romain, les esclaves étaient nombreux : ainsi les domestiques dans les maisons urbaines, les ouvriers des ateliers. Dans les campagnes, on connaît surtout, grâce aux inscriptions, les esclaves et les affranchis responsables de la gestion des domaines impériaux ou privés. Les esclaves ouvriers agricoles ne devaient pas être rares dans certaines régions ou sur certains domaines, bien que les sources ne les mentionnent guère ; on sait que Pudentilla, femme d'Apulée, utilisait plusieurs milliers d'esclaves sur ses terres de Tripolitaine (évaluation d'après le fait qu'elle en céda sans difficulté 400 à chacun de ses fils ; Apulée, *Apologie*, 93, 4) [Pavis d'Escurac, 98]. Cependant, ailleurs en Afrique, la part de la main-d'œuvre servile dans l'agriculture a été à coup sûr bien moindre qu'en Italie [Gsell, 59]. La proportion des esclaves dans l'ensemble de la population était assurément très minoritaire ; le travail libre a de toute évidence prédominé, celui des petits propriétaires exploitants, celui des colons tenanciers, « manciens » ou autres, et aussi celui des journaliers agricoles salariés et itinérants.

Comme toujours dans le monde antique, on constate une inégalité très forte entre les revenus des plus riches, soit les grands propriétaires fonciers, et les ressources des humbles. Toutefois, il semble que la très sensible augmentation des richesses en Afrique à l'époque antonino-sévérienne a profité aussi à beaucoup de petites gens. Cette période vit l'apogée de l'évergétisme dans les villes, et la plèbe urbaine en profita largement, y compris sous la forme de distributions alimentaires. Dans le nord-est de la Proconsulaire, la très forte densité des cités permettait aux ruraux de bénéficier sans peine des avantages de l'urbanisme romain, dans des villes distantes seulement de quelques kilomètres, où habitaient souvent les paysans eux-mêmes [Sherwin-White, 126]. En bref, on peut penser que la quasi-absence dans nos sources de témoignages sur des révoltes sociales atteste l'existence d'un relatif équilibre.

Pourtant, la dure oppression que devaient subir les paysans de la Numidie d'Hippone au début du Ve siècle, d'après le témoignage de saint Augustin, n'était probablement pas une nouveauté apparue au Bas-Empire. Dans cette zone de moindre densité urbaine, la romanisation des campagnes était faible : les paysans, au temps d'Augustin, y parlaient toujours la langue punique. De même, les populations ayant conservé le système tribal, dans les steppes du sud, restaient considérées comme barbares, qu'elles fussent nomades ou sédentaires, et elles étaient très largement exclues du processus de romanisation et d'enrichissement. La très brillante image que donne la documentation épigraphique et archéologique occulte assurément ces réalités, que l'historien ne doit pourtant pas sous-estimer. Il reste que le très grand nombre des cités et l'abondance des ruines de riches édifices manifestent que le processus d'intégration de la population en une société romano-africaine prospère a été, en Proconsulaire, un phénomène de grande ampleur.

LA CIVILISATION ROMANO-AFRICAINE

Vie littéraire et artistique

C'est au IIe siècle que l'Afrique acquit une place brillante dans la civilisation de l'Occident romain. Le poète Florus s'était vu privé dans sa jeunesse d'un prix aux jeux capitolins à Rome par l'empereur Domitien, mû par une hostilité envers les provinciaux, et particulièrement les Africains (Fragment du dialogue *Virgile orateur ou poète ?*). Dans ce domaine aussi, les choses évoluèrent à partir d'Hadrien qui, on l'a vu, confia au juriste hadrumétin Salvius Julianus la rédaction de l'Édit perpétuel. Marc

Aurèle eut comme précepteur le rhéteur cirtéen Fronton. Le plus grand écrivain africain du Haut-Empire fut Apulée, né à Madaure vers 125, d'un père riche notable local. Sa grande œuvre, les *Métamorphoses* ou l'*Ane d'or*, composée vers 170, est un roman mêlant les aventures fantastiques à des considérations mystiques sur le culte d'Isis. Apulée écrivit des textes philosophiques vulgarisant le platonisme, qui lui valurent une haute réputation. Brillant conférencier à Carthage, il décrivit dans ses *Florides* la vie intellectuelle très brillante de la métropole de l'Afrique. On le voit, la floraison culturelle de l'Afrique est exactement contemporaine de l'essor de son agriculture et de ses villes. Des écoles de grammaire et de rhétorique s'ouvrirent alors dans de nombreuses cités, et elles formèrent aux lettres latines les fils des notables locaux. Les épitaphes versifiées, retrouvées jusque dans des cités reculées, où abondent les citations ou les réminiscences virgiliennes [Gsell, 60] témoignent de la très large diffusion de cette culture, de même que la célèbre mosaïque représentant Virgile entre deux muses, retrouvée à Hadrumète (Sousse) et aujourd'hui au musée du Bardo. Certaines villes furent dotées d'une bibliothèque publique, ainsi Timgad au IIIe siècle, grâce à la générosité d'un évergète. Un notable de Thubursicu Numidarum fit écrire sur les épitaphes de ses deux fils morts en pleine jeunesse qu'ils étaient « instruits en l'une et l'autre langue », c'est-à-dire en latin et en grec. Parallèlement, l'ancienne culture punique connaissait un déclin inexorable : on a déjà remarqué que les inscriptions en cette langue disparurent au IIe siècle ; les villes pérégrines qui étaient restées au Ier siècle des foyers de cette tradition (Thugga, Mactar) paraissent totalement latinisées au siècle suivant.

La forme d'art que l'Afrique a cultivée avec prédilection est la mosaïque de pavement polychrome, à motifs floraux [Germain, 55] ou figurés, aux cartons variés, dus à des artistes à la riche imagination, exprimant souvent la tendance que G.-Ch. Picard [105, p. 287-296] a appelée le baroque africain. Si beaucoup de ces mosaïques datent des époques antonine et sévérienne, on sait aujourd'hui qu'un grand nombre, et parmi les plus belles, ne sont pas antérieures au IVe siècle : dans ce domaine comme dans bien d'autres, il existe en Afrique une continuité entre le IIe et le IVe siècle.

Il faut enfin remarquer que c'est en Afrique que naquit, avec Tertullien, la littérature latine chrétienne. Nous examinerons plus loin ce fait remarquable.

Vie religieuse

La vie religieuse dans l'Afrique romaine a suscité de nombreuses études, d'abord à cause de la surabondance de la documentation : ainsi les milliers de stèles commémorant des sacrifices à Baal-Hammon, devenu

Saturne, étudiées par Marcel Le Glay dans son ouvrage *Saturne Africain* [79 et 80]. Ces documents archéologiques ou épigraphiques révèlent avant tout des cultes indigènes plus ou moins romanisés, et ils manifestent donc le substrat pré-romain, qui a perduré dans ce domaine par essence conservateur qu'est la vie religieuse. La religion romaine apparut tout d'abord réservée aux communautés venues d'Italie, particulièrement dans les colonies et les camps militaires. Elle se développa dans les cités au fur et à mesure de leur romanisation, que symbolisa l'érection d'un capitole sur le forum. Des dignitaires reçurent les sacerdoces d'augure et de pontife dans les colonies et les municipes, et ils célébrèrent les rites du culte officiel à la manière romaine. De bonne heure, même dans les cités encore pérégrines, le culte impérial exprima l'allégeance à Rome, culte célébré par des flamines dans les cités, et les prêtres provinciaux à l'échelon supérieur. Cette religion joua bien son rôle d'expression d'une adhésion à une romanité ancestrale ou acquise. Il ressort cependant de la documentation que l'essentiel de la religiosité des Africains s'adressait à leurs divinités traditionnelles.

Fidèles à leur principe de ne jamais faire « la guerre aux dieux », les Romains respectèrent scrupuleusement les dieux puniques. Un très vaste temple fut édifié à Carthage en l'honneur de la déesse poliade Tanit, appelée par les Romains « la déesse Céleste » *(Caelestis)*. Les divinités phéniciennes avaient de longue date été associées à leurs homologues grecques ; on assimila désormais Eshmoun à Esculape, Shadrapa à Bacchus (Liber Pater), Melqart à Hercule [Picard, 108]. Le grand dieu de l'Afrique punique, Baal Hammon, déjà issu d'un syncrétisme avec un dieu berbère, fut assimilé à Saturne, et il garda d'innombrables fidèles dans les villes et les campagnes. Seuls les sacrifices humains furent sévèrement prohibés. Les temples conservèrent au Ier siècle leur plan ancien d'espace sacrificiel en plein air (tophet) planté de stèles commémorant les sacrifices, où de simples chapelles abritaient les statues de culte. Au IIe siècle, on bâtit pour les divinités traditionnelles des temples à la romaine, précédés d'une cour à portique, mais les hauts murs qui isolaient l'ensemble affirmaient une différence avec les temples des dieux romains, dominant des places publiques. Une inscription de Thuburbo Maius énumère les interdits à respecter pendant trois jours avant d'entrer dans un sanctuaire d'Esculape (en fait l'Eshmoun punique) : les relations sexuelles, le bain public, les services du barbier, la viande de porc, les fèves ; nul ne devait porter de chaussures dans l'enceinte sacrée (*Inscrip. lat. d'Afr.*, 225). Sur des stèles à Saturne trouvées à Nicivibus (N'gaous, en Numidie du Sud ; *CIL* VIII, 18630 ; *AE*, 1931, 58-60) [Le Glay, 80, p. 68-75], des inscriptions du IIe siècle évoquent les sacrifices offerts pour la santé de leurs enfants par des parents citoyens romains, « vie pour vie, sang pour sang, souffle pour soufflé » ; ces sacrifices sont désignés sur ces inscriptions latines par le mot punique « molkomor », soit le sacrifice de substitution d'un agneau à la place de l'enfant. Nous sommes ici très loin de la religion romaine.

On constate cependant que les cultes africains se romanisèrent de plus en plus à l'époque antonino-sévérienne : on l'a vu pour l'architecture des temples ; de même sur les stèles à Saturne le décor fut de plus en plus latinisé, avec le dieu représenté à la romaine, le dédicant en toge, la stèle sculptée à la manière d'une façade de temple. Au vrai, la coexistence des cultes traditionnels et de la religion romaine était rendue aisée par le caractère nullement exclusif du polythéisme : un fidèle de Baal-Saturne ne voyait que des avantages à rendre aussi hommage à Jupiter Capitolin, voire également à une divinité orientale au culte de laquelle il pouvait être initié. On note toutefois que les cultes orientaux n'ont connu en Afrique qu'une faible diffusion.

Il en alla tout différemment pour le christianisme, qui connut une vigoureuse expansion en Afrique dès la seconde moitié du IIe siècle, et qui s'y affirma d'emblée de langue latine, alors qu'ailleurs en Occident, les communautés chrétiennes, encore peu nombreuses, se sont longtemps recrutées essentiellement chez des émigrés orientaux de langue grecque. Le Carthaginois Tertullien a laissé une œuvre abondante, écrite entre 197 et environ 220 ; écrivain puissant et original[1], il mit sa verve et sa science du droit au service de la nouvelle religion (ainsi dans son *Apologétique*) en la défendant contre les attaques dont elle était l'objet, notamment lors de persécutions que menèrent des proconsuls au temps de Septime Sévère [Monceaux, 95]. Tertullien décrit une communauté chrétienne nombreuse (même s'il en exagère l'ampleur) et dynamique, répandue dans les diverses catégories sociales et dans beaucoup de cités : dès 216, un concile a réuni 70 évêques africains. Plus tard, en 256, saint Cyprien évêque de Carthage put réunir 90 évêques. Les écrits de Cyprien donnent d'importants témoignages sur les persécutions qui éprouvèrent ces églises africaines sous Dèce en 250-251, et sous Valérien en 257-258.

Marcel Le Glay [79, p. 487] a constaté une raréfaction, à partir du milieu du IIIe siècle, du nombre des stèles à Saturne, et il met ce phénomène en rapport avec une très puissante diffusion du christianisme dans les villes et les campagnes, jusque dans la Numidie profonde, au détriment des anciens cultes. Nous devons en tout cas constater que c'est en Afrique, et non en Italie, en Gaule ou en Espagne, qu'est né le christianisme latin,

---

1. Sur la culture de Tertullien, voir J.-C. Fredouille, *Tertullien et la conversion de la culture antique,* Paris, 1972.

que ce sont les penseurs chrétiens africains, Tertullien, Cyprien, et plus tard Augustin, qui lui donnèrent son génie propre et ses caractères spécifiques. C'est assurément la contribution la plus importante de la civilisation romano-africaine à l'histoire ultérieure de l'Occident.

L'AFRIQUE ROMAINE AU IIIe SIÈCLE

Nous avons noté à plusieurs reprises qu'un important décalage chronologique opposait l'Afrique au reste de l'Occident romain : il faut attendre le règne d'Hadrien pour qu'un vigoureux essor de l'économie et de la romanisation permette à ce pays de rattraper son retard, puis d'acquérir une position largement prédominante en Occident. Au témoignage d'une très abondante documentation épigraphique et archéologique, que confirme d'ailleurs le témoignage contemporain de Tertullien [Lepelley, 84], l'apogée de l'Afrique romaine se situe sous les Sévères, dans les dernières années du IIe siècle et le premier tiers du IIIe siècle. Or des troubles graves advinrent ensuite dans l'Empire, qui subit une série de crises. Protégée des invasions germaniques par la Méditerranée et très éloignée de la menace perse, l'Afrique allait évidemment être très largement épargnée, mais elle devait subir les contrecoups de divers aspects de la crise : l'instabilité du pouvoir impérial, les désordres monétaires, la pression fiscale accrue. On connaît deux événements dramatiques qui se déroulèrent alors et qui contrastent avec la tranquillité des deux siècles qui avaient précédé. Les exactions fiscales d'un procurateur de l'empereur militaire Maximin (235-238) suscitèrent la révolte de notables africains qui proclamèrent empereur, à Thysdrus en 238, le vieux proconsul Gordien. La IIIe légion Auguste, commandée par le légat Capellianus, mit vite fin à l'aventure par une répression très brutale. Cependant, l'appui donné à la révolte par le Sénat romain amena, après une brève guerre civile, l'élimination de Maximin et l'avènement du jeune Gordien III, petit-fils de Gordien Ier (*SHA, Les Trois Gordiens,* 7-16 ; Hérodien, *Histoire,* VII, 4-10). La IIIe légion Auguste fut alors dissoute, ce qui mit en péril la défense de l'Afrique : on le vit lors du second événement grave, la dangereuse insurrection qui éclata en Maurétanie entre 253 et 260 : les tribus insurgées purent pénétrer en Numidie, et même jusqu'à Calama (Guelma) dans la Proconsulaire occidentale, au témoignage d'une série de trésors enfouis alors sur un vaste territoire correspondant à toute l'Algérie actuelle [Bénabou, 3, p. 214-231 ; Salama, 122]. La légion fut reconstituée, mais le péril ne fut écarté qu'au bout de plusieurs années. C'était la première fois depuis la guerre de Tacfarinas, deux cent trente années plus tôt, qu'un danger semblable touchait la Numidie et la Proconsulaire.

La lourdeur des impôts destinés à payer les dépenses de guerre sur les fronts germanique et perse entraîna une diminution des disponibilités financières, aggravées par l'inflation due à la dépréciation de la monnaie d'argent. Les exportations africaines souffrirent à coup sûr de l'appauvrissement des clients européens ; pourtant elles continuèrent, comme on le constate pour la diffusion dans tout le bassin méditerranéen de la céramique sigillée claire. Les inscriptions mentionnant des constructions de monuments et des générosités évergétiques se raréfièrent après 230, mais elles ne disparurent pas ; on a même constaté une renaissance propre à l'Afrique sous le règne de Gallien, entre 260 et 268, phénomène unique dans le monde romain à cette époque [Dupuis, 37]. On a déjà relevé (*supra*, p. 93-94) que de nombreuses cités africaines se soucièrent alors d'obtenir les statuts de municipe ou de colonie honoraire, ce qui manifestait une continuité frappante. La documentation épigraphique devient inexistante dans les années 260-280, ce qui correspond probablement à une phase de crise, mais l'activité de construction reprend nettement dès les années 280, et surtout à partir de 286, sous le règne de Dioclétien [Lepelley, 83, p. 85-89].

Nous devons donc constater que l'Afrique souffrit assez peu de la crise du IIIe siècle, et que cette période n'a pas été marquée, dans cette région de l'Empire, par une rupture et une discontinuité significatives. Ce point est d'une grande importance, car il implique que la prospérité des campagnes et des villes, l'ampleur des exportations et l'accumulation de richesses, de même que le dynamisme de la vie culturelle, ne se limitèrent pas au siècle qui s'étend du règne d'Hadrien à celui de Caracalla. Le développement de l'Afrique fut tardif mais durable, et les documents attestent qu'il se poursuivit jusqu'au Bas-Empire. Les archéologues ont constaté que des régions comme la vallée de l'oued Tine [Peyras, 100, 101], ou les plaines de la région de Cillium (Kasserine) [Hitchner, 63, 64] ont connu sans discontinuité une exploitation intense et méthodique entre le IIe et le Ve siècle : avant et après, ces zones ont été cultivées selon des méthodes primitives ou, pour la région de Cillium, ont été laissées au nomadisme pastoral. De même, les villes ne subirent nulle régression de leur étendue, ni de leur peuplement, ni de la richesse de leur urbanisme après la crise du IIIe siècle, et certaines connurent même un *nouveau développement au* IVe siècle [Février, 47 ; Duval, 39, 40 ; Lepelley, 83].

Ainsi, pour la prospérité économique générale, notamment celle de l'agriculture, pour l'ampleur des exportations [Tchernia-Zevi, 128], pour le dynamisme de la vie urbaine, et aussi pour la vie culturelle, l'Afrique romaine ne connut pas de véritable rupture entre le IIe et le IVe siècle, voire le premier tiers du Ve siècle. Le contraste entre le IIe et le IVe siècle a donc, dans beaucoup de domaines, bien moins de réalité pour cette région de l'Empire que celui qui oppose le Ier siècle et l'époque antonino-sévé-rienne[1]. Du coup, on doit constater que l'essor de l'Afrique romaine, et notamment de ses villes, à partir du règne d'Hadrien, ne fut pas un phé-nomène éphémère et superficiel, mais qu'il prolongea ses effets sur plu-sieurs siècles.

LA MAURÉTANIE CÉSARIENNE
ET LA MAURÉTANIE TINGITANE

LE ROYAUME VASSAL DE MAURÉTANIE

On appelait Maurétanie une fort vaste région, couvrant tout le Magh-reb central et occidental, depuis l'Amsaga (oued el Kébir) à l'est de Sétif, jusqu'aux rives de l'Atlantique, soit l'Algérois, l'Oranie et le Maroc actuels. Les villes côtières y furent des fondations phéniciennes ou puniques. A l'époque de la guerre de Jugurtha, il existait dans cette région un royaume berbère dont le souverain, Bocchus, livra aux Romains le roi numide réfugié près de lui. Au temps de la guerre de César contre les Pompéiens, deux sou-verains régnaient, l'un (Bocchus II) sur la Maurétanie orientale, l'autre (Bogud) sur la Maurétanie occidentale. Alliés de César, ils bénéficièrent de sa victoire, et Bocchus II obtint des territoires numides à l'est jusqu'à l'Am-saga, devenu alors seulement la frontière avec la Numidie. Un soulèvement des Tingitains amena la chute de Bogud, et l'annexion du royaume oriental aux états de Bocchus II, qui régna sur la Maurétanie unifiée jusqu'a sa mort en 33 av. J.-C. Ensuite, pendant sept ans, le royaume fut administré directe-ment par Octave, qui décida en 25 av. J.-C. de le donner à Juba II, fils du roi de Numidie ennemi de César, qui régna jusqu'en 24 apr. J.-C.

La Maurétanie a toujours paru aux Romains lointaine et marginale. Encore au début du Ve siècle, saint Augustin écrivait que « la Maurétanie ne veut même pas être appelée Afrique ». Les Romains furent de bonne heure en relations étroites avec le pays de Carthage et la Numidie, mais ils ignorè-rent longtemps les territoires situés plus à l'ouest, sauf les côtes et surtout celles qui bordaient le détroit de Gibraltar, côtes que la haute barrière mon-tagneuse de l'Atlas tellien (de la Kabylie au Rif) isolait d'un arrière-pays fort mal connu. Les historiens modernes ont souvent appelé ces régions « le

---

1. Les hésitations et les controverses des archéologues pour décider s'il faut dater certaines mosaïques de la fin du Haut-Empire ou du IVe siècle sont un excellent révélateur de cette continuité [Picard, 105, p. 306-308].

Far-West de l'Afrique romaine ». Octave Auguste avait pourtant procédé à une colonisation durant les années d'administration directe (33-25 av. J.-C.) : il créa 13 colonies de vétérans ; sept s'échelonnaient sur le littoral, d'Igilgili (Djidjelli ou Jijel) et Saldae (Bougie ou Béjaïa), sur la côte de Kabylie, jusqu'à Tingi (Tanger), sur le détroit [Gascou, 54] ; trois étaient à l'intérieur des terres dans l'actuel Algérois ; trois enfin étaient installées à l'extrême ouest, dans le Maroc actuel. Ces implantations de colons étaient évidemment liées à la nécessité de caser les multiples démobilisés des armées des guerres civiles. Le royaume maurétanien ayant été vite reconstitué, ces colonies s'y trouvèrent enclavées. On peut supposer qu'elles furent alors rattachées administrativement à la province hispanique de Bétique.

Après la défaite et la mort de son père Juba de Numidie, Juba II avait été élevé à Rome dans l'entourage d'Octave, et il épousa Cléopâtre Séléné, fille d'Antoine et de Cléopâtre. Il acquit une forte culture (latine, grecque et punique), qui lui permit de rédiger des ouvrages d'érudition qui ne nous sont pas parvenus. Il régna près d'un demi-siècle (25 av. J.-C. - 24 apr. J.-C.) et il se comporta en allié de Rome fort soumis. Sa capitale, Iol (Cherchel), prit le nom de Césarée ; il en fit une ville importante, bâtie selon les principes de l'urbanisme hellénistico-romain et entourée d'une enceinte de 4 460 m [Leveau, 86, 87], bien trop large pour l'agglomération qu'elle protégeait des éventuelles incursions des tribus maures voisines. Des statues de type hellénistique, d'une qualité exceptionnelle en Afrique, ont été retrouvées à Césarée. Peut-être certaines datent-elles du temps de Juba [Boucher-Colozier, 11 ; *contra*, Chamoux, 21, qui suggère avec de bons arguments le IIe siècle, et notamment l'époque d'Hadrien]. Cette statuaire ainsi que les très belles mosaïques (plus tardives) retrouvées dans la ville manifestaient la richesse de la couche dirigeante.

L'autorité du roi sur les tribus du sud était fort nominale. Un soulèvement eut lieu en 6 apr. J.-C. (Dion Cassius, LV, 28), dû peut-être au mécontentement de ces peuples devant la servilité de Juba face à Rome. L'insurrection fut réprimée par le proconsul Cossus Cornelius Lentulus, qui reçut les honneurs du triomphe et le surnom de *Gaetulicus*. Des Maures se joignirent à la révolte de Tacfarinas (17-23) et le théâtre des opérations s'étendit aux confins du royaume ; Juba engagea des troupes aux côtés des Romains, et il frappa en 18 apr. J.-C. des monnaies commémorant sa victoire sur le Numide rebelle.

Juba II, on le voit, ne fut qu'un fidèle exécutant de la politique romaine. Comme dans les royaumes vassaux d'Orient, Auguste avait jugé expédient de ne pas créer de province dans une région marginale et difficilement administrable : la création d'un état satellite avait été considérée comme opportune, mais seule une autonomie limitée lui était laissée [Coltelloni-Frannoy, 23 *bis*].

L'ANNEXION

Les royaumes vassaux furent annexés l'un après l'autre en Orient au cours du Ier siècle, quand les empereurs jugèrent que cette solution d'attente était devenue inutile. Tel devait être, à terme, le sort de la Maurétanie, mais le processus fut brusqué par l'assassinat, à Lyon en 39, sur l'ordre de Caligula, du roi Ptolémée, fils et successeur de Juba II. Le meurtre fut suivi par l'annexion du royaume, et par une violente révolte des Maures, commandés par Ædemon, un affranchi du roi. A son avènement en 41, l'empereur Claude décida d'assumer l'héritage difficile laissé par son prédécesseur. La guerre dura plusieurs années, et l'armée romaine, dirigée par des légats impériaux, dut poursuivre les tribus jusqu'au sud du plateau marocain. L'importante cité de Volubilis, qui possédait des institutions puniques, se rangea du côté de Rome et leva des milices locales : ces citadins préféraient l'ordre romain aux menaces que faisaient peser les tribus révoltées. Claude accorda en récompense à la cité le statut de municipe de citoyens romains (*IAML*, 448).

A l'issue de la guerre, Claude procéda à l'organisation provinciale : l'ancien royaume fut divisé en deux provinces, la Maurétanie césarienne à l'est, avec comme capitale Césarée (Cherchel), et la Maurétanie tingitane à l'ouest, avec comme capitale Tingi (Tanger). Chacune fut administrée par un simple procurateur équestre, doté de toutes les prérogatives judiciaires, administratives et militaires des gouverneurs des provinces impériales. Ce système était réservé à des provinces jugées trop petites ou trop secondaires pour justifier le déplacement d'un sénateur (ainsi les petites provinces alpines). De même l'armée, fort nécessaire dans ces régions jamais bien pacifiées, fut formée de troupes auxiliaires. Ces structures institutionnelles, impliquant une administration à l'économie, perdurèrent jusqu'au Bas-Empire ; elles manifestaient clairement que Rome n'attacha jamais à ces régions la même importance qu'à la Proconsulaire et à la Numidie.

UNE OCCUPATION LIMITÉE

La Maurétanie césarienne

Rome ne chercha jamais à occuper les hautes plaines steppiques de l'intérieur : le *limes* fut établi au sud des diverses chaînes de l'Atlas tellien, et non sur la lisière du Sahara comme dans les provinces orientales de l'Afrique. Dès lors, l'Afrique romaine eut, comme l'Autriche actuelle, la forme d'un dauphin dont la tête se trouverait à l'est. La Césarienne s'étendait d'est en ouest sur quelque 700 km, et sa frontière méridionale, sauf tout à l'est dans la région de Sétif, ne s'éloignait guère de plus de 50 km du littoral. La frontière avec l'arrière-pays indépendant fut fixée à la vallée du Chélif, de Miliana à Aïn-Temouchent, où un système défensif est attesté au temps de Trajan et d'Hadrien. Plus à l'est, la limite se trouvait un peu plus loin vers l'intérieur, au sud du massif kabyle. A l'époque de Septime Sévère, le *limes* fut établi plus au sud, et la province engloba les monts du Hodna et de l'Ouarsenis, la frontière, avec sa route de rocade *(praetentura)* et ses postes militaires, longeant désormais la limite nord des hautes plaines, ce qui était beaucoup plus satisfaisant du point de vue stratégique. Malgré cette augmentation substantielle de sa superficie, la Césarienne ne couvrait toujours qu'une frange limitée de l'Algérois et de l'Oranie actuels. De nombreuses unités militaires, toutes formées de troupes auxiliaires, sont attestées par les inscriptions : 6 ailes de cavalerie, 16 cohortes, 4 *numeri* [Benseddik, 4].

La Maurétanie tingitane

La Tingitane ne communiquait avec la Césarienne que par une très étroite bande côtière ; elle paraît avoir été tournée plus vers l'Espagne que vers le reste de l'Afrique. Elle ne comprenait que le nord du Maroc actuel, la zone du Rif et seulement la partie septentrionale du plateau marocain, soit le bassin du Sébou. Le *limes* partait de l'Atlantique un peu au sud de Rabat (près du municipe de Sala), et il passait au sud de Meknès et de Fès ; puis il rejoignait, au nord-est, la Mulucha (Moulouya), rivière qui marquait la frontière avec la Césarienne [Euzennat, 42]. De puissantes tribus (*infra*, p. 107-108) habitaient au sud de cette frontière et restaient en dehors de l'Empire. Les archéologues ont retrouvé de nombreuses traces d'implantations militaires, dont une douzaine de camps, répartis sur l'ensemble de la province. Tout le pays était une manière de place forte ce qui implique que le danger éventuel ne venait pas seulement d'au-delà de la frontière. Ce dispositif fut mis en place dès la conquête ou peu après [Rebuffat, 116].

Les rapports avec les tribus

Des peuples maures nombreux habitaient la région. Certains, tels les *Quinquegentanei* de la Grande Kabylie, ou les *Zegrenses* du versant sud du Rif, résidaient sur le territoire des provinces, d'autres se trouvaient au-delà du *limes*. Les Bavares habitaient aux confins de la Césarienne, au sud de l'Ouarsenis, les Baquates au nord du Moyen Atlas. Chez les peuples intégrés dans le territoire romain, les chefs *(principes)* recevaient une investiture des autorités impériales ; parfois un militaire recevait autorité sur un peuple, avec le titre de préfet de tribu [Leveau, 88]. Des relations de type diplomatique étaient nouées avec des peuples d'au-delà des frontières. Une série d'inscriptions, trouvées notamment à Volubilis (datables entre 140 et 280), évoquent des rencontres entre des gouverneurs de Tingitane et des princes du peuple des Baquates, aboutissant à des engagements pacifiques réciproques (*IAM IL*, 348-350 ; 356-361) [Frézouls, 50].

Cette diplomatie n'empêcha nullement les conflits. En 118 et 122, Hadrien dut faire face à des révoltes des Maures, peut-être exaspérés par la mise à mort de leur compatriote Lusius Quietus, qui avait été l'un des grands généraux des campagnes de Trajan (*SHA, Hadrien*, 5, 2 et 12,7). Les Baquates, probablement sous Hadrien, pillèrent la colonie côtière de Cartennae (Ténès), en Césarienne (*CIL* VIII, 9663 ; *D* 6882). Une grave insurrection éclata sous Antonin le Pieux. Une inscription de Sala, en Tingitane, datable de 144, remercie un officier équestre, le préfet Marcus Sulpicius Félix, d'avoir protégé la ville par un renforcement des murailles et d'avoir permis l'accès aux champs et aux bois grâce à des escortes militaires (*IAM IL*, 307) [Carcopino, 18, p. 200-230]. Ces troubles s'amplifièrent et il fallut faire face à une véritable guerre, qui amena l'empereur à faire gouverner les deux provinces par un sénateur, habilité à commander les troupes légionnaires envoyées en renfort, après avoir été prélevées, non seulement sur la IIIe légion Auguste, mais aussi sur des unités stationnées en Europe. C'est l'époque à laquelle furent bâtis les puissants remparts de Tipasa, ce qui montre que la Césarienne était elle aussi menacée.

Les opérations durèrent jusqu'en 150. D'autres troubles devaient suivre : en 171, sous Marc Aurèle, des Maures (des Rifains, peut-être) passèrent les colonnes d'Hercule (le détroit de Gibraltar) et ils pillèrent le sud de l'Espagne ; une autre incursion eut lieu quelques années plus tard. L'autorité impériale avait réagi, non seulement par la force militaire, mais aussi par la diplomatie, comme le montrent certains des « autels de la paix » de Volubilis, élevés à cette époque à la suite des pourparlers avec les Baquates [Frézouls, 50]. Pour récompenser un chef de clan des *Zegrenses*, peuple du sud du Rif, de son engagement aux côtés de Rome, Marc Aurèle lui accorda, ainsi qu'à sa famille, dans les années 161-169, la citoyenneté romaine, au témoignage d'une célèbre inscription de Banasa, « étant sauf le droit de la tribu » *(salvo iure gentis)*, ce qui signifie que ces nouveaux citoyens gardaient leur droit coutumier et tous leurs usages, et n'étaient nullement contraints de se romaniser (*IAM IL*, 94) [Seston-Euzennat, 124, 125]. Cette politique porta ses fruits, et la situation globale des Maurétanies paraît être devenue plus calme. Cependant, l'*Histoire Auguste* évoque encore des campagnes contre les Maures sous Commode (180-192).

Il n'existe, on le voit, aucun parallélisme entre les évolutions respectives des provinces orientales et occidentales de l'Afrique. L'époque antonine fut, pour la Proconsulaire et la Numidie, une ère de paix et de puissant développement économique et urbain ; l'absence de remparts protégeant les villes, et celle de garnisons hors de la région du *limes*, manifestent clairement la tranquillité qui régnait dans les provinces de l'Est : le contraste est frappant avec les Maurétanies, et particulièrement la Tingitane. Cependant R. Rebuffat [113] a justement fait remarquer que les enceintes urbaines manifestent aussi la prospérité des villes, et que la Tingitane a connu un développement urbain et économique incontestable, qui n'aurait pu exister si la province avait été continuellement en état de siège.

Nous ne possédons aucun indice sérieux de troubles en Maurétanie sous le règne de Septime Sévère. Cet empereur a considérablement développé le *limes* de Tripolitaine, et il a établi des postes militaires avancés au sud des provinces orientales. De même en Maurétanie césarienne, il a établi le *limes* au sud de l'Ouarsenis, à la limite des steppes, doublant ainsi le territoire inclus dans la province. La nouvelle route frontière permettait de contrôler beaucoup plus efficacement les mouvements des tribus.

Jusqu'en 253, les indices d'opérations militaires dans les Maurétanies sont limités. Une inscription évoque cependant la répression de troubles en Césarienne, près d'Auzia, en 227. Or une insurrection d'une extrême gravité éclata en Césarienne sous Valérien, en 253, au témoignage d'une série d'inscriptions [Salama, 122 ; Bénabou, 3, p. 214-231]. La guerre dura jusqu'en 260, animée par les Bavares, qui résidaient dans le sud de l'actuelle Oranie, mais, de proche en proche, d'autres peuples s'associèrent à la révolte. La dissolution, par Gordien III en 238 de la IIIe légion Auguste (reconstituée en 254), avait rendu impossible une répression rapide. Fait nouveau, les révoltés poussèrent leurs incursions jusqu'en Numidie, où, on l'a vu, des combats sont signalés et où des trésors furent alors enfouis [Salama, 122]. Dans les années 255-258, le gouverneur équestre de Césarienne reçut la fonction exceptionnelle de commandant militaire suprême pour toutes les provinces africaines (H.-G. Pflaum, *Carrières procuratoriennes équestres*, p. 908-923), ce qui manifeste clairement l'ampleur géographique de la révolte.

UNE ROMANISATION PARTIELLE

Dès l'annexion, l'empereur Claude avait cherché à romaniser les nouvelles provinces en développant la vie urbaine et municipale. En Tingitane fut créée la colonie de Lixus, et une nouvelle déduction eut lieu à

Tingi (Tanger). Volubilis, on l'a vu, devint alors municipe romain ; il est probable que Sala ait reçu dès ce moment le statut de municipe. En Césarienne, le rang de colonie honoraire fut accordé à la capitale, Césarée ; Tipasa devint municipe latin, et Rusuccuru (Dellys) municipe romain. Une colonie fut déduite à Oppidum Novum dans la vallée du Chélif. Une telle politique était hardie, dans une région à peine conquise. Les successeurs de Claude la poursuivirent de manière moins résolue. Icosium (Alger) reçut sous les Flaviens le rang devenu alors archaïque de colonie latine. Nerva créa à l'est, près de la frontière de la Numidie, la colonie de vétérans de Sitifis (Sétif) et, probablement, une autre colonie voisine (Mopth...).

On n'observe pas au IIe siècle dans les Maurétanies un processus comparable au vigoureux essor urbain et municipal qui marqua la Proconsulaire. Cependant, Hadrien créa le municipe de Choba, sur la côte de Kabylie, et il éleva Tipasa au rang de colonie honoraire. Auzia, toujours en Césarienne, cité devenue municipe on ne sait quand, reçut le statut de colonie de Septime Sévère [Gascou, 152, p. 180-181, 207-208].

Au total, on connaît dans les deux Maurétanies 17 colonies de vétérans fondées d'Auguste à Nerva, et une quinzaine de cités promues municipes ou colonies honoraires (dont plusieurs étaient en fait des postes militaires urbanisés). Ce bilan est maigre, comparé au puissant élan d'urbanisation et de romanisation juridique qui caractérisa la Proconsulaire et la Numidie à partir du IIe siècle. Au demeurant, les villes furent toujours peu nombreuses en Maurétanie ; elles n'étaient souvent que des îlots de romanité dans un environnement berbère. Les études de Philippe Leveau sur l'arrière-pays montagneux de Césarée (Cherchel) montrent bien comment, au-delà du territoire de la cité sur le plateau littoral et le bassin intérieur, avec ses restes de *villae*, les montagnards continuaient une existence tribale et villageoise ancestrale [Leveau, 86, 87]. La présence de postes militaires nombreux à l'intérieur des provinces (et pas seulement sur le *limes*), tout particulièrement au pied des montagnes, donne le sentiment d'une sécurité précaire.

On doit pourtant constater que ces provinces ont vécu et fonctionné selon le système romain au long des siècles de l'époque impériale, que l'état de guerre n'y fut nullement permanent et qu'une réelle prospérité put s'épanouir en certaines zones [Rebuffat, 113] dont témoignent les ruines de Césarée, de Tipasa et de Volubilis. La romanisation a fini par toucher partiellement ces régions marginales, sans qu'elle connût jamais le dynamisme constaté dans les provinces orientales de l'Afrique. L'histoire de la ville d'Altava (Ouled Mimoun, dans la région de Tlemcen ; Maurétanie césarienne) en est un bon témoignage. La population locale était formée de Bavares occidentaux sédentaires ; la région ne fut intégrée dans l'Empire que sous Septime Sévère. A partir de 220, une cité est attestée, et les inscriptions latines se multiplient. Les habitants portaient des noms de citoyens romains, mais les institutions municipales restaient pérégrines : les dirigeants sont qualifiés de *priores*, de *principes*, un collège de dix hommes *(decemprimi)* semble exercer l'autorité. De toute évidence, la cité avait gardé (et elle devait conserver encore au IVe siècle) des institutions tradi- tionnelles berbères, tout en adoptant le latin et l'onomastique romaine [Marcillet-Jaubert, 91 ; Lepelley, 83, t. II, p. 522-534]. A Altava, à Auzia, à Volubilis, des inscriptions funéraires nombreuses sont datées par l'ère locale de Maurétanie (qui commence à l'annexion de 39 apr. J.-C.) ; or certaines nous font connaître des personnes mortes au VIe siècle, voire au VIIe, soit à la veille de l'invasion arabe, qui portent toujours des noms latins, dont des gentilices impériaux *(Iulius ; Flavius ; Ulpius)*. La ville de Volubilis et sa région avaient été abandonnées par l'Empire dès la fin du IIIe siècle. On doit cependant constater que la latinité et d'autres formes de vie à la romaine s'y maintinrent durant plusieurs siècles.

Nous posions au début de ce chapitre une question difficile : l'Afrique fut-elle un cas à part dans l'Occident romain, la romanisation n'y fut-elle qu'un vernis superficiel recouvrant des traditions berbères ou puniques immuables ? Pour la Proconsulaire et la Numidie, nous avons vu que le processus d'enrichissement et de romanisation, même s'il fut plus tardif qu'en Espagne ou en Gaule, acquit une puissance et un dynamisme pro- fonds et durables au IIe siècle, si bien que cette partie orientale de l'Afrique ne put plus, dès lors, être considérée comme substantiellement différente des autres provinces de langue latine. La présence de tribus ber- bères gardant leurs structures traditionnelles dans les steppes du sud et les zones pré-sahariennes ne constituait plus, aux IIe et IIIe siècles, une menace pour la romanité africaine en Proconsulaire et en Numidie : elle en marquait simplement une limite. Dans les Maurétanies, la situation était, on vient de le voir, bien différente ; les steppes, et même, en Tingi- tane, le sud du plateau cultivable, étaient au-delà du *limes*, les montagnes semblaient des îlots étrangers à la romanisation, sur bien des tribus, Rome n'exerçait guère qu'une manière de protectorat. Un fort contraste oppo- sait donc ces régions, tant aux provinces de l'Occident européen qu'à l'Afrique proconsulaire.

L'Afrique vraiment romaine, avec ses multiples cités, formait à l'est un rectangle d'environ 480 km de long (en longitude) sur 230 km de large (en latitude), correspondant en gros à la Tunisie et au Constantinois algé- rien, soit le tiers du Maghreb actuel, les zones arides étant exclues. La véritable limite de la romanisation de l'Afrique fut donc géographique. Mais l'essor de la Proconsulaire avait permis la création d'un brillant pro-

longement de l'Italie vers le sud. L'historien Aurélius Victor, qui vécut au
IVe siècle, écrivait que nul n'avait pu surpasser Septime Sévère à la tête de
l'état romain (*Livre des Césars*, 20, 6). Aurélius Victor était Africain, et il
exprimait ainsi la fierté éprouvée par ses compatriotes au souvenir de
l'avènement, en 193, du grand empereur enfant du pays. Le Carthaginois
Tertullien, contemporain de l'événement, s'en était déjà fait l'écho (*De
Pallio*, 2,7) [Lepelley, 84]. Ce règne, ainsi que la présence au Sénat à
l'époque d'un puissant groupe africain, avait, en effet, constitué une
manière de renversement de l'impérialisme, une sorte de revanche sur
l'antique défaite de Carthage devant Rome.

CHAPITRE III

Les provinces hispaniques

PAR DANIEL NONY

La « paix romaine » caractérise pleinement l'époque du Haut-Empire romain dans la péninsule Ibérique, mais notre connaissance de celle-ci demeure fort déséquilibrée. Le *Bellum Hispaniense* du corpus césarien, Strabon (liv. III) et Pline l'Ancien donnent de nombreux renseignements sur la deuxième moitié du Ier siècle avant J.-C. et la première moitié du Ier siècle après J.-C., soit l'époque julio-claudienne au sens large, mais ils demeurent assez discrets sur les épisodes militaires de l'achèvement de la conquête, Florus et Dion Cassius ne remplaçant guère les livres disparus de Tite-Live [7] ; les grandes lois épigraphiques sur bronze vont de César (?) (Urso, *CIL*, II, 5439) à Domitien essentiellement (Irni [22], *AE*, 1986, 333), les émissions monétaires locales, où abondent les noms de magistrats, s'arrêtent avec Claude [22]. L'âge des Antonins et des Sévères doit se contenter de documents certes nombreux (une masse de tessons, de nombreuses dédicaces), mais fort peu explicites à quelques exceptions près (la loi d'époque hadrienne de Vipasca [62], le sénatus consulte (?) d'Italica sur la gladiature, *CIL*, 6278)... Les serments à l'empereur sont attestés d'Auguste à Caligula [17], quelques lettres impériales ont été retrouvées, deux sénatus consultes ont été publiés en Bétique sous Tibère [15 et 18] et la péninsule a livré une petite collection de « tessères » d'hospitalité [89 et 92]. La plupart des inscriptions sont brèves, leurs datations, ainsi que celle des nombreux vestiges de la civilisation matérielle (céramique, monnaies, mosaïques, monuments, maisons...), manquent fréquemment de précision. A cela s'ajoutent des inventaires fort inégaux d'une région à une autre, la province la plus riche, la Bétique, étant encore probablement la plus mal connue des trois. Si le dynamisme des provinces hispaniques est indéniable jusqu'aux Flaviens inclusivement, l'appréciation devient plus hésitante sur la deuxième partie de notre période car il est possible de parler aussi bien d'atonie, d'assoupissement, voire de décadence après le principat d'Hadrien que de croire que les peuples heureux n'ont pas d'histoire [96].

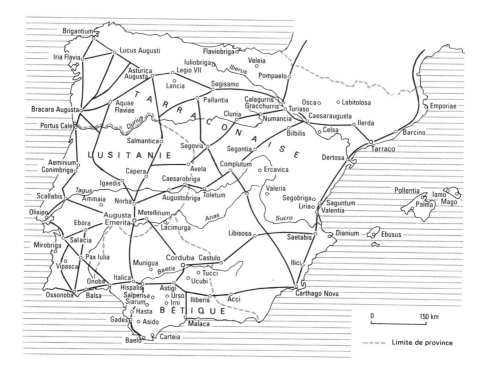

Provinces, routes et cités principales
de l'Hispanie romaine (Iᵉʳ-IIIᵉ siècle)

L'IMPORTANCE DE L'ŒUVRE
DE CÉSAR ET D'AUGUSTE

César, gouverneur propréteur d'Hispanie ultérieure en 61, puis, après le passage du Rubicon, lors de ses campagnes de 49 et de 45, comme Auguste − qui l'accompagna en 45 et revint plus longuement dans la péninsule en 27-25 avant J.-C. − avaient une connaissance directe de cette région [J. Harmand, 33, 183-203] ; la politique du premier fut poursuivie par les triumvirs constituants puis par Auguste seul, et la continuité de cette action sur trois quarts de siècle pourrait expliquer la stabilité, pendant près de trois siècles, de l'organisation des provinces hispaniques. Ces deux hommes d'État et leurs lieutenants, en particulier Agrippa, avaient découvert l'étendue des clientèles pompéiennes, toujours actives en 43 autour de Sextus Pompée [E. Gabba, 33, 132-155], et compris l'importance du problème des zones insoumises du Nord-Ouest qui contribuait à immobiliser sept légions en 49 en Hispanie. César avait guerroyé le long de la façade atlantique jusqu'au cap Finistère, et organisé une ligne solide d'établissements le long du Tage, probablement dès 61, avant de distribuer des privilèges à plusieurs communautés, soit en leur donnant la qualité de municipe (Olisipo-Lisbonne ainsi d'ailleurs que Gadès-Cadix), soit sous forme de création de colonies comme celle d'Urso, probablement entre 49 et 44. De son assassinat à la venue d'Auguste en 27 ne s'écoulèrent pas des années vides : Lépide créa la colonie de Celsa et obtint le départ de Sextus Pompée, et, de 34 à 28, se succédèrent, presque chaque année, des campagnes contre Cantabres et Astures. C'est ensuite, de 27 à 13 avant J.-C., qu'il faut placer l'action principale d'Auguste, dont les lieutenants appliquèrent les choix politiques jusqu'à sa mort.

Le premier fait essentiel fut la conquête du Nord-Ouest et la soumission des Astures et des Cantabres entre 26 et 19 avant J.-C. ; ce furent des campagnes très dures, menées d'abord par Auguste en personne et achevées par Agrippa [34, 37 et 46]. Marcellus et Tibère y firent leurs premières armes. Six ou sept légions avaient été requises, et des massacres systématiques, des réductions en esclavage et des déplacements de populations assurèrent la paix ; nous n'entendons plus parler ensuite de troubles dans cette région sinon, fugitivement, sous Néron (Dessau, *ILS*, 2648).

Le deuxième point fut une réorganisation provinciale vers 16-13 avant J.-C. [Étienne, 42] sous la forme, essentiellement, d'un découpage de l'Hispanie ultérieure qui devint la Bétique ; elle perdit les deux tiers de son étendue ancienne puisque sa frontière fut désormais ramenée, sur

l'Atlantique, à l'embouchure de l'Anas-Guadiana. Elle entra dans la catégorie des provinces du peuple romain dites « proconsulaires » ou « sénatoriales », c'est-à-dire désarmées, elle fut gouvernée par un proconsul,
ancien préteur sorti de charge depuis cinq ans, désigné par tirage au sort,
qui avait la fonction de rendre la justice, et était assisté d'un questeur en
exercice, qui avait la responsabilité du budget du gouverneur et la charge
de percevoir les impôts dus à l'État romain. En la confiant au sénat
romain ou, plus exactement, à un membre du sénat qui correspondait
directement avec lui, Auguste ne lésait guère les intérêts du trésor de
Saturne car la nouvelle *Hispania Ulterior* était certainement la région la
plus riche et la plus densément peuplée de la péninsule. Pline lui attribue
cent soixante-quinze cités, toutes n'ont pas été encore localisées ; les
labours actuels, ainsi que les détecteurs de métaux, permettent chaque
année d'enrichir ce dossier. Son unité lui est donnée par la vallée du Bétis-
Guadalquivir, bordée par deux massifs montagneux, la sierra Morena
vers le Nord-Ouest, la sierra Nevada vers le Sud-Est, mais il ne faut pas
oublier son littoral de part et d'autre du détroit de Gibraltar. Cette côte
rocheuse, fréquentée surtout à l'origine par les Grecs et les Phéniciens,
donna naissance au *conventus Gaditanus* impérial, qui comprenait également
des cités de l'intérieur montagneux dont les routes se dirigeaient préféren-
tiellement vers le littoral. Sur le Bétis se succédaient trois autres circonscriptions d'assises judiciaires, d'abord le *conventus Hispalensis*, largement
étendu vers l'ouest jusqu'à l'Anas ; en amont, le *conventus* d'Astigi, bordé,
de loin, par le Bétis, précédait le *conventus* de Corduba-Cordoue, la capitale provinciale [10]. Les chefs-lieux où se tenaient les assises – et Hispalis-Séville plus qu'Astigi-Ecija – apparaissent comme les cités et villes
principales de la province, où Baelo [Sillières 25 *bis*], Italica [Caballos
Rufino, 44], Munigua [Coarelli, 116], Malaca... sont de petits centres
mieux explorés ou dont les monuments sont mieux connus. La Bétique
avait été peuplée par les Tartessiens, les Celtes, les Puniques avant les
Romains, et sa population avait, au témoignage de Strabon (III, 2, 15)
sur ce qu'il appelait la Turdétanie, décisivement choisi la langue latine et
les coutumes romaines, avec, à l'époque augustéenne, une douzaine de
colonies de caractère, peut-être, plus nettement clientélaire que simplement militaire (Hispalis, Corduba, Asido, Urso...) ; il faut y joindre une
trentaine de cités « privilégiées », dont Gadès.

La Lusitanie fut organisée en fonction, notamment, de la grande colonie, explicitement pour vétérans, d'Emerita Augusta (Mérida), fondée
en 25 avant J.-C. Les trois *conventus* (instaurés peut-être par Claude) de
cette nouvelle province « impériale », car confiée à un légat d'Auguste de
rang prétorien, paraissent correspondre à trois régions ayant chacune une
physionomie propre [40]. Le *conventus Pacensis*, dépendant de la colonie

césarienne de Pax Iulia (Béja) était comme un fragment de la Bétique au-delà de l'Anas, avec des ports sur la côte de l'Algarve (Lacobriga, Balsa, Ossonoba) et des plateaux partagés entre des établissements à vocation agricole (Ebora-Evora, Pax Iulia...) ; sa façade atlantique n'offrait que l'estuaire du Sado avec Salacia (Alcacer do Sal). Le *conventus Scallabitanus*, isolé au sud par la serra da Arrabida, comprend tout d'abord le cours inférieur du Tage, avec le municipe césarien d'Olisipo, et la colonie césarienne de Scallabis (Santarem) ; au nord, en retrait d'une côte peu hospitalière, s'égrenait un chapelet de petites cités indigènes comme Conimbriga-Condeixa a velha [24] Aeminium-Coimbra..., à l'abri de la serra da Estrela et de la serra do Caramulo. Le vaste *conventus Emeritensis* regroupait, à l'intérieur, les Lusitaniens proprement dits, qui avaient été de farouches adversaires des Romains jusqu'à César, et les Vettons, également bons guerriers. Entre Anas et Tage, en plus de quelques cités indigènes comme Ammaia, il y avait les colonies pré-augustéennes de Metellinum (Medellin) et de Norba Caesarina (Cáceres) ; à la nouvelle capitale, Emerita, il faut joindre deux centres de regroupements des indigènes, Caesarobriga (Talavera de la Reina), et Augustobriga (Talavera la Vieja). La province avait une unité de peuplement – il était celte –, elle résultait d'une conquête relativement récente qui remontait à un siècle pour sa moitié sud et à une génération pour sa moitié nord. Presque dépourvue de villes au départ, elle pouvait passer pour un front pionnier ouvert à la conquête agricole et pastorale par ses vastes terroirs : Emerita avait été conçue d'emblée comme très vaste (20 000 ha) et probablement destinée à recevoir des déductions successives de colons. Les ressources minières de la province n'étaient pas inconnues, qu'il s'agisse du cuivre dans le Sud ou d'un or alluvionnaire dans le Nord.

Il y a enfin l'immense province impériale d'*Hispania Citerior* ou Tarraconaise, confiée à un légat d'Auguste de rang consulaire qui a préséance sur tous les légats impériaux d'Occident. Là encore, des assises judiciaires, peut-être dès l'époque d'Auguste, permettent de distinguer les subdivisions plus petites que sont les *conventus*. Celui de la capitale, Tarraco-Tarragone, le plus petit en dehors de ceux de Galice, comprenait une partie du piémont pyrénéen, de part et d'autre des débouchés du Perthus, et groupe surtout des cités côtières jusqu'à Valence, bien au sud du delta de l'Èbre [9] avec Emporiae-Ampurias, Dertosa-Tortosa et Saguntum-Sagonte ; Auguste y créa la colonie de Barcino-Barcelone (J.-N. Bonneville, *REA*, 80, 1978, 35-71). Le *conventus Caesaraugustanus* a, pour axe central, l'Èbre avec, pour chef-lieu, la colonie militaire de Caesaraugusta-Saragosse, mais s'étend, au nord, sur les deux tiers du piémont pyrénéen, jusqu'à la Bidassoa, avec Ilerda-Lérida, Osca-Huesca, Iacca-Jaca, Pompaelo-Pampelune, et encore plus loin vers le sud jusqu'à Complutum-

Alcala de Hénarès en englobant, au passage, Bilbilis-Bambola (DOLÇ, 113). Le plus méridional, le *conventus Carthaginiensis*, en dépit d'une large façade maritime, n'y dispose que d'un seul grand port, celui de Carthago Nova-Carthagène, et s'étend profondément jusqu'à Toletum-Tolède et Avela-Avila. Auguste lui adjoignit un élément important de la Bétique, avec Castulo-Cazlona et Acci-Guadix, un secteur montagneux menacé par le brigandage et cependant essentiel pour les relations terrestres vers la vallée du Bétis, d'où la fondation de colonies militaires tant à Acci qu'à Libisosa, en sus de celle d'Ilici-Elche [Llorens, 23]. Le dernier des quatre grands *conventus*, celui de Clunia, était moins marqué que les précédents par les influences helléniques ou ibères qui avaient caractérisé l'époque antérieure, il était, avant tout, de peuplement celte ; en sa partie sud, il comprenait le bassin supérieur du Douro et disposait, au-delà de la cordillère cantabrique, d'une large façade sur le golfe de Gascogne, mais les lieux urbanisés y étaient, et y demeurèrent, peu nombreux (Ségovie, Pallantia, Septimanca...). En pays cantabre, Iuliobriga marqua la volonté de créer un lieu de regroupement pour les indigènes. L'Asturie et la Galice reçurent un traitement tout particulier, car ces conquêtes récentes, au relief montagneux, furent dotées de trois petits *conventus* dépendant chacune d'une fondation de ville de regroupement, Asturica Augusta (Astorga) chez les Astures, Lucus Augusti (Lugo) et Bracara Augusta (Braga) chez les Callaïques [Tranoy, 37 et Le Roux, 46].

L'œuvre césaro-augustéenne en Citérieure, avec neuf colonies militaires, des municipes (Emporiae, Ilerda, Osca, Turiaso, Saguntum...) et des cités de regroupement fut à la fois systématique et très diversifiée, distinguant entre un Nord-Ouest encore sous la surveillance des légions, et des régions méditerranéennes en phase d'intégration [Vittinghoff, 30]. Là encore, comme en Bétique, il y eut la volonté de substituer aux clientèles pompéiennes des clientèles dévouées à la dynastie julienne ou à ses proches (par ex. à Emporiae, J.-N. Bonneville, *REA*, 88, 1986, 181-200) : ainsi se comprendrait mieux la fondation de Barcino dans un secteur déjà relativement bien urbanisé.

DEUX SIÈCLES PAISIBLES

A part quelques actes de brigandage, un bref épisode d'opérations en pays Cantabre, les provinces hispaniques paraissent avoir connu une paix profonde d'Auguste à Marc Aurèle ; sur les monnaies d'Hadrien, *Hispania* est mollement étendue près d'un petit lapin, tenant un rameau d'olivier et accoudée à un monticule qui pourrait évoquer l'activité minière. L'épisode de 68-69 après J.-C. se traduisit par quelques recrutements, des mouvements de troupes, une surveillance des côtes, guère plus. La péninsule fut honorée d'une visite impériale, celle d'Hadrien à Tarragone, mais dans le cadre d'un grand voyage d'inspection à travers l'empire, et il manifesta une attention fort mesurée, par une réfection de la *via Augusta* et des embellissements à Italica qui devint colonie [Caballos Rufino, 44]. L'invasion, ou plutôt l'incursion des *Mauri* n'en prit que plus de relief, surtout parce qu'elle eut, en outre, une allure endémique (en 171-173 puis vers 177), et des menaces, sinon une incursion, sont mentionnées sous Septime Sévère. Les troupes auxiliaires de Maurétanie Tingitane, traversant le détroit à la suite des *Mauri* (du Rif?) vinrent libérer la Bétique (et le Sud de la Lusitanie?) où Italica et Singili(a) Barba marquèrent (*CIL* II, 1120 et 2015) leur reconnaissance à C. Vallius Maximianus, gouverneur en 177 de Maurétanie Tingitane. Le transfert de la questure de Septime Sévère, au début de sa carrière sénatoriale (vers 171), paraît indiquer que la Bétique cessa parfois, provisoirement, d'être sénatoriale. Vers le Nord, des mouvements de troupes sont perceptibles lors des guerres civiles qui accompagnèrent l'avènement de Septime Sévère, probablement en 197 lors de l'affrontement avec Clodius Albinus ; une épuration frappa les partisans de ce dernier en Hispanie comme ailleurs. En 238, lors de la liquidation, par les sénateurs, de Maximin, il est possible que Décius Valerianus (le futur empereur Dèce?), gouverneur de Citérieure, soit resté plus longtemps fidèle à l'empereur-soldat, même après la mort de ce dernier ; à Corduba, le libellé prudent d'une dédicace (*CIL* II^2, 7, 234) marquerait, le 25 mars 238, un attentisme politique.

Un débat historiographique existe à propos de l'apparition des *conventus* [Dopico Cainzos, 39]. La description par Pline de la division des provinces hispaniques a contribué à valoriser l'époque des Flaviens car c'est durant cette même période que l'Asturie-Galice reçoit son organisation administrative avec une légion permanente [Tranoy, 37], la création d'une procuratèle particulière et la disparition de la charge de *praefectus Callaeciae* ; et cette innovation des *conventus* dans le Nord-Ouest a permis de proposer cette réforme pour la péninsule entière. Remarquons toutefois que les lieux d'assises régulières existaient dès l'époque augustéenne au témoignage de Strabon (III, IV, 20) et aussi, peut-être, d'une inscription (*AE*, 1984, 553). Moins d'une quarantaine d'inscriptions mentionnent des *conventus* en Tarraconaise, aucune en Bétique, pas davantage en Lusitanie, et Pline ne donne aucune précision sur la date de leur apparition. Il est possible que la liaison attestée entre *conventus* et culte impérial ait contribué à compliquer le débat. En ce domaine comme en d'autres (municipalisation, garnison, procuratèles...) l'époque flavienne a précisé, et peut-être figé, une évolution en cours sans être véritablement très novatrice. Quoi qu'il en soit, au plus tard sous Tibère, la Tarraconaise possédait des lieux d'assises différents et fixés. Sous Néron, Galba tenait ses assises à Carthagène et peut-être à Clunia, en 68, lorsqu'il prit la décision de se révolter, et ces éléments confirment l'indication de Strabon.

L'intérêt impérial pour les provinces de la péninsule se manifesterait sous Caracalla par la création, aux dépens de la Citérieure, d'une nouvelle province, la *Callaecia*. Le titre d'*Hispania Nova Citerior Antoniniana*, désignation assez étonnante, laisserait supposer que c'est l'Hispanie Citérieure qui prit, dans sa totalité, cette nouvelle appellation. Quoi qu'il en soit, si division il y eut, ce qui est vraisemblable [Tranoy, 37], elle aurait pris fin peut-être peu après la mort de Caracalla car, entre 238 et 241, Rutilius Pudens Crispinus est qualifié de *legatus Augusti pro praetore Hispaniae Citerioris et Callaeciae* (*AE*, 1929, 158) ; sous Maximin, le gouverneur Decius Valerianus est attesté dans toute la Tarraconaise, de Braga à la Navarre et à la côte méditerranéenne.

Le choix des gouverneurs a été scruté [Alföldy, 82] pour préciser l'intérêt que présentait l'Hispanie pour le pouvoir central. Sous Auguste, la Citérieure avait reçu, comme sous la République, de grands personnages, cette fois proches du prince, tels Paullus Fabius Maximus ou Cn. Calpurnius Piso, lorsqu'il y avait encore une forte garnison. Par la suite, tout en gardant sa dignité, ce poste, réservé à un ancien consul, n'accueillit, en dehors de Galba qui y vécut une sorte d'exil, que des sénateurs d'un rang élevé certes mais qui étaient, sauf exception, en fin de carrière ; Ti. Plautius Silvanus Aelianus (vers 70-73) devint ensuite préfet de la Ville, et L. Octavius Cornelius Salvius Julianus Aemilianus (vers 160-164) est plus connu comme jurisconsulte. Un nom de grand militaire s'impose, celui d'A. Cornelius Palma Frontonianus (vers 100-103), le maréchal de Trajan responsable ensuite de la Syrie et de la conquête de l'Arabie, mis à mort au début du principat d'Hadrien ; il faudrait y joindre Trajan Dèce (?) en 238 et, bien sûr, Rutilius Pudens Crispinus ensuite.

En Lusitanie la mission de gouverneur était, comme en Citérieure, pluriannuelle, mais les anciens préteurs envoyés à Emerita ne furent pas, sauf exception, de grands personnages : Othon (ancien questeur !) y passa un long exil et P. Septimius Géta atteignit un deuxième consulat parce que frère de Septime Sévère. Relevons toutefois que C. Ummidius Durmius Quadratus, en poste en 37, fut, par la suite, légat de Syrie, et que C. Caesonius Macer Rufinianus, en poste vers 200, fut proconsul d'Afrique et *comes* de Sévère Alexandre.

La Bétique attendait chaque année un nouveau proconsul de rang prétorien, tiré au sort, souvent ancien légat de légion. Peu sont connus et ce sont ceux qui furent soit condamnés, soit promus ensuite à de hautes responsabilités, dont les noms émergent : M. Ulpius Traianus, le père de Trajan, ensuite proconsul d'Asie et légat de Syrie, Baebius Macer, préfet de la Ville en 117, P. Cornelius Anullinus, consul bis en 199, et préfet de la Ville. Relevons le passage d'un illustre Grec, Arrien de Nicomédie.

Au total, le gouvernement des provinces hispaniques fut confié à des personnages que l'on désirait honorer, soit à des membres falots de familles sénatoriales en vue, soit plutôt à des sénateurs de première ou deuxième génération en qui l'empereur distinguait des collaborateurs capables mais au profil plutôt civil que militaire. Leurs auxiliaires connus ne permettent guère de jugements plus nets.

En Bétique, le gouverneur annuel était assisté d'un questeur annuel et il avait près de lui un légat de rang prétorien ; il en était de même, mais sans questeur, en Lusitanie, tandis que le gouverneur de Citérieure disposait de trois légats (Strabon, III, 4, 19-20). Tous ces sénateurs romains étaient là, avant tout, pour rendre la justice, et la romanisation de l'Asturie-Galice se traduisit, à partir d'Hadrien, par la nomination d'un légat juridique spécialisé. Des légats *censitores* sont mentionnés à l'occasion de recensements. Peu de noms, au total, sont connus et ils n'appellent aucun commentaire particulier. L'importance politique de tels légats était moindre que celle des légats de légion, de même rang.

Du côté des chevaliers, il faut noter, là comme ailleurs, l'augmentation régulière du nombre des postes. La procuratèle de l'*Hispania Citerior* fut doublée par une autre pour l'Asturie et la Galice à partir des Flaviens, et une procuratèle pour la *vicesima hereditatium* est attestée, toujours en Citérieure. La Lusitanie et la Bétique disposaient également chacune d'un procurateur impérial, mais dans la dernière province il était chargé, du moins à l'origine, de s'occuper de l'administration des seuls biens du prince ; pour la *vicesima hereditatium*, un procurateur était commun aux deux provinces. A l'occasion, des chevaliers viennent procéder à des recensements, et l'importance des propriétés héritées explique, à partir de Marc Aurèle, l'existence d'une procuratèle du *kalendarium Vegetianum*. Si, à l'origine, les impôts étaient perçus par des publicains, l'extension de la perception directe amena la création de postes liés au fisc au début du IIIᵉ siècle, et n'oublions pas que des procurateurs affranchis ou esclaves géraient des biens impériaux, dont les districts miniers, sous l'autorité des procurateurs équestres [Le Roux, 50 et Christol-Demougin, 51]. Les chevaliers procurateurs les plus illustres sont, parmi la soixantaine de noms qui nous sont parvenus, Pline l'Ancien et le futur préfet du prétoire M. Bassaeus Rufus un siècle plus tard.

Sur les modalités précises du gouvernement impérial, nous connaissons surtout des procès : sous Tibère, L. Calpurnius Piso fut assassiné par un paysan ; sous Claude, C. Umbonius Silo fut sanctionné pour n'avoir pas, en 43-44, pourvu à l'approvisionnement de l'armée de Maurétanie. Grâce à Pline le Jeune sont connus les procès intentés aux anciens gouverneurs de Bétique, Baebius Massa, en poste en 90-91, et Caecilius Classicus, en poste en 97-98. L. Cornelius Priscianus, gouverneur de Citérieure, aurait été condamné sous Antonin car, jugé responsable de désordres ou de rébellion (*HA*, *Vita Antonini*, VII, 4), il se suicida en 145. Les lettres de Vespasien aux *Saborenses* (Dessau, *ILS*, 6092) et celle de Titus aux *Muniguenses* (*AE*, 1962, 288) évoquent le rôle du gouverneur de Bétique pour l'établissement ou la perception des impôts. La sollicitude impériale apparaît aussi dans la lettre de Domitien jointe à la *lex Irnitana* (*AE*, 1986, 333), dans les commentaires d'Hadrien sur la requête de ses concitoyens d'Italica pour obtenir le statut de colonie, et par le souci qu'une mystérieuse *Italica adlectio*, qui anémiait la péninsule, causait à Marc Aurèle. L'activité d'un responsable local réapparaît vers 250, grâce aux lettres de Cyprien, évêque de Carthage, lors de la persécution de Dèce contre les chrétiens ; l'une mentionne (lettre 67, 6) un procurateur ducénaire lors de l'apostasie de l'évêque Martialis d'Emerita. Les biographies de Galba et d'Othon, par Suétone et Plutarque, ainsi que Tacite, évoquent très brièvement les fonctions des gouverneurs et de leurs auxiliaires, mais dans des circonstances particulières sous le principat de Néron et lors de la crise de 68 (Othon gouverna dix ans la Lusitanie et Galba huit ans la Tarraconaise). Les procurateurs impériaux sont présentés comme particulièrement durs et échappant à l'autorité de Galba, tandis que le chef de sa garde l'incite à la révolte. Le gouverneur de Citérieure est avant tout un justicier : il tient des assises à Carthagène, et y procède à des affranchissements, alors qu'à Clunia il prit la pourpre. Face à la pauvreté de notre dossier sur l'activité des bureaux impériaux à Tarraco, Corduba et Emerita, des renseignements beaucoup plus nombreux se rapportent à la garnison de l'Hispanie et aux levées qui y furent faites.

L'ARMÉE D'HISPANIE

En 49 avant J.-C., César se trouva face à une garnison pompéienne composée de sept légions, chiffre élevé qui s'explique, en grande partie, par la nécessité de contenir Cantabres et Astures. Auguste, après avoir concentré six, et plus probablement sept légions lors des guerres asturocantabres, en renvoya trois ou quatre sur d'autres fronts − en Germanie notamment − avant la fin de son principat de sorte qu'il n'y en avait plus que trois sous le principat de Tibère (Strabon, III, 4, 19-20 ; Tacite, *Annales*, IV, 5, 2), la légion *IVa Macedonica* chez les Cantabres, les légions *VIa Victrix* et *Xa Gemina* chez les Astures, donc toutes en Citérieure ; le nombre des troupes auxiliaires est mal connu mais, par extrapolation avec d'autres armées, il se situerait entre 6 000 et 9 000 hommes, soit un total de 21 000 à 28 000 hommes. Caligula retira – en vue de la conquête de la Bretagne ? – la légion *IVa Macedonica*, l'effectif tomba peut-être à 20 000 hommes environ, Néron la légion *Xa Gemina*, et Galba n'eut à sa disposition en 68 qu'une légion, la *VIa Victrix*, avec deux ailes et trois cohortes d'auxiliaires (Suétone, *Galba*, 10, 2). Après son *pronunciamento*, le nouvel empereur leva en Hispanie une nouvelle légion, la *VIIa Galbiana* ou *Hispana*, ainsi que des troupes auxiliaires, doublant ainsi son armée. Il partit avec la moitié (?) de celle-ci, laissant la légion *VIa Victrix* dans la péninsule où elle fut rejointe par la légion *Xa Gemina* envoyée par les Vitelliens sur le détroit de Gibraltar surveiller les troupes othoniennes de Maurétanie. Après la première bataille de Bédriac, la légion *Ia Adiutrix*, néronienne puis othonienne, fut également expédiée en Hispanie par Vitellius. Cette garnison de trois légions rallia le parti de Vespasien qui l'envoya sur le front rhénan en 70.

Quelques années plus tard, pas avant 73 mais avant 79, revint en Citérieure la légion *VIIa* désormais *Gemina*, cantonnée chez les Astures à Legio-Léon. Elle constitua jusqu'au IVᵉ siècle, avec des troupes auxiliaires, la garnison de l'Hispanie. Avec l'aile *IIa Flavia Hispanorum*, à Rosinos de Vidriales, la cohorte *Ia Celtiberorum*, entre Lugo et La Corogne, les deux cohortes *Ia* et *IIa Gallica*, l'une chez les Cantabres, l'autre chez les Callaïques, et peut-être, la cohorte *Lucensium*, cette garnison ne devait pas dépasser 9 000 hommes.

Flavius Josèphe (*Guerre des Juifs*, II, 375) s'étonnait déjà en 68 de la faiblesse numérique de ce corps de troupes et un débat nourri [Syme, 33 ; Roldán Hervas, 45 ; Le Roux, 46 et 47] sur son rôle et son recrutement, ainsi que sur son influence, a été engagé. Comme d'autres, il a fourni son aide, sous forme de vexillations, pour écraser, sous la conduite de Trajan, le futur empereur, la révolte de Saturninus sur le Rhin en 89, puis il a participé aux campagnes daciques de Trajan, aux campagnes britanniques d'Hadrien, aux campagnes africaines d'Antonin, peut-être aux campagnes germaniques de Marc Aurèle et de Sévère Alexandre, et il figure dans l'armée d'Orient conduite à la défaite par Valérien en 260. Sur place, cette armée fournit les effectifs de la garde du gouverneur à Tarraco et un personnel pour les bureaux des capitales provinciales Tarragone et Mérida ; elle peut être créditée d'opération de police à l'intérieur sous Néron et sur les côtes. Son recrutement, si nous laissons de côté les auxiliaires et la levée de 68, provient de l'empire, mais il apparaît bien que sous les Antonins il devint plus hispanique.

A côté de ces tâches banales, légion et troupes auxiliaires eurent aussi une fonction spécifique, non seulement de surveiller Cantabres et Astures, mais surtout, peut-être, de les forcer à un travail probablement gratuit dans les mines d'or du Nord-Ouest, des Julio-Claudiens aux Sévères ; elle contribua même très directement à cette exploitation en apportant la collaboration technique de ses ingénieurs à la réalisation d'ouvrages d'art, routes et aqueducs.

Quant à son rôle dans la romanisation, il fut très important localement en Cantabrie, Asturie et Galice, sous la forme d'une communauté civique de plusieurs milliers d'hommes enseignant un genre de vie romain aux indigènes. Mais c'est aussi indirectement que l'armée romaine, à l'échelle de l'empire, a été un des moyens de la romanisation de la péninsule. Celle-ci a fourni en effet au moins douze ailes et soixante cohortes, principalement sous Auguste et au Ier siècle après J.-C., et des levées eurent lieu encore sous les Antonins d'auxiliaires comme de légionnaires ; un certain nombre de ces soldats et centurions revinrent dans leurs provinces hispaniques après vingt à vingt-cinq années de service, profondément imprégnés de discipline romaine, parlant le latin et ayant reçu, s'ils ne la possédaient pas, la cité romaine. Ils fournirent une partie des cadres qui réalisèrent l'intégration.

LE RÉSEAU ROUTIER

Il convient de distinguer l'utilisation des conditions naturelles, lorsqu'elles sont favorables, de l'établissement d'un réseau routier construit. La navigation côtière a constitué un élément essentiel, évident à lire Strabon, et cela même pour le golfe de Gascogne. Une navigation hauturière existait en direction de l'Italie, depuis Tarraco, Valentia, Carthago Nova, avec le relais des Baléares, en direction de la Toscane et d'Ostie, mais aussi par la côte de Maurétanie césarienne pour certains vaisseaux sortant du détroit de Gibraltar. Navigation hauturière également à partir du cap Finisterre en direction de l'entrée de la Manche ou vers les estuaires de la Gironde et de la Loire. Quant aux rapports avec la Méditerranée orientale, ils pouvaient exister depuis le relais sicilien. Cela dit, le cabotage, documenté par de nombreuses épaves, utilisait, vers ou à partir de la péninsule, aussi bien le golfe du Lion que les côtes africaines.

L'utilisation des cours d'eau a constitué un élément essentiel : l'Èbre, navigable jusqu'à Miranda, le Bétis-Guadalquivir, navigable jusqu'à Cordoue, l'Anas-Guadiana, navigable jusqu'à Emerita, le vaste estuaire du

Tage et également, ceux plus restreints, du Sado et du Douro. Par ailleurs, la circulation est relativement aisée sur le plateau central de la Méditerranée vers la Vieille Castille et le Léon, comme au sud de la sierra de Guadarrama ; les obstacles principaux sont constitués par les Pyrénées continuées par la Cordillère cantabrique, par les massifs du Nord-Ouest et par ceux du Sud, autour de la sierra Morena et de la sierra Nevada principalement. La rapidité des déplacements de Jules César en 49 et en 45 avant J.-C. illustre cette facilité.

Auguste hérita d'une route ancienne, dite d'Héraclès, du Perthus à Gadès ; lui et ses successeurs s'appliquèrent à l'améliorer et à l'entretenir, ce fut la *via Augusta*, dont le tracé accidenté entre Carthago Nova et Cordoue présentait un intérêt particulier car il assurait la liaison entre les deux provinces ; il s'agissait d'une route de gouvernement, *via militaris* [Sillières, 48 et 49]. Les recherches récentes mettent en évidence le peu d'importance du réseau routier dans la moitié méridionale de l'Hispanie. Du côté de l'Océan il y avait une route parallèle au littoral, et le grand tracé d'Hispalis-Séville à Emerita (avec une route directe entre Emerita et Cordoue) devint, au XVIe siècle *el camino de la plata*, d'Emerita il se poursuivait vers Salamanque et atteignait Asturica Augusta ; c'était également une route stratégique. L'organisation principale et la plus dense en milliaires était dans le Nord-Ouest : au triangle augustéen Asturica Augusta-Bracara Augusta-Lucus Augusti, constamment entretenu, s'ajoutèrent d'autres routes qui doublèrent parfois les tracés initiaux et relièrent plus solidement ce secteur au littoral et à la Lusitanie. Dans cette dernière province, le désenclavement de certaines cités dans la partie centrale des limites de la province au nord, s'exprima par la construction d'ouvrages d'art dont le pont d'Alcantara qui permettait de gagner rapidement la capitale provinciale, lieu d'assises, Emerita. La voie principale de pénétration de la Méditerranée vers le Nord-Ouest avait été le tracé Caesaraugusta-Asturica Augusta, qui s'enrichit, par l'ouverture du col de Roncevaux, d'une voie Bordeaux-Astorga qui gagna en importance à partir du IIIe siècle. Dans l'intérieur de la péninsule, apparaît ainsi en quinconce une série de carrefours de circulation Asturica Augusta, Emerita, Castulo, Caesaraugusta avec Toletum-Tolède au centre.

Dans l'ensemble, les tracés routiers et principalement les routes à milliaires, ont fait l'objet de beaucoup plus de soins dans les provinces « impériales » de Lusitanie et d'Hispanie Citérieure que dans la province « sénatoriale » de Bétique où la *via Augusta*, la navigation côtière et la navigation sur le Bétis paraissent avoir suffi. Mais il ne faut pas oublier qu'avec des convois de bêtes de somme on peut aller partout. Le réseau routier romain surveillé et entretenu était avant tout stratégique et à l'usage des militaires et des administrateurs.

L'ÉCONOMIE

LA CIRCULATION MONÉTAIRE

L'histoire monétaire de la péninsule n'en est qu'à ses balbutiements malgré l'important travail déjà accompli. Durant l'époque républicaine, les monnayages locaux d'argent avaient été nombreux et abondants en Hispanie citérieure, mais ils s'arrêtent au début du Ier siècle avant J.-C. ; l'abondance des deniers romains républicains est à mettre en rapport avec la succession des opérations militaires, tandis que les monnayages locaux de cuivre révèlent le début de la fiscalité dans de nombreuses cités. Pour l'époque augustéenne, trois ateliers militaires pour l'argent sont généralement attribués à l'Hispanie, mais un seul est sûr, celui d'Emerita, en rapport avec les guerres du Nord-Ouest, et son existence fut brève. Un certain nombre de cités, en Bétique, Lusitanie et Citérieure [Villaronga, 22], continuèrent à frapper des monnaies divisionnaires de cuivre et les fondations augustéennes (Ilici, [Llorens, 23], Caesaraugusta, Emerita, Cordoue...) reçurent explicitement l'autorisation de procéder à des émissions ; celles-ci sont encore abondantes au début du principat de Caligula dans quelques ateliers et leurs types, d'Auguste à ce prince, sont très riches pour l'étude de l'attachement à la famille impériale et par la mention des duumvirs. Avec Claude, les émissions locales s'arrêtent, mais, comme en Gaule, il est vraisemblable que ce prince toléra la circulation d'imitations d'as officiels. Ensuite, jusqu'aux grandes dévaluations du IIIe siècle qui amenèrent décris et abandons de monnaies décriées, le matériel est peu abondant et ne marquerait guère de différence avec la circulation monétaire dans les provinces voisines. Ce qui est évident, au travers des maigres récoltes des monnaies de sites (Belo, Conimbriga, Clunia...) [59, 60 et 61], c'est la profonde monétarisation de la société dès l'époque augustéenne, en rapport évidemment avec l'essor de la fiscalité impériale et locale. Toutefois, à partir de 193, l'Hispanie reçoit un numéraire de bronze de Rome, comme d'ailleurs l'Afrique, que les Gaules ne reçoivent pas, ce qui est probablement dû à l'étroitesse de ses rapports avec l'Italie et les ports de Rome. Rançon de la paix romaine, l'absence de dépôts sous les Julio-Claudiens, les Flaviens, les Antonins et les Sévères, la pauvreté des récoltes en monnaies de sites pour ces mêmes époques constitue un gros handicap, même si des mentions épigraphiques de sommes souvent importantes révèlent une circulation normale. Ce qui paraît assuré, c'est que rien ne témoigne en ce domaine ni d'une prospérité, ni d'un déclin de l'activité économique dans la péninsule. Tout au plus peut-on estimer que les besoins en numéraire d'or, d'argent et de cuivre ont été satisfaits par le gouvernement central, presque exclusivement grâce à la production de la Monnaie de Rome, de Claude à Valérien, les émissions de la révolte de 68 apparaissant fort limitées en volume que ce soit pour les *aurei*, les deniers ou les monnaies divisionnaires de cuivre.

L'ÉVOLUTION ÉCONOMIQUE

Domaine difficile et rebelle à toute appréciation tranchée, l'histoire économique, en Hispanie comme ailleurs, se réduit bien souvent à la confrontation de brèves notations issues d'auteurs peu nombreux et parlant de loin pour un public italien (Pline l'Ancien, Martial principalement) ou grec (Strabon) et d'une montagne de tessons portant parfois des estampilles et des inscriptions peintes – pour l'huile, le vin, le garum – et quelques dizaines de lingots de plomb, sous-produit d'une métallurgie de l'argent [Van Nostrand, 52 ; Vasquez de Proda, 53]. L'étude des lieux de production des amphores, les fours, l'étude des pâtes, donnent un point de départ, les dépotoirs des lieux de consommation indiquent des destinations, la prospection sous-marine livre des ensembles clos, les cargaisons, et il faut combiner ces indications disparates pour aboutir à des impressions floues. De ce fait, la céréaliculture est difficile à évaluer (cf. Strabon pour la Turdétanie) et nous concluons qu'elle était liée à la consommation locale avant tout ; il serait possible de dire la même chose des élevages ovin, caprin, bovin et porcin ; seul, peut-être, l'élevage des chevaux fournissait (pour les besoins de l'armée ?) des surplus remarqués ; les chevaux d'Asturie étaient renommés à Rome. La culture du chanvre était pratiquée chez les *Zoelae* d'Asturie (Pline, XIX, 10) et cette production était appréciée à Rome.

Pour les exportations de la péninsule [Colls, 54 ; Liou, 55 et 56 ; Bost, 58], il faut mettre en vedette la trilogie des métaux, de l'huile et du garum, quasiment ininterrompue d'un bout à l'autre de notre période, et secondairement en célébrité, le vin. Les importations sont révélées par des tessons de céramique de luxe, italienne ou gauloise. Le commerce intérieur mettrait en évidence la circulation des marbres, des amphores, de la céramique à parois fines ou de *terra sigillata* hispanique. Au total, seulement une partie des produits et de leur production.

L'ACTIVITÉ MINIÈRE

La caractéristique principale de l'Hispanie pour les Grecs (Polybe, Poséidonios d'Apamée, Strabon...) fut sa qualité de productrice et d'exportatrice de métaux, l'or, l'argent et le cuivre, mais aussi le mercure et des sels colorants. Strabon fournit une documentation en partie périmée, et l'exploration archéologique, qui a tant apporté en complément, ne répond pas à toutes les questions car les régions minières, en des lieux souvent arides ou montueux, rarement dotés de qualités agricoles, sont généralement à l'écart des villes – elles n'en créèrent sans doute point ou guère – qui sont les principales pourvoyeuses en inscriptions.

Pour l'argent, si important durant l'époque républicaine, la région de Carthagène serait en grand déclin ensuite, mais l'étude des lingots de plomb estampillés, ce sous-produit de la métallurgie de la galène, pourrait révéler que ce déclin fut progressif dans le courant du Ier siècle de notre ère. La région de Jaen, de Castulo-Linarès ainsi que la sierra Morena en général, jusqu'à Vipasca-Aljustrel en Lusitanie, demeurèrent productrices. Le minerai de cuivre est quant à lui exploité de façon continue moins dans la sierra Morena que dans la région de Huelva à l'Alentejo, dans des zones, là aussi, à cheval sur les frontières provinciales. L'étain était exploité en Estrémadoure, dans le nord de la Lusitanie et dans le Nord-Ouest. Des ferrières sont repérables en de nombreux lieux (par ex. à Ardituri, au Pays basque, ou à Munigua en Bétique) mais le plus souvent pour des besoins locaux [Domergue, 63].

Si la propriété des mines relevait de particuliers à l'époque augustéenne, il semble bien que l'État romain en soit redevenu ou devenu entièrement propriétaire par la suite, mais progressivement, grâce peut-être à une politique de confiscations, qui serait attestée, par exemple, à propos des *Montes Mariani* dès Tibère. Des mentions de procurateurs impériaux esclaves ou affranchis impériaux en témoignent.

La participation de particuliers à l'extraction et à la commercialisation serait cependant totale : l'étude des marques et graffites de lingots de plomb d'une cargaison perdue près des côtes corses [Bernard-Domergue, 64] révèle la récolte de tels lingots par des commerçants auprès de propriétaires de fonderies et leur expédition depuis, dans ce cas, probablement Hispalis-Séville. Quant à la procédure en amont, le réglement de Vipasca, sous Hadrien [Domergue, 62], organise l'extraction par des particuliers dans un domaine impérial où l'État romain ne paraît point propriétaire de fonderies, sa fiscalité portant sur le minerai extrait ou les scories retraitées. Cette mine paraît être assez représentative de ce qui se passait dans les mines de la moitié méridionale de l'Hispanie ; elle était toujours en activité et dotée d'un procurateur servile ou affranchi à la fin du IIe siècle après J.-C. [Le Roux, 50 ; Christol-Demougin, 51].

Mais il n'y a pas de commune mesure entre ces exploitations traditionnelles, héritées de l'époque républicaine, et celles du Nord-Ouest, ouvertes après la conquête de cette région pour l'extraction de l'or. Aux « placers » de rivières, mal connus, s'ajoutèrent des mines traditionnelles avec puits, descenderies et, en surface, des terrasses de trituration et de lavage, après broyage dans des mortiers avec des marteaux de pierre. Mais le plus spectaculaire ce sont les grands sites d'abattage à l'air libre dans les terrasses alluvionnaires. Le plus connu, celui de Las Medulas, est un cirque où des aiguilles et des falaises rouges dominent la forêt de chataîgners : 300 millions de tonnes d'alluvions y furent exploitées. Tout un réseau d'aqueducs allait chercher l'eau jusqu'à 40 km à la ronde. Une cinquantaine de ces gigantesques carrières ont été reconnues et Domergue [63] s'est attaché particulièrement aux exploitations de la vallée du Duerna dont il a retrouvé le mécanisme en interprétant sur le terrain un texte de Pline, témoin oculaire sous Vespasien. A l'origine, il y avait une tradition indigène d'abattage du minerai et du lavage de celui-ci sur les lieux mêmes par des cours d'eau artificiels. Les autorités impériales romaines donnèrent une dimension exceptionnelle à cette technique en multipliant les aqueducs et, par un travail de sape minutieux, peut-être conçu par des ingénieurs militaires, en provoquant des effondrements gigantesques. La teneur en or est faible et irrégulière, de 1 à 7 g par tonne d'alluvions, et le recours à une main-d'œuvre salariée paraît exclu. L'entrepreneur est donc l'empereur qui utilise une main-d'œuvre contrainte, surveillée par des détachements de troupes. Ces ouvriers étaient peut-être des condamnés de droit commun ou des esclaves, mais aussi très probablement des indigènes, des Astures, amenés là de force pour un travail rude, ininterrompu, en équipes roulantes et très dangereux (Florus, II, 33, 60).

A l'époque de Pline (XXXIII, 78), 6,5 t d'or sont obtenues annuellement en Lusitanie – or de placers ? – et en Galice, mais au bout de deux siècles, l'exploitation s'arrête, sous les Sévères, et au IVe siècle la première région minière de l'Antiquité classique ne produit plus de métaux alors qu'elle demeure peuplée et prospère. Il y a là une énigme : l'octroi de la cité romaine par Caracalla aurait fait disparaître le travail forcé ?

L'HUILE D'OLIVE

Dès l'époque augustéenne, l'huile hispanique, et presque exclusivement de Bétique, apparaît dans le commerce méditerranéen [65]. Son contenant, l'amphore Dressel 20 (non-réutilisable ?) permet de la suivre d'épaves [Colls, 54 ; Liou, 55 ; Liou-Domergue, 56] en sites terrestres et, à l'époque flavienne, pour un siècle, elle est prédominante dans les échanges. Dans le dernier tiers du IIe siècle, elle cède du terrain à l'huile africaine [Mattingly, 68] comme cela est constaté à Ostie, mais sa part demeure élevée dans les échanges jusqu'en 260 [58]. L'existence d'un marqueur indestructible, l'amphore en terre cuite, a permis de dresser des cartes de sa diffusion d'Athènes à la mer du Nord [Remesal Rodriguez, 67 ; Jacques, 69], avec une abondance exceptionnelle à Rome, au Monte Testaccio [Rodriguez Almeida, 66], ainsi qu'à Pompéi ou à Ostie. Les marques imprimées avant cuisson sur moins de la moitié des amphores et, parfois, l'analyse des pâtes, ont permis, désormais, grâce à des prospections sur le terrain, de localiser, de Cordoue à Séville, le long du Bétis et de son affluent le Génil, en aval d'Astigi-Ecija, les lieux de fabrication [Ponsich, 76]. Dans bon nombre de cas, il est possible que fabricants d'amphores et oléiculteurs aient été les mêmes personnes, mais la disparition, presque toujours, des inscriptions peintes ne permet pas d'être, dans tous les cas, affirmatifs ; elles se rapportent souvent aux transporteurs et commerçants. Ce secteur de la recherche demeure donc aussi ouvert que celui de la chronologie de la production, de sa dispersion géographique et des routes commerciales, celle de l'Océan atlantique demeurant la plus mal connue bien qu'apparaissant comme certaine.

Il est évident que cette production à des fins spéculatives a permis l'enrichissement de notables propriétaires terriens en Bétique et peut contribuer à expliquer la prospérité de cette région le long du Guadalquivir. Mais comment identifier ces notables ? Il y avait certainement là des fortunes locales qui dépassaient le cens équestre, mais aussi, probablement, des fortunes sénatoriales [Jacques, 79] qui ont, dans certains cas, permis à l'empereur, par voie d'héritages ou de confiscations, de devenir lui aussi producteur. Ce qui lui a permis d'intégrer, peut-être, au IIe siècle cette production dans l'annone romaine, et Septime Sévère puisa en Bétique, comme en Afrique, l'huile nécessaire aux distributions devenues régulières ; il est peu probable, en revanche, qu'une ponction particulière ait été pratiquée en faveur de l'*annona militaris* [hypothèse dans Remesal Rodriguez, 67]. Produit de première nécessité dans le monde méditerranéen (cf. les recettes d'Apicius), l'huile était un produit de luxe, symbole d'une certaine idée de la civilisation dans des régions plus éloignées, à commencer par le Nord-Ouest hispanique, ce qui explique, avec l'abondance de sa production, sa large distribution.

LE GARUM

Ce condiment, qui est le fruit de l'autodigestion des entrailles de poissons, vaut à l'Hispanie une place remarquée. Il était produit, dès avant l'époque impériale, sur les côtes méditerranéennes de la péninsule de l'embouchure du Sucro jusqu'au-delà des colonnes d'Hercule, par exemple à Baelo [Ponsich-Taradell, 70]. A Carthagène, dans la mesure où cette industrie était liée aux marais salants, c'est à des publicains qu'était affer-

mée cette production [Étienne, 71] et ce *garum sociorum* était le plus réputé
en Italie aux témoignages de Pline l'Ancien (XXXI, 93-94) et de Martial
(XIII, 102). Cette industrie, en pleine activité à l'époque flavienne, ne
semble pas avoir connu de déclin jusqu'à la fin du IVe siècle ; elle allait de
pair avec les conserves de poissons dans la saumure, tout comme des
conserves d'olives pouvaient accompagner des amphores d'huile. Malgré
la concurrence (?) des productions africaines (en Maurétanie notamment)
et gauloises (sur le littoral languedocien, à Antibes, mais aussi sur la
façade atlantique), cette production se développa sur les côtes de la Lusitanie, dans les estuaires du Sado, à Troia [Étienne, 72] et du Tage près
d'Olisipo [40, p. 123-147]. La distribution des amphores à garum, un
produit de luxe, s'étendait largement dans l'Occident romain, de la Bretagne insulaire aux garnisons danubiennes comme à Lyon. Il constituait,
comme l'huile d'olive ou le vin, une marque de romanité. L'importance
des usines de salaisons de poissons et de garum expliquerait la prospérité
de Baelo, en Bétique, et les fortunes de certains producteurs, par exemple
à Troia, paraissent relativement considérables. Les recherches en cours,
favorisées par le caractère original des installations – des bassins étanches
disposés en batteries – accordent une place grandissante à cet artisanat au
service du goût du pourri, ainsi doté de noblesse.

LE VIN

Si la vigne est, comme en Gaule, un « monument » laissé par les Grecs
et les Romains, il fallut attendre jusqu'à une date récente pour illustrer les
brèves mentions littéraires, en particulier de Martial (XIII, 118). L'identification des deux amphores, Dressel 1-4 et Pascual, a permis d'établir la
nature de leur contenu et, par les trouvailles, les lieux de destination ; la
découverte de fours, les lieux de production [73]. Dès l'époque républicaine, au IIe siècle avant notre ère, la culture de la vigne s'est développée
en Hispanie citérieure et cette contrée, plus précisément la Léétanie, est
celle qui exporte le plus dans la deuxième moitié du Ier siècle avant J.-C.
et durant le Ier siècle après J.-C., par exemple vers l'isthme aquitain (Toulouse) et le couloir rhodanien (Lyon). Ce fut donc entre Èbre et Pyrénées,
en rapports faciles avec les transports maritimes (cf. les épaves), que prospéra cette production, et à Ostie, à l'époque de Vespasien, le vin léétanien
représenterait 15 % des arrivages repérés par les emballages abandonnés
ou perdus. D'autres régions étaient productrices : le Levant (Sagonte), les
Baléares et, probablement aussi, la Bétique, mais quelle fut, à l'échelle de
la péninsule, la part de l'exportation et celle de l'autoconsommation ?
Comme témoin de la civilisation, donc de la romanité, le vin était

consommé dans toute la péninsule et il ne fait pas de doute que la culture de la vigne se répandit dans les trois provinces, au bénéfice, très certainement, de la consommation locale. Quant à l'évolution des exportations, elle est peu perceptible après l'époque flavienne.

VAISSELLE EN CÉRAMIQUE

Dans toute la péninsule, il y eut évidemment une production de céramique commune pour les besoins locaux en vaisselle et matériaux de construction, et elle se trouve de plus en plus étudiée [par ex. à Conimbriga, 24, t. V]. Pour la céramique fine, les fabrications locales prirent le relais, dès le Ier siècle après J.-C., de la céramique importée.

Les bols et gobelets « à parois fines » provenaient, à la fin de l'époque républicaine et durant l'époque augustéenne, un peu de Lyon et de Montans (trouvailles des Baléares et de Catalogne) et surtout d'Italie centrale (dans les mêmes régions mais aussi dans le Levant et en Bétique). A partir du principat de Tibère, une production locale apparaît dans les Baléares, à Emerita et en Bétique ; la production de cette dernière région fut largement exportée sur le littoral de la Narbonnaise et, à partir de Claude, en Maurétanie tingitane ; à l'époque des Flaviens et de Trajan, la diffusion de cette vaisselle est relevée dans l'ensemble des provinces du Nord-Ouest de l'Empire romain. Fabrication et exportation deviennent peu perceptibles ensuite [Mayet, 74].

La céramique sigillée fut, tout d'abord, abondamment importée des ateliers d'Arezzo, de Lyon et, surtout, de La Graufesenque, dans toute la péninsule, avant l'essor d'une production locale qui les éclipsa complètement. Deux centres principaux de fabrication sont désormais bien distingués, celui de Tritium Magallum (Tricio), en Citérieure, et celui d'Andujar, en Bétique ; secondairement, celui de Pompaelo (Pampelune) (?). Cet essor est manifeste dès la deuxième moitié du Ier siècle après J.-C. ; la production fut abondante sous les Antonins et déclina ensuite [Mayet, 75]. Elle fut bien exportée en Maurétanie, surtout en Tingitane. Les recherches en céramologie hispanique ont fourni, en quelques décennies, des résultats qui ont enrichi considérablement le dossier des échanges et, partant, de la production (cf. les analyses des pâtes des amphores).

LES PRODUCTEURS

Si nous disposons désormais de connaissances plus précises sur les produits, par contre les modes de production et l'identité des producteurs sont l'objet, avant tout, d'hypothèses ; bien souvent les réponses doivent être très nuancées. Pour le garum, une grosse unité de production appartenant à un particulier a été reconnue à Troia, en Lusitanie, mais dans une petite ville comme Baelo il faudrait envisager plutôt des entrepreneurs plus modestes. Les fabricants d'amphores sont-ils également les producteurs d'huile d'olive ou du vin ? Dans la mesure où des opérations de transvasement sont décelables et pratiquées, le problème de l'interprétation des indications peintes sur les amphores et celui de leurs rapports avec les marques imprimées avant cuisson devient compliqué, et l'on ne peut exclure la possibilité de remploi, sauf pour les amphores à huile qui ne peuvent plus contenir un liquide différent. Pour les lingots de plomb estampillés, qui ne constituent qu'un élément, l'initial, dans la chaîne des échanges, leur étude peut renvoyer aussi bien à de grands notables, du moins à l'époque augustéenne, par exemple à Carthagène, qu'à de petites gens, comme en témoignerait le règlement de Vipasca. Les producteurs d'huile étaient certainement de grands propriétaires fonciers : en était-il de même pour ceux du vin ?

Les recherches sur les *villae* [Georges, 77] enrichissent le dossier aussi bien de l'appropriation de l'espace, donc d'un aspect de la romanisation, que celui de la production agricole. L'exploitation de rapport, ou *villa*, est présente dans toute la péninsule, avec une moindre densité, toutefois, en Asturie-Galice. Peu nombreuses encore, et de petite taille, à la fin de l'époque républicaine, localisées principalement dans les plaines de la côte méditerranéenne, ces exploitations ont essaimé très largement dans l'intérieur au IIe siècle après J.-C., et ne connaissent aucun effondrement dans le courant du IIIe siècle, avant, ce qui fut pour certaines – par exemple à São Cucufate, en Lusitanie [Alarcão, Étienne, Mayet, 78] – leur apogée monumental aux IVe et Ve siècles. Leur étude révèle des changements dans l'utilisation de l'espace qu'elles contrôlaient ; les plus vastes, en Estrémadoure, paraissent avoir fait d'abord une large place à l'élevage avant de développer la céréaliculture [Aguilar Saenz-Guichard, 80]. Les rapports ente bâtiments reconnus et leurs terroirs ne sont pas aisés à définir, surtout dans les régions les mieux dotées en terres agricoles favorables aux céréales, à la vigne et à l'olivier. En Bétique, la production d'huile d'olive provenait avant tout probablement de *villae* et, comme en Lusitanie, l'emploi d'esclaves devait être la norme. L'interprétation des centuriations liées aux fondations coloniales devrait permettre de mieux apprécier la part de la petite et de la moyenne propriété, modes qui, par ailleurs, paraissent avoir été dominants dans le Nord-Ouest. Il est possible que, dans les régions les plus vides au départ, par exemple la Lusitanie intérieure, *villae* et colonisation aient été les moteurs du peuplement ; le phénomène n'est pas aussi évident dans la Bétique oléicole où une certaine atonie des cités à la fin du IIe siècle après J.-C., contemporaine d'une monoculture de l'olivier, serait, peut-être, à rapprocher du fait que les grands propriétaires – l'empereur? les sénateurs romains? – ne résideraient pas à proximité. Les indications de Columelle, de Pline l'Ancien, de Martial sur les productions agricoles de l'Hispanie, sont loin d'avoir été toutes précisées sur le terrain. Les types monétaires utilisés durant le Ier siècle avant J.-C. – poissons, épis, grappes – presque exclusivement en Hispanie ultérieure, sont difficiles à interpréter dans une recherche d'histoire économique.

LES TRANSFORMATIONS DE LA PÉNINSULE

Un élément capital nous échappe, l'évolution démographique. Strabon et Pline ont été frappés par le grand nombre des communautés, et Auguste, par la pratique de l'*adtributio*, diminua le nombre de ses interlocuteurs et améliora l'administration de ce qui ne se présentait, au jugement du géographe grec, que comme des villages ; la municipalisation à la flavienne, par la nécessité de composer des conseils décurionaux de plus de soixante membres (cf. la loi d'Irni), favorisa probablement les regroupements. Par ailleurs, il paraît évident que certaines cités dépérirent dès le Ier siècle après J.-C., ainsi Emporiae, victime du succès de Barcino, et Celsa de celui de Caesaraugusta, mais sous le Haut-Empire, les signes de déclin sont l'exception et l'essor demeure un caractère dominant, au moins jusqu'au principat de Trajan, tant aux yeux de l'archéologue que pour l'épigraphiste, ainsi que le révèlent, dans les trois provinces, la quasi-totalité des monographies consacrées aux grandes métropoles (Tarragone, Barcino, Emerita, Hispalis, Cordoue...) et à de plus petits chefs-lieux (Conimbriga, Olisipo, Munigua, Baelo, Segovia...) ; les campagnes paraissent plus densément occupées et les exploitations du type *villa* se répandent dans toute la péninsule. Cette impression de prospérité correspond probablement à un essor démographique qui demeure difficile à chiffrer : Pline (III, 18) attribue 285 000 hommes (libres), répartis en 24 cités, au *conventus* de Bracara Augusta, 240 000 aux 22 cités de celui d'Asturica Augusta et 166 000 aux 15 peuples de celui de Lucus Augusti. Dans cette région encore peu urbanisée, il y aurait donc eu, à l'époque flavienne, près de 700 000 hommes libres pour une soixantaine de cités. La Lusitanie, qui comportait moins de 50 cités distinctes mais avec une urbanisation beaucoup plus développée, apparaît comme au moins aussi peuplée. Quant à la Bétique, avec plus de 170 cités, il ne semble pas exagéré de lui attribuer plus de deux millions d'habitants libres. Pour la Tarraconaise, l'occupation de l'espace est moins dense, mais ses 189 cités rassemblaient aussi plus de deux millions d'êtres libres. L'estimation de la population servile demeure impossible, mais son abondance, d'après les témoignages épigraphiques, est indéniable. Au total, attribuer un minimum de 6 millions d'habitants à la péninsule ne paraît pas déraisonnable, et le chiffre de 8 millions d'habitants ne serait pas lui-même incroyable.

La cité apparaît comme une communauté regroupant environ 5 000 à 10 000 personnes libres, dont un tiers environ rassemblé au chef-lieu, et gérée par un conseil d'une soixantaine à une centaine de décurions, membres à vie du conseil local, et six magistrats élus annuellement. Cette définition, qui appelle de nombreuses exceptions, correspondrait seulement à une majorité de cités. Les métropoles de 20 000 à 40 000 habitants pourraient être Gadès, Hispalis, Cordoue, Emerita, Carthago Nova et Tarraco. La mise en rapport d'une poussée démographique avec le phénomène de l'urbanisation n'est pas évident.

Le terme même d'urbanisation est, comme son contenu, l'objet de réflexions ; en Hispanie comme ailleurs, la cité peut exister sans chef-lieu urbanisé, et, dans certains cas, elle peut négliger l'entretien ou la création d'une parure monumentale, vivre sans monuments ou au milieu de leurs ruines : c'est une interrogation posée par exemple par les fouilleurs de Baelo en Bétique [Sillières, 25 *bis* et 96]. Cela dit, l'historien travaille à partir des indices dont il dispose et force est de constater que les monuments sont plus évidents que les traces évanescentes d'habitats traditionnels sans bâtiments publics construits à la mode gréco-romaine. Dans cette perspective, les exemples de monuments « romains » abondent, mais l'absence d'inventaires complets ne permet guère de dresser un bilan exact. L'épigraphie, tant monumentale que funéraire, constitue également un élément d'appréciation sur l'adoption de la culture romaine.

Le triomphe du latin en Bétique était déjà évident à l'époque de Strabon, et l'appellation de *togati* s'étendit progressivement à l'ensemble de la péninsule gouvernée, à l'échelon local, par des conseils de notables propriétaires fonciers [Le Roux, 43]. Ceux-ci avaient, souvent, le souci de la parure monumentale de leur ville, dans la mesure où les finances, de la cité ou de ses notables, le permettaient. A la densité de l'urbanisation et à l'ampleur de la moisson épigraphique dans les vallées et sur les côtes de Bétique, s'oppose un habitat plus dispersé en Lusitanie comme en Tarraconaise intérieure et occidentale. Un semis méridional de petites cités contraste avec des grandes communautés territoriales où des élites sociales romanisées peuvent construire de façon monumentale : Siarum, Salpensa ou Irni sont célèbres par leurs textes épigraphiques conservés par hasard, tandis que Tolède, Ségovie ou Ebora le sont pour leurs monuments. Les grandes capitales s'imposent : Tarragone, Cordoue ou Emerita ; viennent ensuite les cités abandonnées, Baelo, Munigua, Conimbriga, Clunia..., où moisson épigraphique et parure monumentale s'équilibrent. Le bilan provisoire est, au total, assez banal à l'échelle de l'Empire, mais il ne révèle, en dehors de la toponymie et de l'onomastique divine ou humaine, que bien peu de traces d'un passé punique, grec, ibérique ou celte après les Julio-Claudiens, sauf, peut-être en Galice.

La municipalisation constitue, sans aucun doute, le morceau de choix de l'histoire de l'Hispanie romaine grâce aux spectaculaires découvertes des lois d'Urso, de Salpensa, de Malaca et d'Irni. Revenons sur ses étapes. A l'époque de César, il y avait des cités pérégrines alliées (Gadès, Sagonte, Malaca, Tarragone) à côté de villes libres (Astigi, Ostippo, Singili) et une colonie latine, devenue probablement municipe, Cartéia, ainsi peut-être qu'Italica ; pour Valence et Cordoue, le doute subsiste. La pratique de créer des villes de regroupement pour les indigènes est attestée à Graccuris ou Pompaelo. Metellinum pourrait être une colonie romaine pour soldats démobilisés. César, les triumvirs et Auguste remodelèrent largement ce paysage par une diffusion de la cité romaine ou latine. Il y eut donc des colonies romaines principalement pour les militaires (Emerita, Norba Caesarina, Scallabis, Pax Iulia, en Lusitanie, en Bétique, Hispalis, Cordoue, Hasta, Astigi, Urso, Ucubi, Tucci, ou en Citérieure Acci, Libisosa, Salaria, Valence ?, Caesaraugusta, Barcino). Des cités devinrent municipes romains (Olisipo en Lusitanie, Nertobriga, Gadès, Asido, Iliberris en Bétique, Castulo, Bilbilis, Dertosa, Ilerda, Aeso, Celsa, Emporiae, etc., en Citérieure). Il y eut des villes neuves pour regrouper les indigènes (Augustobriga et Caesarobriga chez les Vettons, Iuliobriga chez les Cantabres, Bracara Augusta et Lucus Augusti chez les Callaïques, Asturica Augusta chez les Astures) et le droit latin fut répandu dans les cités (par exemple 18 en Citérieure selon Pline). Au total, en laissant de côté les nombreuses cités attribuées à d'autres, les deux tiers des cités demeuraient stipendiaires en Citérieure et les mêmes proportions se retrouvent en Bétique et en Lusitanie. Durant, ensuite, trois quarts de siècle, les changements paraissent avoir été quasi nuls : Claude crée un municipe à Baelo, en rapport avec la conquête de la Maurétanie, et Galba éleva Clunia au rang de colonie. Et c'est peut-être en exécution de dispositions prises par cet empereur que Vespasien accorda le droit latin aux trois provinces hispaniques, ce qui ne signifie pas que leurs cités devinrent toutes municipes latins. Certaines obtinrent de Vespasien peut-être, sûrement de Domitien, des chartes municipales. Celles de Salpensa, de Malaca et d'Irni sont les mieux conservées mais des fragments ont été trouvés dans d'autres cités et des inscriptions mentionnent des municipes flaviens : en Bétique, il y eut au moins 18 municipes flaviens (plus onze probables), en Lusitanie un (et six ou plus possibles), en Citérieure neuf (et deux probables). A côté de ces cités qui devaient être toutes dotées d'une charte envoyée de Rome, il y eut peut-être d'autres cités qui prirent le titre municipal (par exemple celles qui construisirent le pont d'Alcantara) sans avoir de charte ; ce point demeure obscur. Il y eut des cités qui arborèrent le titre de Flavia, comme Conimbriga, Aquae Flaviae, Iria Flavia, mais qui ne paraissent point avoir été des municipes. Il y aurait eu une colonie sur le golfe de Gascogne, Flaviobriga, dont la réussite paraît douteuse. La mesure d'ensemble prise par Vespasien en 73-74, et assumée par Domitien, tout à la fois reconnaissait les progrès de la romanisation et lui donnait un nouvel élan ; le vocabulaire « municipal », avec mention de duovirs, de décurions... traduit dans toutes les Hispanies promotion, assimilation et intégration, sans rupture avec le passé local. Comme le remarque avec bonheur P. Le Roux [43], les cités acceptaient de poursuivre leur histoire dans le cadre proposé par l'autorité impériale. Avec les empereurs issus de la péninsule, Trajan, Hadrien et Marc Aurèle, il ne semble pas que des privilèges nouveaux aient été accordés aux Hispaniques. Italica obtint d'Hadrien de devenir colonie romaine honoraire, mais elle eut à subir des remarques critiques de l'empereur qui avait là son *origo* ; la cité recherchait prestige et privilèges fiscaux.

La part prise par des Hispaniques au gouvernement de l'empire fut précoce. César et Auguste favorisèrent la carrière de Cornelius Balbus, de Gadès, qui accéda au consulat suffect en 40 avant J.-C. et célébra en 19 un triomphe pour sa campagne d'Afrique contre les Garamantes. Les empereurs julio-claudiens n'hésitèrent pas à faire appel à ses compatriotes (cf. le cercle des Sénèques) et sous les Flaviens existerait à Rome, dans le Sénat, un groupe de pression très uni qui expliquerait l'accession de Trajan au trône en 98. A cette vue, il faut apporter quelques nuances : les Julio-Claudiens ont favorisé les Gaulois autant que les Hispaniques, mais les événements de 68-70 ont probablement contribué à diminuer le nombre et l'influence des sénateurs issus de la Gaule chevelue. Par ailleurs, nombreux sont les Hispaniques qui se présentent comme descendants de colons italiens établis dans la péninsule, par exemple Hadrien, issu, comme Trajan, d'Italica. Enfin, le ralliement progressif des élites grecques, dès l'époque de Domitien, orienta différemment le recrutement de la haute assemblée. Quoi qu'il en soit, il avait paru évident de souligner l'origine hispanique des trois principaux Antonins puisque Marc Aurèle avait un bisaïeul originaire d'Ucubi [32] ; en contraste, le déclin paraissait brutal et imputé, en partie, à la malignité d'Hadrien. Un passage, malheureusement corrompu de l'*Histoire Auguste* (*Vita Antonini Phil.*, XI, 7) paraît faire allusion à l'épuisement des capacités de l'Hispanie à fournir des sénateurs romains. Sous Septime Sévère, Fabius Cilo, venu de Bétique, constituerait une brillante exception.

Les sénateurs considérés comme hispaniques viennent principalement de Bétique, avec une frange, tardive, en Lusitanie méridionale, et des rivages méditerranéens de la Citérieure [Le Roux, 86 et Caballos Rufino, 87], avec des exceptions, comme celle du rival (?) édétan de Trajan, Cornelius Nigrinus [Alföldy-Holfmann, 85]. En ce qui concerne l'ordre équestre, la zone du recrutement reste approximativement la même, mais remonte plus à l'intérieur dans la Tarraconaise septentrionale : Labitolosa, Caesaraugusta et les Cantabres sont patries de chevaliers ainsi que Castulo à la frontière de la Bétique [Pflaum dans 32].

La mesure de l'intégration ne passe donc que fugitivement par le recensement des sénateurs et des chevaliers hispaniques. La municipalisation ou son ersatz le droit latin constituent de bien meilleurs indices, ainsi que le développement du culte impérial, généralisé sous les Julio-Claudiens et définitivement organisé par les Flaviens.

Si la question de l'influence des *Hispani* à Rome apparaît de plus en plus comme un faux problème car les alliances familiales entre notables devenus romains sont probablement des facteurs plus déterminants [Syme, 88], le jeu des relations entre classes dirigeantes dans la péninsule mériterait de retenir davantage l'attention [Alföldy, 84]. Les rapports avec les agents de l'autorité impériale n'y présentent aucun caractère particulier et se rattachent aux liens habituels de patronage et de recommandation (cf. la correspondance de Pline le Jeune). Par contre, toute une collection de documents, les tessères d'hospitalité [Mangas, 89 et Étienne, 92], met en valeur des liens qui n'entrent pas tous clairement dans le cadre habituel de l'administration romaine. A côté de rapports de patronage, existent des rapports de communauté indigène à communauté indigène, ou à un individu pérégrin ou citoyen romain. Bien que ce dernier ne soit un notable qu'à l'échelle locale, les rapports s'inscrivent dans l'inégalité et marquent la recherche de protection plus que d'alliance. Ces documents, présents dans les trois provinces, sont abondants sous les Julio-Claudiens, mais sont encore nombreux sous les Antonins ; ils favorisent et ne paraissent jamais contrarier l'intégration à l'ordre impérial.

La conscience de communauté provinciale qui pourrait s'exprimer clairement dans chacune des trois provinces, par exemple à partir des Flaviens lorsque toutes sont dotées d'un *concilium,* est difficile à définir. Les liens de cité à cité, résultant généralement de mariages et d'héritages, existent au niveau des personnes, mais la province demeura un concept avant tout administratif ; là comme ailleurs le *concilium* se manifeste comme un organisme ayant le droit – et l'utilisant – de mettre en accusation un gouverneur coupable d'abus (quoiqu'en général ce soit plutôt une coalition de cités ou de notables). Le terme générique d'*Hispania* dans un contexte administratif apparaît dans le monnayage de Galba en 68, mais il s'agit d'un appel à la mobilisation venu d'en haut, de l'autorité romaine, et, dans le monnayage d'Hadrien, *Hispania* s'insère dans la galerie des provinces, sans poids particulier. En 68, les *Hispani*, citoyens romains ou pérégrins, répondirent à l'appel mobilisateur de Galba, comme à l'époque républicaine, mais les acteurs de la révolte étaient bien les cadres administratifs et militaires romains, à la différence des Gaulois et des Germains en 68-70. Quelle fut l'initiative des provinciaux face à l'invasion des *Mauri* sous Marc Aurèle tout comme lors de la guerre civile de 196-197 ou celle de 238 ? Faute de renseignements peut-être, c'est l'impression de passivité qui domine.

La vie « municipale » au sens large, avec ses acteurs locaux, les actes d'évergésies, l'action et la promotion sociale des affranchis sont autant de dossiers documentés [90, 95, 97, 98 à 101] qui illustrent la fonction de la cité comme laboratoire de la romanité [94, 96 sans oublier Le Roux, 4 *bis*] sans donner aux communautés d'Hispanie une place vraiment originale.

Les liens entre *concilium* et culte impérial [Étienne, 102, Fischwick, 103 et Étienne, 104] sont loin d'être évidents avant les Flaviens, et il faut admettre avec Le Roux [105] que l'on alla d'adaptation en adaptation, le point de départ demeurant le culte impérial dans chaque communauté (sauf peut-être en Galice dès le principat augustéen ?). En Bétique, les (principales ?) cités demandèrent en vain à Tibère l'organisation d'un culte provincial en un sanctuaire ; si ce *concilium* manifeste, dans nos sources, son activité sous Auguste, le culte n'apparaît point avant Vespasien. En Lusitanie, des sacerdoces provinciaux existaient, semble-t-il, sous Claude, mais l'autel, augustéen ou tibérien d'Emerita résulte, plutôt, d'une initiative de la colonie. A Tarraco, c'est une initiative locale qui fit ériger l'autel du culte à l'empereur et là encore les flamines provinciaux ne sont pas attestés avant Vespasien alors que le *concilium* est mentionné sous Tibère [Alföldy, 84]. La systématisation du culte impérial dans les capitales des trois provinces hispaniques serait, dans l'état actuel du dossier, à attribuer aux Flaviens, mais, après eux, les sources littéraires sont muettes, ou presque, et force est de se contenter des témoignages épigraphiques qui montrent à la fois l'activité des *concilia* provinciaux et du culte impérial dans les capitales provinciales, et parfois aussi, en Tarraconaise, dans les chefs-lieux des *conventus*.

Le panorama religieux et son évolution ne se limitent point au seul culte impérial et, comme en d'autres pays, une spécificité locale a été recherchée [107, 108, 110 à 112] ; elle se révèle assez vaine à l'échelle de la péninsule, mais des originalités régionales sont décelables. Dans l'ensemble le manteau de l'onomastique divine romaine s'est étendu sur les trois provinces. En Bétique, il y a un triomphe du panthéon romain et des sacerdoces à la romaine dans une large diversité. Les cultes phéniciens ont été assimilés, Melqart devient Hercule à Gadès ; l'oracle y est toujours consulté au début du IIIe siècle, car l'empereur Caracalla fit exécuter un gouverneur qui avait été le consulter. Sur la façade méditerranéenne de la Citérieure, le constat est le même, et les influences phéniciennes, grecques ou ibériques sont indécelables, sauf, pour les deux premières, lorsqu'elles se fondent dans la religion des Romains. A cette moitié intensément romanisée de la péninsule s'oppose la partie celtique. Le sanctuaire d'Endovellicus, en Lusitanie, disposait d'une vive audience locale car il s'agissait d'une divinité oraculaire. Mais le panthéon commun emprunte à Rome, la divinité la plus honorée est Jupiter [Peeters, 106] ; les Lares, les Génies, les Nymphes sont largement mentionnés dans la religion populaire, habillant des divinités locales qui, par ailleurs, sont nombreuses sous des noms celtiques.

Les religions orientales [Garcia y Bellido, 109] sont arrivées par les ports et leur inventaire montre une pénétration générale au début du IIIe siècle, même si ces sectes ne regroupaient chaque fois qu'une petite partie des populations : un sanctuaire d'Isis à Baelo, le temple métroaque rupestre de Carmo, les autels tauroboliques de Cordoue, les *mithrea* de Mérida... illustrent cette diffusion parmi bien d'autres témoignages, mais l'orientalisation du sanctuaire rupestre de Panoias en Galice (Portugal) [Tranoy, 37, p. 306-340] marque la force conquérante, sous le patronage d'un clarissime, de ces cultes dans un syncrétisme original. Les nécropoles révèlent croyances et rites romains. Le christianisme est connu principalement grâce aux persécutions de Trajan Dèce (correspondance de Cyprien) et de Valérien ; c'est sous ce dernier prince que se placerait le martyre de Fructuosus à Tarragone, tandis que le problème des *lapsi,* après la persécution de Dèce, permet de retrouver évêques et communautés à Léon et Asturica (évêque Basilidès) et à Emerita (évêque Martialis) ; les chrétiens y apparaissent en rapports étroits aussi bien avec l'évêque de Rome qu'avec celui de Carthage, Cyprien.

Dans le domaine littéraire, la réflexion sur l'hispanité des Sénèques paraît désormais assez vaine ; le poète Martial [Dolç, 113] aime certes sa patrie, Bilbilis, mais plus encore Rome et vit son retour au pays natal comme un exil.

Quant au secteur des arts, commodément accessible grâce à une magnifique publication [Trillmich, 124], il est possible d'y constater l'évidence de l'ouverture de la péninsule à des leçons venues d'Italie ou d'Orient : Vitruve n'est pas un inconnu pour les constructeurs des cryptoportiques d'Aeminium-Coimbra ou de Conimbriga [Alarcão, 114], les modèles de Préneste ou de Tibur peuvent être rapprochés de la solution retenue pour la construction du temple de Munigua [Coarelli, 116], et la philosophie néo-platonicienne expliquerait les sujets de la mosaïque cosmologique d'Emerita [Quet, 118]. Si les capitales provinciales apparaissent comme les plus riches culturellement, le *macellum* de Baelo à la fin du Iᵉʳ siècle [Didierjean, 115] ou les mosaïques des *domus* de Conimbriga au début du IIIᵉ siècle révèlent que la facilité de la circulation enrichissaient aussi des communautés moins importantes.

Le dossier des mosaïques s'accroît constamment de nouveaux documents et d'analyses de plus en plus riches [119, 120, 121], mais les datations sont souvent approximatives et, pour l'essentiel, ce corpus relève de l'Antiquité tardive. Le dossier des bronzes figurés promet, en revanche, de fournir un matériel appartenant plus abondamment à la période du Haut-Empire [Arcé, 122].

CONCLUSION

Au terme de ce survol et de la période considérée, l'Hispanie manifeste, au milieu du IIIᵉ siècle après J.-C. une belle vitalité, mais il faut reconnaître que la vision générale de ces provinces, pour l'ensemble des siècles du Haut-Empire romain, apparaît encore comme brouillée, brisée en éclats de netteté variable avec lesquels il faut modestement composer un bilan provisoire. L'enrichissement constant des différents dossiers laisse entrevoir tout ce que peuvent apporter les années à venir. Bien des certitudes nées de généralisations à partir d'un nombre – plus restreint naguère – de documents, ont été ébranlées, qu'il s'agisse, par exemple, de l'organisation du culte impérial ou du réseau routier, de la diffusion de la cité latine, du contenu de la municipalisation, de l'importance socio-politique d'un groupe de pression, à Rome, des *Hispani* ou de la persistance des cultes indigènes. Bien des dossiers ouverts réclament, grâce à des inventaires systématiques, des recherches pouvant déboucher sur des hypothèses bien étayées; citons, notamment, les différentes modalités de l'implantation rurale, l'organisation de la production de l'huile ou du vin, l'existence d'un marasme économico-politique dans la deuxième moitié du IIᵉ siècle après J.-C., les raisons d'un arrêt de la production des mines d'or de Galice au début du IIIᵉ siècle *y mucho más*! En l'absence de danger extérieur, les *Hispani*, à l'évidence, sont perçus avant tout comme des Romains participant pleinement à la vie de l'empire : il est désormais nécessaire de préciser ce modèle d'intégration réussie.

CHAPITRE IV

Les Gaules et les Germanies

PAR MARIE-THÉRÈSE RAEPSAET-CHARLIER

Le territoire des Gaules et des Germanies romaines, de la Méditerranée à l'Atlantique, la mer du Nord, le Rhin et les Alpes, présente une grande diversité géographique qui génère une variabilité continuelle des paysages et par là des modes de vie et de production. Une constante essentielle fait cependant l'unité entre les hommes : l'empreinte des migrations celtes qui s'étendirent en plusieurs siècles à l'ensemble de ces contrées, tandis qu'une richesse naturelle des terroirs agricoles alliée à d'abondantes ressources en matières premières pour l'artisanat et de bonnes voies de communication leur fournissent un cadre propice au développement. Celui-ci ne prit son véritable essor qu'à la faveur de la pacification, de l'unification et de l'intégration romaines, grâce aussi à l'ouverture des marchés militaires frontaliers, à la régularité des contacts avec la Grande-Bretagne, sans oublier l'ampleur des débouchés méditerranéens.

Rome étendit son emprise sur les peuples gaulois et germaniques en plusieurs phases, du IIe siècle avant notre ère au Ier siècle de notre ère pour l'essentiel, et rencontra des degrés divers d'évolution, des colonies grecques et du Midi hellénisé au *Belgium* septentrional à peine à l'aube de l'urbanisation, en passant par toute une gamme de situations intermédiaires sur les plans politiques, économiques, matériels et culturels. Au sein de l'Empire, les situations institutionnelles et administratives − provinciales et municipales − qui en résultèrent furent également variées en fonction du caractère militaire ou inerme de la zone mais aussi en vertu de la latinisation et de la romanisation des cités. Et pourtant peu à peu l'impact des principes et représentations de la vie urbaine gréco-romaine se marquera partout et produira, avec d'évidentes nuances et diversités régionales, une civilisation gallo-romaine cohérente.

LA CONQUÊTE ET L'URBANISATION

LA NARBONNAISE

Conquise par Rome dans les années 125-121, la Gaule transalpine [Goudineau, dans 2, p. 497-499 et 679-699 ; dans 8, p. 471-487] ne fut pas organisée en province avant Pompée. De cette première *lex provinciae*, mise en œuvre par son premier gouverneur Fonteius sans doute en 74-72 (Cicéron, *Pro Fonteio*, 13, 14, 26 pour les expropriations résultant des « concessions » pompéiennes [Christol, dans 18, p. 211-219]), date la reconnaissance officielle ou la définition juridique et territoriale des entités gauloises en tant qu'éléments constituants de la province, les *civitates*, comme on peut le voir pour les Volques Arécomiques [Christol et Goudineau, 45]. Sur le plan urbain, avant César, la région avait connu la déduction d'une seule colonie romaine, Narbonne en 118 (Velleius Paterculus I, 15 et II, 8) [Gayraud, 199], ainsi que des installations (mais non une colonie) à Aix dès 122 [Christol et Heijmans, 46 ; Gascou, *ILN Aix*], à Saint-Bertrand-de-Comminges (cette fondation pompéienne s'insérerait adéquatement dans une politique pyrénéenne d'ensemble [Beltrán Lloris et Pina Polo, 130]), à *Forum Domitii* (Montbazin, Hérault) et *Forum Voconii* (Var), mais peu probablement à Toulouse qui reçut une garnison [Labrousse, 221]. Par la volonté romaine qui avait largement étendu ses territoires (jusqu'en pays volque et helvien : César, *BC*, I, 35), Marseille gardait une importance prépondérante malgré un afflux croissant de produits et de monnayage italiens [40]. La romanisation (et même la latinisation dans la région de Narbonne [Christol, 44]) avait progressé par l'intermédiaire des nombreux négociants et par l'effet de la présence de Marius et de ses troupes lors de la guerre contre les Cimbres et les Teutons (*fossa Mariana* et réseau de clientèle [Christol, dans 18, p. 211-219 ; dans 24, p. 187-189] ; peut-être aussi installation viritane de colons (Appien, *BC*, I, 29, 130 ; pour d'éventuels indices archéologiques [Poupet, 253]). L'intégration des élites locales avait aussi bénéficié d'octrois individuels du droit de cité par les conquérants d'abord, leurs descendants – patrons – ensuite et les gouverneurs (par ex. Domitii [Burnand, vol. 1, n° 879] ; Fabii (Salluste, *Catilina*, 41) ; Pompei et Valerii [Goudineau, dans 2, p. 695]) et c'est sans doute dans le cadre des actions contre les Allobroges vers 70-60 que la cité des Voconces reçut le statut de *civitas foederata* [Goudineau, 200].

L'action de César constitua une étape majeure de ce processus : à l'issue de la conquête des Gaules, vers 49, en coïncidence peut-être avec

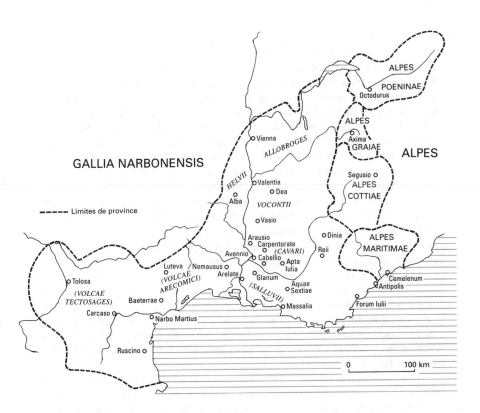

La Gaule narbonnaise et les provinces alpines

les mesures qu'il prit contre Marseille vaincue dans le cadre de la guerre civile pour démembrer (notamment perte d'Antibes [Chastagnol, *ILN Antibes*, p. 20] et des attributions pompéiennes en pays volque et helvien), puis réorganiser son territoire (qui vit notamment la fondation de *Forum Iulii* – Fréjus [Gascou, 197 ; *ILN Fréjus*, p. 13-28]), sans doute pour récompenser la fidélité de la province et ses aides militaires (par ex. levée de la légion *Alauda* : Suétone, *César*, 24), César accorda très vraisemblablement le droit latin à l'ensemble des communautés de Transalpine [Christol et Goudineau, 45]. Un état de ces *oppida Latina* fut dressé, annexé ou intégré à la *lex provinciae* [Christol, 43]. Ensuite César envoya en Gaule, sans doute en 45, Ti. Claudius Nero (le père du futur Tibère) « pour fonder des colonies dont Narbonne (refondation) et Arles » (Suétone, *Tibère*, 4, 2), colonies romaines [Chastagnol, 17, p. 114-116] de vétérans (de la Xe légion à Narbonne, de la VIe à Arles), qui recevront ultérieurement le surnom de *Paterna* en souvenir du père adoptif d'Octave. Les autres fondations de Nero doivent être des colonies latines [Vittinghoff, vol. 1, n° 690 ; Chastagnol, 17, p. 116-118] : Nîmes et Digne assurément, éventuellement Valence et Toulouse (mais *Palladia Tolosa* pourrait (?) revenir à Domitien [Pailler, 248]), sans oublier Vienne où l'entreprise échoua [Goudineau, 201]. A ce programme d'urbanisation, il faut sans doute joindre les deux villes qui ont *Forum Neronis* dans leur dénomination, Carpentras et Lodève [Gascou, 48]. Sur le plan individuel aussi, la politique césarienne d'octroi de la citoyenneté aux notables et aux soldats marquera notablement la romanisation institutionnelle et culturelle de la province (pour les *Iulii* en général [Drinkwater, vol. 1, n° 885 : voir aussi *infra*] ; pour ceux de *Glanum* [Gros, 205] ; on songera aussi aux ancêtres d'Agricola à Fréjus : Tacite, *Agr.*, 4 ; [cf. Christol, 42]).

Après l'instauration du Triumvirat, la Transalpine ne reçut plus de gouverneur propre et fut rattachée d'abord à l'Espagne (43-42 avec Lépide) puis à l'ensemble des Gaules (sous le contrôle d'Antoine puis d'Octave). Pendant cette période furent entrepris de vastes travaux d'infrastructure, comme la partie méridionale du réseau routier d'Agrippa [Roddaz, vol. 1, n° 111] (notamment la voie rhodanienne Arles-Lyon) complétant les grandes routes républicaines, et assurément des cadastrations (mais leur chronologie, difficile à établir, et leur interprétation idéologique sont sujettes à controverses [Chouquer et Favory, 33 ; Piganiol, vol. 1, n° 595 ; Salviat, 278 ; *RAN*, 26, 1993] dans le cadre notamment des fondations de colonies romaines. Au cours de cette période, en effet, furent déduites les colonies de Béziers (avec les vétérans de la VIIe légion) et d'Orange (avec ceux de la IIe légion) en 36 et 35 probablement [Piganiol, vol. 1, n° 595 ; Christol, 43 ; voir aussi Clavel, 161].

Au lendemain d'*Actium*, ce fut le cas de Fréjus qui compléta sa dénomination en *Colonia Octavanorum Pacensis Classica* qui célébrait à la fois la paix revenue, les vétérans de la VIIIe légion et l'installation d'une flotte dans la ville [Gascou, 197 ; *ILN Fréjus*] ; peut-être aussi celui de Valence [Chastagnol, 17] (déduite ou honoraire ?) selon l'ordre chronologique adopté par Pline dans sa description des colonies romaines. Un certain nombre de colonies latines sont également à attribuer à l'époque triumvirale : on citera Apt, Carpentras, Carcassonne, voire *Ruscino* [Christol et Heijmans, 46] ou *Glanum* (*CIL*, XII, 4379), assurément Vienne d'après son monnayage *C(olonia) I(ulia) V(ienna)* [Gascou, 48)], et peut-être encore d'autres comme Cavaillon, Antibes, Alba dont on ne connaît pas la date et qui pourraient aussi être augustéennes (ou éventuellement plus tardives). A Nîmes, il est vraisemblable qu'Octave renforça la colonie existante par un envoi de colons dans les années 30, qui pourrait expliquer les monnaies « au crocodile » et la faveur des cultes égyptiens dans ses murs s'il s'agissait de soldats auxiliaires ayant servi dans la flotte d'Antoine et dont l'éloignement en Occident était souhaitable [Christol et Goudineau, 45]. Peu après, en 25 (*CIL*, XII, 3148-3149), sera établi le premier grand sanctuaire du culte impérial à la Fontaine de *Nemausus* [Gans, 196], conçu à la manière d'un Sebasteion oriental [Gros, 206] ; dans les années 16-13, Auguste procéda à une nouvelle organisation de la *civitas*, à laquelle furent attribués vingt-quatre *oppida* de la région volque (déclassés, ils ne sont pas cités nommément par Pline l'Ancien), l'épithète *Augusta* et une enceinte monumentale qui rehaussait une phase d'urbanisation sans précédent [Varène, 307 ; Benoit, 133]. Dans l'intervalle, en 27 (année où il séjourna à Narbonne : Tite-Live, *Per.*, 134 ; Dion Cassius, LIII, 22, 5), Octave devenu Auguste avait créé la nouvelle province dont furent détachés les Convènes (cf. Strabon, IV, 2, 1) ; il la dénomma *Narbonensis* et l'attribua en 22 au Sénat (Dion Cassius, LIV, 4, 1). A cette occasion, fut promulguée une nouvelle *lex provinciae* qui comprenait une description officielle et bureaucratique de la province *(formula)*, refonte des documents préalables pompéien et césarien, qui servit de source à Pline l'Ancien pour sa description de la Narbonnaise (*HN*, III, 31-37), comme en témoignent la dénomination et le classement alphabétique d'*Augusta Tricastinorum* qui avait dû bénéficié peu auparavant d'un avantage impérial indéterminé [Christol, 43]. L'action d'Auguste ne se limita, en effet, pas à Nîmes : il faut rattacher au moins aussi à celle-ci les fondations de colonies latines à Avignon, Riez, Aix-en-Provence [Christol et Heijmans, 46 ; Gascou, 198] et peut-être une *attributio* à Vienne de territoires allobroges (cf. Strabon, IV, 1, 11). Dans toute la province [Gros, 5], après une phase modérée et originale qui avait vu l'installation de monuments romains dans un cadre encore respecté [Gros, 204], avec une volonté de détourner sans bouleverser et une liberté artistique créatrice [Janon, 215], l'époque augustéenne représente une période de grand développement urbanistique où l'on peut mettre en évidence de véritables programmes de mainmise idéologique sur les sites existants, une glorification de l'Empire et un triomphe des formes nouvelles de domination [Clavel, 14, p. 125-154 ; Gros, dans 66, p. 127-140] qui se poursuivra sous Tibère et même parfois jusqu'aux Flaviens : l'étude sur le site de *Glanum* de l'évolution des temples et du forum, remplaçant et dominant finalement du haut de la terrasse habitat et installations publiques de l'époque tardo-hellénistique, montre un progressif remodelage de l'espace urbain et une hiérarchisation des structures dans un plan d'urbanisme régulateur selon les normes romaines [Gros et Varène, 209] qui demandera sans doute encore des nuances chronologiques en fonction des fouilles actuelles, tenant compte aussi de la probable fondation coloniale (d'autres exemples à Arles, Nîmes, *Ruscino* notamment [Gros, 5 ; 208 ; Barruol, 125]). C'est en Narbonnaise que le fait urbain romain connaîtra sa meilleure et sa plus durable réussite.

Ultérieurement la politique de municipalisation romaine se poursuivra par des promotions honoraires [Gascou, 48 ; Christol et Heijmans, 46] : Caligula élèvera Vienne au rang de colonie romaine comme Hadrien le fera pour Avignon ; des colonies latines reçurent le droit romain au cours du Haut-Empire, à des dates souvent indéterminées actuellement (ainsi Aix ou Antibes), des villes furent élevées au rang de colonie (Lodève : Claude plutôt que Néron ? [Vittinghoff, vol. 1, n° 690] ; *Augusta Tricastinorum*, colonie flavienne : *AE,* 1979, 402 [Chastagnol, 17, p. 119-121] ; Toulouse ? [Pailler, 248] ; Die, *col(onia) Dea Aug(usta) Voc(ontiorum)* (*CIL*, XII, 690) ; Marseille sans doute aussi). Notons encore le probable rattachement de *Ruscino* et de son territoire à la colonie de Narbonne [Gayraud, dans 125, p. 67-98] et éventuellement d'autres transferts dans les cités d'Arles et de Béziers [Chastagnol, 17 ; mais voir aussi Roth Congès, 273]), ainsi que l'attribution par Galba de territoires alpins à la colonie de Digne, laquelle, transférée ultérieurement dans la province voisine des Alpes maritimes, fut transformée en municipe pour se conformer aux usages de la province [Chastagnol, *ILN Digne* ; Gascou, 49]. L'essentiel du processus avait donc été mis en place par César et développé par Octave-Auguste sur les plans urbanistique et institutionnel. Ensuite l'époque flavienne se révélera une phase d'expansion urbaine déterminante (bien perceptible à Arles, par ex. [Heijmans et Sintès, 211]) qui certes doit être replacée à la fois dans le cadre de la nouvelle organisation du culte impérial et celui de la reconstruction après la participation de la province à la révolte contre Néron – mais qui témoigne aussi du développement général de la Gaule méridionale au Ier siècle.

LES TROIS GAULES

Au moment où César reçoit en 58 le proconsulat des Gaules et s'apprête à marcher contre les Helvètes qui menacent d'envahir la Transalpine et/ou le territoire des alliés gaulois éduens, la *Gallia Comata* connaît dans son ensemble déjà une assez forte influence romaine (et même grecque [40] ; songeons en particulier à l'adoption de l'écriture [Goudineau, dans 40, p. 456]), surtout dans les territoires proches de la province, d'Aquitaine et de Gaule centrale, mais non exclusivement. La civilisation gauloise de l'époque de La Tène, avec ses habitats perchés ou de plaine souvent proches de l'urbanisation [voir par ex. Vaginay et Guichard, 305 ; Goudineau et Peyre, 203 ; Desbordes, 176] y est en plein épanouissement ; l'organisation politique est apparentée à la cité-État, l'économie et la société, axées sur un double pôle : aristocratie terrienne et militaire à la campagne – artisans et marchands dans le centre économique de production et de transformation, généralement l'*oppidum* [Kruta, dans 3, p. 195-229 ; Audouze et Buchsenschutz, 55 ; Ralston, 264 ; 52 ; Duval, 59]. Des contacts économiques très importants se sont développés depuis le début du IIe siècle [Buchsenchutz et Ralston, dans 18, p. 163-173 ; Duval, dans 18, p. 345-347 ; Cunliffe, 162 ; 39] essentiellement autour du commerce du vin [cf. *e.g.* Baudoux, 127 ; Berthault, 137], des esclaves (Diodore, V, 26, 3), des métaux et le monnayage s'est, dans le Centre et l'Est, adapté aux normes romaines en s'inscrivant dans la « zone du denier ». Au nord, le territoire des *Belgae* (César, *BG*, I, 1 ; II, *passim*) où se sont installées plus tardivement des populations celtiques ou celto-germaniques (comme, par exemple, les *Germani cisrhenani* [cf. R.-Ch., 261 ; Timpe, 87 ; Stöckli, 294]), participe à ce mouvement dans ses marches méridionales (Trévires [Metzler, 240-241], Rèmes, Ambiens, Suessions, Bellovaques [Fichtl, 60]) tandis que les régions des Nerviens (César, *BG*, II, 15), des Eburons, des Condruses, plus au nord des Bataves...) demeurent plus imperméables aux influences méditerranéennes et connaissent encore une organisation proche du système tribal sans grand *oppidum* d'occupation permanente [Roymans, dans vol. 1, n° 803, p. 43-69 ; 84 ; Colin, dans 59, p. 195-208 ; 57].

Après avoir arrêté, refoulé et réorganisé sans doute en cité fédérée les Helvètes en 58, après avoir vaincu Arioviste et les Germains sur le territoire des Séquanes la même année, après cinq années (57-53) consacrées à des objectifs périphériques (y compris au-delà de la Manche et du Rhin), comme s'il avait d'ores et déjà considéré la conquête comme acquise (c'est à ses légats qu'il confie la pacification intérieure (*BG*, III, 11), par exemple P. Crassus (*BG*, III, 20-27) en Aquitaine [Bost, dans 54,

L'Aquitaine et la Gaule lyonnaise

p. 21-39]), César [Harmand, dans 2, p. 499-505 et 700-726 ; Goudineau, 64] se heurtera au choc de la révolte de la Gaule centrale en 52, avant de clôturer en 51 la mainmise romaine par diverses opérations en territoires belge et cadurque notamment. Les événements ultérieurs relèveront de la politique intérieure de Rome dans la guerre civile et l'action césarienne proprement dite ne se marquera guère dans l'histoire de l'organisation et de l'urbanisation des Gaules. L'effet le plus important de ses campagnes – en dehors de la réduction de ces régions à l'état de province de *Gallia Comata* – sera la sédentarisation définitive des Celtes (avec l'échec de la dernière migration, celle des Helvètes) et l'arrêt, jusqu'à la seconde moitié du IIe siècle, des pressions germaniques. Une seule colonie romaine, installée dans l'une des zones qui relèveront ensuite de la Germanie, remonte peut-être à César lui-même si l'on adopte l'interprétation de D. Van Berchem [90, p. 15, 50-52, 258] : Nyon, *Colonia Iulia Equestris*.

Elle aurait été établie dans les années 50-49 (plutôt que 45-44 par Ti. Claudius Nero selon la chronologie traditionnelle [Frei-Stolba, 95 *bis*]) avec des vétérans légionnaires (cavaliers ?) peut-être en incluant des indigènes : cela pourrait expliquer les liens ultérieurs attestés entre les familles de notables de Nyon et de Vienne si l'on admet aussi que César ait choisi d'y installer des Allobroges « sûrs » plutôt que des Helvètes dont on prenait les terres [cf. aussi Fischer, 189]. Le lieu était un site stratégique verrouillant le couloir du Léman et protégeant les relations entre la Gaule et l'Italie alors que les régions alpines étaient encore en partie indépendantes : c'était donc un choix militaire contrastant avec les installations de Transalpine (pour l'archéologie du site [Morel et Amstad, 244]).

Sur le territoire qui sera celui des *Tres Galliae stricto sensu*, César ne procédera à aucune fondation, sans doute à cause de l'arrêt brutal de son séjour, infligé par Pompée et le Sénat, et la vie des indigènes reprendra sur une base traditionnelle plus ou moins perturbée, selon les régions, en fonction de l'importance des destructions et/ou des pertes (comme à *Avaricum* (*BG*, VII, 28) ou chez les Eburons (*BG*, VI, 43) [Galsterer, 195]). Dans leurs relations avec Rome, certains peuples recevront des statuts privilégiés, notamment les Rèmes et les Lingons qui seront reconnus en tant que *civitas foederata* comme les Eduens. A l'intérieur, les élites locales, souvent insérées dans des réseaux de clientèle [Vittinghoff, vol. 1, n° 690], recrutées dans l'encadrement des troupes (*e.g.* César, *BC*, I, 39 ; III, 59) [cf. Ferdière et Villard, 188] et rapidement intégrées grâce à l'octroi individuel du droit de cité, conservèrent assurément leur autorité même si une certaine parcellisation du pouvoir liée à la défaite est perceptible, notamment par la multiplication des *oppida* [Colin et Buchsenschutz, dans 59, p. 191-208 ; 56], en particulier dans le Nord [Roymans, 84].

César parti en Italie puis revenu lutter contre Marseille, des légats se succéderont dans la province : D. Iunius Brutus Albinus dans les années 48-46 (révolte des Bellovaques), puis en 45 A. Hirtius qui avait été un des acteurs importants de la conquête. Lui succéda L. Munatius Plancus dont le rôle fut capital dans les fondations coloniales d'Augst, près de Bâle, et de Lyon. La première, *colonia Raurica*, en 44-43, ultérieurement qualifiée d'*Augusta*, a peut-être fait partie d'un plan césarien mais a été réalisée à l'époque triumvirale dans un contexte militaire tenant compte de la percée des peuples rhètes [Frei-Stolba, 95 *bis* ; van Berchem, 90]. Ensuite, en 43, L. Munatius Plancus obtint du Sénat, à l'intervention de Cicéron peut-être, l'autorisation de réinstaller en colonie romaine les colons chassés par les Allobroges de la colonie (latine avortée) de Vienne et qu'il avait reçu mission d'installer au confluent du Rhône et de la Saône, soit la colonie de *Lugdunum*-Lyon (Dion Cassius, XLVI, 50) [Goudineau, 201-202].

Peut-être les trouvailles de fossés sur le plateau de la Sarra doivent-elles être mises en relation avec le camp provisoire des colons [*Gallia*, 45, 1988, p. 49-66] ? Le cas de la fondation de Lyon, comme celui de Nyon, d'Augst ou même de Saint-Bertrand, pose le problème méthodologique [cf. Desbat, 173] de l'hiatus apparent (et sans doute provisoire) entre la date historique de création d'après les sources littéraires, et les premiers témoins archéologiques retrouvés.

En dehors de Nyon et d'Augst (en territoire de la future Germanie supérieure), Lyon représente donc la seule colonie romaine de déduction du périmètre gaulois et la politique d'Octave-Auguste s'inscrira davantage dans une volonté d'intégration des notables que de domination extérieure. Dépendant d'Antoine puis d'Octave, la Gaule sera gouvernée par des légats [Thomasson, 38, p. 29-39] dont le plus important pour l'administration et l'urbanisation sera M. Vipsanius Agrippa [Roddaz, vol. 1, nº 111] : ses deux séjours ainsi que ceux d'Octave-Auguste marqueront les étapes de l'organisation concrète de la conquête césarienne. L'action d'Agrippa connut deux phases, une triumvirale (40-38/7) et une augustéenne (20-19/8), et, pour certains points, on peut tenter de définir les grands principes de chacune. Tout d'abord le rôle des légats et d'Agrippa fut de pacifier la province (plusieurs rébellions localisées devront être matées) et de stabiliser la conquête sur le Rhin. Mais, sur le plan civil, le principal acquis du premier séjour d'Agrippa fut l'élaboration et la mise en chantier des structures de base du réseau routier, ce qui suppose d'abord une vaste entreprise de type géographique [Nicolet, vol. 1, nº 594]. Les grandes lignes de ce réseau nous sont connues grâce à Strabon (IV, 6, 11) qui montre bien la perspective d'ensemble destinée à lier entre eux les grands peuples et à faciliter la circulation des troupes : « Lugdunum occupant le centre de la Celtique, Agrippa en a fait le point de départ des grandes routes : celle qui traverse les Monts Cemmènes et aboutit chez les Santons et en Aquitaine, celle du Rhin, celle de l'Océan, qui est la troisième et qui mène chez les Bellovaques et les Ambiens, enfin celle qui conduit en Narbonnaise et au littoral massaliotique et qui est la quatrième » (trad. Lasserre, CUF). En même temps, Agrippa se souciait de l'installation urbaine des peuples gaulois qu'impliquait l'administration de la province mais, à quelques exceptions près, il est très difficile, faute de sources explicites, de répartir les fondations entre les deux gouvernements d'Agrippa et les séjours d'Auguste de 27 et de 16-13.

Le cas le mieux documenté actuellement d'une création très ancienne est celui de Saintes *(Mediolanum Santonum)* où des fouilles récentes ont montré l'existence, dès la décennie 40, de quartiers d'habitations de cette probable ville neuve établie à ce point essentiel du réseau routier, là où la voie de Lyon vers l'Océan franchissait la Charente [Maurin, dans 66, p. 45-59 (cf., vol. 1, n° 722) ; Vernou et Buisson, dans 52, p. 154-163]. Ce n'est sans doute pas un cas isolé (car les remarques méthodologiques sur la valeur de témoignage du matériel archéologique le plus ancien sur un site donné valent dans ce contexte aussi) mais, ailleurs, les hypothèses sont, dans l'état de notre documentation, plus fragiles : citons, sur la même route, Limoges, ville neuve au passage de la Vienne, et peut-être Clermont-Ferrand [Desbordes, 176 ; 52]. On a pensé également à Bordeaux, ce vieil emporion de *Burdigala*, choisi comme chef-lieu des Bituriges Vivisques déplacés par l'autorité romaine et installés sur l'estuaire de la Gironde [selon l'interprétation de Maurin, dans 66, p. 45-59], mais là la ville romaine n'est pas créée sur un site vierge [Barraud et Gaidon, dans 52, p. 43-48] ; on pourrait songer aussi à Besançon [Chouquer, 155], à Feurs [Vaginay et Guichard, 305] et à Bourges [Roumegoux, dans 52, p. 48-58], entre autres.

Il faut également rappeler, en comparant avec l'évolution urbanistique de la province méridionale, qu'à cette époque Agrippa n'exécute pas encore le grand programme édilitaire et idéologique du principat augustéen et, d'autre part, que Dion Cassius ne place pas l'organisation proprement dite des Gaules avant 27 (LIII, 22, 5). Aussi se limite-t-on souvent à « moderniser » des sites existants, notamment des *oppida*, sièges de garnisons romaines et relais privilégiés de la première romanisation [Metzler, 241]. En témoigne, par exemple, la structure du réseau routier dans le pays des Viromanduens : la voie de la première vague de construction dessert Vermand, l'ancien *oppidum*, tandis que les routes ultérieures, dont celle qui rejoint Boulogne en passe de devenir un site stratégique important, se croiseront dans la ville neuve d'*Augusta Viromanduorum* (Saint-Quentin) [R.-Ch., 70, p. 176 ; Fichtl, 60].

Lors de son second séjour, Agrippa continue la mise en œuvre des grands projets qu'il a lancés vingt ans plus tôt et les complète, notamment par un réseau routier plus diversifié qui tient compte des nouvelles orientations de la politique d'urbanisme, comme l'installation dans les plaines et vallées – sur des sites commodes, bien desservis et idéologiquement acceptés – d'agglomérations destinées à remplacer la plupart des anciens *oppida* ou, du moins, à assumer le transfert de leur fonction politique (l'exemple-type étant celui de Bibracte-Autun [Rebourg, dans 66, p. 99-106 ; Goudineau, 203]) dans le cadre de l'établissement systématique des chefs-lieux. Dans la même perspective de stabilisation, Agrippa dut encore procéder à des opérations militaires, notamment en Rhénanie, et c'est vraisemblablement alors (plutôt que lors de son premier gouvernement [Vittinghoff, 16]) qu'il opéra le transfert des Ubiens sur la rive gauche du Rhin et leur établissement en *oppidum Ubiorum* sur le site de la future Cologne [Galsterer, 195], à l'aboutissement de la voie venant de Bavay, contemporaine [R.-Ch., 258]. Dans ce même contexte, il réorganisa l'ancien territoire des Eburons et des Aduatuques décimés, peut-être en installant des éléments celto-germaniques déplacés d'une région proche du Rhin et/ou en fédérant les restes des populations locales, comme les Condruses, aboutissant à la création de la *civitas* des *Tungri* [R.-Ch., 261]. C'est, en effet, des environs de – 15 que datent le premier carroyage du chef-lieu, *Atuatuca*-Tongres, et la première agglomération urbaine [Vanderhoeven, 306], succédant peut-être à un établissement militaire, comme certains bourgs de Gaule septentrionale [Mertens, dans 20, p. 155-168 ; Wightman, 71 ; cf. Thoen, dans 88, p. 49-59].

Même si l'on considère parfois que c'est seulement pendant son séjour en Gaule de 16-13 (Dion Cassius, LIV, 19, 1 et 25, 1) qu'Auguste procéda à l'organisation proprement dite des Trois Gaules, il est évident que le fondement de leur fonctionnement administratif, à savoir la structuration et l'installation des peuples gaulois en *civitates* autour d'un centre urbanisé, aptes à se couler dans le moule des institutions romaines et ce avec le concours des élites locales partiellement romanisées [Bedon, 129 (peut-être trop précis)], a été conçu à partir de 27 et préparé par les opérations de recensement – peut-être même de cadastration – qui devaient s'appuyer sur un cadre. Il ne s'agissait pas seulement de clicher une situation antérieure mais aussi d'atténuer de trop grandes puissances, de briser des alliances traditionnelles, d'éviter des unités trop petites [Drinkwater, 58] : c'est ainsi que l'on doit sans doute interpréter l'intégration des Mandubiens aux Lingons [Mangin, dans 236, p. 33] ou aux Eduens, l'organisation de l'Aquitaine méridionale avec ses regroupements en une dizaine de cités ou encore la création de la cité des Tongres, mais certains critères nous échappent qui ont justifié de petites entités comme les Silvanectes [Wightman, 71 ; Chastagnol, 17, p. 37-38]. Il convient donc de rattacher à cette quinzaine d'années à dater de 27, qui vit la division (pour les principes géographiques du partage, voir [Goudineau, 65] mais l'hypothèse d'une nouvelle répartition tibérienne nous semble fragile) de la *Gallia Comata* en trois provinces impériales, leur nouveau recensement (Tite-Live, *Per.*, 138) et l'inauguration de l'autel du Confluent par Drusus en − 12 [cf. Fishwick, 105], l'établissement de toutes les *civitates* et de leurs chefs-lieux (pour le difficile problème de la définition des frontières et limites, voir par ex. [Chastagnol, 17, p. 37-47 ; Desbordes, 175 ; R.-Ch., 261]), au moins dans leurs structures premières ; l'archéologie a montré que le démarrage augustéen avec carroyage urbain et construction des bâtiments publics essentiels était perceptible dans la plupart d'entre eux (bibliographie considérable [*exempli gratia :* 3 ; 52 ; 53 ; 62 ; 66 ; 112 ; King, 4 ; Gros, 5 ; Bayard et Massy, 128].

Une question intéressante porte sur le caractère de création romaine *ex nihilo* ou de reprise d'habitats gaulois de la plupart des villes : en fait la situation est variable selon les régions en fonction notamment du degré de préurbanisation gauloise, et on constate qu'il est peu de villes totalement neuves en Aquitaine et en Gaule du Centre et de l'Est [voir cependant Aupert et Sablayrolles, dans 52, p. 284-285], mais à condition de prendre en considération les cas où le glissement au départ d'un *oppidum* s'est opéré à une distance déjà appréciable (comme Limoges par rapport à Villejoubert ou Trèves par rapport au Titelberg). Certes, comme il y a eu très peu d'apports extérieurs de population, le principe de permanence prévaut réellement mais, sur le plan strictement urbanistique, il y a peut-être une certaine exagération du phénomène de continuité (une réalité parfois indéniable : Bourges, Besançon, Feurs...) car l'étape augustéenne est toujours déterminante. D'autre part, le nom celtique des villes ne peut dans ce problème représenter un critère déterminant [voir Goudineau, dans 3, p. 99] : *Bagacum* ou *Mediolanum Santonum* portent un nom indigène et sont des villes neuves [Thollard, 299 et *supra*], à la différence de *Durocortorum* [*Bull. Soc. arch. champ.*, 85, 1992, p. 283-287] ou d'*Avaricum* [cf. *supra*]. Toutefois, les villes qui portent une dénomination romaine − dont l'élément « impérial » du nom révèle assurément un patronage (indéfini) − sont à notre connaissance des villes neuves, songeons à *Augusta Treverorum* [115 ; Heinen, 212] ou *Caesaromagus*-Beauvais [Desachy, 172], remplaçant souvent une agglomération préromaine : citons *Augusta Suessionum*, substituée à Villeneuve-Saint-Germain [Debord, dans 53, p. 27-40], *Augustodunum* (Autun) succédant à Bibracte, ou *Augusta Viromanduorum* évoquée ci-dessus. Toutefois la prudence reste toujours de mise car il reste des cas mal connus.

Un nombre non négligeable d'agglomérations dites « secondaires », c'est-à-dire qui ne sont pas chefs-lieux (pour la problématique générale [28] ; pour la Narbonnaise [Leveau, 232]), peuvent aussi être rattachées à ce mouvement d'urbanisme augustéen dans l'ensemble des Gaules, notamment celles qui constituaient des relais sur les voies principales : citons Liberchies et Braives, entre Bavay et Tongres [R.-Ch., 258], Dalheim entre Trèves et Metz [Krier, 218], Saverne sur la route Strasbourg-Metz [Lafon, dans 28 (atlas), p. 155-156], Aoste (Isère) sur celle de Vienne à Genève [Rougier, 274], ou celles qui se développaient au départ d'un site gaulois, comme Alésia [Mangin, 235 ; dans 236, p. 28-60], Mâlain [Roussel, dans 236, p. 63-78] ou Genève [78 ; cf. *JSGUF*, 77, 1994, p. 53-70]. Le phénomène d'expansion majeure de ce type d'habitat sera cependant quelque peu plus tardif, sous Tibère comme à Lenzburg [Niffeler, 246], à Vidy-Lausanne [Paunier, 251] ou à Rezé-*Ratiatum* [Deschamps *et al.*, 177], mais surtout sous Claude [pour la Bourgogne et la Franche-Comté, Mangin, dans 28, p. 45-79; pour la Lorraine, Massy, dans 28, p. 103-112; pour l'Aquitaine, Mangin et Tassaux, dans 52, p. 461-496; etc.]

On perçoit donc dans les Gaules augustéennes le démarrage d'un processus général d'urbanisation qui connaîtra un développement maximum au IIe siècle dans la plupart des régions [23], quoique certaines cités de la province de Lyonnaise (par ex. en Armorique) et de Belgique septentrionale, comme les Ménapiens, restent semble-t-il à l'écart, gardent à travers tout le Haut-Empire un caractère rural à la fois plus marqué et moins romanisé.

Même si la Gaule méridionale paraît avoir connu une urbanisation souvent plus réussie du fait notamment de son contact beaucoup plus ancien avec la notion intellectuelle et matérielle de ville, son hellénisation et sa romanisation, il faut veiller à ne pas hiérarchiser systématiquement les régions gauloises en fonction du nombre, du statut, de la parure de leurs villes ou encore la richesse de leur épigraphie [Goudineau, dans 3, p. 382-390; France, 6, p. 85 et 91], car des découvertes récentes (par ex. à Tongres, à Thérouanne, à Troyes, à Vieux, en Aquitaine) montrent que la connaissance que nous en avons peut, malgré la diversité des critères retenus, être le fruit du hasard ou de la densité des recherches. L'importance des agglomérations secondaires ainsi que leur prospérité doivent sans doute aussi servir de contrepoint à une comparaison trop réductrice des Gaules avec d'autres provinces de l'Empire sur le plan urbanistique.

C'est dans les mêmes années sans doute qu'Auguste octroya le droit latin à certaines cités d'Aquitaine aux côtés des Convènes anciennement partie de la Transalpine qui devaient déjà en disposer (avec éventuellement le rang de colonie latine [césarienne?: Wolff, vol. 1, n° 731, p. 50]) : ainsi les Ausques, leurs voisins immédiats, ce qui se comprend aisément à la limite de la province plus romanisée. Si l'on en croit Strabon (IV, 2, 2), d'autres peuples d'Aquitaine bénéficièrent du même avantage, mais nous ne pouvons les identifier [Chastagnol, *ILA Santons*, p. 10; 17, p. 182; peut-être les Bituriges Cubes d'après *CIL*, XIII, 1194?].

Une fois l'Autel du Confluent inauguré, l'assemblée provinciale mise en place et le premier grand-prêtre élu, Drusus entreprendra ses campagnes victorieuses contre les Germains dans le cadre d'une politique augustéenne offensive, ambitieuse et impérialiste [Wells, 94], à laquelle Tibère mettra un terme. C'est précisément à ce changement de politique à l'Est qu'est liée l'évolution des *Tres Galliae* sous les Julio-Claudiens : une fois arrêtés les projets de conquête et la frontière fixée sur le Rhin, gardée par les districts germaniques, le processus de démilitarisation de la Gaule s'accentua, surtout après la répression de la révolte de 21 (Tacite, *Ann.*, III, 40). Notons ici que l'arc monumental d'Orange ne semble pas devoir être mis en relation avec cet événement mais avoir été plutôt, comme d'autres à Rome et dans l'Empire (cf. Saintes et Mayence [73 ; Lebek, 228]), élevé en l'honneur de Germanicus mort en 19 [Gros, 207]). La crise avait été causée notamment par le durcissement des ponctions fiscales opéré par l'empereur à l'égard des cités libres et fédérées [Alföldy, 29] : les deux chefs du soulèvement en étaient issus, Iulius Sacrovir l'Eduen et Iulius Florus le Trévire, qui appartenaient à ces élites locales fortement favorisées par l'autorité césarienne et augustéenne et directement touchées par les mesures tibériennes. La décennie suivante vit l'abandon de la plupart des camps intérieurs [Reddé, dans 88, p. 41-48] bien que certains établissements aient perduré jusqu'à l'époque flavienne [Reddé, 266]. La politique des règnes suivants visa à développer les mécanismes d'intégration de la couche dirigeante. A Caligula dont l'activité concerna surtout la Narbonnaise et les Germanies (exception faite de ses confiscations et exécutions : Dion Cassius, LIX, 22), succéda Claude, fils de Drusus et frère de Germanicus, né à Lyon. Son action à l'égard de la Gaule fut particulièrement importante, ne fût-ce que par son octroi du *ius honorum* en 48 dont l'épigraphie lyonnaise comme Tacite nous ont conservé la trace (Tacite, *Ann.*, XI, 24 ; *CIL*, XIII, 1668) [Fabia, vol. 1, n° 869] ; désormais l'entrée au Sénat était possible pour les notables locaux ayant gravi les premiers échelons de l'ascension sociale provinciale et impériale, conditionnée par la détention du statut de citoyen romain. Mais si l'on interprète bien la logique de la mesure claudienne [Chastagnol, vol. 1, n° 667 ; 17, p. 181-190], il n'est pas impossible que celle-ci ait fait partie d'un ensemble qui aurait également compris l'extension de l'accès à la citoyenneté par l'octroi du droit latin, dont différents indices institutionnels et onomastiques font supposer la diffusion dans les Gaules dans le courant du Ier siècle − nous y reviendrons. Dans le même esprit, c'est sans doute Claude aussi qui éleva Trèves au rang de colonie latine honoraire (à moins qu'elle n'ait été augustéenne ?). Il ne faudrait toutefois pas limiter l'œuvre de Claude dans nos provinces à ses aspects institutionnels : son intérêt pour la Bretagne se traduisit aussi par un complément du réseau routier étoffé vers le milieu du siècle et par un développement du port de Boulogne dont les premiers aménagements remontaient à Drusus [*contra* Rösger et Will, 272] et à Caligula [R.-Ch., 70, p. 98]. L'époque est aussi celle du développement urbain [cf. par ex. 52 ; Thollard, 299] et de la multiplication ou de la croissance de nombreuses bourgades dont les activités économiques et édilitaires sont attestées par l'archéologie et l'épigraphie.

La crise majeure que traversa ensuite l'Empire en 68-69 marqua profondément l'histoire des Gaules qui y furent directement impliquées. Lorsque Iulius Vindex, noble aquitain, gouverneur de Lyonnaise, se révolta contre Néron, il parvint à soulever les Eduens, les Séquanes et les Arvernes alors même que certaines cités mais surtout les légions rhénanes lui étaient hostiles ; en découla au printemps 68 le désastre de Besançon où l'armée de Vindex fut décimée peu avant le triomphe de Galba et le suicide de Néron. L'armée du Rhin ayant proclamé Vitellius empereur, Galba ayant été assassiné à Rome, Salvius Othon à son tour proclamé par les prétoriens, les affrontements multiples infligèrent aux cités galloromaines de très importantes pertes et de nombreuses destructions mais la guerre apporta aussi à ceux qui étaient momentanément dans le camp du vainqueur des avantages institutionnels sous forme de citoyenneté ou d'élévation au rang de colonie. La situation se compliqua encore par l'apparition d'un nouveau candidat au trône en la personne de Vespasien et par le déclenchement de la révolte des Bataves (cf. *infra*) ce qui entraîna des moments critiques tant en Italie que sur le Rhin. Finalement les Rèmes réussirent à convaincre les cités de se rallier ou de rester fidèles à Rome (Tacite, *Hist.*, IV, 69) tandis que sur la frontière Petillius Cerialis, mandaté par Mucien, venait à bout des insurgés et que la pacification générale de l'Empire se faisait autour du nom de Vespasien.

La dynastie ainsi installée pour quelque vingt-cinq ans représenta en Gaule une période d'intense activité édilitaire, non seulement de reconstruction ou d'ornementation évergétique mais aussi d'urbanisme repensé en vertu de l'expansion des villes [Gros, 5] et des nécessités du développement du culte impérial dans ses nouvelles formes. Des Flaviens à la crise du III⁰ siècle, et aux invasions qui l'accompagnèrent, les Gaules connurent une grande prospérité en particulier sous les Antonins (rappelons par exemple les liens de Plotine et d'Antonin avec Nîmes ou les libéralités d'Hadrien : cf. *SHA, Hadr.*, X, 1 et XII, 2), marquée sur le plan institutionnel par un certain nombre d'élévations au statut de colonie latine [Vittinghoff, 16 ; Chastagnol, 17] : citons par exemple les Vellaves (peut-être déjà colonie julio-claudienne : *CIL*, XIII, 1577 = *ILA Vellaves*, 25), les Ségusiaves (*colonia Flavia CIL*, XVII, 346 = XIII, 8917), les Viducasses, les Morins, les Elusates, sans doute les Médiomatriques, sans qu'une chronologie précise de ces privilèges puisse être proposée [Wolff, vol. 1, n⁰ 731]. A partir du dernier tiers du II⁰ siècle, cependant, des traces apparaissent d'un « processus de rétractation » de la superficie bâtie dans certaines villes comme Tours ou Angers [Provost, 69], Amiens [Bayard et Massy, 128], même si de grandes constructions sont toujours entreprises.

La *pax Romana* fut à peine entamée au cours du II⁰ siècle, dans les zones septentrionales, par les incursions des Chauques que repoussa vers 175 le légat de Belgique Didius Julianus (futur empereur éphémère de 193) ; enfin la lutte pour le trône au début du règne de Septime-Sévère atteignit nos régions : Clodius Albinus fit sécession en Bretagne qu'il gouvernait, et porta la guerre en Gaule ; en 196 (ou 197), il assiégea Trèves qui fut libérée par la XXII⁰ légion *Primigenia* venue de Mayence (*CIL*, XIII, 6800), et fut finalement défait à Lyon en février 197.

LES GERMANIES

Bien que certaines installations militaires sur le Rhin ou à proximité de la Rhétie (Neuss ou Dangstetten, par exemple [73 ; 79]) remontent aux années 16-15 avant notre ère, c'est avec le mandat de Drusus de 12 à 9 que l'on peut faire commencer l'histoire de la Germanie romaine [von Petrikovits, 92 ; Rüger, dans 8, p. 524-528 ; 74 ; 77 ; 78 ; 79 ; 81] : en effet, à ce moment-là très vraisemblablement, furent déplacées en partie les garnisons des Gaules et détachés les districts rhénans de la *Belgica* confiés jusqu'au début du règne de Tibère en un gouvernement unique de *Germania magna* dans le cadre d'une politique offensive cherchant à conquérir les territoires au-delà du Rhin [Thomasson, 38 ; Wells, 94 ; Rüger, vol. 1, n° 701]. La défaite de Lollius en 16 (Dion Cassius, LIV, 20, 4-6) avait montré que la stabilisation des Germains était encore toute relative et que l'établissement d'une zone provinciale militairement tenue entre le Rhin et l'Elbe garantirait mieux la sécurité des Gaules (à s'en tenir à une notion d'impérialisme défensif peut-être plus proche de la propagande que de la réalité), alors même qu'on procédait à la pacification des Alpes qui protégeaient l'Italie, et à la fixation de la frontière sur le Danube (campagnes de Tibère et de Drusus contre les Rhètes et les Vindélices en 16-15). Prenant appui sur le territoire tongre et ubien déjà organisé, fondant sans doute pour la nouvelle province à conquérir l'*Ara Ubiorum*, l'autel du culte impérial parallèle à celui de Lyon [Fishwick, vol. 1, n° 474], assurant ses positions stratégiques de *castella* et de *custodiae* rhénans et mosans [parmi lesquels probablement Maastricht et Namur : R.-Ch., 258], fondant sa tactique en notable partie sur les flottes [Rösger et Will, 272] dont il facilitait la circulation notamment en faisant creuser la *fossa Drusiana* (Vecht) qui reliait à hauteur de Vechten le Kromme Rijn au Zuiderzee (actuellement Ijsselmeer coupé de la mer), Drusus établit de nombreux camps légionnaires et auxiliaires sur le Rhin (Nimègue, Xanten, Asberg, Neuss, Bonn, Mayence, Windisch ?, Strasbourg ? [Bogaers et Rüger, 76 ; Frei-Stolba, 95 *bis* ; Schönberger, 85 ; Pferdehirt, 83 ; 88] – dont la plupart évolueront ou seront reconstruits en cantonnements légionnaires majeurs – et la Lippe (Oberaden) [73] ; il mena une série d'offensives victorieuses par la mer du Nord et les vallées pénétrantes de la Lippe et du Main (au départ respectivement des camps de *Vetera* et de Mayence qui constituaient ses bases essentielles avec Vechten et Bonn pour la flotte), atteignant la Weser et l'Elbe. Mais il meurt accidentellement en 9 (cénotaphe à Mayence, sans doute l'Eichelstein [Frenz, 193], où lui sera rendu un culte [cf. Lebek, 229]) ; son frère Tibère à deux reprises et d'autres légats reprennent la direction des opérations, toujours victorieuses certes,

La Gaule Belgique et les Germanies

avec des modifications d'organisation (remplacement d'Oberaden par Haltern et Anreppen [73]) mais sans conquête durable de territoire.

Le légat P. Quinctilius Varus, entraîné dans une embuscade tendue par le Chérusque Arminius [von Petrikovits, 93, I, p. 424-443], sera anéanti avec trois légions en 9 de notre ère dans la région du Teutoburger Wald (cf. le cénotaphe de Caelius, *CIL*, XIII, 8648 [93, I, p. 102-106]). Cette perte considérable frappa Auguste qui employa les dernières années de son règne à renforcer et organiser la rive gauche du Rhin, lançant cependant les expéditions victorieuses du fils de Drusus, Germanicus, qui, au début du principat de Tibère, parvint à recouvrer des enseignes perdues.

Le nouvel empereur abandonna le projet de conquête germanique [Lehmann, dans 87, p. 217-228 ; 230] et dès lors les districts de Germanie inférieure et supérieure (qu'il ne faut pas définir en termes de « territoire militaire » [Vittinghoff, 16]) reçurent des légats distincts [Eck, vol. 1, n° 638] ayant leur *praetorium* respectivement près de l'*Ara Ubiorum* et à Mayence. Après la réorganisation tibérienne des années 16-17, huit légions [Schönberger, 85] tiennent la frontière aidées de leurs unités auxiliaires [Alföldy, vol. 1, n° 567 ; Oldenstein-Pferdehirt, 82] (pour les officiers équestres [Devijver, vol. 1, n° 847 avec suppl. 2 en 1994]) réparties dans des fortins tout au long du Rhin [74 ; 76 ; 79 ; 81]. Ces légions (pour leurs légats [Alföldy, vol. 1, n° 568]) cantonnent (camps majeurs de longue occupation) à *Vetera*-Xanten (Ve *Alauda* et XXIe *Rapax*) et à Cologne (*Prima* et XXe *Valeria Victrix*) puis, après la limite de la Vinxtbach, à Mayence (XIVe *Gemina* et XVIe *Gallica*), Strasbourg (IIe *Augusta*) et Windisch (XIIIe *Gemina*). Sur le plan de l'urbanisation, si on ne vit plus d'autre fondation coloniale dans l'immédiat, l'action de César et des triumvirs d'organisation en *civitates* (Helvètes, Lingons, Séquanes) fut poursuivie par Agrippa (Tongres, Ubiens englobant sans doute les Sunuques), Drusus et Germanicus (Bataves [Bogaers, 141 ; Haalebos, 210 ; cf. Pline, *HN*, IV, 106 ; Tacite, *Germ.*, 29, 1 ; *CIL*, XIII, 8771 ; *contra e.g.* Will, 312], Cugernes avec sans doute les Sugambres soumis et installés en − 8 [Vittinghoff, 16] et les *Baetasii*, Triboques, Némètes, Vangions) ; par ailleurs, le développement progressif d'agglomérations au voisinage des sites militaires, perceptible dès l'époque de Drusus dans les arrières [par ex. R.-Ch., 258] −, prit rapidement davantage d'importance sous forme de *canabae* légionnaires comme à Strasbourg [Frézouls, 80] ou à Mayence (cf. *infra*) ou de *vici* près des fortins auxiliaires [par ex. 76]. Cette urbanisation dite « militaire » représente dans ces régions un facteur essentiel de fixation des populations indigènes et d'intégration des élites − par ailleurs attirées aussi par la carrière à différents niveaux −, d'immigration (dont l'ampleur est difficile à mesurer), de latinisation, de romanisation [voir cependant Liertz, 233 *bis*], et de croissance économique liée aux besoins et débouchés considérables constitués par les troupes [Strobel, dans 26, p. 45-54].

Avec Caligula, puis Claude, l'accent de la conquête sera mis sur la Bretagne, ce qui provoquera, en plusieurs phases, de nouvelles répartitions des corps d'armée (transfert vers l'île des légions XXe *Valeria Victrix* et IIe *Augusta*; remplacement à Xanten de la XXIe *Rapax* par la XVe *Primigenia*; abandon du camp de Cologne au profit de Bonn et de Neuss, par exemple) et la fondation, sur le site de l'*oppidum Ubiorum* et du camp, de la *Colonia Claudia Ara Agrippinensis* en 50 (Tacite, *Ann.*, XII, 27, 1-2) [Galsterer, dans 26, p. 9-15] qui bénéficiera même ultérieurement du *ius Italicum* (*Dig.*, 1, 15, 8, 2). Peu auparavant, en 47, pendant son commandement de l'armée de Germanie inférieure, Corbulon avait pacifié et stabilisé les *Frisii* qui reçurent de lui *senatum, magistratus, leges* (Tacite, *Ann.*, XI, 19, 1) (peut-être s'agit-il des Frisiavons de Zélande [*contra* Will, 312] ainsi constitués, peut-être aux dépens des Bataves, en *civitas*, englobant les *Marsaci*?); au cours de la même campagne, le général romain avait fait creuser et aménager le canal qui porte son nom (*fossa Corbulonis* [Vliet]) permettant de relier le Rhin à la Meuse en « évitant les incertitudes de l'Océan » (Tacite, *Ann.*, XI, 20), fondé *Praetorium Agrippinae* (Valkenburg) et éventuellement installé dans la région la *civitas* des Canninéfates qui aura Voorburg comme chef-lieu [Bogaers, 141].

La tourmente des années 68-69 (cf. *supra*) entraîna dans la guerre les districts germaniques et leurs troupes qui s'opposèrent à Vindex. Prenant parti ensuite contre Galba, l'armée rhénane proclama empereur le légat de Germanie inférieure Vitellius qui marcha sur l'Italie, après avoir ravagé Metz (Tacite, *Hist.*, I, 63) et le territoire des Helvètes (qui se soumirent et préservèrent ainsi *Aventicum*), et vainquit Othon qui avait entretemps remplacé Galba (bataille de Bédriac en 69). Un autre élément d'importance vint encore troubler davantage la situation : la révolte des Bataves menés par Civilis. Étaient-ils, comme on le pense généralement, animés du seul désir de recouvrer leur indépendance [Dyson, 35, p. 152-161; Schmitt, 283] ou partisans de Vespasien [Walser, 39, p. 86-128] ou, même, ne souhaitaient-ils qu'une pacification des régions et le retour à leur statut antérieur avec recrutement militaire particulier et exemption de tribut [Flaig, dans 19, p. 45-60] ? Quoi qu'il en soit, la rébellion à laquelle s'étaient ralliés notamment les Canninéfates puis des Germains de la rive droite, prit de l'ampleur après quelques réussites contre les forts romains et assiégea Xanten. A l'annonce de la mort de Vitellius et des troubles en Italie, la situation devint tout à fait confuse et des Gaulois (Trévires et Lingons notamment) se joignirent aux insurgés; ils s'emparèrent de *Vetera*, de Cologne, de Mayence et, avec l'appui de Germains libres, proclamèrent un Empire des Gaules dans les territoires de Belgique et des Germanies – du moins si l'on en croit Tacite et que l'on ne réduit pas son témoignage à une simple propagande flavienne [Urban, 89; Heinen, 212]. Mais les cités gallo-romaines inquiètes choisirent plutôt de rester fidèles à Rome alors que dans l'Empire le parti de Vespasien s'imposait.

Mucien envoya le légat Petillius Cerialis mater la révolte sur le Rhin : celui-ci mena très rapidement la répression avant de passer en Bretagne où il reprit la conquête en attaquant les Brigantes. L'importance des pertes romaines et des dégâts matériels nécessita une notable réorganisation des troupes et un grand mouvement de reconstruction des camps. La nouvelle légion IIe *Adiutrix* s'installa quelques années à Nimègue, près du site détruit de *Batavodurum* [Bogaers, 141], avant d'être remplacée par la Xe *Gemina*, tandis que la XXIIe *Primigenia* fut cantonnée à Xanten, la VIe *Victrix* à Neuss, la XXIe *Rapax* à Bonn, la Ire *Adiutrix* et la XIVe *Gemina* à Mayence, la VIIIe *Augusta* à Mirebeau [Reddé, 266] puis à Strasbourg et la XIe *Claudia* à Windisch (la *Prima*, la Ve *Alauda*, la IVe *Macedonica*, la XVe *Primigenia* et la XVIe *Gallica* avaient disparu dans la guerre, anéanties ou dissoutes) [85]. L'organisation des troupes auxiliaires fut également modifiée et Rome renonça aux troupes de recrutement ethnique homogène régional [Alföldy, vol. 1, n° 567, p. 81-104 ; *contra* Strobel, 291]. Sur le plan urbain, Vespasien fonda la *Colonia Pia Flavia Constans Emerita Helvetiorum Foederata* à Avenches (avec apport de vétérans comme l'indique l'épithète *Emerita*), de droit romain [Frei-Stolba, 95 *bis* ; Chastagnol, 17, p. 136-138] ou latin [van Berchem, 90, p. 141-150 ; Gascou, 48]. La déduction s'accompagna d'un très important remaniement urbanistique et de constructions publiques somptueuses qui se poursuivront au IIe siècle [Paunier, dans 23, p. 33-61].

La période représenta une étape majeure dans l'histoire de la Germanie supérieure qui connut une double et importante extension grâce aux campagnes de Cn. Pinarius Cornelius Clemens en 72-74 dans la vallée du Neckar et le sud de l'Allemagne actuelle où la présence de Rome était encore très sporadique [Asskamp, 122 ; Zimmermann, 316], puis de Domitien dans les Champs décumates [Strobel, 290] en 83 – ce qui lui valut le *cognomen* de *Germanicus* : la frontière entre Rhin et Danube était dès lors mieux maîtrisée et toute une nouvelle conception de la défense du territoire fut mise en place avec le *limes* qui connut au cours du siècle suivant plusieurs aménagements et renforcements [Baatz, vol. 1, n° 571] (succession de fortins auxiliaires, de postes d'éclaireurs et de tours de garde et de guet le long d'un ensemble palissade-fossé). Sur le plan institutionnel, ces conquêtes furent suivies par la transformation des districts de Germanie inférieure et supérieure en véritables provinces, en 84 [Strobel, 290] ou plutôt en 85 (année de la *censoria potestas* de Domitien), avec capitales à Cologne et Mayence. L'empereur dut encore faire face dans cette région au soulèvement du gouverneur de Germanie supérieure L. Antonius Saturninus en 89 qui entraîna probablement la dissolution pour rébellion de la XXIe légion *Rapax* [Bérard, 136] et dont profitèrent les Chattes récemment conquis pour se révolter ; puis, ambitionnant une conquête de la Dacie qui échouera,

Domitien procédera peut-être en Germanie comme en Bretagne à de nouveaux remaniements dans les cantonnements militaires, lesquels ne trouveront leur forme, en général définitive pour le Haut-Empire, que sous Nerva et Trajan. Mais dans ce bref intervalle des années 95-97, la frontière méridionale semble avoir encore connu d'autres troubles [Nuber, dans vol. 1, n° 519, p. 226-234] ou des poussées germaniques dont témoigne le surnom *Germanicus* que les deux premiers Antonins reçurent en 97, le second n'étant encore que l'héritier désigné gouvernant sans doute la Germanie supérieure [Eck, vol. 1, n° 638, p. 45-46]. Ainsi, mais la chronologie exacte de ces déplacements est difficile à établir [Strobel, 292 ; Bérard, 136], les légions furent ramenées à deux par province : la Ire *Minervia*, levée par Domitien pour la campagne contre les Chattes, installée à Bonn et la VIe *Victrix* qui sera remplacée vers 120 par la XXXe *Ulpia*, à Xanten au nord ; au sud, la VIIIe *Augusta* établie à Strasbourg et la XXIIe *Primigenia* à Mayence ; les camps de Neuss et de Windisch seront abandonnés. A Nimègue la garnison se limitera désormais à une *vexillatio* après le départ de la légion pour la Pannonie vers 102-104, sauf pendant quelques années sous Hadrien (IXe *Hispana*) [76].

Le site-clef de la haute vallée du Neckar fut sans conteste Rottweil avec son camp de l'époque de Vespasien [Sommer, dans 23, p. 119-120 ; 286], mais aussi son agglomération civile qui reçut le nom d'*Arae Flaviae*, indiquant peut-être (?) qu'elle avait été choisie, à l'instar de l'*oppidum* des Ubiens autrefois au nord, pour être le siège du culte impérial provincial de Germanie (supérieure). Reçut-elle dès 74 le statut de *municipium* attesté en 186 (*AE*, 1981, 691) [Filtzinger, dans 19, p. 23-43] ? Cela paraît peu probable dans une zone très vraisemblablement encore inorganisée. Est-ce une faveur de Domitien [Planck, dans 79, p. 117-121], de Trajan [Wilmanns, vol. 1, n° 702] ou un élément du mouvement de municipalisation des Germanies perceptible au milieu du IIe siècle ?

D'autre part, le cas de Mayence mérite une attention particulière [Vittinghoff, 16 ; von Petrikovits, 93, I, p. 339-354 ; Bérard, 135], car il est significatif des insuffisances de notre documentation et des problèmes complexes que posent le fait urbain et les institutions de type municipal en Germanie, même dans des sites où l'épigraphie est riche : née du *vicus* civil qui s'était développé dès l'époque julio-claudienne au bord du fleuve [ou de plusieurs habitats distincts (?)], à côté des *canabae* légionnaires (encore mentionnées en 255 [*CIL*, XIII, 6780]), la ville de *Mogontiacum* qui constituait le *caput viae* des milliaires dès l'époque de Claude au moins (*CIL*, XIII, 9145-9146 = XVII, 573-572], fut ensuite le chef-lieu de la province [cf. *e.g. AE*, 1964, 148], était divisée en quartiers *(vici)* et comptait un collège d'haruspices, devrait avoir reçu un statut municipal (non attesté explicitement) ; se pose toutefois la question de son autonomie et de sa *civitas* car il n'est pas assuré qu'elle en fut chef-lieu avant le IIIe siècle (pour le problème des *Caeracates* et *Aresaces* voisins, organisés en cité(s) ou en *pagi*, et les questions simultanées de l'extension des Vangions et du partage romain du territoire ancien des Trévires [Wolff, vol. 1, n° 731, p. 113-115 ; Bernhard, dans 77, p. 60-61]).

Dans l'ensemble les Germanies connurent, après les dommages de la guerre et les nouvelles conquêtes, une importante activité éditilaire [74 ; 77 ; 79 ; 81] qui s'intensifiera dans la première moitié du IIe siècle : développement urbain notamment dans les zones récemment acquises à la romanisation [par ex. Wiesbaden : Czysz, 163], constructions militaires liées au nouveau *limes* [74-79], agglomérations civiles conjointes [Sommer, 86] ou villes se développant sur des sites militaires désormais abandonnés [von Petrikovits, 93, II, p. 17-54] (comme *Nida*-Heddernheim), bourgades routières ou autres (songeons à Baden-Baden choisi comme site thermal mais avec une fréquentation et peut-être une occupation militaire [79 ; Riedel, 268]) mais peu à caractère uniquement civil comme le semblent *Sumelocenna* [79] ou Dieburg [74].

Autre élément important dans le cadre urbain, la fondation par Trajan dans les années 100, à côté du camp de *Vetera*, sur le site civil qui le jouxtait, habitat des Cugernes sans doute dénommé *Cibernodurum* (*AE*, 1984, 650), la *Colonia Ulpia Traiana* [Galsterer, dans 26, p. 9-15], conçue comme une ville de prestige aux bâtiments de grande ampleur, avec enceinte, *forum*, capitole, amphithéâtre, thermes, port fluvial, temples ..., insérés dans un contexte d'*insulae* régulières d'habitat dense et riche sur une superficie de 73 ha [81]. Toujours au plan civil, Trajan accorda des privilèges (*ius nundinarum* ? immunité ?) à des villes indigènes – ainsi à *Ulpia Noviomagus*, nouvelle agglomération de Nimègue après la révolte des Bataves [Bogaers, 141] – et se consacra, peut-être dès son gouvernement, à l'organisation administrative [Wilmanns, vol. 1, n° 702 ; Vittinghoff, 16] (cf. Eutrope, 8, 2, 2 ; Orose, 7, 10, 3) des zones conquises par Domitien ; en effet, les cités nouvellement créées y portent l'épithète *Ulpia* qui n'est assurément pas anodine [Galsterer-Kröll, vol. 1, n° 709] : la *civitas Ulpia Taunensium*, autour de *Nida* (Heddernheim), la *civitas Ulpia Mattiacorum* autour d'*Aquae* (Wiesbaden), la *civitas Ulpia Sueborum Nicrensium* [Speidel et Scardigli, 288] autour de *Lopodunum* (Ladenburg) ; on joindra à cet ensemble la *civitas Auderiensium* autour de Dieburg (*Med[-]* ?). On peut penser que Trajan accorda en outre à ces *civitates*, et à d'autres qui ne le possédaient pas encore situées dans des régions de conquête plus ancienne, le droit latin, bien qu'il soit difficile à l'heure actuelle de proposer un cadre précis pour cet octroi par ailleurs très probable. En effet, Hadrien aussi s'intéressa à ces régions : ainsi Voorburg, chef-lieu des Canninéfates, reçut de cet empereur un privilège et sans doute un patronage en 120-121 et s'appela désormais *Forum Hadriani* [Bogaers, 141]. Préoccupé de la défense de l'Empire comme on sait, cet empereur fit aussi procéder à divers (ré)aménagements techniques et éditilaires sur le *limes* [Baatz, vol. 1, n° 571 ; 74-79] et dans les camps de Germanie dont certains reçurent leur premier rempart de pierre et connurent de notables agrandissements (par ex. à la Saalburg).

C'est toutefois au fils adoptif et successeur d'Hadrien que la Germanie supérieure dut un nouveau tracé du *limes* qui agrandit quelque peu son territoire, entraîna le déplacement de camps auxiliaires et par conséquent une urbanisation plus développée. Vers 155 (à une date très disputée [Alföldy, 119 ; Speidel, 287] ; notons l'intérêt de la découverte exceptionnelle du sanctuaire des bénéficiaires d'Osterburken [114] aussi pour cette délicate question), par une remarquable prouesse technique des arpenteurs romains [Chouquer et Favory, 33, p. 77], le nouveau *limes* fut mené de manière rectiligne sur 29 km à l'est de la vallée du Neckar qui servait auparavant de base à la frontière [79]. L'activité civile d'Antonin le Pieux n'est pas attestée avec certitude, mais il continua peut-être l'œuvre de municipalisation entreprise par ses prédécesseurs puisque Voorburg reçut le rang de municipe (latin) et l'épithète *A(elium)* ou *A(urelium)* avant 162 [Bogaers, 141]. En tout cas la période antonine marqua l'évolution administrative de la Germanie car c'est à cette époque que sont attestés nommément plusieurs municipes (outre Rottweil et Voorburg déjà mentionnés, il faut citer Nimègue [Bogaers, 141], Tongres [R.-Ch., 263] et sans doute Worms (*AE*, 1978, 534)) alors qu'aucun d'entre eux ne peut, dans l'état actuel de la documentation, être rattaché de manière avérée à une époque antérieure au milieu (éventuellement deuxième quart) du IIe siècle. Aussi verrions-nous volontiers à ce moment à la fois un mouvement d'élévation au rang de municipe d'un certain nombre de cités (peut-être nettement plus important [Vittinghoff, 16, p. 84-85] que nous ne pouvons le soupçonner actuellement car toute notre documentation est de découverte ou d'exploitation récente) et une seconde phase d'octroi du droit latin, cette fois aux cités méridionales, dont l'épithète connue est *Aurelia* : *civitas Aurelia G(-)* entre le Neckar et le *limes* avancé (avec Öhringen comme chef-lieu ou Bad-Cannstatt *(vicus Da(-))*, *civitas Aurelia Aquensium* avec Baden-Baden ; elles pourraient même avoir été créées sous Marc-Aurèle ou Antonin le Pieux bien que l'urbanisation de la seconde remonte aux Flaviens ou aux premières années du IIe siècle ; d'autres cités voisines, la *civitas Alisin[-]* (chef-lieu Bad-Wimpfen) et la *civitas Sumelocennensis* (chef-lieu Rottenburg ; est-elle issue du *saltus* du même nom encore attesté au IIe siècle [*CIL*, XIII, 6365] ?), paraissent également tardives, liées à la démilitarisation relative de la région par le déplacement du *limes* [Wilmanns, vol. 1, n° 702]. En outre, la dénomination et les limites (voire même le nombre) des cités de Supérieure ne peuvent être déterminées avec certitude.

Sur le plan militaire, le principat de Marc-Aurèle vit aussi la reprise des pressions germaniques aux frontières et il fallut à plusieurs reprises repousser des invasions, comme celle des Chauques au nord ou des Chattes au centre, tandis que les problèmes s'aggravaient sur le Danube (ce qui entraîna semble-t-il une réunion momentanée de la Germanie supérieure et de la Rhétie sous un gouvernement unique de 174 à 179 [Dietz, 179]) ; sous Commode, c'est en Alsace que les bandes de Maternus firent le plus de dégâts [Alföldy, 117] ; et nous avons vu que les armées rhénanes furent parfois entraînées dans des opérations punitives dans le cadre des troubles qui marquèrent la fin du siècle. Mais dans l'ensemble, la seconde moitié du IIe siècle et la première moitié du IIIe furent des années de grand développement urbain [23] et d'ascension sociale des élites.

Sous les Sévères, les problèmes se firent plus aigus et une avancée des Alamans fut repoussée par Caracalla en 213, ce qui consolida la frontière pour vingt ans environ. Mais sous Sévère Alexandre l'invasion fut réelle et le *limes* rhéno-danubien fléchit [74-79] avant d'être abandonné, après quelques épisodes victorieux de Maximin et de Gallien, dans les années 259-260 [Nuber, 247].

LES ALPES

Après une tentative de César en 57 d'ouvrir à travers les Alpes la route du Grand-Saint-Bernard (*BG*, III, 1-6) alors que celle du Mont-Genèvre lui était accessible grâce à la citoyenneté qu'il avait accordée à Donnus, roi local installé à Suse, il faudra attendre les années 35-33 pour qu'Octave se préoccupe de ces régions qui, malgré les difficultés techniques, avaient toujours laissé passage moyennant divers services dûment rémunérés [van Berchem, 90 ; Prieur, 96-97]. En fait, outre l'intérêt de réunir les territoires conquis et de leur assurer des liaisons libres, c'était surtout pour protéger l'Italie que la conquête des cols alpins (dont les étapes et la chronologie sont controversées [Frei-Stolba, 95 *bis* ; Wells, 94 ; Walser, 100]) était utile, afin d'empêcher de trop faciles invasions : les premières opérations concernèrent la Dalmatie et la protection d'Aquilée. Ensuite, de 28 à 25, une campagne violente s'attaqua aux Salasses de la vallée d'Aoste ; y fut fondée, relevant de la Transpadane, la *Colonia Praetoria*. La route du Petit-Saint-Bernard fut construite qui donnait accès aux Ceutrons de Tarentaise déjà ralliés à Rome. L'attention se porta ensuite sur la Rhétie, puis sur le Norique où allaient opérer victorieusement Tibère et Drusus dans les années qui précédèrent immédiatement le gouvernement de la Gaule (16-15). Cela entraîna la soumission de la Vallée Pennine désormais encerclée et la mainmise sur le Grand-Saint-Bernard *(Summus Poeninus)* [Walser, 99]. Le successeur de Donnus, Cottius, reçut, sans doute vers 10, le titre de « préfet » des peuplades peu urbanisées, rebaptisées cités, regroupées sous son autorité (*CIL,* V, 7231 = *ILS,* 94) ; quant aux tribus ligures de la côte, elles étaient passées sous l'autorité de Rome en 14 dans des circonstances mal définies (Dion Cassius, LIV, 24) ; Auguste fit ensuite élever, en 7-6 à La Turbie – point culminant de la *via Iulia Augusta* franchissant les Alpes –, le trophée qui célébrait l'assujettissement de toutes les populations alpines. Quatre petites provinces procuratoriennes [Prieur, 96] furent ensuite progressivement créées. Claude réorganisa la région du Grand-Saint-Bernard dans le cadre d'un aménagement des voies, fusionna les quatre cités existantes en une seule *civitas* du Valais qui devint la province des Alpes Pennines jouissant du droit latin (Pline, *HN,* III, 135) avec, comme chef-lieu, *Octodurus* (Martigny) refondé en *Forum Claudii Vallensium;* le même empereur sans doute installa la province des Alpes Grées (Atrectiennes à partir du IIe siècle) [Walser, 98 ; Bérard, 95] (dont le gouvernement fut rattaché par Septime-Sévère à celui de la précédente avec un seul procurateur) autour de *Axima* (Aime) refondée en *Forum Claudii Ceutronum,* également dotée du droit latin.

Quant aux Alpes cottiennes, à la mort de Cottius II, elles passèrent du statut de royaume allié à celui de province procuratorienne à l'époque de Néron avec chef-lieu à Suse ; le même statut sera dévolu aux Alpes maritimes [Rivet, 51], qui avaient d'abord été placées sous l'autorité d'un préfet installé à Cimiez-*Cemelenum,* et elles seront aussi gratifiées du droit latin (Tacite, *Ann.,* XV, 32) mais conserveront une garnison limitée jusqu'au IIe siècle. Les régions alpines (comme en Narbonnaise les cités de Nîmes et peut-être Vienne) ont connu un système d'*attributio* pour remédier au caractère trop peu urbanisé ou trop faible numériquement de certaines populations jugées dès lors inaptes à l'installation d'une vraie *civitas* avec centre urbain [Prieur, 96] mais les modalités exactes de cette pratique de rattachement administratif à une ville font problème [Jacques, vol. I, p. 246-247 ; Chastagnol, 17, p. 123-125]. Sont ainsi attestées des attributions de peuples alpins à des cités de Cisalpine (cf. *e.g. ILS,* 206 [Frézouls, vol. 1, n° 672]) et – par Galba – à la cité de Digne en Narbonnaise : celle-ci a administré ces territoires sans réelle fusion (les habitants sont en effet distingués dans nos sources selon qu'ils viennent de Digne même ou des zones attribuées [*ILN Digne,* p. 265-266]) jusqu'à ce que, sans doute dans le courant du IIe siècle, l'ensemble soit réorganisé et incorporé à la province des Alpes maritimes (cf. *supra*). On ignore si c'est dans le même mouvement ou du fait de Dioclétien que les cités d'Embrun et de Barcelonnette furent transférées des Alpes cottiennes aux Alpes maritimes comme en témoigne aussi la *Notitia Galliarum* (XVII).

L'ADMINISTRATION ET LES INSTITUTIONS

LES PROVINCES

L'ensemble du territoire gallo-germanique se répartit ainsi en quatre provinces gauloises, deux germaniques et quatre alpines de dates et de statuts différents (pour les types et la gestion des provinces impériales [Jacques, vol. I, p. 168-183] ; pour les fastes généraux et la bibliographie [Thomasson, 38]) : la Narbonnaise, issue de la Transalpine moins les Convènes, remonte à Auguste et fut à partir de −22 une province sénatoriale prétorienne [Pflaum, Fastes, vol. 1, n° 642] avec Narbonne comme capitale ; les Trois Gaules succédant à la *Gallia Comata* furent peut-être créées aussi dès 27 (?), en 22 ou lors du séjour augustéen de 16-13, et réparties en provinces impériales prétoriennes d'Aquitaine (capitale peut-être Saintes à l'origine [Maurin, vol. 1, n° 722] puis Bordeaux [Étienne, 184], (éventuellement après Poitiers au IIe siècle [Picard, 252]), Lyonnaise ou Celtique (capitale : Lyon) et Belgique (capitale : Reims [cf. R.-Ch., 260] ; un transfert à Trèves dès le Haut-Empire n'est pas avéré) ; de cette dernière province furent détachés militairement puis administrativement les districts (jusqu'à Domitien) puis provinces (sans doute en 84 ou en 85) impériales consulaires [Eck, Fastes, vol. 1, n° 638] de Germanie inférieure, capitale Cologne, et supérieure, capitale Mayence ; de nombreux problèmes affectent la définition de l'appartenance provinciale de certaines cités de cet ensemble [Wightman, 71] comme les Lingons qui ont varié [Wightman, dans vol. 1, n° 514, II, p. 207-217], ou les Tongres qui paraissent relever de la Germanie inférieure dès le Haut-Empire [R.-Ch., 263]. Les Alpes, quant à elles, sont équestres [Prieur, Fastes, 96 ; Bérard, 95].

Il peut être judicieux d'évoquer ici l'organisation du culte impérial quand on rappelle que cette pratique religieuse − fondamentale dans le fonctionnement des cultes publics et l'expression de la loyauté de l'Empire vis-à-vis du pouvoir central [Fishwick, vol. 1, n° 474 ; Scheid, vol. I, p. 122-124] − s'exerçait, précisément au niveau provincial, conjointement avec la réunion de l'Assemblée provinciale. Chronologiquement, la première organisation du culte impérial provincial en Occident fut la fondation puis l'inauguration de l'*Ara Romae et Augusti* au confluent de la Saône et du Rhône [pour sa forme Turcan, 304 ; Fishwick, 190 ; pour l'archéologie récente Tranoy et Ayala, 301], la réunion du premier *concilium Galliarum* (avatar romanisé des anciennes assemblées gauloises attestées par

César, *BG,* VII, 63), rassemblant les délégués des différentes cités des
Trois Gaules et l'élection du premier *sacerdos* en la personne de l'Eduen
C. Iulius Vercondaridubnus (Dion Cassius, LIV, 32, 1 ; Tite-Live *Per.*,
139), en 12 avant J.-C. par Drusus. Sous Tibère fut offert par des notables
santons (*ILTG,* 217) l'amphithéâtre du sanctuaire fédéral où se dérou-
laient les jeux et spectacles dont on sait qu'ils faisaient partie intégrante
des célébrations liées au culte. Ainsi donc, Lyon, colonie romaine voisine
de l'Autel, devint en fait la capitale fédérale des Gaules, siège aussi d'administrations fiscales et d'un atelier monétaire [Frézouls, 9, p. 473-474] :
il ne faut, en effet, pas négliger le rôle politique de l'Assemblée des délégués auprès des gouverneurs [Pflaum, vol. 1, n° 641 ; Deininger, vol. 1,
n° 636], ni les fonctions administratives assurées par cette institution dont
l'organisation précise et l'activité exacte [Fishwick, vol. 1, n° 474, I, 1]
nous échappent en dehors de quelques éléments de base. Le grand-prêtre
fédéral (*sacerdos Romae et Augusti ad Aram quae est ad confluentem,* dénomination qui a connu de légères variantes) préside l'assemblée et les cérémonies ; il est élu par les délégués des soixante (environ) cités gauloises, des
notables qui ont exercé tous les *honores* dans leur *civitas* et qui, parfois,
atteignent ou font partie de l'ordre équestre [Maurin, vol. 1, n° 722 ; voir
aussi *infra*] ; d'autres fonctions sont attestées : *iudex arcae Galliarum, allectus
arcae Galliarum, inquisitor Galliarum, iudex arcae ferrariarum,* dont on ne sait
guère plus que l'information contenue dans la dénomination même : existence d'une caisse fédérale et d'une administration de mines.

Certains pensent – mais c'est une hypothèse fort fragile – qu'il a existé en
outre un culte impérial séparé pour l'Aquitaine césarienne au sud de la Garonne
(une organisation qui serait à la base de la future Novempopulanie du Bas-
Empire, assurément non de l'époque de Domitien) avec son centre à Saint-Bertrand-de-Comminges et flamine séparé [Maurin, vol. 1, n° 722 ; Fabre et Bost,
186 ; *contra* Chastagnol, 17, p. 30].

L'étape suivante fut la fondation, à une date incertaine de l'époque
augustéenne mais vraisemblablement par le même Drusus [Fishwick,
vol. 1, n° 474 ; voir aussi Rüger, vol. 1, n° 701, p. 20], de l'*Ara Ubiorum* à
l'emplacement de la future Cologne qui conservera l'élément *Ara* dans sa
dénomination, destiné à être le siège du culte impérial de la province de
Germanie à conquérir et qui sera ensuite sans doute celui des districts germaniques [voir cependant Lebek, 229] peut-être limité encore à la Germanie inférieure si tant est que *Arae Flaviae* (Rottweil) soit bien le site du
culte impérial de Germanie supérieure fondé par Vespasien ou Domitien,
ce qui reste une hypothèse liée au seul toponyme.
     La même hésitation entre les deux empereurs flaviens prévaut égale-
ment pour l'instauration du culte impérial provincial de Narbonnaise à

Narbonne : en effet, les provinces plus romanisées, comme la Narbonnaise ou la Bétique, restées dans l'orbite du sénat, reçurent tardivement une organisation structurée administrativement pour le culte impérial qui s'était développé au niveau local – en particulier selon les prescriptions des lois coloniales – en association souvent avec une divinité topique, dès les premières années du principat ; dans les grandes villes méridionales les temples dynastiques ont souvent dominé le *forum*, comme la Maison carrée de Nîmes ou le temple d'Auguste et Livie à Vienne [Gros, 5]. Nous connaissons le premier flamine provincial de Narbonnaise (Q. Trebellius Rufus de Toulouse) et avons retrouvé le texte partiellement mutilé de la *lex de flamonio provinciae Narbonensis* (*CIL*, XII, 6038 ; nouvelle édition *AE*, 1987, 749 [Williamson, 313]) mais l'attribution traditionnelle à Vespasien [Fishwick, vol. 1, n° 474] a été battue en brèche avec des arguments intéressants (mais fragiles) au bénéfice de Domitien [Pailler, 249]. Le texte de la loi, même fragmentaire, permet de connaître des éléments de l'organisation et des tâches des prêtres ainsi que l'existence dans les assemblées locales d'un groupe des « anciens flamines » constituant le rang le plus élevé de l'aristocratie provinciale ; l'inscription nous apprend aussi en partie le contenu des célébrations dont les *ludi et spectacula publica* qui expliquent, entre autres, le grand développement des amphithéâtres à l'époque flavienne, construits dans un espace urbain préservé comme à Nîmes [Bessac *et al.*, 139] ou sur le rempart arasé comme à Arles [Heijmans et Sintès, 211]. Ensuite, Hadrien développa l'organisation et la pratique du culte impérial dans l'Empire et en particulier à Lyon où il fit construire un temple [Fishwick, vol. 1, n° 474] ; les nouvelles formulations des dédicaces religieuses qui se répandent à cette époque [R.-Ch., 108] pourraient en constituer un indice supplémentaire [Chastagnol, 152]. Si nous pouvons nous faire une opinion à propos du recrutement et du fonctionnement du culte impérial provincial dans les quatre provinces gauloises, quoique la question se pose pour la participation des Lyonnais (*AE*, 1979, 403) [pour les fastes sacerdotaux en Narbonnaise, Pflaum, vol. 1, n° 642] ; dans les Gaules [Maurin, vol. 1, n° 722, revu dans 54, p. 109-124 ; voir aussi Chastagnol, 17 et Demougin, 169]), nous en sommes réduits aux conjectures en ce qui concerne les Germanies dont le site même du temple provincial est incertain pour la Supérieure ; un seul prêtre est nommément connu, ayant exercé sa tâche à l'*Ara Ubiorum*, le Chérusque Segimundus mentionné par Tacite (*Ann.*, I, 57, 2) ; les autres *sacerdotales* attestés, comme par exemple Dativius Victor donateur de l'arc de Mayence (*CIL*, XIII, 11810), paraissent plutôt des prêtres de niveau local.

Sur le plan financier et fiscal, les bases censitaires furent établies dès la création des provinces, avec les recensements de 27, de Drusus et de Germanicus. Il est possible sinon probable que des cadastrations ou centuriations [Chouquer et Favory, 32] furent également installées, dès l'origine ou à mesure des défrichements, par les agents du cens ou les cités, même dans des régions sans implantation coloniale (par exemple chez les Rèmes [Jacques et Pierre, 214] ou les Bituriges [Querrien, 254]) et que leur fonction – hors du cadre immédiat d'une déduction coloniale – fut plutôt administrative que politique mais la question est controversée [Chouquer et Favory, 33 ; Chouquer et de Klijn, 156]. Les provinces connurent une organisation qui varia dans la répartition des procurateurs [Pflaum, vol. 1, n°ˢ 623 et 854] : sous les Julio-Claudiens d'abord deux fonction-naires, l'un pour la Narbonnaise – qui partageait l'administration finan-cière avec le questeur – l'autre pour la *Gallia Comata* (terme qui se main-tint jusqu'aux Flaviens dans ce contexte) dont furent toutefois séparés la *Belgica* et les districts de Germanie sous Claude (procuratèle ducénaire exercée par exemple par le père de Tacite) et sans doute déjà installé à Trèves [Heinen, 212] ; à partir de Domitien les deux provinces de Germa-nie nouvellement créées restèrent fiscalement sous l'autorité du procura-teur de Belgique et celui des deux autres provinces gauloises prit la déno-mination plus explicite de procurateur de Lyonnaise et Aquitaine. On rencontre également des procurateurs chargés de domaines impériaux comme, par exemple, celui constitué dans le *tractus* ou *saltus Sumelocennensis*. Quant à l'établissement du cens qui représentait l'assise fiscale, il était du ressort de légats consulaires spéciaux, les *censitores,* qui périodiquement étaient nommés en sus des gouverneurs prétoriens [Jacques, vol. 1, n° 591 ; Thomasson, 38, p. 85-96] et procédaient à la révision des listes et cadastres assistés des procurateurs régionaux. Dans le courant du Haut-Empire, un certain nombre d'impôts affermés furent remplacés par des perceptions semi-directes effectuées sous le contrôle de fonctionnaires équestres (par exemple la *XXa hereditatium* organisée en deux circonscrip-tions). A cet égard, il convient de citer plus particulièrement la *Quadrage-sima Galliarum* [De Laet, vol. 1, n° 611], instaurée par Auguste [France, 37], cette taxe douanière de 2,5 % dont la zone d'application correspondait au territoire ici traité (Narbonnaise, Trois Gaules, Germa-nies et Alpes), basée à Lyon avec des postes établis aux frontières (à Bonn *AE,* 1930, 29 ; à Saint-Bertrand *CIL,* XIII, 255 ; à Zurich *CIL,* XIII, 5244, à Marseille [France et Hesnard, 191] par ex.), dans les Alpes [Mennella, 238] ou dans des centres de commerce et nœuds de transport, comme à Trèves [R.-Ch., 259].

Notons ici l'hypothèse qui a été formulée à propos de ces objets si particuliers, très fréquents dans la même zone et rarissimes ailleurs dans l'Empire que sont les cachets d'oculiste [Voinot déjà incomplet cf. *AE*], de les mettre en relation avec cette taxe comme une marque d'origine des produits et/ou une preuve de paie-ment [Künzl, 220].

LES « CIVITATES »

Éléments de base de l'administration de l'Empire [Vittinghoff, 16], mises en place et reconnues lors de la conquête ou de l'organisation provinciale selon les cas, les cités gallo-romaines pérégrines pouvaient connaître différents statuts plus ou moins favorables [Jacques, vol. I, p. 226-227], de stipendiaires (comme la majorité) à fédérées (comme les Lingons ou les Eduens...), en passant par libres (comme les Nerviens, les Suessions, les Santons, les Arvernes...), dont les dénominations sous l'Empire furent essentiellement honorifiques après que Tibère eut aboli les privilèges fiscaux ; mais les titres en restaient appréciés et se maintinrent dans l'appellation officielle (pour les Voconces fédérés, Pline, *HN*, III, 37 [Goudineau, 200] ; pour les Rèmes fédérés [R.-Ch., 260] ; pour les Pétrucores libres, *CIL*, XIII, 8895 = XVII, 369).

En outre furent fondées, à l'époque républicaine (Narbonne), césarienne (Nyon [?], Arles), triumvirale (Augst, Lyon, Béziers, Orange), augustéenne (Fréjus, Valence [?]), puis, en Germanie, claudienne (Cologne) et trajanienne (Xanten) – peut-être flavienne à Avenches –, des colonies de droit romain avec apport de vétérans et mise en place d'institutions gérées par ceux-ci, même s'il est probable que les élites locales ou du moins une part d'entre elles disposant déjà de la citoyenneté ou gratifiées pour la circonstance, furent immédiatement ou graduellement insérées parmi les colons [Christol, dans 24, p. 187-202 ; 42 ; Chastagnol, 17, p. 131-141 ; Vittinghoff, vol. 1, n° 690 ; Galsterer dans 26, p. 9-15]. La diffusion du droit latin fut cependant le procédé le plus répandu – avec moindre perturbation du monde indigène [Christol, 41 ; 160] – pour faciliter l'intégration de ces notables par l'exercice des magistratures et cela dès César en Narbonnaise.

Nous ne reviendrons pas ici sur ce sujet disputé s'il en est et récemment très travaillé qu'est la définition du droit latin provincial ; dans l'état actuel de la recherche, sa conception comme droit collectif accordé à une cité [Wolff, vol. 1, n° 731 ; Vittinghoff, 16 ; Chastagnol, 17] sans nécessairement qu'il y ait élévation au rang de colonie (en Gaule) ou de municipe (en Germanie et dans les Alpes) [Galsterer-Kröll, vol. 1, n° 710], paraît la mieux fondée. L'acquisition subséquente du statut colonial ou municipal constitue dès lors une marque supplémentaire de reconnaissance par le pouvoir romain du niveau de latinisation, romanisation, intégration atteint par les provinciaux grâce à la jouissance du droit latin mais témoigne aussi de l'enrichissement des élites jugées aptes à se conformer aux exigences de fonctionnement d'une commune romaine [Vittinghoff, 16, p. 55 et 44-47].

En Narbonnaise, de nombreuses villes furent fondées avec le rang de colonie latine et, au moins dans certains cas comme à Nîmes ou à Vienne, apport de vétérans auxiliaires, pendant la période césarienne mais surtout aux époques triumvirale ou augustéenne; d'autres, plus tard dans le premier siècle ou le courant du second, en reçurent le titre honoraire, suivi parfois de l'élévation au droit romain; le cas de Vienne [Goudineau, 201; Gascou, 48] couvre toutes les étapes: colonie latine avortée de César, colonie latine d'Octave, colonie romaine honoraire de Caligula et même, à une date incertaine, octroi du *ius Italicum* (*Dig.*, 50, 15, 8).

Dans les Trois Gaules, le droit latin avait été accordé anciennement à des cités d'Aquitaine (cf. *supra*) mais, dans l'ensemble, il apparaît que la diversité des statuts et des institutions a prévalu pendant la première moitié du Ier siècle au moins: la documentation épigraphique et numismatique a conservé la trace de magistratures uniques calquées ou traduites de fonctions gauloises préexistantes (et non doubles et romanisées [181]) comme le vergobret des Santons (*ILA Santons*, 20 et 10?), des Lémovices (*AE*, 1989, 521) ou des Bituriges Cubes (*AE*, 1980, 633 = 1981, 643), le *praetor* des Bituriges Vivisques (*CIL*, XIII, 596-600) ou le *princeps* des Ségusiaves (*CIL*, XIII, 1645). Par la suite on voit apparaître systématiquement des magistratures (ou des prêtrises) de type collégial et de « nom » romain, comme les *duoviri* des mêmes Santons (*ILA Santons*, 21 et 1004, 4) et Lémovices (*ILTG*, 174), des Nerviens (*CIL*, XIII, 3572), des Séquanes (*CIL*, XIII, 1674-1675) attestés dans les années 70, ou plus rarement les *IVviri* des Ambiens (*AE*, 1982, 716), qui donnent à penser qu'une forme d'organisation municipale de modèle romain − avec des variantes locales − a pu être installée, soit progressivement, soit globalement, librement ou sous la pression romaine, et être le préalable, la conséquence ou le corollaire d'un octroi du droit latin.

L'idée n'est pas neuve − elle a déjà été émise par Camille Jullian [1, IV, p. 246] − mais l'examen attentif et récent de la documentation lui donne un poids nouveau même si une preuve directe ne peut actuellement pas être apportée. Les indices [Wolff, vol. 1, n° 731; Galsterer-Kröll, vol. 1, n° 710; Chastagnol, 17, p. 181-190], multiples, en sont notamment la diffusion des magistratures et des sacerdoces typiquement romains, le nombre de cités élevées au rang de *colonia* (rien n'autorise à considérer qu'il s'agit de titre purement « honorifique » d'emploi non légal et non constitutif d'une véritable colonie au minimum latine comme on l'a parfois écrit pour Trèves par exemple [Krier, 217; Heinen, 212; voir à ce sujet Wolff, vol. 1, n° 732 et Scheid, dans 103, p. 42-57]), la diffusion de la citoyenneté romaine notamment mais non exclusivement chez les détenteurs de fonctions publiques, avec la double particularité d'une rareté des gentilices impériaux et d'une grande faveur des gentilices de formation « patronymique » [van Berchem,

90, p. 155-164; Chastagnol, 17, p. 155-165; R.-Ch., 262; Wierschowski, 308; Bielman, 140] (signe d'une promotion à la citoyenneté de type automatique pour les magistrats et leur famille et non d'un *beneficium* remercié par le port du nom du donateur).

Le meilleur auteur de cette mesure nous paraît être Claude, qui fut accusé (Sénèque, *Apocol.*, 9, 4; Dion Cassius, LX, 17) d'être très généreux de la citoyenneté, d'une part dans la logique de son extension du *ius honorum* aux Gaulois et de son organisation « latine » des Alpes Grées et Pennines, d'autre part dans celle de l'action impériale au Ier siècle dans ce domaine, Néron accordant le droit latin aux Alpes maritimes et peut-être aux Alpes cottiennes, les Flaviens aux Espagnes (Pline, *HN*, III, 30). Il serait dès lors étonnant que les Gaules aient été négligées dans ce mouvement apparemment général en Occident d'élargissement de l'accès à la citoyenneté pour les élites locales [Chastagnol, 17, p. 97-98, 181-190].

En outre, il est probable que dans les troubles des années 68-69 les concurrents en présence aient octroyé à l'un ou l'autre de leurs partisans le droit romain (Othon aux Lingons, avec peut-être le rang colonial; Galba aux Arvernes, aux Eduens et aux Séquanes) [Wolff, vol. 1, n° 731, p. 87, n. 122]. Il n'est évidemment pas exclu que l'extension se soit faite par phases et que certaines promotions soient plus récentes, par exemple dans le Nord ou dans l'Ouest moins urbanisés(?). En tout cas, il devait s'agir à cette époque – comme en Narbonnaise d'ailleurs – d'un *ius Latii minus* comme en témoigne la dévolution de la citoyenneté en cas de mariage « mixte » [Chastagnol, 17, p. 51-71; Christol, 41] : seul le père citoyen romain transmet la citoyenneté. Il faudra attendre Hadrien sans doute pour que soit accordé le *ius Latii maius* avec *ius conubii* complet et citoyenneté aussi pour les décurions [Vittinghof, vol. 1, n° 690; Chastagnol, 31].

Il est plus difficile encore de proposer des hypothèses pour l'extension du droit latin aux Germanies [Vittinghoff, 16] où au Ier siècle subsistaient des statuts variables : Tacite (*Germ.*, 29, 2; *Hist.*, IV, 12, 3), par exemple, atteste qu'en 69 les Bataves étaient dispensés de tribut, alors que des cités de conquête césarienne parvenaient semble-t-il au droit latin (Némètes : *CIL*, XIII, 6659) ou même au rang colonial (latin ou romain?) honoraire (Lingons, Séquanes). Pourtant, même dans les zones romanisées seulement sous les Flaviens, s'accumulent au IIe siècle les mêmes indices, à la différence que les cités sont là, comme partout ailleurs dans l'Empire à partir de Claude (ou de Vespasien?), élevées au rang de municipe latin [Chastagnol, 17, p. 123-125; Vittinghoff, 16]. D'autres éléments de nature « impériale », dans le nom des villes (comme *Forum Hadriani*) ou des *civitates (Ulpia* ou *Aurelia)* montrent un patronage ou une intervention du *princeps* dans l'évolution des statuts municipaux. Nous en sommes donc réduits aux conjectures et avons proposé deux phases principales après des octrois ponctuels antérieurs (Claude? Flaviens?) : Trajan pour le droit latin de la Germanie inférieure, pour les cités anciennes de Supérieure qui ne le possédaient pas encore et les cités Ulpiennes, Antonin ou Marc-Aurèle pour les Auréliennes et autres cités du Neckar ; mais la prudence s'impose car il n'est pas impossible qu'il faille isoler chaque cas dans un contexte spécifique.

On constate enfin que s'est maintenu, à côté du nouveau titre municipal, l'usage du terme *civitas* qui (re)deviendra la dénomination normale des unités territoriales lorsque les statuts auront été égalisés par Caracalla [sur ces questions débattues, voir Vittinghoff, 16, p. 73 et 210-212 ; Galsterer, dans 26, p. 9-15 ; Wolff, vol. 1, n° 732 ; Frei-Stolba, 95 *bis* ; Chastagnol, 17, p. 183].

LES INSTITUTIONS MUNICIPALES

Limitons-nous ici aux particularités de nos régions. En Narbonnaise [Gascou, 48-49] une caractéristique intéressante permet de distinguer colonies romaines et colonies latines : les premières sont dirigées par des *duumviri* et les secondes par des *quattuorviri*, ce qui permet de suivre, faute d'autres éléments parfois, l'évolution du statut des villes (par ex. Vienne, dont l'élévation est confirmée par Pline, Antibes où il s'agit d'une conjecture). Dans les cités de droit romain, les fonctions de base (questure, édilité, duumvirat éventuellement quinquennal) se complètent de postes supplémentaires locaux. Dans les colonies latines, on trouve un collège de *IIIIviri* aidé théoriquement par deux questeurs mais il existe des variantes. Ainsi à Nîmes il existe une carrière inférieure comportant soit la questure soit l'édilité (Strabon, IV, 1, 12) et une carrière supérieure menant de la préfecture des vigiles et des armes au quattuorvirat. Dans les deux types de colonies s'intercalent bien sûr les prêtrises (augurat, pontificat et flaminat local), le flaminat provincial constituant généralement le couronnement. D'autre part, l'exemple des Voconces [Goudineau, 200], cité fédérée ayant reçu le droit latin, permet d'apercevoir l'évolution des institutions des usages gaulois aux règles romaines, et annonce les multiples variantes et différences qui apparaissent dans les Trois Gaules [Drinkwater, 181] – dont l'étude détaillée est en cours. Dans ces provinces, en effet, comme aussi en Germanie (par ex. dans la colonie de Xanten ou à *Nida*), on rencontre généralement des *IIviri* (plus rarement des *quattuorviri* : la coexistence des deux termes pose problème chez les Ségusiaves [*CIL*, XIII, 1624/1632] et les Séquanes [*CIL*, XIII, 5343/5367/1674-5], à moins qu'il ne faille y voir l'indice d'une transformation du cadre municipal). Ces magistrats principaux sont secondés par des édiles (attestés chez les Tongres, à Sens, à *Nida*) et/ou des questeurs (à

Metz, à Rennes, à Saintes) ; dans plusieurs cités apparaissent aussi des magistrats chargés des citoyens romains résidents (à Bourges, à Poitiers, à Bavay) lesquels disposaient aussi de groupements (à Mayence *AE*, 1990, 745) notamment provinciaux représentés à Lyon (*AE*, 1955, 210). Si le quinquennalat ne paraît pas clairement attesté (voir cependant *CIL*, XIII, 2949 ; 4030), on rencontre évidemment, à côté de sacerdoces publics spécifiques comme le flamine de Lenus Mars à Trèves [cf. Scheid, dans 103, p. 42-57], le *sacerdos Romae et Augusti* local (de Metz [Demougin, 168], de Thérouanne (*AE*, 1978, 502), de Rodez [Sablayrolles, 277], d'Amiens (*AE*, 1978, 501), de Rennes [Chastagnol, 17, p. 29-35]), plus rarement les prêtrises classiques [Ladage, vol. 1, n° 891] comme les augures des Lingons, les pontifes de Lyon, les haruspices de Mayence, de Trèves, de Spire (*AE*, 1990, 756 = 757) ou de Bad-Wimpfen (*AE*, 1990, 762), sans négliger les flaminiques et autres prêtresses [Spickermann, 289], toutes fonctions sacerdotales à apprécier aussi selon le statut de la cité. Sur le plan du culte impérial, un nombre significatif au moins de cités gallo-romaines comptaient un collège de *seviri augustales* au recrutement moins contraignant comprenant de nombreux affranchis, chargés notamment de l'organisation des jeux [Duthoy, vol. 1, n° 906 ; 34]. Enfin dans toutes les régions sont attestés des décurions [Rupprecht, vol. 1, n° 898] – dans les colonies (*e.g. CIL*, XIII, 7816 ; 8617 ; XII, 3171), les municipes [Bogaers, 141], les *civitates* (*e.g. CIL*, XIII, 7062, 7064) – qui constituaient le conseil local (l'*ordo* lui aussi mentionné quelquefois : *e.g. CIL*, XIII, 916, 2669, 3153), bien que les décrets proprement dits qui en émanent nous soient très rarement parvenus (voir *ILN Digne*, 3, qui témoigne de la vitalité de la vie municipale au IIe siècle). Sans doute donc une sorte de « charte municipale » avait défini les grandes lignes des nouvelles institutions romanisées et latinisées lors de l'octroi du droit latin comme lors de l'élévation honoraire à un statut urbain, mais avec des adaptations locales et des divergences de détail, perceptibles par exemple dans l'organisation des cultes publics.

« PAGUS, VICUS, CANABAE, CURIA »

Dans les Gaules et les Germanies se rencontrent aussi des unités géographiques et des institutions dont la définition exacte n'est pas assurée [Wolff, vol. 1, n° 731 ; 71 ; Burnand, 149 ; Chastagnol, 17, p. 13-28 ; Tarpin, 296-297]. Il semble que le *pagus* soit une entité correspondant à une structure gauloise d'avant la conquête – généralement un peuple de faible extension, jugé trop peu important pour constituer une cité propre (par ex. les *Mandubii*, les *Condrusi*...) – qui s'est maintenue à l'intérieur des *civitates* comme une subdivision, ayant peut-être servi de « refuge » pour les indigènes écartés des *coloni* dans le cas de colonies de déduction [Tarpin, 225 : hypothèse posant de nombreux problèmes], et jouant un rôle de délégation de pouvoirs du chef-lieu (décrets de *pagus* : *CIL*, XIII, 2608-2609) dans le cadre fiscal et censitaire peut-être mais assurément religieux. Structure territoriale avec bornage (*CIL*, XIII, 4143), le *pagus* représente une portion de la cité aux activités religieuses communautaires et en retour ces pratiques cultuelles reflètent et réalisent la mainmise du chef-lieu sur son terroir. La documentation épigraphique nous a conservé des éléments de l'organisation interne des *pagi* dirigés par des *magistri* (chez les Bituriges Vivisques ou les Médiomatriques), des *praefecti* (chez les Voconces ou les Allobroges) ou des *curatores* (à *Beda*-Bitburg chez les Trévires) mais connaissant aussi différents postes d'*actor, aedilis...*, fonctions diverses qui peuvent s'intégrer dans le carrière des magistrats municipaux ; dans certains sites comme Rennes [Chastagnol, 17, p. 29-35] ou Trèves [Scheid, dans 103, p. 42-57] par exemple, nos sources tant écrites qu'archéologiques montrent que les *pagi* ne sont pas des organismes indépendants de la cité mais réalisent une part des tâches qui incombent à la cité dans le cadre notamment des cultes publics et particulièrement pour le culte impérial. Celui-ci était célébré non seulement en ville mais aussi dans le territoire, dans ces sanctuaires dits « ruraux » (inadéquatement [Jacques, dans 103, p. 58-65] interprétés comme *conciliabula*), surtout développés au IIe siècle, qui ne sont pas les conservatoires de traditions gauloises ou même druidiques comme on le croit parfois (lire les critiques de Ed.-M. Wightman [dans 107, p. 549] et J. Scheid [280, p. 26]) mais qui pourraient représenter les lieux de culte public des *pagi* : leur épigraphie et leur organisation spatiale structurée avec temple(s), amphithéâtre et théâtre de type spécifique (sans bâtiment de scène), dédiés à la fois à la maison divine ou aux *numina* augustes et à une divinité topique, et destinés aux *ludi et spectacula publica* organisés à l'échelon local, conviendraient bien à cette interprétation avancée pour l'Aquitaine [Fincker et Tassaux, 61], où ils sont nombreux (Sanxay, Vendeuvre, *Argentomagus*, Les Bouchauds... [52]). Il faudrait reprendre l'étude systématique de ces grands ensembles religieux (comme aussi Genainville [Mitard, 242, avec un état de la question], Bois-l'Abbé [Chastagnol, 17, p. 37-47], Ribemont – implanté sur un sanctuaire indigène [Brunaux, 146] – et tant d'autres) offerts par les notables de la cité exerçant leur évergétisme aussi devant « leurs » *vicani* et *pagani*.

L'examen de ces sites religieux nous amène à nous intéresser à la notion de *vicus* : c'est, en effet, celle qui définit épigraphiquement dans les cas connus l'agglomération qui les jouxte. Plusieurs interprétations ont été avancées pour cette institution qui jouissait d'une administration propre (*curatores*, plus rarement *magistri* : *CIL*, XIII, 4132, 4310) et d'une délégation de pouvoir (décrets de *vicani* : *CIL*, XIII, 5042, 5233) pour diverses activités notamment, à nouveau, cultuelles. Un lien peut ou doit exister avec la notion de *pagus* (capitale ?) puisque, dans certains cas, *vicus* et *pagus* portent le même nom (cf. *CIL*, XIII, 2541 et 2564 ; *ILTG*, 303, chez les Ambarres). On a proposé de définir le *vicus* comme une agglomération fondée par l'autorité romaine comme vecteur de romanisation [Tarpin, 296], ce qui poserait la question de l'interprétation des bourgades développées au départ d'un site indigène et qui portent ce « titre » (comme l'*oppidum* de Vertault : *CIL*, XIII, 5661 ; le site de Wederath-*Belginum* : *CIL*, XIII, 7555 *a* [112] ; la bourgade de Bram [Passelacq et Gayraud, 250]). On rappellera qu'un *vicus* c'est d'abord, à Rome, un « quartier » de ville ayant reçu du pouvoir central des attributions spécifiques (comme la distribution de blé ou la célébration de cultes) : ce sens (que l'on rencontre également à Metz, à Mayence, à Saint-Bertrand, à Lectoure...) pourrait avoir été, en province, transposé – avec éventuellement des variantes liées à l'autonomie municipale – dans l'organisation des cités. En fin de compte, la plus simple et la moins limitative des définitions paraît la meilleure : un statut « communal » de base pour toute agglomération (de fondation spontanée ou non) ne disposant pas d'un titre spécial ; elle permet de comprendre que ce terme soit appliqué dans nos sources aussi bien pour de petits bourgs (comme Arlon ou Liberchies, Soulosse, Zülpich, Billig, Dalheim [28 ; cf. aussi 52]), pour des villes importantes (comme Genève ou Lausanne ou Néris) et même parfois pour des chefs-lieux de *civitas* : il s'agit peut-être alors de la survivance d'une dénomination liée à leur constitution dans un site ou voisinage militaire, plus particulièrement sur la rive droite du Rhin [par ex. *Aquae (Mattiacorum), Nida (Taunensium), Lopodunum (Sueborum)*]). Par conséquent, compte tenu aussi des lacunes de la documentation épigraphique toujours susceptible d'être complétée, il paraît légitime de faire usage du terme de *vicus* pour toute ville ou bourgade de type réellement urbain, justifiant un cadre et un fonctionnement administratifs (à la différence d'un simple hameau rural) ; de plus, si on en limitait l'emploi aux seuls cas attestés [par ex. Paunier, dans 28, p. 283-284], resterait sans dénomination, dans une sorte de vide institutionnel peu satisfaisant, une grande part des agglomérations.

Sur le plan de l'urbanisation « militaire », il faut rappeler aussi les deux formes d'agglomération civile née dans le voisinage des camps [Vittinghoff, 16 ; Bérard, 135 avec des variantes d'interprétation] : les *canabae* et les *vici*. Les *canabae legionis x*, nommément attestées par exemple à Strasbourg et à Mayence, pourraient représenter l'installation de civils à proximité immédiate d'un camp légionnaire (pour les aspects archéologiques [von Petrikovits, 93, II, p. 159-183]) ; on y rencontre des citoyens romains immigrés, des vétérans, des indigènes naturalisés ou non qui jouissent d'une administration propre (moins bien repérable en Germanie que dans les régions danubiennes) et ne dépendent sans doute pas du légat [Vittinghoff, 16] ; le lien probable à établir entre les *canabae* et les *prata* ou le *territorium legionis* [Bérard, 134] reste encore mal défini. A distance s'installe généralement (aussi) un *vicus* qui porte un toponyme propre, apparaissant notamment dans les itinéraires, et qui pourra évoluer éventuellement vers un statut municipal précis. De même on rencontre à côté de la plupart des fortins auxiliaires, même petits postes du *limes*, une agglomération civile de type *vicus* [Sommer, 86] qui se développera (comme à Öhringen – *vicus Aurelianus* [79]) et se transformera parfois en véritable ville lorsque le site sera démilitarisé (par ex. Bad-Wimpfen [79]).

Il reste à évoquer une institution gallo-germanique encore peu étudiée, qui pourrait n'avoir qu'une fonction religieuse, peut-être subdivision du *pagus* pour certains cultes délégués à des cadres gentilices, la *curia*, en relation étroite avec les dévotions aux Matrones [Rüger, vol. 1, n° 742 ; Scheid, dans 103, p. 53 qui pose le problème de la compatibilité curie-colonie].

LA RELIGION

En dehors du culte impérial que nous avons évoqué dans le cadre institutionnel, la religion gallo- ou germano-romaine est mal connue. Certes une énorme bibliographie, citée ici de manière exemplative, permet aisément de faire le catalogue des dieux honorés [102 ; Duval, 104 et 15 ; Merten, 239 ; Bourgeois, 143 ; Euskirchen, 185 ; Bauchhenss, dans 23, p. 325-337], des monuments [Bauchhenss et Noelke, 126], des *ex-voto* [Deyts, 178 ; Romeuf, 271 ; Bémont, 131], des sanctuaires [Thévenot, 109 ; Goudineau, 106 ; Mitard, 242 ; 114], des types architecturaux des temples [Cabuy, 150 ; Fauduet, 187 ; Trunk, 302 ; Lauffray, 226 ; Follmann-Schulz, dans 23, 243-256], sur les plans épigraphique, archéologique ou artistique [107]. Il est, par contre, difficile de proposer une synthèse des contenus religieux et des rituels que ces éléments impliquent dans la mesure où la recherche a très peu progressé (voir cependant [Derks, dans 22 *bis*, p. 111-127]). En effet, jusqu'ici, la plupart des travaux [*e.g.* Lambrechts, 110 ; Thévenot, 111 ; Hatt, 109] ont négligé de placer les documents gallo-romains dans leur contexte historique romain, c'est-à-dire dans le cadre et le statut liés à l'organisation religieuse de chaque cité, et recherchent directement les traditions indigènes celtiques voire préceltiques – connues jusqu'il y a peu [Brunaux, 103, 146] pourtant presque uniquement sous leur forme d'époque romaine – que ces cultes sont censés recouvrir. Dans cette optique qui associe religion celtique et sentiment national ou patriotisme gaulois, on en est même venu à considérer comme un « phénomène typique de contre-romanisation » la transformation d'un temple à *cella* carrée en édifice sur podium de type classique avec *pronaos* et péristyle au cœur d'une cité qui parvient, sans doute au même moment, au rang municipal (en l'occurrence Tongres).

Ce type de démarche méconnaît la prédominance civique de tous les cultes romains, quelle que soit la province où ils s'exercent, et les mécanismes socio-juridiques de leur diffusion ; par conséquent, il écarte ou minimise les éléments romains pourtant légalement obligatoires dans tous les cultes publics, au moins dans les colonies et les municipes (peut-être même dans toutes les cités de droit latin). Dès lors, des critiques méthodologiques majeures [Duval, 104 ; Scheid, dans 103, p. 44 ; 280 ; 281 ; Toulec, 300 ; Euskirchen, 185] doivent être opposées aux thèses et théories qualifiant ces cultes de « populaires » où les dieux seraient « plurifonctionnels » et presque interchangeables à l'intérieur d'un panthéon « orthodoxe ». Cela revient à considérer qu'en matière de religion proprement gallo- ou germano-romaine, tout ou presque reste à faire. Il n'est pas superflu de rappeler que cette religion était fondamentalement un polythéisme se caractérisant par le nombre et l'organisation fonctionnelle de ses divinités et qu'elle ne se limitait ni à un jeu contradictoire de résistances et d'influences, ni à un simple transfert de la religion romaine mais qu'elle devrait plutôt se comprendre comme « une interprétation d'éléments nouveaux dans une tradition indigène poussée à l'adaptation, en fonction d'une diversité de réactions et d'actions de sous-groupes culturels » [Toulec, 300, p. 82]. C'est uniquement dans la prise en compte des données de la romanisation institutionnelle des cultes qu'une compréhension valable des processus d'*interpretatio* pourra être envisagée car, au moins dans les villes de droit romain ou latin pour les cultes publics, les choix et les adaptations des grands dieux locaux ont été effectués publiquement par les décurions et les magistrats de chaque cité, c'est-à-dire par l'élite romanisée et non « au hasard, dans la sacristie d'un sanctuaire rural, par trois barbares résistants et ignares des réalités romaines », comme l'a souligné à juste titre J. Scheid [dans 103, p. 46]. On a donc procédé à bien davantage qu'un nouvel « habillage » et ces équivalences parfois savantes peuvent être élucidées par l'analyse attentive de notre documentation à l'aide des concepts de la religion romaine (ainsi chez les Trévires pour Lenus Mars, ou pour Pisintus, par exemple) – même si bien des incertitudes ou des ignorances demeurent. C'est dire aussi que la diversité locale a été préservée dans la romanisation puisqu'il n'y a pas eu fusion imposée de l'extérieur mais choix : en dehors des obligations générales et limitées (triade capitoline et culte impérial), les autorités locales ont procédé librement à la sélection et l'organisation des cultes en puisant dans le ou les panthéons indigènes pour rédiger le calendrier et sa liturgie.

Plusieurs voies ont été récemment explorées qui permettront de réorienter la recherche : l'étude des cultes dans leur contexte institutionnel, *civitas* par *civitas* [R.-Ch. 108, p. 81-84], afin de ne pas unifier anachroniquement « la » religion, en tentant à faire la part du public et du privé, comme J. Scheid l'a entamé pour la cité des Trévires [281 ; dans 103, p. 42-57] ; l'étude d'une divinité dans ses formes d'époque romaine en cherchant à établir les différences et les nuances selon les régions et les dédicants, comme D. Toulec le propose pour Silvanus [300], mais aussi à tracer une évolution chronologique, du stade pré-épigraphique d'époque julio-claudienne à la reconnaissance publique du IIe siècle, comme on peut l'entrevoir pour les Matrones rhénanes [cf. 102] ; l'étude de la perception du panthéon romain par les indigènes d'une cité en mettant en évidence un ou des cultes « nationaux » ou poliades comme Mars pour les Trévires ou Hercule pour les Bataves, selon la démarche entreprise par T. Derks [171]. Il faudra reprendre l'étude systématique, approfondie et sans *a priori* des sources textuelles, notamment épigraphiques, et des sources archéologiques, afin de remplacer les visions « romantiques » de la religion, autant pour les sanctuaires urbains que pour les sanctuaires ruraux, autant aussi pour les sanctuaires définis comme guérisseurs [Scheid, 280]. Par ailleurs, l'étude de la répartition des sanctuaires dans la *civitas*, l'identification de cultes communautaires mais privés (dans le cadre d'une villa, par exemple), les délégations aux *pagi, vici*, curies (?), familles, sont encore très largement négligées et offriront d'importantes clefs de compréhension et d'interprétation. Alors il sera légitime de définir les traditions indigènes ou d'opposer les assimilations extrêmement poussées de Narbonnaise ou des colonies anciennes et les résistances comme celles qui se manifestent par les piliers à Jupiter rhénans, à savoir une forme d'intégration religieuse dépendant paradoxalement de la société dominée alors qu'elle est utilisée par les militaires. A ce propos, les célébrations et cultes émanant de l'armée devront être étudiés pour eux-mêmes avant toute comparaison ou intégration avec les pratiques civiles car le concept souvent affirmé de « romanisation militaire » plus particulièrement dans le domaine religieux paraît, lui aussi, largement surestimé [Liertz, 233 *bis*].

Parmi les cultes romains, se sont largement diffusées en Gaule et en Germanie les religions dites « orientales » [Turcan, vol. 1, n° 508-509]. Dans certaines cités, elles ont même acquis le rang de culte public (comme le culte de Cybèle à Lectoure). On citera particulièrement, outre le culte métroaque très répandu [Turcan, dans 101, p. 9-19] (attesté récemment à Aix [*ILN Aix*, 38] et sans doute à Arras [Jacques et Belot, dans 101, p. 21-34]), les cultes égyptiens à Nîmes [Turcan, dans 107, p. 456-518] et celui de Mithra (dont la date d'apparition fait problème [R.-Ch., 108, p. 71-74]) surtout pratiqué dans les régions militaires [Schwertheim, dans 107, p. 802-804], mais non exclusivement [Deman, dans 101, p. 35-47]. D'autres sont attestés plus sporadiquement, comme les cultes syriens. On complètera par le rappel de l'implantation relativement ancienne du christianisme en région lyonnaise et la persécution de 177 [113].

Une question à la frontière de la religion et de l'épigraphie reste non résolue : que signifiait l'*ascia* représentée et/ou mentionnée sur les épitaphes, en particulier dans les régions rhodaniennes et trévires ? Un catalogue des attestations et des hypothèses émises [Mattson, 237] ne permet toujours pas de proposer une interprétation satisfaisante.

Sur le plan funéraire aussi, l'origine des dépôts sous *tumulus* le long des grandes voies, caractéristiques de certaines régions (comme les Tongres), à côté des grands piliers sculptés plus classiques et des nécropoles urbaines, reste problématique, peut-être en relation avec des pratiques préromaines.

LA SOCIÉTÉ

L'étude de la société gallo-romaine [France, 6 ; Frézouls , 9] demande un point de vue différencié selon les régions et les périodes afin de rendre compte de la variété des situations à tous les niveaux de pouvoir et de richesse. La compréhension et la définition des couches sociales n'est pas simple et ne doit pas être réduite à un schéma préconçu, même pour les catégories dominantes.

En Narbonnaise [Christol, dans 24, p. 187-202 ; 42], les colonies romaines de déduction ont joué un rôle déterminant dans la promotion de leurs élites. Il est probable que ce phénomène fut lié à l'immigration italienne dont les familles ainsi que celles de notables locaux – romanisés culturellement et institutionnellement depuis l'époque républicaine et intégrés dans les colonies lors de leur fondation ou peu après – ont fourni les magistrats municipaux du Ier siècle et sont, dès l'époque julio-claudienne, parvenues à s'intégrer aux noblesses d'Empire, l'ordre équestre [voir aussi Sablayrolles, 276] et dans une moindre mesure l'ordre sénatorial. Aspirées semble-t-il par l'exigence italienne légale ou sociale de leurs carrière et vie familiale, elles ont ensuite dans une certaine mesure fait place pour l'exercice des honneurs locaux à d'autres, d'origine régionale (ou italienne d'ailleurs), qui assureront un certain renouvellement de la classe dirigeante de ces cités méridionales. Dans les *civitates* de droit latin, colonies ou non, le processus a été plus lent, plus local et, à quelques exceptions près comme Nîmes, Vienne ou même Vaison, il faudra attendre la fin du Ier et le IIe siècle pour que les membres de leur aristocratie soient promues dans les hautes sphères de la société et de l'État romains et que l'évolution des couches supérieures soit perceptible. Dans le reste des Gaules, même dans l'hypothèse ici retenue d'un octroi généralisé du droit latin par Claude, la promotion des élites locales vers ces sommets a été très normalement plus tardive mais peut-être aussi plus limitée, si l'on en croit les listes prosopographiques [Burnand, vol. 1, n° 849, II, p. 387-437 ; 30 ; Eck, vol. 1, n° 849, II, p. 539-552 ; Alföldy, 118 ; Mrozewicz, dans 24, p. 215-221]. Cependant se pose ici un problème méthodologique, celui du recours à l'argument *a silentio* pour apprécier la pratique épigraphique honorifique et sa diffusion réelle dans les Trois Gaules et les Germanies : la comparaison entre les inscriptions d'une ville comme Cologne, par exemple, colonie romaine, où l'on compte 600 numéros environ, et le nombre dérisoire (15) des attestations de magistrats, prêtres publics et décurions alliée à un manque quasi total de dédicaces honorifiques donne à penser que, dans l'ensemble régional considéré, les usages et honneurs locaux devaient revêtir d'autres formes que celle de la célébration épigraphique [Eck, dans 26, p. 73-84]. En l'absence d'hommages publics, l'importance réelle de l'ascension des familles aristocratiques gauloises et germaniques dans les deux ordres majeurs de l'Empire reste très difficile à mesurer et, parmi les nombreux *incerti* incontestablement d'origine « occidentale », il doit très probablement se dissimuler un nombre plus important de sénateurs et chevaliers ressortissants de nos provinces qu'on ne le pense généralement ; la qualité des liens qui les unissaient à leur région d'origine est par ailleurs impossible à apprécier. D'autre part, étant donné la faiblesse numérique spécifique des sénateurs, étant donné aussi la rareté des *latifundia* et des ressources minières génératrices de très grandes fortunes, il ne nous paraît pas exclu que la répartition de la richesse ait été dans l'espace germano-gaulois quelque peu différente qu'en Espagne ou en Afrique et que les *facultates* nécessaires au cens et au niveau de vie sénatorial aient été plus difficiles à atteindre, notamment après les exactions de Caligula.

Mais cette réflexion sur la structure de notre documentation a d'autres conséquences si l'on veut définir la composition même des couches dirigeantes dans leurs fonctions locales et régionales. Il est évident que, dans l'ensemble territorial envisagé – et ce même partiellement dans le cas des colonies de déduction –, c'est dans l'ancienne aristocratie indigène, romanisée dès l'arrivée des Romains, qu'ont été recrutés les magistrats municipaux, prêtres publics et décurions des nouvelles cités. Ces notables locaux de noblesse foncière et militaire, sans doute descendants des *equites* gaulois dont nous parle César, souvent porteurs du gentilice Iulius octroyé par lui-même ou Auguste mais non exclusivement, voire même pérégrins car dans les cités pérégrines à l'origine la citoyenneté est encore à acquérir, fournissent les premiers prêtres du culte impérial et les actes d'évergétisme qu'ils assurent garantissent l'importance de leur richesse. Dans toute l'Antiquité, romaine en particulier, comme d'ailleurs dans toute l'histoire jusqu'au début du XXe siècle, c'est la terre qui représente la source de richesse majeure et la mieux notée. C'est donc très logiquement les grands propriétaires fonciers qui constituent le fondement et l'armature des couches dirigeantes locales [Wightman, 310] et leurs liens de cité à cité notamment par le mariage [*e.g.* Christol et Janon, dans 138, p. 9-18 ; Wierschowski, 309] montrent leur puissance et leur extension. De même leur attestation à travers tout le territoire [Wierschowski, 308], leurs évergésies « rurales » et leurs monuments funéraires érigés sur leurs terres [Christol, 160 ; Burnand, vol. 1, n° 879] font apparaître l'étendue de leur mainmise, en particulier dans les régions méridionales.

Cependant d'autres formes d'enrichissement vont se développer à la faveur de la croissance économique qui va marquer le Haut-Empire et favoriser le processus de mobilité sociale déjà nettement perceptible en Narbonnaise dès le Ier siècle. Marchands, artisans, transporteurs, dont certains sont des affranchis [Christol, 157], groupés en *corpora*, vont, surtout de la fin du Ier siècle au milieu du IIIe, acquérir des fortunes suffisantes pour espérer entrer d'abord dans la frange à la limite de la vraie notabilité (sévirs augustaux et détenteurs des ornements décurionaux) [Christol, 158] puis, aux générations suivantes parfois à la faveur d'un patronage ou d'une adoption, accéder aux *honores* [Christol, 159 ; Burnand, dans 24, p. 203-213], voire même plus haut [cf. *e.g.* Walser, 100, p. 73-80 ; Picard, 252]. Investissaient-ils, pour parvenir à être élus, leurs bénéfices dans la terre afin d'échapper à la mauvaise image des profits commerciaux, comme on le pense souvent à la suite d'A. Grenier [10], ou bien les mentalités locales étaient-elles davantage aptes que d'autres à accepter l'ascension sociale de ces catégories en fonction de la place que semblent avoir tenue dès l'époque de l'indépendance les marchands et artisans dans la société des *oppida* [cf. *e.g.* Metzler, 240] ? On verrait alors ici leur remontée socio-économique dans un mouvement de réajustement dans la répartition du pouvoir et de la fortune [France, 6, p. 102] dont pourraient témoigner peut-être aussi les liens étroits tissés notamment dans le cadre du patronage entre les corporations et les magistrats municipaux ou prêtres provinciaux (cf. *e.g. CIL*, XIII, 1709 ou 1688 = *ILS*, 7020 et 7021).

D'autre part ne peut-on imaginer aussi, pour les grands négociants et transporteurs, qu'il n'y ait pas eu nécessairement de réelle cassure sociale vis-à-vis des propriétaires fonciers : n'appartiendraient-ils pas dans certains cas aux mêmes familles mais avec des investissements différents, l'argent allant de la terre au commerce selon les besoins et les bénéfices ? Ou même ces « hommes d'affaires » ne pourraient-ils être parfois des cadets que l'on plaçait dans des entreprises d'un autre genre parce qu'il fallait laisser la place la plus honorable aux aînés et conserver les terres en indivision ?

En fait, si nous sommes à ce point dans le domaine du doute, c'est parce que, en dehors de la Narbonnaise, la documentation épigraphique des magistrats et décurions est insuffisante et la commémoration des fonctions publiques, minorisée par rapport à celle de l'activité privée, notamment commerciale et religieuse (ou, en Germanie, militaire). Par conséquent, il est très rarement possible d'établir des rapprochements onomastiques et le petit nombre d'attestations explicites des professions exercées par l'élite municipale ne permet guère de conclusion tranchée : des nautes et des négociants revêtus des honneurs locaux existent et ils pratiquent tous les devoirs de leur charge, évergésies et patronat (l'exemple le plus célèbre est celui du Trévire C. Apronius Raptor, *CIL*, XIII, 1911 et 11179 ; cf. Krier, 217) mais quelle proportion représentent-ils ? La réalité nous échappe en grande partie et une position prudente et nuancée est certainement la plus adéquate : à un premier siècle dominé par l'aristocratie foncière ancienne a succédé un second siècle plus mélangé. Est-ce parce que les Iulii avaient été durement frappés par la répression de la révolte de Vindex ? Peut-être est-ce une explication dans certains cas (comme à Trèves [Heinen, 212]) mais elle ne convient pas à toutes les régions. Il ne faut certes pas remplacer ce groupe limité et terrien par une bourgeoisie commerçante [Grenier, 10, p. 539], ce qui serait assurément anachronique, mais il ne faudrait pas non plus minimiser par principe l'accès avéré des nouveaux riches à ces postes et ces pouvoirs. La documentation en est numériquement peu abondante [Rupprecht, vol. 1, n° 898 ; Langhammer, vol. 1, n° 762 (à compléter par ex. par *AE*, 1975, 646 où le nom est plutôt L. Hon(orius) Hilarus) ; Kuhoff, 219], mais elle est faible aussi pour tous ceux que le silence à propos du métier fait implicitement considérer comme des propriétaires fonciers. Enfin l'onomastique de toutes ces personnes peut représenter un indice supplémentaire : en effet, les négociants et autres membres ingénus des corporations sont le plus souvent des citoyens romains dotés d'un gentilice de « formation patronymique » caractéristique, comme on l'a dit, de la jouissance du droit latin ; dès lors ils doivent avoir acquis cette citoyenneté par l'exercice des magistratures, eux-mêmes ou leur père ou leur ancêtre (les vétérans auxiliaires prennent le gentilice de l'empereur qui leur a accordé la *civitas* et le *conubium* avec l'*honesta missio*) ; dès lors aussi ils doivent être liés d'une manière ou d'une autre – mais étroitement – à la catégorie des magistrats municipaux (et décurions à partir d'Hadrien).

Cependant il devait y avoir des différences régionales selon la situation géographique des chefs-lieux, qu'ils aient été implantés sur de grands axes fluviaux ou routiers, ou qu'ils soient plutôt des centres de terroirs agricoles. Nous reviendrons sur la place économique de ces catégories sociales moyennes ou montantes mais leur localisation sociologique exacte est difficile à percevoir, à définir, et dépend peut-être parfois davantage de l'idée préalable que l'on se fait de la société et de l'économie antiques que des données éparses dont nous disposons. En outre, des clivages divisaient la couche dirigeante elle-même [Burnand, 148] qui témoignent de la complexité des relations sociales et suggèrent, comme au Sénat romain, des hiérarchies internes, par exemple entre vieilles et nouvelles familles. « Au bout du compte, il apparaît en tout cas clairement que l'on ne saurait se faire une idée univoque et réductrice de la composition et de l'évolution de l'aristocratie gallo-romaine. Les images traditionnelles montrant un groupe restreint de magnats de la terre, ou de puissantes corporations de négociants établis dans des villes actives, renvoient assurément à des réalités, mais il est certain également que celles-ci coexistaient avec tout un éventail de situations et de franges intermédiaires et mouvantes » [France, 6, p. 102-103]. Quant aux Germanies [Strobel, dans 26, p. 45-54], il faut rappeler que là aussi une certaine immigration civile, cette fois gallo-romaine, en particulier dans les Champs décumates (Tacite, *Germ.*, 29), a probablement fait partie des milieux dirigeants et que, dans une faible proportion toutefois semble-t-il [Mrozewicz, 245], des vétérans ont réussi à s'y intégrer, pour un tableau encore plus diversifié et une société davantage bouleversée par l'installation massive des troupes.

Les couches sociales inférieures ne sont pas mieux connues. La répartition des fermes et villas, avec peu de très grands domaines avant la fin du IIe ou le IIIe siècle [De Boe, 165], donne à penser qu'il a dû exister une « classe moyenne » de petits propriétaires fonciers (qu'il n'est pas indispensable de considérer comme inéluctablement voués à la ruine) dont les terres sont peut-être partiellement issues du démembrement de la fortune des Iulii (?) mais sans doute aussi de partages successoraux et de l'extension progressive des terroirs cultivés ; elle comprenait assurément aussi des artisans, des commerçants locaux, le cas échéant des soldats et des vétérans – installés majoritairement comme on sait dans leur ville ou région de garnison – ayant bien investi leur prime : songeons dès le début de l'Empire à la richesse d'un Poblicius à Cologne (*I. Köln*, 216) ou celle des Cassii à Mayence (*AE*, 1977, 586), reflet en mineur des couches supérieures sans ambition immédiate de progression mais sans doute aussi réservoir d'ascension pour les meilleures réussites. A l'intérieur de cette catégorie nous aurions tendance à ranger aussi une partie des affranchis dont la place dans le commerce des biens produits sur les domaines ou dans le négoce de leur patron (cf. *e.g. AE*, 1983, 721), voire au sein des corporations de transport est bien connue en particulier en Narbonnaise et à Lyon [Christol, 157-159 ; Krier, 217 ; Schwinden, 284], et qui témoignent aussi de cette mobilité géographique [Wierschowski, 309] caractéristique du dynamisme gallo-romain du Haut-Empire. Relèvent sans doute aussi de cette catégorie, les affranchis publics employés dans l'administration, notamment les affranchis (et esclaves) impériaux des bureaux financiers [pour la Belgique par ex. R.-Ch., 259] : mais ceux-là doivent-ils être considérés comme partie prenante de la société locale ou plutôt comme des résidents temporaires au gré de leur affectation ? En dehors de ces aspects, il n'est guère aisé de se faire une idée complète du rôle des affranchis dans la société gallo-romaine car les travaux généraux qui leur sont consacrés [Daubigney et Favory, 164 ; Lazzaro, 227] sont conçus dans une perspective unique avec les esclaves et postulent un modèle socio-économique dit « impérialo-esclavagiste » [Favory, vol. I, n° 810] qui fournit un cadre relativement inadapté à l'analyse de ces régions.

Plus on descend dans la pyramide sociale, moins nous disposons de documentation : la forte proportion des citoyens romains dans les sources épigraphiques indique que l'essentiel de nos textes parle des riches et moyennement riches et rarement des vrais pauvres, sinon indirectement par les maîtres, les collèges funéraires, les graffitis civils (ces derniers généralement peu étudiés sinon, par ex., chez les Santons, à La Graufesenque ou à *Lousonna*-Vidy [*JSGUF*, 77, 1994, p. 95-108], et pourtant ressource fondamentale pour apprécier l'alphabétisation). Les artisans, ouvriers des chantiers, des ateliers, de l'agriculture, sont davantage connus par l'archéologie, leurs produits, leurs habitats et leurs tombes, que par les textes et leur caractère plus ou moins important de dépendance (colons, clients) ou de liberté est difficile à déterminer ; les possibilités réelles de réussite individuelle relative variaient sans doute de secteur à secteur comme à toutes les époques, davantage à la ville ou dans les bourgades qu'à la campagne. Quant à la population servile non impériale, elle est encore moins saisissable sinon par les métiers de la domesticité urbaine ; son rôle dans l'agriculture paraît restreint, peut-être en raison de la dimension des domaines, mais il faut rappeler les faiblesses structurelles de notre documentation. Il paraît cependant probable que l'origine géographique, difficile à préciser, des esclaves est diversifiée et notamment indigène (commerce avec les peuples voisins), que l'ampleur du phénomène esclavagiste gallo-romain a varié dans le temps et dans l'espace (globalement – mais encore faudrait-il nuancer – plus développé en Narbonnaise et à Lyon qu'ailleurs) et que l'évolution numérique tend vers une diminution au IIIe siècle (et parfois même au IIe), cause, conséquence ou fait indépendant de l'état économique du siècle et du lieu ?

L'ÉCONOMIE

Comme dans toute économie antérieure à la révolution industrielle, le fondement de l'économie gallo-romaine [France, 6, p. 87-99 ; Frézouls, 9] réside dans l'exploitation de la terre. Le noyau de base n'en est pas communément le village – bien que des hameaux à fonction agricole soient aussi attestés [Ratel *et al.*, dans 236, p. 175-197, par ex.] à côté des *vici* urbains – mais la ferme isolée, dite généralement *villa*. Considérée longtemps à l'image de quelques villas d'une richesse en fait exceptionnelle (comme Montmaurin, Estrées-sur-Noye, Anthée, Basse-Wavre, Voerendaal, Nennig, Newel...), comme une unité de grande ampleur avec *pars urbana* et *pars rustica,* dominant un domaine considérable, et pratiquant le faire-valoir indirect grâce à une main-d'œuvre servile, l'exploitation rurale gallo-romaine s'est révélée – grâce aux recherches archéologiques aux méthodes affinées au cours du dernier quart de siècle [Wightman, vol. 1, n° 995 ; 71 ; Agache, vol. 1, n° 974 ; 116 ; De Boe, 165 ; Ferdière, 12 ; Le Glay, 11 ; Leveau, 50] – beaucoup plus diversifiée à la fois selon les époques et selon les régions, voire même les terroirs. En effet, les premières installations dites « fermes gauloises », avec bâtiments de bois et de torchis, n'ont pas partout cédé la place à des constructions en dur avec usage de tuiles et installation d'hypocauste ; d'autre part, les villas de conception et de plan romanisés comptaient aussi des éléments en matériaux légers naguère perdus ; par ailleurs les grandes villas très développées que l'on vient de citer représentent le plus souvent l'aboutissement d'un ou de deux siècles de constructions se développant au départ d'une unité petite ou moyenne, voire même d'une ferme de type indigène. Il ne convient donc pas d'opposer chronologiquement deux types d'implantation mais plutôt de concevoir une économie agraire fondée sur une gamme variée d'entreprises et d'interpréter sa romanisation comme un processus évolutif qui ne trouvera sa forme achevée qu'à la fin du Ier, au IIe ou même au IIIe siècle selon les régions. Enfin cette diversité d'habitats, dont il est délicat de déterminer s'ils étaient ceux de propriétaires ou de métayers, voire de dépendants, s'étend à des terroirs de fertilité variable, la pression démographique ayant sans doute amené à défricher en de nombreuses régions de nouvelles terres pour satisfaire les besoins croissants. Les diverses orientations de zones cadastrées que l'on rencontre dans le Finage, par exemple [Chouquer et de Klijn, 156], trouveraient ainsi une justification satisfaisante. En effet, l'un des apports également essentiels de la recherche récente a été de montrer l'intensité de l'occupation des sols et la densité de l'habitat rural dans la plupart des cités.

Cette agriculture gallo-romaine en expansion a suscité ou permis un développement des techniques productives [Raepsaet, 256], à savoir le marnage, la charrue ou *plaumeratum*, la moissonneuse ou *vallus*, les moulins hydrauliques [Amouretti, 121], les pressoirs [Brun, 144, 142, 145], le tonneau [Desbat, 174] ou le brancard, dont l'intérêt technologique et l'importance économique ne doivent pas être sous-estimés. On s'accorde généralement pour considérer que le faire-valoir direct devait prévaloir dans de nombreux cas pour toutes les fermes de taille moyenne mais il reste difficile de déterminer comment fonctionnaient les grands domaines de l'aristocratie résidant souvent dans les villes et possédant des biens dans diverses régions. L'esclavage ne semble guère répandu et, en dehors de la Narbonnaise, peu d'affranchis apparaissent pour gérer les exploitations de leur patron. On pense à un personnel libre sous la houlette d'un tenancier qui pouvait lui-même s'enrichir et progresser dans l'échelle sociale, mais toute une gamme de possibilités existent qui posent le problème irritant du colonat et de la clientèle. Les relations entre les villes et les campagnes ne sont pas moins sujettes à interprétations divergentes. Un des schémas traditionnels − et non spécifique aux provinces gallo-germaniques [pour ce débat, voir Jacques, vol. 1, p. 291-294 et 377-378] − représente la ville comme un « parasite économique » qui ne vivait que de l'exploitation au sens négatif du terme d'un monde rural dont les bénéfices étaient prélevés pour satisfaire les besoins de luxe et d'ostentation de l'aristocratie. L'importante répartition d'agglomérations secondaires à travers tout le territoire [28 ; 236], le nombre et la variété des domaines agricoles sont des éléments qui invitent cependant à plus de prudence et à envisager davantage de symbiose entre le monde urbain et le monde rural qui se développait aussi grâce à la demande des centres urbains. Car l'étude de la distribution des produits agricoles, plus aisée pour l'huile [Brun, 144] et pour le vin [Laubenheimer, 222] que pour les céréales [voir cependant Liou et Morel, 234] pourtant essentielles dans l'alimentation civile et militaire, indique une expansion des marchés [Remesal-Rodriguez, 267 ; Baudoux, 127, par ex.] en Gaule même, en Italie et dans les autres provinces qui, alliée à la modernisation, l'extension architecturale et la décoration (peintures [Dumasy, 182 ; cf. Barbet, 124] ; mosaïques [Stern *et al.*, 293]) des bâtiments, montre l'enrichissement des zones rurales (dont témoigne encore aussi celui de ses nécropoles).

Par ailleurs la conception de la ville antique comme consommatrice de biens sans contrepartie est également un postulat idéologique fondé sur une vision à mon sens réductrice du fonctionnement économique de l'époque. Or si l'on modère la part des dépenses évergétiques – surestimées parce que rendues visibles [Eck, 36] –, que l'on s'interroge sur les taxations locales et autres ressources des cités, que l'on élargit le recrutement social des magistrats et que l'on prend en considération les bénéfices générés manifestement par d'autres activités que la terre, le problème se pose autrement. En effet, le développement, dans les grandes villes comme dans les multiples bourgades de taille diverse, d'un artisanat (à ne pas qualifier d'industrie) aussi varié que productif [King, 4] devait représenter une source d'enrichissement non négligeable si l'on en juge par les parts de marché et la zone de diffusion que ces objets conquéraient : en premier lieu, il faut évidemment placer la céramique, production des tuiles et briques [Le Ny, 231], des amphores [Laubenheimer, 223-224], de la vaisselle courante [Tuffreau-Libre, 303] et de la vaisselle fine (sigillée) [Bémont et Jacob, 132], dont l'importance dès l'époque augustéenne et l'extension au fil du Haut-Empire sont bien connues ; mais d'autres types d'ateliers et métiers sont attestés par l'archéologie, l'épigraphie [Frézouls, 192] ou les reliefs [Reddé, 265] : citons le travail de la pierre [Bedon, vol. 1, n° 996], des métaux [154 ; Domergue, 180 ; Dunikowski et Cabboi 183] notamment précieux [Cauuet, 151 ; Baratte, 123], du bois [153], du verre [81 ; Sennequier, 285], des textiles [Schwinden, 284 ; Deniaux, 170 ; Roche-Bernard et Ferdière, 269], du sel marin [Thoen, 298 ; Stuart *et al.*, 295] ou gemme (cf. le *vicus* de Marsal) sans oublier les spécialités alimentaires, jambons des Ménapiens [Will, 311], allec de Zélande [*AE*, 1973, 365 et 375] et autres salaisons [Sanquer et Galliou, 279 ; Galliou et Jones, 63] qui faisaient le lien entre l'artisanat et l'élevage ou la pêche.

Tous ces produits circulaient en Gaule et dans l'empire à la faveur d'un développement commercial sans précédent : le Principat vit en effet l'extension dans les Gaules et les Germanies de puissantes corporations de négociants et transporteurs indigènes [Schlippschuh, 282 ; Kneissl, vol. 1, n° 951 ; Kuhoff, 219], dont nous avons vu l'ascension sociale [Picard, 252], qui avaient remplacé les *negotiatores* italiens connus sous la République en Transalpine et encore sous les Julio-Claudiens en Gaule septentrionale (*CIL*, XIII, 4481) ; le cas du *nauta* Blussus (*CIL*, XIII, 7067) qui, sous Tibère ou Claude, transportait les marchandises sur le Rhin et se faisait élever à Mayence un monument funéraire en latin, disposait d'un esclave et faisait porter une *bulla* à son fils représente un bel exemple de la mainmise locale (maintenue ou rapidement mise en place) sur les moyens de transport, indispensables auxiliaires d'un commerce dynamique. Transport fluvial

[Deman, dans 22, p. 79-106, avec une mise au point sur les utriculaires] grâce à un réseau de rivières exceptionnel comme se plaisait à le souligner Strabon (IV, 1, 2 ; 1, 14), grâce aussi à une excellente technologie des bateaux [de Weert, 167-168 ; De Boe et Hubert, 166 ; Rupprecht, 275], transport maritime dans la Méditerranée [Christol, 157 ; France et Hesnard, 191], la mer du Nord [R.-Ch., 257 ; Stuart *et al.*, 295] ou l'Atlantique [Galliou, 194 ; Galliou et Jones, 63 ; Provost, 69 ; Étienne, 184 ; 52], mais aussi transport terrestre – car sa limitation en raison de la faiblesse supposée des techniques d'attelage figure désormais au registre des « erreurs scientifiques » [Raepsaet, dans 22, p. 29-48 ; cf. Amouretti, 120]. Leur amélioration (voiture à brancard et modification du harnais pour le transport léger ; attelage en file pour les charges lourdes [Raepsaet, 255]) est aussi à compter parmi les apports de la Gaule septentrionale au bon fonctionnement des routes commerciales.

Si l'axe Rhône-Saône-Moselle-Rhin (et ses variantes) représente sans aucun doute une voie essentielle que le gouverneur Antistius Vetus voulut même améliorer sous Néron par une jonction canalisée (Tacite, *Ann.*, XIII, 53) sans doute irréalisable avec les moyens techniques du temps, si la liaison Aude-Garonne continua à desservir le Sud-Ouest gaulois [Roman, 270], si la Loire [Provost, 69 ; cf. *CIL*, XIII, 1709], la Meuse [R.-Ch., 25] (cf. *CIL*, XIII, 8815 = *ILS*, 4757), l'Escaut et la Seine (*CIL*, XIII, 3026 = *ILTG*, 331) ont drainé de grandes parts des produits gallo-romains, sans oublier le Neckar (*CIL*, XIII, 6450) ou et la multitude des rivières secondaires [par ex. Burnand, 147], il est évident aussi que les routes n'étaient pas uniquement des vecteurs militaires et que nombre d'agglomérations importantes n'étaient desservies que par elles. Quant à la traversée des Alpes [Wyss, 315] assurée par le puissant *corpus Cisalpinorum et Transalpinorum* aux multiples ramifications [Walser, 100], c'est évidemment aux chariots et au bât qu'elle était livrée. Le coût probablement supérieur du transport terrestre pouvait être absorbé dans les augmentations du prix de revient qu'engendre une distribution à longue distance ; le choix de la route pouvait relever aussi d'un choix de politique commerciale et l'importance du trafic commercial routier avéré constitue un indice supplémentaire du degré d'élaboration des circuits [R.-Ch., 257]. Certes les plus grands centres économiques connus sont autant des confluents que des nœuds routiers comme Lyon, ou des jonctions de voies diverses comme Arles, Bordeaux, Cologne ou Trèves. Mais il faut y ajouter la mobilité des marchands [Wierschowski, 309 ; cf. Krier, 217] pour décrire les mouvements des produits en Gaule et hors de Gaule ; ainsi les attestations épigraphiques du culte de la déesse Nehalennia en Zélande, par exemple [Stuart *et al.*, 295], montrent la diversité d'origine et d'activités des commerçants et transporteurs [Mócsy, 243] qui s'intéressaient en particulier aux relations économiques avec la Bretagne

[R.-Ch., 257]. Si les fonctions commerciales paraissent bien dans les mains d'indigènes romanisés, et l'activité en général libre, la part d'intervention du pouvoir central ou local dans l'organisation de certains marchés fait cependant problème : pour le blé, la liberté d'action ou la contrainte du préfet de l'annone et de ses envoyés sont difficiles à estimer en proportion [Herz, 213 ; Jacobsen, 216, favorables à l'idée d'un contrôle assez strict] mais, en dehors du ravitaillement des troupes, il pourrait y avoir eu aussi intervention municipale ; pour le sel, les liens des *salarii* avec l'administration [Will, 311 ; aussi *AE*, 1973, 362 ; R.-Ch., 263] suggèrent une organisation particulière avec affermage et adjudication de la production et de la commercialisation au sein des cités. Enfin l'extension supplémentaire et dynamique qu'apportèrent au marché intérieur les provinces germaniques ne doit pas être minimisée ou évaluée en termes d'exploitation externe : certes elles connurent une immigration militaire, voire même civile, qui modifia sensiblement le contexte de développement mais ces régions connurent aussi une prospérité économique [Kuhoff, 219] dont profitèrent les populations indigènes également intégrées et romanisées comme en témoignent l'épigraphie et l'archéologie : la vigueur et la diffusion des productions rhénanes dans les domaines de la céramique (Rheinzabern) et du verre (Cologne) par exemple, très importantes sur le marché breton, et les échanges avec la Germanie libre [Wolters, 314 ; Fulford, dans 21, p. 81-95] en sont des éléments caractéristiques.

Le cas de la céramique sigillée à travers l'espace germano-gaulois [Bémont et Jacob, 132] nous paraît bien résumer le fonctionnement économique de ces provinces, même et surtout si le produit concerné est de valeur limitée et marginale dans l'ensemble des marchandises véhiculées : en effet, l'adaptation des ateliers à la loi de l'offre et de la demande dont témoigne le déplacement vers le nord des officines (d'Italie à Lyon d'abord vers 10 avant notre ère, mais là, dans le cadre de la préparation des campagnes germaniques [R.-Ch., 258], le contexte est-il peut-être davantage militaire et contraignant ?), surtout vers La Graufesenque et la Gaule méridionale sous Auguste, pour remonter progressivement vers Lezoux et le Centre à l'époque flavienne puis, au début du IIe siècle, vers l'Est mosan, mosellan et rhénan (Argonne, Trèves, Rheinzabern) ainsi que le volume de leurs exportations, l'étendue de leurs débouchés, la structuration de leurs marchés avec des zones calculées et un réseau spécialisé de commerçants indigènes (les *negotiatores artis cretariae*) [R.-Ch., 257] représentent un bon indice de la relative sophistication de l'économie gallo-romaine dont par ailleurs relèvent aussi toute une série d'éléments d'enrichissement et de mobilité sociale déjà signalés.

Globalement − et le processus institutionnel de municipalisation l'indique aussi − c'est donc une croissance économique et sociale qui paraît le mieux caractériser les Gaules et les Germanies sous le Haut-Empire, avec sans doute des variantes locales dans le degré de « réussite ».

LA ROMANISATION

Au terme d'un survol rapide de l'histoire des Gaules et des Germanies, il peut être intéressant de s'interroger sur le degré de romanisation dans ces régions. On lit parfois que les provinces gauloises (sauf peut-être la Narbonnaise) n'auraient jamais été en conformité complète avec les signes et les valeurs qui étaient au cœur de la civilisation romaine, à savoir surtout l'urbanisation, la municipalisation et la promotion des élites dans les noblesses d'Empire. La romanisation n'aurait été que partielle et l'intégration au monde romain, limitée par une « résistance » interne ou externe. Ces notions nous paraissent demander révision. En effet, comme on l'a vu, la mesure régionale de l'urbanisation matérielle et de la municipalisation institutionnelle doit être revue à la hausse au fur et à mesure des progrès de la documentation tant archéologique qu'épigraphique ; des bourgades anciennement considérées comme retardées et peu riches se révèlent parfois au gré d'une fouille approfondie et d'une découverte d'exception une ville romaine au sens plein du terme, avec carroyage augustéen, décoration de mosaïques, ensemble religieux classique et statut municipal : Tongres. Et si certaines régions comme la vallée de la Lys semblent avoir gardé un caractère rural assez marqué, le développement urbain du nord de la Gaule ne peut être sous-estimé quand on voit Bavay ou Arras par exemple. Quant à la réception ou l'adoption des institutions de la ville romaine, elle apparaît largement répandue dans la plupart des régions gallo-germaniques si l'on veut bien ne pas en écarter les témoignages comme on l'a souvent fait jusqu'il y a peu. Il n'est guère aisé d'apprécier le degré de réussite urbaine, d'imprégnation de civilisation urbaine, mais on peut s'interroger, à la lumière des réflexions de l'histoire contemporaine si, par contraste, certaines provinces aux villes somptueuses ne refléteraient pas un phénomène de « sururbanisation » qui n'est pas l'indice d'une intégration réussie. L'interprétation du nombre des chevaliers ou des sénateurs issus de notre ensemble géographique fait problème : nous avons dit plus haut qu'elle avait peut-être valeur de témoin du type de répartition de la richesse, peut-être plus étalée et diffuse dans les couches de la population – comme le développement des agglomérations secondaires peut également le faire penser –, mais il faut rappeler qu'elle repose sur une estimation sans doute faussée par une documentation épigraphique différente. Autre élément souvent considéré comme un témoin de cette étrangeté gauloise, la religion, bien que la part d'intégration et de romanisation qu'elle recèle en fait soit actuellement largement méconnue. N'oublions pas enfin le développement culturel et intellectuel de cités comme Marseille, Bordeaux, Trèves, Autun et la profondeur de la latinisation qui, un jour encore lointain, imposera largement l'abandon des parlers germaniques par les conquérants.

Que la méfiance séculaire des Romains liée au *terror Gallicus* ait eu pour conséquence que les provinces gauloises ne furent jamais considérées par eux sur le même pied que les autres nous paraît une surinterprétation des faits et le reflet d'une volonté très présente dans l'historiographie de défendre à travers l'époque romaine les notions de permanence du « celtisme » ou de résistance à la romanisation par un poids, qui serait plus lourd qu'ailleurs, des traditions indigènes. Certes, il existe une originalité gauloise, qui se marque dans une pratique épigraphique autre et plus limitée, qui se perçoit également dans une onomastique profondément influencée par les langues indigènes, dans l'emploi de la lieue comme unité de mesure des routes, dans un dynamisme commercial et une inventivité technologique mais est-ce vraiment l'indice d'une intégration limitée aux idéaux de l'Empire ? Cette spécificité est-elle différente de celle que l'on peut cerner *mutatis mutandis* pour chaque région culturelle du monde romain ? N'est-elle pas simplement l'effet des mécanismes d'assimilation proposés par le pouvoir impérial lui-même, et leurs principes d'adhésion générale et de différenciation locale ? Aussi c'est en termes d'intégration consciente sans perte d'identité que nous voudrions qualifier la romanisation des Gaules.

CHAPITRE V

La Bretagne

PAR PATRICIA SOUTHERN

LES SOURCES

Les sources littéraires

Si nombreuses qu'elles soient, les sources littéraires et documentaires relatives à l'étude de la Bretagne romaine restent à la fois fragmentaires et éparses. Les auteurs anciens, grecs ou latins, ne s'intéressaient que fort peu à la Bretagne, et la plupart d'entre eux avaient de nombreux préjugés et idées fausses au sujet de cette province romaine à l'extrême limite nord-ouest de l'Empire. Cependant, bien avant la conquête sous Claude, les Romains possédaient déjà une documentation écrite sur la Bretagne. César avait décrit tout ce qu'il y avait observé et appris pendant ses invasions de 55 et 54 av. J.-C., et ces témoignages avaient servi à Strabon, quelques années plus tard, pour les sections bretonnes de sa *Géographie*.

A partir de la conquête de 43 apr. J.-C., des informations nouvelles vinrent augmenter peu à peu les connaissances sur l'île : après la dernière bataille livrée en Écosse en 83 ou 84, la flotte d'Agricola en fit le tour complet, mettant ainsi fin aux doutes quant à son étendue réelle. Les renseignements recueillis pendant ces campagnes militaires furent inclus dans les sections bretonnes de la *Géographie* de Ptolémée, achevée vers 150 apr. J.-C., mais leurs sources datent très certainement des études militaires effectuées au Ier siècle, ainsi que du travail de Marinus de Tyr qui accompagna Agricola lors de ses campagnes. Ptolémée ne dit rien de l'existence du mur d'Hadrien, ni de celui, postérieur, d'Antonin, bien que ces deux barrières continues aient très certainement existé au moment où il recueillait les informations nécessaires à son ouvrage. La *Géographie* n'est accompagnée d'aucune carte contemporaine romaine ; elle est composée tout simplement d'un inventaire de noms de lieux et de tribus, avec les coordonnées correspondantes en longitude et latitude, à partir desquelles il est possible d'établir des cartes. Cependant, l'emploi aujourd'hui des coordonnées géographiques de Ptolémée dans la fabrication d'une carte reste problématique : premièrement, l'auteur de la *Géographie* fait subir à l'Écosse une rotation de 90° vers l'est, ce qui rend extrêmement difficile le repérage des *poleis* qu'il cite, et, d'autre part, il utilise le terme *polis* pour tout site qui porte un nom, ce qui rend délicate toute tentative de distinction entre installations militaires et civiles, à moins d'en trouver confirmation dans d'autres sources romaines.

De tels renseignements existent parfois dans des documents officiels postérieurs, tel l'*Itinéraire d'Antonin* du début du IIIe siècle, qui donne une liste des quinze routes principales de la Bretagne, tout en omettant celles de moindre importance. En ce qui concerne le nord, cependant, Ptolémée reste notre source unique, car l'*Itinéraire* ne donne pas de détails sur ce qui se trouvait au-delà de la frontière nord. Les documents plus tardifs, tels que la *Cosmographie de Ravenne* et la *Tabula Peutingeriana*, ne sont pas d'une très grande utilité dans l'étude de la Bretagne : le premier fut élaboré bien après la fin de l'occupation de la Bretagne, à partir de sources diverses de dates différentes et de valeur inégale ; le deuxième ne fait l'inventaire des noms de lieux et n'indique les distances que pour l'extrême sud-est de la Bretagne.

Il faut tenir compte toutefois des sections bretonnes de la *Notitia Dignitatum* élaborée au IVe ou même au Ve siècle, car les renseignements qu'elles contiennent sur la Bretagne semblent bien plus anciens, datant peut-être même du IIIe siècle. Ainsi, à condition d'être utilisées avec prudence, ces informations peuvent éclairer la situation militaire sur des sites donnés, et sur les frontières. L'association de l'ensemble de ces documents plus récents avec les sources épigraphiques et archéologiques disponibles permet d'élaborer un tableau précis, bien qu'incomplet, de la Bretagne romaine entre les Ier et IIIe siècles.

Parmi les historiens, Tacite et Suétone nous fournissent sans doute les sources les plus utiles pour la reconstruction et pour la compréhension de l'histoire de la Bretagne romaine à ses débuts. Tacite avait probablement obtenu beaucoup de renseignements d'Agricola, ce qui ne garantit pourtant pas l'exactitude de ses propos, et de plus son œuvre ne couvre que le premier siècle de la domination romaine en Bretagne. De même, Suétone ne fournit aucun renseignement sur la période postérieure au principat de Domitien. En ce qui concerne les IIe et IIIe siècles, nos références sont Dion Cassius et Hérodien, qui écrivaient tous les deux au IIIe siècle, mais en utilisant des sources plus anciennes pour les premières années de l'Empire. En plus des points de vue personnels qu'ils nous donnent sur l'époque des

Sévères, ces auteurs nous éclairent souvent sur des événements antérieurs en comblant les lacunes de nos connaissances grâce à leurs résumés de sources aujourd'hui disparues.

Bien des auteurs font allusion, au passage, aux événements de Bretagne, sans pour autant apporter au lecteur moderne de précisions intéressantes sur l'histoire de cette province. En outre, il reste de longues périodes de l'histoire de la Bretagne romaine pour lesquelles aucune documentation ne nous est parvenue, alors que pour d'autres le volume des sources disponibles est disproportionné par rapport à leur importance. C'est ainsi que l'importance du gouvernement de la province par Agricola a été surestimée tout simplement parce que nous possédons la biographie de celui-ci par Tacite, et parce que de nombreux sites archéologiques liés à ses campagnes ont été découverts dans le nord de l'Angleterre et en Écosse.

Les sources épigraphiques

Alors que les sources littéraires nous renseignent sur un contexte général, les sources épigraphiques nous donnent une documentation détaillée qui vient s'ajouter aux données historiques. L'avantage principal des sources épigraphiques sur les sources littéraires vient de leur qualité de documents primaires qui n'ont pas subi d'erreurs de transcription, et qui ne sont pas non plus le produit d'une évaluation rétrospective, voire d'une interprétation erronée, par un auteur plus récent. Les inscriptions sont très utiles pour la reconstruction de l'histoire d'un site, ou d'un groupe de sites précis, ainsi que pour toute étude socio-historique. Les inscriptions sur les pierres tombales et sur les bâtiments, les dédicaces religieuses, les graffitis et autres documents similaires sont les seuls outils à la disposition de l'archéologue et de l'historien qui étudient la Bretagne romaine, car la plupart des sites, à l'exception des cités et villes les plus importantes, ne sont pas mentionnés dans les sources littéraires. Toutes sortes de sources épigraphiques provenant de la Bretagne romaine ont été rassemblées et publiées dans plusieurs fascicules sous le titre général de *Roman Inscriptions in Britain*.

Les tablettes écrites découvertes dans le fort de *Vindolanda* (aujourd'hui Chesterholm), au sud du mur d'Hadrien dans le Northumberland, constituent une très importante collection de sources documentaires que l'on peut classer entre les sources littéraires et les sources épigraphiques. Bien que ces tablettes ne nous apportent que peu d'informations complémentaires sur l'histoire politique de la Bretagne romaine, l'importance des précisions qu'elles contiennent sur la vie sociale et militaire ne doit pas être sous-estimée. A ce jour, plus de 250 textes ont été découverts, dont la plupart, datant de 90 à 120 apr. J.-C., ont été analysés, traduits et publiés [BR Sources, Bowman].

Les sources archéologiques

Dans l'étude de la Bretagne romaine, la grande importance accordée à la recherche archéologique, bien que celle-ci ne soit pas un outil d'une grande précision, s'explique par la rareté des autres sources à la disposition du chercheur. Depuis vingt ans, le nombre de fouilles effectuées n'a cessé d'augmenter, mais les informations nouvelles ne s'accumulent que très lentement, et nécessitent des synthèses et des réévaluations constantes.

Jusqu'aux années 1950-1960, les fouilles s'effectuaient en général dans les forteresses légionnaires et dans les forts auxiliaires de Bretagne, ou dans les cités et villes célèbres telles que Londres, Colchester, St Albans, Bath, Wroxeter ou Silchester. Plus récemment des travaux importants et tout à fait originaux ont été engagés sur l'âge du fer en Bretagne avant l'arrivée des Romains. Les chercheurs se sont intéressés aux communautés romano-bretonnes de moindre importance [Burnham et Wacher, 123 ; Rodwell-Rowle, 125], aux *vici* situés à l'extérieur des forts [Sommer, 127], aux fermes indigènes, et aux villas [La Bédoyère, 138]. Dans les centres urbains, les fouilles de sauvetage sont maintenant chose courante, et donnent lieu parfois à des découvertes importantes : c'est le cas à Londres, où le bâtiment grandiose découvert récemment est très probablement le palais du gouverneur.

Le repérage aérien a révélé à la fois l'existence de bon nombre de sites jusqu'alors inconnus, et des caractéristiques archéologiques nouvelles sur des sites déjà étudiés. Cependant, en l'absence de fouilles et/ou de la découverte de matériaux permettant de les dater, il est impossible de savoir si tous les sites d'une région donnée étaient effectivement occupés à la même période, ou de reconstituer la chronologie des phases successives d'occupation des sites. Les fouilles archéologiques et le repérage aérien ont ainsi permis des avances importantes dans l'étude de la Bretagne romaine, au point que l'histoire de la province, qui paraissait pourtant simple il y a une quarantaine d'années, se trouve complètement renouvelée aujourd'hui.

HISTOIRE MILITAIRE ET POLITIQUE

Conquête et début de la colonisation

A la veille de la conquête romaine, la Bretagne était peuplée de tribus celtophones de l'âge du fer, que l'on peut diviser en groupes ayant certaines caractéristiques culturelles communes. Dans le sud et l'ouest de l'Angleterre, il existait ce qu'il est convenu d'appeler « la culture des *Hillforts* ». Malgré leur nom, ces *oppida* entourées d'enceintes qu'habitaient les tribus de ces régions ne se trouvaient pas toujours au sommet d'une colline. Leur organisation sociale était très probablement caractérisée par la présence d'un chef ou d'un roi à la tête d'une triple hiérarchie comprenant des guerriers nobles, des agriculteurs et des artisans, ainsi qu'une importante population de serfs. Dans l'est et le centre de l'Angleterre, et dans quelques régions de l'est de l'Écosse, la population habitait des villages non fortifiés et des fermes isolées, alors que dans le nord et le nord-ouest, où il n'y avait aucun regroupement social, il n'existait que des fermes dispersées. Ces types d'organisation différents sont le reflet de différences géographiques et climatiques entre les régions, ainsi que de disparités culturelles entre les tribus. Il existait également de petites peuplades, comme les *Parisi* de l'est du Yorkshire par exemple, qui ne peuvent être classées dans ces catégories générales, mais il ne nous est pas possible d'énumérer ici l'ensemble des tribus qui peuplaient la Bretagne en 43 apr. J.-C. Seul le sud de l'Angleterre actuelle était doté d'un gouvernement centralisé et d'une économie monétaire, et c'était dans le sud également qu'existaient les principaux centres du commerce avec le continent [Cunliffe, 16, 17 ; Macready-Thompson, 18].

Pendant de nombreuses années, les archéologues avaient divisé la culture du sud de la Bretagne de l'âge du fer en trois phases, correspondant aux périodes de Hallstatt, de la Tène et à la période belge, appelées A, B, et C par commodité. On croyait que chaque modification notée dans le mode de vie des Bretons avait été causée par les vagues successives d'invasions par des peuplades venues du continent européen. Suite à un réexamen de l'ensemble de la documentation, cette hypothèse est maintenant considérée comme dépassée. Les sources archéologiques dont nous disposons s'étant multipliées, il nous est possible aujourd'hui de décrire de manière plus subtile les changements qui se produisirent dans le sud de la Bretagne entre environ 600 av. J.-C. et la conquête romaine [Bradley, 15]. Ces changements indubitables sont maintenant considérés essentiellement comme le résultat de progrès importants dans l'organisation sociale et économique bretonne au niveau local, sous l'influence des pratiques continentales certes, mais sans que celles-ci aient été imposées par l'arrivée d'une population étrangère venue du continent. Aujourd'hui, les archéologues s'intéressent surtout aux liens économiques et commerciaux entre la Bretagne et le continent pendant l'âge du fer.

Les invasions de la Bretagne par César en 55 et 54 av. J.-C. n'eurent que peu d'influence sur le développement de l'île, puisqu'elles ne furent suivies ni par l'établissement d'une colonie romaine permanente, ni par l'annexion de la Bretagne. Si intéressants qu'ils soient, ces deux événements appartiennent surtout à l'histoire de Caius Iulius Caesar, et non pas à celle de la Bretagne romaine, et c'est César lui-même qui nous en donne le meilleur récit. Les Romains ne devaient pénétrer en Bretagne avec l'intention de s'y installer de manière définitive que presque un siècle après les invasions de César. Selon Strabon, les rois bretons envoyaient parfois des ambassades à Rome, et Auguste aurait fort bien pu profiter de la demande d'aide formulée par Tincommius, roi des Atrébates, quand celui-ci se réfugia à Rome (*Res gestae*, 32). Mais Auguste n'envahit pas l'île. Toujours selon Strabon, l'annexion de la Bretagne était inutile dans la mesure où Rome en obtenait tout ce dont elle avait besoin, et sans les inconvénients et le coût onéreux du maintien d'une armée dans l'île. Les sources archéologiques nous confirment qu'il existait un important commerce entre la Bretagne et les ports de la Gaule, comme en témoigne César (*Guerre des Gaules*, 5, 13). Des amphores italiennes bien antérieures à la conquête sous Claude ont été retrouvées tant au nord qu'au sud de la Tamise, et on enterrait très souvent des objets de luxe romains dans la tombe des chefs bretons. Les fouilles effectuées à Hengistbury Head, dans le Dorset, permirent de découvrir un centre, important à l'âge du fer, qui faisait avec le continent commerce de l'étain, du fer, du cuivre et de l'argent provenant du pays de Galles, de la Cornouailles et des Mendips. Il est probable que le commerce des marchandises plus périssables, telles que les peaux, ainsi que celui, cité par Strabon, des esclaves, mais dont l'existence ne peut être prouvée par des fouilles archéologiques, avaient également Hengistbury pour centre [Cunliffe, 16 ; Potter et Johns, 7, p. 26-29]. Il semblerait que, peu avant l'invasion de 43 apr. J.-C., Hengistbury, sur le déclin, ait perdu de son importance comme centre commercial au profit des ports de l'Essex et du Sud-Est.

Ce fut peut-être afin de protéger ce commerce que Claude se décida à envahir l'île en 43 apr. J.-C.. Officiellement, il répondait à une demande de rétablir au pouvoir Verica, roi des Atrébates en exil. Mais ce ne fut certainement pas la seule raison de l'invasion. Le pouvoir de Verica ne fut pas rétabli, et on ne parla plus de lui. Plusieurs autres hypothèses ont été avancées pour expliquer la décision de Claude d'annexer la Bretagne, et parmi elles le besoin d'une gloire militaire qui renforcerait son pouvoir. Ce fut peut-être un facteur important, mais les besoins économiques jouèrent certainement un rôle tout aussi considérable. Caligula avait laissé à Claude un trésor vide et des dettes énormes. Le bannissement de Verica avait peut-être été la conséquence d'un mouvement d'opposition aux Romains à l'intérieur de son royaume, ce qui pouvait menacer des liens commerciaux essentiels. En plus de l'étain, du cuivre, du fer, et de l'argent, il est clair qu'il y avait en Bretagne des richesses, réelles ou potentielles, que les Romains espéraient exploiter. Les sources littéraires, du Ier au IVe siècle, font brièvement allusion aux esclaves, aux peaux et aux chiens de chasse bretons, et les références à l'exportation régulière de blé de la Bretagne vers la Rhénanie témoignent de la richesse de l'agriculture dans la province (Ammien, XVIII, 2.3; Libanius, *Oratio*, 18, 82-83). Pour Claude, les minerais étaient très certainement les produits les plus recherchés : ce n'est pas un hasard si, seulement trois ou quatre ans après leur arrivée, les Romains exploitaient déjà des mines de plomb dans les Mendips, et, quelques années plus tard, dans les Pennines également. L'exploitation de la mine d'or de Dolaucothi dans le Dyfed au pays de Galles fut également commencée dès que possible.

L'invasion romaine ne commença pas sous de favorables auspices. Il est clair que les soldats, dont la plupart provenait des garnisons du Rhin, n'avaient pas du tout envie de franchir les limites du monde connu, et la flotte ne put prendre la mer qu'après la répression d'une mutinerie. Aulus Plautius, ancien gouverneur de la Pannonie, embarqua enfin à Boulogne, accompagné de quatre légions : les IIe *Augusta*, IXe *Hispana*, XIVe *Gemina* et XXe, cette dernière ne devant gagner ses titres honorifiques que deux décennies plus tard, à la suite de la révolte de Boudicca. Ces légions étaient accompagnées d'un nombre inconnu de troupes auxiliaires. Aujourd'hui, on estime l'importance du dispositif à environ 40 000 hommes, mais aucune source ne permet de confirmer ce chiffre.

La flotte de l'envahisseur débarqua probablement à Richborough, où les fouilles ont révélé des fortifications côtières ainsi que les greniers d'un centre de ravitaillement. Il n'est pas possible que l'ensemble des troupes ait été logé dans cette seule base ; on suppose donc l'existence d'autres lieux de débarquement qui n'ont pas encore été découverts. Les Bretons se retirèrent dans les forêts et les marécages, et il y eut une brève période d'inactivité pendant laquelle Plautius cherchait un ennemi contre qui se battre. Deux chefs, Caratacus et Togodumnus, se firent connaître enfin, et Plautius les vainquit l'un après l'autre. Caratacus s'enfuit au pays de Galles et Togodumnus fut tué. Ensuite une bataille fut menée sur la Medway pendant deux jours, à la suite de laquelle les Bretons franchirent la Tamise poursuivis par les Romains. Alors, Plautius fit venir l'empereur Claude, qui arriva accompagné de sénateurs, de ses *amici*, et de quelques éléphants destinés à faire peur aux indigènes. Claude espérait, sans aucun doute, remporter sa part de gloire militaire, et son expédition était destinée à impressionner les sénateurs autant que l'ennemi. Vers la fin du premier été, la capitale bretonne de Colchester *(Camulodunum)* fut prise par les Romains. Londres n'était pas encore un site important, mais les Romains y fondèrent leur ville vers 49 apr. J.-C., ou en tout cas, peu de temps après leur arrivée. Plus de mille ans plus tard, ces deux villes de Colchester et de Londres avaient gardé toute leur importance stratégique :

Guillaume le Conquérant s'en empara dès son arrivée, et construisit deux énormes forteresses à l'intérieur de ce qui restait des enceintes romaines.

Très rapidement, une forteresse fut construite à Colchester, et occupée peut-être par des auxiliaires et une partie de la XXe légion. De là, les légions se déployèrent en éventail vers le nord et vers l'ouest afin d'accomplir la phase suivante de la conquête. Il a été suggéré, il y a quelques années, qu'au départ les Romains avaient l'intention de ne conquérir que le sud-est de la Bretagne, c'est-à-dire la région à l'est de la *Fosse Way*. Cette route, qui relie Exeter à Lincoln, est bordée sur toute sa longueur d'installations militaires et ressemble, en effet, à une frontière. Il a donc été soutenu avec force qu'il s'agissait là d'un premier *limes*. Cette thèse a été réfutée, car le concept d'une frontière était tout à fait étranger au haut commandement romain de l'époque. Ce serait donc commettre un anachronisme que de considérer que la *Fosse Way* était un *limes*.

Il est difficile de suivre la progression des légions pendant ces premières campagnes, sauf par l'examen des découvertes archéologiques [Webster, 31, 32, 33]. Nous ne possédons presque pas de sources épigraphiques à ce sujet, et les quelques références littéraires pertinentes font de vagues allusions aux combats sans préciser les noms de lieux. La première avance de la IXe *Hispana* lui permit de conquérir le flanc est du pays et d'arriver enfin à Lincoln, où une forteresse légionnaire fut construite peu après 60 apr. J.-C.. Nos connaissances des déplacements exacts de la IXe *Hispana* en route vers le nord restent incomplètes. Le repérage aérien a révélé la présence de bon nombre de forteresses anciennes, dont la plus célèbre est Longthorpe, près de Peterborough. L'idée, maintenant dépassée, que les légions en campagne se déplaçaient toujours en entités complètes a dû être modifiée quand il est devenu clair que Longthorpe était en fait la forteresse d'un détachement *(vexillatio)*. Par la suite, et au fur et à mesure que d'autres forteresses semblables étaient découvertes, Longthorpe est devenue un site type. Trop petite pour loger une légion entière, pendant la conquête de la province elle servit peut-être de garnison temporaire pour une unité mixte de troupes légionnaires et auxiliaires parées pour le combat.

Selon les sources littéraires, le gros de la troupe se dirigea vers l'ouest, vers le pays de Galles, ce qui est confirmé par les sources archéologiques. La IIe *Augusta*, avec à sa tête le légat Titus Flavius Vespasianus, subjugua la région des *Hillforts* du sud de la Bretagne. Outre les références dans la *Vie de Vespasien* de Suétone à la prise de plus de 20 *oppida*, nous possédons également les squelettes trouvés lors des fouilles effectuées à *Maiden Castle* dans le Dorset. La plupart de ces squelettes d'hommes, de femmes et d'enfants, tous enterrés à la hâte, portent la trace de blessures à la tête, et il y en a même un qui a un carreau de baliste logé dans sa colonne vertébrale. Une étude récente des objets trouvés dans les sépultures indiquerait que ces squelettes ne datent peut-être pas de la première phase de la conquête, mais l'association de ces trouvailles avec la campagne de Vespasien et l'avance de la IIe *Augusta* est bien enracinée. La date (44 apr. J.-C.) du fort romain construit à l'intérieur des fortifications bretonnes de *Hod Hill* fait moins de doute. Il est possible qu'une unité mixte de légionnaires et d'auxiliaires s'y soit installée. Il reste certainement d'autres camps, forts et forteresses de vexillations à découvrir, qui permettront de mieux comprendre les déplacements de la IIe *Augusta* avant son arrivée à la base légionnaire d'Exeter, vraisemblablement construite en 55 apr. J.-C. ou peu avant. De même, la XIVe *Gemina* atteignit la base légionnaire de Wroxeter entre 55 et 60 apr. J.-C., sans doute après avoir occupé en route des sites que les archéologues n'ont pas encore découverts.

Le deuxième gouverneur de cette jeune province, Ostorius Scapula, dut bientôt mener campagne sur deux fronts [Webster, 33]. Il franchit la *Fosse Way* à la poursuite de Caratacus, qui avait réussi à s'échapper lors de la première bataille contre Plautius. Entre-temps, il y eut un soulèvement des Icéniens, qu'il ne faut pas confondre avec la révolte postérieure, et plus importante, menée par Boudicca. Ce premier soulèvement fut sans doute la conséquence de la manière trop zélée dont les Romains avaient désarmé les guerriers icéniens. Ce désarmement accompli, Scapula devait croire, à tort, que ses arrières étaient protégés. Des excès de confiance semblables avaient déjà posé problème dans d'autres provinces : il est probable que, peu avant le désastre de Varus, les Romains avaient cru que la pacification des Germains les avaient rendus inoffensifs également.

La campagne contre Caratacus [Webster, 34] et la répression du soulèvement des Icéniens furent menées avec un succès égal. Caratacus réussit à s'enfuir à nouveau, cette fois vers le nord où il chercha asile auprès de la reine des Brigantes, Cartimandua. Celle-ci, se refusant à encourager la rébellion dans son propre royaume, livra Caratacus aux Romains, et à une captivité perpétuelle. Il est en général suggéré, sans preuve formelle, que Cartimandua fut cliente des Romains, et qu'elle régna sur un état-tampon entre la nouvelle province romaine et les tribus écossaises [Richmond, 46]. Il est vrai, en effet, que les Romains n'envahirent pas son territoire avant l'époque flavienne, quand elle fut chassée de son royaume au cours d'une révolte menée par son mari.

Pendant les années 49-50 apr. J.-C., le dispositif militaire de la province subit des modifications. La XXe légion quitta Colchester, laissant derrière elle une colonie de ses vétérans, et Scapula s'apprêta à pénétrer dans le sud du pays de Galles afin de soumettre les Silures. Quand il mourut, toujours en fonction, en 52, il n'avait remporté que peu de succès. Son successeur, le gouverneur Didius Gallus, semble avoir été peu actif : il aurait maintenu le *statu quo* au pays de Galles, et se serait occupé de quelques troubles peu documentés dans le Nord. Cette inactivité résultait peut-être des incertitudes quant à la politique romaine dans les provinces à la suite de la mort de Claude et de l'avènement de Néron. On a émis l'hypothèse que Néron aurait décidé de mettre fin à l'avance de l'armée en Bretagne, ou même d'abandonner la province, comme le suggère Suétone, mais il est plus probable que l'idée du retrait ait été postérieure à la révolte de Boudicca. Le succès de la campagne menée contre les Silures par Quintus Veranius, entre son arrivée en 57 apr. J.-C. et sa mort, donna un nouvel élan à la conquête.

Aucune documentation ne nous est parvenue sur les campagnes de Veranius, mais il semblerait que les Silures aient été suffisamment maîtrisés pour que Suetonius, à son arrivée en 58 apr. J.-C., puisse s'intéresser au nord du pays de Galles. Suetonius avait acquis en Afrique du Nord une grande expérience des campagnes en terrain accidenté. Tacite (*Annales*, 14, 30) décrit la dernière bataille menée dans l'île d'Anglesey, bastion des druides. Peu de camps et de forteresses de l'époque de Suetonius ont été découverts, en partie parce que la révolte de Boudicca empêcha le gouverneur de consolider ses conquêtes. Il est possible que l'énorme base militaire de *Rhyn Park*, près de Chirk, ait appartenu à l'armée de Suetonius. Elle est en tout cas plus ancienne que la forteresse légionnaire de Chester, et elle occupe une position de choix pour toute attaque contre le nord du pays de Galles.

La révolte de Boudicca et ses séquelles

A sa mort en 60 ou 61 apr. J.-C. (la date exacte est contestée), le roi des Icéniens, Prasutagus, sans doute dans l'espoir d'ainsi protéger son peuple, légua la moitié de son royaume à Rome, et l'autre moitié à sa femme Boudicca et à ses deux filles [Webster, 30]. Les historiens Tacite et Dion Cassius racontent, du point de vue romain, les événements fâcheux qui s'ensuivirent, alors que le point de vue breton ne peut être que matière à conjectures. Le procurateur, Catus Decianus aurait mis trop de zèle à tenter de récupérer la part de l'héritage qui revenait à Rome et, devant les protestations de Boudicca, ses soldats auraient violé la reine et fouetté ses filles. Cette atrocité, ajoutée à l'ensemble des griefs des deux décennies écoulées, suffit pour enflammer les Icéniens, ainsi que leurs voisins les Trinovantes dont les terres avaient été confisquées au moment où les vétérans de la XXe légion s'étaient installés dans la région. Dion fait mention d'un motif supplémentaire : il précise que les membres de ces tribus devaient des sommes importantes aux usuriers romains. Certains de ces usuriers, dont l'irréprochable Sénèque, avaient sans raison apparente exigé le remboursement de leurs prêts. Cette charge accablante mit les tribus dans une situation telle qu'elles n'avaient rien à perdre en se révoltant, mais, au contraire, tout à gagner si leur rébellion réussissait.

Le moment choisi pour la révolte fut des plus favorables. Suetonius, et sans doute le gros de son armée, se trouvaient à plus de 350 km, dans le nord du pays de Galles. Catus Decianus n'envoya que 200 soldats – peut-être ne pouvait-il pas se permettre d'en envoyer plus – pour réprimer ce qui paraissait être, au départ, un soulèvement mineur des Icéniens. Très rapidement il comprit son erreur, et s'enfuit en Gaule. Colchester fut brûlé alors que les vétérans de la XX⁰ légion se battaient jusqu'au dernier homme pour défendre le temple de Claude récemment terminé. La destruction de la ville fut si complète que toutes les fouilles effectuées dans le centre de Colchester révèlent des traces d'incendies importants. A un moment donné, le légat de la IX⁰ légion, Petillius Cerialis, essaya de mettre fin à la guerre, mais il manquait d'hommes et dans la déroute qui s'ensuivit il perdit l'ensemble de son infanterie. C'est à peine s'il réussit à sauver une partie de sa cavalerie, et il ne lui resta plus qu'à s'en retourner à sa base, probablement à Longthorpe.

Suetonius apprit la nouvelle du désastre au moment où il achevait avec succès sa campagne au pays de Galles. Il partit tout de suite, devança son infanterie et avança sur Londres avec sa cavalerie. Après avoir évalué la situation, il prit la décision, difficile mais militairement correcte, d'abandonner Londres, et rebroussa chemin pour retrouver ses légions qui arrivaient du nord du pays de Galles. Derrière lui, Londres et St Albans (Verulamium) furent brûlés et rasés comme Colchester. Tacite et Dion nous décrivent le sort sanglant réservé aux habitants de ces villes.

Rassemblant autant de troupes que possible, Suetonius convoqua la II⁰ *Augusta* de sa base dans le sud-ouest, mais son commandant provisoire, le *praefectus castrorum* Poenius Postumus, refusa de prendre la route. Ce fut donc avec une armée réduite que Suetonius mena une bataille difficile contre les Icéniens et les Trinovantes, quelque part dans le centre de l'Angleterre. Boudicca fut tuée, ou s'empoisonna, et Rome remporta la victoire. Poenius Postumus se suicida. Les représailles contre les indigènes commencèrent, et la punition imposée par Suetonius fut sévère, malgré l'intervention du nouveau procurateur, Julius Classicianus. Il fut enfin jugé prudent de rappeler Suetonius à Rome, sous le prétexte qu'il avait perdu quelques navires de la flotte. Il y fut reçu avec tous les honneurs militaires, et il fit parler de lui à nouveau, quelques années plus tard, pendant la guerre civile de 69 apr. J.-C.

Classicianus travailla en collaboration avec le gouverneur suivant, Petronius Turpilianus, afin de rétablir la situation, mais comme ils n'étaient militaires ni l'un ni l'autre, il n'y eut aucun gain territorial en Bretagne avant que les Flaviens ne s'intéressent à la province, deux décennies plus tard. La reprise du pouvoir ne fut pas rapide, 2 000 hommes furent amenés de Germanie pour renforcer l'armée de Bretagne, mais nous ne savons ni où furent installées toutes les unités, ni comment se comporta l'armée pendant la période qui suivit la guerre. Peu à peu, Colchester fut reconstruit, alors que les sources archéologiques laissent penser que Verulamium stagna pendant une quinzaine d'années, avant d'être rebâti. Londres devint le centre administratif de la province. Puisque c'est à Londres que fut trouvée la magnifique pierre tombale de Classicianus (*RIB*, 12), il semblerait que Londres ait servi de résidence au procurateur, et peut-être au gouverneur lui-même. La prospérité que connut la province par la suite fut très certainement le résultat du travail de Classicianus, de Petronius Turpilianus, et du gouverneur suivant, Trebellius Maximus, qui arriva en 63 apr. J.-C. et resta à la tête de la province jusqu'en 68-69. Malheureusement, les sources littéraires, comme les sources archéologiques, ne nous apprennent presque rien sur ce que ces hommes accomplirent. On peut toutefois supposer qu'ils eurent un certain succès : premièrement, la province était suffisamment pacifique en 66-67 pour que la XIVe légion fût retirée et envoyée ailleurs, et, deuxièmement, aucune tribu bretonne ne profita de l'agitation qui sévit deux ans plus tard pour fomenter une nouvelle révolte.

Pendant la guerre civile, Roscius Coelius, légat belliqueux de la XXe légion, obligea le gouverneur Trebellius Maximus à partir. Pendant l'intérim, la province fut gouvernée par un comité légionnaire, qui envoya 8 000 hommes provenant de ses trois légions se battre du côté de Vitellius. A l'arrivée du gouverneur suivant, Vettius Bolanus, il y eut quelques troubles mineurs dans le nord de la province : les Romains durent secourir la reine des Brigantes, Cartimandua, chassée par son mari, Venutius. Selon Tacite, Venutius récupéra le royaume, et Rome la guerre, mais il ne s'agissait pas, à strictement parler, d'une révolte contre Rome, mais plutôt d'une querelle interne dont les Romains ne manquèrent pas de tirer profit dès la fin de la guerre civile [Higham, 44 ; Branigan, 41 ; Richmond, 46].

La conquête du pays de Galles et du nord de la Bretagne

Nous ne possédons que peu d'informations sur cette phase de la conquête. Tacite reste notre source littéraire unique, ou presque, mais il est difficile de concilier les propos de l'historien avec ce que nous ont appris les sources archéologiques. Tacite insiste beaucoup sur les campagnes de son beau-père, Agricola, et il se peut qu'il ait délibérément écourté le récit des actions des deux gouverneurs précédents, Cerialis dans le nord (71-73/74 apr. J.-C.) et Frontin au pays de Galles (73/74-77/78 apr. J.-C.), afin de rehausser la réputation d'Agricola.

En 71 apr. J.-C., Vespasien envoya en Bretagne un nouveau gouverneur, Petillius Cerialis, partisan fervent des Flaviens, et peut-être le gendre de l'Empereur. Cerialis avait déjà acquis une certaine expérience de la Bretagne en tant que légat de la XXe *Hispana*. Il amena avec lui une légion supplémentaire, la IIe *Adiutrix*, qu'il laissa à Lincoln afin de libérer son ancienne légion pour les campagnes qu'il projetait dans le Nord [Breeze et Dobson, 42]. Il s'installa à York, qui devait très rapidement remplacer l'ancienne forteresse légionnaire de Lincoln. Les camps provisoires du col de *Stainmore* (le long de l'actuelle nationale *N66*) jalonnent le chemin que suivit Cerialis au cours de sa progression à travers le pays des Brigantes vers le nord-ouest. Celui de *Rey Cross* est plus ancien que la route romaine, et les autres, de taille et de plan semblables, sont considérés comme étant de la même période. A Carlisle, la date des poutres du fort le plus ancien a été fixée à 73-74 apr. J.-C., ce qui est confirmé par celles des pièces de monnaie trouvées sur le site. On peut donc considérer que ce fut très certainement Cerialis qui construisit la base de Carlisle, et il est également possible que la poursuite des Brigantes et de leur roi Venutius ait amené les troupes romaines au-delà de Carlisle et jusque dans le sud de l'Écosse. Le nombre important de camps provisoires qui ont été découverts dans cette région laisse penser qu'il est peu probable qu'ils datent tous des six années de campagnes d'Agricola en Écosse, et que certains d'entre eux seraient donc plus anciens. Cette thèse récente remplace donc celle selon laquelle Cerialis aurait rattrapé Venutius et l'armée des Brigantes à l'*oppidum* de *Stanwick*, près de Richmond dans le Yorkshire. Les fouilles effectuées par Sir Mortimer Wheeler semblaient indiquer que l'*oppidum* avait été agrandi afin de loger le nombre croissant des forces bretonnes qui se rassemblaient au centre même du territoire des Brigantes. Cette thèse a été révisée, et il est maintenant considéré que Stanwick, sous sa forme la plus importante, aurait été impossible à défendre : il est donc probable que l'*oppidum* a été réduit plutôt qu'agrandi, et qu'une telle modification du site aurait eu lieu à un autre moment.

Les autres événements de la guerre menée par Cerialis dans le Nord restent obscurs, mais, selon Tacite, elle fut sanglante. En tout cas, on constate que Frontin put mener campagne au pays de Galles sans avoir à faire face à des troubles importants dans le Nord, et que, fait plus important, Agricola put pénétrer en Écosse dès son arrivée en Bretagne : il semblerait donc que, suite aux campagnes réussies et probablement sans merci de Cerialis, le nord de la Bretagne ait été soit soumis et pacifié, soit totalement vidé de sa population [Hartley, 43].

La guerre menée par Frontin contre les Silures dans le sud du pays de Galles est l'épisode le moins bien documenté de toutes les activités militaires romaines des années 70 [Jarrett, 36]. Frontin est surtout connu comme l'auteur de *Strategemata* et d'un autre ouvrage sur les aqueducs de Rome, ce qui n'éclaire en rien ses activités en Bretagne. Les Silures ayant été vaincus quelque vingt ans avant son arrivée, cette nouvelle révolte fut probablement provoquée par une nouvelle génération aigrie par le souvenir de l'assujettissement de ses pères. La cause immédiate de la guerre, ainsi que les détails de son déroulement nous sont inconnus. Il est fort probable que Frontin a fondé les deux forteresses légionnaires de Caerleon et de Chester, qui toutes les deux occupent des positions de choix pour la surveillance à la fois du pays de Galles et de l'Angleterre [Nash-Williams, 40, p. 29-42]. Malheureusement, nous ne possédons aucune preuve de travaux de construction effectués sur ces sites sous Frontin, mais on considère que, à son arrivée, il ne resta plus à Agricola qu'à achever les travaux commencés par son prédécesseur. De même, malgré l'absence de preuves formelles à cet effet, nous supposons que Frontin (ou ses adjoints militaires) dut mener campagne dans le Lancashire et dans le Yorkshire, ne serait-ce que pour consolider les victoires de Cerialis.

Agricola en Écosse

Sans les récits de Tacite dans les *Annales,* et plus précisément dans son *Agricola,* nous n'aurions en notre possession que deux indices de la présence d'Agricola en Bretagne : il s'agit d'un tuyau de plomb poinçonné provenant de la forteresse de Chester, et d'un fragment d'inscription trouvé à Verulamium. Les sources archéologiques témoignent de la présence de l'armée romaine en Bretagne au premier siècle de notre ère, mais nous devons faire confiance à Tacite quant au déroulement des campagnes militaires à cette époque. La date exacte de l'arrivée d'Agricola en Bretagne (77 ou 78 apr. J.-C.) n'a pu être déterminée. Certains spécialistes considèrent la première de ces dates comme étant la plus probable des deux, puisque les avancées et les arrêts de l'armée d'Agricola en Écosse semblent plus compatibles avec la politique impériale menée à cette date. Selon Dion, par exemple, la quinzième acclamation impériale de Titus était liée aux événements en Bretagne. Si la première date est en effet la bonne, et si Agricola a bien pris ses fonctions en 77, l'épisode en question serait l'avancée de l'armée romaine jusqu'à la rivière Tay pendant le troisième été de la guerre, ce qui paraît un plus haut fait d'armes que les actions menées pendant le deuxième été [Hanson, 50, p. 107].

Comme Agricola était arrivé vers la fin de l'été, la première saison de la guerre fut courte. Dès son arrivée, il s'occupa des troubles survenus dans le nord du pays de Galles, se battant contre les Ordovices qui avaient anéanti une unité de la cavalerie romaine. L'année suivante, il pénétra dans le Lancashire selon certains, selon d'autres dans la région des Lacs, ou encore jusque dans le sud de l'Écosse : aucune preuve ne permet de le confirmer. Tacite précise bien que, pendant le troisième été, l'armée gagna la Tay *(Tavum)*, et qu'à la fin de cette saison Agricola eut le temps de construire quelques forts *(praesidia)*. Il consacra le quatrième été à la consolidation de ses succès et à la construction d'autres *praesidia* sur le couloir étroit qui se trouve entre les rivières *Clyde* et *Forth (Clota* et *Bodotria)*. Le cinquième été fut occupé par une traversée en bateau, alors que pendant les sixième et septième saisons les Bretons furent amenés à livrer bataille au *Mons Graupius*. La recherche de ce site, qui n'a jamais été identifié, a donné naissance à un volume important de travaux [Maxwell, 52].

Il ne s'agit là que des grands traits des campagnes en Écosse. Il n'est possible que très rarement de concilier les résultats des fouilles archéologiques avec le récit historique qui nous est parvenu. Nous savons avec certitude que le premier fort à Corbridge, sur le site de *Red House*, a été construit pour servir de centre de ravitaillement pour la percée en Écosse. Nous supposons qu'il existait un centre de ravitaillement semblable à Carlisle, dont la situation permettait un approvisionnement par la mer. A la fin du XIIIe et au début du XIVe siècle, le roi Édouard Ier se servit, lui aussi, de Carlisle lorsqu'il envahit l'Écosse. Cependant, nous ne possédons que peu d'indices de l'existence d'une telle base à l'époque de l'Empire romain. Les énormes forts du sud de l'Écosse, tels que ceux de *Castledykes*, *Dalswinton*, et celui du site important de *Newstead* avec ses portes caractéristiques [Curle, 48], appartiennent sans doute aux premières années de la conquête flavienne. Il n'est pas possible d'attribuer à une période quelconque des campagnes le grand nombre de camps provisoires qui ont été découverts, faute d'indices permettant de les dater avec précision. Par ailleurs, Agricola ne fut que le premier de toute une série de généraux qui envahirent l'Écosse, et dont chaque armée, à son tour, construisait des camps aussi bien à son arrivée dans la région qu'à son départ.

La recherche des *praesidia* entre le Forth et la Clyde n'a donné que peu de résultats. Notons cependant la découverte fortuite du fort de *Elginhaugh*, au sud-est d'Edinbourg : ce fort était sans doute la base d'une garnison mixte d'environ 800 cavaliers et fantassins provenant d'au moins deux unités d'auxiliaires [Hanson, 50, p. 99, 108]. Bien que le fort se trouve au sud du Forth, il fait très certainement partie de ceux qui furent construits pendant la quatrième saison. Les fouilles ont révélé que les troupes y étaient bien installées : la présence d'objets de luxe parmi les objets de première nécessité démontre que ces soldats ne faisaient pas partie d'une petite expédition temporaire.

Au nord de l'isthme entre Forth et Clyde, des camps et des forts furent construits afin d'isoler la presqu'île de *Fife*, et d'autres fortifications furent construites aux débouchés sud des vallées *(glens)* donnant accès aux *Highlands* par *Strathmore*.

On trouve des camps également, mais pas de forts, tout autour des Highlands plus au nord, mais ils s'arrêtent avant *Inverness* et le *Moray Firth*. Certains archéologues ont cherché, jusqu'ici en vain, des preuves d'une présence romaine dans cette région parce qu'une telle présence aurait été tout à fait justifiée sur le plan militaire. L'identité du constructeur des forts qui interdisaient l'accès aux vallées *(glen-blocking forts)* est également très controversée : selon certains, Agricola ne se serait pas donné la peine de construire de tels forts avant la fin de sa campagne ; selon d'autres, il aurait barré l'accès des *glens* avant de livrer bataille aux tribus bretonnes afin d'empêcher celles-ci de l'attaquer par derrière pendant qu'il traversait Strathmore. Comme la forteresse légionnaire de *Inchtuthil* [Pitts et St. Joseph, 54], qui dominait la vallée de la Tay, fut abandonnée et rasée avant d'être achevée, certains ont soutenu qu'elle n'avait certainement pas été fondée par Agricola, mais plutôt par son successeur, dont le nom nous est inconnu. Notre vision globale de la situation est d'autant plus embrouillée qu'il existe des camps aussi bien que des forts sur presque tous ces sites au débouché des *glens*, et parmi eux le camp caractéristique de *Stracathro* qui a donné son nom à toute une série de camps semblables, tous équipés de portes « claviculaires » qui étaient censées obliger l'ennemi à exposer aux défenseurs sur les remparts son côté droit, non protégé par son bouclier. On trouve des camps de ce type un peu partout dans le nord de la Bretagne, mais ils ne semblent appartenir ni à un quelconque ensemble cohérent ni à une campagne précise, ce qui nous empêche d'affirmer que tous les camps du type *Stracathro* aient été construits par Agricola.

Tacite se plaint amèrement de ce que la Bretagne, à peine conquise, fut immédiatement abandonnée par Domitien. Pendant longtemps, les spécialistes ont cru qu'il s'agissait là d'une hyperbole destinée à entacher la réputation de Domitien, et que les Romains, lors de leur départ d'Écosse, fait bien établi, s'étaient retirés assez lentement et progressivement. On croyait donc que la série de tours de guet de *Gask Ridge*, à l'est de la presqu'île de Fife, qui ressemble à celle de la frontière germanique, faisait partie de cette phase de retrait progressif et marquait la limite nord du territoire romain, avec, à l'appui, les forts d'*Ardoch*, de *Strageath* [Frere et Wilkes, 49] et de *Bertha*. L'occupation d'Ardoch et de Strageath sous les Flaviens connut deux phases, ce qui ferait supposer des changements dans le déploiement des troupes correspondant aux phases successives du retrait. Certains soutiennent encore la thèse du retrait progressif, mais l'étude numismatique suggère que Tacite avait peut-être raison, et que les conquêtes en Écosse auraient été très rapidement abandonnées. Les pièces de monnaie en bronze de 86 et 87 apr. J.-C. sont la clé du mystère écossais. Un grand nombre de pièces frappées pendant ces deux années arrivèrent jusque dans la plupart des régions de la Bretagne. Dans les forts écossais, en revanche, seules des pièces de 86 apr. J.-C. ont été retrouvées, pour la plupart en parfait état, alors qu'aucune pièce de 87 n'a été découverte. A ce fait s'ajoute la découverte de plus d'un million de clous enterrés à la hâte à la forteresse d'Inchtuthil pour empêcher qu'ils ne tombent entre les mains des Bretons. Tout compte fait, il semble que les soldats aient été retirés de l'Écosse en masse, et peu de temps après la conquête. La raison la plus probable de ce retrait serait la série de désastres survenus sur le Danube, où Domitien avait perdu deux armées peu avant 88 apr. J.-C., et où un besoin urgent de troupes expérimentées se faisait donc sentir.

Vers 90 apr. J.-C., les forts les plus septentrionaux de la Bretagne étaient ceux qui se trouvaient entre la Tyne et le *Solway Firth*, le long de la route romaine qui reliait Carlisle à Corbridge, et que l'on appelle aujourd'hui la *Stanegate*. A peu de chose près, la situation militaire à cette date était donc la même que celle qu'Agricola avait trouvée à son arrivée dans la province moins de treize ans plus tôt. Il n'est guère étonnant que Tacite ait exprimé une certaine amertume à ce sujet.

Les frontières : les murs d'Hadrien et d'Antonin

Pendant le principat de Trajan, la situation militaire en Bretagne resta stable, tandis que des guerres importantes étaient menées, d'abord sur le Danube et ensuite dans l'Est. Vers la fin du Ier siècle, la plupart des postes militaires du centre et sur les frontières du pays de Galles avaient été abandonnés. Les deux forteresses légionnaires de Chester et de Caerleon avaient été conservées, ainsi que quelques forts qui servaient peut-être de centres de surveillance, de ravitaillement ou d'entraînement. Le sud de la Bretagne connut alors une période d'urbanisation et de prospérité croissante. Dans le Nord, la forteresse légionnaire de York, avec le soutien des forts des Pennines, maintenait l'ordre. Si les forts les plus septentrionaux étaient effectivement ceux de la Stanegate, quelques découvertes isolées, plus au nord et sur des sites romains abandonnés, font penser que les troupes romaines continuaient à faire des patrouilles dans le Northumberland et dans le sud de l'Écosse afin de prévenir des troubles éventuels.

Lors de son avènement en 117 apr. J.-C., l'empereur Hadrien fut confronté à plusieurs problèmes, et parmi eux des troubles, dont la nature est inconnue, en Bretagne. Il y envoya Q. Pompeius Falco en 118, et il s'y rendit lui-même en 122. A la suite de sa visite, la frontière appelée « Mur d'Hadrien » fut construite juste au nord de la Stanegate, le long de l'arête nommée *Whin Sill*. Il s'agit d'un escarpement orienté au nord et traversant les Pennines entre les vallées de la Tyne et de la Solway : la géographie du site en faisait un endroit rêvé pour la construction d'une telle frontière au nord [Breeze, 60 ; Breeze et Dobson, 61, 62].

Pendant bien des années, on a cru que le Mur d'Hadrien avait été construit par Septime Sévère, car les travaux importants de réparation effectués par cet empereur tout le long du mur avaient complètement effacé l'œuvre de son constructeur. Ce ne fut qu'à la découverte d'une inscription (*RIB*, 1638) comportant le nom du gouverneur Aulus Platorius Nepos, nommé sous Hadrien, que l'histoire véritable du mur s'éclaircit. La construction de cette frontière est tout à fait compatible avec la politique menée par Hadrien ailleurs : ainsi, en Germanie, il construisit une palissade en bois pour délimiter le territoire romain.

Le Mur d'Hadrien s'étend sur 95 km de Wallsend sur la Tyne jusqu'à Bowness sur le Solway Firth. Il est composé de trois parties principales : un fossé du côté nord, sauf là où la présence de falaises rend une telle protection inutile ; la courtine même, munie de tourelles, de fortins placés à chaque mille et de camps fortifiés ; et l'énorme fossé, de 6 m de large et d'une profondeur de 6 m, que les archéologues appellent le *Vallum*. Le chroniqueur Bede fut le premier à l'appeler ainsi au VIIIe siècle, et comme le terme permet de distinguer entre les deux fossés du mur, il est toujours utilisé de nos jours. En revanche, pour les cartographes romains et pour ceux qui devaient faire l'inventaire des postes officiels, l'expression *per lineam valli* se référait à l'ensemble des fortifications du mur, et non pas simplement à ce fossé sud.

Les installations secondaires, des tourelles placées à chaque quart de mille et des fortins à chaque mille, furent construites sur le tracé même du mur, comme c'est le cas également des *Wachtturmen* et *Kleinkastellen* de la frontière germanique. On peut donc supposer que dans les deux provinces ces installations jouaient le même rôle, facilitant la surveillance et prévenant toute attaque. Dans la plupart des provinces romaines cependant, les forts qui protégeaient les frontières se trouvaient en retrait par rapport à la barrière même, à jusqu'à 2 km en arrière des tourelles et fortins en ce qui concerne la frontière germanique. Dans le cas du Mur d'Hadrien, les fortins furent ajoutés de manière à ce que leur côté nord se trouve sur le mur même, ou le dépasse légèrement. Il s'agit là d'une modification du plan originel, car à Chesters, Housesteads et Great Chesters, la construction de ces fortins entraîna la destruction des fondations du mur et des tourelles déjà construites. A Carrawburgh, il avait fallu combler le *Vallum* afin de construire un fortin à sa place, et ensuite le *Vallum* fut creusé à nouveau autour de ce dernier [Breeze et Dobson, 62, p. 46-49 ; Daniels, 64].

On considère que, selon le plan originel, le Mur devait être protégé par les forts de la Stanegate, et que ce dispositif s'était avéré peu satisfaisant. Il n'était sans doute pas prévu que le mur résiste à une attaque de grande envergure, mais qu'il permettrait de contrôler le passage sur la frontière. Tout mouvement de population devait passer par des postes de contrôle où tout rassemblement important pouvait être maîtrisé, les bagages fouillés, et des droits de péage perçus. Il ne s'agit là que de conjectures, mais de tels systèmes existaient effectivement sur d'autres frontières de l'Empire. Un document anonyme envoyé à la reine Élisabeth I au XVIe siècle n'est pas sans intérêt : son auteur vante les mérites d'une barrière continue qui permettrait de mieux surveiller la population rebelle du nord du pays, et il consacre plusieurs paragraphes de son texte à demander avec instance que l'ancienne frontière romaine soit rétablie et que des soldats y soient déployés.

Il est clair que le Mur d'Hadrien, barrière solidement construite et protégée par des postes avancés dans le sud de l'Écosse, avait été conçu comme une frontière définitive de l'Empire, mais, à la mort d'Hadrien, Antonin le Pieux décida d'avancer vers le nord afin d'annexer le territoire compris entre la ligne Tyne-Solway et l'isthme Forth-Clyde [Breeze, 60 ; Hanson et Maxwell, 69 ; Jarrett et Mann, 70]. Les portes des fortins du Mur d'Hadrien enlevées et une garnison réduite de légionnaires installée dans les forts, la majorité des troupes qui y étaient basées, ainsi que d'autres venues des forts des Pennines, furent redéployées en Écosse. Les sources littéraires précisent simplement que le gouverneur Q. Lollius Urbicus, ayant vaincu les Bretons, construisit une nouvelle frontière, qui cette fois-ci était composée de mottes de terre. Les sources épigraphiques et archéologiques nous révèlent des traces de travaux de reconstruction en 139 apr. J.-C. au fort de Corbridge, qui avait toujours servi de centre de ravitaillement pour les campagnes menées en Écosse, ainsi qu'au fort de High Rochester, au nord du Mur d'Hadrien. Des pièces de monnaie de 142-143 apr. J.-C. font état d'une victoire de l'armée romaine en Bretagne, et Antonin se fit acclamer *Imperator*. A part ces quelques détails, nous ne savons rien de ces guerres. Comme Claude, Antonin le Pieux n'avait aucune expérience militaire, et une campagne menée en Écosse lui paraissait sans doute l'entreprise militaire la moins risquée à la fois pour Rome et pour l'Empire. Toute victoire serait à l'honneur de l'empereur, qui gagnerait donc en prestige, alors qu'une défaite éventuelle serait mise sur le compte des généraux, et entraînerait un simple retrait jusqu'au Mur d'Hadrien. Les Romains finirent par gagner, et leur victoire permit d'établir la nouvelle frontière entre le Firth of Forth et la Clyde.

Le Mur d'Antonin ressemblait à celui d'Hadrien, sans toutefois avoir de *Vallum* [Macdonald, 72 ; Robertson, 77]. Il est possible que le plan originel n'ait prévu que quelques forts très espacés le long du mur de mottes de terre, les forts supplémentaires n'ayant été ajoutés que plus tard pour faire de ce mur l'une des frontières les mieux défendues de l'Empire. Jusqu'à une date récente, il n'existait aucune preuve de l'existence sur le Mur d'Antonin de l'équivalent des fortins du Mur d'Hadrien. Cependant, des fouilles récentes ont découvert des traces de fortins de mottes de terre, notamment à Kinneil près de Falkirk. Au nord du Mur, des garnisons furent installées à nouveau dans les forts d'Ardoch, Strageath et Bertha sur la route construite par Agricola qui faisait le tour de la presqu'île de Fife à l'ouest et reliait le Firth of Forth à la Tay. Il se peut que les Romains aient recruté pour l'armée, et donc enlevé, une partie de la population indigène afin de soumettre le territoire compris entre les deux murs : l'apparition en 145 apr. J.-C. des *numeri Brittonum* sur la frontière antonine de Germanie a été associée à ces campagnes écossaises.

Les décennies qui suivirent correspondent à la période la moins bien connue, la moins documentée et la plus embrouillée de toute l'histoire romano-bretonne. Vers 155 apr. J.-C., dans le Nord, un événement inconnu nécessita le retrait des troupes du Mur d'Antonin et leur redéploiement sur le Mur d'Hadrien. Puis, quelques années plus tard, le Mur d'Antonin fut occupé à nouveau, mais par un effectif militaire réduit.

Ce premier abandon du Mur d'Antonin est attesté par la découverte par des archéologues d'une série d'inscriptions commémoratives sur des tables de pierre, soigneusement enterrées et en parfait état, qui n'avaient pas été remises en place pendant la deuxième phase de l'occupation du mur. Une autre inscription, découverte dans la Tyne à Newcastle, commémore l'arrivée de troupes de Germanie pour renforcer l'ensemble des trois légions bretonnes pendant le gouvernement de Julius Verus. Sous le même gouverneur, vers 157-158 apr. J.-C., des travaux de reconstruction furent effectués au fort de *Birrens*·dans le sud de l'Écosse, et à Brough dans le Derbyshire. Les forts des Pennines furent occupés à nouveau. Dans certains des forts du nord de l'Angleterre, des traces de destruction par incendie ont été découvertes, mais ne peuvent être datées, et seraient peut-être le résultat de la démolition de ces forts par les Romains eux-mêmes. Ces éléments ont toutefois été ajoutés à l'ensemble des indices relatifs à la soi-disant révolte des Brigantes au milieu des années 150 à laquelle Pausanias fait allusion dans sa *Description de la Grèce* (8 − Arcadia − 43, 3-4). Il précise, au passage, qu'Antonin s'était engagé dans une guerre contre les Brigantes parce que ceux-ci avaient envahi une région voisine soumise à Rome. La plupart de ces indices ont été remis en question, réfutés et réinterprétés, mais restent pour l'instant sans explication satisfaisante.

La deuxième occupation de la frontière antonine fut très courte. Les archéologues avaient d'abord situé le deuxième abandon de cette frontière pendant les années 180, mais aujourd'hui on considère qu'il eut lieu au début des années 160, au moment où Marc Aurèle, qui menait campagne sur le Danube, avait besoin de troupes expérimentées, qu'il aurait peut-être fait venir de Bretagne [Daniels, 63]. Apparemment, le Nord n'était toujours pas soumis, puisque Marc Aurèle dut envoyer Calpurnius Agricola « contre les Bretons » (*Histoire Auguste,* Marc Aurèle, 8, 7). Ce gouverneur laissa derrière lui bon nombre d'inscriptions, à la fois sur le Mur d'Hadrien et dans les forts des Pennines, ce qui suggère qu'il y eut un redéploiement important des garnisons du nord de l'Angleterre, avec la frontière à nouveau installée sur le tracé du Mur d'Hadrien et renforcée par quelques postes avancés plus au nord. Le fort de Newstead dans le sud de l'Écosse resta occupé jusqu'à environ 180 apr. J.-C.

Pendant le règne de Commode, d'autres guerres éclatèrent en Bretagne. Celles-ci furent décrites par Dion, dont la remarque « les tribus

bretonnes franchirent le mur qui les séparaient de l'armée romaine »
(72, 8) a été la source de nombreux débats. De quel mur s'agit-il ? De la
frontière antonine ou du Mur d'Hadrien ? Commode nomma Ulpius
Marcellus gouverneur, et celui-ci remporta en 184 une victoire signalée
sur des pièces de monnaie. Commode fut proclamé *Imperator* pour la septième fois, avec l'adjonction à ses nombreux titres de *Britannicus*. Les sites
de tous ces combats sont complètement inconnus, et l'étude de toutes les
hypothèses quant à leur situation a donné lieu à une importante somme
de recherche, qui comprend la thèse selon laquelle le Mur d'Antonin
aurait été occupé à nouveau pendant cette période.

Malgré ses victoires, Ulpius Marcellus fut rappelé à Rome et accusé de
trahison, mais par la suite cette accusation fut retirée, et il ne subit pas de
sanction. Ce fut maintenant l'armée romaine elle-même, et non pas les
indigènes, qui s'avéra la principale source de troubles en Bretagne. Un
légat de légion, Priscus, fut élu empereur par ses troupes, mais, prudem-
ment, il refusa cet honneur plutôt compromettant. Le nouveau gouverneur, Pertinax, qui devait plus tard devenir empereur lui-même, tenta de
mater les soldats, avec peu de succès au début puisqu'il faillit être tué et
fut laissé pour mort sur un tas de cadavres. Il survécut, punit sévèrement
les mutins, et demanda ensuite à être relevé de ses fonctions. Son successeur nous est inconnu. En 192, date du meurtre de Commode, le gouverneur de la province se nommait Clodius Albinus, et il devait jouer un rôle
dans la guerre civile qui suivit.

De Septime Sévère à Carausius

La guerre civile de 193 se termina par la victoire de Septime Sévère,
mais une victoire encore incomplète. Pescennius Niger en Syrie et Clodius
Albinus, gouverneur de la Bretagne, prétendaient tous les deux au trône.
Ces deux provinces comptaient parmi les commandements les plus prestigieux de tout l'Empire, et Albinus disposait d'un grand nombre de
troupes expérimentées. Pendant quatre ans, les manœuvres diplomatiques
éloignèrent Albinus du pouvoir, mais en 197 il se trouva enfin confronté à
l'armée de Sévère en Gaule, ou il fut vaincu et perdit la vie.

Pour les cent années qui vont de 197 à 297, les sources littéraires et
épigraphiques faisant défaut, nous ne possédons aucun renseignement sur
le contexte général dans lequel il faudrait situer les découvertes des
archéologues : aussi les événements en Bretagne pendant cette période
importante restent-ils obscurs. Il semblerait qu'Albinus ait retiré un grand
nombre des troupes de l'île, mais nous ignorons de quels forts précisément.
La liste des unités qui l'accompagnaient lors de sa dernière bataille n'est
pas d'une grande utilité puisque certaines d'entre elles n'étaient peut-être

pas stationnées en Bretagne. Le bon sens voudrait qu'il ait laissé un effectif important sur la frontière septentrionale, le Mur d'Hadrien, mais il est possible qu'il l'ait dépouillée de ses troupes, pour n'y laisser qu'un effectif fort réduit. Hérodien (2, 15, 1-5) précise que les tribus du Nord étaient pacifiées et ne représentaient aucune menace pour Albinus, ce qui pourrait signifier que celui-ci avait retiré les unités du Mur d'Hadrien. En tout cas, il est certain que les unités dont la présence sur cette frontière est attestée au IIe siècle ne se trouvaient plus dans les mêmes forts au IIIe siècle, ce qui pourrait s'expliquer par la tentative de prise du pouvoir par Albinus.

Pendant bien des années, on a considéré que l'année 197 fut un véritable désastre pour la Bretagne [Gillam, 68 ; Gillam et Mann, 69]. On supposait que les tribus du Nord étaient passées à l'attaque au moment précis où la frontière était dégarnie. La reconstruction des forts des Pennines et celles effectuées sur le Mur d'Hadrien même étaient attribuées à des invasions par les tribus écossaises qui se trouvaient au nord du Mur, et par les Brigantes révoltés au sud [Jarrett et Mann, 70]. Cette thèse était appuyée par la découverte, à Corbridge et dans les forts de Bowes et Ilkley dans les Pennines [*RIB,* 637 ; 730 ; 1163], d'inscriptions commémorant des travaux de construction et de réparation effectués par Virius Lupus, gouverneur nommé par Septime Sévère. Selon Dion Cassius, Lupus dut amasser des sommes d'argent importantes afin d'amadouer la menaçante tribu des *Maeatae* au nord, ce qui semble suggérer que l'armée était trop affaiblie pour prendre l'offensive. Selon certains archéologues, cette faiblesse impliquerait qu'elle avait subi une défaite, mais cela reste à prouver puisque l'attribution de subsides aux tribus frontalières faisait partie de la politique diplomatique de Rome. Hadrien lui-même avait employé cette méthode, et des études récentes soulignent la comparaison entre cette pratique et les cérémonies de remise de dons chez des indigènes. Par conséquent, le fait de donner de l'argent aux indigènes ne veut pas forcément dire que la position des Romains était affaiblie.

De 205 environ jusqu'en 208 ou 209, Alfenius Senecio fut gouverneur de Bretagne. Son nom figure sur de nombreuses inscriptions commémorant des travaux de reconstruction dans les forts du Nord, et surtout sur le Mur d'Hadrien où il n'y a aucune mention de tels travaux avant l'arrivée de Senecio. Malheureusement, nous ne savons pas grand-chose d'autre au sujet de ce gouverneur dynamique. Dion nous apprend que les gouverneurs de Bretagne remportèrent des victoires sous Septime Sévère, mais Hérodien précise que l'un d'entre eux demanda de l'aide à l'empereur. Nous savons tout simplement que Sévère se rendit effectivement en Bretagne et mena campagne en Écosse jusqu'à sa mort à York en 211. Alors Caracalla mit fin à la guerre, rétablit la paix, et s'en retourna à Rome.

Les causes exactes, ainsi que le déroulement de cette guerre nous sont inconnus, et les quelques indices dont nous disposons ne permettent pas d'éclaircir le problème.

L'étude des campagnes de Septime Sévère en Bretagne [Reed, 79] se trouve compliquée par l'absence d'objets dans les camps provisoires et dans les dépôts militaires qui permettraient de dater ceux-ci avec précision, ainsi que par l'existence de camps et de forts plus anciens, datant des deux campagnes principales sous Agricola et pendant le règne d'Antonin le Pieux. Aujourd'hui, on considère que Sévère se servit des forts de Corbridge et de South Shields comme bases de ravitaillement pendant sa percée dans le Nord, et qu'il occupa à nouveau les sites des anciens forts à Newstead dans le sud de l'Écosse et à Cramond près d'Édinbourg. L'installation importante de Carpow sur la Tay date certainement de l'époque de Sévère, et on l'a rapprochée à la fois des références dans Hérodien à la traversée de cours d'eau et d'une pièce de monnaie, datant de 208, sur laquelle figurent des troupes qui traversent un pont. La route suivie par l'armée correspond probablement à la ligne de camps provisoires qui borde les Highlands, mais comme toute trace de camps assignés à Septime Sévère s'arrête bien avant ce qui semblerait être l'objectif militaire le plus probable, il n'est pas plus facile de le prouver que de démontrer qu'Agricola était bien allé jusqu'à Inverness et le Moray Firth. Selon les sources littéraires, l'armée serait arrivée jusqu'à l'extrême nord de l'île, mais à ce jour aucune preuve archéologique ne permet de l'affirmer.

Après la mort de Septime Sévère en 211, il est possible que Caracalla ait mené une autre campagne, qui aurait été passée sous silence par des historiens hostiles. Il n'arriva à Rome que vers la fin de l'année, mais il avait peut-être profité des derniers mois de son séjour pour négocier une paix durable. Quoi qu'en disent ses détracteurs, les dispositions prises par Caracalla s'avérèrent durables : il n'annexa aucun des territoires pour lesquels il s'était battu, et le Mur d'Hadrien redevint la frontière Nord, avec des postes avancés à *Bewcastle* [Austen, 55] et à *Risingham* au nord.

La question de la division de la Bretagne en deux provinces distinctes est un problème qui n'a pas été résolu. Hérodien situe cette partition en 197, mais il semblerait que la création de deux commandements distincts n'ait eu lieu que quelques années plus tard, ce qui pousse certains spécialistes à la situer plutôt pendant le règne de Caracalla. L'emplacement de la frontière entre les deux provinces n'a pas été établi. Il semble certain que les forts de Chester et de Caerleon appartenaient tous les deux à la *Britannia Superior,* mais nous ignorons si York faisait partie de la *Britannia Superior* ou *Inferior.* Si York se trouvait sous le contrôle du gouverneur de la *Superior,* c'est-à-dire du sud de la Bretagne, cela voudrait dire que la défense du nord dépendait uniquement des garnisons du Mur d'Hadrien, ce que la plupart des spécialistes ont du mal à croire. Le nord de la Bretagne avait un gouverneur de rang prétorien, alors que la *Britannia Superior* avait un gouverneur de rang consulaire ; cependant, les gouverneurs des deux provinces jouissaient de moins de prestige que leurs prédécesseurs, ce qui est sans doute le reflet d'une certaine prudence de la part des empereurs dans le choix de commandants militaires susceptibles de devenir des usurpateurs.

Les guerres frontalières et les invasions qui éclatèrent sur le continent pendant la période 230-250 n'eurent que peu de conséquences en Bretagne, à la fois isolée et protégée par la Manche. L'île fit partie de l'Empire dissident des Gaulois de 260 à 274, et devint un territoire indépendant sous Carausius et ensuite sous Allectus (287-296) [Casey, 84 ; Shiel, 85]. Pendant cette période, la Bretagne connut la prospérité. Au nord, la frontière était calme ; dans le sud, les fouilles archéologiques ont révélé que la construction de murs d'enceinte autour de la plupart des cités pendant cette période fut progressive, et non pas précipitée pour faire face à une menace quelconque. Les enceintes entouraient des superficies importantes, ce qui prouve qu'il n'était pas nécessaire de réduire la taille des cités afin de mieux les défendre. A la campagne, les villas prospérèrent, avec à la fois des constructions nouvelles et l'agrandissement des villas existantes, parfois richement embellies.

Quand Carausius fut proclamé empereur, il avait l'avantage de savoir Maximien et Dioclétien occupés ailleurs, et d'être lui-même maître à la fois d'une flotte lui permettant de contrôler la Manche, y compris Boulogne et le littoral gaulois, et de fortifications côtières importantes qui le protégeaient à la fois des pirates, des pillards et des armées impériales. Par ailleurs, Carausius était intelligent, et Eutrope insiste beaucoup sur ses capacités militaires. Pour toutes ces raisons, Carausius réussit à garder son petit empire pendant plus de six ans : il fit frapper sa propre monnaie et gouverna la Bretagne en associé légitime de Dioclétien et de Maximien, qui n'avaient pas encore la possibilité de mettre fin à une situation dont la légalité n'était qu'une fiction.

Dans l'imagination populaire, les « forts côtiers saxons » sont inextricablement associés au nom de Carausius. Leur nom vient de la *Notitia Dignitatum* qui cite le commandement du *Comes Litoris Saxonici per Britannias*, et crée ainsi l'impression tout à fait fausse d'un système cohérent de forts construits tous à la même période. En fait, la construction a dû connaître plusieurs phases différentes. A partir du début du IIe siècle, la base de la *Classis Britannica* se trouvait à Douvres, dont le fort serait donc plus ancien que les soi-disant forts côtiers saxons. De même, les forts de type plus ancien à Brancaster et à Reculver furent certainement fondés relativement tôt, et seraient peut-être contemporains de Douvres, ou lui seraient légèrement postérieurs. Les origines exactes des forts du IIIe siècle, de type nouveau, qui se trouvent le long des côtes sud et sud-est, sont inconnues. Ces forts imposants aux murs épais et aux énormes tours cylindriques, qui sont encore visibles à Portchester, Pevensey et Burgh Castle, font penser à des châteaux forts du Moyen Age plutôt qu'à des installations militaires romaines. Le fort de Pevensey, de forme ovale et d'un aspect on ne peut moins romain, fut peut-être le dernier à être construit, probablement au IVᵉ siècle. Les « forts côtiers saxons » ne furent donc pas construits comme partie intégrante d'un système d'opérations global. La date de leur construction varie, du IIᵉ au IVᵉ siècle, et ils servirent sans doute à des fins différentes selon la période, constamment réadaptés aux besoins du moment [Johnson, 80, p. 94 ; Maxfield, 82, p. 30-44].

L'aventure de Carausius prit fin en 293. Constance Chlore prit Boulogne en prélude à une invasion de la Bretagne, et peu de temps après Allectus assassina Carausius. L'état de l'armée en Bretagne à cette date est inconnu, mais le fait que Constance n'ait envahi l'île que trois ans plus tard laisse supposer soit qu'il devait faire face à des problèmes importants, soit qu'il craignait que l'ennemi ne fût trop fort. Quand enfin il envahit l'île en 297, Allectus, apparemment, ne lui opposa qu'une faible résistance. Très rapidement, les officiers de Constance prirent Londres, sauvant la ville des troupes franques d'Allectus qui la mettaient à sac. Constance profita de l'occasion pour faire de la propagande, en faisant frapper à Trèves une médaille commémorative déclarant au monde entier que la Bretagne venait d'être réintégrée dans l'Empire renaissant des Tétrarques. Il se donna le titre de *Redditor lucis aeternae*, restaurateur de la lumière éternelle. On ne peut que se demander si les habitants des villas et cités prospères de la *Britannia Superior* avaient vraiment l'impression qu'ils avaient été dans les ténèbres.

LA POPULATION CIVILE

Le développement des villes

L'histoire militaire domine les études romano-bretonnes pour deux raisons : premièrement, ce sont surtout les sites militaires qui ont été étudiés en profondeur, et deuxièmement, il y eut une importante présence militaire en Bretagne jusqu'au Vᵉ siècle, quand l'île cessa d'être une province romaine. Dans aucune autre province l'importance de la garnison n'était aussi démesurée. Dans les Pennines et au pays de Galles, il n'y eut aucune démilitarisation, ce qui souligne l'énorme différence qui existait entre le Sud civilisé, le Nord et l'Ouest qui résistaient à l'influence romaine.

La multiplication de centres administratifs, le développement de l'urbanisation, et la construction d'un nombre croissant de villas eurent lieu exclusivement dans le Sud, ou presque. A la différence de beaucoup d'autres provinces européennes, la Bretagne ne possédait pas de centres urbains susceptibles de se transformer en villes. Les *oppida* étaient peut-être la preuve d'une certaine tendance vers la création de centres urbains, mais il n'existait pas de vraies villes dans le sens romain du terme. Et même quand de nouveaux bâtiments furent bâtis sur des sites de constructions de l'âge du fer, les concepts du forum, de la basilique, des bains publics et autres édifices étaient tout à fait nouveaux.

Il existait plusieurs types de communautés urbaines. Au sommet de la hiérarchie se trouvaient les *coloniae*. Venaient ensuite les chefs-lieux des *civitates*, moins prestigieux mais plus nombreux et conçus comme des centres administratifs pour les tribus [Wacher, 119]. Il y avait ensuite les petites villes à fonctions multiples, et enfin les *vici* qui s'étaient formés à l'extérieur des forts.

Londres et Verulamium (St Albans) ne rentrent pas dans ces catégories de base. Malgré les fouilles effectuées à Londres depuis de nombreuses années nous ne possédons que bien peu d'indices quant à l'existence éventuelle d'un fort sur le site avant la période romaine, ou même d'un village important à l'âge du fer. La ville de Londres doit son origine aux activités commerciales auxquelles le site se prêtait [Marsden, 95 ; Milne, 97], et son expansion rapide au fait que les Romains en avaient fait très tôt un centre administratif. Sous le Bas-Empire, Londres était élevée au statut de *colonia*.

Verulamium [Frere, 114] fut apparemment la seule ville de Bretagne à avoir le statut de *municipium*, catégorie juste au-dessous de la *colonia*. Ses magistrats se virent donc accorder la citoyenneté romaine, alors que la majorité de ses habitants indigènes eurent le droit latin. Verulamium servit également de chef-lieu à la *civitas* des *Catuvellauni*.

Les colonies

Il y eut en Bretagne quatre colonies. Colchester *(Camulodunum)* fut fondée très tôt, probablement vers 49 apr. J.-C., à l'intention des vétérans de la XXe légion [Hull, 103]. Quand les légions quittèrent Gloucester *(Glenum)* et Lincoln *(Lindum)*, ces deux villes devinrent, elles aussi, des colonies. Les dates exactes de ces fondations nous sont inconnues, mais les deux colonies existaient en tout cas avant la fin des années 90 apr. J.-C. Ce fut Septime Sévère qui éleva York *(Eburacum)* au statut de colonie au début du IIIe siècle, mais la légion y resta et une importante communauté civile *(canabae)* se développa autour de la forteresse. La colonie à proprement parler fut établie sur l'autre rive de la rivière Ouse. Rien ne laisse supposer l'existence d'une organisation semblable à Chester ou à Caerleon.

La création de colonies était voulue par la politique romaine, dans l'intention principale de permettre l'installation des vétérans qui formeraient des réserves militaires dans des régions qui n'étaient pas encore complètement romanisées. Ces nouvelles colonies, symboles de la *Romanitas*, donnaient aussi l'exemple aux Bretons. Les *coloniae* étaient habitées essentiellement par des citoyens romains, mais on y trouvait toujours des *incolae* (étrangers domiciliés). Tous les habitants étaient soumis au droit romain, dispensé par l'*ordo*, un conseil municipal d'environ cent décurions. Les magistrats étaient chargés de la levée des impôts. De même ils devaient fournir les *munera* habituels dans toute cité romaine, et destinés notamment à la construction et à l'entretien des bâtiments publics, ainsi qu'à l'organisation des spectacles.

Les installations militaires des *coloniae* continuèrent à servir après le départ de l'armée, jusqu'à ce qu'une réorganisation progressive ait transformé ces installations en villes romaines. Une fois cette transformation effectuée, le plan des colonies correspondait au plan traditionnel romain : des rues bien alignées et de largeur régulière, avec les bâtiments publics et officiels habituels bien mis en valeur. Les colonies jouissaient d'un statut qui commandait le respect, et d'un degré de romanisation élevé, mais leur prospérité commerciale ou financière n'était pas garantie. A Gloucester, par exemple, il n'a été trouvé aucun des signes de la richesse de sa voisine, Cirencester, capitale des *Dobunni*. Lincoln, apparemment, fut dépassée par Leicester, capitale des *Corieltauvi*. York, en revanche, avec son commerce bien établi et une légion sur place, prospéra malgré sa fondation tardive [Ottaway, 105].

Les chefs-lieux de « civitates »

Le lien entre ces villes et les tribus indigènes est révélé par leurs noms, retrouvés dans des documents romains ainsi que sur des inscriptions : Winchester, capitale des *Belgae*, s'appelait *Venta Belgarum* ; Wroxeter, capitale des *Cornovii* était *Viroconium Cornoviorum*, et ainsi de suite. Leur population était composée de Bretons, qui dirigeaient la ville et les *territoria* des environs selon le droit local, conservant ainsi les hiérarchies et coutumes existantes. Ce n'était que quand le droit local était en contradiction directe avec celui de Rome que l'autorité centrale intervenait.

Le plan de ces villes, en forme de grille, était typiquement romain, et il a été suggéré que les édifices principaux avaient été construits avec l'encouragement de Rome, voire avec son aide financière et le concours de ses architectes militaires. Cependant, cette thèse ne fait pas l'unanimité, et nous ne possédons aucune preuve quant à l'identité de ceux qui avaient bâti les villes nouvelles ou en avaient financé la construction. Actuellement, on pense que les Romains avaient adopté une politique de « laissez-faire » en ce qui concernait l'établissement de ces communautés civiles. Leur origine aurait donc dépendu d'initiatives locales de la part des classes dirigeantes désireuses de perpétuer leur influence, mais sous une forme romaine [Millett, 157, p. 69-85].

Les sources archéologiques témoignent d'un net progrès dans le développement des villes sous les Flaviens et sous Hadrien, mais encore une fois les nombreux indices révélés par les fouilles ne confirment que l'encouragement de Rome dans ce processus, et non pas une prise d'initiative active. Il se peut donc que cette initiative soit venue des chefs locaux, et même qu'un certain esprit de concurrence ait existé entre eux, les améliorations apportées dans une ville donnée étant reproduites dans des villes voisines.

En général, les villes de Bretagne étaient moins nombreuses et moins riches que celles des autres provinces. Certains des chefs-lieux de *civitates* connurent l'échec, comme Brough sur le Humber, qui ne devait jamais remplir le périmètre prévu [Wacher, 120]. D'autres, comme Cirencester par exemple, prospérèrent [McWhirr, 116 ; Reece et Catling, 117 ; Wacher, 118]. On peut penser que le succès d'une ville dépendait non seulement de considérations géographiques et politiques, mais également de l'esprit d'initiative local, plus ou moins développé.

Les petites villes

Les petites villes, sans plan uniforme et dont les origines sont diverses, sont plus difficiles à classer. Certaines d'entre elles se trouvent sur des sites de forts abandonnés, d'autres ont évolué à partir de villages de l'âge du fer, et d'autres encore se sont développées en tant que centres industriels. Leur survie dépendait de leur proximité du réseau routier, et de l'activité commerciale de la région [Burham, 122 ; Burnham et Wacher, 123 ; Rodwell et Rowley, 125].

Beaucoup de petites villes étaient essentiellement fonctionnelles plutôt que résidentielles, et il ne s'y trouvait que peu de grandes maisons, ou de maisons décorées. Ce manque de résidences prestigieuses s'explique probablement par le développement des villas à la campagne, en général à proximité des villes. Ces villas étaient peut-être habitées par des propriétaires terriens locaux, ou par de riches négociants, membres du conseil municipal et enrichis par l'activité industrielle de leur ville. Nous ignorons si ces hommes étaient tous des Bretons ; il est probable que des commerçants et des industriels d'autres origines, peut-être citoyens romains, ont joué un grand rôle dans le développement des petites villes.

Plusieurs petites villes avaient des activités très spécialisées : Bath [Cunliffe, 101, p. 101, 102] et Buxton se développèrent près de sources médicinales, et devinrent des stations thermales et religieuses prospères [Burnham et Wacher, 123, p. 165-178] ; Middlewich dans le Cheshire doit son existence à ses salines ; la richesse de Water Newton dans le Cambridgeshire vint de sa poterie et du travail du fer.

Au IIe siècle, ces villes se développèrent, probablement grâce à la stabilité du sud de la Bretagne qui était propice au commerce et à l'industrie, et qui facilita une croissance rapide. Pendant les IIe et IIIe siècles, de nouveaux édifices publics vinrent remplacer les anciens, plus primitifs, les conditions de logement s'améliorèrent et les biens matériels devinrent plus courants. La plupart des petites villes furent munies de murs d'enceinte à la fin du IIe et au début du IIIe siècle, mais en Bretagne ce développement correspondait avant tout à un phénomène de mode, et non pas au besoin de se défendre.

Les « vici »

Le terme *vicus* s'applique aussi bien à une communauté rurale qu'à un quartier de cité, ou à une bourgade à proximité d'un fort. Dans le cadre des études romano-bretonnes, c'est à cette dernière catégorie que le terme se réfère en général [Sommer, 127]. On suppose qu'il y avait un *vicus* à proximité de chaque fort, mais, jusqu'à maintenant, seulement quelques-uns d'entre eux ont été étudiés, dont le plus célèbre, à Vindolanda, juste au sud du Mur d'Hadrien [Bidwell, 56].

La plupart des bâtiments du *vicus* se trouvaient le long de la route – ou des routes – qui menait jusqu'au fort. Le repérage aérien a révélé que certaines de ces bourgades étaient relativement importantes, s'étendant sur deux ou trois des quatre côtés du fort. Seules des fouilles permettraient de déterminer si tous ces bâtiments étaient contemporains, ou si leur construction était échelonnée, correspondant à des déplacements successifs de logements. Pour cette raison, il est difficile d'évaluer l'importance de la population des *vici*.

Les fouilles ont démontré que les bâtiments étaient en général rectangulaires, et perpendiculaires à la rue. On suppose qu'il s'agissait de boutiques et de tavernes, avec un logement soit à l'arrière, soit à l'étage. Ces bâtiments, fréquemment construits à l'origine en bois et remplacés plus tard par des structures en pierre, ressemblent très souvent aux installations militaires trouvées à l'intérieur des forts, ce qui a donné naissance à la thèse suivant laquelle ils auraient été construits, officiellement ou officieusement, par des soldats. A Vindolanda, un bâtiment de la cour a été identifié comme une *mansio* utilisée par les messagers du *cursus publicus*. Il y a également des indices de la présence sur les lieux, vers la fin du Ier ou au début du IIe siècle, d'un *beneficiarius consularis*, ce qui implique, si c'est exact, que Rome s'intéressait officiellement à ce *vicus*, et peut-être donc à ceux des autres forts. Les *vici* de Corbridge et de Carlisle, prospères, se développèrent au point de rivaliser avec les petites villes. Carlisle fut enfin élevé au statut du chef-lieu de *civitas* des *Carvetii*, et continua à prospérer pendant la période post-romaine, quand ses édifices et son approvisionnement en eau potable faisaient l'admiration de tous.

Les habitants des *vici* avaient une identité propre, comme en témoignent les inscriptions dans lesquelles ils se font appeler des *vicani* (*RIB*, 899 ; 1700). Nous ne savons que peu de choses sur leur statut et leurs origines. Beaucoup des habitants des *vici* étaient très certainement des Bretons, qui y vivaient en tant que marchands ou commerçants, ou qui faisaient partie des familles, non officielles, des soldats. Les *vici* jouissaient sans doute de peu d'autonomie : les plus grands d'entre eux désignaient peut-être des magistrats, pour accomplir des tâches administratives élémentaires, mais il est probable que, pour l'essentiel, ils restaient sous la juridiction des autorités militaires.

Les « villae »

Le terme *villa* recouvre plusieurs sortes de maisons rurales, du palais prétentieux de Fishbourne [Cunliffe, 136] à de simples fermes de quelques pièces seulement. La fonction de certaines de ces villas n'a pas été déterminée : certaines d'entre elles servaient peut-être à la fois de fermes et de résidences secondaires pour de riches propriétaires dont l'occupation principale aurait consisté à diriger la ville voisine [Todd, 141, p. 149-173].

Les premières villes et les premières villas se développèrent dans le Sud-Est, ce qui démontre qu'un lien étroit existait entre les deux. Il a été suggéré que la villa de Gorhambury, près de St Albans, fut construite sur le site d'un *oppidum* breton, alors que Verulamium devint le chef-lieu de *civitas*. Si c'est le cas, le propriétaire de la villa était peut-être un chef de tribu ou un aristocrate qui avait des liens étroits avec la nouvelle ville. Sur beaucoup de sites, des constructions datant de l'âge du fer ont été retrouvées au-dessous des villas de style romain, ce qui laisse supposer une occupation continue du site, probablement par le même propriétaire ou ses descendants. Il n'y a pas lieu de penser que les Romains, à leur arrivée, se seraient substitués à l'aristocratie locale [Partridge, 133 ; Stead, 134].

L'étude des villas se limite presque exclusivement à des fouilles permettant l'examen de leur plan. Sans autres sources documentaires, il ne nous est pas possible de savoir qui les habitait, ou si elles étaient des résidences secondaires. La villa la plus simple avait la forme d'un rectangle, parfois avec des ailes ajoutées aux deux bouts, et contenait peu de pièces. Les villas les plus somptueuses comprenaient une ou plusieurs cours intérieures, et des pièces d'habitation identifiables : sur plusieurs sites, on a découvert salles de bains, cuisines, salles de réception, et salles à manger dotées de sols en mosaïque et de murs de plâtre peint. Nous avons moins d'informations sur les logements des ouvriers agricoles et des esclaves, sur les lieux de stockage de nourriture et de produits de ferme, et sur les dépendances qui servaient pour les équipements et les animaux de la ferme. Une étude récente effectuée à Stanwick, dans le Northamptonshire, tente de décrire l'organisation du village et des cultures autour de la villa, qui date du IIe siècle. Les maisons, qui servaient très certainement à loger les tenanciers du domaine, étaient en pierre ; certaines d'entre elles étaient rondes comme les maisons de l'âge du fer, d'autres rectangulaires. Quelques bâtiments furent ajoutés vers le milieu du IIe siècle, et le site, fréquemment modifié, fut occupé en permanence jusqu'au IVe siècle.

Le lien étroit entre villa et village est connu depuis longtemps en Gaule, mais en Bretagne il n'a pas encore fait l'objet d'une étude approfondie. La plupart des fouilles ont été effectuées sur les sites des villas mêmes, et ce n'est que relativement récemment que les archéologues se sont intéressés à des études de terrain plus importantes, associées à des fouilles dans les environs des villas. La vie rurale en Bretagne est peu documentée, et toute recherche dans ce domaine nécessite une étude minutieuse du paysage, et une très bonne connaissance des techniques agricoles anciennes. Hingley [129] et Miles [131] proposent un résumé des résultats obtenus jusqu'à ce jour.

LA ROMANISATION

La Bretagne romaine connaissait toutes les formes visibles de romanisation : le tracé du réseau routier, l'aspect des villes et des cités avec leurs édifices publics, leurs temples et leurs monuments funéraires aux inscriptions en latin, et enfin l'emploi dans les activités commerciales quotidiennes de la monnaie romaine. Le visiteur venu de Rome se serait peut-être moqué des habits bizarres, des copies grossières des formes sculpturales romaines, ou des noms de dieux aux consonances barbares, mais, à la vue de la *Romanitas* manifeste de la province, il se serait senti presque chez lui, et en toute sécurité.

Le latin était la langue officielle de l'administration, de la justice, du système financier et de l'armée. Dans quelle mesure la population locale avait-elle adopté le latin dans sa vie de tous les jours ? Les sources épigraphiques sont pauvres par rapport à celles d'autres provinces, et la plupart des inscriptions découvertes sont de nature militaire, ou concernent l'administration centrale ou locale, plutôt que des particuliers. Dans les cités, les membres de l'*ordo* utilisaient nécessairement le latin pour les inscriptions officielles, mais, dans la vie courante, ils étaient peut-être bilingues. Les dédicaces religieuses, les inscriptions sur les pierres tombales et les tablettes, et les graffitis concernant des particuliers sont également en latin, mais il ne faut pas oublier qu'il y avait en Bretagne non seulement la population bretonne elle-même, mais également un nombre non précisé d'immigrés romanisés. Il n'est donc possible d'évaluer avec certitude ni à quel point le latin était utilisé, ni le degré d'alphabétisation des Bretons [Mann, 155].

Depuis quelques années, notre vision de la romanisation a été modifiée : nous ne la voyons plus comme une politique délibérée imposée par le gouvernement romain et appliquée à l'aide de l'armée. Cette thèse, longtemps soutenue, dépendait presque exclusivement de l'interprétation d'une phrase de Tacite selon laquelle Agricola passait les saisons d'hiver à encourager l'établissement d'un gouvernement sage et du mode de vie romain. C'est le seul document que nous possédions pour appuyer l'existence d'une telle politique, mais il a fait couler beaucoup d'encre [Millett, 157, p. 69]. L'amélioration des techniques agricoles et l'augmentation supposée du niveau de production étaient attribuées à la demande créée par l'armée, dont le rôle dans le développement des villes était considéré comme allant de soi. Aujourd'hui, tout est remis en question. La richesse agricole du sud de la Bretagne avant la conquête romaine et l'aptitude des indigènes à s'adapter de plein gré aux usages romains, en matière de construction et de mode de vie en général, ont été réaffirmées.

Le faible degré de romanisation dans le Nord est maintenant attribué à l'influence pesante de l'armée dans une région où la pacification des tribus dispersées et désunies restait une tâche difficile, et qui nécessitait une surveillance permanente [Millett, 157, p. 56-60 ; Richmond, 158 ; Salway, 159]. Malgré la présence d'objets de luxe romains dans certains des centres aristocratiques du Nord, tels que Traprain Law en Écosse, et bien qu'une ville romaine eût été fondée à Aldborough *(Isurium Brigantum)* dans le Yorkshire, les indigènes du nord de l'Angleterre et du sud de l'Écosse continuaient à habiter des maisons rondes comme celles de l'âge du fer, avec un minimum de biens. La romanisation ne s'installa que très superficiellement dans les *vici*, où les besoins de l'armée restaient prioritaires. De telles conditions ne pouvaient encourager le développement du commerce et des villes. Certaines des régions du Nord étaient peut-être restées sous l'emprise de l'armée, si les inscriptions trouvées à Ribchester correspondent à une réalité courante. Au IIIe siècle, le commandant de ce fort avait également la région *(regio)* sous sa responsabilité, et comme nous connaissons le nom de deux des commandants de la région, il est clair que ce système resta en place longtemps. C'est le seul exemple que nous possédions de ce type d'administration en Bretagne, mais il existe des exemples de centurions responsables de territoires civils dans d'autres régions de l'Empire. Dans le sud de la Bretagne, l'organisation des tribus se prêtait bien au modèle de gouvernement préféré des Romains, par l'intermédiaire des élites des cités, auxquelles on déléguait le plus gros de l'administration locale.

On peut supposer que seules les classes dirigeantes bretonnes avaient été romanisées, et qu'elles gouvernaient une population dont les attitudes étaient essentiellement celtiques. Le manque de raffinement de l'art romano-breton, par rapport à celui de l'époque classique, laisse supposer que l'expression artistique celte n'avait pas disparu, et en ce qui concerne la religion également, le fondement celte était présent en filigrane. Il semble que Rome, loin d'imposer la *Romanitas,* préférait proposer un exemple, autorisant à la fois émulation et maintien à l'écart, n'intervenant qu'en cas d'un éventuel conflit d'intérêts. La Bretagne romaine resta à la périphérie de l'Empire, au propre et au figuré. Au Ve siècle, la fusion des cultures bretonne et germanique dans le Sud, et la renaissance rapide des royaumes indigènes du pays de Galles, de la Cornouailles et du Nord, dont la langue, l'art, la religion, et le comportement guerrier étaient entièrement celtiques, montrent à quel point la soi-disant romanisation de quatre siècles avait été superficielle.

.

CHAPITRE VI

Les provinces danubiennes

PAR JOHN WILKES

INTRODUCTION : LA RÉGION DU DANUBE

Le cours du fleuve le plus important d'Europe est dominé par des ensembles montagneux de formation récente. Les couches sédimentaires de calcaire, d'argile et de grès formées pendant le paléozoïque se soulevèrent en plissements complexes pour former des reliefs de type alpin. La chaîne des Alpes se divise à l'est : son prolongement vers le nord donne naissance aux massifs des Carpates de Slovaquie et de Roumanie, revient en arrière pour former les Alpes de Transylvanie et repart ensuite vers l'est pour créer la *Stara Planina* du nord de la Bulgarie. Au sud, elle se prolonge vers le sud-est où elle longe l'Adriatique, créant les Alpes juliennes et dinariques de Yougoslavie, les hauts massifs d'Albanie et enfin le Pinde de la Grèce continentale. Entre ces deux systèmes montagneux se trouve la Grande Plaine hongroise, ou plaine de Pannonie, divisée par la chaîne du Bakony qui oblige le grand Danube à faire un coude au nord de Budapest. Tous les cours d'eau de cette région se déversent dans le Danube, qui se creuse un passage hors de son bassin des Carpates par les gorges au sud de Belgrade pour déboucher dans son bassin inférieur et longer la limite sud de la plaine de Valachie avant de se diriger d'abord vers le nord à la Dobroudja, et ensuite à nouveau vers l'est, jusqu'à son delta sur la mer Noire. A mi-parcours de sa traversée de la Valachie, le Danube reçoit l'Olt, rivière principale de la Transylvanie orientale, qui quitte la gorge par le Sud, et franchit les Alpes de Transylvanie par le défilé de *Turnu Rosu*, la Tour rouge. Dans les bassins des Carpates et de Valachie, la rive droite du Danube est constituée de falaises, formées par l'érosion progressive des chaînes de petites collines, alors que sa rive gauche est souvent difficile à atteindre à cause de ses vastes marécages, vestiges des cours plus

Les provinces illyriennes (Dalmatie, Pannonie, Norique)
et les provinces du Danube inférieur (Mésie, Thrace, Dacie)

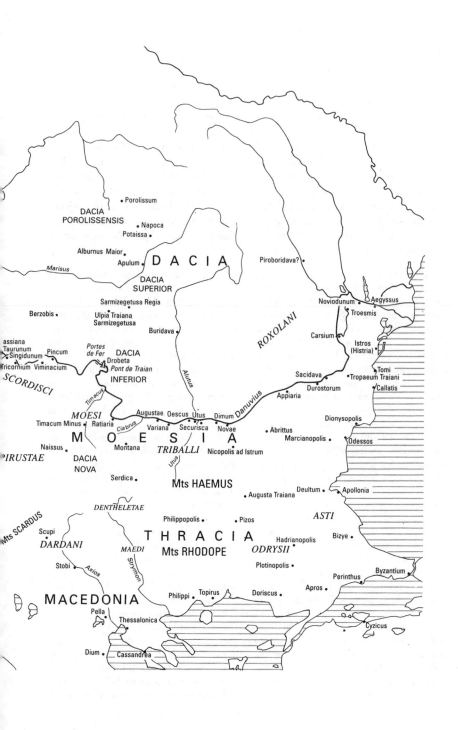

anciens du fleuve. Les cours moyen et inférieur du Danube formaient un obstacle difficilement franchissable, sauf parfois l'hiver, quand le fleuve était gelé. Par rapport au Danube, les autres rivières qui se jettent dans l'Adriatique et dans la mer Égée sont insignifiantes : à l'exception de la Neretva, venue de Bosnie-Herzégovine, et du Drin qui descend du Kosovo et du lac Ohrid vers l'Albanie, ce ne sont que des torrents, mais la vallée de toute rivière, même la plus petite, offre l'intérêt de permettre de franchir les massifs montagneux. Au sud, deux systèmes fluviaux permettent de relier l'Europe centrale à la Méditerranée : le Vardar/Axios, qui rejoint le Danube par la Morava serbe, et la Maritsa, venue de Bulgarie, qui draine tout le bassin entre la Stara Panina et le massif du Rhodope avant d'atteindre le nord-est de la mer Égée.

Derrière l'Adriatique, les plateaux karstiques du massif dinarique forment une barrière continue d'une largeur de 80 à 120 km, sans aucune végétation, de l'Istrie jusqu'au nord de la Grèce. A l'est du Monténégro et du nord de l'Albanie, dans les territoires actuels de Serbie du Sud et de Macédoine, se trouve un véritable labyrinthe de vallées et de bassins alluviaux drainé de tous les côtés par des rivières qui pour la plupart rejoignent la Morava du Sud, la Morava de l'Ouest et l'Ibar, ou le Vardar. Parmi ces bassins, on compte ceux du Vardar, du Komanovo, et du Kosovo, ainsi que celui de Pélagonie drainé par la Crna Reka, affluent du Vardar. Entre les massifs dinariques et la plaine dans le Sud-Ouest, les systèmes de la Drave et de la Save quittent les Alpes et se dirigent vers l'Est pour rejoindre le Danube à Osijek et à Belgrade. Les rivières de Bosnie, parmi elles la Drina, la Bosna, la Vrbas, l'Una-Sane et la Kulpa, coulent entre des collines boisées, qui culminent à 1 500 m, avant de se jeter dans la Save. La Drave, qui prend sa source dans le haut Tauern d'Autriche, quitte les montagnes à Maribor et reçoit la Mur au sud de Varaždin. Au Nord, la Grande Plaine hongroise et le bassin des Carpates sont drainés par la Tisza, qui reçoit les rivières principales de la Transylvanie, le Someş et le Mureş. Les plateaux de lœss de formation éolienne qui dominent les plaines entre les fleuves principaux sont presque dépourvus de cours d'eau, et les puits doivent y être creusés à une grande profondeur.

La région du Danube connaît des conditions climatiques très variées. Dans les plaines du Nord, et dans certaines des régions montagneuses, le climat est continental, les hivers très rudes et les étés chauds mais courts. Sur le littoral, les étés longs et chauds et les doux hivers humides sont typiquement méditerranéens. A l'époque préhistorique, l'ensemble de la région du Danube, à l'exception du Karst calcaire, de la Grande Plaine hongroise et des hautes montagnes, était couvert de forêts. Du côté de la Méditerranée, ces forêts ont cédé la place au maquis, qui nous est si familier et qui résiste si bien à la sécheresse. Plus au nord, beaucoup de régions des hauts plateaux sont encore couvertes de chênes et de hêtres, malgré une exploitation importante des forêts, depuis des temps anciens, pour fournir du bois de chauffage et du bois de construction. Les sols de la région du Danube sont parmi les plus pauvres de l'Europe : produits de l'érosion de la roche pour la plupart, ils forment des couches minces qui ne contiennent que peu d'humus. A l'époque moderne, bon nombre de régions marécageuses et d'estuaires ont été drainés pour favoriser l'agriculture, et l'introduction de l'irrigation des plaines a permis des progrès du même ordre.

Magnum est stare in Danubii ripa, « il est grand de demeurer sur la rive du Danube ». C'est ainsi que Pline le Jeune, dans son panégyrique de Trajan (16.2), anticipe des victoires remportées contre les Daces au-delà du fleuve pour effacer la honte infligée par l'échec et la compromission de Domitien. Depuis des siècles déjà, le Danube, dont le cours inférieur était connu des Grecs sous le nom d'*Ister*, figurait dans les légendes, dont certaines rappelaient peut-être des expéditions effectuées au temps lointain de la préhistoire. Le plus célèbre de ces mythes raconte le voyage des Argonautes, qui, selon une des versions de la légende (Apoll. Rhod., *Argonautica*), seraient revenus de la mer Noire jusqu'à l'Adriatique en suivant le cours du Danube. L'avancée des Romains vers le Danube, commencée par Curio avant 70 av. J.-C., a abouti avec l'arrivée en Pannonie en 12 av. J.-C. de Tibère, beau-fils d'Auguste. Mais ce n'est qu'à la suite de l'annexion de la Thrace en 45 apr. J.-C. que Claude étendit le commandement de la Mésie jusqu'à la mer Noire, permettant ainsi à Rome de contrôler le cours du Danube de sa source dans le massif de la Forêt-Noire jusqu'à son delta. Par ailleurs, Auguste, en prenant possession du cours moyen du fleuve, avait réussi à relier l'Italie aux provinces orientales par voie de terre. La grande route des Balkans (Zagreb - Belgrade - Niš - Skopje - Istanbul) devait rester pendant près de quatre siècles l'axe militaire qui assurait la cohésion de l'Empire, et c'est grâce au déplacement de troupes le long de cette route qu'il fut mis fin aux guerres civiles de 69 apr. J.-C., ainsi qu'aux conflits importants du IVe siècle, sous les dynasties de Constantin et de Valentinien. Les provinces de Pannonie et de Mésie (supérieure) sur le cours moyen du Danube formaient la clé de voûte de la frontière nord. La perte de contrôle de ces deux provinces, après le désastre d'Andrinople en 378, introduisit un conflit d'intérêts entre les parties orientale et occidentale de l'Empire qui dura jusqu'en 395 : à la mort de Théodose Ier, dernier empereur régnant à le traverser d'est en ouest par voie de terre, l'Empire romain fut enfin divisé en deux et partagé entre les deux fils de Théodose, Arcadius et Honorius. La région du Danube n'offrait que peu d'intérêt pour un Empire romain centré sur le bassin méditerranéen, mais sa conquête s'avérait essentielle afin qu'Auguste pût déployer les unités coordonnées de sa nouvelle armée de métier de manière efficace tout au long des frontières de l'Empire. Avant la conquête de cette région, les massifs dinariques et du Pinde à l'est de l'Adriatique avaient formé une barrière entre est et ouest : à Brindisi en 40 av. J.-C., d'ailleurs, la limite entre les sphères d'influence d'Octave et d'Antoine avait été fixée à Scodra en Illyrie (Appien, *Guerres civiles*, V, 65). Il avait fallu à tout prix trouver un moyen de contourner cet obstacle.

LA PÉRIODE DE LA CONQUÊTE

LES BALKANS ROMAINS AVANT ENVIRON 10 AV. J.-C.

A la suite du meurtre de César, le Sénat confie le commandement de l'Illyricum, de la Macédoine et de l'Achaïe à Brutus qui, à son tour, délègue ses pouvoirs à Q. Hortensius, proconsul de Macédoine. En Illyricum, P. Vatinius achève ses campagnes contre les Dalmates et retourne à Rome, où un triomphe illyrien lui sera décerné plus tard (le 31 juillet, 42 av. J.-C.). Quand, en 43 av. J.-C., D. Brutus tente de traverser l'Illyricum pour passer du nord de l'Italie jusqu'en Macédoine, malgré la présence parmi les Illyriens et les Thraces de quelques alliés des républicains, sa tentative échoue devant les Japodes (Dion Cassius, XLVI, 53, 2). La paix de Brindisi (1ᵉʳ octobre 40 av. J.-C.) accorde l'Illyricum à Octave et la Macédoine à Antoine. Ce dernier charge Asinius Pollio (qui triomphe en 39 av. J.-C.) de mener campagne contre les *Parthini* illyriens dans la région de Dyrrhachium, ainsi que contre les Dardaniens, ennemis historiques de la Macédoine, plus à l'est. Cependant, il est très probable que ses succès éventuels furent occultés après la victoire de son rival, Octave [Bosworth, 10, p. 464-468 ; Syme, 80, p. 18-30].

En Illyricum, la résurgence de la Dacie sous Burebista avait ravivé chez les Romains la vieille peur d'une attaque contre l'Italie venant du Nord-Est [Crişan, 16]. Dans son *Histoire*, Tite-Live souligne les projets qu'aurait eus Philippe V de Macédoine de lancer les belliqueux Bastarnes et les Scordisques des Balkans contre l'Italie romaine (Liv. XXXIX, 35 ; XL, 21). Burebista mourut vers les années 30 av. J.-C., et son royaume fut partagé entre des rivaux querelleurs. Quand l'héritier de César mena campagne pendant deux étés contre des peuples à l'est de l'Adriatique, il prétendait prévenir toute menace d'une attaque contre l'Italie. En 35 av. J.-C., sa marche contre les Japodes et les Pannoniens se termina par la prise de Siscia (Segesta) sur la Save. La garnison de 25 cohortes qui y passa l'hiver suivant prit part à une autre poussée vers la Dacie. L'année suivante, Octave s'attaqua aux Dalmates des environs de Salone, qui étaient restés hostiles depuis l'embuscade qu'ils avaient tendue à l'armée d'A. Gabinius, partisan de César, en 48 av. J.-C., et avaient résisté aux tentatives de conquête de P. Vatinius en 45-44 av. J.-C. Selon sa propre version des événements, rapportée par l'historien Appien, Octave prétend avoir écarté toute menace contre l'Italie, des Alpes orientales jusqu'à l'extrême limite de son territoire à Scodra. La victoire remportée contre les Dalmates au début de l'année 33 av. J.-C., après un blocus qui avait duré tout l'hiver, devait faire le sujet de la première partie du triple triomphe décerné à Octave le 13 août 29 av. J.-C. [Wilkes, 88, p. 41-58].

Nous ne savons rien des opérations militaires romaines menées en Illyricum ou dans le nord-est de l'Italie pendant les deux décennies qui suivirent les campagnes d'Octave. Cependant, Dion Cassius nous donne le récit, exceptionnellement complet, de deux campagnes menées sur le Danube inférieur pendant cette même période par M. Crassus, proconsul de Macédoine, à la tête de quatre légions : pendant la première saison, Crassus remporte une victoire spectaculaire contre les Bastarnes sur la rivière Ciabrus (la Tibrica du nord-ouest de la Bulgarie) tuant le roi Deldo en corps à corps. Un triomphe lui est décerné, mais on lui refuse, en tout cas officiellement, le titre d'*Imperator*. Il n'y a pas lieu de penser que cette victoire avait en fait été remportée contre les Daces, ou que son récit avait été modifié afin de ne pas mettre Octave dans l'embarras. Pendant la deuxième campagne, dans la Dobroudja, les étendards romains perdus par C. Antonius, consul avec Cicéron en 63 av. J.-C., et emportés par les Bastarnes quelque trente ans plus tôt, sont repris. Après son triomphe sur la Thrace et sur les Gètes (le 4 juillet, 27 av. J.-C.), on perd Crassus de vue. Rien n'indique que les étendards, une fois repris, aient été exposés à Rome, et la demande des prestigieux *spolia opima* pour avoir tué le roi fut refusée à Crassus sur un détail technique constitutionnel (Dion Cassius, LI, 23, 2-27) [Syme, 11, p. 308-309 ; Mócsy, 50, p. 511].

Pendant les premières années du principat d'Auguste, les armées romaines durent à plusieurs reprises pénétrer dans le royaume agité de Thrace pour mettre fin aux guerres perpétuelles entre les Odryses des plaines orientales et les Besses des montagnes de l'Ouest. Rome donna son appui à Rhoemetalcès (des *Sapaeai*), qui avait abandonné Antoine à la veille d'Actium, et dont le règne long et prospère est commémoré sur des pièces d'argent frappées sur le modèle des deniers romains [Sullivan, 15]. Le scandale de la mise en accusation en 22 av. J.-C. de M. Primus, proconsul de Macédoine, pour avoir lancé une attaque anticonstitutionnelle contre les Odryses reste obscur, aussi bien dans le contexte des événements dans les Balkans que dans celui de la politique romaine. L'intervention en Thrace de M. Lollius, de rang consulaire, en 19-18 av. J.-C., marque peut-être la création d'un nouveau commandement militaire dans les Balkans du Sud : « Thrace et Macédoine ». Il se peut que L. Tarius Rufus, consul en 16 av. J.-C., ait succédé à Lollius, et la guerre que Tarius mena contre les Sarmates est peut-être la première référence écrite à un contact entre Rome et ce peuple de cavaliers iraniens (Dion Cassius, LIV, 20, 3 ; *ILGR*, 230). Le successeur de Tarius fut vraisemblablement Tibère, beau-fils d'Auguste, qui, à la suite de sa victoire dans les Alpes en 15 av. J.-C., aurait formé une alliance entre Rome et les Scordisques autrefois redoutables des Balkans moyens. Ce fut peut-être pour favoriser l'avance de l'armée des Balkans vers le nord-ouest que L. Piso, avec le soutien d'une armée venue de l'Est, fut chargé de réprimer un soulèvement important des Besses. La lutte de la Thrace contre la domination romaine s'acheva par une guerre sanglante qui dura trois ans (?12-10 av. J.-C.), pendant lesquels la défaite initiale de Rome fut transformée en victoire écrasante. Les honneurs du triomphe furent décernés au commandant de l'armée victorieuse.

LE *BELLUM PANNONICUM* ET L'AVANCÉE JUSQU'AU DANUBE

L'Illyricum ne faisait pas partie des territoires placés sous la responsabilité d'Auguste en 27 av. J.-C., et nous ne possédons aucune référence à l'envoi de proconsuls dans une province de ce nom. Dans son résumé des événements survenus en 16 av. J.-C., Dion Cassius fait mention d'opérations menées par P. Silius Nerva contre des peuplades des Alpes orientales, pendant lesquelles les légats de Silius auraient repoussé des envahisseurs venus du Norique et de Pannonie.

La province que commandait Silius aurait été la Transpadane plutôt que l'Illyricum, qui n'avait pas encore été élargi vers le nord pour comprendre la Liburnie et une partie de l'Istrie. Dans le même passage, Dion cite la répression rapide, sans doute par un proconsul d'Illyricum, d'un soulèvement en Dalmatie.

L'établissement du lien terrestre entre l'Italie et la Macédoine fut réalisé par Tibère au début du *Bellum pannonicum* [Wilkes, 88, p. 69-77]. En 12 av. J.-C., Tibère, consolidant les succès antérieurs de M. Vinicius et M. Agrippa le long des vallées de la Drave et de la Save vers l'est, vainc les Breuques de Pannonie sur le cours inférieur de ces rivières avec le soutien des Scordisques, leurs voisins à l'est. Il faudra encore quatre années de campagnes, menées d'abord par Tibère (11-19 av. J.-C.) et ensuite par Sex. Appuleius (8 av. J.-C.), pour vaincre les autres peuplades pannoniennes entre la Save et le Dinara. Les Pannoniens vaincus sont désarmés et les jeunes hommes en âge de combattre expédiés vers les marchés aux esclaves d'Italie. Tibère se voit décerner le triomphe, mais seuls les « honneurs triomphaux » sont autorisés. L'historien Velleius Paterculus observe que les dernières opérations menées par Tibère en 9 av. J.-C. mirent fin à une « révolte des Dalmates » qui avait duré deux cent vingt ans, c'est-à-dire depuis la première expédition des Romains contre l'Illyricum en 229 av. J.-C. (II, 90, 1). Auguste donne un récit plus explicite de sa victoire dans ses *Res Gestae* (chap. 30) : « J'ai soumis à la domination du peuple romain les tribus pannoniennes auxquelles aucune armée romaine ne s'était attaquée avant mon principat, et qu'avait vaincues mon beau-fils, Tibère Néron, alors légat. Ainsi ai-je repoussé la frontière de l'Illyricum jusqu'à la rive du Danube. »

Avant environ 9 av. J.-C., Rome avait soumis la plupart des peuplades du bassin des Carpates. Malheureusement, la documentation historique des années 9-6 av. J.-C. est incomplète. Pendant cette période, les commandants romains étaient actifs dans la région, et les Daces étaient à nouveau une source d'inquiétude. Vers la fin de l'année 10 av. J.-C., la fermeture projetée du Temple de Janus est annulée suite à une incursion effectuée à travers le Danube gelé. C'est peut-être en réponse à cette attaque que Cornelius Lentulus, successeur probable de L. Piso au commandement des Balkans, mène des opérations contre ces mêmes Daces qui s'étaient rendus à Crassus en 29 av. J.-C. Le successeur inconnu de Lentulus, de rang consulaire, peut-être M. Vinicius (consul en 19 av. J.-C.), mène campagne contre les Bastarnes au-delà du Danube inférieur, et établit un contact, pas forcément hostile, avec des peuplades à la limite ouest de la Dacie. Les Romains se croient maintenant très fermement maîtres des bassins moyen et inférieur du Danube, comme en témoigne la nomination du petit-fils d'Auguste, Caius César, au commandement des « légions de l'Ister ». Dion Cassius observe que celui-ci « n'y mena aucune guerre, non pas parce qu'aucune guerre n'y avait éclaté mais parce qu'il apprenait à gouverner dans la paix et la sécurité. » (Dion Cassius, LV, 10, 17) [Syme, 18, p. 26-39]. Les Daces devaient prendre à nouveau l'offensive en 6 apr. J.-C., mais Auguste se sentit en droit de prétendre à la victoire, après avoir d'abord arrêté une invasion des Daces, en leur infligeant de lourdes pertes, puis mené une contre-offensive qui entraîna leur reddition. Selon Strabon (VII, 3, 11, 13), les Daces, sur le point de se rendre, espéraient encore recevoir de l'aide des Germains. En ce qui concerne ces derniers, Domitius Ahenobarbus avança du Danube jusqu'à l'Elbe et y installa les Hermondures, devenus des alliés, à l'Ouest des puissants Marcomans dont les migrations récentes en Bohême menaçaient l'emprise romaine sur le Danube supérieur (Dion Cassius, LV, 10 *a*, 2-3).

Les informations que nous possédons sur les activités romaines dans les Balkans pendant cette période suggèrent que la domination efficace du cours inférieur du Danube dépendait, de temps à autre, de l'emploi d'une flotte. Comme le légat P. Vinicius, que l'historien Velleius avait accompagné en tant que tribun, séjourna dans la cité grecque de Callatis sur la côte de la mer Noire (*AE*, 1960, 378) [Syme, 78, p. 68-69; Syme, 80, t. 2, p. 533], il est possible que cette ville, depuis longtemps l'alliée de Rome, lui servait de quartier d'hiver. Pendant cette même période, les Romains étaient très certainement au courant des déplacements vers l'Ouest des peuplades qui traversaient les steppes du Pont pour fuir les troubles en Asie lointaine. Il y avait déjà eu un conflit avec les Sarmates, et bientôt des peuplades entières, rassemblées sur la rive du Danube, commenceraient à demander à être admises dans l'Empire. Vers la fin du principat d'Auguste, Sex. Aelius Catus aurait permis à 50 000 Gètes de traverser le fleuve pour s'installer sur le territoire romain (Strabon, VII, 3, 10).

La révolte pannonienne devait mettre fin à cette période de domination confiante de la région du Danube par Rome.

LA RÉVOLTE PANNONIENNE ET LA REPRISE DU POUVOIR PAR ROME

Les Désidiates et les autres peuplades pannoniennes, une fois rassemblées en grand nombre pour marcher au combat contre le roi Marbod des Marcomans en 6 apr. J.-C., se laissèrent rapidement convaincre de l'opportunité d'une révolte contre l'injustice de la domination romaine. Avec à leur tête Bato (des Désidiates) et Bato (des Breuques), ils attaquèrent sur plu-

sieurs fronts, y compris contre des colonies romaines sur l'Adriatique, dans
le nord de l'Italie et en Macédoine. Ces dernières colonies furent sauvées :
une colonne volante envoyée par Tibère réussit à conserver Siscia, et Sirmium fut sauvée par l'armée des Balkans avec le soutien de la cavalerie
royale de Thrace. L'année suivante, les deux armées romaines, qui comptaient dix légions et autant de troupes auxiliaires, se rassemblèrent à Siscia,
d'où Tibère dirigea les opérations jusqu'à la reddition des Pannoniens sur la
rivière Bathinus (vraisemblablement la Bosna) le 8 août 8 apr. J.-C. En
9 apr. J.-C., les Romains parvinrent enfin à pénétrer jusqu'au cœur des territoires des Désidiates et des Pirustes en Bosnie. La révolte se termina par la
reddition de Bato à Andetrium (Muć), forteresse des Dalmates à une douzaine de milles à peine de l'Adriatique. Tibère se trouvait à nouveau à
Rome au début de 10 apr. J.-C., mais il dut bientôt repartir en Germanie à
la suite du désastre de Varus, et il ne put célébrer son triomphe illyrien que
le 23 octobre 12 apr. J.-C. La célébration de celui-ci, malgré les salutations
de Tibère comme *Imperator*, l'accord des honneurs triomphaux à plusieurs
généraux, et les arcs de triomphe érigés en Illyricum, ne pouvait occulter le
véritable coût de cette guerre étrangère, « la plus dangereuse depuis les
guerres puniques », et pour laquelle il avait fallu « maintenir tant de légions
pour emporter si peu de butin. » Moins de deux ans après son triomphe,
Tibère se retrouvait à nouveau en Illyricum mais, à peine arrivé, il apprit la
nouvelle de la maladie fatale d'Auguste et retourna en Italie [Wilkes, 88,
p. 69-77 ; Gruen, 32, p. 176-178].

Cette guerre avait mis la loyauté des légions d'Illyricum à rude épreuve et, à
la nouvelle de la mort d'Auguste (le 19 août 14 apr. J.-C.), les trois légions de
Pannonie refusèrent d'obéir aux ordres et exigèrent une récompense rapide et
importante pour tout ce qu'elles avaient supporté pendant les guerres récentes.
Même après l'arrivée de Drusus, fils de Tibère, le malaise continua jusqu'au
27 septembre, date à laquelle une éclipse de la lune associée à une dégradation du
temps empêcha les troupes de quitter leur camp et sapa leur moral. A son retour à
Rome, Drusus fut félicité pour la manière dont il avait mis fin à la mutinerie bien
que, selon Tacite, les concessions que Germanicus avait accordées à l'armée de
Germanie aient été étendues à celle d'Illyricum (Tacite, *Ann.*, I, 16-30).

Pendant les premières années du principat de Tibère, les Romains présents en Illyricum durent tourner leur attention vers des troubles parmi
les Suèves en Germanie, où le long règne du roi Marbod des Marcomans
tirait à sa fin. Après avoir été menacé une première fois par Arminius
en 17 apr. J.-C., Marbod est chassé l'année suivante par son parent,
Catualda, et accepte de vivre en exil à Ravenne où il ne mourra que dix-
huit ans plus tard. Catualda, déposé à son tour par les Hermondures, est
envoyé en exil à Forum Iulii. On installe les partisans de ces deux chefs
au-delà du Danube dans le sud de la Slovaquie, entre le Marus (March)

et le Cusus (peut-être le Váh). Ils se trouvent ainsi sujets de Vannius, dont les trente années de règne sur les Quades assure la stabilité de la région (Tacite, *Ann.*, II, 44-46, etc.; III, 2) [Mócsy, 51, p. 40-41].

Il se peut que, pendant cette période, alors que l'Illyricum se trouvait sous la responsabilité de Drusus, on ait permis aux Iaziges sarmates d'occuper les plaines entre la Pannonie et la Dacie, bien que nous ne possédions aucune preuve de leur présence dans la région avant 50 apr. J.-C., date à laquelle ils servaient comme mercenaires de Vannius. A Rome, une ovation est décernée à Drusus le 20 mai 20 apr. J.-C. en l'honneur de son accueil du roi Marbod et d'autres actions au cours de l'année précédente. Le poète Ovide, dans les *Tristes* et les *Pontiques* écrits pendant ses neuf années d'exil à Tomes, fait référence à des actions intermittentes des troupes romaines sur le Danube inférieur et sur son delta. La vie y est dure et les barbares omniprésents. En 16 apr. J.-C., le légat impérial, Flaccus, est félicité d'avoir obtenu la loyauté des Mésiens tout en tenant à l'écart les Gètes. En 12 apr. J.-C., ces derniers s'étaient emparés de la forteresse d'Aegissus (Tulcea) et avaient conduit des raids jusqu'à Tomes. La forteresse avait été récupérée grâce à l'arrivée d'une colonne thrace et de troupes romaines descendues par le fleuve. Un épisode semblable avait mis en danger la forteresse de Troesmis (Iglitza) dans la Dobroudja (Ovide, *Pont.*, I, 8, IV, 1) [Syme, 79, p. 81-83].

Pendant les premières années du règne de Tibère également, de nouveaux troubles éclatèrent parmi les Thraces à la suite de la division du royaume qui avait suivi la mort de Rhoemetalcès (env. 12 apr. J.-C.). Après la mort d'Auguste, Cotys, fils de Rhoemetalcès et héritier de la riche région de l'est du royaume, est menacé par son oncle, Rhescuporis, héritier de l'Ouest plus pauvre. Malgré un avertissement envoyé par Tibère, Cotys est tué et Rhescuporis accusé de son meurtre devant le Sénat par la terrible Antonia Tryphaena, descendante de Mithridate et de Marc Antoine. Une fois Rhescuporis envoyé en exil à Alexandrie, le royaume est partagé entre son fils, Rhoetemalcès, et les enfants de Cotys assassiné, pour lesquels l'ancien préteur Trebellenus Rufus sert de régent. Les Romains interviennent à nouveau en 21 apr. J.-C. pour venir en aide à Rhoetemalcès, assiégé à Philippopolis, et encore une fois en 26 apr. J.-C. au moment d'un soulèvement dans l'Hémus en protestation contre la conscription dans l'armée romaine. Le règne prospère de Rhoetemalcès est déjà arrivé à sa fin quand Cotys, fils du Cotys assassiné et d'Antonia Tryphaena, monte sur le trône de son père. Les liens étroits et la lointaine parenté entre Cotys et l'empereur sont commémorés sur des monuments à Cyzique, sur la rive est du Hellespont, où la famille s'était réfugiée et avait séjourné depuis l'assassinat de Cotys en 19 apr. J.-C. (Tacite, *Ann.*, II, 64-67; III, 38-39; IV, 47-51) [Sullivan, 75, p. 200-204].

Après 9 apr. J.-C., la situation en Illyricum était en contraste très net avec celle de la Mésie et de la Thrace. Aucune opération militaire n'y est signalée, mais les Romains y restaient vigilants, toujours conscients du danger d'une invasion de l'Italie par le Nord-Est. Les légats de Tibère étaient tous de rang consulaire, et l'empereur les maintenait dans leurs fonctions pour des périodes prolongées. L. Munatius Plancus fut gouverneur de la Pannonie pendant dix-sept ans, et pendant la même période la Dalmatie n'en eut que deux : P. Cornelius Dolabella jusqu'en 20 apr. J.-C., et ensuite L. Volusius Saturnius. Poppaeus Sabinus garda ses fonctions plus longtemps que tout autre : il resta légat des Balkans pendant vingt-trois ans avant d'être remplacé par Memmius Regulus, qui, lui, garda ce commandement dix ans, jusqu'à la réorganisation introduite par Claude en 44 apr. J.-C. [Thomasson, 81].

Le transfert provisoire de la IXe *Hispana* vers l'Afrique pour combattre Tacfarinas (20-24 apr. J.-C.) et le départ définitif de cette même légion, jamais remplacée, pour l'expédition en Bretagne (43 apr. J.-C.), témoignent du fait que Rome considérait que la situation en Illyricum était à nouveau stable.

L'ANNEXION DE LA THRACE ET DE LA MÉSIE

En 44 apr. J.-C., le commandement balkanique de Mésie, de Macédoine et d'Achaïe, unifié au début du règne de Tibère, fut divisé. Alors que la Mésie acquit le statut officiel de province, et fut administrée par un légat de rang consulaire, la Macédoine et l'Achaïe furent confiées de nouveau à des proconsuls nommés par le Sénat. Cette réorganisation était très certainement liée à l'annexion de la Thrace après le meurtre de Rhoematalcès. Il y avait une certaine résistance à l'occupation romaine dans la région, et la présence des légions s'avéra nécessaire, avec les opérations militaires dirigées par le premier gouverneur de Mésie, A. Didius Gallus. Celui-ci mena campagne également jusqu'en Chersonèse Taurique (Crimée) où le royaume du Bosphore maintenait des liens très anciens avec la Thrace. Claude révoqua immédiatement l'octroi du Bosphore à Polémon du Pont, fils d'Antonia Tryphaena, par Caligula, et consolida la position de Mithridate, beau-fils de Gepaepyris, veuve de l'ancien roi Aspurgus (37-38 apr. J.-C.). Le nouveau roi fit preuve de trop d'indépendance et fut remplacé par son demi-frère Cotys, installé grâce à une expédition menée par Didius Gallus, et dont les premières monnaies frappées à son nom datent de 45-46 apr. J.-C. Par la suite, Mithridate tenta de reprendre son royaume avec le soutien des Alains sarmates, mais il en fut empêché par un préfet romain stationné avec sa force d'auxiliaires sur le Bosphore. Bien que, en cas de besoin, on fît venir des troupes du Danube inférieur, en temps normal la région de la Crimée était administrée à partir du Pont sur la côte sud de la mer Noire (Tacite, *Ann.*, XII, 15-21) [Gajdukević, 25, p. 338].

En Illyricum, à part une crise dynastique survenue parmi les Germains Suèves, la tranquillité qui avait caractérisé le principat de Tibère continua sous ceux de Claude et de Néron. Le nouveau régime introduit par Claude survécut à une tentative de révolte menée par le gouverneur de Dalmatie en 42 apr. J.-C. : après cinq jours, les deux légions dalmates réaffirmèrent leur loyauté et reçurent ainsi les remerciements du *princeps* reconnaissant (VIIe et XIe légions *Claudia pia fidelis* ; Suétone, *Claude*, 13, 2 ; Dion Cassius, LX, 15, 1-2). Quelques années plus tard, le long règne de Vannius sur les Germains Quades se termina par une guerre civile. Les Romains se refusèrent à aider les rebelles, mais ordonnèrent au gouverneur de Pannonie de déplacer son armée afin de protéger la rive du fleuve et ainsi d'accorder un refuge à leur ancien client. Vannius essuya une défaite importante après laquelle, avec ses partisans, il reçut le secours de la flotte romaine et fut installé en Pannonie. A Vannius succédèrent ses neveux, Sido et Italicus, dont il est précisé qu'ils étaient « si hautement appréciés tant qu'ils luttaient pour le pouvoir, et d'autant plus détestés une fois qu'ils l'eurent obtenu » (Tacite, *Ann.*, XII, 29-30). Cet épisode montre bien l'importance qu'attribuaient les Romains aux crises dynastiques ; ils savaient très bien que du bon règlement de la dispute dépendaient les perspectives de paix pendant toute une génération.

Sous les derniers Julio-Claudiens, les migrations des peuplades du Danube inférieur devinrent de plus en plus importantes. Les états de service de Plautius Silvanus Aelianus, gouverneur de Mésie au milieu du principat de Néron, nous fournissent des détails précieux sur la situation le long du fleuve. « Il fit passer le Danube, afin de garantir le paiement du tribut, à 100 000 hommes et femmes, accompagnés de leurs enfants et de leurs chefs ou rois. » Plus tard, « il écrasa dans l'œuf la menace croissante des Sarmates, bien qu'il eût envoyé la majeure partie de son armée participer à l'expédition en Arménie ». Ou encore, « il amena jusqu'à la rive du fleuve des rois jusqu'alors inconnus du peuple romain, ou hostiles à celui-ci, afin qu'ils puissent rendre un hommage solennel aux aigles romaines. Aux rois des Bastarnes et des Roxolans il rendit leurs fils, et au roi des Daces ses frères, tous capturés ou sauvés de leurs ennemis par ses mains ; des autres chefs il reçut des otages ». Plautius, à l'instar de son prédécesseur Didius, mena également campagne en Crimée : « Il fit reculer les rois des Scythes qui assiégeaient la ville de Chersonèse (près de Sébastopol) qui se trouve au-delà de la rivière Borysthène (Dniepr). » Enfin, « il fut le premier à obtenir de cette province une quantité importante de blé pour les greniers du peuple romain ». Le gouverneur ne se vit décerner son triomphe, assorti de signes distinctifs d'approbation, qu'au début du règne de Vespasien, date à laquelle l'importance de ces simples démarches diplomatiques a sans doute été exagérée pour contrebalancer la série de défaites essuyées entre-temps par les Romains sur le Danube inférieur (*ILS*, 986) [Pippidi, 59, p. 287-348 ; Conole et Milns, 14].

Les actions des dernières années du principat de Néron aboutirent à l'annexion du Bosphore et du Pont, et au recrutement en Italie d'une légion supplémentaire qui devait faire une expédition dans le Caucase, peut-être afin de faire face au danger croissant que représentaient les Sarmates. Cette menace s'avéra bien réelle pendant l'hiver de 67-68 apr. J.-C., quand les Roxolans anéantirent deux cohortes d'auxiliaires. Pendant l'hiver suivant, ils franchirent le Danube gelé et pénétrèrent en Mésie, mais ils s'y trouvèrent en position désavantageuse quand la fonte subite des glaces permit à une légion romaine et à ses auxiliaires de s'attaquer à eux et de remporter la victoire. La nouvelle de ce succès parvint à Rome avant le 1er mars 69 apr. J.-C., et la victoire fut largement récompensée par le nouvel empereur, Othon (Tacite, *Hist.*, I, 19). Cependant, une deuxième incursion la même année trouva la province vidée de ses troupes, et menaça même les camps légionnaires, sauvés de justesse par l'arrivée opportune de Mucianus et des légions de l'Est en route pour l'Italie. La VIe légion *Ferrata* fut envoyée contre les envahisseurs, qui étaient certainement des Sarmates plutôt que des Daces puisque c'est pour sa victoire sur les premiers que Mucianus devait plus tard se voir décerner les honneurs du triomphe (*Tacitus Hist.*, III, 46, IV, 4). La situation devait s'aggraver l'année suivante (70 apr. J.-C.) : pendant l'hiver, les Sarmates firent une nouvelle incursion, et, ayant capturé le gouverneur Fonteius Agrippa, le tuèrent et mirent l'ensemble de la province à sac. Le nouveau gouverneur ne put que chasser les quelques Sarmates qui s'y trouvaient encore à son arrivée. Il s'ensuivit une réorganisation du dispositif de défense de la Mésie qui devait marquer le début d'une période nouvelle dans l'histoire du Danube romain (Josephus, *Bell. Jud.*, VII, 4, 3) [Wilkes, 89, p. 261-264].

LES STRUCTURES DU POUVOIR

Provinciae

Pendant les premières années du règne de Claude, les territoires de la région du Danube avaient été organisés en cinq provinces. Les plus importantes étaient les trois commandements principaux de Pannonie, de Dalmatie et de Mésie, dont chacun était confié à un légat consulaire. L'ensemble des ces trois provinces était doté d'un dispositif de sept légions et d'un nombre équivalent d'auxiliaires. Au nord-ouest se trouvait le commandement moins important du Norique, et au sud-est celui de la Thrace, gouvernée autrefois par les dynasties indigènes et placée maintenant sous la responsabilité d'un gouverneur procurateur.

Le Norique était situé sur la chaîne du Tauern en Basse-Autriche, entre le cours supérieur de la Drave et le Danube, et limité à l'ouest par la vallée de l'Inn. Bien que des gorges étroites y rendent les déplacements difficiles, la région comprend plusieurs vallées relativement larges qui étaient peuplées de communautés importantes. Parmi ces vallées, on peut citer celles de la Drave dans la région de Klagenfurt, de la Mur autour de Graz et, au nord de la ligne de partage des eaux, de la Traun autour de Wels. La route principale en provenance de l'Italie traversait le Saifnitz pour pénétrer en Carinthie et ensuite franchissait le Tauern pour continuer jusqu'au Danube en passant par Neumarkt, Ovilava (Wels) et Lauriacum. A l'ouest, un embranchement sur la route du col du Brenner menait vers l'Eisacktal et le Pustertal. Celle du col de Loibl (Lubelj) traversait le Karawanken de Carinthie jusqu'au bassin supérieur de la Save. D'autres routes longeaient la Mur et la Drave vers l'est et rejoignaient la route pannonienne à Poetovio (Ptuj) où celle-ci traversait la Drave. La plupart des cols du Haut Tauern sont fermés pendant plusieurs mois chaque année, et les principaux lieux de passage se trouvaient aux cols de Katchberg (1 740 m), de Radstadt, et de Lueg, entre Teurnia et Iuvavum (Salzbourg). Au nord des montagnes, la route principale d'ouest en est traversait les communautés importantes de Iuvavum, Ovilava, Lauriacum et Cetium pour continuer jusqu'à Vindobona au-delà de la frontière pannonienne [Alföldy, 2, p. 7-13].

Les Romains établirent la frontière entre le Norique et la Pannonie le long de la limite orientale des Alpes, laissant ainsi une bande de territoire norique du côté de la Pannonie, sans doute afin de surveiller la route pannonienne, qui faisait partie de l'historique « route de l'ambre » et reliait Aquilée à Carnuntum sur le Danube en passant par Emona (Ljubljana), Celeia (Celje), Poetovio (Ptuj) et Savaria (Szombathely). La limite entre la Pannonie et la Dalmatie fut établie le long du côté sud de la vallée de la Save, cette fois-ci afin de protéger la route qui traversait l'Illyricum de l'Italie jusqu'aux Balkans. Le cours du Danube, pendant sa longue traversée des pays hongrois, formait les limites nord et est de la Pannonie, entre Vindobona (Vienne) et le confluent de la Save à Singidunum (Belgrade) où commençait le territoire mésien. Les routes principales entre l'Italie et l'Est quittaient la route pannonienne à Emona et à Poetovio pour descendre les vallées de la Save et de la Drave respectivement. Plus au Nord, deux autres routes importantes traversaient la Pannonie septentrionale pour relier Poetovio à Aquincum par le lac Balaton *(Pelso Lacus)*, et Savaria à Arrabona (Györ) par la rivière Arabo (Raab) [Mócsy, 51, p. 33-34].

La majeure partie de la limite méridionale de la Mésie suivait les contreforts de l'Hémus. Il fallut attendre le principat de Trajan pour que le cours inférieur du Danube soit totalement intégré dans le système provincial, et aucune route n'existait entre Ratiaria, au sud de la gorge du Danube, et Aegyssus à la pointe du delta. Le chemin le plus direct pour atteindre le cœur même de la Mésie, *Moesia et Triballia*, dans la région de Ratiaria et d'Oescus, suivait la rivière Strymon (Struma) jusqu'à Serdica, et ensuite descendait l'Iskär jusqu'à Oescus. Une autre route, plus longue et plus hasardeuse, suivait le couloir de l'Axios/Vardar et de la Morava, tout en contournant les nombreuses gorges, pour atteindre Ratiaria par Scupi (Skopje), Naissus (Niš) et la rivière Timacus (Timok) [Mócsy, 51, p. 44].

La Dalmatie, déjà pacifiée avant la fin du Ier siècle apr. J.-C., comprenait pourtant les vastes étendues de terrain accidenté au sud de la Save au cœur desquelles de rudes combats avaient eu lieu pendant la révolte pannonienne de 6-9 apr. J.-C. Après la réorganisation effectuée à la fin du *Bellum Pannonicum*, la limite septentrionale de la province fut établie sur la rivière Arsia (Raša) en Istrie orientale, et celle du sud à Lissus (Lezhë) à l'embouchure du Drin albanais. Cette limite pénétrait dans les terres jusqu'au *Scardus Mons* (Šar planina), partant de l'ancienne région d'Illyris entre le Drin et l'Aous et les lacs de Macédoine, pour se diriger ensuite vers le nord, suivant le flanc occidental de la vallée de la Morava, jusqu'à la Save inférieure [Wilkes, 88, p. 18-80].

L'administration romaine dans la région du Danube était dominée par des considérations militaires visant à conquérir, pacifier et exploiter les peuplades indigènes, tout en garantissant la sécurité et le soutien des armées d'occupation. Jusqu'en 27 apr. J.-C., l'Illyricum et la Macédoine (avec l'Achaïe) furent gouvernés par des proconsuls, choisis parmi d'anciens consuls ou préteurs. A partir de cette date, la Macédoine, comprenant l'Épire et la Thessalie, ainsi que l'Achaïe étaient devenues des provinces distinctes, chacune administrée par un proconsul de rang prétorien résidant, en général, à Thessalonique et à Corinthe respectivement. Il est possible que l'Illyricum, également proconsulaire, n'ait pas encore été étendu au nord de la rivière Titus (Krka), laissant ainsi l'administration de la Liburnie associée à celle de l'Istrie et de la Transpadane. Même plus tard, quand elle eut été intégrée à la Dalmatie, la Liburnie garda une organisation particulière en ce qui concernait le culte de l'empereur (*CIL*, III, 2810).

Dans les Balkans, après plus d'une crise en Thrace, un nouveau commandement militaire fut créé en 19-18 av. J.-C. avec les légions de Macédoine, peut-être à l'initiative du chevronné M. Lollius. On peut supposer que la Macédoine continua à être administrée par des proconsuls, bien que nous n'en connaissions aucun, mais sans que ceux-ci aient de responsabilités militaires dans le Nord. En 15 apr. J.-C., la Macédoine et l'Achaïe, qui avaient beaucoup souffert des charges imposées pendant les guerres récentes, furent ajoutées au commandement impérial balkanique, jusqu'à la réorganisation sous Claude quand, comme nous l'avons précisé plus haut, la Mésie devint une province distincte alors que la Macédoine et l'Achaïe redevinrent des administrations proconsulaires. Une fois annexée, la Thrace fut confiée à un procurateur, cette forme d'administration étant apparemment celle que préférait Claude pour les anciens royaumes-clients.

Une dédicace érigée, avant 33 apr. J.-C., en l'honneur d'un des premiers procurateurs de la province par les *strategoi* montre à quel point l'ensemble de cette classe dirigeante héréditaire s'identifiait à la domination romaine. Seuls dix d'entre eux n'avaient pas la citoyenneté romaine, et presque tous portaient des noms d'empereurs romains ou, pour l'un d'entre eux, celui d'un gouverneur romain (*AE*, 1957, 23). La Chérsonèse de Thrace (Gallipoli), possession impériale depuis 12 av. J.-C., avait son administration propre, alors que Byzance faisait partie de la province asiatique de Bithynie. Peu de temps après l'annexion de la Thrace, Byzance réclama avec succès une exonération d'impôts en reconnaissance de sa contribution importante à la guerre (Tacite, *Ann.*, XII, 62-63). Un administrateur procurateur fut nommé également au Norique, avec sa base à Virunum dans le sud de la province.

Castra legionum et auxiliorum

A l'exception des routes suivies par les expéditions militaires, nous ne savons presque rien du déploiement militaire dans la région avant les réformes introduites par Auguste. Aquilée aurait été la base principale pour toute avancée du nord-est de l'Italie vers la Pannonie, au moins jusqu'au *Bellum Pannonicum* (14-9 av. J.-C.) qui mena les légions jusque dans le bassin du Danube. Les légions macédoniennes, au nombre de quatre sous le proconsul Crassus en 28-7 av. J.-C., étaient fort probablement stationnées en Dardanie, dans des bases telles que Scupi ou Naissus, jusqu'à l'établissement du commandement impérial balkanique. La première légion déplacée vers le fleuve fut peut-être la Ve *Macedonica*, installée aux alentours d'Oescus. En Illyricum, il se peut que les bases du Sud, à Burnum et à Tilurium, aient été établies après l'organisation de l'Illyricum en 11 av. J.-C. A partir de 9 apr. J.-C., les trois légions pannoniennes se trouvaient à Poetovio (VIIIe *Augusta*), et peut-être à Emona (XVe *Apollinaris*) et à Siscia (IXe *Hispana*), avec deux autres en Dalmatie à Tilurium (VIIe) et à Burnum (XIe). Plus à l'Est, il y avait une légion à Oescus (Ve *Macedonica)* en « *Moesia et Triballia* », et sans doute une dernière en Dardanie (IVe *Scythica*) [Mócsy, 51, p. 42-44 ; Wilkes, 88, p. 92-95].

Toute modification dans le déploiement des légions dans la région du Danube pendant les dernières années de la période julio-claudienne était la conséquence d'événements dans d'autres régions de l'Empire. La IXe *Hispana* partit enfin vers la Bretagne en 43 apr. J.-C., réduisant ainsi l'effectif en Pannonie à deux légions seulement. Le transfert, en 44-45 apr. J.-C., de la VIIIe *Augusta* de Poetovio, où elle fut remplacée par la XIIIe *Gemina* venue de Germanie, jusqu'à Novae (Svishtov) sur le Danube inférieur porta l'effectif militaire de la Mésie à trois légions. Vers la fin du règne de Claude, la IVe *Scythica* fut déplacée vers l'est et remplacée par la VIIe *Claudia* venue de Dalmatie, où il ne restait donc plus qu'une légion qui s'installa enfin à Viminacium près de l'entrée des gorges du Danube. En 62 apr. J.-C., la crise en Arménie nécessita le départ de deux légions du Danube : la XVe *Apollinaris* quitta Carnuntum où elle fut remplacée par la Xe *Gemina* venue d'Espagne, et la Ve *Macedonica* partit sans être remplacée. La Mésie, dotée maintenant de deux légions seulement, ne vit augmenter sa garnison que vers la fin du principat de Néron, quand la IIIe *Gallica* arriva pour un bref séjour sur le Danube inférieur [Mócsy, 541, p. 48].

Des inscriptions découvertes lors de fouilles récentes appuient la thèse d'un déploiement de troupes auxiliaires dans la région du Danube. En Dalmatie les corps auxiliaires de cavalerie et d'infanterie, tout comme les légions, se trouvaient concentrés sur des bases près de l'Adriatique, avec certaines des unités installées dans les colonies de la côte, ainsi que dans les bases légionnaires de Tilurium et de Burnum. D'autres postes se trouvaient le long de la route qui reliait les bases légionnaires de Promona, Magnum et Andetrium, ainsi qu'à Bigeste près de Narona [Wilkes, 88, p. 135-152 ; Alföldy, 3, p. 239-297]. En Pannonie, des unités de cavalerie étaient stationnées sur les routes principales qui menaient vers le Danube, et notamment sur la route pannonienne à Sala (Zalalövö), Savaria, Scarbantia, et Carnuntum. Au Sud-Est, des découvertes de poterie primitive attestent la présence de bases à Mursa (Osijek) et à Sirmium. Vers le milieu du premier siècle, plusieurs unités d'auxiliaires avaient été déplacées vers des bases situées sur le Danube, et au bout des routes principales : à Arrabona, Brigetio, Aquincum, Gorsium et Teutobourg, par exemple [Mócsy, 51, p. 49-51 ; Visy, 85, p. 17-18]. A l'époque d'Auguste, la présence militaire au Norique avait consisté en une vexillation de la légion pannonienne, la VIII⁰ *Augusta*, stationnée dans un centre important du Sud sur le Magdalensberg et remplacée plus tard par un régiment d'auxiliaires de recrutement local. Sous Claude, les garnisons d'auxiliaires du Norique, comprenant en 69 apr. J.-C. une aile *(ala)* de cavalerie et huit cohortes, furent transférées vers le nord, jusqu'à la rive du Danube, et installées à Lentia (Linz) et à Lauriacum à l'Ouest, ainsi qu'à Augustiana (Traismauer) et à Zwentendorf dans la région de l'Est, plus menacée [Alföldy, 2, p. 62-66, 104 ; Kandler-Vetters, 40, p. 22-23].

En Mésie, il est possible que des unités d'auxiliaires aient précédé les légions sur les bases de Singidunum et de Viminacium, et il semblerait que les forts plus récents de Boljetin et de Donji Milanovac dans la gorge du Danube aient été occupés très tôt. Sur le Danube inférieur, des épitaphes anciennes d'auxiliaires en activité ont été citées comme preuves de la présence d'unités de cavalerie à Augustae (Hurlets), Securisca, Variana, Utus, Oescus et Nicopolis. Tandis que la cavalerie surveillait les passages sur le fleuve, les cohortes restaient en retrait, à Timacum Minus (Ravna) dans la vallée du Timok, à Naissus, et peut-être déjà à Montana (Mikhailovgrad). Il se peut qu'au moins un régiment de cavalerie ait été présent dans la Dobroudja à la suite de l'annexion sous Claude [Mócsy, 51, p. 51-52 ; Wilkes, 89, p. 266-267].

Le déploiement militaire dans les provinces danubiennes sous les Julio-Claudiens concentrait les légions dans les bases à partir desquelles elles avaient réussi à conquérir l'Illyricum, avec des postes avancés de cavalerie sur le fleuve et des fantassins pour surveiller les liaisons routières. Sous Claude et sous Néron s'amorça un déplacement progressif vers le fleuve, mais nous ignorons et la date et la raison de la première occupation des bases légionnaires concernées (Carnuntum, Viminacium et Novae). Militairement parlant, il n'existait pas de frontière romaine sur le Danube avant l'époque flavienne.

Coloniae civium romanorum

La création de colonies de citoyens romains en Macédoine et en Illyricum débute à la suite des guerres civiles, et notamment après les batailles décisives de Pharsale (48 av. J.-C.), Philippes (42 av. J.-C.) et Actium (31 av. J.-C.). Par la suite, les créations de nouvelles colonies de citoyens romains deviennent rares, servant essentiellement à accueillir des vétérans dans les provinces où ils ont été libérés, ou dans une province voisine. Aucune stratégie ou politique globale ne semble gouverner l'emplacement de ces colonies, mais la proximité des ports et des routes importantes était certainement prise en considération. Les colonies de César installées à Patras et à Corinthe, les ports principaux d'Achaïe, devaient prospérer, alors que celle de Dymes (Nouvelle Patras), ainsi que les installations modestes de Buthrote et de Byllis qui avaient accueilli des colons sous César et sous Auguste, furent vouées à l'échec (*RPC*, I, p. 249-262). Les cinq colonies de Macédoine devaient leur création à des guerres civiles : celles de Cassandrée et de Dium furent fondées par M. Brutus, la colonie de Philippes par Antoine après la bataille du même nom. Au cours des bouleversements qui suivirent Actium, Octave permit aux colons partisans d'Antoine qui avaient été expulsés d'Italie de s'installer à Dyrrhachium, à Philippes et ailleurs, peut-être même à Cassandrée, Pella et Dium. La distinction exceptionnelle du « droit italique » *(ius italicum)* accordé aux colonies de Dyrrhachium, Cassandrée, Philippes, et Dium visait peut-être à dédommager les colons qui avaient dû quitter l'Italie. La même distinction fut étendue à ceux qui s'installèrent à Stobi en Péonie (*RPC*, I, p. 287-310) [Papazoglu, 54, p. 357-361 ; Papazoglu, 55].

En Illyricum, plusieurs colonies furent fondées sur le site de communautés existantes de citoyens romains *(conventus civium romanorum)*, dont certaines avaient fait preuve d'une loyauté ostensible à l'égard de César pendant la guerre civile. Parmi celles-ci, se trouvaient Salone *(Colonia Martis Julia)*, Narona et Épidaurum. Les nouvelles cités se virent attribuer des territoires importants, celle de Salone comprenant non seulement plusieurs petites communautés du continent mais également l'île de Pharos (Hvar) administrée par un préfet. Le statut exact de plusieurs autres petites communautés, telles que Risinium (Risan), Acruvium (Kotor), Butua (Budva), Olcinium (Ulcinj) Scodra (Shkodar) et Lissus, sur la côte de l'ancien royaume d'Illyrie reste incertain, mais était certainement de type colonial.

Risinium portait l'épithète *Iulium*, alors que dans une inscription plus récente Scodra est appelée « colonie ». Plus au nord, en Liburnie, la colonie à Jader (Zadar) se disait, avec fierté, fondée par Auguste *(parens coloniae)*, et fut très probablement créée à la suite de la prise décisive de la flotte liburnienne par Agrippa en 35 av. J.-C. C'est peut-être à la même occasion que fut créée la colonie de Senia (Senj) et, en Pannonie, celles de Pola et de Parentium, alors que la colonie légèrement plus ancienne de Tergeste (Trieste) fut à la même époque munie de fortifications suite à une attaque des Japodes [Wilkes, 88, p. 192-261; Alföldy, 3, p. 298-310].

Les libérations retardées de soldats provoquées par la révolte pannonienne de 6-9 apr. J.-C. sont reflétées dans le nombre élevé d'années enregistrées dans les états de service de certains des vétérans, surtout en Dalmatie parmi ceux qui s'étaient installés à proximité des bases légionnaires. La mutinerie pannonienne de 14 apr. J.-C. fut provoquée par un mécontentement au sujet des piètres récompenses accordées aux soldats après de longues années de durs combats, y compris, peut-être, des terres peu intéressantes sur le territoire d'une nouvelle colonie établie à Emona, et dont les fortifications furent certainement construites en 14-15 apr. J.-C. Aucune colonie nouvelle ne fut fondée par la suite pour accueillir les vétérans avant la création par Claude de Savaria en Pannonie, d'Aequum (près de Sinj) en Dalmatie, et d'Apros en Thrace, toutes destinées aux vétérans de ces provinces ou des provinces voisines [Mann, 46, p. 30-39; Šašel-Kos, 69, p. 231-233].

Les routes militaires

Avant la conquête des peuplades de Pannonie, Rome avait été reliée par voie de terre à ses territoires de l'Est par la *Via Egnatia*, construite, après l'annexion de la Macédoine en 148 av. J.-C., entre Dyrrhachium et Apollonia sur l'Adriatique et Thessalonique, Philippes et Byzance à l'est [Hammond, 33, p. 19-58; Collart, 13, p. 177-200].

Tout comme en Italie pendant les siècles précédents, les victoires des Romains sur des peuplades indigènes furent suivies par la construction d'un réseau stratégique de routes traversant forêts et montagnes. De tels travaux de construction pouvaient durer des dizaines d'années, comme ce fut le cas pour la route qui traversait les Alpes orientales par les cols de l'Adige et de Resia *(Reschenscheidek)*, inaugurée par l'expédition de Drusus dès 15 av. J.-C., mais complétée seulement pendant le principat de son fils, Claude, et nommée en conséquence la *Via Claudia Augusta* (*ILS*, 208). A Nauportus (Vrhnika) en 14 apr. J.-C., une vexillation travaillait encore à la construction de la section de la route pannonienne qui devait traverser les Alpes juliennes entre Aquilée et Emona (Tacite, *Ann.*, I, 20). En Dalmatie, au moins cinq routes importantes avaient été construites à travers les montagnes de cette province avant 20 apr. J.-C. Elles partaient toutes de Salone sur l'Adriatique, où résidait le légat consulaire, et au moins deux d'entre elles traversaient le territoire des Pannoniens au-delà de la chaîne dinarique [Wilkes, 88, p. 452-455; Bojanovski, 7]. Des détachements des deux légions de Mésie étaient occupés à construire un chemin de halage sur la rive sud du Danube en 33/34 apr. J.-C. Il fallut procéder à des réparations de ce chemin sous Claude, puis à d'autres occasions, à cause des conditions de navigation difficiles au moment du dégel et de la fonte de la croûte de glace (*ILIvg*, 55, 56, 58) [Swoboda, 16, p. 62-91 ; Petrović, 56]. En Thrace, les procurateurs étaient occupés à garantir la sécurité du trafic sur les routes qui traversaient l'Hémus grâce à des postes de surveillance (*ILS*, 231 et p. CLXX ; *AE*, 1912, 193). Les efforts considérables faits par les Romains pour construire ces routes après 9 apr. J.-C. étaient tout à fait justifiés, étant donné la confiance et le sentiment de sécurité toujours plus grands que leur inspiraient les Pannoniens soumis.

LES PEUPLADES INDIGÈNES A L'ÉPOQUE DE LA CONQUÊTE

A l'époque de la conquête romaine, la population indigène de la région du Danube se divisait en quatre catégories plus ou moins distinctes : les Celtes au nord-ouest ; les Illyriens à l'ouest ; et à l'est, les Daces et les Thraces au nord et au sud du Danube respectivement. Les auteurs anciens nous éclairent sur les caractéristiques de ces peuples, et les sources archéologiques et épigraphiques ajoutent de nombreuses précisions quant à leur culture matérielle, leur organisation sociale, et leurs langues. On pense que le territoire des Thraces, qui auraient composé la strate la plus ancienne de la population, s'était étendu peut-être bien plus à l'Ouest autrefois, jusqu'à l'ancien territoire des Illyriens et la limite formée par la vallée de la Stryma. A l'époque de la conquête, leurs peuplades les plus occidentales étaient les *Maidi* et les *Denthelethi*, ainsi que les redoutables Besses qui occupaient les plaines de l'Ouest et le massif du Rhodope. Les *Astii* et les Odryses, dont les dynasties dirigeantes étaient issues, peuplaient les terres plus fertiles de l'est de la Thrace. Au nord de l'Hémus, les Mésiens occupaient la région de Ratiaria, et les Triballes celle d'Oescus, ainsi que le territoire à l'est de la rivière Utus, alors que les Gètes de la Dobroudja, qui étaient parents des Daces, se trouvaient de l'autre côté du fleuve. Les Thraces habitaient des villages fortifiés et des *oppida*. A l'époque classique, ils avaient importé du monde grec des quantités importantes de céramique et d'objets en métal, dont des exemples ont été retrouvés dans certains des quelque 15 000 *tumuli* (tombes recouvertes d'un amas de terre et de pierres) étudiés par les archéologues [Hoddinott, 35]. Dominée au IVᵉ siècle par les Macédoniens, qui y fondèrent les premières cités, la Thrace avait ensuite connu un déclin régulier, aggravé au cours des siècles suivants par des luttes entre rois hellénistiques rivaux pour s'emparer de son territoire et l'exploiter.

Le terme « illyrien », appliqué autrefois aux seules peuplades non gré-cophones demeurant au-delà de l'Épire et du nord-ouest de la Macédoine, fut étendu aux Dalmates, aux Pannoniens et aux Japodes, ainsi qu'au

Vénètes liburniens et istriens du littoral nord de l'Adriatique. Les noms des personnes inscrits sur les épitaphes de l'époque romaine, ainsi que d'autres indices, attestent la présence des Illyriens jusque dans la vallée de la Drave au nord, en Istrie à l'ouest et sur la Save inférieure à l'est. Selon Pline l'Ancien, le terme « illyrien » avait d'abord désigné une petite peuplade, vivant près de la côte du nord de l'Albanie, qui, au début du Ier millénaire av. J.-C., avait été la première à entrer en rapport avec les Grecs [Wilkes, 90].

Selon Strabon (VII, 3, 13) « les Daces et les Gètes parlent la même langue », et il est clair que certains auteurs avaient confondu ces deux peuples avant l'émergence des Daces sous Burebista, et la domination qu'ils exercèrent sur les bassins des Carpates et du Danube inférieur au milieu du Ier siècle av. J.-C. A l'ouest, les Taurisques et les Boïens celtiques avaient été soumis, et à l'est les Daces dominaient les cités de la mer Noire, à partir d'Olbia au nord jusqu'à Apollonia au sud. César aurait projeté une expédition contre les Daces mais, à la mort de Burebista, le royaume de celui-ci avait été divisé entre quatre ou cinq chefs rivaux, et toute menace contre Rome avait disparu. La culture matérielle des Daces, sous l'influence celtique, avait pris de l'avance sur celle de leurs voisins avec l'exploitation des minerais présents dans leur Transylvanie native. Ils exportaient des matières premières vers le monde hellénistique, et recevaient en échange du vin, de l'huile et des bijoux. Au Ier siècle av. J.-C., la Dacie était peut-être une place commerciale d'où Rome obtenait des esclaves, ce qui expliquerait la présence dans la région d'une grande quantité de pièces d'argent romaines [Daicoviciu, 18 ; Glodariu, 29].

Les peuplades celtiques étaient arrivées les dernières dans la région du Danube, et leur progression aux IVe et Ve siècles est documentée. Les auteurs grecs font mention de plusieurs conflits entre Celtes et Illyriens, mais c'est à partir du IIIe siècle, quand les Celtes vainquirent l'armée de Macédoine (279 av. J.-C.) lors d'une incursion dans les Balkans du Sud, et pénétrèrent jusqu'au temple de Delphes, qu'ils deviennent tristement célèbres. Les Scordisques, peuplade importante des Balkans à la fin du IIe et au début du Ier siècle av. J.-C., auraient été les descendants de ces envahisseurs celtiques [Papazoglu, 53, p. 272-278]. Plusieurs noms de lieux d'origine celtique, tels que Ratiaria, Durostorum et Noviodunum, attestent la présence de ce peuple le long du Danube inférieur. Au nord de la Drave, en Pannonie, les peuplades celtes dominaient, et parmi elles les Boïens et les Éravisques, autrefois si puissants sur le Danube supérieur [Mócsy, 51, p. 24-30]. L'arrivée des Celtes semble avoir coïncidé avec la transition entre la première période (de Hallstatt) et la deuxième période (de la Tène) de l'âge du fer, avant l'arrivée des Romains, et ce sont les Celtes qui firent connaître aux Illyriens de nouvelles méthodes de travail des métaux [Wilkes, 90, p. 137-138]. Strabon (VII, 5. 4) dit des Japodes illyriens qu'ils étaient « vêtus d'armures celtiques, mais tatoués comme les autres Illyriens et Thraces ».

Pour le monde classique, les Danubiens n'étaient que des arriérés, à tout point de vue : ils ne possédaient ni structure politique ni activité commune ; ils n'utilisaient pas d'argent ; ils ne savaient pas cultiver la terre, et ne connaissaient ni l'olivier ni la vigne ; ils buvaient à l'excès et avaient un comportement barbare dans toutes leurs relations avec autrui. La construction et le plan des communautés importantes de certaines régions reflètent pourtant la présence d'influences grecques ou romaines : dans la région de l'ancien royaume d'Illyrie les *oppida* sont souvent caractérisés par une influence grecque apparente dans les techniques de construction en pierre [Wilkes, 90, p. 129-136]. Plus au nord, les cultures de la péninsule italienne continuaient à influencer les Illyriens de l'Adriatique, et surtout les Liburniens et les Japodes sur le littoral nord. Parmi les Dalmates, la communauté principale des Riditae (à Danilo près de Šibenik) est remarquable pour le grand nombre d'inscriptions latines contenant des noms indigènes qui s'y trouvent ; certaines d'entre elles datent d'une période antérieure à la construction d'une cité sur ce site à l'époque flavienne [Wilkes, 88, p. 240-241]. Les innombrables *oppida* de la région, pour la plupart dirigés par un chef local *(princeps)*, sont appelés *castella* dans les inscriptions (*ILIug*, 1852-1853). Parmi les Liburniens, plusieurs des *oppida* furent transformés en cités de type romain pendant la période julio-claudienne [Svic, 74, p. 138-140].

Les tribus celtiques aux chefs guerriers sont bien connues pour leurs places fortes *(oppida)* et pour leurs nécropoles étendues, dans lesquelles ont été découverts armes, casques, armures et bijoux. Parmi les Noriques de Carinthie, l'*oppidum* construit au sommet du Magdalensberg vers 100 av. J.-C. était protégé par un double rempart *(murus duplex)* dont la façade était parée de pierres [Piccottini et Vetters, 58, p. 10-17]. Le principal *oppidum* des Éravisques se trouvait sur la colline de Gellért à Budapest, d'où il surveillait un gué, mais avant l'arrivée des Romains, il s'était déjà étendu, et descendait la colline vers le fleuve [Bónis, 8]. C'était ici qu'étaient frappées et mises en circulation, jusqu'à l'époque d'Auguste, les pièces en argent éravisques qui imitaient les deniers romains. Les fouilles effectuées dans les montagnes d'Orastie, dans le sud-ouest de la Transylvanie, ont fourni des informations précieuses sur les citadelles appartenant au règne de Burebista, et sur celle, postérieure, de Décébale. L'accès de la vallée de la Mureş par le nord est contrôlé par Costeşti, située sur une colline isolée de 560 m, juste à l'endroit où la rivière Apa quitte les montagnes. Ici, les premières phases de la construction dateraient de l'époque de Burebista, comme pour les autres places fortes de la région : Blidaru, Vîrful lui Hulpe, Piatra Roşie, Baniţa et Capilna. Au centre même de ce réseau se trouve Grâdistea Muncelului, composée d'une grande forteresse d'environ 4 ha et d'un nombre important de lieux saints au cœur des montagnes, et qui a été identifiée avec la capitale dace de Sarmizegetusa. La plupart des vestiges qui y ont été retrouvés datent des dernières années de l'indépendance des Daces, pendant le règne de Décébale (env. 85-105 apr. J.-C.), mais ce site était déjà un centre religieux important du temps de Burebista. Ces sanctuaires étaient composés de rangées de colonnes de bois posées sur des socles circulaires en andésite, le tout représentant les bosquets dans lesquels on disposait les offrandes à l'intention du dieu. Les noms des prêtres successifs du sanctuaire sont gravés sur des stèles en lettres grecques [Mackendrick, 45, p. 53-66].

LA VIE SOCIO-ÉCONOMIQUE SOUS LES JULIO-CLAUDIENS

Civitates peregrinae

Les informations fournies par Pline l'Ancien (*NH*, III, 141-149) et par Ptolémée (*Geogr.*, II-III) font état d'une redéfinition complète des peuplades indigènes réalisée par les Romains après la conquête. Pendant les dernières années de la République, les communautés indigènes sous l'emprise des Romains en Illyricum avaient été placées sous la responsabilité d'une administration judiciaire *(conventus)* basée à Narona et comprenant 86 communautés distinctes. Après la division de l'Illyricum vers 9 apr. J.-C., la population de la Dalmatie est regroupée en trois administrations de ce type, basées à Scardona, Salone, et Narona.

Des trois, celle de Scardona est la plus petite, et ne comprend que les Japodes et quatorze peuplades mineures de Liburniens à l'intérieur des terres, dont Pline ne juge utile de citer que quatre (Lacinienses, Stulpini, Burnistae et Olbonenses). Dans les circonscriptions de Salone et de Narona, la taille relative des *civitates* peut être déduite à partir du nombre de décuries *(decuriae)*, unités de recensement romaines correspondant peut-être aux groupes indigènes existants. Les Dalmates (342 décuries) du *conventus* de Salone, la *civitas* la plus importante de la province, occupent la partie centrale de la côte et s'étendent vers l'intérieur jusqu'aux hauts plateaux des massifs dinariques. Au nord-ouest se trouvent deux groupes puissants de Pannoniens : les *Ditiones* (239 décuries) de Bosnie occidentale et les Mézéens (269 décuries) qui habitent les vallées de la Save et de l'Una. Les *civitates* moins importantes des *Sardiates* et des *Deuri* se trouvent peut-être dans la vallée de la Vrbas. Les treize *civitates* du *conventus* de Narona sont le résultat d'une réorganisation des 89 *civitates* précédentes. Les noms répertoriés par Pline rappellent des événements de la conquête romaine, comme par exemple « les *Vardaei*, autrefois les pilleurs de l'Italie, réduits maintenant à 20 décuries seulement ». De nombreuses peuplades mineures de l'ancien royaume d'Illyrie se trouvent rattachées à la *civitas* des Docléates, basée à Doclée juste au nord du lac Scodra. Les Désitiates de Bosnie centrale, qui avaient été à l'origine du soulèvement important de 6 apr. J.-C., se trouvent maintenant réduits à 103 décuries, alors que leurs voisins au sud sont sans doute les Narensi (102 décuries) originaires des nombreuses peuplades de la vallée de la Neretva en Bosnie-Herzégovine. Dans les hautes vallées du nord du Monténégro actuel, les Pirustes sont soumis les derniers, non sans difficulté, en 9 apr. J.-C. Après la conquête, ils sont divisés en groupes moins importants, dont ceux des *Siculotae* (24 décuries), des *Cerauni* (24 décuries) et, peut-être, des *Scirtari* (72 décuries) près de la frontière macédonienne, pour obéir à la stratégie romaine de morcellement. Le sort des Scordisques, dont l'origine est en partie celtique, reste un mystère. Il se peut que les frontières établies entre la Dalmatie, la Pannonie et la Mésie au sud et à l'ouest de Belgrade les aient partagés entre trois *civitates* différentes, chacune dans une province distincte. En plus des *Celegeri* de Mésie et des Dindari de la vallée dalmate de la Drina, une *civitas* de Scordisques se trouve dans la région de Srem, entre la Save inférieure et la Drave [Wilkes, 88, p. 153-171].

La liste des *civitates* de Pannonie (bien que n'y figurent pas les nombres de décuries) atteste également la volonté des Romains de diviser les groupes les plus puissants en unités moins dangereuses. Plusieurs de ces *civitates* portent des noms de peuplades bien connues, telles que les Boïens, les Breuques, les Andizetes, les *Amantini*, les Scordisques et les Latobiques, alors que les noms des autres sont dérivés de noms de lieux, tels que les Cornacates de Cornacum (Šotin sur le Danube au-dessus de Belgrade), les *Varciani* de Varceia, et les *Oseriates* d'un site dans la vallée de la Save. La création de ces *civitates* correspond au démembrement des peuples puissants cités plus haut, alors que les *Azali* illyriens furent probablement déplacés en masse du sud de la Pannonie jusqu'au Danube [Mócsy, 51, p. 53-56].

La réorganisation des peuplades indigènes dans les autres régions danubiennes fut moins importante. Les noms cités par Pline (*NH*, III, 149) – les Dardaniens, les *Celegeri*, les Triballes, les *Timachi*, les Mésiens, les Thraces et les Scythes – recouvrent l'ensemble de la région entre le centre des Balkans et la mer Noire, et ne correspondent peut-être pas à une liste officielle de *civitates*, en tout cas en ce qui concerne la région à l'est des Triballes autour d'Oescus. La liste proposée par Ptolémée, qui n'est pas la même que celle de Pline, reflète peut-être la situation après la création de la province de la Mésie par Claude, et cite plusieurs groupes moins importants basés sur des sites précis sur le Danube, tels que les *Tricornenses* (à Tricornium), les *Picenses* (Pincum), les *Oetenses* (Utus), les *Dimenses* (Dimum), les *Obutenses* (site inconnu), les *Appiarienses* (Appiaria) et les *Peucini* de Peuce, sur le delta [Mócsy, 51, p. 66-68]. La première référence aux groupes indigènes administrés par les Romains au Norique est antérieure de cinquante ans à l'établissement d'une organisation provinciale par Claude. Il s'agit d'une dédicace, trouvée au Magdalensberg en Carinthie, en l'honneur des trois dames les plus importantes de la maison d'Auguste : Livie et les deux Jules. Les huit peuplades citées, les Noriques, les *Ambilini*, les *Ambidravi*, les *Uperaci*, les *Saevates*/Sévates ?, les *Laianci*, les *Ambisontes* et les *Elveti*/Elvètes/Helvétiens ?, et auxquelles la liste de Ptolémée ajoute les *Alauni*/Alains ?, ne semblent correspondre qu'aux régions du sud et de l'ouest de la province [Alföldy, 2, p. 66-70].

A l'époque de Claude, il existait peut-être déjà plus de 80 *civitates* établies par les Romains parmi les peuplades indigènes. Beaucoup d'entre elles devaient rester sous le contrôle de l'armée pendant plusieurs générations après la conquête, alors que d'autres, qui n'avaient pas mené d'action guerrière contre les Romains, se voyaient affectées à des préfectures *ad hoc*, telles que celles de Liburnie et des Japodes pendant la guerre contre Bato en 9 apr. J.-C. (*ILS,* 2673, cf. 3320). L'administration de ces préfectures était confiée à des centurions chevronnés ou à des commandants de régiments d'auxiliaires.

Ainsi, le centurion primipile de la légion de Poetovio était responsable des *Colapiani* (*ILS,* 9199) de la vallée de la Colapis (Kulpa), alors que le commandant du régiment de cavalerie d'Arrabone sur le Danube pannonien gérait à la fois les Boïens (*ILS,* 2737), les *Azali* et toute cette section du Danube. Un centurion primipile local continuait à gouverner les Mézéens pannoniens et les Désitiates du nord de la Dalmatie également (*CIL,* IX, 2564). Le premier gouverneur *(procurator)* nommé par Claude au Norique avait été centurion primipile de la légion d'Oescus, et avait alors administré les *civitates* de *Moesia* et *Triballia* (*ILS,* 1349).

Nous ne possédons aucun renseignement sur les changements que l'administration romaine aurait imposé localement aux communautés indigènes, mais il est probable qu'à partir de 9 apr. J.-C., et pendant longtemps, ce type de régime militaire fut la forme la plus sévère de l'administration romaine.

Toutes les références aux marques de rang, telles que *princeps* (*CIL,* III, 2776, 14325-14328, 15064-15065; *ILIug,* 185), ainsi que celles correspondant à une organisation sociale ou familiale *(gens, cognatio, centuria, decurio, decuria)* sont d'origine romaine [Wilkes, 88, p. 185-190], même si en réalité les structures auxquelles elles se réfèrent étaient bien plus anciennes, et devaient continuer à exister dans certaines régions pendant toute la période romaine.

Les municipes romains et les cités grecques de Mésie

Pendant la période julio-claudienne, les seules communautés indigènes à être organisées en cités romaines étaient celles des Vénètes liburniens du nord de la Dalmatie et la population celtique du Norique. Pline l'Ancien cite plusieurs communautés liburniennes comme bénéficiant du privilège du droit italique *(ius italicum)*, statut qui leur avait peut-être été accordé en compensation de leur inclusion dans la nouvelle province impériale d'Illyricum, ce qui avait mis fin à la période pendant laquelle la Liburnie avait été considérée comme un prolongement du nord-est de l'Italie [Wilkes, 88, p. 481-492].

Deux communautés (les *Alutae* et les *Flanates*) de la côte est de l'Istrie, les Lopsi sur la côte au sud de Senia, et les Varvarini près de la limite sud des Dalmates, relevaient de cette catégorie. L'exonération du paiement du tribut *(immunitas)* accordée aux *Curictae* et aux *Fertinates* de l'île de Curicta (Krk), ainsi qu'aux *Asseriates* du sud de la Liburnie, s'explique probablement de la même manière. Les nombreuses références à des affranchis portant le nom de Julius laissent supposer que plusieurs des municipes dataient de l'époque d'Auguste, et la plupart des Liburniens avaient été intégrés dans de nouvelles cités romaines avant la fin de la période julio-claudienne. La création de ces nouvelles communautés romaines autonomes semble avoir provoqué de nombreuses contestations au sujet de la répartition des territoires fondée sur le premier recensement *(forma Dolabelliana)* effectué sous le gouverneur Cornelius Dolabella (12-20 apr. J.-C.). Bon nombre de désaccords concernaient la redoutable sécheresse qui frappait la région en certaines saisons : les gouverneurs devaient faire face à de nombreuses plaintes et, en général, nommaient un centurion de premier rang comme arbitre *(iudex)* [Wilkes, 88, p. 456-459]. Celui-ci, avec une équipe de géomètres militaires, traçait les limites des territoires et les marquait à l'aide de bornes portant des inscriptions.

Parmi les communautés celtiques du Norique, la création de 5 des 8 municipes de la province eut lieu pendant le principat de Claude [Alföldy, 2, p. 81-103].

La création de Virunum dans le Zollfeld mit fin aux activités commerciales et administratives du territoire voisin du Magdalensberg, dont le déclin rapide avait sans doute été précipité par d'autres changements, comme l'intégration de la fonderie locale dans un monopole de l'État. Virunum devait rester le centre administratif de la province pendant plus d'un siècle, et était de loin sa cité la plus prospère. Teurnia et Aguntum se trouvaient dans la vallée supérieure de la Drau, où la première, sur une colline escarpée surplombant la rivière, devait survivre pendant des siècles grâce à son site exceptionnel. Celeia (Celje), au sud-est, remplaça un *oppidum* celtique sur la route pannonienne entre Émona et Poetovio ; Iuvavum se trouvait au nord du Tauern, là où la Salzach sort de sa gorge. De nouveaux municipes devaient venir s'ajouter à cette liste ultérieurement, comme par exemple Solva fondé sous les Flaviens dans la vallée de la Mur près de Graz, ou Cetium et Ovilava sous Hadrien, mais l'urbanisation du Norique sous Claude est le premier exemple de la romanisation de la majeure partie des peuplades indigènes d'une province danubienne.

Avant l'ultime conquête, les cités grecques qui avaient existé autrefois le long de la côte adriatique de l'Illyricum n'étaient guère plus que des souvenirs, mais l'organisation de la Mésie sous Claude intégra dans le système provincial romain, sur la côte de la mer Noire à proximité du delta danubien, un groupe de cités grecques encore prospères [Vulpe et Barnea, 86, p. 46-67].

Depuis les victoires sur Mithridate du Pont au Ier siècle av. J.-C., les cités grecques de la côte thrace de la mer Noire s'étaient trouvées de plus en plus sous l'influence romaine, et l'une d'entre elles, Callatis, s'était alliée officiellement à Rome. Les cinq cités au sud du delta danubien (Istros/Histria, Tomes, Callatis, Dionysiopolis et Odessos) s'étaient regroupées dans la confédération de la « Pentapole de la rive gauche du Pont-Euxin». Jusqu'à l'organisation de la Mésie en province, elles avaient frappé une monnaie commune qui circulait localement, et avaient organisé un conseil commun et une fête religieuse à Tomes sous la direction d'un *pentarchos* élu. Le «préfet de la côte maritime», commandant de la flottille basée à Tomes, représentait l'autorité romaine sur place, et assumait la responsabilité de plus en plus lourde d'y assurer la sécurité.

L'intégration dans la province de Mésie et l'application du régime provincial d'imposition furent, apparemment, des expériences très pénibles pour ces villes, alliées de Rome de longue date. Nous possédons une documentation complète sur le sort réservé à Histria grâce à un dossier de la correspondance entretenue avec les premiers gouverneurs de Mésie qui avait été joint à une délimitation officielle du territoire de la cité et à la confirmation du droit ancien de pêcher et de ramasser du bois de chauffage dans le delta (*ISM*, I, 67-68). Après la création de la nouvelle province fiscale du Danube inférieur, appelée «la Rive thrace» *(Ripa Thraciae)*, les agents zélés de ce service mettent les droits des Histriens en question, et notamment celui de pêcher et de ramasser du bois. A plusieurs reprises, les citoyens d'Histria demandent au légat de leur venir en aide, et leur demande est, apparemment, appuyée par les préfets romains locaux. Pendant ces démêlés, un des gouverneurs fait remarquer que le revenu principal de la cité vient du poisson conservé dans la saumure.

Les « vici » : des comptoirs commerciaux

Chez la plupart des peuples danubiens, il n'y a aucune preuve d'une influence romaine sur la culture matérielle avant la fin de la période julio-claudienne. Vers le milieu du Iᵉʳ siècle av. J.-C., des pièces de monnaie hellénistiques et romaines circulaient dans l'ensemble de la région du Danube, et certaines des communautés thraces, daces, illyriennes et celtiques frappaient leur propre monnaie. Et pourtant ni la quantité des marchandises importées, ni l'éventail des valeurs des pièces découvertes ne semblent attester l'existence d'un véritable échange économique basé sur la circulation de la monnaie.

Le grand nombre de pièces provenant de Dyrrhachium et d'Apollonia qui circulent vers 100 av. J.-C. est probablement lié au commerce des esclaves, lui-même un facteur essentiel de la nouvelle économie pastorale romaine qui s'était développée depuis les guerres dans le sud-ouest des Balkans (Épire, Illyrie). Il se peut que le nombre très important de deniers romains qui se trouvent en Dacie vers le milieu du Iᵉʳ siècle soit également lié au commerce des esclaves, l'empire dace de Burebista servant maintenant de fournisseur à la suite de la suppression de la piraterie en Méditerranée par Pompée en 67 av. J.-C. La quantité de pièces d'argent romaines de l'époque d'Auguste – époque à laquelle les Romains s'emparent de territoires jusqu'au Danube – découvertes au-delà du fleuve suggère que la recherche d'esclaves s'étendait bien au-delà du Danube [Crawford, 15, p. 235-237]. Les pièces romaines sont arrivées d'abord en Illyricum avec les armées et leur suite, et les quantités de pièces découvertes dans des cachettes le long de la route pannonienne à Émona, Celeia et Poetovio, ainsi que dans les régions de Mursa et de Sirmium, attestent très certainement la présence des légions [Kos, 42, p. 25-37]. Les campagnes romaines expliquent peut-être les quantités de deniers romains découvertes dans des cachettes parmi les Dalmates (à Bastasi et à Livno) et les Japodes (Ribnica) également. En revanche, la présence de sommes cachées dans les régions plus pacifiques de la côte, telles que Zadar et Kruševo en Liburnie, Čapljina et Narona dans la vallée de la Neretva, ainsi que Hvar et Gajine sur l'île de Hvar, serait le signe de relations économiques plus stables [Mirnik, 49].

Le commerce entre l'Italie et la région du Danube passait par Aquilée et traversait les Alpes juliennes. Au-delà du col, un *vicus* s'était développé pendant les dernières années de la République et servait de place commerciale à Nauportus (Vrhnika), là où les Celtes de la région avaient autrefois tenu un poste de douane [Šašel, 68, p. 500-506 ; Horvat, 36]. Centre du commerce des esclaves, du bétail, des peaux et de l'ambre provenant des pays de la mer Baltique, Aquilée était également le siège d'une importation importante de produits manufacturés métalliques en provenance du Norique. Avant 50 av. J.-C., un important emporium romain s'y était établi, sur une terrasse (à 920 m) au-dessous de l'*oppidum* du Magdalensberg (1 058 m) en Carinthie.

Son succès peut être mesuré par la présence d'une statue en bronze du Mars celte Latobius, grandeur nature et dédicacée par les marchands d'Aquilée, dont un membre de la famille bien connue des *Barbii*. Il s'y tenait un commerce massif d'ustensiles manufacturés en fer, en cuivre, en plomb, en zinc et en laiton (alliage de cuivre et de zinc). Dans certaines des maisons de marchands à charpente en bois, la qualité de la décoration intérieure est remarquable. Sur les murs en plâtre de certaines des caves, toutes abandonnées et remplies de débris vers 35 av. J.-C., est gravé l'inventaire des objets en métal stockés : des anneaux *(annuli)*, des haches *(secures)* et des enclumes *(incudes)* en fer ou en acier ; des brocs *(cafi)*, des coupes *(cumbae)*, des plats *(disci)*, des gobelets *(scifi)* et des pichets *(urcei)* en laiton ou en cuivre. Sous Auguste, ce *vicus*, complètement transformé, devait servir de centre administratif romain : une partie du centre commercial fut rasé afin de recevoir un ensemble d'édifices officiels. Sur certains des murs sont gravées des salutations simples adressées à Auguste ou à Tibère, ainsi qu'un portrait caricatural de ce dernier, et des commémorations de sacrifices. Près de ces bâtiments, un grand temple dans le style classique avait été projeté, sans doute à l'intention d'un nouveau culte de *Roma* ou d'Auguste, mais au moment de l'abandon des lieux il resta inachevé [Alföldy, 2, p. 10-14 ; Piccottini, 57].

L'installation des premières communautés romaines dans la région du Danube ne modifia que peu la vie quotidienne des peuplades indigènes, et ces communautés ne doivent en aucun cas être considérées comme des précurseurs de la domination politique de Rome. Il se peut que quelques domaines importants aient existé près de la rivière Neretva sur des terres arrachées aux Dalmates ou à d'autres peuplades, mais, dans l'ensemble, les communautés installées sur la côte semblent avoir tourné le dos à l'intérieur du pays, comme à d'autres époques dans l'histoire de la Dalmatie. Quand le proconsul Vatinius répondit à une requête de Cicéron au sujet d'un esclave fugitif qui avait été aperçu pour la dernière fois au quartier général romain de Narona, et se serait réfugié chez les *Ardiaei*, ce gouverneur fit savoir à Cicéron que l'esclave était maintenant hors de sa juridiction, mais promit de le retrouver si jamais il se trouvait encore en Illyricum (Cicéron, *Ep. ad Fam.*, V, 9).

En ce qui concerne l'urbanisme et l'architecture civile, les premières cités romaines étaient loin de correspondre à un modèle unique.

Narona (Vid), tout en gardant son aspect de comptoir commercial perché en haut d'une colline et protégé par des murs préromains, comprenait pourtant de beaux édifices et des monuments imposants construits, dans bien des cas, par des affranchis prospères. Les propriétaires terriens, si tant est qu'ils aient pris part à la vie de la cité, préféraient habiter dans les résidences prestigieuses à l'écart de la ville qui existaient déjà au Iᵉʳ siècle av. J.-C. [Rapanič, 66]. A Salone, un nouveau forum fut projeté dans un quadrillage de rues au centre de la ville romaine [Clairmont, 12, p. 38-82], mais la splendeur de son architecture ne peut se comparer à celle de l'énorme forum à double enceinte avec *capitolium* (180 m sur 130 m) de Jader, où cet ensemble occupait un îlot important au centre du plan de la colonie [Svič, 14, p. 150-152]. Le Capitole d'Aenona, à peu de distance, se dressait dans un forum neuf où étaient disposées des statues plus grandes que nature des Julio-Claudiens en marbre de Carrare [Svič, 14, p. 153]. Le quadrillage des rues et des fortifications d'Émona (524 m sur 435 m), entièrement symétrique, rappelle la disposition des fondations d'Augusta Praetoria (Aoste) ou d'Augusta Taurinorum (Turin) construites sous Auguste [Šašel, 68, p. 565-568]. Les colonies de vétérans plus tardives d'Aequum [Wilkes, 88, p. 359] et de Savaria [Mócsy, 51, p. 76-79], furent également construites selon des plans précis, tout comme le municipe de Virunum au Norique [Alföldy, 2, p. 87-89 ; Vetters, 84]. Nous savons qu'en Illyricum le territoire attribué à plusieurs des colonies fut arpenté et quadrillé de routes et de chemins pour créer des *centuriae*. Les systèmes connus à ce jour, ceux de Salone, Jader, Narona, Épidaurum, Pola et Savaria, sont tous composés de 20 × 20 *actus* (*env.* 700 m), ce qui donne une superficie d'environ 51 ha (soit 200 *iugera* ou 100 *heredia*) et correspond à la pratique sous le premier principat [Bradford, 11, p. 175-193 ; Mócsy, 51, p. 78-79].

Les cités romaines de la région du Danube sont de caractère tout à fait romain ou italien. Sous les Julio-Claudiens, les briques et les tuiles étaient fabriquées en grand nombre dans des manufactures importantes dont l'une au moins, la *Pansiana* près d'Aquilée, appartenait à l'empereur. Ces matériaux étaient transportés le long de la côte de l'Adriatique, bien que l'armée eût commencé à fabriquer et à estampiller ses propres briques dès l'époque de Claude. Très rapidement, la présence des armées dans la région stimula la fabrication locale de stèles funéraires décorées, surtout dans la belle pierre calcaire de la côte dalmate. Certains des monuments les plus anciens sont dans le style dit « encadrement de porte » venu d'Asie Mineure et particulièrement apprécié par les soldats de la VIIe légion, recrutés dans l'Est [Wilkes, 88, pl. 499-502 ; Zaccaria, 91]. Une adaptation de ce style, courante parmi soldats et civils, comprenait les « portraits encadrés » utilisés à Rome : sur la stèle funéraire dressée verticalement étaient sculptés un fronton et des colonnes en relief, ainsi qu'un cadre, en bas, prévu pour l'épitaphe [Wilkes, 88, pl. 12, 14]. Une composition comparable était à la mode en Pannonie et au Norique, et intégrait à la fois les images funéraires celtiques et romaines [Alföldy, 2, pl. 47-48]. On a trouvé des épitaphes romaines également sur les pierres tombales circulaires typiquement liburniennes qui devaient rester une tradition indigène très appréciée dans les nouveaux municipes julio-claudiens [Wilkes, 88, pl. 22]. L'image la plus authentique de la présence romaine dans la région du Danube à cette époque serait peut-être celle de la magnifique sculpture en relief découverte à la forteresse de Tilurium en Dalmatie : elle représente un trophée *(tropaeum)* de victoire sur lequel deux prisonniers en chaînes attendent leur triste sort, attachés au tronc d'un arbre où sont accrochées armes et armure [Wilkes, 88, pl. 10].

Même avant la fin de la conquête, on recrutait déjà des Thraces, des Illyriens et des Celtes pour les ailes et les cohortes des *auxilia* romains. Plus tard, plusieurs unités figurant dans les registres militaires portent les noms de Breuques, Dalmates et Pannoniens [Kraft, 43]. Beaucoup de recrues dalmates, provenant aussi bien, semble-t-il, de l'intérieur des terres que des villages de pêcheurs de la côte, servaient dans les flottes impériales de Ravenne et de Misène [Starr, 71]. Le service dans l'armée ne semble pas avoir contribué à la romanisation de la région avant la période julio-claudienne : quelques personnes réussissaient peut-être à cacher leurs origines indigènes pour monter dans la hiérarchie romaine, mais on ne cite aucun gouverneur qui aurait fait l'éloge des peuplades danubiennes en rappelant leur enthousiasme pour le mode de vie romain. Au contraire : ils devaient résister longtemps à la romanisation.

LA FRONTIÈRE DANUBIENNE ET LA ROMANISATION
SOUS LES FLAVIENS ET LES ANTONINS

Cette période est comprise entre deux guerres civiles dans lesquelles les garnisons sur le Danube jouèrent un rôle décisif : en 69 apr. J.-C., quand leur soutien amena au pouvoir la dynastie des Flaviens, et en 193 apr. J.-C., quand elles confièrent l'Empire à Septime Sévère, à la suite de l'assassinat de Commode l'année précédente. Entre ces deux repères, les Celtes, les Illyriens et les Daces-Mésiens assimilèrent une culture provinciale de langue latine délimitée au Sud par les traditions hellénistiques de Thrace et de Macédoine grécophones. Dans les provinces danubiennes, l'armée dominait : à la fin de l'époque antonine, près de la moitié des légions (12 sur 30) y étaient stationnées, soit environ 60 000 hommes, ainsi qu'un bon tiers des auxiliaires (env. 80 000 hommes). Les légions qui avaient soumis la région du Danube, et y avaient maintenu la domination romaine, réclamèrent en récompense aux Césars soit de l'argent, soit l'attribution de terres dans des colonies fondées à leur intention.

La distinction entre l'occupant romain et le sujet indigène devait persister dans la région jusqu'à l'époque d'Hadrien. Le rôle de l'armée fut alors redéfini, et devint plutôt statique : il lui fallait maintenir le *statu quo* tout en gardant son efficacité pendant cette période de paix par un entraînement régulier *(disciplina)* et par des manœuvres. Dans les provinces, les armées commencent à s'enraciner dans les régions où elles se trouvent, alors que les villes frontalières voisines servent à la fois de source de nouvelles recrues et de lieu d'accueil pour des soldats récemment libérés. Les décennies de stabilité que devaient connaître les provinces sous Hadrien et sous les Antonins établirent un lien étroit entre les intérêts de l'armée et ceux des régions, comme en témoigne la domination de l'Empire par les empereurs illyriens au IIIe siècle.

LES GUERRES FLAVIENNES SUR LE DANUBE

L'époque flavienne est caractérisée par le déploiement d'un nombre croissant d'unités d'auxiliaires, de cavalerie et d'infanterie, le long du Danube de la Rhétie jusqu'à la mer Noire. Des six légions de la région, quatre se trouvaient déjà postées sur le fleuve, l'une d'entre elles à Carnuntum en Pannonie, et les trois autres en Mésie, à Viminacium, Oescus et Novae. L'augmentation progressive de l'effectif d'auxiliaires en Pannonie indiquée sur des diplômes militaires est confirmée par les découvertes de plus en plus nombreuses des archéologues attestant la construction de nouveaux camps entre 70 et 85 apr. J.-C. En effet, c'est sous le principat de Vespasien, plutôt que sous celui de Domitien, qu'il faut situer l'installation de la ligne de camps le long du Danube qui devait plus tard se transformer en *limes*. Cette ligne de forts auxiliaires fut prolongée le long du fleuve jusqu'en Mésie, mais sans atteindre son cours inférieur [Wilkes, 89, p. 264-268].

Avant Trajan, il n'y a aucune preuve d'un déploiement militaire romain au sud d'Appiaria (près de Orehovo), où une inscription découverte commémore des travaux de construction effectués en 76 apr. J.-C. (*AE*, 1957, 307). La flotte de Mésie, en revanche, faisait peut-être exception : sa base de Noviodunum (Isaccea) à la pointe supérieure du delta fut peut-être établie pendant la réorganisation flavienne, comme celle de la flotte pannonienne de Taurunum (Zemun) près de la confluence de la Save avec le Danube. En retrait de la frontière, la construction et l'entretien des routes furent assurés, comme la rénovation du chemin de halage construit sur la rive du Danube par Tibère et qui rendait possible la navigation fluviale à travers une partie des gorges en aval de Belgrade (*ILIug*, 55 et 58) [Petrović, 56].

Les sources historiques ne nous apprennent rien au sujet des événements sur la frontière entre la défaite de Fonteius Agrippa en 70 et celle d'Oppius Sabinus, en 85 ou 86. Cette deuxième défaite, qui aurait eu lieu dans la région du Banat entre la Tisza et les gorges du Danube, signala la renaissance de la Dacie sous Décébale. Avec l'entrée en scène de Domitien, la Mésie est réorganisée en deux commandements consulaires, et des légions, transférées de l'Ouest, sont stationnées ultérieurement en Pannonie à Vindobona, Brigetio et Aquincum. En 86 ou 87 apr. J.-C., le préfet du Prétoire Cornelius Fuscus mène une expédition en Dacie où il essuie une défaite cinglante comparable à celle de Varus en Germanie. Une deuxième expédition, menée par le très expérimenté Tettius Julianus, a plus de succès : Tettius remporte une victoire à Tapae, à la limite sud-ouest de la Dacie. La révolte de Saturninus en Germanie retarde peut-être l'organisation d'une action décisive contre Décébale, mais le comportement hostile des Germains Suèves et des Iaziges Sarmates au-delà de la Pannonie représente à cette époque une menace plus inquiétante. La paix est conclue avec Décébale, ce qui permet à Domitien de tourner toute son attention vers la Pannonie. Un autre revers, la perte d'une légion lors d'une attaque menée par les Sarmates, amène l'empereur dans la région où il reste pendant huit mois en 92 apr. J.-C. A son retour à Rome en 93 apr. J.-C., Domitien peut se vanter d'une victoire sur les Sarmates, mais en Germanie le problème n'a toujours pas été résolu : à un moment donné, les *Lugii*, qui vivaient au-delà des Marcomans et des Quades, participent à la guerre avec le soutien de la cavalerie romaine ; à un autre moment, le centurion expérimenté C. Velius Rufus traverse la Dacie (*ILS*, 9200), apparemment selon les termes de l'accord récent, pour s'attaquer aux Marcomans, aux Quades et aux Sarmates. Une victoire sur les Germains est signalée en 97 apr. J.-C., permettant à Nerva d'adopter Trajan sous d'heureux auspices [*Plin. Paneg.*, 8, 2 ; Wilkes, 89, p. 268-270].

LA CONQUÊTE DE LA DACIE

Trajan rejeta l'accord conclu par Domitien avec Décébale, sans doute pour des raisons de politique plutôt que de stratégie militaire. Le plan de la conquête dressé, on fit venir des troupes supplémentaires jusqu'au Danube. Avant 100 apr. J.-C., un nouveau chemin de halage avait été creusé dans la falaise de la partie inférieure de la gorge (Kazan) et, un an plus tard, la construction d'un canal long de 5 km permettait de contourner l'obstacle des Portes de Fer, une paroi rocheuse enjambant le fleuve en aval d'Orşova. La même année, le premier assaut mené par Trajan contre la Dacie, à travers le Banat par le Sud-Ouest, fut contré par une attaque sur le Danube inférieur. Les bas-reliefs qui ornent la colonne de Trajan à Rome attribuent aux Sarmates un rôle important dans cette action. Les Romains répondirent en s'attaquant à la Dacie par le Danube inférieur en 102, soit en passant par la vallée de l'Alutus (Olt) et le défilé du *Turnu Rosu*, soit en arrivant par la rivière Jiu et le col de Vulkan. La paix conclue avec Décébale fut ratifiée par le Sénat à Rome. Les Romains, voyant que des transfuges de l'armée romaine avaient figuré parmi les meilleures troupes de Décébale, interdirent désormais l'engagement des déserteurs ou de tout autre soldat provenant du territoire romain. Ces précisions montrent à quel point l'augmentation de l'effectif militaire dans la région danubienne avait pesé sur les peuplades indigènes [Strobel, 13, p. 162-202 ; Lepper et Frere, 44, p. 47-122].

L'extension des opérations jusqu'au Danube inférieur est confirmée par les signes d'un déploiement militaire : la construction d'une base de cavalerie à Carsium (Hîrsova), point de passage clé de la Dobroudja occidentale, est achevée en 103 apr. J.-C. (*ISM*, 94). Plus en amont, une borne datée de 103-105 apr. J.-C. atteste non seulement la présence de la cohorte dont le nom figure sur une borne à Sacidava (Muzait-Dunareni), mais peut-être également celle d'une légion au point de passage important de Durostorum (Silistra) [Radulescu et Barbulescu, 65]. Il est fort probable en tout cas que Durostorum et Troesmis ont été tous les deux des bases légionnaires, après 105 apr. J.-C., à l'époque où la plaine de Valachie était occupée par les Romains jusqu'à Siret à l'est [Poulter, 63, p. 521-523]. Les Iaziges étaient restés fidèles à Rome pendant les deux guerres, mais l'occupation de la Dacie en 106 confirma leur assujettissement, et Trajan souligna la faiblesse de leur position en refusant de leur rendre des territoires, peut-être dans le Banat, que Décébale leur avait enlevés (Dion Cassius, LXVIII, 10, 8-4). Pendant la même période, les Romains faisaient très attention aux relations qu'ils entretenaient avec les Sarmates de part et d'autre de la Dacie. La partition de la Pannonie en 106 [11 juin, Alföldy, 5, p. 30] sépara la frontière germanique (Pannonie supérieure) de la frontière sarmate (Pannonie inférieure), et comme la présence militaire romaine en Dacie se trouvait uniquement sur le plateau de

Transylvanie, il se peut que cette division ait permis aux Iazyges de s'étendre à l'est de la Tisza, autrefois leur limite orientale. Le premier légat nommé en Pannonie inférieure, P. Aelius Hadrianus, dut faire face à des troubles résultant peut-être du mal qu'avaient les Sarmates à s'adapter à leur nouvelle situation. A l'autre bout de la Dacie, la pacification des Roxolans restait plus problématique, et Trajan dut prendre le risque d'un déploiement militaire important dans la plaine de Valachie afin d'encercler l'ensemble de leurs territoires [Wilkes, 89, p. 273].

En 105 apr. J.-C., Trajan traversa le pont sur le Danube et mena campagne avec une grande prudence, réussissant enfin à vaincre les Daces après une guerre longue et difficile [Strobel, 73, p. 205-219 ; Lepper et Frere, 44, p. 125-184]. Nous disposons de deux documents qui reflètent l'importance des moyens militaires mis en œuvre pour remporter cette victoire décisive, qui fut marquée par le suicide de Décébale.

Le premier, le registre des effectifs *(pridianum)* du 16 septembre 105 apr. J.-C. de la 1ʳᵉ cohorte *Hispanorum* basée à Stobi en Macédoine, sous le commandement de L. Fabius Justus, révèle une dispersion exceptionnelle des troupes : certaines se trouvaient à la garnison de Piroboridava (peut-être Poiana, dans la vallée du Siret à l'est du col d'Oituz), d'autres à Buridava (Stolniceni, sur l'Olt au sud du défilé de *Tornu Rosu*), et d'autres encore faisaient partie d'une « expédition au-delà du Danube » ou « faisaient de la reconnaissance avec le centurion ». Ce déploiement des troupes n'était peut-être pas habituel, et pouvait être le résultat d'une saison d'opérations militaires de grande envergure [Syme, 18, p. 122-134]. Le deuxième document contemporain important est le monument d'Adam-Klissi sur le sud de la Dobroudja. Cet énorme trophée dédié à Mars Vengeur en 109 apr. J.-C. est recouvert de bas-reliefs de combats acharnés entre Romains et Sarmates, et entre Germains et Daces. Étant donné le lieu de cette découverte, et la nature du monument, il semble clair que celui-ci représente la victoire de l'armée en Mésie inférieure. En effet, les ennemis vaincus sont des peuplades locales, notamment les Sarmates Roxolans. La vengeance citée dans la dédicace fait peut-être référence à une défaite antérieure commémorée sur un cénotaphe de forme carrée situé à peu de distance du trophée. Ce cénotaphe, sur lequel figuraient autrefois les noms de jusqu'à 4 000 victimes regroupées par unités, a longtemps été associé à la catastrophe de Fuscus en 86 et 87, mais aujourd'hui il semble plus probable qu'il a été érigé pour commémorer les pertes subies sous Trajan, notamment lors de la contre-attaque dace de 102 apr. J.-C. [Poulter, 63, p. 523-526].

L'assujettissement de la Dacie en 106 apr. J.-C. transforma la situation dans la région du Danube. L'armée fut redéployée afin d'assurer la docilité de la Dacie à l'intérieur des Carpates, et un commandement consulaire fut instauré, avec des légions à Berzobis (Resita) dans le Banat, et à Apulum (Alba Julia) sur le Mureş [Lepper et Frere, 44, p. 309-314]. Les Sarmates étaient maintenant encerclés par des garnisons romaines, alors que trois légions et des auxiliaires de la Pannonie supérieure et les auxiliaires du Norique surveillaient les Germains Suèves sur le Danube supérieur. En Mésie, où le Danube ne constituait plus la frontière romaine, quelques camps furent maintenus aux points de passage principaux du fleuve entre Viminacium et l'Alutus en face d'Oescus. L'ensemble de la région du Danube inférieur était maintenant occupé par deux légions et par des unités d'auxiliaires. Du point de vue de l'occupation du terrain, la frontière danubienne de l'Empire était désormais établie.

LA FRONTIÈRE DANUBIENNE SOUS HADRIEN ET SOUS ANTONIN

Le successeur de Trajan, tout en gardant son emprise sur la majeure partie de la Dacie, retira les garnisons romaines des postes les plus exposés des plaines du Banat et de la Valachie à l'est et à l'ouest. Les difficultés créées par les Roxolans et les Iaziges furent résolues à l'aide de démarches diplomatiques et de subventions (*SHA*, *Hadrien*, VI, 6). Avant 120, la Dacie avait été partagée entre trois commandements militaires : la *Dacia superior*, sous un légat prétorien et les légions, recouvrait le cœur de l'ancienne province ; deux autres provinces, plus petites, furent confiées à des procurateurs équestres sous les noms de *Dacia inferior*, au sud-est en face de la Valachie, et de *Dacia Porolissensis*, au nord-ouest, à l'entrée du défilé de la Someş donnant accès à la plaine hongroise. Cette organisation devait subsister jusqu'aux guerres germaniques de Marc Aurèle.

Le choix des sites des bases légionnaires le long du fleuve par les commandants romains devait s'avérer perspicace, puisque bon nombre d'entre elles resteraient des villes prospères jusqu'au Moyen Age ou même jusqu'aux temps modernes. En Pannonie, les bases qui avaient servi au moment de la conquête, Sirmium, Siscia et Poetovio, étaient devenues des colonies de vétérans. Quatre légions étaient stationnées sur le fleuve à Vindobona (Vienne), Carnuntum (Deutsch Altenburg), Brigetio (Szöny) et Aquincum (Budapest). En amont des gorges du Danube, les légions de la Mésie supérieure avaient été déployées vers l'ouest à Singidunum (Belgrade) et à Viminacium (Požarevac) en face de la plaine hongroise et du Banat. Les bases anciennes de Scupi (Skopje) et de Ratiaria (Archar) étaient aussi devenues des sites de colonies de vétérans fondées par Domitien et par Trajan. En Dacie, la légion occupait une position centrale à Apulum (Alba Julia) sur la rivière Marisus (Mureş). Sur le cours inférieur du Danube, les trois légions de Mésie inférieure se trouvaient à Novae (Svishtov), Durostorum (Silistra) et Troesmis (Iglitza). Entre ces positions occupées par les légions, tous les lieux de passage importants du fleuve étaient surveillés par des unités d'auxiliaires à l'aide des nombreuses tours de guet érigées le long du fleuve. La garnison importante de Dacie se trouvait déployée sur les routes principales qui rayonnaient à partir d'Apulum, et à des postes clés permettant de contrôler les cols donnant accès à la Transylvanie par les Carpates. Plus loin encore se trouvait une multitude de postes de guet et de signalisation. La Dalmatie, bien qu'elle eût perdu sa légion, transférée sur le

Danube pendant les guerres de Domitien, possédait toujours une garnison d'auxiliaires et continuait à être administrée par un légat de rang consulaire [Maxfield, 47, p. 171-193].

Hadrien, qui se rendit dans la région du Danube pendant la première année de son principat, et au moins une fois de plus pendant ses voyages dans les provinces, décida que le rôle principal de l'armée serait d'assurer le respect des traités en vigueur et des liens de clientèle établis, grâce à des subventions et autres formes de soutien, avec les chefs des peuples voisins de l'Empire. Ce nouveau rôle devait se traduire par une division progressive du commandement provincial afin de faciliter une gestion efficace des relations avec ces peuples limitrophes. C'est ainsi que le Norique et la Pannonie supérieure firent face aux Germains Suèves alors établis dans les plaines et vallées de la Slovaquie jusqu'au coude du Danube. Leur long contact avec le monde romain avait procuré à ces deux provinces une stabilité politique interne que seules perturbaient quelques rares crises dynastiques. Comme nous l'avons vu plus haut, les Romains surveillaient de telles évolutions de près, mais n'intervenaient que très rarement. Le plus souvent, ils acceptaient le résultat d'une telle lutte pour le pouvoir, à condition que le gagnant leur parût convenable. Ainsi, il est peu probable que l' « accord » d'un roi aux Quades par Antonin le Pieux, un événement jugé digne de figurer sur la monnaie impériale, ait nécessité une intervention militaire quelconque [Mócsy, 51, p. 102-103]. Les relations entre les Romains et les Sarmates, en revanche, malgré quelques concessions territoriales et l'accord de subventions, étaient plus délicates. Les Iaziges de la plaine hongroise se trouvaient encore encerclés par les garnisons de la Pannonie inférieure, de la Mésie inférieure, et de deux des provinces daces, *Dacia superior* et *Dacia Porolissensis*. On surveillait les mouvements des Roxolans à partir de la Mésie supérieure et de la Dacie inférieure. Ainsi, la modification qu'Hadrien avait apportée au déploiement de Trajan permit avant tout de maintenir la stabilité pendant un demi-siècle sur la frontière la plus vulnérable de l'Empire. Les détails des événements locaux nous sont inconnus : nous ne savons pas, par exemple, dans quelles circonstances un chef sarmate a pu obtenir, pour lui et pour tout son entourage, un exil doré sur une île au large de Pula en Istrie. Nous savons, cependant, qu'il faisait état de sa citoyenneté romaine accordée par Hadrien, et il se peut qu'il ait été un roi ami de Rome rejeté par son propre peuple (*ILS*, 852-853).

Jusqu'aux guerres germaniques menées sous Marc Aurèle, les Romains s'accommodèrent des relations qu'ils entretenaient avec les peuples transdanubiens, même si le fait de se fier au fleuve comme frontière militaire devait à long terme s'avérer un échec. Les décennies de paix qui suivirent l'accession d'Hadrien, en contraste si net par rapport aux règnes de Domitien et de Trajan, amenèrent une prospérité matérielle croissante aux communautés sur les deux rives du Danube. Le commerce transfluvial, toujours strictement réglementé et soumis à des taxes importantes par les autorités romaines, devint un aspect significatif du commerce de la région frontalière. Il fut mis fin à cette symbiose relative quand les pressions extérieures exercées par les peuples de contrées plus lointaines poussèrent les Germains et les Sarmates à réclamer leur intégration dans l'Empire, ou alors à demander à ce que leur territoire actuel soit protégé par des postes plus avancés de l'armée romaine. La décision, projetée à un moment donné par Marc Aurèle (*SHA, Marc Aurèle*, XXIV, 5; XXVII, 10), de déplacer l'armée plus avant afin d'encercler l'ensemble du bassin des Carpates ne pouvait plaire aux troupes de la région du Danube qui entretenaient des liens économiques et sociaux étroits avec le pays où ils servaient.

L'ADMINISTRATION DES PROVINCES

A la fin de l'époque antonine, l'administration des provinces danubiennes disposait des services de dix sénateurs romains qui, à l'exception du proconsul de Macédoine, restaient en fonction en temps de paix pendant une période d'environ trois ans. Le gros de l'effectif militaire de la région se trouvait sous la responsabilité des quatre légats consulaires de Pannonie supérieure, de Mésie supérieure, de Mésie inférieure et des *Tres Daciae*, alors que les provinces de Rhétie, du Norique et de Pannonie inférieure, chacune équipée d'une seule légion, se trouvaient sous la responsabilité de légats prétoriens. Malgré la menace permanente de troubles internes dans sa province, le légat de Thrace était censé faire appel aux légions du Danube en cas de besoin. La superficie importante de la province de Dalmatie, ainsi que sa proximité de l'Italie, expliqueraient le maintien d'un légat consulaire dans cette province, mais celui-ci était en général choisi parmi les moins anciens de son rang [Thomasson, 81].

La grande majorité des gouverneurs de cette époque étaient de riches propriétaires terriens d'Italie ou des provinces méditerranéennes, mais, à partir du principat d'Hadrien, seulement quelques-uns étaient des personnages importants de la hiérarchie impériale. Pour la plupart, ce ne sont que des noms dans un document officiel, ou inscrits sur une borne ou sur quelque pierre commémorative dans une ville provinciale : il ne reste que peu de traces de leur intervention dans les disputes locales, et après Hadrien le domaine militaire ne leur accordait que peu de possibilités d'initiative personnelle. La crise sur les frontières et des guerres à l'intérieur de l'Empire devaient mettre fin à cette tranquillité. Il fallait maintenant des hauts commandants d'un autre genre, des personnes sorties du rang, moins cultivées mais avec une grande expérience militaire, tels que Helvius Pertinax ou Valerius Maximianus. Le premier, fils d'affranchi, fut empereur pendant quelques semaines en 193. Le deuxième eut une carrière militaire longue et brillante : il vainquit en combat singulier un chef des Naristes au-delà du Danube, monta en grade jusqu'aux rangs les plus élevés, et devint enfin consul vers 184 apr. J.-C. (*AE*, 1956, 124).

Pour la masse de la population, le gouverneur romain était un personnage lointain, qu'elle ne voyait que rarement et n'approchait presque jamais. Bien plus près d'elle, et bien plus gênants, étaient les représentants impériaux qui assuraient la collecte des impôts et autres *munera*. Les procurateurs de provinces étaient responsables, de manière générale, des recettes de l'État, et également de l'importante question du paiement de la solde. D'autres procurateurs avaient des responsabilités précises, telles que la collecte des droits de succession et celle des taxes sur la vente ou sur l'affranchissement des esclaves. La collecte des impôts se trouvait maintenant confiée en grande partie à des agents privés, plus ou moins intégrés à l'administration de la cité. Dans la région du Danube, où il y avait de longues distances à parcourir, plusieurs routes stratégiques dont il fallait assurer l'entretien, et un grand nombre de camps militaires, il est fort possible que les *munera* les plus onéreux imposés par l'État aient été ceux qui étaient liés à l'entretien des routes (appels de fonds ou réquisitions), au fonctionnement de la poste impériale, et au système des transports lourds. La collecte des droits de douane *(portoria)* était organisée en districts, dont chacun comprenait plusieurs provinces : le *portorium publicum Illyrici* regroupait la Rhétie, le Norique, la Dalmatie, les Pannonies et la Mésie supérieure, alors que la Mésie inférieure et les *Tres Daciae* formaient un district à part. Les principaux postes de douane *(stationes)* se trouvaient sur les routes principales par lesquelles le gros du trafic arrivait dans la région, ou la quittait. L'organisation de la poste impériale et des transports correspondait pour l'essentiel aux mêmes districts, sauf en Rhétie et en Dalmatie [Dobó, 20].

En plus des bureaux responsables de la collecte des impôts, des réquisitions et des autres services obligatoires, parmi eux la construction des ponts, par exemple, pour laquelle les communautés locales devaient réunir leurs ressources sous la direction du gouverneur, il existait également d'autres agences impériales. Aucune trace de l'administration des domaines impériaux ne nous est parvenue, mais nous possédons de nombreuses références à celle des mines et des activités associées : extraction du fer au Norique ; de l'argent et du plomb en Dalmatie et en Pannonie ; du fer et de l'or en Dalmatie ; du cuivre, de l'argent et du plomb en Mésie ; et de l'or en Dacie [Dušanić, 21 ; Mrozek, 52]. Avant la fin de l'époque antonine, des communautés importantes s'étaient développées dans ces régions et, malgré la situation isolée et difficilement accessible de certaines d'entre elles, elles devaient toutes être organisées en cités parallèlement à l'administration impériale existante. Cette administration, ou du moins ses échelons supérieurs, était basée dans quelques villes ou bases militaires importantes, sauf quand les besoins d'un secteur précis, tel que l'exploitation minière justement, l'exigeait. Les gouverneurs de Dalmatie, de Thrace et de Mésie inférieure avaient leur résidence principale à la périphérie de leur province : à Salone sur l'Adriatique, à Périnthe sur l'Hellespont, et à Tomes sur la mer Noire. En Pannonie, les gouverneurs résidaient près des bases militaires de Carnuntum en Pannonie supérieure et d'Aquincum en Pannonie inférieure. Dans le dernier cas, assertion exceptionnelle de l'assurance romaine au milieu de ce IIe siècle, la prestigieuse résidence du gouverneur se dressait sur la rive du Danube, sa façade orientée vers le *barbaricum* [Póczy, 60]. La Rhétie et le Norique devaient peut-être connaître une organisation administrative comparable après l'arrivée des légions sous Marc Aurèle, mais il est certain que, dans ces deux commandements, des antennes importantes du service impérial continuaient d'exister sur les sites plus anciens d'Augusta Vindelicum (Augsbourg) et de Virunum (Zollfeld), au cœur des provinces.

LA FONDATION DES CITÉS

Pour toute une série de raisons, les provinces danubiennes furent parmi les dernières du monde romain à connaître une politique officielle d'urbanisation. Le relief accidenté de la région et la fragmentation perpétuelle d'une société divisée en villages avaient été des obstacles sérieux au développement de communautés importantes, tandis que les nouvelles structures administratives et économiques romaines ne pouvaient guère plaire aux paysans ou aux bergers. Avant Hadrien, l'urbanisation dans la région avait été essentiellement de type colonial : des cités fondées sur des terres conquises et destinées à récompenser les vétérans de l'armée romaine.

Les colonies de Siscia et de Sirmium furent fondées sous Vespasien, en partie pour les vétérans des flottes impériales italiennes, dont bon nombre des recrues provenaient traditionnellement d'Illyricum [Mócsy, 51, p. 112-115]. D'autres colonies de vétérans furent fondées à Scupi, en Mésie, pour ceux de la VIIe légion, à Deultum en Thrace pour ceux de la VIIIe *Augusta*, à Novae sur le cours inférieur du Danube [Gerov, 27, p. 48-59]. La première fut fondée sous Domitien *(colonia Flavia Felix Domitiana)*, et la découverte de plusieurs épitaphes nous apprend l'identité de ses premiers colons *(deducticii)* *(IMS, VI, p. 20-40)*. Trajan fonda de nouvelles colonies de vétérans dans les bases légionnaires abandonnées de Poetovio en Pannonie [Saria, 67], de Ratiaria en Mésie supérieure [Giorgetti, 28], et d'Oescus en Mésie inférieure [Ivanov, 37] : il créa aussi en Dacie la *colonia Ulpia Traiana Dacica*, à laquelle on devait attribuer plus tard le nom de l'ancienne capitale dace *Sarmizegetusa* *(IDR, III, 2)*.

A l'époque flavienne, après plus de deux générations d'administration militaire, on avait déjà commencé à rendre des pouvoirs à l'aristocratie

locale. Sur les inscriptions figurent maintenant des noms de *principes* indigènes, dont certains sont responsables de la *civitas*, alors que les pouvoirs
des autres se limitent à l'administration de leur propre place forte *(castellum)*. De cette dernière catégorie, certains se voyaient accorder le statut
officiel de *praepositus*, titre qui était en général assorti de l'accord de la
citoyenneté romaine, comme dans le cas d'un chef des Japodes sous Vespasien [*CIL*, III, 14324-14328, 15064-15065]. Sous les Flaviens, l'organisation d'une cité romaine *(municipium)* englobant tout ou partie du territoire de la *civitas* voit le jour parmi les communautés celtiques et
illyriennes de l'ouest et du sud du bassin danubien.

De nouvelles cités font leur apparition dans les régions celtiques de Pannonie,
à Neviodunum, Andautonia, Scarbantia [Mócsy, 51, p. 135-136], et, au-delà de
la frontière du Norique, à Solva dans la vallée de la Mur [Alföldy, 2, p. 93-95].
En Dalmatie, on en trouve parmi les Japodes occidentaux à Arupium, ainsi que
parmi les Dalmates à Scardona et à Rider. Les descendants des anciens dirigeants
du royaume d'Illyrie, dans la région du lac Scodra, deviennent l'aristocratie municipale de la nouvelle cité de Doclée. Au-delà des massifs dinariques, au moins trois
nouveaux *municipia* flaviens sont fondés : Bistue Vetus dans la vallée de la Vrbas,
Bistue Nova dans la vallée de la Bosna, et Rogatica dans celle de la Drina [Wilkes,
88, p. 264-266 ; 218-219 ; 240-241 ; 259-261 ; 274-277 ; 281].

Sous Trajan, les progrès les plus frappants de l'urbanisation eurent
lieu dans la province grécophone de Thrace, où manifestement ils faisaient partie d'une réorganisation importante des Balkans orientaux à la
suite de l'annexion de la Dacie. Au moins treize communautés de l'ancien
royaume se voient organisées en cités, avec des institutions comparables à
celles de la traditionnelle *polis* grecque.

Plusieurs d'entre elles portent des noms impériaux : *Ulpia* (sept exemples),
Traianopolis, Augusta Traiana, Plotinopolis ou *Marcianopolis*, ou, dans un cas, celui du
successeur de Trajan, *Hadrianopolis*. Les nouvelles cités, situées dans toutes les
régions de la province, se trouvent sur les routes ou rivières principales. Au sud,
Trajanopolis-Doriscus et Ulpia Topirus sont situées sur la *Via Egnatia* ; d'autres
servent de centres administratifs pour les vallées de l'Hèbre, du Nestos et du Strymon. Deux cités importantes, *Nicopolis ad Istrum* et *Marcianopolis* sont fondées au
nord de l'Hémus, tandis qu'au sud-est l'ancienne capitale thrace de Bizye se
trouve également intégrée dans une cité. Il semble que les cités grecques plus
anciennes des côtes de la mer Égée et de la mer Noire aient été peu concernées par
ces changements, sauf peut-être dans la mesure où leurs territoires auraient été
quelque peu étendus [Jones, 39, p. 18-23 ; Gerov, 27].
Les déplacements d'Hadrien dans la région du Danube entraînèrent des changements importants dans l'organisation romaine, comme on pouvait s'y attendre
de cet empereur toujours en mouvement. Plusieurs cités nouvelles furent établies
parmi les peuplades indigènes, dont quelques-unes dans des régions éloignées des
routes principales et des communautés existantes. Des modifications tout aussi

importantes furent apportées à l'organisation des nouvelles bourgades qui s'étaient développées le long de la frontière, à proximité des bases militaires bien établies. Dorénavant, il existait deux types de communautés bien distinctes : les « baraquements » *(canabae)*, à côté des bases légionnaires et sur le territoire de l'armée, étaient liés à la garnison au point d'en faire partie. Dans ces communautés, Hadrien exigea que le règlement militaire fût strictement observé, surtout en matière de logement et de train de vie des officiers des rangs supérieurs (*SHA*, Hadrien, X). Il est clair que ceux-ci jouissaient maintenant d'un degré de confort matériel à l'extérieur des remparts, qui pouvait sembler peu adapté au caractère permanent de la présence des légions. En outre, la notion d'un effectif militaire prêt à agir à tout moment, et dont l'efficacité était entretenue en temps de paix par l'entraînement régulier et les manœuvres prévus par le culte de la *Disciplina Augusti*, gardait tout son sens le long du Danube (*RIC*, 2, p. 327, 367). Ici, la nouvelle génération de soldats devait constater avec stupéfaction le contraste très net entre la série de campagnes qu'avaient menées Domitien et Trajan et la tranquillité instaurée par Hadrien et perpétuée par son successeur.

Une deuxième catégorie de communautés fut également réorganisée par Hadrien : il s'agissait de communautés civiles importantes qui s'étaient développées à proximité des bases légionnaires, souvent à environ un mille ou deux en amont, mais qui étaient tout à fait distinctes des *canabae*. Ces communautés prospères, de population hétéroclite, se trouvaient sur des terres indigènes et n'avaient été soumises à aucune réglementation avant qu'Hadrien, en leur accordant le statut de municipes, ne les intégrât dans le système administratif romain avec le paiement d'impôts et autres obligations civiques associés à ce nouveau statut [Mócsy, 51, p. 139]. Ces communautés devaient leur prospérité aux liens étroits qu'elles entretenaient à la fois avec la garnison et avec les peuplades indigènes des provinces. Le degré de cette prospérité se mesure par l'action d'un membre du conseil de la cité de Mursa, fondée sous Hadrien : celui-ci célébra sa nomination à une prêtrise en faisant construire cinquante boutiques munies d'un portique sous lequel le commerce pouvait se dérouler (*CIL*, III, 3288). Il semblerait que le bien-être de ces communautés ait été acquis aux dépens des petites villes de l'intérieur des terres, où peu de personnes auraient été susceptibles, ou désireuses, de devenir membres d'un conseil ou d'accepter une magistrature. Cela explique sans aucun doute le rôle prépondérant des agents permanents de l'État, tels que le secrétaire du conseil *(scriba)*, dans les affaires de ces cités mineures. Le programme de municipalisation d'Hadrien fut appliqué également en Dacie, mais sans que la prospérité des municipes daces fût égale à celle des danubiens.

Ainsi, avant la fin de la période antonine, le système des municipes romains avait été étendu à la majeure partie de la région du Danube. Les centres tels que Carnuntum, Aquincum, Singidunum et Viminacium, sur la frontière et à proximité des bases légionnaires, bénéficièrent bientôt des agréments de la vie de cité.

Parmi les autres cités fondées par Hadrien près de la frontière se trouvaient Augusta Vindelicum en Rhétie, Cetium et Ovilava au Norique [Alföldy, 2, p. 95-96], Mogentiana et Mursella en Pannonie supérieure, Mursa, Cibalae, Bassiana, Mursella et Gorsium en Pannonie inférieure, et Viminacium et *Municipium Aelianum* en Mésie supérieure [Mócsy, 51, p. 142-147] ; parmi celles fondées en Dacie à la même époque, citons Drobeta [Tudor, 82] et Napoca [Daicoviciu, 17]. En Mésie inférieure, de nouvelles cités furent créées sous les Antonins près des bases légionnaires de Novae, Durostorum, et Troesmis, ainsi qu'une autre dont le nom commémorait le célèbre trophée de Trajan, érigé en 109 apr. J.-C. dans la Dobroudja : *Municipium Tropaeum Traiani* [Gerov, 27]. Plus tard, le municipe de Lauriacum fut fondé au Norique, et nous possédons un fragment du document lui accordant ce statut sous Caracalla (211-217 apr. J.-C.) [Alföldy, 2, p. 273]. Avec la création d'environ 66 cités à partir de l'accession d'Hadrien, l'ensemble des peuplades importantes se trouvait intégré à un système d'administration locale basé sur les obligations de participation à la vie municipale, aux services publics, au système fiscal et à la justice. Dans les provinces, les rivalités entre les cités même les plus récentes se traduisaient apparemment par l'adoption de titres impériaux et par la recherche du statut de colonie romaine, titre qui fut accordé, semble-t-il, à beaucoup de villes « légionnaires » frontalières avant le milieu du siècle suivant.

LES AGGLOMÉRATIONS ET L'ÉCONOMIE

Le système commercial

Il est clair que l'augmentation de l'effectif militaire sur le Danube, la fondation de nouvelles colonies romaines et la création de nouvelles cités parmi les communautés indigènes furent des facteurs importants dans le développement du volume de marchandises et de personnes qui entraient dans la région, ou en partaient. Sous les Flaviens, l'importance des familles marchandes italiennes d'Aquilée et de ses environs commençaient déjà à céder la place à un système d'échanges commerciaux plus varié, avec une augmentation nette du trafic en provenance des provinces occidentales. Les liens étroits entre l'Italie du Nord-Est et les régions de l'Ouest du bassin danubien devaient continuer pendant tout le IIe siècle, mais les longues routes qui menaient, par voie de terre, jusqu'aux nouvelles bases militaires et villes frontalières sur le cours inférieur du Danube s'avéraient peu pratiques. Elles furent remplacées peu à peu par le trafic important qui avait commencé à emprunter le Danube, sur lequel la navigation avait été grandement améliorée avec la construction par les ingénieurs militaires de Trajan d'un chemin de halage à travers les gorges, et par le creusement d'un canal permettant de contourner les Portes de Fer. Le fleuve était donc devenu une voie de passage importante sur la frontière nord de l'Empire, reliant la Gaule et la Germanie à l'ouest aux cours moyen et inférieur du Danube. Bon nombre des unités militaires transférées dans la région du Danube vers la fin du Ier siècle et au début du IIe semblent avoir gardé leurs liens avec l'Ouest.

Du point de vue économique, l'impact de ces troupes de garnison en croissance constante, et sans doute de plus en plus onéreuses pour les communautés civiles de la région, se traduisit par le développement rapide des bourgades *(canabae)*, dans lesquelles le commerce et la manufacture devaient bientôt s'organiser en corporations officielles *(collegia)*. La présence, dès le début, de tels groupes à l'intérieur des *canabae* plaça l'armée et les communautés frontalières au premier rang dans l'économie de la région. Ainsi, la conquête sous Trajan eut un effet important sur le développement économique des provinces existantes. Tout comme la Pannonie, qui avait permis autrefois le développement d'entreprises très rentables créées par les peuples de l'Italie du Nord, la Dacie pouvait maintenant être exploitée à son tour par les communautés de Mésie, et l'influence romaine s'y accrut rapidement. La Mésie et la Dacie attiraient maintenant des immigrants venus des provinces de l'Ouest, et sans doute liés de près ou de loin à l'économie militaire de la région ; en même temps, et dès le début, un nombre important de gens venus de l'Est vint également ment tirer profit de la situation économique de la Dacie récemment conquise.

A la fin du Ier siècle apr. J.-C., la poterie sigillée de l'Italie du Nord était encore importée en quantité dans les bourgades et camps romains du bassin des Carpates. Le volume global des importations dans la région du Danube aurait atteint son maximum pendant les années 80-130 apr. J.-C. A partir de ce moment, le schéma de distribution change, avec le remplacement des marchandises italiennes par des produits manufacturés localement. Évidemment, certains commerces bien établis continuaient d'exister : beaucoup de communautés frontalières, par exemple, consommaient encore de l'huile d'olive en provenance d'Istrie. En même temps, nous avons la preuve du fait curieux que d'autres groupes, et notamment les bases militaires, consommaient de l'huile espagnole, fort prisée : il pourrait s'agir là d'un commerce privilégié à la seule intention de l'armée, et exempté de droits de douane. Tout tend à indiquer que, jusqu'au règne d'Hadrien à peu près, l'économie romaine dans la région dépendait essentiellement de l'armée et de ceux qui l'accompagnaient, y compris les vétérans, les ouvriers, les artisans spécialisés, et ainsi de suite. Il semble que même les nouvelles cités les plus prospères ne se soient intégrées que très progressivement, et très partiellement, à cette économie, à en juger de la faible quantité de pièces de monnaie romaines qui y ont été découvertes, et des inscriptions peu représentatives de la composition véritable de la population qui nous sont parvenues [Mócsy, 51, p. 150-153].

Le volume du trafic transdanubien est plus difficile à évaluer, mais nul ne doute qu'il soit devenu très rapidement un élément essentiel de l'économie à la fois des régions frontalières romaines et des peuples libres au-delà de cette frontière. Nous savons depuis longtemps que la monnaie et les produits manufacturés romains circulaient au-delà de la frontière de l'Empire, et la publication récente d'une étude avec cartes et inventaires *(Tabula imperii romani,* M33) nous fournit une documentation précise sur la question en ce qui concerne les territoires des Germains Suèves au-delà du Danube supérieur, en Bohême et en Slovaquie. Au IIe siècle, l'influence romaine aurait été particulièrement importante dans les régions à proximité du fleuve, comme en témoigne la présence de constructions permanentes de type romain, mais dont la fonction reste obscure. Au niveau local, les contacts avec les peuples au-delà de la frontière étaient sans doute dominés par les demandes incessantes de la garnison en matière de nourriture, mais également d'autres fournitures essentielles au bon fonctionnement de l'armée, telles que métaux, chevaux, mulets, peaux et bois de construction en priorité. Le commerce des esclaves est difficile à évaluer : cette pratique n'est attestée que rarement dans la région du Danube au IIe et au début du IIIe siècle apr. J.-C., et si elle restait un élément important de certains secteurs de la société romaine, en particulier dans l'artisanat et dans des professions données, son rôle dans l'économie frontalière semble avoir connu un déclin progressif à cette époque [Mócsy, 51, p. 126-129].

Les villes

A ce jour, aucune cité de la région du Danube n'a fait l'objet de fouilles complètes, mais les travaux effectués nous donnent une image fiable du caractère matériel des colonies de vétérans, des premiers municipes, des villes frontalières, des petites agglomérations rurales des vallées isolées et des centres miniers.

Nous ne savons presque rien des colonies flaviennes de Siscia [Šašel, 68, p. 600-620] et de Sirmium : la première n'a pas encore été fouillée, et les restes de la deuxième se trouvent enfouis sous des structures imposantes datant du IVe siècle, à l'époque où ce site servait de capitale impériale [Mirković, 48]. La nouvelle colonie fondée par Trajan à Sarmizegetusa en Dacie, s'installa en 108 apr. J.-C. dans le camp abandonné de la IVe légion *Flavia*. Le quadrillage des rues, qui recouvre 32,5 ha, est entouré d'une enceinte rectangulaire ; parmi les édifices publics dégagés à ce jour se trouve un forum avec basilique, mais celui-ci est dominé par le complexe adjacent (85 m sur 65 m) construit pour les cérémonies du culte impérial organisées par les riches *Augustales*. La plupart des autres structures découvertes datent également du IIe siècle ; parmi elles : ce qui pourrait être la résidence du gouverneur, et, à l'extérieur de l'enceinte, des arènes pouvant accueillir 5 000 personnes [Daicoviciu et Alicu, 19]. Il se peut que la colonie de Trajan, installée à Oescus sur le Danube en Mésie inférieure après le départ de la Ve légion *Macedonica*, n'ait pas occupé le site de la base légionnaire, car la cité est entourée d'une enceinte pentagonale de forme irrégulière. Bien qu'aucun plan complet de la cité ne soit disponible pour l'instant, nous savons que celle-ci comportait le quadrillage habituel des rues, et les restes de plusieurs édifices publics importants datant du IIe siècle ont été découverts [Ivanov, 38].

Certains des nouveaux municipes portent la marque de l'urbanisme romain. Dans le sud de la Dalmatie, la cité de Doclée, entourée d'une enceinte, était située sur un plateau de forme irrégulière entre les rivières Zeta et Morača. La route principale, qui passait par un pont, et ensuite par une porte et sous une arche monumentale, se transformait en une rue pavée large de 15 m qui formait l'axe principal de la cité. Parmi les édifices importants qui donnaient sur cette rue, plusieurs avaient été construits pendant les premières années du municipe flavien, dont les classes dirigeantes auraient fait preuve d'un attachement sincère au mode de vie romain. La construction, dans la nouvelle cité, du temple de *Dea Roma* avait été une entreprise coûteuse pour créer un nouveau centre du culte impérial dans la région en remplacement de celui d'Épidaurum sur la côte. A proximité, un autre temple, dans une cour entourée d'un péristyle, se trouvait à côté d'une élégante demeure romaine. Ensuite, toujours dans la rue principale, se dressait le complexe du temple de Diane, presque identique à celui de *Dea Roma*, avec façade distyle *in antis*, cella unique et abside. Du même côté de la rue, et près du centre de la ville, se trouvait un grand édifice de bains publics, sans doute le plus important du municipe, contenant deux séries de salles chauffées. En face des thermes, de l'autre côté de la rue, se trouvait le centre civique composé d'un forum pavé de 65 m sur 55 m avec, sur trois de ses côtés, des portiques et des boutiques *(tabernae)*, et, du côté ouest, la basilique et la salle du conseil *(curia)*. L'inscription figurant sur l'architrave de celle-ci précise que la construction avait été financée par Flavius Fronto et Flavia Tertulla, certainement des citoyens de première ou de seconde génération issus de l'aristocratie locale, et était dédiée à la mémoire de leur fils, Flavius Balbinus, âgé de quinze ans, qui avait « occupé toutes les fonctions autorisées par la loi ». Cet enthousiasme initial pour la vie de la cité s'estompa peut-être au fur et à mesure que les *munera* devenaient plus onéreux et que les avantages associés localement à ce statut diminuaient, mais Doclée devait rester centre administratif régional jusqu'au début de l'époque byzantine [Wilkes, 88, p. 259-261, 363-365]. L'histoire de Doclée peut être comparée à celle, très différente, de Solva, au Norique, également un municipe flavien. Ici, le nombre important d'inscriptions retrouvées atteste une prospérité constante qui devait durer des siècles. Le secteur bâti, d'environ 600 m sur 400 m, n'avait jamais été protégé par une enceinte, et devait pâtir de ce manque de fortifications pendant les guerres contre les Marcomans, mais le quadrillage de ses rues le divisait en îlots réguliers de tailles différentes. A ce jour, plusieurs résidences privées prestigieuses y ont été retrouvées, attestant une occupation continue pendant plusieurs générations, mais aucun édifice public n'a été identifié, à l'exception des arènes avoisinantes [Alföldy, 2, p. 93-95].

En Thrace, le municipe fondé par Trajan à Nicopolis ad Istrum ressemblait à une cité grecque hellénistique avec une population hétéroclite, comme en témoigne la grande variété de dédicaces religieuses qui y ont été découvertes. Le quadrillage des rues était entouré d'une enceinte de forme régulière. Dans un îlot central se trouvait le forum pavé de 42 m², entouré de portiques. A l'ouest du forum, l'ensemble des édifices publics comprenait une salle de conseil équipée de bancs de pierre, et un petit théâtre romain *(odeum)* d'environ 500 places, construit sur des voûtes en brique. Entre le théâtre et la salle du conseil, se trouvait la rue principale *(decumanus maximus)* qui menait jusqu'à une porte monumentale dédiée en 145 apr. J.-C. à Antonin le Pieux, à son épouse l'impératrice Faustine et à Marc Aurèle César. L'ensemble des rues de la cité était pavé, et le réseau très complet des égouts fonctionnait grâce au trop-plein de l'aqueduc voisin. Les fouilles futures ne manqueront pas d'apporter des précisions importantes sur les quartiers résidentiels de la cité, et devraient permettre de déterminer dans quelle mesure ils correspondaient, eux aussi, à un plan imposé par Trajan. La décoration somptueuse des édifices publics de Nicopolis est dans la tradition hellénistique de l'Asie Mineure, et de nombreux fragments de sculptures ont été retrouvés sur le site [Poulter, 64]. A Marcianopolis, en Thrace du Nord, les fouilles effectuées à l'intérieur de l'enceinte d'environ 70 ha ont découvert des rues pavées et des égouts, qui divisaient les îlots de maisons résidentielles selon un quadrillage régulier. Dans certaines de ces maisons, la disposition des pièces et des cours semble correspondre à un plan commun [Hoddinott, 34, p. 154-156]. Les deux cités thraces fondées par Trajan au nord de l'Hémus correspondent à une tradition d'urbanisation de type hellénistique, mais elles rappellent par certains aspects les colonies romaines des provinces occidentales. Il se peut qu'elles aient été construites pour servir de centres civils pour la nouvelle frontière romaine sur le cours inférieur du Danube.

Les villas et la vie rurale

Dans les zones rurales à proximité des villes, on a découvert de nombreuses traces de constructions romaines, aux murs de pierre ou de brique et de mortier et aux toits de tuiles, qui manifestement faisaient partie de fermes ou de domaines. La plupart de ces sites se trouvent le long de la côte adriatique, dans le Norique, et dans le sud et l'ouest de la Pannonie. La majorité des constructions dateraient du Ier siècle apr. J.-C. et correspondraient à des sites connus de colonies italiennes et de vétérans. Nous avons peu d'indices quant à l'occupation de résidences rurales dans le style romain par la classe dirigeante indigène avant le règne de Marc Aurèle, malgré les pierres tombales décorées et la richesse des objets trouvés dans ses sépultures en Pannonie orientale. Les quelques traces de villages et de hameaux du Ier et du IIe siècle retrouvées en milieu rural ne font que confirmer cette impression : les modestes huttes, de forme ronde ou carrée, témoignent de la faible influence du mode de vie romain sur les communautés indigènes, et même sur leur classe dirigeante. De ce point de vue, le Norique fait exception : à partir du milieu de Ier siècle, toute différence marquée entre les colons italiens et la classe dirigeante locale semble s'y être rapidement effacée [Mócsy, 51, p. 169-176 ; Alföldy, 2, p. 117-124 ; Poulter, 62, p. 85-90].

Les mines

Les gisements de minéraux constituaient des ressources naturelles importantes dans plusieurs régions du bassin danubien. Leur existence était connue des Romains dès la conquête sous Auguste, mais ce n'est qu'un siècle plus tard qu'auraient eu lieu les premières tentatives d'exploitation systématique de ces ressources, à l'aide d'une main-d'œuvre et d'un savoir-faire indigènes. Seul le commerce du fer était établi de longue date dans la région : ce métal était déjà importé du Norique jusqu'en Italie du Nord au IIe siècle av. J.-C. C'est Trajan qui aurait reconnu la valeur potentielle de la région du Danube comme source de minerais : il établit une nouvelle organisation pour leur extraction, avec un système de baux concédés à des entrepreneurs, et assura ainsi un niveau très élevé de production locale jusqu'au milieu du IIIe siècle apr. J.-C.

Les fonderies du Norique *(ferrariae Noricae)*, dont la production atteignait parfois une qualité proche de celle de l'acier, étaient louées à des entrepreneurs *(conductores)* qui, à leur tour, engageaient leurs propres agents *(procuratores)* pour assurer leur fonctionnement quotidien [Alföldy, 2, p. 113-114]. Le même système fut adopté dans les deux régions minières principales, à la limite de la Dalmatie et de la Pannonie, pour l'extraction du fer dans la vallée de la Save, et de l'argent et du plomb dans celle de la Drina. Après les guerres marcomaniques, des agents impériaux *(procuratores)* de rang équestre furent chargés de toutes ces exploitations avec l'aide de gérants locaux [Wilkes, 88, p. 267-269, 277-280].

En Mésie supérieure, l'établissement des nouvelles agences impériales chargées de l'exploitation minière eurent peut-être les mêmes retombées économiques sur la région que l'arrivée de l'armée ailleurs. Les régions minières figurent pour la première fois sous Trajan et sous Hadrien au revers de pièces de monnaie en bronze, de faible valeur, qui portent des noms de mines d'argent et de plomb : *metalla Ulpia, metalla Dardanica, Aelia Pincensia*, et plus tard *Aureliana* [Dušanić, 21]. L'organisation, sous Trajan et sous ses successeurs, de l'exploitation des mines d'or des montagnes (Apuseni) de la Dacie occidentale nécessita l'installation, dans la région, de communautés entières de mineurs en provenance de Dalmatie et de Mésie. A Alburnus Maior (Roşia Montana), on a retrouvé des galeries romaines dans lesquelles outils et équipements avaient été abandonnés au moment de la crise marcomanique (167 apr. J.-C.) qui avait provoqué la fermeture définitive de la mine. Sur les tablettes en bois découvertes sur le site, et datant de la période 131-167 apr. J.-C., figurent en latin les dispositions de contrats privés d'engagement de main-d'œuvre, de vente et de location, ainsi que les détails des garanties exigées. Bon nombre des personnes nommées dans ces contrats, ainsi que celles dont les noms figurent dans les inscriptions retrouvées dans les communautés avoisinantes, se disent originaires de régions reculées de Dalmatie, et il est clair que certaines d'entre elles étaient arrivées avec l'ensemble de leur communauté d'origine et leur chef indigène *(princeps)*. Les mines d'or des environs de Montana (Mikhaïlovgrad), dans le nord-ouest de la Mésie inférieure, restèrent sous l'autorité de l'armée. Le monde grec avait longtemps exploité les gisements d'or, d'argent, et d'autres minerais qui se trouvaient plus au Sud, en Macédoine et en Thrace; il est fort probable que cette exploitation continua sous l'Empire, mais rien ne laisse supposer qu'elle ait bénéficié d'une réorganisation comparable à celle connue dans les provinces frontalières [Mrozek, 52].

La manufacture

La distinction entre citoyen romain et sujet indigène est reflétée dans la fabrication et l'importation de poteries dans la région au Ier et au IIe siècles. Au début du IIe siècle, les objets de type romain étaient déjà courants dans les régions où s'étaient établies des colonies de pérégrins et de vétérans. Ailleurs dominaient encore les formes traditionnelles de l'époque préromaine de la Tène. Des manufactures locales produisaient de la poterie sigillée de type italien à Siscia, Aquincum, et sur un troisième site sur le cours inférieur du Danube, mais cette production restait marginale et de qualité médiocre. Les formes et méthodes de production locale furent d'abord influencées par les préférences des vétérans et des colons; plus tard, ce sont les bases militaires le long du Danube qui devinrent les marchés les plus importants, approvisionnés à la fois par des produits locaux et par les marchandises qui arrivaient par les routes commerciales fluviales [Mócsy, 51, p. 176-178; Bónis, 9].

Sous le Haut-Empire se précisa le goût pour la sculpture sur pierre, déjà présent parmi les communautés indigènes de l'époque préromaine. Deux formes de manufactures seraient apparues: des établissements relativement importants produisant des sculptures selon les modèles classiques italiens, et des ateliers plus modestes, à l'extérieur du circuit de distribution des premiers, qui servaient les communautés indigènes. Cette distinction aurait disparu vers l'époque d'Hadrien, avec la plus grande facilité à se procurer pierres tombales et sculptures de qualité, produites en quantités importantes. La décoration de tradition classique italienne, qui avait atteint la plupart des régions du bassin danubien, dominait encore dans les provinces de langue latine, et des artisans formés en Méditerranée, ainsi que les marbres qu'ils avaient l'habitude de travailler, étaient disponibles dans les grands centres urbains pour ceux qui avaient le goût et les moyens de rechercher un travail de la plus haute qualité [Mócsy, 51, p. 179-181].

Le recrutement dans l'armée

Dans les provinces illyriennes (Pannonie, Norique, Dalmatie) à l'ouest, et à l'est en Mésie et en Dacie, on constate une certaine continuité dans le recrutement de soldats pour les garnisons danubiennes. Dans le deuxième groupe de provinces, les registres indiquent que les recrues sont originaires des colonies romaines de la région : Scupi, Ratiaria, Ulpia Traiana et Oescus. Il est cependant probable que ces entrées officielles dans les archives des légions, d'où étaient tirés également les noms inscrits sur les épitaphes, cachaient en réalité un certain nombre de recrues indigènes qui, selon la loi, n'auraient pas eu le droit de servir. En Mésie et en Dacie, une proportion importante des soldats des unités auxiliaires était originaire de l'Orient, ce qui implique une pénurie de personnes dans ces provinces prêtes à servir dans l'armée. Avant Hadrien, les origines des recrues de l'armée de Pannonie avaient été plus variées : l'Italie, la Gaule, et l'Espagne pour les légions ; la Dalmatie, la Thrace, les peuplades des Alpes, la Bretagne et la Germanie pour les auxiliaires. En général, les unités d'auxiliaires trouvaient leurs nouvelles recrues dans leurs propres provinces, sauf dans le cas de quelques formations spécialisées, d'origine thrace ou syrienne, qui continuaient à se recruter dans leur pays d'origine. Avant le milieu du IIe siècle, le recrutement, dans les unités auxiliaires de Dalmatie et de Pannonie, de natifs de ces provinces était devenu chose courante, et manifestement on considérait que la plupart des unités devraient pouvoir trouver les recrues dont elles avaient besoin parmi les peuplades frontalières. En règle générale, les cités pérégrines fondées à partir de l'époque flavienne ne figurent pas parmi les origines citées des légionnaires. Si les véritables origines des recrues restent obscures, il est clair que traditionnellement les légions recrutaient en partie dans les colonies de vétérans locales. Il se peut même que cette pratique soit devenue la politique officielle pendant un certain temps, avec la création dans chaque province d'un nombre de colonies correspondant au nombre de légions de sa garnison. Au IIe siècle, les décennies de paix sur la frontière avaient modifié les pratiques de recrutement au point que le service militaire était devenu presque héréditaire dans les communautés frontalières. S'il existait une certaine distinction entre les origines coloniales affichées des légionnaires et les origines ethniques avouées des auxiliaires, il est difficile de savoir dans quelle mesure elle résultait de traditions bureaucratiques et dans quelle mesure elle correspondait à une véritable différence d'origine sociale. Ce lien entre armée et communautés locales sur la frontière résolut en grande partie le « problème des vétérans » qui avait été un facteur déstabilisant majeur pour l'État romain du temps de la République. Quels que fussent les privilèges et les récompenses accordés aux vétérans à la fin de leurs vingt-cinq années de service, il est clair qu'ils étaient contents, à leur libération, de s'installer près de leur camp ou de retourner dans leur communauté d'origine locale [Mann, 46, p. 30-41 ; Mócsy, 51, p. 154-159].

Les rites funéraires

Les techniques romaines de sculpture furent utilisées très tôt pour exprimer les croyances locales au sujet de la mort et de l'au-delà, y compris celles d'un voyage en bateau ou sur un char à quatre roues vers une vie future. Dans plusieurs sépultures ont été retrouvées des poteries en forme de bateaux, et plusieurs tombes de riches indigènes du début de l'époque romaine contenaient des chars complets et de grandeur nature. Il semble d'ailleurs que la pratique d'inclure dans les sépultures des représentations de chars, voire des chars entiers, ait été très répandue parmi les classes aisées indigènes au début du IIe siècle. Les produits sortis des ateliers de sculpture de la pierre du sud du Norique sous les Flaviens et sous les Antonins présentent un intérêt particulier : de magnifiques monuments funéraires, richement décorés et portant l'image du défunt, sortaient des ateliers des municipes de Virunum et de Solva, et l'ensemble impressionnant de monuments érigé près de Celeia est parmi les meilleurs de son genre trouvés dans les provinces romaines [Mócsy, 51, p. 147-153 ; Alföldy, 2, p. 110-111].

Parmi les Illyriens et les Thraces, le traditionnel rite funéraire chez la classe dirigeante consistait en l'inhumation sous un amas de terre ou de pierres *(tumulus)*. Dans certaines régions, l'inhumation avait cédé la place à des méthodes et des degrés d'incinération variés, mais, dans l'ensemble, les rites pratiqués étaient toujours ceux de l'âge du bronze décrits dans les poèmes d'Homère. La pratique de faire figurer des illustrations sur les pierres tombales, même dans les régions rurales les plus reculées, nous a légué une documentation contemporaine bien préservée sur les noms et titres indigènes, la mode, les bijoux et les coiffures chez Celtes, Illyriens et Thraces, domaines dans lesquels nous ne possédons que très peu d'informations datant de l'époque préromaine [Wilkes, 89, p. 241-253].

La religion

Les premières colonies et les municipes les plus prospères affichaient leur identité romaine en adhérant à l'ordre politique établi par l'adoption d'une série de pratiques religieuses officielles. Presque tous les monuments religieux des Iᵉʳ et IIᵉ siècles sont de type romain, les quelques exceptions à cette règle étant les temples de cultes orientaux connus, ainsi celui de Mithra, le Soleil Invaincu et Invincible, dieu iranien représentant le triomphe de la lumière sur les ténèbres. Ces cultes exotiques qui, avec leurs rites d'initiation complexes et mystérieux, semblent avoir plu surtout aux classes cultivées et aux responsables locaux, étaient peut-être arrivés dans la région dans le train de l'armée à son retour des postes avancés sur la frontière orientale [Vermaseren, 83]. Ces cultes prospéraient surtout dans les communautés frontalières importantes, telles qu'Aquincum et Carnuntum, mais des traces de leur présence ont également été retrouvées au cœur des provinces [Mócsy, 51, p. 181]. Les cultes locaux des indigènes danubiens figurent plus rarement sur les monuments religieux, les autels par exemple, que les dieux celtiques ou thraces. Cependant, plusieurs exemples existent de la célèbre assimilation *(interpretatio romana)* de ces déités aux dieux de Rome dans le Norique, parmi les Vénètes d'Istrie et de Liburnie, et chez les Japodes, leurs voisins [Wilkes, 89, p. 245-247]. Peu de traces nous sont parvenues des traditions religieuses indigènes de la Dacie romaine ou des communautés latinophones de la frontière du Danube inférieur. Chez les communautés grécophones de Thrace, en revanche, les croyances religieuses sont très marquées et très riches, comme en témoignent les nombreuses représentations et inscriptions dédiées au Dieu-Cavalier thrace [Gočeva et Oppermann, 30].

PROSPÉRITÉ ET CRISE AU IIIᵉ SIÈCLE

LES GUERRES GERMANIQUES ET SARMATES SOUS MARC AURÈLE

La diplomatie ne pouvait que repousser et non annuler la demande des Germains Suèves qui réclamaient leur admission *(receptio)* dans l'Empire. La levée de deux nouvelles légions, les IIᵉ et IIIᵉ *Italica* qui devaient trouver plus tard leurs bases permanentes à Castra Regina (Regensburg) en Rhétie et à Lauriacum (Lorch) en Norique, montre que les Romains étaient conscients du danger qui menaçait de frapper l'Italie par le nord-est. La première attaque contre la frontière est menée par 6 000 *Obii* et Langobards près de Brigetio en Pannonie. Ensuite, et probablement en 167 apr. J.-C., les Marcomans et les Quades traversent le Norique et la Pannonie pour pénétrer en Italie du Nord où ils provoquent des dégâts importants dans les villes et villages qui se trouvent sur leur chemin. Après les avoir expulsés, l'empereur effectue plusieurs expéditions punitives sur leurs territoires. Avant 172, les Quades ont été contraints de relâcher leurs prisonniers, et de livrer aux Romains transfuges et bétail volé. Ils doivent accepter la domination romaine dans la personne du délégué Furtius. Il semble que certains des Quades avaient été autorisés à s'installer en Italie, mais maintenant la frontière est fermée et leur accès aux marchés romains interdit pendant un certain temps. L'année suivante, les mêmes mesures sont appliquées aux Marcomans, également expulsés d'une bande de terre le long de la frontière du Danube. Ces blocus s'avérant efficaces, les restrictions sont bientôt assouplies, l'accès aux marchés accordé certains jours, et l'étendue de la zone interdite réduite de moitié. Certains des *Cotini* germains sont maintenant autorisés à s'installer en Pannonie orientale, où l'un d'entre eux est admis dans la garde prétorienne [Mócsy, 51, p. 183-190].

En 174, Marc Aurèle avait déplacé son quartier général à Sirmium, d'où il dirigeait les opérations contre les Sarmates. Cent mille d'entre eux sont déportés vers d'autres régions de l'Empire et, pour ceux qui ont pu rester sur place, la zone interdite est rendue deux fois plus large que celle établie initialement à l'encontre des Germains. Trois ans plus tard, les Iaziges sont à nouveau contraints de se retirer du Danube, et il leur est interdit d'utiliser des embarcations sur le fleuve. En revanche, ils sont en même temps autorisés à se rendre, à des dates précises, aux marchés romains, et à renouer le contact avec les Roxolans, leurs parents sarmates du cours inférieur du Danube. Vers la fin des années 170, les Romains, croyant que leur victoire définitive sur les Germains est proche, créent la nouvelle province de Marcomanie (Slovaquie). En 179-180, une armée romaine hiverne à Laugaricium (Trenčin) sur la rivière Váh (Waag), à 130 km au nord du Danube. On commence à construire des forts de caractère permanent, équipés de bains et d'autres conforts. A la mort de Marc Aurèle, au début du mois de mars 180 à Vindobona, le projet d'annexion est abandonné. Commode, apparemment satisfait du contrôle des affaires internes des Germains par les officiers romains stationnés sur leur territoire, ordonne aux légions et aux auxiliaires de retourner à leurs bases sur le Danube [Mócsy, 51, p. 190-193].

Le rétablissement de la domination romaine sur les Germains et sur les Sarmates rendit toute son efficacité à la frontière danubienne. Il semble que l'autorité fut renforcée sur la frontière sarmate de la Pannonie inférieure à l'aide d'interprètes officiels pour les Sarmates, les Germains et les Daces. Le degré de convergence entre les intérêts des responsables des deux côtés du fleuve ne doit pas être sous-estimé. Avant de faire revenir les légions danubiennes en Italie en 193, Septime Sévère tiendra de longues discussions avec les chefs des peuplades d'au-delà du fleuve (Hérodien, II, 9-12 ; *SHA, Septime Sévère*, V, 3). En même temps, il était souhaitable que la surveillance du fleuve fût renforcée localement. La nouvelle politique adoptée sur la *ripa sarmatica* au sud d'Aquincum est précisée dans les inscriptions commémorant des travaux de construction en 185 apr. J.-C., et dont nous possédons 17 exemplaires identiques : « [L'empereur Commode]... fortifia toute la rive avec des forts qu'il éleva entièrement, et avec des garnisons qu'il plaça aux endroits les plus propices au passage de petits voleurs *(latrunculi)* sur le fleuve. » Peut-être ce système ne fut-il jamais instauré puisque les dalles de pierre ne devaient jamais quitter l'atelier du maçon à Intercisa. Et pourtant le nom du gouverneur de l'époque avait déjà été effacé, sans doute à la suite de son implication dans les machinations du préfet Perennis, qui devait perdre le pouvoir la même année [Mócsy, 51, p. 196-197]. Les études récentes font état d'un nombre croissant d'indices suggérant que la céramique sigillée de Samia, connue avant le règne de Marc Aurèle uniquement dans les territoires germaniques au nord de la Pannonie, était maintenant répandue dans la plaine hongroise [Gabler et Vaday, 24].

A l'intérieur des provinces danubiennes, les signes d'un malaise croissant se font sentir à partir de cette période. L'énorme coût des guerres de Marc Aurèle, forcément très onéreux pour les populations provinciales locales, expliquerait en partie ce phénomène. Peut-être que la misère marginalisait un nombre de plus en plus important de personnes, ce qui justifierait la fréquence à cette époque d'épitaphes faisant état de « mort entre les mains de voleurs » *(interfectus a latronibus)*. Le nombre de postes de police *(stationes)* tenu par des soldats *(beneficiarii consulares)* le long des routes principales de l'intérieur fut augmenté, ce qui montre que la sécurité interne et les communications officielles se trouvaient menacées. Pendant les guerres marcomanniques, ce problème s'aggrava dans le sud des Balkans au point qu'il fallut expédier une force de frappe spéciale dans les collines des frontières de Macédoine et de Thrace. Une référence au recrutement effectif, dans l'armée, de bandits de Dardanie par Marc Aurèle, renvoie peut-être à la levée de plusieurs cohortes nouvelles *(cohortes Aureliae novae)* en Mésie, et à leur stationnement dans la région minière du Kosmaj, au sud de Belgrade. Ces troupes devaient assurer la surveillance de la région en remplacement d'un détachement de l'armée de Pannonie supérieure, rappelé à sa base au début des guerres marcomaniques *(IMS,* I, p. 95-120) [Mócsy, 51, p. 195-196].

SEPTIME SÉVÈRE ET L'ESSOR DES *ILLYRICIANI*

Pendant le principat de Marc Aurèle, les armées danubiennes avaient dû s'habituer à la présence de l'empereur et du haut commandement impérial. Pendant longtemps, le centre du pouvoir s'était trouvé sur des lieux tels que Vindobona, Carnuntum ou Sirmium, à partir desquels les ressources de tout l'Empire étaient gérées. Cinq ans après que Commode eut quitté la région du Danube, certaines des légions pannoniennes s'indignaient peut-être de cet abandon, et elles ont pu se trouver impliquées dans le complot tramé par le préfet du Prétoire Tigidius Perennis (*SHA, Commode,* XIII, 5).

Les mots « Illyricum » et « Illyrien », à l'origine des termes géographiques plutôt qu'ethniques qui avaient été appliqués à la province augustéenne, s'employaient encore au début du IIIe siècle : ils renvoyaient alors non seulement aux territoires de l'ancienne Illyrie, mais englobaient également la Dacie et la Mésie supérieure (Hérodien, I, 9 ; II, 8-11 ; 13-15). Pendant les deux siècles qui suivirent la conquête de la région du Danube par Auguste, celle-ci semble avoir été très éloignée des centres du pouvoir et de l'influence politique, et très en retard par rapport à la Gaule, l'Espagne et, à partir du principat d'Hadrien, aux provinces de langue grecque. L'importance de la région se fait sentir pendant la première moitié du IIIe siècle, et surtout pendant la période d'anarchie militaire entre le meurtre de Sévère Alexandre en 235 et l'accession de Dioclétien en 284 apr. J.-C. Pendant cette période, le centre même de l'histoire impériale est lié à cette région d'où sont issus d'abord les « empereurs-soldats » Claude II le Gothique, Aurélien et Probus, et ensuite les régimes plus durables des tétrarques danubiens, de Constantin et de Valentinien, dont les dynasties et les protégés gouverneront l'Empire pendant la majeure partie du IVe siècle. L'essor des Illyriens avait commencé bien avant 235, peut-être au moment du coup d'État fomenté par Septime Sévère avec l'appui des légions danubiennes au printemps de 193 apr. J.-C. Le 9 avril 193 apr. J.-C., Lucius Septimius Severus, originaire de Lepcis Magna en Tripolitaine et légat de la Pannonie supérieure, est proclamé empereur à Carnuntum, deux jours avant son quarante-huitième anniversaire [Birley, 6, p. 89-107]. Quelques semaines plus tard, les trois légions pannoniennes, auxquelles sont venues s'ajouter des unités des autres garnisons danubiennes, entrent en Italie avec tout leur armement, comme pour une expédition au-delà de la frontière de l'Empire. Très rapidement, les 5 000 membres de la garde prétorienne, basée à Rome et composée essentiellement d'Italiens, sont renvoyés (certains d'entre eux se livreront au brigandage) et remplacés par une garde deux fois plus importante composée de soldats danubiens. Quelques années plus tard, la présence danubienne au cœur même de l'Empire est renforcée par l'installation à Albanum, à seulement 20 km de Rome, d'une des nouvelles légions de Sévère, la IIe *Parthica.*

L'historien Dion Cassius, lui-même témoin de ces événements, décrit l'effet produit par l'arrivée des Danubiens à Rome : « [Sévère] remplit la cité d'une horde bigarrée de soldats dont l'aspect était des plus féroces, le parler des plus terrifiants, et la conversation des plus frustes (LXXV, 2, 6). » La présence à Rome de ces soldats venus d'Illyricum devait durer longtemps, car la nomination à la garde prétorienne était à la fois la récompense de bons et loyaux services et la promesse de promotions futures. Mais cette présence n'avait rien de rassurant : trente ans plus tard, le préfet du Prétoire, le juriste distingué Ulpien, est victime d'une agression nocturne ; à un autre moment, une bataille rangée entre la garde et les citadins dure trois jours, et ne cesse que lorsque les soldats, sur le point de perdre la bataille, commencent à mettre le feu à des édifices importants (Dion Cassius, LXXX, 22). Dion Cassius lui-même se voit refuser un deuxième consulat en 229 apr. J.-C., et la garde le chasse de la cité à cause de son gouvernement sévère de Pannonie (LXXX, 4, 2-5). Aux yeux du Romain cultivé, les Danubiens sont maladroits, stupides et grossiers ; ils manquent d'*humanitas*. Aux stéréotypes anciens vient s'ajouter l'expérience contemporaine. Les nouveaux venus peuvent se payer les meilleurs produits chez les tailleurs de pierre de la capitale, mais le latin de leurs épitaphes est peu élégant et plein de fautes [Mócsy, 51, p. 200-201].

Sévère et sa dynastie accordaient une grande attention à ceux qui garantissaient leur pouvoir, et ils semblent avoir encouragé l'armée et les groupes associés à entretenir un sentiment d'identité régionale. Avant le départ de l'expédition pour l'Italie en 193, le collège local des augures pannoniens avaient été consulté, et avait prédit la victoire de Sévère (*SHA, Septime Sévère*, X, 7). Après sa victoire sur son rival à l'est, Pescennius Niger, Sévère retourna sur le Danube, où son fils aîné, Caracalla, fut proclamé César à la forteresse légionnaire de Viminacium en 196 apr. J.-C. Le jeune prince fut confié aux garnisons danubiennes quand Sévère se déplaça à l'ouest pour affronter Clodius Albinus. Après la victoire de Lugdunum, le 19 février 197, un tribun légionnaire fit ériger près du champ de bataille une dédicace rendant grâce aux mères divines *(matres)* des Pannoniens et des Dalmates qui, sous leur forme locale de *nutrices*, avaient nourri et soutenu les forces humaines des légions du Danube (*CIL*, XIII, 1766) [Alföldy, 4, p. 154-157 ; 162-163].

Lors du retour de la famille impériale d'Antioche à Rome en 202, à la suite des victoires sur les Parthes, la traversée de ses bastions danubiens se transforma en procession triomphale. La IIe légion *Adiutrix* l'accompagnait, en route pour sa base d'Aquincum, et l'armée fit un détour le long du Danube afin de rendre visite aux troupes des bases sur le fleuve [Fitz, 23, p. 11-13].

La présence de l'empereur dut provoquer beaucoup de changements et de réformes, et on lui doit peut-être la création du poste et de la place commerciale *(emporium)* de Pizos en Thrace. L'inscription contenant les conditions de cette création prévoit une communauté de 173 personnes, apparemment créée en premier lieu pour répondre aux besoins de la garnison, avec des règles précises quant à son fonctionnement et au bon entretien de ses équipements (*IGBulg*, 1690). Les autres communications adressées aux cités danubiennes sont dans le même ton : le célèbre rescrit envoyé à Solva en 205 apr. J.-C. rappelle que les privilèges dont bénéficient les membres de la corporation des *centonarii* sont réservés à ceux qui servent effectivement comme pompiers, responsabilité confiée à cette corporation, et qu'aucune adhésion ne doit être acceptée de personnes cherchant tout simplement à éviter leurs obligations civiques [Weber, 87, p. 199; Alföldy, 2, p. 161]. De même, une lettre adressée à Tyra, cité grecque très ancienne au nord du delta du Danube, précise que l'élection de Romains aisés comme citoyens honoraires pratiquée dans cette cité est soupçonnée d'être le moyen de créer un paradis fiscal hors la juridiction des collecteurs d'impôts romains. Elle ajoute, tout en confirmant l'exonération ancienne des droits de douane *(portoria)* dont bénéficie la cité, que dorénavant le nom de toute personne proposée pour une telle distinction doit être approuvé par le gouverneur de Mésie inférieure (*CIL*, III, 781, add. P. 1009 + n. 12509 = *ILS*, 423).

LES AGGLOMÉRATIONS

Les villes frontalières

Les villes frontalières civiles qui s'étaient développées à proximité des bases militaires principales sous Hadrien et les Antonins, et devaient prospérer jusqu'à la crise du IIIe siècle, étaient sans égales dans la région du Danube.

Les fouilles effectuées dans la banlieue nord de Budapest ont découvert une bonne partie du secteur est du municipe d'Aquincum, élevé au statut de *colonia* par Septime Sévère en 194. Sur une superficie d'environ 650 m sur 440 m, recouverte essentiellement de maisons, les rues sont à peu près perpendiculaires les unes aux autres sans que l'on puisse parler d'un véritable quadrillage imposé. La rue principale était bordée de commerces, y compris un marché de produits agricoles *(macellum)* composé d'un kiosque au milieu d'un péristyle en forme de U. A proximité, se dressaient les thermes, plusieurs petits temples et les locaux importants de la corporation des artisans du textile *(schola collegii centonariorum)*, dans lesquels furent découverts en 1931 les restes d'un orgue portatif dédié par un préfet de la corporation en 228 apr. J.-C. Le reste du secteur bâti est composé de rangées de maisons étroites que divisent des ruelles contenant des ateliers divers. Il semble que la première occupation du site date de la fin du Ier siècle, époque à laquelle on construisait une forteresse légionnaire à environ 1,6 km en aval. Quand Aquincum obtint le statut de cité, une enceinte fut construite pour enfermer entre 29 et 30 ha de terrain, une superficie apparemment plus importante que celle occupée par la cité de l'époque. La cité possédait des arènes composées de remblais de terre parés de murs de pierres, et elle était approvisionnée en eau par une branche de l'aqueduc construit à l'origine pour les besoins de la légion [Póczy, 60, p. 255-258].

Carnuntum nous est moins bien connue, mais si les trois secteurs isolés ayant fait l'objet de fouilles à ce jour font vraiment partie d'une seule et même ville, celle-ci, avec une superficie d'environ 60 ha, devait être deux fois plus grande qu'Aquincum. Les maisons découvertes au sud-est ressemblent de près aux rangées de logements étroits et aux ateliers d'Aquincum. Certaines des rues sont parallèles les unes aux autres, mais, une fois de plus, aucun quadrillage ne semble avoir été imposé. Les soi-disant «vestiges du palais», au sud-ouest, avec leur nombre important de grandes pièces et leur chauffage par hypocauste, constituent les seules traces d'une structure de type public. La fonction exacte de ces locaux reste obscure, mais il y a lieu de penser qu'ils étaient utilisés par l'une des corporations florissantes d'artisans de la cité [Stiglitz, 12]. A Augusta Vindelicum, en Rhétie, les restes du municipe fondé sous Hadrien sont enfouis sous la ville médiévale, et moderne, d'Augsbourg. Nous savons que ce municipe avait une superficie de 800 m sur 800 m, sans quadrillage des rues ou îlots réguliers de maisons. Les structures en bois du Ier siècle furent remplacées plus tard par des constructions en pierre, et la cité fut munie d'une enceinte sous Hadrien ou sous Antonin le Pieux. Parmi les édifices publics, seuls les thermes ont été identifiés à ce jour, mais nous savons que la cité possédait de nombreux petits temples, maisons privées et entrepôts [Kellner, 41]. A l'origine, Gorsium (Székesfehérár), en Pannonie orientale, avait été une bourgade civile à proximité d'un camp auxiliaire mais, après la division de la Pannonie sous Trajan, la ville devint peut-être le centre du culte impérial en Pannonie inférieure. Ainsi, au moment où Hadrien lui accorda le statut de *municipium,* il semble que la construction du forum et du capitole au carrefour des deux rues principales avait déjà été commencée. Dans le forum à colonnades se dressait «l'autel de la province» *(ara provinciae),* et à côté se trouvait l'édifice contenant la salle du conseil provincial [Fitz, 22; *contra* Alföldy, 5, p. 35].

Le développement constant et la prospérité croissante des villes frontalières est en contraste très net avec le sort des petites communautés de l'intérieur, pour lesquelles l'élévation au statut de municipe et l'affranchissement personnel présentaient peu d'avantages susceptibles de justifier l'investissement de fortunes personnelles dans les constructions urbaines. Tel était le cas de Delminium, ancienne capitale des Dalmates, à laquelle les consuls romains s'étaient attaqués au IIe siècle av. J.-C., et principale communauté de la plaine de Duvno, un poljé karstique des chaînes dinariques de Dalmatie. La ville romaine, située au-dessous de l'ancien *oppidum* près de Županac, sur un site plan et plus accessible, a pu être identifiée grâce aux restes de son forum de 42 m sur 32,7 m, pavé, et enfermé sur trois de ses côtés par un mur simple avec, sur le quatrième, une basilique et la salle du conseil. L'énorme poêle, qui aurait été ajouté plus tard dans un coin de celle-ci, était sans doute essentiel pour que les affaires publiques y soient traitées convenablement lorsque soufflait le vent du nord [Wilkes, 88, p. 271-272; 371-372].

Le statut de municipe ne pouvait être étendu au IIe siècle apr. J.-C. aux bourgades civiles *(canabae)* à proximité des bases légionnaires. Et pourtant, certaines de ces bourgades s'étaient étendues au point de devenir des communautés importantes à caractère tout à fait urbain. Le repérage aérien a permis de situer une bonne partie des *canabae* de Carnuntum, qui bordent les deux côtés de la route menant à la porte sud de la forteresse. Plusieurs villes de ce type semblent avoir développé leur propre système de conseil et de magistrats pour l'administration des services communaux, mais aucune trace n'a été retrouvée d'édifices publics destinés à un tel rôle à Carnuntum. Sous les Antonins, la plupart des structures des *canabae* étaient des huttes en bois qui servaient de tavernes, de boutiques ou d'ateliers. Quand Septime Sévère mit fin au statut distinct des territoires militaires, autrefois réservés aux besoins des seules légions, les *canabae* qui s'y trouvaient et leurs nombreux habitants aisés furent intégrés dans le système municipal avec ses charges traditionnelles de devoirs et d'obligations civiques. A Aquincum, les *canabae* s'étaient maintenant transformées en maisons prestigieuses et très bien construites, avec des sols en mosaïque et, aux murs et aux plafonds, des fresques dont les thèmes devaient convenir parfaitement au goût des officiers de la garnison. Cependant, étant donné leur position stratégique, aucune de ces bourgades ne fut autorisée à construire une enceinte, et, malgré leur prospérité, elles devaient toutes garder un caractère transitoire né de la menace permanente d'expulsion ou de démolition en cas d'attaque [Mócsy, 51, p. 218-219].

Le développement des villes

L'époque de Sévère est caractérisée par un nombre croissant d'inscriptions en tous genres faisant référence à la prospérité dont jouit un éventail relativement large de couches de la société dans les villes frontalières importantes et dans leurs environs. Bon nombre de ces textes sont honorifiques, ou marquent la dédicace d'un édifice religieux ou profane. Bien des personnes nommées sont identifiées comme appartenant aux hiérarchies de leur cité, telles que les magistratures, le conseil ou un *collegium*, alors que d'autres font partie des hiérarchies militaire ou administrative de la province. Certains des premiers municipes, et notamment Carnuntum et Aquincum, furent élevés au statut de *coloniae*, tandis que l'ancienne colonie flavienne de Siscia se vit accorder le titre de *Septimia* (*CIL*, III, 3913, etc.). Quelques cités anciennes reçurent des subventions, prêts ou dotations impériales, destinés à les aider à se remettre des guerres marcomaniques. Dans la colonie ancienne fondée sous Claude à Savaria en Pannonie, on a retrouvé une référence à un livre de comptes dans lequel étaient enregistrés les intérêts mensuels dus sur un prêt de ce genre (*CIL*, III, 4152).

Les cités plus récentes, fondées sous les Antonins ou sous les Sévères, sont en général d'une superficie moins importante et d'un niveau d'urbanisation plus modeste : la présence d'une classe dirigeante parmi les propriétaires locaux est moins évidente.

Bassiana, entre Sirmium et Singidunum à l'extrême sud-est de la Pannonie, est typique des cités fondées pendant cette période. Les photographies aériennes y ont révélé un quadrillage de rues, mais le secteur entouré par l'enceinte ne recouvre que 19 ha [Grbić, 31]. On serait tenté de considérer cette agglomération comme une modeste bourgade qui, parce qu'elle se trouvait sur une route importante, s'était vu attribuer la responsabilité de l'administration locale, ainsi que des transports et du logement. Cambodunum, en Rhétie, était depuis fort longtemps la ville principale des *Estiones* celtiques, mais il est probable que son développement à l'époque romaine était dû essentiellement à sa situation à un carrefour important des routes de l'Italie et du Danube. Après une brève période de prospérité, plusieurs édifices publics avaient été construits dans la ville mais, au moment où elle fut élevée au statut de municipe, elle avait déjà perdu de son importance au profit des villes frontalières. Cette élévation au statut de cité dépendait de critères administratifs, et devait représenter pour une petite ville comme Cambodunum des charges lourdes, telles que l'entretien du réseau routier sur un terrain accidenté. Le secteur bâti augmenta tout de même, atteignant une superficie d'environ 1 000 m sur 500 m [Schleiermacher, 70]. A 1 500 milles de là, à l'est, l'agglomération composée de familles indigènes et de colons romains qui se développa au carrefour des routes de Tomes et de Durostorum porta le nom *(Tropaeum Traiani)* du grand monument érigé sous Trajan à Adam-Klissi pour commémorer ses victoires sur les Daces et sur les Sarmates. Jusque vers 170, la région avait peut-être été administrée par une vexillation de la XIe légion *Claudia* stationnée à Durostorum, mais, avec l'octroi du statut de municipe, cette fonction devint caduque. La plupart des restes retrouvés à l'intérieur de l'enceinte d'environ 10 ha datent du Bas-Empire, mais rien ne laisse supposer que le municipe initial ait jamais dépassé cette superficie. Le municipe de Tropaeum Traiani était chargé de l'entretien d'une partie du réseau routier dont dépendait la défense de la frontière ; avec l'arrivée des Slaves à la fin du VIe siècle, il fut amené à disparaître [Poulter, 62, p. 83-84]. Une requête adressée au gouverneur de Mésie inférieure au IIe siècle donne un aperçu des griefs des communautés civiles : la pétition envoyée par les habitants d'un village sur la route principale du nord de la Dobroudja fait état de la lourdeur des charges et servitudes qui sont imposées, et ils menacent de s'enfuir si un allégement ne leur est pas accordé *(ISM, I, n° 378)*. Des plaintes semblables figurent dans la célèbre pétition adressée à Gordien en 238 de la part de Scaptopara à l'ouest de cette même province. Les thermes de ce village attiraient de nombreux responsables haut placés qui s'attendaient à être logés gratuitement, alors que d'autres, qui se rendaient au marché voisin quinze fois par an, ainsi que toutes les troupes qui passaient par là, exigeaient les mêmes privilèges en proférant des menaces. Il est intéressant de constater que cette affaire attira l'attention de l'empereur parce qu'un natif de Scaptopara servait à l'époque dans la garde prétorienne *(IGBulg, IV, n° 2236)*.

Avant l'époque antonine, les institutions des cités des provinces romaines s'étaient adaptées à un rôle de caractère essentiellement fonctionnel et subalterne, comme en témoigne l'extension de ce statut aux bourgades des régions minières, jusqu'alors sous l'administration directe de l'empereur par le système bien établi de baux et de contrats. Peu à peu, certains des locataires *(coloni)* qui faisaient fonctionner leurs mines en se servant d'esclaves, de prisonniers ou de mineurs indigènes avaient amassé des fortunes considérables. Serait-ce la raison pour laquelle le gouverne-ment prit la décision d'inclure les communautés minières dans le système des municipes ? Les entrepreneurs les plus aisés devaient maintenant contribuer au financement des équipements urbains que les autorités impériales rechignaient à payer sur leurs bénéfices. Dans les mines d'ar-gent dardaniennes, certains des bâtiments existants, sans doute des entre-pôts à l'origine, furent réaménagés en centre administratif d'un nouveau municipe à Sočanica dans la vallée de l'Ibar. Les bâtiments qui avaient été utilisés par l'administration impériale des mines dalmates de Domavia dans la vallée de la Drina servirent peut-être de basilique et de salle de conseil de la nouvelle cité. Dans cette agglomération, où les bâtiments se trouvaient massés sur les flancs raides de la vallée étroite, il n'y avait pas de place suffisante pour la construction de bâtiments publics. L'édifice le plus important de la communauté, les thermes, contenait plus de cin-quante pièces et, selon les inscriptions, son entretien continua à être assuré par l'administration impériale, mais sans doute aux frais de la commu-nauté [Mócsy, 51, p. 216-217].

Non seulement les villes frontalières et minières des régions les plus recu-lées se trouvaient maintenant organisées en cités, mais les thermes à la mode bénéficiaient aussi de cette réforme de leur statut. A Ilidža, près de Sarajevo, à proximité de la source de la Bosna, en Bosnie centrale, se trouvait la célèbre station thermale dont le nom ne nous est parvenu que sous sa forme abrégée, *Aquae S.*, comme c'est le cas de plusieurs des municipes les plus récents de la région du Danube. Les fouilles effectuées vers la fin du XIX\ siècle découvrirent une partie des somptueux bâtiments des thermes (55 m sur 50 m) avec leurs sols en mosaïque, leurs murs peints et leurs chapi-teaux corinthiens importés. Des travaux plus récents ont révélé une partie de ce qui était peut-être le sanatorium. On a du mal à imaginer comment la *Res publica* d'*Aquae S.* a pu fonctionner comme centre administratif pour les habitants des collines de la région. Apparemment, ce centre de cure conti-nua à être fréquenté par des clients riches, et parmi eux au moins un séna-teur romain de rang consulaire [Wilkes, 88, p. 382-383].

Les villas et domaines

La prospérité remarquable des villes frontalières à la fin du II\ et au début du III\ siècle correspond à la multiplication à la même époque des résidences rurales prestigieuses où se pratiquent horticulture, agriculture et élevage. En Pannonie, de nombreuses résidences de ce type se trou-vaient sur les collines autour d'Aquincum ; dans la région de Brigetio, de belles demeures avaient été construites à la fin des guerres marcomaniques sur les routes qui menaient vers Aquincum et Savaria, et des constructions semblables existaient aux alentours de Scarbantia. Cette prospérité était très certainement liée à celle des villes frontalières, et donc à l'armée et à la rémunération des soldats. Une des conséquences indirectes de cette situation était la survie des petites fermes, où les fils servaient dans l'armée, alors qu'ailleurs de telles exploitations semblent avoir été remplacées par des domaines plus grands. Loin de la frontière, des exploitations importantes apparaissaient, précurseurs des énormes domaines du IVe siècle. Des villas importantes ont été retrouvées, loin de la frontière, en Mésie inférieure et en Pannonie dans la région du lac Balaton et du lac de Neusiedler, ainsi que dans le Sud sur des sites favorables de la Fruška Gora près de Sirmium et des collines de Mecsek près de Pécs. C'est dans une villa de Budalia, près de Sirmium, que le futur empereur Trajan Dèce passa son enfance (Aurélius Victor, *Césars*, 29, 1 ; Eutrope, IX, 4). A Balaca, près du lac Balaton, ont été retrouvés les vestiges magnifiques d'une villa de l'époque des Sévères, dont la décoration somptueuse est d'une qualité comparable à celle des plus belles demeures italiennes [Mócsy, 51, p. 238-240 ; Poulter, 62, p. 85-90].

LA SOCIÉTÉ

L'immigration

Les véritables origines des habitants des cités frontalières sont souvent occultées par l'emploi, dans les provinces latinophones, d'une onomastique romaine de plus en plus uniformisée. C'est en partie pour cette raison que la présence sous les Sévères d'un nombre important d'immigrants syriens attire notre attention. Les liens entre Septime Sévère et cette région sont bien attestés, en grande partie grâce au rôle éminent de l'impératrice, la princesse syrienne Julia Domna, dont un titre officiel était « la mère des camps » *(mater castrorum)*. La présence d'une importante unité d'auxiliaires syries, stationnée à Intercisa, sur la frontière sarmate au sud d'Aquincum, avait créé une enclave civile et militaire dont la culture restait entièrement syrienne et était bien représentée par lieux de culte et monuments [Fitz, 23]. Les historiens en ont déduit que ces troupes orientales ainsi que de nombreux marchands civils avaient été introduits délibérément dans la région par les empereurs afin de relancer l'économie locale à la fin des invasions des Marcomans. Cependant, il est clair qu'il y avait déjà une présence syrienne dans la région avant les guerres marcomaniques, et qu'elle y jouait un rôle important. Un exemple intéressant est fourni par le cas de Domitius Zmaragdus : cet originaire d'Antioche et membre du conseil de Carnuntum finança la construction d'un amphithéâtre sur un terrain public, mais nous ignorons duquel des deux amphithéâtres de Carnuntum il s'agit (*CIL*, III, 14359, 2). Les circonstances dans lesquelles les Syriens étaient arrivés dans la région du Danube restent obscures, mais il est clair que leur présence était motivée par le désir de tirer profit de la situation économique des villes frontalières prospères, à une époque où la région jouissait de la faveur de l'empereur et d'une attention tout à fait exceptionnelle de sa part. Certaines des familles syriennes relevaient d'un contexte militaire, à la suite des séjours des légions danubiennes dans l'Est pendant les campagnes de Lucius Vérus, puis de Septime Sévère contre les Parthes, et au moment de la guerre civile dans laquelle Sévère avait remporté sa victoire contre Pescennius Niger [Mócsy, 51, p. 227-230].

La présence d'immigrants juifs, certainement des civils, est également attestée. Sous Septime Sévère, un lieu de prière fut reconstruit à Mursa, et il y avait une synagogue à Intercisa. Bien qu'aucune trace ne nous soit parvenue de l'existence d'une communauté juive à Aquincum, la présence de beaucoup d'individus de religion juive est attestée [Mócsy, 51, p. 228]. On constate que les immigrants syriens des villes frontalières d'Aquincum et de Brigetio réussirent à atteindre le rang de magistrats. Il est également intéressant de noter que bon nombre de Syriens se déclaraient originaires, non pas des grandes cités de leur région, mais plutôt de villages ruraux. Il est possible qu'ils aient servi dans l'armée, et ensuite qu'ils aient caché leur carrière militaire pour une raison ou une autre, une fois installés sur le Danube. Les Syriens n'étaient pas les seuls immigrants dans la région (il y avait également des Africains), mais ils constituent une catégorie distincte puisqu'ils vivaient regroupés et semblent être arrivés, pour la plupart, sous Septime Sévère. La majorité des autres immigrants étaient venus dans le cadre du service militaire ou d'une autre fonction spécialisée; les Syriens étaient venus pour faire fortune, et il est clair que certains d'entre eux y parvinrent.

Les langues grecque et latine

La langue latine dominait sur l'ensemble de la frontière du Danube, et aucune trace des langues préromaines ne nous est parvenue. Il semble que le grec, présent dans les Balkans méridionaux, n'ait jamais dépassé les limites historiques de la Macédoine et de la Thrace hellénistiques. La frontière linguistique peut être définie, selon l'analyse récente de la distribution des inscriptions dans les deux langues, comme correspondant en gros aux limites méridionales des provinces de Dalmatie, de Mésie supérieure, et de Mésie inférieure [Gerov, 26]. Cette ligne de démarcation aurait à peine évolué pendant toute l'époque romaine. Au début, sur le cours inférieur du Danube, le latin se limitait aux bases militaires et aux bourgades civiles adjacentes. Les nouvelles cités grecques créées par Trajan au nord de l'Hémus en Thrace, Nicopolis ad Istrum et Marcianopolis, avaient gardé la culture grecque, mais l'essor du latin attesté par les épitaphes des pierres tombales et par les dédicaces religieuses atteignit peu à peu les petites communautés de l'intérieur dans l'ensemble de la région, grâce au recrutement dans l'armée et à l'installation des vétérans. Sur la côte de la mer Noire, les anciennes colonies grecques au sud du Danube gardèrent, elles aussi, leur caractère hellénique, alors que l'ensablement des lagons environnants fut peut-être la cause du déclin d'Histria (Istros) dont le rôle dominant devait être assumé par Tomes, devenu la résidence principale du gouverneur de Mésie inférieure.

La culture provinciale

Rien ne laisse supposer qu'il y ait eu, dans l'ensemble de la région du Danube, ce que l'on pourrait appeler une « résistance indigène organisée » contre la domination romaine ou contre le mode de vie romain. Les vagues sporadiques de brigandage attestées dans les sources historiques n'auraient jamais constitué une réaction spécifique contre l'autorité de Rome, pas plus que sous les quelques régimes comparables qui ont, depuis, essayé d'affirmer leur suprématie sur cette région. La plupart des communautés indigènes, à l'exception de celle des Daces, survécurent intactes à la conquête romaine, ou réussirent à se rétablir, après une génération ou deux, pour accepter par la suite un mode de vie de type romain. Des indigènes qui avaient servi d'abord dans les unités auxiliaires, et de leurs fils enrôlés dans les légions, naquirent les ancêtres d'une nouvelle classe militaire qui devait dominer l'Empire pendant plusieurs siècles à partir d'une base de pouvoir danubienne. Auparavant, le petit nombre d'indigènes qui avaient, semble-t-il, atteint les rangs équestre et sénatorial au IIe siècle, avant la crise marcomanique, était issu des premières colonies. L'influence de la région du Danube sur l'ensemble du monde romain fut minime par rapport à celles de la Gaule, de l'Espagne ou de l'Afrique du Nord : aucun historien, poète ou philosophe ne se réclame de cette région. Le Danubien typique aurait été plutôt sur le modèle de Sextus Julius Severus, consul en 127 apr. J.-C. et « meilleur général » d'Hadrien, à qui on avait confié la tâche de réprimer une révolte majeure des Juifs en 133-135 apr. J.-C. Des ancêtres de Julius Severus avaient été parmi les premiers vétérans à fonder la colonie d'Aequum dans le sud de la Dalmatie [Alföldy, I, p. 116-119].

L'INVASION DE L'EMPIRE
ET L'EFFONDREMENT DE LA FRONTIÈRE

De nouveaux signes de malaise apparurent parmi les garnisons danubiennes sous Sévère Alexandre, dernier de sa dynastie, qui fut assassiné lors d'une émeute parmi ses troupes en Germanie en 235 apr. J.-C. Avant cet événement, les Danubiens qui servaient sur la frontière orientale avaient demandé à retourner dans l'Ouest en apprenant la nouvelle des attaques menées contre leur pays natal (Hérodien, VI, 7). Ils accordèrent leur soutien le plus complet au régime de Julius Maximinus, issu de leurs propres rangs et originaire de la région à la limite de la Thrace et de la Mésie. Après avoir renversé Sévère Alexandre, Maximin se rendit sur le Danube ; il y passa la majeure partie de son règne (236-238 apr. J.-C.) en dirigeant les opérations militaires à partir de son quartier général de Sirmium (Hérodien, VII, 8 ; VIII, 6). Ce séjour de Maximin à Sirmium marque la renaissance de cette ville, d'abord comme centre stratégique et ensuite comme véritable centre du pouvoir politique, rôle qu'elle gardera jusqu'à la fin du siècle. Pendant les années 240, la Dacie et la région du Danube inférieur se trouvaient déjà confrontées à une menace grandissante de la part des Goths, qui cherchaient à franchir la frontière en masse et à pénétrer sur le territoire romain. Sirmium, au carrefour danubien, était le centre à partir duquel presque toutes les opérations étaient dirigées contre eux, soit par les commandants en chef désignés par le pouvoir central, soit par des usurpateurs locaux du pouvoir impérial, parfois par des personnes relevant à la fois de ces deux catégories. Ainsi, Sirmium exprimait l'exigence locale que ce centre du pouvoir militaire fût soutenu par les ressources de l'Empire entier.

En 247, l'empereur Philippe dirigea lui-même les opérations menées contre les Carpes qui menaçaient la Dacie. L'année suivante, le commandement du cours moyen du Danube fut reconstitué à Sirmium sous Tiberius Claudius Marinus Pacatianus, mais sans qu'aucune forteresse légionnaire, ou centre de gouvernement, n'y fût installée. Plus tard, la tentative d'usurpation du pouvoir impérial par Pacatianus fut un échec, mais cet épisode montre bien que la demande d'une autorité impériale présente dans la région restait réelle. Pacatianus fut remplacé par Caius Messius Traianus Decius, sénateur éminent de Rome, mais également originaire de Sirmium. Celui-ci usurpa le pouvoir, apparemment contre son gré, à la suite d'une victoire qu'il avait remportée sur les Goths, et son succès fut confirmé quand ses armées marchèrent sur l'Italie et vainquirent Philippe. Trajan Dèce remporta quelques victoires locales, et il fut proclamé « restaurateur de la Dacie » à Apulum en 250, mais la mort de l'empereur et de son fils, tués au combat contre les Goths à Abrittus (Razgrad) en Mésie inférieure en 251, mit fin au règne. Le gouverneur de cette même province, Trebonianus Gallus (Trébonien Galle), s'empara de l'autorité impériale, mais il fut très rapidement remplacé à Sirmium par un commandant plus efficace, Aemilius Aemilianus (Émilien). En 253, celui-ci fut tué, laissant la place à Valérien, et nous n'avons plus de nouvelles des événements sur la frontière avant la série d'incursions importantes faites par les Germains Suèves et les Sarmates qui franchirent le cours moyen du Danube en 258-260. La Dacie subissait alors des attaques encore plus graves, et son abandon effectif par les autorités impériales daterait de cette même période.

Dans cette situation confuse, le commandement de Sirmium se réaffirme à travers une série de généraux usurpateurs du pouvoir impérial, et notamment Ingenuus et Regalianus, qui remportent quelques succès contre les Sarmates. En 260, Gallien installe à Sirmium son général expérimenté Aureolus, avec une armée amenée de Bretagne et de Germanie. A cette époque, la demande d'admission dans l'Empire formulée par les Germains est exaucée par l'établissement d'un accord avec les Marcomans en Pannonie. Il se peut que Gallien, en installant une armée à Sirmium sous la responsabilité d'un général important, ait enfin concédé ce que les Illyriens réclamaient depuis presque une génération. Les noms des légions qui composaient cette armée, les *legiones Illyricanæ,* sont attestés sur des pièces de monnaie. La concentration des légions dans la région du moyen Danube est soulignée encore par le transfert vers l'ancienne base légionnaire de Poetovio sur la Drave, dans le sud-ouest de la Pannonie, des deux légions daces dont la présence impliquait, manifestement, une grave responsabilité stratégique.

Après une période de stabilité qui durera jusqu'à la fin des années 260, les Goths, contournant le Danube inférieur, arrivent dans la mer Égée pour piller les cités de Grèce et d'Asie Mineure. La gravité des dégâts provoqués peut être mesurée au grand désarroi exprimé par le monde grec, et expliquerait les éloges adressés à l'empereur Claude II qui, en 268 apr. J.-C., remporte une victoire importante sur les Goths à Naissus en Mésie alors que ceux-ci sont sur le chemin du retour. Gallien et Aureolus avaient été éliminés et remplacés par Marcus Aurelius Claudius, originaire de Dardanie en Mésie méridionale. L'accession de Claude II, appelé « le Gothique » en souvenir de sa victoire, marque le début d'une phase nouvelle pendant laquelle l'autorité légitime et centrale de l'Empire sera exercée par une série d'empereurs illyriens, dont plusieurs sont originaires de la région de Sirmium. Claude meurt de la peste à Sirmium en 270, et les Illyriens, ayant rejeté la nomination par le Sénat du frère de l'empereur défunt, choisissent le redoutable Lucius Domitius Aurelianus, natif de Sirmium [Mócsy, 51, p. 202-212].

Les invasions qui avaient frappé les provinces danubiennes pendant les règnes de Trajan Dèce, Valérien et Gallien semblent avoir eu un effet catastrophique sur les communautés frontalières, autrefois si prospères. La reconstruction des thermes militaires à la base légionnaire d'Aquincum (*CIL,* III, 3525 = 10492), et la construction d'un nouveau *mithraeum* coûteux à Poetovio par les légions daces semblent confirmer l'appauvrissement des cités (*AIJ,* p. 144-150, n°s 311-322).

Quand les Illyriens de Sirmium s'emparent du pouvoir impérial central en 268, les liens entre l'armée et les communautés frontalières commencent à s'affaiblir. Cette tendance se confirme sous Aurélien, quand les régions détachées de l'Empire en Occident et en Orient sont ramenées sous l'autorité du pouvoir central. Le retrait officiel des garnisons de Dacie, et l'installation des civils et des militaires dans une Nouvelle Dacie, au sud du Danube, ne font que confirmer un état de fait qui existe depuis une quinzaine d'années déjà. Les Illyriens, maintenant qu'ils gouvernent à partir du centre de l'Empire, se trouvent de plus en plus éloignés de leurs bastions danubiens. Dioclétien, Maximien, Galère,

Constantin et Valentinien, tous d'origine illyrienne, ne favorisent pas particulièrement leur région, ou les villes frontalières. Seules les nouvelles capitales impériales, Sirmium, Serdica et Thessalonique, situées sur les grands axes routiers, révèlent la présence de la cour impériale, par leurs énormes édifices et leurs palais. Les empereurs se retirent bientôt dans une cour d'une splendeur orientale, et les armées redeviennent résolument fidèles à la succession dynastique, comme au bon vieux temps.

CHAPITRE VII

Le monde grec européen
et la Cyrénaïque

PAR PIERRE CABANES

Si la présence romaine n'est pas nouvelle en Grèce, il est sûr que la victoire d'Actium, remportée par le jeune Octavien, le 2 septembre 31 av. J.-C., sur la flotte de Marc Antoine et de la reine Cléopâtre, dernière représentante de la dynastie lagide, marque un tournant important dans l'histoire du monde grec européen. On peut, certes, dire qu'Actium marque aussi une date capitale dans la transformation de l'État romain en un principat nouveau, mais l'évolution était en cours depuis un certain temps, tandis qu'en Grèce, le nouveau maître prend des dispositions qui vont durablement marquer les structures de ce petit monde du sud de la péninsule Balkanique.

Après la victoire de Paul-Émile sur le roi Persée, en 167, à l'issue de la troisième guerre de Macédoine, celle-ci avait été partagée en quatre districts ou *mérides* qui avaient pour chefs-lieux Amphipolis, Thessalonique, Pella et Pélagonia (Diodore, XXXI, 8, 9 ; Tite-Live, XLV, 29, 9, sans doute l'un et l'autre d'après Polybe), mais ces quatre régions appartenaient à l'ensemble macédonien administré par le *synédrion*, composé de délégués des *mérides* [F. Papazoglou, 49, p. 53-66]. L'insurrection de 149 conduite par Andriscos, qui se prétend fils du roi Persée, menace l'organisation voulue par Paul-Émile. L'ère provinciale macédonienne commence à l'automne 148, au moment de la défaite d'Andriscos ; c'est alors que Rome opte pour la provincialisation de la Macédoine. D'autres troubles touchent la Fédération achéenne en raison de décisions du Sénat romain qui pouvaient conduire à une réduction importante du *Koinon* achéen ; la victoire romaine, la prise de Corinthe par L. Mummius et sa destruction (146) entraînent également une réorganisation de la présence romaine en Grèce centrale et méridionale.

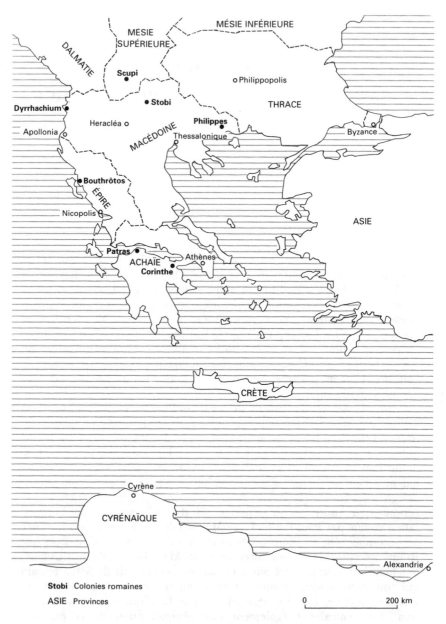

DALMATIE

MÉSIE
SUPÉRIEURE

MÉSIE INFÉRIEURE

Scupi

o Philippopolis

Dyrrhachium

Stobi

THRACE

Heracléa o

— Apollonia

MACÉDOINE

Philippes

Thessalonique

Byzance

Bouthrôtos

ÉPIRE

— Nicopolis

ASIE

Patras

ACHAÏE
Corinthe

Athènes

CRÈTE

Cyrène
o

CYRÉNAÏQUE

Alexandrie

Stobi Colonies romaines

ASIE Provinces

0   200 km

Les provinces grecques européennes et la Cyrénaïque au IIe siècle apr. J.-C.

LA PROVINCE DE MACÉDOINE

En réalité, les sources anciennes n'attestent pas formellement la transformation de la Macédoine en province romaine ; seul, l'abréviateur de Tite-Live place dès 167 la réduction de la Macédoine à l'état de province *(Macedonia in provinciae formam redacta)*. C'est seulement en 148 que la province romaine de Macédoine est organisée ; ses limites demeurent mal connues, notamment à l'ouest [cf. F. Papazoglou, 48, p. 302-369 (avec une carte des limites de la province) et É. Deniaux, 15, p. 402-404] : Byllis et sa région étaient intégrés à la province de Macédoine en 57-56, au moment du gouvernement de Pison, puisque Cicéron cite les *Bullienses,* avec les *Parthini,* comme victimes du gouverneur romain (*In Pisonem,* 40, 96) [cf. É. Deniaux, 14, p. 263-270]. C'est dire qu'une partie des territoires d'Illyrie méridionale prolongeait dans la province de Macédoine, en direction de la mer Adriatique, les territoires des *Parauaioi* et des *Atintanes* intégrés dans la quatrième *méris* dès 167. Cicéron accuse aussi Pison d'avoir ruiné Dyrrachium et Apollonia ; le contrôle de ces deux cités assurait à la province de Macédoine une large ouverture sur la façade de la mer Adriatique *(Dyrrachium et Apollonia exanitata)*. On ne saurait affirmer que l'intégration de ces régions occidentales à la province romaine de Macédoine remonte à la fondation de l'organisation provinciale ; mais il est sûr que Rome avait avantage à contrôler, de bout en bout, la *via Egnatia* qui reliait Dyrrachium et Apollonia à Thessalonique. Faut-il ajouter aussi toute l'Épire à la province de Macédoine dès 148, comme le croit P. R. Franke [22, p. 218] ? C'est une possibilité, mais qu'aucune source ne vient encore étayer.

LA SITUATION DE LA GRÈCE
A PARTIR DE 146 AV. J.-C.

Plus au sud, en 146, la Grèce, ou plus exactement les territoires qui ont participé au soulèvement au côté des Achéens, a été confiée à l'autorité du proconsul de Macédoine qui est le seul magistrat régulièrement envoyé dans les Balkans ; la Grèce ne constitue en rien une province distincte et elle n'est pas non plus intégrée à la Macédoine. Cette partie de la Grèce, contrainte à verser le tribut aux Romains, semble avoir bénéficié, quelques années plus tard, de la restauration des structures fédérales que

Rome avait supprimées après sa victoire, d'après Pausanias, VII, 16, 10 (mais le texte de Pausanias contient bien des erreurs, notamment lorsqu'il affirme l'existence d'un gouverneur d'Achaïe dès cette époque, ce qui peut paraître normal pour un Grec du IIe siècle apr. J.-C. habitué à cette organisation). Comme le résume bien J.-L. Ferrary [19, p. 206] : « La surveillance de la Grèce tributaire dut constituer une *prouincia*, régulièrement confiée au même magistrat qui recevait la *prouincia Macedonia*, mais distincte de cette dernière. » Les exemples d'interventions du gouverneur romain de Macédoine en Grèce ne manquent pas, durant le siècle qui suit la création de la province ; ils sont réunis par J.-L. Ferrary [18, p. 772-773 ; 19, p. 186-209] : lettre du proconsul Q. Fabius Maximus (*Syll.*[3], 684 = R. Sherk, *RDGE*, 43) à la cité de Dymè en 144 ; en 125, le Sénat confie au gouverneur de Macédoine le soin de convoquer le conseil amphictyonique pour régler une affaire d'appropriation des biens sacrés par des notables de Delphes (*RDGE*, 42) et encore l'appel des technites dionysiaques athéniens au gouverneur romain de la province de Macédoine contre les technites de l'Isthme, en 118 (*Syll.*[3], 704 K et 705 = *RDGE*, 15), ce qui prouve l'intervention du gouverneur romain, même dans les affaires de la Grèce libre, non tributaire.

La guerre de Mithridate a fait sentir ses effets en Grèce d'Europe : Athènes passa du côté du roi ; Lacédémoniens, Achéens, Thébains se soumirent ; les Thraces, alliés de Mithridate, pillèrent le sanctuaire de Dodone, mais une grande partie de la Grèce, confiante dans le soutien du gouverneur romain de la province de Macédoine, résista. L'action de Sylla fut cruelle pour la Grèce : Athènes ruinée, la Béotie ravagée, les trésors d'Olympie, de Delphes et d'Épidaure réquisitionnés par Sylla ; Delphes est pillée par les Thraces en 85-84, Délos mise à sac par les troupes pontiques. Les institutions mêmes d'Athènes sont modifiées par les Romains dans un sens plus oligarchique. Par la suite, la Grèce est, comme la Macédoine, victime des malversations et des exactions de L. Calpurnius Pison, selon les affirmations de Cicéron, *In Pisonem*, 40, 96 *(Achaia exhausta, Thessalia vexata, laceratae Athenae ; Locri, Phocii, Boeotii exusti, Acarnania, Amphilochia, Perrhaebia, Athamanumque gens vendita ; Aetolia amissa).*

LA THRACE

Vers l'est, la situation est moins claire ; depuis la mort du roi Lysimaque (281) et l'invasion celte qui a suivi, la Thrace n'a pas retrouvé son unité politique ; elle réunit des ensembles très hétérogènes : cités grecques de la côte égéenne et de la côte du Pont Gauche, au sud de l'embouchure du Danube, *ethnè* indigènes plus ou moins hellénisés et souvent bousculés par des tribus gètes et sarmates qui traversent le Danube. Après la bataille d'Actium, Octave reconnaît les rois alliés Rhoimétalkès Ier et l'Odryse Cotys V qui ne contrôlent que partiellement la Thrace mais ces princes clients ont mission d'assurer la sécurité des frontières de la Macédoine voisine. Dès 29 av. J.-C. le gouverneur de la province de Macédoine, M. Licinius Crassus, lutte contre les Bastarnes qui ont franchi le Danube ; de nouvelles opérations militaires sont nécessaires entre 22 et 13 ; après de rudes combats (13-11), l'unité de la Thrace est reconstituée sous l'autorité du seul Rhoimétalkès, après la mort de Rhescuporis, fils de Cotys V. La création de la province de Mésie [cf. R. Syme, 65], en 4 apr. J.-C., le long du Danube, permet aux Romains de mieux contrôler cette frontière septentrionale avec trois puis deux légions. En 13 apr. J.-C., la mort de Rhoimétalkès Ier est suivie du partage de son royaume thrace entre son frère Rhescuporis III et son fils Cotys VIII. Le premier, s'estimant défavorisé lors du partage, se révolte en 14 après la mort d'Auguste ; il fait assassiner son rival en 19 ainsi que le propréteur de Mésie. Il est finalement arrêté, transféré à Rome où il est tué à son tour. La Thrace est alors partagée entre son fils Rhoimétalkès II et les enfants mineurs de Cotys VIII, placés sous la tutelle du propréteur Trebellenus Rufus. Les cités du Pont Gauche étaient, depuis 13 apr. J.-C., confiées à un *praefectus orae maritimae* et peut-être intégrées à la province de Mésie. Les menaces extérieures sont telles que le légat de Mésie a autorité sur toute la péninsule Balkanique, y compris les provinces sénatoriales d'Achaïe et de Macédoine. Caligula conforte la position de son ami d'enfance Rhoimétalkès III, fils de Cotys VIII. C'est en 46, sous l'empereur Claude, que la Thrace est annexée à l'Empire sous l'autorité d'un procurateur assisté de stratèges administrant chacun l'une des subdivisions territoriales qualifiées de stratégies. La Thrace devient province impériale prétorienne sous Trajan ; l'urbanisation progressive aboutit, dans la seconde moitié du IIe siècle, à l'abandon des stratégies au profit de cités. Ovide, exilé à Tomes (l'actuelle Constanza), à partir de 8 apr. J.-C. jusqu'à sa mort en 17, a laissé de belles descriptions de son lieu d'exil où vit « un mélange de Grecs et de Gètes, mais les Gètes mal pacifiés l'emportent ; une plus grande foule de Gètes et de Sarmates va et vient fréquemment à cheval sur les routes » (*Tristes*, V, septième élégie).

LA CYRÉNAÏQUE

L'histoire de la Cyrénaïque [cf. A. Laronde, 37, p. 1006-1064] est celle d'une transition plus douce qui conduit de la domination lagide à la provincialisation au sein de l'État romain : elle est promise aux Romains dès le milieu du IIᵉ siècle apr. J.-C. par le testament de Ptolémée Physkon (*SEG*, IX, 7), puis à nouveau léguée par le dernier Lagide régnant à Cyrène, Ptolémée Apion, mort en 96. Mais les cités restent libres et Rome reprend seulement l'exploitation du domaine royal. C'est en 74 (Salluste, *Hist.*, II, 43, Appien, *BC*, I, III, 517-518) que la Cyrénaïque devient une province de rang questorien ; incluse dans le grand commandement attribué à Pompée par la *lex Gabinia* (67) pour lutter contre les pirates, la Cyrénaïque est confiée à Cn. Cornelius Lentulus Marcellinus avec le titre de *legatus pro praetore* (Appien, *Mithr.*, 95 ; Florus, III, 6, 3 et 9). La date de l'union, au sein de la même province, de la Crète et de la Cyrénaïque, est discutée : G. Perl [51] constate que Crète et Cyrénaïque sont séparées dans les années 52-49 et 44-43 ; c'est Antoine qui les réunit de 40 à 34. Elles semblent à nouveau séparées lorsque Antoine fait donation de la Cyrénaïque à Cléopâtre Sélènè en 34. Ensuite, ces deux régions éloignées de trois cents kilomètres demeurent unies au sein de la même province jusqu'à Dioclétien.

LA RÉORGANISATION EN 27 AV. J.-C.

En 27 av. J.-C., l'Achaïe est séparée de la Macédoine et devient une province à part, l'une et l'autre étant confiées à l'administration sénatoriale, tout comme la province de Crète-Cyrénaïque. Les trois provinces sont administrées par un proconsul de rang prétorien. Strabon, XVII, 840 et Dion Cassius, LIII, 12, 4 permettent d'établir les limites entre les deux provinces européennes, même si le texte, sans doute corrompu, de Strabon peut prêter à des interprétations très diverses : l'Achaïe comprend le Péloponnèse et toute la Grèce centrale ; à l'Achaïe semblent être attribuées la Thessalie et l'Épire, ce qui ne prive pas la Macédoine d'une façade sur l'Adriatique, au nord de l'Épire, dans la région d'Apollonia et de Dyrrachium (fragment 10, Epit. de Strabon). Mais, à plusieurs reprises, des modifications dans la répartition des provinces entre l'empereur et le Sénat sont intervenues : ainsi sous Auguste, en 16-13, Agrippa reçoit un *imperium* proconsulaire sur tout l'Orient et l'Achaïe est donc enlevée à l'administration sénatoriale ; dans les dernières années avant notre ère, un commandement militaire est institué sur le territoire de la future province de Mésie, qui est créée en 4 apr. J.-C. ; de 15 à 44, la Macédoine et l'Achaïe reviennent à l'administration impériale ; Poppeus Sabinus est resté vingt-quatre ans gouverneur de la grande province qui réunit Macédoine, Mésie et Achaïe (Tacite, *Annales*, VI, 39, 5), alors que d'ordinaire les légats sont renouvelés au bout de trois ans. Sous Claude, en 46, la Thrace, qui était alors un royaume vassal, devient province à part entière, avec une frontière située le long du Nestos, la séparant de la Macédoine.

En 67, Néron proclame à Corinthe, comme autrefois T. Quinctius Flamininus, la liberté des Grecs, qui s'étend à toutes les communautés réunies dans la province d'Achaïe (cf. l'inscription d'Akraiphiai, chez M. Holleaux, 33, p. 165-185, et les témoignages de Suétone, *Néron*, 24 et Plutarque, *Vie de Flamininus*, 12, 13) ; cette liberté s'accompagnait de l'exemption de taxes. C'est la résurgence d'un vieux thème courant en Grèce depuis, précisément, que la liberté n'existe plus, après Alexandre le Grand. Concrètement, cette proclamation entraînait la disparition de la province d'Achaïe, et privait donc le Sénat des revenus de cette province. Vespasien a, en 72, abrogé cette décision et l'Achaïe a repris son statut ancien de province sénatoriale.

LA PROVINCE D'ÉPIRE
(108 APR. J.-C.)

La création de la province procuratorienne d'Épire a été placée tantôt en 67 [par Ph. Horowitz, 34, p. 230-231, suivi par H. Pflaum, 52, p. 43], après que Néron eut libéré l'Achaïe, tantôt sous Trajan ; en réalité, sa création intervient peu après 108 : dans une lettre (VIII, 24, 2) de cette année-là, Pline le Jeune parle d'un *corrector*, sans doute Sex. Quinctilius Valerius Maximus évoqué par Arrien, *Les Entretiens d'Épictète*, III, 7 (*diorthôtès tôn éleutherôn poléôn*) et Pline le qualifie de *missus in provinciam Achaiam... ad ordinandum statum liberarum civitatium*. Th. Sarikakis [60, p. 197-198] utilise avec raison la mention de ce magistrat romain, présent non seulement à Athènes et Sparte, comme le note Pline, VIII, 24, 4, mais dans toutes les cités libres de la province d'Achaïe, y compris la région de Nicopolis, pour démontrer que la fondation de la province d'Épire est postérieure. Cette fondation suit, sans doute de peu, cette année 108, puisque le même Arrien rapporte, dans les *Entretiens d'Épictète*, III, 4, le parti pris excessif en faveur d'un comédien que manifeste le procurateur d'Épire *(épitropos tès Èpeírou)* au théâtre de Nicopolis, procurateur qui pourrait être Cn. Cornelius Pulcher [Th. Sarikakis, 60, p. 200-201 ; *PIR*², II, 1424 ; H. G. Pflaum, 53, n° 81 ; cf. P. Cabanes, 10, p. 153, n. 4].

SUBDIVISIONS ADMINISTRATIVES AU SEIN DES PROVINCES

On est, d'abord, frappé par la vitalité des structures fédérales dans les provinces établies en Grèce, au début de l'Empire. Sans doute dissoutes après la destruction de Corinthe (146), dans les régions de Grèce qui avaient pris le parti des Achéens, ces structures ont été rétablies quelques années plus tard ; l'existence de *koina* est affirmée en Thessalie, chez les Magnètes, en Béotie, Phocide, Arcadie, Achaïe.

Si on regarde l'exemple thessalien [cf. B. Helly, 32], on voit les Romains autoriser, en 196, après la libération de la Thessalie, dominée depuis 350 par les Macédoniens, la mise en place de plusieurs États fédéraux : celui des Thessaliens proprement dits, et ceux des Magnètes, des Perrhèbes, des Ainianes, des Oitaiens, dont le nombre est ensuite réduit à deux : le *koinon* thessalien et le *koinon* magnète. César accorde aux Thessaliens l'exemption du tribut, pour les remercier de leur soutien (Plutarque, *César*, 48 ; Appien, *BC*, II, 88). La Thessalie est, d'abord, rattachée à la province d'Achaïe sous Auguste, mais plusieurs inscriptions attestent qu'au IIe siècle, elle est intégrée à la Macédoine, mais on hésite sur la date du rattachement à la Macédoine : soit sous Antonin le Pieux soit sous Néron, comme l'a proposé G. W. Bowersock [8]. Le *koinon* des Thessaliens est le plus étendu ; c'est à Larisa que siège le *synédrion* fédéral des Thessaliens, tandis que le port de Démétrias est le chef-lieu du *koinon* des Magnètes. En dehors de Larisa, Démétrias, Thèbes de Phthiotide et Hypata, les autres *poleis* font figure de bourgades ou de villages, mais elles ont conservé leurs institutions, leurs magistrats – les mêmes qu'à l'époque hellénistique. Une inscription de Larisa (publiée par A. S. Arvanitopoulos, *Arch. Éph.*, 1910, n° 6, col. 354-361), datée entre 4 et 19 apr. J.-C., commémore la consécration à Auguste, Tibère, Germanicus et Drusus le Jeune, d'un domaine avec tout ce qui en dépend et toutes ses productions ; l'auteur de la consécration est Gaius

Iulius Apollophanès, qui est un affranchi impérial responsable du *patrimonium* d'Auguste, avec rang de procurateur ; ce domaine impérial paraît correspondre au territoire de Phères ; c'est donc le territoire d'une cité entière de Thessalie qui constitue ce domaine impérial. Dans une liste d'affranchissement de Phères (*IG,* IX, 2, 415 *c,* l. 73), il apparaît qu'Auguste est stratège du *koinon* thessalien dans les premières années du principat. Le *synédrion* des Thessaliens, en 15 apr. J.-C., rend son arbitrage entre des cités à propos de contestations territoriales (*IG,* IX, 2, 261 : 298 voix en faveur de Kiérion contre 31 pour Métropolis et 5 votes nuls). Le *koinon* des Magnètes est encore présent dans une inscription de Démétrias datant de 283, du règne de Carin (*Syll.*[3], 896), juste avant que Dioclétien prive la Grèce de tout reste de liberté.

D'autres *koina* apparaissent aussi dans les sources littéraires et épigraphiques : celui des Phocidiens est mentionné par Pausanias (X, 4, 1 et 33, 1) qui évoque la réunion de son assemblée et décrit le bâtiment où elle se réunit (X, 5, 1-2). Le *koinon* des Béotiens est toujours vivant au début du IIIe siècle (*IG,* IX, 1, 218). Une inscription d'Olympie (*Syll.*[3], 882) fait état du *koinon* des Arcadiens, en 212-213 ; dans une autre (*Syll.*[3], 893), le *koinon* des Achéens passe un accord avec les Messéniens, en 257.

La Macédoine comporte aussi des subdivisions territoriales. La date de fondation d'un *koinon* des Macédoniens pose problème : les uns ont voulu y voir le prolongement de celui qui existait à l'époque hellénistique, d'autres une création de l'époque impériale chargée du culte de l'empereur [cf. F. Papazoglou, 49, p. 64-66]. Une inscription de Beroia, très lacunaire, atteste l'existence du *koinon* des Macédoniens et des *merides* sous les Flaviens [cf. F. Papazoglou, 49, p. 65, n. 58], sans qu'on connaisse bien leur rôle dans l'administration de la province. A Argos Orestikon, une inscription de l'époque de Claude [Th. Rizakis - G. Touratsoglou, 58, p. 188] prouve l'existence du *koinon* des Orestes. Le texte le plus intéressant de cette région est le décret de l'assemblée des Battynaioi [Th. Rizakis - G. Touratsoglou, 58, p. 186] que l'on peut dater du milieu du IIe siècle selon F. Gschnitzer [30], bien que l'inscription soit datée, ligne 40, de 192-193 (30 Artémisios 340, selon l'ère macédonienne commençant en 148). Voté sous la présidence du politarque, il a trait au droit d'exploitation des terres publiques. Les *Battynaioi* constituent une communauté autonome régie par l'assemblée des citoyens. Cette communauté appartient au *koinon* des Orestes, qui en comporte plusieurs. L'exploitation des terres publiques est réservée aux seuls Orestes (c'est-à-dire les *Battynaioi* et les membres des autres communautés réunies au sein du *koinon* des Orestes) ; les autres provinciaux *(éparchikoi)* ne bénéficient pas des mêmes avantages sur ces terres publiques. Le *koinon* délègue trois ambassadeurs pour soumettre le décret à l'approbation du gouverneur.

LES COLONIES ET LES CITÉS LIBRES

C'est Corinthe qui accueille la première colonie en 44, sous le nom de *Colonia Laus Iulia Corinthus* ; ses *duoviri* témoignent de son organisation de type latin [cf. M. Amandry, 3, et aussi J. Wiseman, 67, et J. Murphy O'Connor, 43], mais, si les monnaies portent des légendes latines, les inscriptions témoignent de l'emploi du grec et du latin concurremment. Chef-lieu de la province d'Achaïe malgré son statut particulier, Corinthe connaît, à partir d'Auguste, une renaissance remarquable et ses deux ports (Léchaion à l'ouest sur le golfe de Corinthe, et Cenchréai à l'est sur le golfe Saronique) lui assurent un rôle majeur dans les échanges commerciaux en Méditerranée orientale, rôle facilité par la ruine de Délos à l'époque des guerres mithridatiques.

La colonie de Buthrotum (l'antique Bouthrôtos, connu par de très nombreuses inscriptions comme chef-lieu du *koinon* des *Prasaiboi* aux IIᵉ et Iᵉʳ siècles av. J.-C.) a connu une gestation difficile, bien attestée à travers la correspondance de Cicéron avec son ami T. Pomponius Atticus, établi lui-même depuis 59 au moins sur un vaste domaine proche de Bouthrôtos (cf. *Att.*, XVI, 16 A à F et *Att.*, XV, 14). Comme le résume bien É. Deniaux [15, p. 363], « c'est à la suite d'une taxe impayée que César avait décidé de prendre une partie des terres de Buthrote pour les donner à des colons », mais rien n'indique la raison de cette taxation. Devant cette perspective inquiétante, les habitants de Buthrotum demandent l'aide d'Atticus qui fait agir son ami Cicéron dans l'espoir d'amener César à renoncer à son projet. César semble d'accord pour annuler l'opération si le reste de la somme due lui est versé et Atticus propose d'avancer l'argent pour éviter l'établissement de colons. Atticus et Cicéron rendent même visite à César, mais celui-ci est assassiné peu après sans avoir rendu officielle la décision favorable aux habitants de Buthrotum. Par la suite, la colonie est tout de même fondée dans l'été 44, malgré toutes les démarches effectuées par Cicéron auprès des successeurs immédiats de César. Le monnayage témoigne de cette situation de colonie à l'époque d'Auguste et de ses successeurs ; des inscriptions récemment publiées montrent l'intérêt que la famille impériale portait à la colonie de Buthrotum : Lucius Domitius Ahenobarbus est patron de la colonie, après son consulat géré en 16 av. J.-C. [cf. P. Cabanes, 9, p. 123-124 ; H. Freis, 24] ; il a épousé la fille de Marc Antoine et d'Octavie, la sœur d'Auguste, Antonia Major ; une autre inscription est en l'honneur de Germanicus [G. Pollo, 55] dans l'année 12-13 apr. J.-C.

Photicè, en Thesprôtie, est une colonie connue surtout par ses inscriptions ; elle est sans doute fondée avant la fin du Ier siècle av. J.-C.

Dans le Péloponnèse, Patras et Dymè ont aussi le statut de colonie ; la première est fondée par des vétérans, après la bataille d'Actium (Strabon, VIII, 387), ou plus probablement en 14 av. J.-C., selon Eusèbe [cf. E. Meyer, *RE*, XVIII, 2210] ; sa population est complétée par l'installation de Grecs venus des régions voisines (Pausanias, VII, 18, 7).

En Macédoine, les principales colonies sont établies à Pella fondée en 30, à Philippes (Strabon, VII, fr. 41) où la ville reçut des vétérans de l'armée d'Antoine, en 42 ou 41, après la victoire des triumvirs sur l'armée de Brutus et de Cassius ; en 30, Octave y envoie de nouveaux colons italiens et en 27 elle prend le nom de *Colonia Iulia Augusta Philippensis*. A Dion, selon Pline, *NH*, IV, 35, la colonie remonte à l'époque augustéenne ; Cassandrea est aussi considérée comme colonie par le même Pline l'Ancien ; elle a été fondée par Q. Hortensius qui était proconsul en 44-43 et était du côté de Brutus ; elle est refondée après 30 av. J.-C. et porte le nom de *Colonia Iulia Augusta Cassandrea*. A l'ouest, Dyrrachium devient colonie en 30 av. J.-C. puis reçoit des vétérans selon Dion Cassius, LI, 4, 6 ; et Byllis, dans l'arrière-pays d'Apollonia, est mentionnée comme colonie par Pline, *NH*, IV, 35, et ce fait est confirmé par la grande inscription rupestre gravée sur la falaise en dessous de la ville [cf. C. Patsch, 50, col. 103-110] qui date des années 162-165. Étienne de Byzance, *s.v.* Strobos, pour Stobi très certainement, la considère comme une colonie.

La fondation la plus importante d'Octave, en Grèce, n'est pas une colonie, mais une cité grecque, Nicopolis, fondée en 30 av. J.-C. dans la presqu'île de Prévéza pour commémorer la victoire remportée à Actium. Cette très grande ville est peuplée par les populations contraintes à quitter leur pays d'origine : Ambracie, Cassopie, Acarnanie et jusqu'à des Étoliens. Strabon, VII, 7, 6 la décrit comme « une ville populeuse dont la croissance s'affirme de jour en jour » ; l'auteur décrit bien, au nord de la ville, le secteur du gymnase et du stade où se déroulent les concours des Actia, tous les quatre ans, et le monument élevé sur la colline de Michalitsi, à l'emplacement qu'occupait Octave durant la bataille, monument portant une dédicace à Neptune et à Mars et orné des éperons pris à l'ennemi [cf. E. Chrysos (éd.), 12, et W. M. Murray et P. M. Petsas, 41].

Plusieurs autres cités de Grèce ont passé un traité avec Rome et bénéficient d'un statut de cités alliées : c'est le cas d'Athènes (Tacite, *Annales*, II, 53, 3), d'Épidaure à partir de 112 av. J.-C. (*IG*, IV^2, 1, 63), de Trézène et de Tyrrheion en Acarnanie à partir de 94 av. J.-C. (*Syll.*^{3}, 732). De nombreuses cités bénéficient de la liberté, comme on le voit chez Strabon, VII, fr. 8, pour Corcyre et pour Corcyre, Céphallénie et Zacynthe chez Pline, *NH*, IV, 52-53 ; il s'agit certainement là d'une situation héritée de la protection romaine dès 229 av. J.-C. ; il en va de même d'Apollonia d'Illyrie qui reçoit l'*éleutheria* et l'*atéleia*, selon Nicolas de Damas, *FGrH*, 90 F 130, 45, ce qui ne l'empêche pas de devoir accepter l'envoi d'un curateur *(logiste)* par décision impériale pour remédier à une situation financière mauvaise, comme le montre l'inscription *IG*, X, 2, 181, en l'honneur de Titus Aelius Geminius Macedo, originaire de Thessalonique, au début du IIIe siècle. Sparte est décrite par Strabon, VIII, 365 comme libre, ce qui ne l'empêche pas de verser une contribution volontaire. En Macédoine, Thessalonique et Amphipolis sont décrites comme libres par Pline, *NH*, IV, 36 et 38.

Auguste réforme même l'Amphictionie de Delphes, dont le conseil comptait vingt-quatre membres représentant douze *ethnè* : selon Pausanias, X, 8, 4, les Nicopolitains auraient obtenu dix voix en se voyant attribuer celles qui appartenaient jusque-là aux Magnètes, Maliens, Ainianes, Phthiotes et Dolopes ; mais Pausanias ajoute qu'à son époque, donc au IIe siècle, le Conseil compte trente membres : Nicopolis, la Macédoine et la Thessalie ont, chacune, six représentants ; Béotiens, Phocidiens et Delphiens en ont deux pour chaque communauté, la Doride, la Locride Ozole et la Locride Oponte en ont un, comme Athènes et l'Eubée ; pour les Péloponnésiens, un seul délégué fourni par Argos, Sicyone, Corinthe ou Mégare. On ne sait quel est l'empereur qui a introduit cette modification, qui contribue à l'extension de l'amphictionie vers la Grèce occidentale et septentrionale.

LA SITUATION SOCIALE ET ÉCONOMIQUE EN GRÈCE AUX Ier ET IIe SIÈCLES

UNE SITUATION DÉSASTREUSE AU DÉBUT DE LA PÉRIODE

Les destructions provoquées par la période des guerres civiles, qui se sont déroulées en grande partie en Grèce et en Macédoine, laissent le pays dans une situation très difficile, même s'il est parfois délicat de distinguer ce qui est description de la réalité et ce qui est exagération qui se répète comme un lieu commun, d'autant plus courant qu'il permet de souligner le contraste entre la situation misérable avant 31 et le rétablissement opéré grâce à la *pax romana*. De plus, il est vrai que parmi les auteurs qui ont laissé des descriptions de la situation économique de la Grèce, peu sont natifs du pays même : Strabon est venu du Pont, Dion vient de Pruse en Bithynie ; ils peuvent comparer la prospérité de l'Asie Mineure et la

pauvreté de la Grèce au sol plus ingrat. Pourtant, déjà, dans le courant du
IIe siècle av. J.-C., Polybe, XXXVI, 17, 5-11, fait état d'une baisse démographique importante, dont il donne l'explication suivante : « De nos
jours, dans la Grèce entière, la natalité est tombée à un niveau très bas et
la population a beaucoup diminué, en sorte que les villes se sont vidées et
que les terres restent en friche, bien qu'il n'y ait pas eu de longues guerres
ni d'épidémies. [...] Les gens de ce pays ont cédé à la vanité et à l'amour
des biens matériels ; ils ont pris goût à la vie facile et ils ne veulent plus se
marier ou, quand ils le font, ils refusent de garder les enfants qui leur nais-
sent ou n'en élèvent tout au plus qu'un ou deux, afin de pouvoir les gâter
durant leur jeune âge et de leur laisser ensuite une fortune importante.
Voilà pourquoi le mal s'est, sans qu'on s'en fût rendu compte, rapidement
développé. En effet, quand il n'y a qu'un ou deux enfants, il suffit que la
guerre en enlève un et la maladie un autre, pour que les foyers, inévitablement, se vident. Alors, tout comme les essaims d'abeilles, les cités, elles
aussi, se vident de leur substance et s'étiolent peu à peu. »

A cette première cause de stagnation économique, se sont ajoutées,
dans bien des régions grecques, des destructions consécutives à des opéra-
tions militaires des IIe et Ier siècles av. J.-C. : les pillages exécutés par les
légions de Paul-Émile en Épire, en 167, constituent le meilleur exemple de
cette ruine volontaire de régions entières : c'est la partie sud-est du *koinon*
des Épirotes qui est ainsi ravagée, alors que l'Épire du Nord-Ouest (Chao-
nie et partie septentrionale de la Thesprôtie) aux mains de Charops le
Jeune, qui a pris le parti romain, échappe aux destructions ; 150 000 habitants sont emmenés en esclavage et 70 *oppida* (c'est le terme employé par
Tite-Live, XLV, 34, 6, plus juste certainement que le mot *urbs* utilisé par
Pline, *HN*, IV, 39 et *polis* qui figure dans Strabon, VII, 7, 3 d'après
Polybe ; cf. aussi Plutarque, *Vie de Paul-Émile*, 29 et Appien, *Illyr.* 9) sont
livrés au pillage, à l'incendie et à la destruction, comme on l'observe
encore aujourd'hui notamment dans le rempart d'Orrhaon (Ammoto-
pos). Encore à son époque, Strabon, au même chapitre, oppose l'*euandria*,
c'est-à-dire la vitalité démographique, des *ethnè* épirotes et illyriens
(cf. aussi Strabon, VII, 7, 9), qui les caractérisait avant 168 et la situation
qu'il connaît : « De nos jours au contraire la majeure partie du territoire
dont nous nous occupons est déserte ; les agglomérations, notamment les
villes, ont été si complètement dévastées que même si on pouvait tirer au
clair la situation de ces peuples, ce serait sans profit en raison de l'obscu-
rité où ils sont plongés et des dévastations qu'ils ont subies. » Il est sûr que
l'Épire du Sud-Est a connu entre 167 et l'époque de Strabon d'autres destructions, qui sont l'œuvre de Sylla, des pillards alliés à Mithridate qui
vont jusqu'à Dodone ; les guerres civiles, qui opposent César et Pompée
dans la région entre Apollonia et Dyrrachium (49), puis Marc Antoine et

les assassins de César, aggravent le déclin économique de cette région ; enfin, le synœcisme de Nicopolis aggrave la désertification dans l'Épire méridionale [cf. U. Kahrstedt, 36]. Si Varron, *Économie rurale*, II, 2 prend l'Épire comme modèle pour l'élevage du mouton (il cite aussi cette région pour l'élevage des bovins et des chevaux), il faut bien voir qu'il prend comme témoin privilégié T. Pomponius Atticus établi dans la région de Bouthrôtos, c'est-à-dire dans l'Épire du Nord-Ouest, qui a échappé aux destructions de Paul-Émile.

Sénèque, au milieu du Ier siècle apr. J.-C., souligne aussi la ruine de nombreuses cités en Achaïe (*Epist.*, 14, 3 (91), 10) ; un tel tableau ne peut que contribuer à augmenter l'effet bienfaisant de l'œuvre de Néron en Grèce (cf. *Syll.*^{3}, 814). Cette situation désastreuse de l'économie en Grèce paraît se prolonger, au moins dans certaines régions, au-delà du Ier siècle apr. J.-C. : Dion de Pruse, dans la première partie de *L'Euboïque*, 11-63, décrit la pauvreté de l'Eubée, tant des villes que des campagnes, au début du IIe siècle : « Actuellement, citoyens, près des deux tiers de notre territoire sont en friche à cause de la négligence et de l'oliganthropie » ; dans les villes, une population, sans doute clairsemée, tente de survivre en cultivant le gymnase et en faisant paître le bétail sur l'agora ; cette situation est relativement récente et est attribuée à Domitien qui a fait mettre à mort les grands propriétaires et a confisqué leurs biens. Le texte n'est pas, en réalité, sans contradiction : entre la mise en culture des espaces publics et la grande foule qui se rassemble au théâtre pour débattre du sort des « sauvages » vêtus de peaux de bêtes qui exploitent, sans autorisation, les terres abandonnées de la *chôra* ; entre, aussi, la pauvreté générale et les nombreux bateaux ancrés dans le port qui témoignent certainement d'une activité commerciale importante. J. A. O. Larsen [38, p. 479-480] voit dans ce passage de Dion de Pruse un roman, dans lequel il dépeint un désert utopique où un paysan, sans capitaux, pouvait bien vivre.

La ruine qui frappe la Grèce n'est pas seulement localisée en Épire, dans le nord du Péloponnèse et en Eubée ; elle a frappé aussi les régions de Grèce centrale, comme la Béotie : lorsque la cité d'Akraiphiai décide d'honorer son évergète Épaminondas (*IG*, VII, 2712), elle précise que celui-ci a accepté la charge d'agônothète et a rétabli les concours des Ptoia qui avaient été abandonnés depuis trente ans. Strabon, IX, 2, 5 décrit Thèbes de Béotie comme un village ; seules Thespies et Tanagra peuvent encore être considérées comme des cités. Plutarque, *Sur la disparition des oracles*, 414 A, décrit les campagnes vides d'habitants et affirme que la Grèce ne pourrait fournir plus de trois mille hoplites ; l'abandon des oracles est un signe de cette décadence qui frappe la majeure partie de la Grèce. Le sanctuaire de Delphes, lui-même, témoigne d'une situation économique très défavorable et d'un rayonnement considérablement affaibli ; dans sa thèse très récente (1994) et qui n'est pas encore publiée sur *Les actes d'affranchissement delphiques* [40], D. Mulliez souligne la réduction considérable du nombre d'actes d'affranchissement : sur environ 1 400 affranchis figurant dans les actes gravés à Delphes, 70 % le sont durant le IIᵉ siècle av. J.-C., 20 % durant le Iᵉʳ siècle av. J.-C. et seulement 10 % durant le Iᵉʳ siècle de notre ère, et l'auteur ajoute, à la fin de son Introduction : « A compter de cette date (Iᵉʳ siècle de notre ère), en effet, la cité, dont le sort était lié à celui du sanctuaire, sort de l'histoire pour n'être plus, ainsi que l'a montré Georges Daux (*Delphes*, p. 5) qu'une "petite bourgade provinciale, qui se survit sans autre éclat que le reflet du passé, loin des lieux où s'élabore et se décide le sort de la Méditerranée et du monde romain". »

UN LENT REDRESSEMENT

L'intérêt des empereurs était, évidemment, d'œuvrer à la restauration de la vie économique, qui passait notamment par une croissance démographique, une sécurité des transports et une paix durable. Afin de favoriser la remise en culture des terres, les empereurs encouragent la cession des terres à de bonnes conditions ; c'est le sens même de la description que fait Dion de Pruse de la situation en Eubée ; plutôt que de contraindre les paysans établis sur la *chôra* à payer de lourdes taxes, il faut « encourager tous les citoyens qui le voudront à prendre une part de la terre publique et à la travailler » et l'orateur donne le conseil de « laisser ces hommes la posséder gratuitement pendant dix ans ; puis, après ce délai, accordez-leur de payer une petite part de leurs récoltes mais rien de leur bétail ». Un autre remède est d'accorder la citoyenneté à tout étranger qui mettra en culture deux cents plèthres, d'après le même passage de Dion de Pruse. Au IIᵉ ou IIIᵉ siècle apr. J.-C., une solution très voisine est mise en place à Thisbée, en Béotie, par l'édit de M. Ulpius (*Syll.*³, 884), qui prévoit l'attribution de lots de petites dimensions à condition qu'ils soient plantés d'oliviers ; cette attribution était exempte de taxes pendant cinq ans et transmissible aux héritiers du bénéficiaire. Le décret trouvé à Gazôros en Macédoine [Institut Fernand-Courby, 35, nº 28, p. 152-155] fait connaître le règlement pour l'exploitation des domaines publics, en 158 apr. J.-C. : l'auteur de la proposition constate le mauvais état du domaine public et veut encourager les plantations de vignes, d'oliviers et d'arbres fruitiers ; pour favoriser ces plantations, ceux qui les feront bénéficieront d'une part notable de la récolte : la moitié pour la vigne, les deux tiers pour les oliviers et la totalité pour les figuiers et autres arbres fruitiers. Mais l'amélioration n'est pas rapide et les campagnes grecques restent mal exploitées, même sous les Antonins ; de grands domaines se sont constitués et ils s'orientent davantage vers un élevage extensif que vers une production agricole intensive.

Pour certaines productions, des mesures très autoritaires sont arrêtées, pour assurer un approvisionnement régulier, ce qui traduit une peur constante de la disette. La loi d'Hadrien sur le commerce de l'huile à Athènes (*IG*, II², 1100) est un bon exemple du soin mis à veiller au ravitaillement en huile de la ville d'Athènes. Hadrien intervient ici en tant que magistrat de la cité ; manifestement, la récolte d'olives en Attique permet de prévoir l'exportation d'une partie de la production d'huile, mais pour satisfaire les besoins de la cité, des magistrats spéciaux, les *eleônai*, veillent à la livraison obligatoire d'une part de la production : un tiers pour les propriétés ordinaires, un huitième pour les terres acquises sur la propriété d'Hipparque confisquée par le fisc (il s'agit de Tiberius Claudius Hipparchos, grand-père d'Hérode Atticus). La surveillance s'exerce aussi sur les *emporoi*, les commerçants exportateurs dont les cargaisons peuvent être vérifiées.

UN RENOUVEAU DE LA VIE URBAINE

Par comparaison avec les campagnes pauvres, peu habitées et souvent mal cultivées, certaines cités ont profité plus rapidement de la bienveillance de l'empereur, qui s'appuie, dès l'époque d'Auguste, sur quelques grandes familles riches, dont la fortune peut paraître scandaleuse, comparée à la pauvreté de la grande masse de la population. L'évergétisme semble apaiser les conflits, mais n'empêche pas l'animosité des Athéniens envers Hérode Atticus par exemple. De plus, la cohabitation des Romains et des Hellènes au sein des mêmes cités pose fréquemment de réels problèmes judiciaires.

LA PLACE DE QUELQUES GRANDES FAMILLES

Parmi ces détenteurs de grandes fortunes, figure Épaminondas d'Akraiphiai, qui est grand prêtre des Augustes, à vie, et de Néron lorsque celui-ci proclame la liberté des Grecs à Corinthe (cf. M. Holleaux, 33, p. 165-185). Son activité d'évergète est rappelée dans l'inscription d'Akraiphiai : toute la cité est conviée à un repas offert par lui lors du concours gymnique organisé en l'honneur des Augustes ; devenu premier magistrat de la cité, il offre un nouveau banquet aux habitants ; il répare à ses frais la grande digue sur 12 stades de longueur pour plus de 6 000 deniers. Il prend à sa charge l'ambassade qu'il dirige à Argos au nom de l'*ethnos* béotien. Non seulement les citoyens bénéficient de ses largesses, mais aussi les *paroikoi*, les esclaves mâles adultes, tandis que sa femme conviait à un repas les femmes des citoyens, leurs servantes et les femmes esclaves adultes.

Athènes possède quatre familles dirigeantes qui monopolisent les charges politiques et les sacerdoces durant le second siècle [cf. M. Woloch, 68] : les *Claudii* de Marathon, les *Claudii* de Mélité, les *Flavii* de Paiania et les *Aelii* de Phalère. Leurs *nomina* montrent qu'elles ont reçu la citoyenneté romaine entre Claude et Antonin ; seule, la première a exercé des fonctions à Rome. La fonction de prêtre de l'empereur est un sacerdoce viager tenu le plus fréquemment par les *Claudii* de Marathon, c'est-à-dire la famille d'Hérode Atticus : d'abord Tiberius Claudius Hipparchos, dont les biens sont confisqués sous Domitien, puis son fils Tib. Claudius Atticus qui est sénateur romain sous Nerva et deux fois consul sous Trajan et Hadrien. Son fils Hérode Atticus reprend, seulement en 160, la fonction de grand prêtre à vie de l'empereur. Philostrate, *Vie des Sophistes*, II, 1, 547-552, décrit les donations faites par Hérode Atticus ; Athènes n'est pas la seule cité à en bénéficier. Alors qu'il était *corrector* des cités libres d'Asie, il écrit à l'empereur Hadrien pour doter Troie de bains publics ; l'empereur lui accorde trois millions de deniers, il en dépense sept et prend à sa charge la différence. Par son testament, Hérode Atticus lègue une mine par an à chaque citoyen athénien ; il offre fréquemment une hécatombe à Athéna et tout le peuple en bénéficie. Il construit en quatre ans à Athènes le stade en marbre blanc, puis l'odéon sur le flanc de l'acropole. Corinthe, Delphes, Olympie, Orikos même bénéficient de ses largesses ; il regrettait seulement de n'avoir pu poursuivre le projet de Néron de creuser un canal dans l'isthme de Corinthe ! Malgré sa générosité, il a de mauvais rapports avec une partie des Athéniens, qui lui reprochent de ne pas oublier les dettes contractées envers lui. En réalité, ces tensions correspondent à des rivalités entre grandes familles : Tiberius Claudius Demostratos de Mélité s'oppose à Hérode Atticus, rivalités qui peuvent recouvrir des oppositions entre conservateurs et partisans d'une plus grande ouverture des institutions à des enfants d'affranchis. La querelle est si vive que, dans sa lettre aux Athéniens, Marc Aurèle invite vivement les Athéniens à se réconcilier avec son ami Hérode Atticus [cf. J. H. Oliver, 44 ; traduction de S. Follet, 20].

Une comparaison peut s'établir entre la famille des *Claudii* de Marathon, c'est-à-dire la famille d'Hérode Atticus, et, à Sparte, celle des *Iulii* ou *Euryclides* ; les liens entre la famille d'Hérode Atticus et la cité spartiate ont été bien mis en évidence par A. J. S. Spawforth [64]. Mais on doit observer un net décalage chronologique dans l'ascension de l'une et de l'autre famille : c'est dès le règne d'Auguste que C. Iulius Euryclès se voit reconnaître par Rome un pouvoir à peu près absolu sur Sparte, dont il est en quelque sorte le roi-client. Son père Lacharès a été tué par Antoine, lui-même a combattu pour Octavien à Actium. Son fils et son petit-fils dirigèrent Sparte comme procurateurs impériaux jusqu'en 65 apr. J.-C. ; le retard des Athéniens s'explique par le choix politique fait en faveur d'Antoine, le nouveau *(néos)* Dionysos. Le petit-fils d'Euryclès, C. Iulius Spartiaticus, était fait chevalier romain une génération avant Tib. Claudius Hipparchos, autour de 68 ; il est grand prêtre du culte impérial du *koinon* des Achéens (*IG*, II², 3538) et quelques membres de sa famille ont été grands prêtres du culte impérial à Sparte (*IG*, V, 971) jusqu'à 120, comme l'étaient les *Claudii* de Marathon à Athènes. Le petit-fils de Spartiaticus, C. Iulius Euryclès Herculanus Vibullius Pius, est le premier spartiate à être admis au Sénat romain, sous Trajan, à peu près en même temps que Tib. Claudius Atticus, père d'Hérode Atticus ; si l'Athénien atteint le consulat, Euryclès Herculanus se contente d'être propréteur d'Achaïe et commandant de la IIIᵉ légion *Gallica* en Syrie. La famille des Euryclides s'éteint avec lui, alors qu'Hérode Atticus prolonge sa brillante carrière jusqu'en 176. Les deux familles, athénienne et spartiate, ont été unies par mariage avec les *Vibullii*, famille italienne de riches commerçants qui s'établirent à Corinthe, capitale de la province d'Achaïe.

POLITIQUE DES EMPEREURS ENVERS QUELQUES GRANDES CITÉS

A côté des bienfaits obtenus par les cités auprès des représentants des riches familles, il est sûr que l'action des empereurs a été capitale pour l'embellissement des villes et pour leur renouveau économique, les empereurs ne négligeant pas d'intervenir dans le fonctionnement des institutions civiques, comme pour régler les tensions sociales et rétablir des situations financières mauvaises.

Les édits de Cyrène [F. de Visscher, 66] retrouvés sur une stèle de l'agora comprennent quatre édits rendus en 6 av. J.-C. et un cinquième qui ordonne la promulgation dans tout l'Empire d'un sénatus-consulte qui a trait aux procès en concussion intentés aux magistrats et pro-magistrats romains. Les quatre premiers traitent de l'organisation judiciaire de la Cyrénaïque et de la situation des Hellènes dotés de la cité romaine. Le texte est particulièrement intéressant, en révélant la situation de type colonial que connaît la Cyrénaïque et sans doute bien d'autres provinces de création récente dans l'Empire : 215 Romains résidant en Cyrénaïque seulement atteignent le cens de 2 500 deniers ; c'est parmi eux que sont choisis les juges, ce qui aboutit à l'oppression des Grecs. Pour éviter de tels abus, Auguste prévoit la création de tribunaux mixtes composés à parité de Grecs et de Romains, avec décompte séparé des votes des uns et des autres ; la crainte de la vendetta conduit Auguste à recommander de ne pas autoriser un Romain à se porter comme accusateur d'un Grec. Le troisième édit prévoit que les Grecs natifs de Cyrénaïque qui ont reçu la citoyenneté romaine doivent remplir les liturgies imposées à tour de rôle aux Grecs, et l'immunité dont ils peuvent bénéficier ne porte que sur les biens possédés lors de l'attribution de cette immunité. Pour les procès entre Grecs, qui ne peuvent conduire à une peine capitale, le quatrième édit prévoit des juges uniquement grecs, recrutés dans des cités autres que celles de l'accusateur et de l'accusé, c'est-à-dire un système comparable à celui qui était fréquemment utilisé à l'époque hellénistique, l'appel aux juges étrangers.

A côté des Hellènes, qui fréquentent le gymnase, et des Romains peu nombreux (pour une bonne part de simples aventuriers assez pauvres, si l'on ne compte pas les Grecs honorés de la citoyenneté romaine), la Cyrénaïque compte des métèques et toute une population que Strabon (chez Flavius Josèphe, *Ant. Jud.*, XIV, 7, 114) qualifie de *géôrgoi* (laboureurs) indigènes, qui étaient comparables aux paysans de l'Égypte lagide, et une colonie juive nombreuse, établie sans doute depuis le règne de Ptolémée Ier Sôter. Déjà entre 23 et 13 av. J.-C., des frictions se manifestent entre la cité de Cyrène et la communauté (le *politeuma*) juive ; Agrippa doit écrire aux Cyrénéens pour les inviter à laisser passer la contribution envoyée par les Juifs de Cyrène au temple de Jérusalem (Flavius Josèphe, *Ant. Jud.*, XVI, 6, 5, 169-170). La chute de Jérusalem en 70 de notre ère provoque la fuite de Juifs dont certains s'établissent en Cyrénaïque : un certain Jonathas provoque un soulèvement parmi les plus pauvres de la diaspora ; il est capturé par les Romains et dénonce des notables juifs, pourtant peu enclins à la révolte, et le gouverneur en fait condamner deux mille. Vespasien rétablit le calme. Mais c'est encore de Cyrénaïque que part la grande insurrection des années 115-117 qui gagne l'Égypte, sauf Alexandrie. Cyrène souffre très durement de la rébellion : le temple d'Apollon, les thermes construits par Trajan sont ruinés ; l'agora et même le grand temple de Zeus sont détruits par l'acharnement des Juifs.

L'exemple de Cyrène révèle la vigilance des empereurs à l'égard de cette cité d'Afrique, mais il peut s'étendre à beaucoup d'autres, avec des traits particuliers notamment liés à la présence de cette forte minorité juive, dont l'attitude fait penser à celle des Juifs d'Alexandrie. Auguste, déjà, s'efforce d'éviter l'oppression des Hellènes par une petite minorité romaine. Trajan et surtout Hadrien se sont attachés à la reconstruction de Cyrène après cette lutte implacable qui s'est achevée par une réduction considérable de la minorité juive présente en Cyrénaïque. Salué du titre d'*oikiste* (le fondateur) par la cité d'Apollonia en 129 (*IG*, II², 3306), Hadrien doit certainement ce titre aux efforts de repeuplement de la ville et de toute la Cyrénaïque ; il fonde aussi une Hadrianopolis à mi-chemin entre Benghazi (Béréniké) et l'antique Taucheira [cf. A. Laronde, 37, p. 1050], sans doute pour surveiller les deux cités qui avaient abrité une population juive nombreuse et agitée. A Cyrène même, Hadrien veille au repeuplement de la ville [cf. P. M. Fraser, 23, p. 78, et J. H. Oliver, 44, p. 96 sq., n° 7] ; on peut penser que c'est bien de Cyrène qu'il s'agit dans la lettre d'Hadrien aux Cyrénéens lorsqu'il évoque une "cité très peuplée et très belle". Les reconstructions sont nombreuses durant ce règne : le temple d'Artémis dans le sanctuaire d'Apollon, de nouveaux propylées, un temple d'Isis ; le Caesareum, la basilique, le gymnase, l'agora sont l'objet de restaurations importantes. Cette grande œuvre est poursuivie, après la mort d'Hadrien, jusque sous les Sévères : restauration du temple d'Apollon, du théâtre aménagé en arène, relèvement du temple de Zeus ; des travaux sont également entrepris pour assurer un meilleur approvisionnement en eau de la ville.

Athènes a connu également une rénovation remarquable d'Auguste à Trajan. Elle n'était pourtant pas, à l'avènement d'Octave, bien vue puisque dans la lutte avec Antoine elle avait pris le parti de ce dernier. Octave est initié aux Mystères d'Éleusis en 31, mais il évite la ville et choisit de résider à Égine ; en 20, il est admis à l'*époptie*, le degré suprême de l'initiation à Éleusis. En 19, il vient à Athènes avec Virgile qui meurt sur le chemin de retour à Brindes. La ville n'est pas remise des destructions consécutives au siège de 86 av. J.-C. et du pillage des soldats de Sylla. Mais elle attire beaucoup de visiteurs, notamment des philosophes, des poètes qui y viennent pour des séjours d'études, mais aussi des artistes, architectes, sculpteurs (à une époque où la copie de statues classiques est à la mode). Durant le règne d'Auguste, les travaux de rénovation de la ville sont souvent l'œuvre de souverains étrangers alliés de Rome : bien des bases de statues témoignent du passage de ces princes qui ont été remerciés de leurs bienfaits par l'érection d'une statue : c'est le cas de Juba II de Maurétanie, d'Hérode le Grand, roi de Judée ; son fils Hérode Antipas est honoré d'une statue érigée par les clérouques athéniens de Délos (entre 6 et 10 apr. J.-C.) ; son petit-fils Hérode de Chalcis d'une statue érigée par Aristoboulos, sous Claude. Figurent aussi, parmi les souverains honorés par les Athéniens Archélaos, roi de Cappadoce (de 41 av. J.-C. à 14 apr. J.-C.) et sa fille Glaphyra, épouse de Juba II de Maurétanie en 4 av. J.-C. ; Ariobarzane de Cappadoce avait déjà fait restaurer l'Odéon de Périclès détruit en 86. Le peuple athénien fait une dédicace au roi Antiochos, fils de Mithridate, roi de Commagène, sans doute

Antiochos III, mort en 17 apr. J.-C. ; Philopappos, fils d'Antiochos IV, dernier roi de Commagène dépossédé de son royaume en 72, est toujours présent sur la colline des Muses par le monument funéraire que lui ont érigé les Athéniens entre 114 et 116 ; consul suffect en 100, il a été aussi citoyen et magistrat d'Athènes. Ce monument composite n'est conservé que partiellement : en bas-relief, Philopappos est représenté en consul romain sur un quadrige entouré de licteurs, tandis que trois niches au-dessus abritaient les statues du défunt, de son père et de son grand-père. Des statues ont été encore élevées en l'honneur de Cotys, fils de Rhescuporis, roi de Thrace et de Pythodôris, femme de Polémon, roi du Pont.

C'est dans le second tiers du Ier siècle av. J.-C. qu'un architecte syrien, Andronicos de Cyrrhos, construit la Tour des Vents, au flanc de l'acropole, en réalité une horloge à eau ; la frise de ce bâtiment octogonal représente les huit vents personnifiés. A proximité, une nouvelle agora (l'agora romaine) est construite à l'initiative de César et d'Auguste, pour une fonction commerciale ; cette agora fermée occupait une vaste place de 82 m sur 57, dallée de marbre et entourée de portiques conservés sur les côtés est et sud. Sur l'ancienne agora, de nombreuses constructions sont réalisées par les empereurs :

— le temple d'Arès est édifié dans l'angle nord-ouest de l'agora, après 12 av. J.-C. ; Caius César y est honoré comme nouvel Arès ;
— l'autel de Zeus Agoraios est transféré de la Pnyx au sud du temple d'Arès ;
— deux temples dits, d'après leur emplacement, temple du Sud-Ouest et temple du Sud-Est sont construits ; l'un d'eux est probablement dédié à Livie ;
— un portique ionique de onze colonnes dit portique du Nord-Est est édifié ;
— surtout l'Odéon d'Agrippa, construit vers 15 av. J.-C., au centre de l'agora, constitue une vaste salle de concert ou de réunion de mille places réparties dans une *cavea* de dix-neuf rangées, avec scène et orchestre.

Sur l'acropole, des travaux de restauration sont effectués à l'Érechtheion, à partir de 27 av. J.-C. et une petit temple circulaire *(tholos)* de neuf colonnes ioniques, dédié à Rome et à Auguste Sôter, est construit à l'est du Parthénon.

Les travaux cessent presque complètement après la mort d'Auguste jusqu'à Trajan ; c'est pourtant durant le règne de Claude qu'est édifié, à l'ouest de l'acropole, l'escalier monumental qui remplace la rampe permettant de gagner les propylées. A l'est de l'agora romaine, près de la Tour des Vents, est construit un temple dédié à Athéna Archégétis et aux *divi Augusti,* sanctuaire du culte impérial.

Sous Trajan, ce sont de riches particuliers qui contribuent à l'embellissement d'Athènes : le monument de Philopappos a été déjà mentionné ; on doit y joindre la bibliothèque de Pantainos, au sud du portique d'Attale, édifiée vers 100.

La renaissance d'Athènes correspond au règne d'Hadrien et à l'activité déjà décrite d'Hérode Atticus. Hadrien le philhellène séjourne volontiers à Athènes, au cours de trois voyages, en 124-125, 128 et 131-132 ; il exerce des magistratures de la cité puisqu'il est archonte et agônothète et il se fait initier aux mystères d'Éleusis. Lors du premier séjour, Hadrien décide la création d'une nouvelle Athènes, par incorporation du quartier est situé sur la rive droite de l'Ilissos ; la ville est ainsi agrandie d'un quart ; c'est une ville neuve aux rues en damier qui contrastent avec les ruelles tortueuses de la ville ancienne ; son rempart est percé de portes, en particulier la porte d'Hadrien, monument commémoratif et arc de délimitation entre les deux parties de la ville, celle de Thésée et celle d'Hadrien. L'empereur a le mérite d'achever, enfin, la construction de l'Olympieion, commencé par Pisistrate et terminé entre 124 et 132. Le temple de Zeus Panhellénios et d'Héra est dédié en 131-132 ; il est érigée au sud de l'Olympieion ; il est le centre du Panhellénion, c'est-à-dire d'une assemblée de représentants de tous les États grecs, présidée par l'archonte des Panhellènes, qui est souvent aussi grand prêtre d'Hadrien Panhellénios et agônothète des grandes Panhellénies. On ne connaît pas l'emplacement exact du Panthéon édifié sans doute à l'est de la bibliothèque d'Hadrien. Cette bibliothèque, mieux conservée au nord de l'agora romaine, occupe un vaste quadrilatère de 122 m sur 82 ; le bassin central de 58 m de longueur est entouré d'un péristyle qui, du côté oriental, longe le bâtiment abritant la bibliothèque. Pausanias I, 18, 9 évoque aussi un gymnase portant le nom d'Hadrien et comptant cent colonnes venues des carrières de Libye. On attribue encore à Hadrien la réfection du Pompéion dans le quartier du Céramique, édifice utilisé comme dépôt du matériel nécessaire pour les processions, et la construction d'un aqueduc achevé seulement sous Antonin. Il faut, enfin, ajouter à toutes ces constructions de l'époque d'Hadrien les réalisations d'Hérode Atticus, depuis l'Odéon jusqu'au stade.

Parmi les autres cités de Grèce propre, c'est la capitale de la province d'Achaïe, Corinthe, qui a bénéficié le plus largement de la bienveillance romaine. Entièrement détruite en 146 av. J.-C., la ville renaît avec la fondation de la colonie romaine par César en 44 (Pausanias, II, 1, 2). Sous le règne d'Auguste, de grands travaux sont entrepris pour la restauration du temple d'Apollon ; à l'ouest de l'agora s'élèvent six petits temples romains : celui d'Aphrodite-Tyché voisine avec un Panthéon ; les deux suivants ne sont construits qu'à l'époque de Commode (161-192) en l'honneur d'Héraclès et de Poséidon ; plus au nord, les temples d'Apollon de Claros et d'Hermès. Autour de l'agora, l'ensemble monumental se poursuit par le portique du Nord-Ouest, la basilique. Pausanias (II, 3, 2) décrit les propylées, érigés d'abord lors de la fondation de la colonie romaine puis transformés au Ier siècle apr. J.-C. en un arc de triomphe de marbre, surmonté de deux chars en bronze doré portant Hélios et son fils Phaéton. Le théâtre du Ve siècle est restauré dans le courant du Ier siècle, avant d'être aménagé en arènes. L'odéon est aussi du Ier siècle apr. J.-C., mais il est reconstruit et embelli vers 175 aux frais d'Hérode Atticus. Corinthe a continué à recevoir les libéralités impériales sous Tibère qui entreprend l'aménagement du marché du Nord, de la basilique du Sud et de la basilique Julia, à l'est de l'agora. Par la suite, notamment au IIe siècle, Corinthe reçoit de nouveaux dons : Hadrien fait construire un aqueduc apportant l'eau du lac Stymphale (Pausanias, II, 3, 5). La ville de Corinthe connaît, durant toute la période, une réelle prospérité liée à ses activités administratives, mais aussi à son rôle commercial grâce à ses deux ports. Une population très cosmopolite s'y réunit ; l'apôtre Paul vient porter le message évangélique en 51-52, dans une ville qui abritait une communauté juive et orientale nombreuse.

LA VIE POLITIQUE
DURANT LES DEUX PREMIERS SIÈCLES DE L'EMPIRE

Il conviendrait peut-être mieux de parler de la vie municipale, du fait de l'intégration de la Grèce, de la Macédoine comme de la Crète et de la Cyrénaïque, au sein de l'Empire, dans le cadre de provinces gérées le plus souvent par le Sénat, non sans intervention directe du pouvoir impérial. Le trait le plus frappant, qui justifie l'expression de « vie politique », est que le fonctionnement des institutions traditionnelles des cités ou des États grecs n'a pas subi de transformations notables entre la période hellénistique et l'Empire.

La *cité athénienne* a le statut de *civitas libera* ; ses rapports difficiles avec Auguste dès la bataille d'Actium semblent s'être poursuivis jusqu'à la fin du règne, si l'on en croit les mentions faites par des auteurs tardifs [réunis par R. K. Sherk, 63, n° 24] d'une révolte d'Athènes, probablement en 13 apr. J.-C. [cf. G. W. Bowersock, 8, p. 106-108]. Durant le Ier siècle av. J.-C., la constitution imposée par les Romains était tantôt aristocratique (à partir de 86 par la volonté de Sylla et à nouveau en 38 sur décision d'Antoine) tantôt démocratique (après Pharsale, en 48, César rétablit la constitution démocratique). Auguste interdit à la cité la vente du droit de cité, c'est dire que la citoyenneté est réservée aux fils de citoyens légalement mariés et à quelques bienfaiteurs étrangers remerciés par l'attribution de la *politeia*. Dans la pratique, les citoyens actifs sont ceux qui ont pris part à l'éphébie [cf. J. H. Oliver, 45, p. 89-94] et le contingent annuel des éphèbes est assez restreint : une liste de 13-12 av. J.-C. permet d'évaluer à 134 éphèbes pour les douze tribus le contingent annuel. Ce sont eux qui prennent la parole à l'assemblée et qui accèdent aux magistratures. Les citoyens sont répartis entre les douze tribus (les dix tribus clisthéniennes, plus les tribus *Ptolemais* et *Attalis*) jusqu'à la création en 124-125 de la treizième tribu, qui porte le nom d'Hadrien. A côté de l'assemblée *(ecclesia),* le conseil de six cents membres, ramené à 500 par Hadrien, prend souvent des décrets sans intervention de l'assemblée ; il fonctionne toujours sur la base des prytanies (12 ou 13 dans l'année) pour assurer la permanence. L'élément nouveau, c'est la place éminente prise par l'autre *Boulè*, c'est-à-dire le conseil de l'Aréopage, qui est constitué, semble-t-il, d'anciens archontes nommés par le gouverneur ; les avis sont divergents parmi les spécialistes actuels tant pour les effectifs des aréopagites que pour leurs origines : les évaluations vont de 30 à 150, le nombre le plus couramment admis étant proche d'une centaine [cf. D. J. Geagan, 25, suivi par J. H. Oliver, 44] ; certains pensent que les aréopagites sont uniquement d'anciens archontes éponymes et archontes rois, mais on connaît aussi un ancien polémarque. La lettre de Marc Aurèle aux Athéniens (§ 10) rappelle « l'antique coutume selon laquelle étaient seuls admis à l'Aréopage ceux qui avaient fait l'objet d'un examen portant sur leur *trigonia* », c'est-à-dire que seuls pouvaient devenir aréopagites les descendants de trois générations d'Athéniens. Mais l'empereur doit admettre qu'Athènes compte trop peu de familles illustres et réduit ses exigences à la preuve que les futurs aréopagites sont fils d'un père et d'une mère de naissance libre. Il reconnaît que des fils d'affranchis se sont introduits à l'Aréopage et les y tolère mais tient à ce que cela soit impossible à l'avenir.

Parmi les magistrats, la hiérarchie s'est modifiée : parmi les archontes qui sont à nouveau élus depuis 103-102, l'archonte éponyme garde le premier rang avant tous les autres magistrats d'Athènes (plusieurs empereurs exercent cette magistrature : Domitien, Hadrien, Commode). Il est suivi par le héraut de l'Aréopage, qui préside ce conseil et a de vastes pouvoirs. Le stratège des hoplites n'a guère de responsabilités militaires ; celles-ci appartiennent à l'autorité romaine : il intervient surtout dans l'approvisionnement de la ville. Ces charges sont coûteuses pour ceux qui les acceptent et certaines années sont étymologiquement années d'*anarchie* (par exemple en 167-168 selon *IG,* II², 1774, en 169-170 d'après *IG,* II², 1776, 1781, en 182-183 d'après l'inscription *Hesperia,* 4 (1935), p. 48, n° 11, pour une partie de l'année). Certaines magistratures sont très proches de liturgies par le poids des charges qu'elles représentent pour ceux qui les acceptent : gymnasiarchies, agônothésies à l'occasion des nombreux concours organisés à Athènes ; la chorégie reste une liturgie coûteuse. Pour remédier à la charge écrasante, les empereurs ont tour à tour essayé de proposer des remèdes : Hadrien en créant une fondation destinée à payer l'huile des gymnases sous le nom de gymnasiarchie d'Hadrien, gérée par un épimélète ; Commode, en 184, met en place la « sacrée *gérousia* » composée de quatre cents citoyens chargés de gérer des biens dont les revenus étaient affectés aux liturgies.

La place considérable tenue par quelques grandes familles a déjà été soulignée ; pour mesurer combien Athènes est entre les mains d'une oligarchie, il suffit de regarder à qui sont confiées les magistratures principales : la fonction de héraut de l'Aréopage est confiée à trois membres des *Flavii* de Paiania entre 100 et 170 (cf. notamment l'inscription d'Éleusis, *Syll.*³, 869, traduite dans G. Charles Picard et J. Rougé, 54, n° XXVII), à trois des *Aelii* de Phalère entre 138 et 161, Aelius Ardys l'étant à deux reprises, à trois des *Claudii* de Mélité : Claudius Lysiadès Iᵉʳ et deux alliés par mariage Ti. Claudius Démostratos de Sounion dont la fille épouse Ti. Claudius Sospis Iᵉʳ de Mélité, et Iulius Théodotos de Mélité qui épouse la fille de Lysiadès Iᵉʳ ; ce Théodotos a été également archonte-roi et stratège. La fonction de stratège des hoplites appartient à quatre des *Flavii* de Paiania ; le premier, T. Flavius Léosthénès de Paiania, a occupé cette magistrature trois fois entre 80 et 120 ; il a été également héraut de l'Aréopage et archonte éponyme ; trois *Aelii* de Phalère sont stratèges des hoplites après 115. L'archonte éponyme est quatre fois un des *Flavii* de Paiania, cinq fois l'un des *Aelii* de Phalère, trois fois l'un des *Claudii* de Mélité, deux fois un des *Claudii* de Marathon (Hérode Atticus et son oncle maternel L. Vibullius Hipparchos). Il en va de même pour les principaux sacerdoces.

Sparte, qui a bénéficié de la bienveillance d'Auguste dès la bataille d'Actium, continue à susciter la curiosité, comme le montre bien la *Vie de Lycurgue* écrite par Plutarque, qui mêle fréquemment des descriptions d'une situation ancienne et d'un état contemporain. Comme le rappelle utilement J. Ducat [16, p. 193-199], la société spartiate est très transformée : l'hilotisme traditionnel a disparu (Strabon, VIII, 5, 4 indique qu'il « est resté en place jusqu'à la domination romaine », sans qu'il soit possible de déterminer précisément si cette expression correspond à la fin de la deuxième guerre de Macédoine ou au début du règne d'Auguste) ; l'esclavage marchandise s'est généralisé et « les citoyens ont cessé d'être des guerriers professionnels pour devenir propriétaires de domaines qu'ils exploitaient avec des esclaves, ou artisans, ou commerçants », ajoute

J. Ducat. L'éducation des jeunes Spartiates conserve son prestige, au point d'attirer de jeunes étrangers, comme le père d'Hérode Atticus et son fils Bradua, ce qui marque déjà un changement profond dans une cité marquée longtemps par sa xénophobie. L'éducation spartiate n'a évidemment plus la même finalité guerrière, dans la mesure où la cité, intégrée à la province d'Achaïe, n'a pas de politique diplomatique ou militaire propre. Mais elle est appréciée comme école d'endurance et de maîtrise de soi, même si certains rites sont totalement dénaturés, comme celui qui se déroule autour de l'autel d'Artémis Orthia et qui devient une séance de flagellation devant des spectateurs confortablement installés sur des gradins construits spécialement à cet effet. Les institutions politiques sont aussi modifiées : la double royauté a disparu, remplacée par un collège de six *patronomoi* (fonction qui est, à l'occasion, assumée par des étrangers, comme vers 130 Atticus, le père d'Hérode Atticus ; c'est à tort que M. Sartre [61, p. 227, n. 8] attribue à Hérode Atticus les fonctions de *patronomos* et de *cythèrodikès* qui reviennent, en réalité, à son père ; c'est une sœur, et non une fille du même Hérode Atticus, qui épouse un riche aristocrate spartiate [A. J. S. Spawforth, 64, p. 203-217]. Les cinq éphores sont toujours en place et la *gérousia* aussi, sans doute réduite à vingt-trois membres (qui prennent le nom de *synarchoi*) au lieu de vingt-huit à l'époque royale. Le fonctionnement de ces institutions a été perturbé à l'époque d'Auguste et de ses premiers successeurs par une véritable tyrannie exercée par Caius Iulius Euryclès, par son fils Laco et son petit-fils Spartiaticus jusqu'en 65 apr. J.-C. ; mais la manifestation d'une vigoureuse opposition à ces derniers témoigne que le corps civique spartiate, certes limité, était encore capable de réactions.

A côté de ces cités, les *ethnè* et *koina* ont leurs propres institutions, souvent conservées telles quelles depuis l'époque hellénistique ; d'autres structures sont créées à l'époque augustéenne, par exemple la communauté des *Éleuthérolacones*, populations qui sont libérées de leur servitude imposée par les Lacédémoniens · et qui comptent, selon Pausanias, III, 21, 6-7, vingt-quatre cités groupées autour de Gytheion. L'édit de Gytheion et la lettre de Tibère qui l'accompagne [cf. V. Ehrenberg et A. H. M. Jones, 17, p. 87-89, et M. I. Rostovtzeff, 59] montrent que la cité de Gytheion a des institutions partiellement imitées de celles de Sparte, avec des éphores, un conseil, des collèges de magistrats, une assemblée et l'éphébie ; la cité de Gytheion organise des concours scéniques, l'un à la mémoire de Caius Iulius Euryclès, l'autre en l'honneur de Caius Iulius Laco.

LE PANHELLÉNION

C'est l'empereur Hadrien qui, en 132, dote la Grèce d'une organisation nouvelle destinée à regrouper tous les Grecs dans le *Panhellénion*, dont le centre était établi à Athènes, et non dans la capitale administrative de la province d'Achaïe, Corinthe. Le temple de Zeus Panhellénios et d'Héra, édifié au voisinage de l'Olympieion, dans le quartier de la nouvelle Athènes, la ville d'Hadrien, est le centre de cette organisation, qui est privée de tout pouvoir politique, mais qui est une sorte de fédération nationale des Hellènes. Le conseil panhellénique réunissait un délégué par cité ; il devait se prononcer sur l'admission de nouveaux membres, qui devaient prouver qu'ils appartenaient bien à la communauté culturelle et historique des Hellènes (on le voit bien dans les inscriptions réunies par J. H. Oliver [44, p. 93-118, par exemple dans le cas de Magnésie du Méandre et de Cibyra, n°s 5 et 6]. La communauté *(koinon)* du Panhellénion a, à sa tête, l'archonte des Panhellènes. Le rôle de cette nouvelle structure est, essentiellement, religieux et ce sont les empereurs romains qui bénéficient du culte qui est ainsi réorganisé, car le culte impérial commence bien avant Hadrien en Grèce, comme dans les autres provinces de l'Empire. Des concours, appelés *Panhellénia*, sont organisés à Athènes, probablement suivant un rythme pentétérique, comme les concours stéphanites de la Grèce ancienne ; c'est une gloire supplémentaire et un profit non négligeable pour Athènes qu'Hadrien le philhellène considère comme la seconde capitale de l'Empire après Rome.

LA VIE RELIGIEUSE ET LE CULTE IMPÉRIAL

Le culte de l'empereur est, en réalité, la suite directe du culte des rois hellénistiques qui s'est développé dans toutes les parties du monde grec après Alexandre, sous des formes variées et suivant un rythme différent d'un royaume à l'autre ou d'une cité à l'autre. Si Alexandre a demandé, dès 324, que des honneurs divins lui soient rendus de son vivant, on assiste, ensuite, à la prolifération d'initiatives locales qui poussent certaines cités à rendre des honneurs divins à des souverains dont les bienfaits dépassent tellement ceux des hommes ordinaires qu'il faut, en échange, leur rendre des honneurs très supérieurs à ceux qui étaient jusque-là réservés aux évergètes ; par la suite, les princes entreprennent d'imposer à tout leur royaume le culte royal, d'abord en l'honneur du roi précédent défunt (comme Ptolémée Ier Sôter), puis en l'honneur du souverain vivant (comme Ptolémée II Philadelphe, associé, il est vrai, à sa sœur-épouse défunte en 270, Arsinoé, sous le nom des dieux adelphes) ; chez les Séleucides, le culte royal voulu par le souverain n'est organisé que sous le règne d'Antiochos III.

Habitués à ces cultes du souverain, il est normal que les Grecs en aient étendu le bénéfice aux nouveaux maîtres qui commandent à tout l'Empire romain. En bénéficie dès le début du IIe siècle av. J.-C., le consul Flamininus dans la cité de Chalcis, selon le récit de Plutarque, *Vie de Flamininus*, 16 ; d'après Tacite (*Annales*, IV, 56), dès 195 av. J.-C. Smyrne a, la première, élevé un temple à la ville de Rome divinisée. Des concours appelés *Rhomaia* se multiplient dès le Ier siècle avant notre ère : dans les années qui suivent 146 à Chalcis ; après Sylla, les *Amphiaraia* d'Oropos prennent le nom d' « *Amphiaraia et Rhomaia* » (*Syll.*^{3}, 1064, l. 5 et n. 3 et 4) ; en Asie Mineure, ces *Rhomaia* sont encore plus nombreux. Apparaissent au Ier siècle apr. J.-C. les concours qualifiés de *Kaisareia* ; plus tard, ce sont des *Hadrianeia*, des *Antonineia*, des *Commodeia*, parfois frappés sur la pierre de *damnatio memoriae*...

LE CULTE CIVIQUE

Marc Antoine s'est proclamé lui-même Néos Dionysos. En fait, chaque cité, comme à la période hellénistique, est libre d'organiser un culte en l'honneur du prince régnant ou de membres de sa famille ; Auguste veille seulement à empêcher tout culte rendu à un gouverneur de province en fonction (Dion Cassius, 56, 25, 6). L'édit de Gytheion et la lettre de Tibère qui le suit montrent bien la pratique dans le Péloponnèse et sans doute dans toute la Grèce, à la mort d'Auguste : la loi sacrée prévoit que le magistrat doit orner trois bases ; sur la première, il place l'image peinte du dieu Auguste, père adoptif de Tibère ; sur la seconde celle de *Iulia Augusta*, c'est-à-dire Livie, veuve d'Auguste et mère de Tibère ; sur la troisième celle de l'empereur Tibère lui-même ; de l'encens brûle pour le salut des princes ; la fête dure six jours et la cité honore successivement le « dieu César, fils du dieu, Auguste, Sauveur, Libérateur », puis Tibère, Livie, Germanicus (fils adoptif de Tibère), Drusus et, pour finir, Titus Quinctius Flamininus, culte qui remonte à l'époque de la guerre contre Nabis, au début du IIe siècle av. J.-C. ; le stratège de Gytheion est Chairon, qui est en même temps prêtre du dieu César Auguste. Dans sa lettre, Tibère remercie la cité de Gytheion de l'ambassade venue lui porter copie de la loi sacrée et il ajoute : « Je suis d'avis qu'il convient que tous les hommes en général et votre cité en particulier conservent intacts les honneurs divins dus à la grandeur des bienfaits que mon père (Auguste) a rendus à l'univers entier ; mais pour moi, je me contente d'honneurs plus mesurés et plus humains » ; c'est exactement la même attitude que celle que rapporte Tacite (*Annales*, IV, 37), lorsqu'il fait état du refus de Tibère de voir l'Espagne ultérieure élever un autel en son honneur et en celui de Livie. La réticence à l'égard des cultes civiques en l'honneur de l'empereur marque aussi l'attitude de Claude, alors que Caligula et Néron les acceptent volontiers et même les suscitent.

Dans sa lettre à Gytheion, Tibère précise que Livie donnera elle-même réponse en ce qui concerne les honneurs que la cité projetait de lui rendre. Celle-ci ne refuse pas toute manifestation cultuelle : une inscription inédite d'Apollonia d'Illyrie (*Corpus*, n° 173, à paraître) honore *Ioulia Sebasta*, c'est-à-dire *Iulia Augusta* ou Livie qui n'est *Augusta (Sébasta)* qu'entre la mort d'Auguste et sa propre mort (14 à 29), en liaison avec un culte local d'*Eleythia*, c'est-à-dire la déesse de l'enfantement, Eileithyie. Dans la même région, à Dodone, une inscription datée par la mention d'un agônothète fait état de la dédicace d'un *koinon* anonyme à Livie (sans doute mère) de César Auguste (Tibère) (*SEG*, 23, 1968, 472). Nicopolis fournit également des témoignages intéressants du culte rendu par la ville à l'empereur Hadrien et à sa femme Sabine : une série de petits autels édifiés lors du passage du couple impérial dans la ville, sans doute en 128, sont dédiés à « l'empereur Trajan Hadrien Auguste Olympios, Zeus Dodonaios » ; les Nicopolitains n'ont pas de plus grand dieu à offrir pour l'assimiler à Hadrien que le Zeus de Dodone ; plus étonnante est l'assimilation de Sabine Augusta avec une Artémis Kelkaia qui doit être ce qu'il y avait de mieux à Nicopolis comme divinité avec laquelle il était possible d'identifier l'impératrice, même si nous sommes dans l'ignorance de ce culte dans la région, en dehors des inscriptions de Nicopolis [cf. P. Cabanes, 10, p. 153-167 et 457-460].

Ce type d'autels en l'honneur d'Hadrien est très courant en Grèce et au-delà : A. S. Benjamin [6, p. 57-86 ; voir aussi P. Graindor, 29, p. 50-51, n. 2 et p. 66-68 qui donne la liste des cités qui dédient des bases de statues à l'Olympieion] a compté 95 autels d'Hadrien à Athènes, 27 à Sparte, en tout 261 répartis dans le Péloponnèse, en Grèce centrale et occidentale, dans les îles et en Asie Mineure ; il est souvent qualifié de Zeus Olympios, en liaison avec l'achèvement de la construction du grand temple de l'Olympieion à Athènes. Il est aussi identifié avec d'autres dieux, mais souvent avec l'épithète *néos*, le nouveau, qui en limite la portée, en ce sens qu'il n'est pas vraiment assimilé à la divinité, mais qu'il est une nouvelle manifestation de celle-ci : il est *néos Asklépios, néos Pythios* (*IG*, VII, 347) à Mégare, comme déjà

Néron avait été *néos* Apollon à Athènes (P. Graindor, Inscriptions attiques d'époque romaine, *BCH*, 51, 1927, p. 260-261, n° 23). De même Sabine est *néa* Déméter à Mégare (*IG,* VII, 73, 74) [P. Graindor, 29, p. 130] ; elle est aussi assimilée à Héra à Thasos (cf. Y. Béquignon et P. Devambez, *BCH*, 56, 1932, p. 284-286, fig. 28) sur un autel dédié à Hadrien, Olympios, Sauveur et Fondateur et à Héra Sabina.

LE CULTE PROVINCIAL

C'est à partir de 29 qu'Octave Auguste autorise l'établissement de cultes provinciaux de Rome et de César divinisé et de Rome et d'Auguste (notamment à Pergame selon Tacite, *Annales*, IV, 37). Il s'agit là de cultes beaucoup plus organisés par le pouvoir impérial et ses agents d'exécution qui ont charge de les mettre en place, peut-être en suscitant une initiative commune de la part des cités de la province. Il est parfois difficile de distinguer culte civique et culte provincial : ainsi à Cyrène, un prêtre d'Auguste est connu dès 17-16 av. J.-C. (*SEG*, IX, 133) ; il est éponyme en second, après le prêtre d'Apollon ; c'est dire qu'il semble bien être prêtre dans le cadre de la cité de Cyrène ; c'est l'avis d'A. Laronde [37, p. 1041], alors que M. Sartre [61, p. 109, n. 7] pense à un « prêtre peut-être provincial » ; si le *koinon* des Crétois célèbre très tôt le culte provincial de Rome et d'Auguste, il faut attendre une lettre d'Antonin pour confirmer l'existence d'un tel *koinon* en Cyrénaïque. En Achaïe, le culte provincial n'est organisé que sous le règne de Néron [cf. B. Puech, 56, p. 15-43]. Dans cette province, le grand prêtre *(archiéreus)* du culte impérial était nommé à vie ; ailleurs, le *koinon* qui réunissait les représentants de toute la province le désignait pour une seule année. Ce grand prêtre était le plus souvent choisi parmi les représentants des grandes familles qui géraient aussi les magistratures et les liturgies de leur cité : en Achaïe, le premier grand prêtre du culte impérial du *koinon* des Achéens est le petit-fils d'Euryclès, C. Iulius Spartiaticus (*IG*, II², 3538), tandis que d'autres membres de sa famille sont grands prêtres du culte impérial dans la cité de Sparte (*IG*, V, 971), le sacerdoce provincial dépassant en honneur, évidemment, celui de la cité ; on remarque qu'à Athènes, le culte impérial de la cité est dirigé surtout par des hommes de la famille des *Claudii* de Marathon, c'est-à-dire la famille d'Hérode Atticus ; ce dernier est grand prêtre à vie seulement en 160.

Dans la province de Macédoine, le *koinon* a-t-il été créé comme un organe provincial chargé du culte impérial, ou serait-il la suite du *koinon* hellénistique restauré à une date inconnue par les Romains ? F. Papazoglou [49, p. 65-66 et 143] penche plutôt en faveur de la première solution, c'est-à-dire pour une fondation du *koinon* sous Auguste. Beroia est le siège du *koinon* des Macédoniens et les titres de néocore (le titre de néocore est accordé par le Sénat, à l'époque impériale, à une cité consacrée particulièrement au culte d'un dieu, notamment de l'empereur, et qui lui a édifié un temple) et de métropole lui sont reconnus dès les Flaviens et jusqu'au milieu du IIIe siècle, date à laquelle le titre de métropole est accordé également à Thessalonique, *civitas libera* et siège du gouvernement provincial : sous le règne de Nerva, une grande inscription honorifique présente C. Popillius Python comme grand prêtre à vie d'Auguste et agônothète du *koinon* des Macédoniens [cf. F. Papazoglou, 49, p. 144, n. 20].

Le sanctuaire provincial du culte impérial est normalement dans la ville siège du gouvernement de la province, mais des exceptions existent, notamment dans la province de Macédoine (Béroia à la place de Thessalonique), mais aussi en Achaïe où Corinthe perdit son rôle au profit d'Athènes lorsque Hadrien développa le culte de Zeus Panhellénios à côté de l'Olympieion ; c'est l'archonte des Panhellènes qui organise le culte impérial à la place de l'helladarque du *koinon* des Achéens. Dans la province de Cyrénaïque-Crète, il existait un sanctuaire à Gortyne et un à Cyrène.

Les concours créés en l'honneur des empereurs ou de Rome sont pris en charge par le *koinon* provincial et bien souvent associés à des concours existants : par exemple les Kaisareia, en Achaïe, sont associés aux concours isthmiques ; à Beroia, en Macédoine, l'agônothète du *koinon* des Macédoniens organise des concours appelés Alexandreia Olympia [cf. F. Papazoglou, 49, p. 144, n. 25] ; Nicopolis, avant comme après la création de la nouvelle province d'Épire, possède les concours stéphanites des *Actia*, qui, après la victoire d'Octave, en 31, ont été déplacés d'Actium, sur le territoire de la cité acarnanienne d'Anactorion, au sud de l'entrée du golfe d'Ambracie, à Nicopolis même ; ils constituent la suite des concours connus à l'époque hellénistique et sont encore organisés en 241-242 comme le révèle une inscription du musée de Ioannina (cf. P. Cabanes, *L'Épire*, p. 552, n° 30). En Phocide, les Megala Kaisareia s'ajoutent aux Megala Elaphebolia et Laphria dédiés à Artémis (*IG*, IX, 1, 90).

Le culte impérial n'entrave pas la permanence des cultes traditionnels des dieux du panthéon grec, la survie de l'amphictionie delphique conduite par un second helladarque, distinct de celui qui dirige le *koinon* achéen, et le fonctionnement des concours anciens dans les sanctuaires de Grèce, dont beaucoup ont obtenu durant l'époque hellénistique d'être isolympiques ou isopythiques, c'est-à-dire égaux en honneur avec les concours olympiques ou pythiques. Des divinités mal connues auparavant semblent jouer un rôle important : on a cité précédemment,

à propos des autels édifiés à Nicopolis en l'honneur de l'impératrice
Sabine, épouse d'Hadrien, son assimilation à Artémis Kelkaia ; on
pense aussi au sanctuaire de la mère des dieux autochtone près de
Leukopétra en Macédoine, qui a fourni une belle moisson d'actes de
consécration.

LE CHRISTIANISME

Enfin, il ne faut pas négliger la pénétration du christianisme dans les
provinces de la péninsule Balkanique, en Crète et en Cyrénaïque.
Dès 49, Paul passe en Macédoine, il y est accompagné de Sopatros
(peut-être Sosipatros), fils de Pyrrhos, de Béroia, d'Aristarque et Secundus de Thessalonique entre autres (*Actes des Apôtres,* 20, 4) ; il s'adresse
aux habitants de Philippes, même s'il y est maltraité ; il séjourne à
Béroia et à Thessalonique, où il rencontre des communautés juives,
avant de gagner Corinthe et Athènes. Les premières communautés chrétiennes en Europe sont fondées en Macédoine et à Corinthe ; on ne
connaît rien de leur développement et de leur vie aux Ier et IIe siècles.
C'est de la province du Pont-Bithynie et de celle d'Asie que viennent
quelques échos, à travers la correspondance de Pline le Jeune adressée à
Trajan (lettres 96 et 97 au livre X de la *Correspondance* de Pline) et la
Première Apologie (chap. 68) de Justin qui transmet un récit d'Hadrien
sur les procès de chrétiens daté de 125 et destiné au proconsul d'Asie
Minucius Fundanus (cf. aussi Eusèbe de Césarée, *Histoire ecclésiastique,*
IV, 9). Les récits des grandes persécutions concernent essentiellement les
églises de Gaule, d'Afrique, d'Asie, mais laissent de côté la Grèce, ce qui
ne signifie pas leur inexistence : le récit de la persécution en Épire à
l'époque de l'empereur Dèce (249-251) n'est parvenu qu'à travers la
légende du martyre de saint Thérinos, probablement évêque du lieu, qui
provoque le gouverneur romain Philippe et subit sans dommage les pires
violences dans le théâtre de Bouthrôtos, plein de ses fidèles (cf. Michel
Aubineau, La passion grecque inédite de saint Thérinos, martyrisé à
Buthrote en Épire, *Anal. Boll.,* 100, 1982, p. 63-78, et A. Guida, *Anal.
Boll.,* 103, 1985, p. 112) ; écrit avant le Xe siècle, et conservé au monas-
tère de Koutloumousiou au mont Athos, le témoignage ne doit évidemment pas être pris à la lettre, mais il peut au moins correspondre à une
pénétration profonde du christianisme dans cette province d'Épire au
milieu du IIIe siècle. La Cyrénaïque est touchée également très tôt par la
nouvelle religion : selon les *Actes des Apôtres,* XI, 20, des Juifs cyrénéens
se joignent aux premiers groupes judéo-chrétiens pour aller évangéliser
les Grecs à Antioche. La communauté chrétienne de Cyrénaïque a cer-

tainement beaucoup souffert de la grande révolte juive des années 115-117, mais son ouverture à des non-Juifs a dû permettre sa survie et sa reconstitution après la fin de la tourmente.

Au milieu du IIIe siècle, les provinces de la péninsule Balkanique, en particulier celles de Macédoine, Thrace, Épire et Achaïe, ont vu leur situation sociale et économique améliorée grâce aux deux siècles de paix que l'Empire leur a assurés. Certes, la gestion des cités n'est pas toujours satisfaisante et provoque des interventions directes du pouvoir impérial par la nomination de logistes, c'est-à-dire des *curatores reipublicae*, charge qu'exerce, par exemple, le Thessalonicien Titus Aelius Geminius Macedo, dans la cité libre d'Apollonia d'Illyrie (*IG*, X, 2, 181) au début du IIIe siècle ; ce personnage a occupé successivement des fonctions importantes dans sa propre cité, avant d'être archonte du Panhellénion à Athènes, prêtre du divin Hadrien, agônothète des grands *Panhellenia* et logiste à Apollonia, à l'extrémité occidentale de la *via Egnatia*. A partir de 250, la situation se dégrade sérieusement en raison des invasions germaniques qui affectent la Macédoine et la Grèce de 250 à 268 ; le sac d'Athènes par les Hérules en 267 est une épreuve redoutable, mais elle ne paraît pas modifier durablement le fonctionnement des institutions athéniennes. Les fortifications sont remises en état et des troupes impériales s'établissent en Grèce pour intervenir en cas d'invasion venue du Danube. Outre Athènes, Corinthe, Sparte et Argos étaient incendiées par les Hérules. En 269, Thessalonique et Cassandrea sont assiégées par les Goths. Une autre époque s'ouvre, celle du Bas-Empire qui marque pour la Grèce et la Macédoine la disparition de la liberté et une rupture plus grande que ne l'avaient été la bataille d'Actium et le passage de l'époque hellénistique à l'époque impériale.

CHAPITRE VIII

Les provinces anatoliennes

PAR MAURICE SARTRE

L'Anatolie romaine constitue, de l'Égée au Caucase, un ensemble composite par la variété de ses paysages et de ses climats [Broughton, biblio., t. I, 962, p. 599-607 ; carte, Mitchell, 22, p. 10], sa bigarrure ethnique et son histoire. Au moment où Rome prend en charge son administration, elle doit tenir compte de cette diversité et lui adapter sa politique.

Les trois premiers siècles de notre ère marquent d'abord pour l'Anatolie le retour à la paix. Cette situation nouvelle favorise le développement d'un processus ancien, l'hellénisation des régions de l'intérieur dont rien ne témoigne mieux que la diffusion de la langue, des modes de vie et des formes d'organisation grecs, en particulier celle de la *polis*. La conquête romaine, loin de marquer une rupture, favorise l'intégration plus ou moins rapide des communautés indigènes, c'est-à-dire non grecques, dans une communauté culturelle qui englobe l'ensemble de l'Orient grec mais dont l'Anatolie constitue le plus beau fleuron. Cependant, ce processus reste inachevé, et durant tout le Haut-Empire on ne cesse d'observer un clivage assez net entre les régions occidentales et méridionales, plus urbanisées et hellénisées, et les régions orientales où la cité, son cadre monumental et son système de valeurs demeurent marginaux.

LES ÉTAPES DE LA PROVINCIALISATION

L'ORIENT AU LENDEMAIN D'ACTIUM

Au lendemain de sa victoire, Octave confirma largement l'organisation antonine qui reposait sur l'existence simultanée de provinces confiées à des promagistrats romains, et d'états-clients administrés par des princes

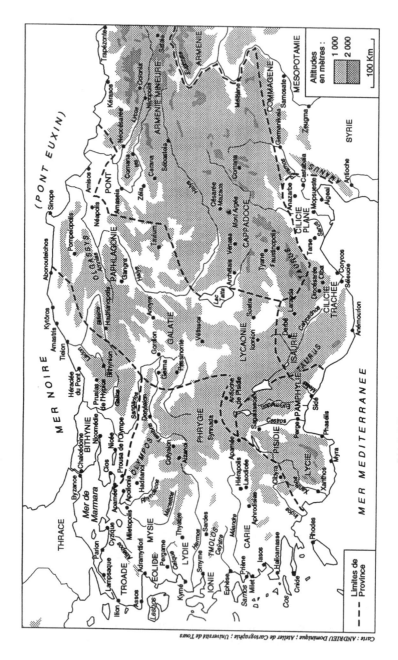

L'Asie Mineure et l'Anatolie au milieu du IIe siècle apr. J.-C.

indigènes possédant leur principauté à titre héréditaire, ou choisis par Rome et promus à cette fonction par sa seule volonté [cartes et détail des modifications, Rémy, 643 ; carte Mitchell, 22, face p. 40].

On ne conserva que deux provinces. L'Asie, qui correspond presque exactement à l'ancien royaume de Pergame dont Rome a hérité en 133 av. J.-C., occupe la façade occidentale de l'Anatolie, depuis les rives de la Propontide jusqu'à la Carie, y compris les grandes îles côtières (Lemnos, Lesbos, Samos, Chios) ; elle s'enfonce vers l'intérieur jusqu'en Phrygie et en Pisidie, englobant les grandes vallées fertiles du Caïque, de l'Hermos, du Caÿstre et du Méandre. Elle regroupe les régions les plus anciennement hellénisées, l'Ionie notamment où se situe Éphèse, sa capitale. La Bithynie, héritée de Nicomède IV en 74 av. J.-C., est constituée de la Bithynie proprement dite à l'ouest, où se trouve la capitale, Nicomédie, et des parties occidentales et centrales de l'ancien royaume du Pont, avec Amastris, Sinope et Amisos.

En dehors des provinces, trois royaumes clients occupent la plus grande partie des régions centrales et orientales de l'Anatolie. Au centre, la Galatie s'étend principalement sur le plateau qui entoure le lac Tatta et sur ses bordures occidentales. Antoine avait placé à sa tête le dynaste Amyntas, avec autorité sur les trois peuples galates, Tectosages (Ancyre), Trocmes (Tavium) et Tolistoages (Pessinonte), Ancyre faisant figure de capitale commune. Pour prix de son ralliement avant Actium, Amyntas obtint des accroissements de territoires au sud : la Lycaonie et la côte de la Cilicie Trachée, y compris Derbé et Laranda en Isaurie. A l'est, la Cappadoce couvre un espace montagneux, s'étendant du rebord du plateau centre-anatolien jusqu'au cours de l'Euphrate supérieur. La dynastie iranienne qui avait dirigé le pays depuis la fin de l'Empire achéménide a été destituée par Antoine en 36 au profit d'Archélaos, petit-fils de l'ancien amiral de Mithridate VI et lui-même ancien secrétaire du roi Deiotaros. Enfin, au nord-est, couvrant la côte pontique jusqu'au Caucase, un royaume du Pont, taillé dans la partie orientale de l'ancien royaume de Mithridate Eupator, a été restauré et confié en 37 au rhéteur grec Polémon de Laodicée du Lycos (Carie). Octave confirma l'autorité des trois rois, bien qu'il fît attendre Polémon jusqu'en 26 pour manifester l'aigreur que lui causait son ralliement tardif. De plus, l'Arménie Mineure lui fut enlevée et confiée au roi de Médie Atropatène Artavasdès, fidèle client de Rome.

Ces trois grands royaumes laissaient place pour une nuée de principautés, ligues et cités libres. Auguste procéda à quelques remaniements lors de ses séjours à Samos (automne-hiver 31-30, puis août 30), mais l'essentiel de l'organisation antonine resta en place. Au nord de la Galatie, la Paphlagonie (capitale : Gangra) conserva son roi, le Galate Déiotaros

Philadelphos. Octave laissa également subsister plusieurs dynastes n'ayant autorité que sur de très petits domaines comme les grands-prêtres de Comana de Cappadoce, les Teucrides à Olba en Cilicie Trachée, Cléon de Gordioukômè, qui reçut la prêtrise de Zeus Abrettènos en Mysie, puis, pour peu de temps, celle de Comana du Pont. Le Galate Atéporix gouvernait la Caranitide (Pont), alors que des dynastes anonymes contrôlaient Amaseia du Pont. Les éliminations furent rares : Adiatorix, gouverneur d'Héraclée du Pont, coupable d'avoir fait massacrer des Romains, fut exécuté et on élimina quelques tyrans locaux à Amisos, à Cos, à Tarse. Bien que peu d'entre eux aient rallié son camp avant Actium, presque tous les amis d'Antoine conservèrent donc leur autorité. En revanche, les territoires donnés à Cléopâtre ou à ses enfants furent rendus à l'autorité de Rome, la Cilicie plane par annexion à la Syrie, Chypre en retrouvant le statut de province qu'elle avait acquis en 59 ; elle fut administrée entre 27 et 22 par un prolégat impérial d'Auguste avant d'être confiée au Sénat qui y délégua un proconsul de rang prétorien. Quant aux cités grecques qui avaient sauvegardé leur liberté, Octave n'y toucha pas : la Lycie demeura une ligue de cités libres, Rhodes, Cyzique, Amisos restèrent hors des provinces voisines mais toutes furent placées sous l'autorité de Rome, de fait sinon de droit.

Le maintien par Octave de l'organisation antonine de l'Orient procède d'un mélange de pragmatisme et de nécessité. Le système avait fait la preuve de sa relative efficacité, et il était difficile de changer partout hommes et structures, alors que le nouveau maître ne disposait que de peu d'amis personnels dans la région, bien qu'il ait eu dans son entourage, parmi ses maîtres et ses conseillers, quelques Grecs d'Asie : son maître Athénodôros et son ami Nestor, tous deux de Tarse, Xénarchos de Séleucie du Calycadnos et le fils de Théophane de Mitylène, Pompeius Macer [Bowersock, 635, p. 36]. L'affranchi C. Iulius Zoïlos d'Aphrodisias, grand notable dans sa cité, compte déjà parmi les protégés d'Octave dès les années 39-38 [Reynolds, 700]. Surtout, Octave vainqueur récupéra sans mal les amis d'Antoine.

Le maintien des états-clients d'Anatolie n'était peut-être pas considéré comme définitif, ceux-ci étant destinés à préparer l'intégration plutôt qu'à l'éviter. Auguste fit donc preuve de pragmatisme en renonçant aux changements brutaux. Les annexions qui furent opérées à partir de 25 av. J.-C. se firent le plus souvent à la mort d'un prince client, et la provincialisation apparut donc rarement comme une mesure de rétorsion envers un prince incapable. Elle sanctionnait plutôt les progrès de la pacification et, dans une moindre mesure, ceux de l'urbanisation.

L'INTÉGRATION DES ÉTATS-CLIENTS, D'AUGUSTE A VESPASIEN

Dès 25, après que le roi Amyntas de Galatie eut été tué en combattant contre des tribus insoumises de Lycaonie, son royaume fut réduit en province romaine. Des considérations stratégiques purent jouer un rôle, car le pays faisait le lien entre l'Asie et la Syrie, quoique la Cappadoce fasse encore partiellement écran. En 6 av. J.-C., la province fut agrandie par l'annexion de la Paphlagonie à la mort du roi Déiotaros. En 3 av. J.-C. enfin, ce furent des districts du Pont Galatique (Carana-Sébastopolis, Sébasteia) qui lui furent ajoutés, suivis d'Amaseia en 2 av. J.-C. Ces accroissements de la Galatie s'accompagnaient d'amputations au sud, car la Lycaonie et la Cilicie Trachée, qui avaient appartenu à Amyntas, furent données à Archélaos de Cappadoce, en 20 av. J.-C., alors qu'il recevait la même année l'Arménie Mineure à la mort d'Artavasdès. La même année, Philopator Ier retrouva le royaume que son père Tarcondimotos avait possédé dans l'Amanus jusqu'à sa mort à la bataille d'Actium.

L'annexion de la Galatie ne résolvait pas le problème du brigandage en Lycaonie qui avait coûté la vie à Amyntas. A une date inconnue, que l'on fixe parfois un peu après 12 av. J.-C. mais qui peut se situer seulement entre 6 et 1 av. J.-C. [4-3 selon Hall, 90], P. Sulpicius Quirinius y conduisit la guerre contre les *Homonadeis*. Le succès fut complet et consolidé par la création d'une route stratégique, la *via Sebaste*, destinée à faciliter la circulation des troupes dans cette région peu sûre en reliant les colonies de Pisidie et de Lycaonie, fondées dès la création de la province [Levick, 719, p. 34-38 et 195-199]. Cela n'empêcha pas, en 6 apr. J.-C., une nouvelle révolte en Isaurie mais ce fut la dernière.

La mort d'Auguste n'entraîna aucun ralentissement dans la politique d'intégration provinciale. Si Caligula et Claude furent parfois enclins à restaurer une forme de gouvernement qui leur paraissait naturelle pour les Orientaux [Frézouls, 41], la tendance générale resta à la provincialisation progressive de l'ensemble de l'Anatolie [t. I, p. 197-206].

En 15 apr. J.-C., Archélaos de Cappadoce, qui régnait depuis plus d'un demi-siècle et qui, à son royaume étendu par la grâce de Rome, avait ajouté le Pont vers 8 av. J.-C. en épousant la veuve de Polémon Ier, Pythodôris, fut destitué. Tibère annexa son royaume où il nomma un procurateur, mais laissa le Pont à Pythodôris. Cette annexion donnait à Rome le contrôle direct de l'ensemble du plateau anatolien et de ses bordures montagneuses jusqu'à l'Euphrate. La continuité territoriale avec la Syrie fut presque aussitôt (17 apr. J.-C.) établie lorsque Tibère annexa la Commagène et le royaume de l'Amanus à la province de Syrie. Enfin, le dispositif fut complété par la mise en tutelle du royaume du Pont à la mort de la reine Pythodôris, probablement en 33 [Baldus, 170]. Désormais toute la frontière orientale, du Pont-Euxin au coude de l'Euphrate et au désert syrien ; se trouvait placée sous administration directe.

Il ne restait plus d'états-clients que dans des secteurs montagneux de Cilicie Trachée : celui d'Archélaos II, fils d'Archélaos de Cappadoce, qui avait reçu à la mort de son père la Cilicie Trachée avec Derbé et Laranda, celui des Teucrides d'Olba, où, entre 12/13 et 16/17, un grand-prêtre et toparque régnait sur les peuples voisins des *Kennatai* et des *Lalasseis*. Lui succéda, sans doute en 17 lors des réaménagements qui accompagnèrent l'annexion de la Cappadoce, M. Antonius Polemo, l'un des fils de la reine Pythodôris du Pont [Barrett, 174]. Mais avant 36 l'état sacerdotal disparut pour faire place à un simple *koinon* des deux peuples.

Caligula s'appuya davantage sur les clients dont certains étaient ses cousins [Frézouls, 41], restaura, en 37-38, Antiochos IV en Commagène, et lui confia la Cilicie Trachée, où Archélaos II venait de mourir. Il accorda l'Arménie Mineure à Cotys IX, l'un des trois fils d'Antonia Tryphaina et de Cotys VIII de Thrace et, peu après, des territoires supplémentaires, peut-être en Sophène. Le Pont fut rendu à Polémon II en même temps que le Bosphore Cimmérien où il ne régna jamais effectivement.

Claude sembla d'abord suivre la même politique puisque les débuts du règne sont marqués par une série de restaurations de princes-clients. En 41, Antiochos IV de Commagène retrouva le royaume dont l'avait finalement privé Caligula. Il conserva également ses territoires ciliciens puisqu'il mata la révolte des *Kiétai* de Troxobor en 52. Il restaura aussi, en 41 au plus tard, l'état d'Olba au profit non pas de Polémon II du Pont [Dion Cassius, 60, 8, 2], mais du fils de l'ancien dynaste M. Antonius Polemo [Sartre, 23, p. 42]. Il y régna jusqu'au temps de Galba (69).

Mais Claude réalisa aussi deux annexions majeures qui complétaient le dispositif tibérien. En 43, la Lycie fut annexée sous prétexte d'y mettre fin aux querelles intestines et qu'on y avait injustement condamné à mort des citoyens romains [Rémy, 643, p. 34-37]. Elle fut alors réunie à la Pamphylie pour former une nouvelle province impériale de rang prétorien. La Lycie conserva intacte ses institutions fédérales antérieures placées désormais sous la surveillance du gouverneur. On procéda aussi en 44 à l'annexion de Rhodes, qui était restée jusqu'alors une cité libre « amie et alliée» du peuple romain ; là encore on invoqua la mort de citoyens romains lors de querelles internes. Cependant, dès 53, Rhodes retrouva sa liberté.

L'avènement de Néron est surtout marqué par la reprise d'une politique active en Arménie qui aboutit à la restauration par Corbulon d'un prince client à Artaxata, ce que Claude n'avait pas réussi à obtenir [Chaumont, 655, p. 101-123]. C'est sans doute pour cette raison que l'on procéda à certains réaménagements administratifs : un grand commandement regroupant Galatie et Cappadoce fut créé fin 54 ou début 55 pour Corbulon et fut maintenu jusqu'en 64, voire jusqu'en 66-67 [Rémy, 643, p. 39]. Au même moment, pour succéder à Cotys IX, mort en 54, l'Arabe Souhaimos, qui venait d'hériter de la principauté de son frère Azizos à Émèse, reçut la Sophène, tandis qu'Aristobule, fils d'Hérode de Chalcis, arrière-petit-fils d'Hérode, était envoyé en Arménie Mineure. Avant 60, Souhaimos dut se contenter d'Émèse car, à cette date, il ne figure pas dans la liste des princes voisins de l'Arménie chargés de soutenir le nouveau roi de ce pays, Tigrane, bien que la Sophène soit la voisine immédiate du royaume caucasien [Barrett, 141].

A la fin des opérations militaires en Arménie et peut-être au moment où étaient à nouveau séparées Galatie et Cappadoce, on annexa le Pont, rattaché à la Galatie. De la sorte, le gouverneur résidant à Ancyre devenait responsable de la sécurité d'une partie de la frontière orientale, en bordure de la mer Noire. Peu après, en 68, la Pamphylie fut détachée de la Lycie et réunie à la Galatie, qui s'étendait désormais de la mer Noire à la Méditerranée. Après la disparition des roitelets ciliciens entre 68 et 72 et l'annexion de l'Arménie Mineure en 72, intégrée à la Cappadoce [Cumont, 40], il ne restait plus d'états-clients en Anatolie. Vespasien, homme nouveau à sa manière, n'avait aucune raison d'adopter le comportement des Julio-Claudiens envers les rois-clients auxquels ne le rattachaient aucun lien personnel, familial ou historique [Frézouls, 41]. Il élimina donc les dynasties royales, dont les meilleurs rejetons surent s'intégrer aux nouveaux cadres et, pour quelques-uns, parvenir au consulat.

RÉORGANISATION ET CONQUÊTES, DES FLAVIENS A AURÉLIEN

La provincialisation complète de l'Anatolie ne mit pas un terme aux modifications territoriales, et la configuration des provinces ne cessa d'être modifiée sans qu'on en connaisse les raisons. Ainsi, Vespasien créa une province centre-anatolienne unique en réunissant la Galatie et la Cappadoce (avec toutes leurs annexes : Pont, Pisidie, Paphlagonie, Arménie Mineure, Lycaonie, Isaurie) qu'il confia à un légat de rang consulaire qui partageait avec le légat de Syrie la garde de la frontière parthe et arménienne. En contrepartie, la Pamphylie fut réunie à la Lycie pour diminuer l'étendue de la nouvelle province, peut-être en 74 [Eck, *Chiron*, 1982, 293-295] ou dès 70-71 [Rémy, 643, p. 63]. Mais, entre 107 et 113, Trajan sépara à nouveau Galatie et Cappadoce. La Cappadoce et l'Arménie Mineure, d'une part, la Galatie et ses annexes de Paphlagonie, de Pisidie, de Lycaonie, d'Isaurie et du Pont, d'autre part, furent confiées à deux

légats impériaux. Mais dès 114, le Pont Polémoniaque et le Pont Galatique, qui formaient comme une excroissance nord-orientale difficile à
administrer depuis Ancyre, furent rattachés à la Cappadoce. La Galatie
compensait la perte de ce débouché maritime par le rattachement d'Abonouteichos, Sinope et Amisos.

L'expédition de Trajan contre l'Arménie en 114 se solda par l'annexion du royaume à la province de Cappadoce tandis qu'un procurateur
s'occupait de l'administration fiscale du nouveau district. Mais dès 118,
Hadrien, conscient de la fragilité des conquêtes, fit évacuer les nouvelles
provinces et rendit un roi à l'Arménie. L'Anatolie romaine retrouvait sa
frontière de l'Euphrate. Désormais, pour plus d'un siècle, l'organisation
interne resta stable, en dépit de très nombreuses modifications de détail
[Rémy, 643], parfois de courte durée dont le détail serait fastidieux. Le
seul fait majeur consiste en l'importance prise peu avant le milieu du siècle
par la Lycie-Pamphylie augmentée de l'Isaurie et d'une grande partie de
la Pisidie (sauf Antioche).

En 202 au plus tard, Septime Sévère recréa une Cilicie agrandie de la
Lycaonie et de l'Isaurie. Au plus tard vers 221, la partie orientale de la Galatie autour de Tavium, fut rattachée à la Cappadoce [Christol-Loriot, 39]
sans que l'on connaisse les raisons qui poussèrent à briser l'unité de l'ethnos
galate. Sans doute sous Alexandre Sévère [Christol-Loriot, 38], après 227-
228 et au plus tard en 233-235, fut créée une province du Pont qui englobait
à la fois le *Pontus Mediterraneus* (Amasia, Zela, Néocésarée, Comana et Sébastopolis) et la zone côtière ou Pont Polémoniaque (Polémonion, Kérasos,
Trapézonte) ainsi que les deux ports de Sinope et d'Amisos à l'ouest. Cette
nouvelle province, confiée à une *praeses* équestre, brièvement réunie à la
Galatie en 249-250, retrouva le statut d'une province de plein exercice sous
Probus [Christol-Loriot, 38]. Ce fractionnement provincial qu'inaugure la
création d'un *Pontus* séparé de la Galatie n'est pas isolé. En 249 au plus tard
commença également le dépeçage de la province d'Asie grâce à la création
d'une province de Phrygie-Carie [Rouéché, 44 ; Christol-Drew-Bear, 36 ;
AE, 1991, 1514]. Huit provinces se partageaient donc l'espace anatolien à la
veille des réformes de Dioclétien.

ADMINISTRATION ET DÉFENSE

L'Anatolie forme un ensemble trop vaste pour que l'on puisse
réduire à un objectif unique les tâches de l'armée et de l'administration
romaines. Perception du tribut et maintien de l'ordre constituent,

comme partout, des objectifs essentiels ; si la première se fait de façon à peu près uniforme dans toute l'Anatolie, le second doit s'adapter à des situations locales diverses.

LES ENJEUX

Une première mission de l'armée romaine consiste à pacifier le pays. Depuis la lutte réussie de Pompée contre les pirates, le brigandage continental semble avoir régressé. Cependant, les campagnes d'Amyntas de Galatie puis de P. Sulpicius Quirinius contre les *Homonadeis* de Lycaonie, celle de M. Plautius Silvanus contre les Isauriens montrent sa survivance au temps d'Auguste. En Cilicie Trachée, les fonctions d'irénarques furent tenues par les personnages les plus considérables des cités et souvent mentionnées, ce qui peut s'interpréter comme le signe de leur importance [Hopwood, dans 517]. Les révoltes des *Kiétai* prouvent que le contrôle romain reste fragile. Cependant, après le milieu du Ier siècle, le brigandage paraît contenu. Il faut attendre la fin du IIe siècle [Schindler, 167] et le IIIe siècle pour que, profitant de la confusion entraînée par les raids barbares, le brigandage réapparaisse à grande échelle dans les secteurs montagneux du Sud-Ouest.

La question arménienne et parthe [Chaumont, 655] conditionne davantage l'organisation militaire de l'Est anatolien. Le souvenir de Tigrane a longtemps hanté les stratèges romains, qui craignaient de voir s'établir à Artaxata un prince ennemi capable de faire alliance avec les Parthes. Rome redoute d'avoir à faire face à la fois aux Parthes le long de l'Euphrate moyen et aux Arméniens sur le Tigre supérieur ; menace que paraît écarter l'installation d'un prince-client à Artaxata. En réalité, jusqu'à la prise du pouvoir par les Perses Sassanides, rares furent les agressions directes des Parthes ou des Arméniens contre Rome : une tentative contre la Cappadoce par Artaban lors de la mort de Zénon-Artaxias d'Arménie en 35 serait isolée avant la campagne de 162. Dans presque tous les cas, c'est Rome qui prit l'initiative. On ne peut donc perdre de vue que le dispositif militaire romain sur l'Euphrate et le Tigre était autant destiné à prévenir une agression qu'à fournir un point d'appui pour les campagnes de Rome dans le Caucase [Isaac, OR-22].

Mais le contrôle de l'Arménie visait aussi à prévenir tout risque d'invasion venue du Nord. Rome connaît bien les tribus caucasiennes, très émiettées politiquement et culturellement (Arrien, *Périple Pontique*, 6) : la multiplication des liens de clientèle avec les Ibères, les Albanais, les Mardes ou le roi de Médie Atropatène complète le dispositif. Rome contrôle les peuples côtiers du Pont, de Colchide et de l'Abkhazie actuelle, dont ils nomment les rois (*Périple*, § 15), jusqu'à Dioscurias-Sébastopolis qui marque, au temps où Arrien gouverne la Cappadoce, la limite de l'Empire (*Périple*, § 26). De même, le maintien de bonnes relations avec les rois du Bosphore Cimmérien concourt à la sécurité de l'Asie Mineure.

Cette menace barbare ne se concrétise que rarement avant le milieu du IIIe siècle : en 72, des Alains firent irruption en Médie Atropatène et en Arménie (Josèphe, *BJ*, VII, 244-251 ; Suétone, *Domitien*, 2.2) [Halfmann, 31]. En 135, d'autres se jetèrent sur la Médie puis menacèrent l'Arménie Mineure et la Cappadoce dont le gouverneur, Flavius Arrien, nous a laissé une description de son dispositif de défense (Arrien, 4) [Bosworth, 24]. L'assaut échoua mais les tribus situées dans les régions sud-est du Pont-Euxin conservèrent longtemps une quasi-autonomie, et Arrien mentionne combien il est difficile de leur faire payer tribut (*Périple*, § 15).

En revanche, l'affaiblissement des défenses romaines, sous la double pression des Perses à l'est et des Barbares sur le Danube, ajouté à la disparition de l'état-client du Bosphore Cimmérien (Zosime, *Histoire nouvelle*, I, 31, 1), permit aux Scythes et aux Boranes, au milieu du IIIe siècle, de ravager systématiquement les villes de la côte nord. L'Anatolie se trouvait prise entre les Perses au sud-est (raid de 253 jusqu'à Satala) [Kettenhofen, OR-47], les Scythes au nord-est, les Goths au nord-ouest (sac d'Éphèse et Pessinonte, v. 251-253, prise de Chalcédoine, de Cyzique et des villes de Bithynie en 256 ou 258/259). La contre-attaque de Valérien, partie d'Antioche de Syrie en direction de la Cappadoce, fut vite stoppée par l'annonce d'une nouvelle offensive perse en Syrie. Après la défaite et la capture de Valérien, les Perses poussèrent jusqu'en Cilicie, en Isaurie et en Cilicie Trachée jusqu'à Sélinous, remontèrent vers la Cappadoce et la Lycaonie. Après le retrait des Perses, pratiquement toute l'Anatolie fut ravagée par les Goths, de la Troade à la Cappadoce en 261-262 ; massacres et déportations en masse frappèrent toutes les régions et notamment les communautés chrétiennes dont certains membres se firent les apôtres des Goths. De nouveaux raids affectèrent encore Héraclée du Pont en 266, tandis que les Hérules ravageaient Cyzique en 267 et la Pamphylie en 268-269 [Kettenhofen, 32] et que des pirates goths et scythes patrouillaient en Égée. Après que les troupes palmyréniennes, qui s'étaient avancées en direction de la Bithynie, eurent regagné la Syrie, l'Anatolie eut encore à subir une dernière invasion par l'est en 275-276, qui affecta le Pont, la Cappadoce et la Cilicie et fut combattue par Tacite puis par Probus.

LE DISPOSITIF MILITAIRE

Toutes les provinces anatoliennes eurent une garnison permanente, au moins sous la forme d'une unité auxiliaire. Mais les troupes légionnaires ne se trouvent qu'à l'est, le long de la frontière de l'Euphrate.

Il ne semble pas y avoir eu de légion en Asie ou en Bithynie sous Auguste [Mitchell, 22, p. 73], mais dès l'annexion de la Galatie deux légions y séjournèrent, la VIIe (future *Claudia*) et une seconde qui peut être la Ve *Macedonica* [Speidel dans 517]. Elles quittèrent la province vers 7-8 apr. J.-C. et ne furent pas remplacées. Malgré l'annexion de la Cappadoce en 17, des troupes légionnaires permanentes ne s'installèrent sur le front de l'Est que sous les Flaviens, lorsque la XIIe *Fulminata* fut dépêchée à Mélitène. Comme le gouverneur de Cappadoce devint à la même époque un légat impérial de rang consulaire, on déduit qu'il y eut une deuxième légion à Satala, au nord, mais on ne sait laquelle y eut son camp avant que ne s'y installe sous Trajan la XVe *Apollinaris*.

Si deux légions sont postées face à l'Euphrate, les troupes auxiliaires occupent des fortins répartis le long du *limes* cappadocien, quelques garnisons dans les provinces de l'intérieur et des avant-postes plus loin à l'est. Le *limes* est constitué par un réseau assez lâche de fortins répartis tout au long de l'Euphrate supérieur, de Zeugma à Erzincan, puis en ligne droite de ce point à Trapézonte [Hellenkemper et Mitford dans 514/II et Mitford, 528]. Le pays, très montagneux, n'offre que de rares passages est-ouest par les vallées des affluents de l'Euphrate et dans la vallée supérieure de celui-ci où il coule d'est en ouest. Dans les provinces de l'intérieur, la présence militaire est beaucoup plus légère bien que chaque province ait abrité au moins une unité auxiliaire [détail par Speidel, dans 517].

Quelques unités sont détachées beaucoup plus loin vers l'est. Une série de forts littoraux entre Trapézonte et Dioscurias-Sébastopolis jalonne la côte et permet à la fois de lutter contre les pirates (car ces postes fortifiés servent de points d'appui à la *classis pontica*) [French, 30] et de contrôler les passages à travers les cols du Caucase [Bosworth, 25 ; Speidel, 35] ; un *praepositus orae gentium Ponti Polemoniani* réside sans doute à Apsaros dans la seconde moitié du IIe siècle (*AE*, 1956, 124). Des fortins sont disposés sur le littoral abkhaze jusqu'à Dioscurias-Sebastopolis sous Hadrien mais jusqu'à Pityunte au milieu du IIIe siècle. Dans l'intérieur, un poste romain avait été installé à Gorneai (Gorni) en Arménie sous Claude (Tacite, *Ann.*, XII, 45, 3), avec un préfet et un centurion, un autre à Harmozica en Ibérie vers 75 (Dessau, 8795), un troisième à Kainopolis en Arménie sous Marc Aurèle (Dessau, 394, 9117).

La création d'un réseau routier complétait le réseau défensif. Seuls Auguste, les Flaviens et Septime Sévère furent actifs. On réalisa sous le premier la *via Sebaste* qui reliait entre elles les nouvelles colonies de l'intérieur. Sous les Flaviens, la prise de contrôle du *limes* de l'Euphrate obligea à prévoir des accès commodes vers l'est. D'Ancyre, nœud du réseau centre-anatolien, partaient des routes vers Nicomédie, Apamée de Phrygie, les Portes ciliciennes et l'Euphrate (par Tavium et Sebasteia au nord ou par Césarée de Cappadoce au sud-est) [French, 111]. Enfin, en 198, un vaste programme de remise en état des routes d'Anatolie affecta la Galatie, la Cappadoce, le Pont-Bithynie et la Lycie-Pamphylie [Christol et Drew Bear, 27], puis l'Asie en 201-202 [Christol et Drew Bear, 37].

L'ORGANISATION DES PROVINCES

Les plus anciennes provinces, Asie et Bithynie, furent dès 27 av. J.-C. confiées au Sénat, alors que les provinces créées par la suite furent d'abord confiées à l'empereur et dirigées par un légat impérial propréteur. Mais les empereurs n'hésitèrent à modifier ni le statut des provinces ni leur configuration. Ainsi, la Bithynie-Pont fut confiée à un légat impérial de rang consulaire vers 109-113 (Pline le Jeune), puis après 165 ; à l'inverse, la Lycie-Pamphylie fut donnée au Sénat vers 162 puis de nouveau à partir de 178-180 [t. I, 169-173 ; 176-184].

Presque toutes les provinces anatoliennes portent un nom évoquant leur nature de conglomérat [t. I, 174] : *Pontus et Bithynia, Galatia et Pisidia et Paphlagonia et Lycaonia, Cappadocia et Armenia Minor, Cilicia, Lycaonia et Isauria, Lycia et Pamphylia*, de multiples combinaisons apparaissant au gré des modifications territoriales décidées par les empereurs [Rémy, 643]. A l'intérieur de la province, chaque région conserve une personnalité propre, que souligne l'existence d'un *koinon* régional [t. I, 192-195] : en Bithynie-Pont, un *koinon* de Bithynie siège à Nicomédie, et un *koinon* du Pont à Amastris ; en Galatie, des *koina* distincts se réunissent à Ancyre pour la Galatie proprement dite, à Gangra pour la Paphlagonie, à Néocésarée pour le Pont méditerranéen, à Nicopolis pour l'Arménie Mineure dès 71-72 et un autre en Lycaonie à partir de 72. Il n'y a qu'en Asie et à Chypre qu'un seul *koinon* provincial couvre toute la province.

Le *koinon*, formé de délégués des cités et communautés, est présidé par un grand notable portant divers titres témoignant des aspects multiples de sa charge. D'une part, il est *archiéreus*, grand-prêtre provincial du culte impérial, assez tôt associé à une grand-prêtresse, souvent sa femme, équivalent des flamines et des flaminiques en Occident. Leur mission consiste à célébrer le culte impérial soit dans la capitale du *koinon*, soit dans l'une des cités qui a obtenu le droit d'ériger un sanctuaire provincial du culte impérial. En Asie, à partir de la création de sanctuaires provinciaux en dehors de Pergame, d'abord à Smyrne puis à Éphèse, ensuite dans quelques autres cités de la province, on dut choisir un *archiereus* par sanctuaire [Deininger, 636; Kearsley, 65; Price, 478]. De même, des sanctuaires provinciaux furent érigés à Pergé, Aspendos et Sidè pour la Pamphylie, à Tarse et à Anazarbe pour la Cilicie; en Bithynie les concours communs du *koinon* se déroulent à Nicomédie et à Nicée, en Galatie à Ancyre et à Tavium. Il fallait donc un autre titre pour désigner le président du *koinon*.

Partout existe un titre formé sur le nom de la région qui témoigne de l'*arkhè* du magistrat sur un espace géographique délimité: Bithyniarque, Pontarque, Galatarque, Paphlagoniarque, Cilicarque, Lyciarque, Pamphyliarque, Cappadocarque, Arméniarque. En Asie, le titre d'Asiarque, bien attesté, a suscité des débats multiples depuis un siècle et demi, car deux textes mentionnent plusieurs asiarques à la fois (Strabon, XIV, 2, 42 à Tralles et *Actes des Apôtres*, XIX, 31 à Éphèse) et quelques asiarques sont qualifiés, comme les grands-prêtres, d'asiarque des sanctuaires dans telle ou telle cité [liste Friesen, 241]. A défaut de parvenir à réconcilier l'ensemble des témoignages, on s'est borné à établir une équivalence entre « asiarque » et *archiéreus*, « asiarque » s'ajoutant comme un simple titre honorifique [Rossner, 897]. Cette opinion s'est peu à peu imposée sans preuve décisive mais elle a été vigoureusement remise en question par R. A. Kearsley [63-65] qui essaya de prouver que les asiarques pourraient n'être que des membres en vue des collèges de magistrats civiques [R. A. Kearsley, *Antichthon*, 21, 1987, p. 55]. Mais P. Herz a défendu à nouveau avec vigueur le système traditionnel, voyant dans le titre d'asiarque une sorte d'abrégé d'*archiereus* d'Asie [Herz, 62], opinion qui peut se prévaloir de l'autorité des juristes (Ulpien, dans *Digeste*, XXVII, 1, 6, 13 et 14) sans que cela lève toutes les difficultés.

Le *koinon* apparaît, dans le rôle qui lui est confié sous l'Empire, comme une innovation romaine (*I. Milet*, I, 2 et *I. Priene*, 106, v. 51 av. J.-C.), tout en s'inscrivant dans la tradition grecque des associations de cités autour d'un sanctuaire commun. Rome crée ainsi des structures régionales de type fédéral là où elles n'existaient pas et oblige les communautés d'un même *koinon* à manifester ensemble leur loyauté envers Rome. Mais le *koinon* apparaît aussi comme l'interlocuteur privilégié des autorités provinciales et de l'empereur pour toute affaire concernant plus d'une cité. Il envoie des ambassades à Rome, prend des décrets valables pour toute la province (cf. le nouveau calendrier de la province d'Asie en 9 av. J.-C.), donne son avis sur les titres et honneurs auxquels prétendent les cités membres, répercute et amplifie les décrets honorifiques rendus par des cités de l'extérieur pour certains citoyens d'exception. Refuge de l'expression politique collective des provinciaux exprimée par les notables, le *koi-non* peut en quelque cas s'opposer efficacement aux empiètements de l'administration provinciale et surtout aux excès de gouverneurs malhonnêtes : c'est à sa demande que furent poursuivis au Ier siècle les proconsuls prévaricateurs d'Asie et de Bithynie [Brunt, 607]. Mais il peut avoir d'autres tâches, comme à Chypre où le *koinon*, dirigé par un « grand-prêtre de l'île », assure aussi la frappe d'une monnaie fédérale qui remplace toutes les monnaies civiques.

Structurée par un ou plusieurs *koina*, la province est également subdivisée en districts. Le système est le mieux connu en Asie où il remonte à l'époque républicaine. La liste et le nombre des districts *(dioikèsis, conventus)* ont varié mais on sait désormais qu'en 17 av. J.-C. [Engelmann, 46] ils sont au nombre de douze (Éphèse, Milet, Halicarnasse, Smyrne, Pergame, Adramytion, Hellespont, Sardes, Kibyra, Apamée, Synnada et Lycaonie), et sous Caligula [Robert, 248], treize, les mêmes plus Alabanda.

Ces *conventus* ne semblent recouvrir aucune réalité géographique ou administrative antérieure ; au contraire ils recoupent les subdivisions antérieures, ajoutant à la confusion (Strabon, XIII, 4, 12). Leur superficie et le nombre de communautés qu'ils regroupent varient : quatre pour celui d'Halicarnasse, six pour Milet, plus de vingt pour Apamée de Phrygie et sans doute une trentaine pour celui de Sardes [Habicht, 639]. A l'émiettement des communautés, Rome oppose une structure régionale qui facilite sa propre administration et oblige les membres d'un même *conventus* à collaborer. Car, si le *conventus* constitue le cadre de l'exercice de la justice provinciale [Burton, 608], la liste (partielle) des membres des *conventus* d'Asie suggère un usage fiscal [Knibbe, 42]. De même, le culte impérial provincial s'appuie sur cette structure puisque la plupart des chefs-lieux reçoivent à leur tour les célébrations provinciales.

Ailleurs, l'information est incomplète [Mitchell, 22, p. 64, pour la Bithynie]. En Galatie, le gouverneur rend la justice non seulement dans les capitales de *koinon,* mais aussi chez les trois peuples galates séparément, à Ancyre, Tavium et Pessinonte. En Cappadoce, on a conservé la division du pays en onze stratégies, dirigée chacune par un grand notable indigène, parfois le grand-prêtre d'un important sanctuaire comme celui de Comana.

La création de ces nouvelles structures ne doit pas être sous-estimée. Parfois, elle a réduit à un rôle purement local ou religieux d'anciennes structures indigènes comme les *koina* locaux d'Asie (de Lesbos, des treize cités ioniennes, d'Athéna Ilias en Troade ou de Zeus Panamaros en Carie). Mais elle peut conduire à la dissolution des structures anciennes : en Lydie du Nord-Est, le *koinon* des Mysiens de l'Abbaïtide, qui regroupait depuis l'époque attalide plusieurs peuples et tribus de la région, n'apparaît plus comme tel dans l'inventaire des *conventus* à l'époque flavienne où chaque communauté apparaît isolément. La rupture du lien fédéral a « ouvert la porte à l'individualisation des communautés et donc, à terme, au développement des cités » [Debord, 125, p. 351].

TRIBUT ET FISCALITÉ

Bien que toutes les provinces restent soumises à un tribut annuel, à une taxe sur les paturages *(scriptura)* et aux douanes *(portorium)* dont le taux est fixé à 2,5 % de la valeur des biens entrant ou sortant de la province [Bertrand dans 54, t. II, p. 819-820], l'essentiel de leur contribution financière échappe à la rapacité des publicains car le tribut est perçu directement par les communautés locales. Les sociétés fermières subsistent pour les impôts indirects puisqu'en 23 apr. J.-C. ceux-ci sont encore perçus par les publicains (Tacite, *Ann.*, IV, 6, 4). Une confirmation supplémentaire vient d'en être fournie pour les *portoria* par la découverte d'une loi relative aux adjudications des douanes d'Asie révisée et complétée en 62 apr. J.-C. mais reprenant une ancienne *lex censoria* enrichie d'ajouts faits, de cinq ans en cinq ans (avec de longues interruptions), de 72 av. J.-C. jusqu'en 42 ou 47 apr. J.-C. [Engelmann et Knibbe, 46 ; Nicolet, 48, 49 ; *AE*, 1989, 681 ; 1991, 1501]. Mais l'affichage de la loi, décidé par Néron en 58 (Tacite, *Ann.*, XIII, 5, 1), mettait fin au halo de mystère qui entourait, pour les contribuables, les procédures d'adjudication et de perception.

La tendance était cependant au prélèvement direct, et les provinces anatoliennes bénéficièrent, comme les autres, des mesures prises en ce sens dans le courant du IIe siècle [Corbier, 419]. Mais ce changement trouvait son origine dans la difficulté de trouver des gens assez riches pour faire l'avance de l'impôt. On reporta donc les aléas de la perception sur les gens aisés des cités et des communautés provinciales. C'est l'époque où l'on vit apparaître en Asie et Lycie les *dékaprôtoi* ou les *eikosaprôtoi*, les notables les plus en vue, c'est-à-dire les plus riches, devenus garants sur leurs biens de la rentrée de l'impôt.

Le montant des prélèvements romains en Anatolie faisait déjà l'objet d'évaluations divergentes dans l'Antiquité : Philostrate (*VS*, II, 1, 548) affirme qu'à l'époque d'Hadrien, les cinq cents cités d'Asie versaient un tribut de 7 millions de deniers, alors que Plutarque (*Pompée*, 45) évaluait à 50 millions les revenus que Rome tirait de l'Asie au milieu du Ier siècle av. J.-C., au terme d'une longue période de malheurs et de ruine ; mais il est vrai qu'il envisageait tous les revenus et pas seulement le tribut.

A. Gara arrive à un total extrêmement voisin de 49 millions de deniers mais pour l'ensemble des provinces anatoliennes [Gara dans 102]. Même si ce chiffre était confirmé, nous ignorons ce qu'il représente en pourcentage de la richesse des provinces anatoliennes. On peut seulement admettre que la pression fiscale resta longtemps supportable puisqu'on ne relève aucune plainte des provinciaux avant la fin du IIᵉ siècle. Encore celles-ci ne visent-elles pas tant le tribut et les autres taxes que les réquisitions en nature.

L'Asie Mineure ne présente aucune originalité en matière de réquisitions mais elle a livré assez de textes pour que s'esquisse une tendance. L'édit du gouverneur de Galatie Sextus Sotidius Strabo Libuscidianus (14-15 apr. J.-C.) [Mitchell, 619], qui fournit une liste précise des devoirs et des droits des habitants de Sagalassos face aux réquisitions de l'administration, loin d'être isolé dans l'Empire, l'est cependant du point de vue chronologique. En effet, du moins pour l'Asie Mineure, après cet édit du début du règne de Tibère, il faut attendre l'époque des Sévères et surtout le IIIᵉ siècle pour trouver à nouveau des plaintes de paysans excédés par les abus commis à leurs dépens. La liste en est longue même si les dates ne peuvent pas toujours être fixées avec précision [Hermann, 47]. Le plus ancien document paraît être la lettre de Pertinax aux gens de Tabala (*AE*, 1990, 949) ; puis vient l'épais dossier joint à une lettre de Caracalla aux gens de Takina en 212-213, des réquisitions pour le *cursus publicus* en Phrygie [Frend, 923], une plainte d'Euhippé de Carie [Robert, *OMS*, I, 345-355] et deux requêtes de paysans lydiens. Au temps de Philippe l'Arabe, appartiennent la lettre des paysans du domaine impérial d'Arangouè près d'Appia de Phrygie (*OGIS*, 519) et la pétition des habitants de Kavacik (Lydie) en 247-248 [*TAM*, V, 1, 419] ; quatre autres textes du IIIᵉ siècle proviennent aussi de Lydie mais ne sont pas datées avec précision. Dans tous ces textes reviennent les mêmes griefs : réquisitions faites par ceux qui n'y ont pas droit, défaut de paiements des animaux réquisitionnés, pillages des maisons et des récoltes, utilisation de la force de travail des paysans au service d'intérêts privés. La répétition de plaintes identiques montre l'inanité des mesures prises par les empereurs comme par les gouverneurs de provinces. Cependant le regroupement massif de ces textes à partir de l'époque sévérienne a conduit P. Hermann [47] à se demander à juste titre si ce n'était pas une illustration de la crise qui commence alors à frapper l'Asie Mineure : les plaintes des paysans se feraient d'autant plus âpres que la prospérité s'est enfuie. Mais les paysans ne sont pas seuls victimes de cette pression croissante : en 204 des instructions impériales ordonnent d'épargner les réquisitions abusives chez les membres de l'ordre sénatorial et avaient été affichées par les intéressés en Lydie et en Phrygie [Robert, 19, p. 128-133].

Parmi les charges qui pèsent sur les provinciaux, il faut faire une place particulière à la *parapompè (prosecutio)*, l'entretien des armées de passage [Mitchell dans 517] et des routes (*IGR*, IV, 1206, 1251). Mais le passage de l'armée tourne parfois au pillage pur et simple : Pline (*Lettres*, X, 77-78) alerte Trajan à propos du pillage de Juliopolis de Mysie par les soldats. Les soldats d'Élagabal pillent sans vergogne la Bithynie où ils hivernent en 218-219 (Dion Cassius, 79.4.5], et ceux de Valérien ruinent la Cappadoce en 252 (Zosime, I, 36).

VIE URBAINE ET DIFFUSION DE L'HELLÉNISME

La diffusion de l'hellénisme s'est toujours et partout accompagnée de la création de cités ; la domination romaine, loin d'y mettre un terme, la facilite et l'amplifie. La cité grecque continue donc d'apparaître comme le cadre indispensable de la vie civilisée. Mais la *polis* impériale, héritière incontestable de la cité classique, subit des mutations et apparaît désormais comme gréco-romaine dans son fonctionnement comme dans son cadre monumental.

LES CRÉATIONS URBAINES

Les colonies

Durant l'époque républicaine, les nombreux Italiens et Romains qui s'installèrent en Asie, en Bithynie, voire en Cilicie, Lycie ou Paphlagonie le firent sans statut privilégié dans la cité de leur choix. Leur fortune leur permit d'acquérir quelquefois la citoyenneté locale, les Grecs comprenant vite quel parti ils pourraient tirer de la présence de Romains riches et influents. En revanche, Rome ne fonda que de rares colonies. Lampsaque et Héraclée disparurent dans la tourmente des guerres civiles et ne furent pas restaurées mais Auguste eut à cœur de renforcer les colonies d'Alexandrie de Troade, Parion et Apamée-Myrléia. De plus, il procéda à des lotissements de type colonial sans fondation de colonie à Attaleia de Pamphylie, Amisos du Pont, Isaura d'Isaurie [Broughton, 51], et dans la province d'Asie, même à Néapolis de Phrygie et Apollonia de Pisidie [Mitchell, 94]. La cité d'accueil recevait un accroissement de population civique puisque les Romains lotis devenaient citoyens à part entière.

Auguste créa un réseau de nouvelles colonies « en Pisidie », selon ses propres termes (*Res Gestae*, 28), à Antioche dès 25, puis à Olbasa, Cremna, Comama, Parlais pour la Pisidie proprement dite, à Lystra et Iconion en Lycaonie, à Germa en Galatie, et, sans doute, en Isaurie à Ninica [Levick, 719, 720 ; Mitchell, 740]. A cela, on n'ajouta guère plus tard que quelques colonies dispersées dans l'est et le sud de l'Anatolie : Archélaïs de Cappadoce (Garsauira), Colonia en Arménie Mineure, Faustinopolis en Cilicie sous Marc Aurèle, peut-être aussi Mélitène.

Les colonies augustéennes amenèrent dans l'Anatolie intérieure de forts noyaux d'Italiens originaires d'Italie centrale et d'Italie du Nord, de Campanie et de Cisalpine [Levick, 719, 56-67]. Si l'on estime à environ 15 000 le nombre de colons installés par Auguste, cela représente entre 50 et 100 000 personnes avec leurs familles. Mais ces implantations coloniales ne représentaient guère un effort réel d'urbanisation puisque la colonie prenait la place d'une cité grecque. Dans quelques cas, elle s'installa à côté de la cité grecque antérieure qui continuait une existence séparée, donnant naissance à une double communauté, comme à Alexandrie de Troade et Ilion, à Ninica et Claudiopolis en Cilicie Trachée, à Iconion où cité et colonie homonyme coexistent jusqu'à Hadrien qui étendit le statut colonial à l'ensemble de la double communauté [Mitchell, 740]. Mais la plupart du temps la colonie supplante la *polis*, dont les citoyens perdent tout droit politique à l'exception de quelques notables amis de Rome : en dehors de quelques *Iulii*, l'étude des gentilices d'Antioche de Pisidie montre une lente intégration des indigènes tout au long du Ier et au début du IIe siècle, ce qui n'est pas sans influer sur l'hellénisation progressive des colonies.

Les institutions municipales sont évidemment copiées des colonies romaines d'Occident, mais s'y ajoutent parfois des traits empruntés aux cités grecques : des irénarques à Antioche de Pisidie et à Comama, des gymnasiarques et des agonothètes dans presque toutes les colonies [Levick, 719, 78-82]. De plus, le latin, qui est de règle dans les documents officiels, n'empêche pas la survie du grec dans les textes privés et tombe en désuétude avec le temps ; ainsi, la colonie de Cremna dresse au IIe siècle et au début du IIIe siècle une série de dédicaces officielles en grec en l'honneur des dieux dans un édifice que l'on a proposé d'identifier à une bibliothèque de style hadrianique, l'ensemble dénotant de fortes aspirations à manifester une culture grecque [Horsley, 161]. De la sorte, les colonies romaines, isolées dans un monde où la quintessence de la culture et de la civilisation sont grecques, participent à l'ambiance culturelle dominante. Mais cela n'empêche pas qu'elles agissent aussi comme un agent de romanisation des institutions et du cadre monumental des cités [Millar, 54].

Les poleis

Il reste en Anatolie au début de l'époque impériale de très vastes espaces faiblement urbanisés, même dans la province d'Asie. Rome, loin de stopper le mouvement d'urbanisation, a repris l'héritage des rois hellénistiques, à l'exemple de Pompée qui avait fondé onze cités nouvelles dans le Pont. Auguste et la plupart des empereurs du Haut-Empire adoptèrent la même politique, si bien que la seule province d'Asie réunit plus de trois cents cités [Habicht, 639]. Pourtant, quel que soit l'effort consenti en ce domaine, à la fin du IIIe siècle on peut encore opposer nettement deux grandes zones, l'une de la Bithynie à la Cilicie en passant par l'Asie, la Carie, la Lycie, la Pisidie, la Pamphylie, la Cilicie, fortement urbanisée, comptant des centaines de cités grandes et petites, l'autre, englobant Galatie, Cappadoce, Paphlagonie, Pont et Arménie Mineure, où la cité reste l'exception. Cette donnée fondamentale doit rester présente à l'esprit.

Ces fondations urbaines ne sont à peu près jamais des créations *ex nihilo*. Très rares sont les cas où l'on réunit en une cité unique plusieurs villages en leur donnant un centre urbain, comme Sébastè de Phrygie sous Auguste ou Pogla fondée à partir d'un village impérial. En général, la fondation d'une cité consiste seulement en un acte juridique par lequel l'empereur, seul *oikistès*, accorde ce statut privilégié à une communauté qui n'en bénéficiait pas jusque-là, une tribu, un *ethnos*, un sanctuaire ou une colonie militaire (Maionia en Lydie orientale).

Mais si l'empereur a seul pouvoir de fonder une nouvelle cité, son initiative peut répondre à une demande des notables locaux qui aspirent à cette promotion. On le comprend en lisant la lettre, en latin, adressée par un empereur inconnu pour indiquer au gouverneur que la communauté de Tymandos (Phrygie orientale) remplit les conditions pour devenir une *polis*, avec 50 bouleutes, pleine capacité à voter des décrets et à élire des magistrats (*MAMA*, IV, 236).

D'une manière générale, la tendance est aujourd'hui à faire remonter à l'époque hellénistique des fondations que l'on plaçait à la suite de Jones [695] sous le Haut-Empire. Ainsi, en Pisidie, Jones croyait pouvoir dater de l'époque impériale le passage des *Etenneis* du stade tribal au rang de cité (Étenna), mais J. Nollé a montré avec de solides arguments que l'ethnique *Etenneus* des mercenaires d'époque hellénistique appartenait bien à une cité, non à une tribu [Nollé dans 168]. Il en va de même de plusieurs cités pisidiennes qui possèdent au plus tard à la fin du IIe siècle av. J.-C. les édifices publics (remparts, *bouleuterion*) et le monnayage qui caractérisent une cité, sans parler des sanctuaires et des aménagements urbains (agora, portiques) créés à l'imitation de Pergame (Pednelissos,

Étenna, Ariassos, Cremna, Adada, sans oublier les trois cités majeures de Sagalassos, Termessos et Selgé) [Mitchell, *MeditArch*, 4, 1991, 119-145]. La première attestation sous l'Empire d'une vie civique manifeste n'entraîne donc pas à conclure que le passage à l'état de *polis* ne remonte pas plus haut dans le temps. De même, l'œuvre individuelle des empereurs reste difficile à identifier car les surnoms impériaux dont se parent de nombreuses cités n'indiquent pas avec certitude que l'empereur a accordé le statut de cité à des communautés existantes mais qu'il a rendu à une cité en déclin les moyens de se développer. Ainsi, on attribue à Tibère Tibériopolis de Phrygie et Tibériopolis-Pappa en Pisidie, mais en est-il le fondateur ou le refondateur ?

Malgré ces réserves, les fondations d'époque impériale sont nombreuses et le processus ne cesse pas jusqu'au IVe siècle. Ainsi voit-on en Asie des tribus obtenir le statut de cité sous les Flaviens *(Lorenaioi, Daldanoi)*, et en particulier Domitien (Sala-Domitianopolis), sous Trajan (Traianopolis de Phrygie), sous Hadrien (les *Abrettenoi* deviennent une Hadrianeia, les *Olympenoi* une Hadrianoi) ou dans le courant du IIe siècle (les *Charakènoi* érigés en Characipolis). Parfois, le passage au rang de cité s'accompagne d'un éclatement des structures ancestrales. Ainsi, les *Moxéanoi* de Phrygie éclatent en deux cités avant 196-197, Diocléa et Siocharax, les *Karpénoi* en quatre cités, la communauté des Milyades en cinq cités (Pogla, Andeda, Verba, Sibidunda et Hadrianopolis) [Hall, 91]. Parfois, une partie seulement de la communauté fonde une cité nouvelle comme les *Mokadènoi* qui se répartissent en trois nouvelles *poleis*, Silandos, Bagis et Téménothyrai, alors que les villageois des Thermes de Thésée restent en dehors du processus. En Lycaonie, une partie des Orondéens participe à la fondation de Pappa-Tibériopolis, une autre partie, un peu plus tard, sous Claude, à celle de Mistia. Autre cas de figure encore, celui offert par la communanuté des *Lalasseis* et des *Kennatai* unis à Olba au moins dans leur monnayage jusqu'à Vespasien. La promotion au rang de cité aboutit à des émissions séparées des *Kennatai* de Diocésarée sous Domitien puis des *Lalasseis* de Claudiopolis, alors qu'Olba conserve sa structure traditionnelle de sanctuaire indigène. Mais à l'inverse, des communautés séparées peuvent bénéficier d'un synoikisme : Hadrianopolis de Phrygie fut ainsi fondée en 123 par fusion entre Stratonicée du Caïque et la communauté non civique des *Indeipediatai*.

On le voit, le processus est de grande ampleur, quelles que soient les variantes qu'il connaisse. Mais force est aussi de constater que tous les exemples viennent des régions occidentales intérieures (Phrygie, Lydie, Pisidie) et que la fondation ou la refondation de cités dans les provinces de l'Est anatolien fut quasi inexistante. Là, l'effort fut réalisé essentiellement par les princes clients, notamment Antiochos IV de Commagène qui fonda en Cilicie Trachée Antioche sur le Cragos, Iotapè, Philadelphie, Germanicopolis et Irénopolis, tandis que Tarcondimotos avait fondé ou refondé Anazarbe en 19 av. J.-C., en Cilicie où son effort fut poursuivi par Tibère (fondation d'Augusta au nord d'Adana), Claude (Eirenupolis sur le Pyramos en 51 ou 52) et Vespasien (Flaviopolis sur le Pyramos en 73) [Ziegler, 184]. Cappadoce, Pont, Galatie restèrent à l'écart du mouvement, en dehors de rarissimes fondations comme la sécularisation des grands sanctuaires indigènes (les deux Comana).

STRUCTURES ET ENJEUX DE LA VIE MUNICIPALE
[t. I, 220-230]

La cité grecque des provinces anatoliennes ne diffère pas de celles des autres provinces orientales. Cependant, Asie, Bithynie-Pont et Lycie-Pamphylie ont fourni une telle quantité d'informations que c'est là que l'on a les meilleures chances de comprendre le fonctionnement et les enjeux de la vie civique et les différences survenues depuis l'époque hellénistique [Lévy, 67 ; Macro, 53].

Le retour de la paix et la mise en place d'une administration romaine moins prompte à dépouiller les provinciaux rendaient moins nécessaires les grands évergètes capables de sauver seuls une cité du pillage ou de la famine. Désormais, les relations de la cité avec l'empereur constituaient un enjeu majeur, alors que les notables qui ont émergé durant les crises du Ier siècle, stabilisés dans leur rôle, prenaient en charge la restauration des cultes, l'embellissement du cadre urbain, l'approvisionnement régulier en blé ou en huile, l'entretien des gymnases et l'éducation des jeunes, priorités de la vie civique qui nécessitent de puissants moyens et de constants efforts.

Le *dèmos,* qui regroupe l'ensemble des citoyens, apparaît parfois hiérarchisé. A Tarse, il existe des conditions de cens puisque l'inscription sur les registres civiques exige le paiement d'une somme de 500 deniers au début du IIe siècle (Dion, XXXIV, 23). A Pogla et à Sillyon on distingue ceux qui participent à l'assemblée du peuple, les *ecclésiastikoi* (*IGR*, III, 409, 800, 801), et l'*ecclesiasterion* de Trebenna de Lycie n'est pas plus grand qu'un *bouleuterion* [Balty, 212, p. 555-556]. En Lycie, à Tlos, Xanthos, Oinoanda, des groupes privilégiés sont nommés les Cinq-Cents ou les Onze-Cents, définis aussi comme *sitométrouménoi*, position privilégiée en raison de leur rôle dans le financement de l'approvisionnement [Balland, 154 ; Wörrle, 84]. Le simple citoyen n'a guère de pouvoirs, mais les riches, rhéteurs, médecins, athlètes, philosophes et artistes accumulent les citoyennetés, comme le célèbre évergète Opramoas de Rhodiapolis, en Lycie, qui jouit de la citoyenneté dans toutes les cités lyciennes.

L'assemblée du peuple se réunit sur un ordre du jour précis (*Actes*, XIX, 38-40), permettant aux autorités provinciales de vérifier son utilité. Elle vote les décrets, sans que le gouverneur ait besoin de les approuver pour qu'ils aient force de loi, bien que certains magistrats municipaux trop zélés se croient obliger d'obtenir cette approbation supplémentaire (Plutarque, *Préceptes politiques* – traité 52 –, § 19). Au vote individuel on préfère le vote par acclamation (*OGIS*, 515).

Le conseil, jusque-là annuel, fut, dès l'époque d'Auguste, calqué sur le modèle des *curiae* municipales d'Occident, avec des bouleutes choisis à vie, inscrits sur un *album* par des censeurs suivant un ordre hiérarchique. Le nombre des conseillers, qui ne peut s'accroître que par privilège impérial, varie selon l'importance de la cité : il dut y en avoir 450 à Éphèse mais beaucoup de cités n'en n'avaient pas plus d'une centaine, parfois moins. L'entrée à la *boulè* entraîne le paiement d'une *summa honoraria*, pratique étrangère à la tradition grecque, mais qui a fini par s'imposer. Les bouleutes se distinguent désormais de la masse de leurs concitoyens à la fois par leur richesse et par un statut viager qui les placent au-dessus de ceux-ci : c'est l'amorce d'une classe de curiales professionnels.

A côté de la *boulè* siège assez souvent une *gérousia*. Ce conseil rassemble des hommes d'âge mûr, anciens magistrats et bouleutes. Le développement de l'institution à l'époque impériale suggère qu'elle fut encouragée par les autorités romaines qui voyaient avec faveur le développement d'un conseil modérateur, voire conservateur, eu égard à l'âge de ceux qui le composaient.

On distingue toujours en droit entre les magistratures *(archai)* qui sont aussi des honneurs *(timai)*, et les charges financières, liturgies qui pèsent sur la fortune de l'individu [Neesen, 71]. En fait, les deux catégories tendent à se confondre : d'une part, les magistratures sont de plus en plus coûteuses, puisqu'elles obligent à verser une *summa honoraria* à l'entrée en fonction et à dépenser plus que les sommes mises à disposition par le trésor civique ; d'autre part, les liturgies, consacrées à des activités jugées essentielles comme l'entretien du gymnase ou la célébration des fêtes, valent aux riches liturges des honneurs à la hauteur de leurs dépenses. De fait, dans les inscriptions honorifiques se mêlent sans hiérarchie magistratures et liturgies. A l'inverse, la fuite des riches est identique devant les unes et les autres, preuve *a contrario* que les notables les considèrent comme équivalentes.

On a souvent réduit l'importance de la vie civique sous l'Empire en insistant sur la perte d'indépendance qui aurait frappé les cités grecques par rapport à l'époque classique. C'est un faux débat et il suffit de constater combien les communautés indigènes sont soucieuses d'obtenir le statut de cité pour comprendre à quel point il reste enviable. Plutôt que de faire l'inventaire de ce que la cité aurait « perdu » au cours des siècles, mieux vaut examiner de quoi est constituée la vie municipale sous l'Empire et ce qui la rend attrayante pour tous ceux qui se veulent Grecs, de l'Égée au Caucase et à l'Euphrate.

La cité conserve une personnalité juridique qui la distingue de toutes les autres. L'organisation générale des institutions politiques, judiciaires, financières et techniques, le calendrier civil et religieux relèvent seuls des autorités civiques. De même, la cité dispose d'un trésor public, alimenté par ses propres ressources, dont elle dispose à sa guise. Elle accorde librement sa citoyenneté, vote des décrets, envoie des ambassades, maintient l'ordre sur son territoire, bat monnaie de bronze et, avec l'autorisation de l'empereur, d'argent. L'essentiel de ce qui fut toujours au cœur des préoccupations des Grecs subsiste intact. Néanmoins l'approvisonnement, l'entretien des gymnases et la célébration des fêtes et concours paraissent au premier rang des soucis des magistrats et liturges.

Pour l'approvisonnement de la cité, l'agoranome a la charge de contrôler les marchés, d'en assurer l'entretien, de surveiller les poids et mesures, et, surtout, de veiller à ce que le blé et les autres produits de base soient toujours offerts en quantité et à des prix corrects [Pavis d'Escurac dans 50; Strubbe, 77]. On ne connaît aucune crise d'approvisonnement pour l'huile en Asie Mineure, mais le blé, cultivé partout, fait parfois défaut. Ce serait le cas dès le règne de Tibère à Aspendos selon Philostrate (*Vie d'Apollonios de Tyane*, I, 15), à Prousa sous les Flaviens (Dion, XLVI, 8-11), à Antioche de Pisidie en 91-92 ou 92-93 [J. G. Anderson, *JRS*, 14, 1924, p. 179], peut-être en Asie en général à la même époque (*Apocalypse*, VI, 6). En dehors de ce dernier cas, ses crises paraissent localisées, ce que confirme indirectement Dion de Pruse en affirmant que le prix habituel du blé varie très fortement d'une cité à l'autre (Dion, XLVI, 10). Leurs causes restent conjecturales : on invoque le grand froid à Antioche de Pisidie, mais à Pruse comme à Aspendos, la spéculation des riches serait seule responsable. Il faut donc qu'une partie notable de la production soit contrôlée par une minorité de grands propriétaires capables d'attendre la hausse des cours avant de mettre les grains sur le marché. Cette spéculation ne peut réussir que s'il n'existe pas de possibilité d'importer à bas prix. Or, les difficultés de transport sont suffisamment importantes pour empêcher l'importation rapide de blé, seul moyen de décourager la spéculation. Les surplus de blé disponibles sont faibles car les prélèvements faits pour le compte de Rome et de l'armée contribuent sans doute à réduire les quantités disponibles, mais il n'est pas sûr que cette explication suffise. En tout cas, les cités qui ont été autorisées à s'approvisionner en Égypte, considèrent cela comme un honneur remarquable [Quass, 73, p. 257].

Payant de ses deniers ou usant de persuasion, le bon agoranome est celui qui fait vendre à bas prix, même en période de pénurie, blé, huile et autres provisions de première nécessité [Robert, 12, p. 547 : Quass, 73, p. 261-262]. Parfois le *sitonion*, caisse alimentée par des prêts des riches, permet d'acheter du blé qui, vendu au bon moment, régularise les marchés. Cette institution semble bien fonctionner en Bithynie à Prousias de l'Hypios (*I. Prusias ad Hypium*, 8, 6 ; 11, 15), à Nicée (*I. Nikaia*, I, 60) et dans bien d'autres cités [Strubbe, 77]. Mais on connaît aussi des *alimenta* sur le modèle italien, c'est-à-dire de caisses alimentées par des fondations évergétiques destinées à pourvoir à la nourriture des jeunes gens d'une cité, comme à Attaleia (*AE*, 1989, 723).

Parmi les liturges, le gymnasiarque occupe incontestablement le rang le plus glorieux puisque, dans les inscriptions honorifiques, cette charge est toujours mentionnée en bonne place, tout de suite après les magistratures les plus en vue. Chaque cité possède au moins un gymnase, et souvent plusieurs : six ou sept à Pergame, quatre à Iasos et à Salamine de Chypre, trois à Milet, à Tralles, à Thyatire. A l'époque impériale, le gymnase est devenu l'annexe des thermes, ce qui entraîne un coût supplémentaire d'entretien et de chauffage.

L'importance du gymnase découle de la place des activités sportives dans les fêtes religieuses, lors de la tenue des concours. Les fêtes grecques ne se réduisent pas aux concours, ni les concours aux épreuves sportives, bien qu'elles en soient la partie la plus spectaculaire. La fête religieuse, bien avant d'être un spectacle, vise à réaffirmer la cohésion de la communauté civique. Dans chaque cité, le calendrier des fêtes religieuses comporte de multiples célébrations, à la fois pour les dieux civiques traditionnels et les dieux nouveaux, auxquels viennent s'ajouter les célébrations du culte impérial municipal ou provincial. Chacune est l'occasion de processions, de sacrifices suivis d'un banquet public qui sont le cœur même de toute célébration des dieux [Schmitt-Pantel, 83]. Mais le point culminant de la fête, c'est le concours, lorsqu'il lui en est associé un. Toute cité possède ses concours, y compris les plus petites. Une longue inscription d'Oinoanda de Lycie [Wörrle, 84] expose en détail le financement et le déroulement d'un concours local, les *Demostheneia* fondées par C. Iulius Démosthénès en 124 : le concours ne dure pas moins de trois semaines et coûtera 4 450 deniers, ce qui est peu : les *Traianeia* de Pergame semblent coûter au moins 70 000 deniers ; les *Lysimacheia* d'*Aphrodisias*, 31 839 deniers [Reynolds, 700, n° 57]. Or les concours sont multiples. A Oinoanda même on en connaît au moins trois [Coulton *et al.*, 159], et le dossier des spectacles d'Aphrodisias [Rouéché, 82] montre que la cité ne possédait pas moins de quatorze concours dont beaucoup étaient des créations d'évergètes locaux. A ces concours grecs, athlétiques ou musicaux, s'ajoutent les combats de gladiateurs, exécutions de condamnés *ad bestias*, chasses d'animaux sauvages et scènes de tauromachie associés aux célébrations du culte impérial [Robert, 81]. Ces spectacles furent extrêmement prisés par le peuple bien que quelques « intellectuels » les critiquent sévèrement. Pergame, qui abrite le plus prestigieux des sanctuaires provinciaux du culte impérial, compte aussi une école de gladiateurs, et Galien, comme médecin, put y faire d'intéressantes observations cliniques [Moraux, 132].

Ces trois grands chapitres n'épuisent pas la liste des dépenses des cités. Les problèmes de voirie, notamment la création de belles avenues à colonnades, l'entretien et la réfection des édifices sacrés et publics (temples, marchés, *bouleuteria* [Balty, 212], thermes), les adductions d'eau nécessitent des investissements d'une grande ampleur. Nous connaissons, par la correspondance de Pline et les inscriptions, le coût extravagant de ces aménagements urbains : 10 millions de sesterces pour un théâtre inachevé qui menace ruine à Nicée (*Lettres*, X, 39), 3,5 millions de sesterces pour des aqueducs inachevés à Nicomédie (X, 37), des centaines de milliers de sesterces pour un bain public inutilisable à Claudiopolis (X, 39), 2 millions de deniers pour les adductions d'eau d'Aspendos (*IGR* III, 804), plus de 7 millions de deniers pour celles d'Ilion (Philostrate, *VS*, II, 1). Les programmes édilitaires paraissent d'une telle ampleur que l'on a pu parler d'une véritable « pétrification » des richesses, en Bithynie notamment [Gros, 136]. Car ces investissements immobiliers ne portent que rarement sur des édifices utiles à la vie économique. Cela arrive (marchés d'Éphèse, curage du port d'Éphèse, percement d'une route par Iulius Aquila d'Amastris), mais reste exceptionnel. Le plus souvent, il s'agit de construire ou d'embellir des édifices publics, des temples, des édifices de spectacles et de loisirs ou décoratifs (portique, nymphée). C'est là que se trouve l'essence de la vie civique, c'est-à-dire de la vie civilisée, la seule digne d'un Grec, où qu'il vive. Si la promotion au rang de cité reste si enviable, c'est que la vie civique, telle qu'elle fonctionne sous l'Empire, paraît seule digne de ceux qui se veulent Grecs. Or, être Grec constitue un état bien supérieur à celui de Barbare ; si, aux yeux des Romains, il n'y a pas, juridiquement, de différence entre un Grec d'une cité et un paysan pontique ou cappadocien – ce sont tous des pérégrins –, en réalité la qualité de Grec constitue une étape préalable presque indispensable à l'accès à la citoyenneté romaine, et place, culturellement sinon juridiquement, les individus à égalité avec les maîtres.

FINANCER LA CITÉ

Toutes ces charges extrêmement coûteuses ne peuvent être financées par le seul trésor public, car la cité grecque s'enorgueillit de ne pas recourir à l'impôt régulier et de compter plutôt sur la générosité des citoyens. Ses ressources régulières (taxes douanières et commerciales, locations de terre ou d'immeubles, produits des amendes et des confiscations, legs) ne sont pas négligeables et permettent de financer quelques constructions. Mais, pour l'essentiel, on doit avoir recours à des souscriptions publiques [Migeotte, 69], plus rarement à l'emprunt qui paraît peu en vogue sous l'Empire [Migeotte, 68]. La mauvaise gestion des finances municipales nécessite l'envoi par l'empereur de *curatores* ou *logistai*, chargés de remettre de l'ordre dans les finances municipales [t. I, 262]. Le plus ancien est attesté en Asie à Sardes avant 92 mais la fonction devient banale vers la fin du IIe siècle, et le besoin de ces contrôles fut tel que la fonction devint, durant le IIIe siècle, une fonction municipale ordinaire.

Dans la mesure où la cité ne dispose pas des moyens pour tout financer par le seul trésor public, il faut recourir à la générosité des citoyens et des riches étrangers. L'évergétisme devient ainsi un rouage essentiel des finances civiques, même si le rôle des évergètes n'est pas de se substituer au trésor civique mais de le soulager [t. I, p. 324-330]. Les innombrables décrets honorifiques remerciant les citoyens généreux qui ont accepté de financer magistratures et liturgies témoignent du caractère général de cette pratique, mais ils ne doivent pas faire oublier que d'autres documents laissent deviner de multiples résistances, sans parler des tentatives de se faire exempter par l'empereur à titre individuel ou collectif [Millar, 56]. Dans ces conditions, on honore particulièrement le citoyen qui a décidé de remplir une magistrature ou une liturgie « volontairement » ! On a aussi recours aux dieux, aux étrangers, aux femmes, aux enfants, voire aux morts. Ainsi, à Cyzique, des morts apparaissent comme magistrats en fonction grâce à des fondations créées par eux dans cette intention (*IGR*, IV, 154, 155).

Ce n'est le lieu d'analyser ici l'évergétisme qui est attesté dans tout l'Empire [t. I, p. 324-330]. Si l'Anatolie fournit les textes les plus nombreux [Laum, 66 ; Broughton, 962, p. 715-797], elle n'a aucunement le privilège de ce phénomène qui, par ailleurs, n'est pas limité à l'époque impériale. On doit donc se reporter à ce qui a été décrit ailleurs [Veyne, 841 ; Andreau *et al.*, 59 ; Sartre, 23].

UNE CASTE DE NOTABLES

Les riches, qui sont en même temps les notables des cités puisque toute magistrature, toute liturgie, toute évergésie coûte cher, constituent à l'époque impériale une caste dont les membres se distinguent de leurs concitoyens par des titres et comportements propres. Certains sont hérités de l'époque hellénistique ; d'autres, nouveaux.

Le premier trait caractéristique de la notabilité civique, c'est l'accumulation des charges et honneurs. On ne compte plus les dédicaces honorifiques qui décrivent des carrières municipales où le bénéficiaire a géré toutes les magistratures civiques, souvent plusieurs fois. Cela n'indique probablement pas, sauf exception, une volonté de la part d'un individu ou d'un petit groupe de monopoliser à son profit le pouvoir ou le prestige dans sa cité : les multiples tentatives d'exemptions prouveraient plutôt une tendance à la fuite devant ces charges. Il semble donc au contraire que l'on ait là le signe tangible que les riches susceptibles d'assumer les charges dans la cité ne sont qu'en petit nombre. Certes, la situation devait varier à l'infini d'une cité à l'autre, et de grandes cités comme Éphèse, Smyrne ou Pergame avaient sans doute à leur disposition un « stock » de notables plus étendu. Mais les charges y étaient aussi plus lourdes et plus nombreuses.

Ce premier trait se complète d'un autre qui est le caractère familial et quasi dynastique de la notabilité. Non seulement on observe, à travers de nombreuses inscriptions, la continuité du service de la cité au sein d'une même famille, ce qui ne fait que témoigner de la permanence de la fortune, mais aussi dans le même texte honorifique, on souligne, comme un honneur supplémentaire, les mérites des ancêtres. On signale que le bénéficiaire s'est montré digne de ses ancêtres, parfois en énumérant avec complaisance les titres accumulés par la famille, en remontant, des côtés paternel et maternel, jusqu'aux grands-parents, voire au-delà. La tradition familiale apparaît alors comme un modèle à suivre, ou à dépasser, mais aussi un signe supplémentaire de distinction : on n'est pas un nouveau riche, un notable de fraîche date mais le descendant d'une famille déjà digne de mémoire dans la cité.

Désormais distinguées des autres dans leurs cités, ces familles ne peuvent nouer de liens matrimoniaux avec n'importe qui. La caste ainsi constituée prend un caractère supracivique que facilitent les citoyennetés multiples. Ainsi, Méléagre est à la fois citoyen de Balboura et d'Oinoanda, mais un décret pour l'un de ses descendants montre que la famille vit en fait à Attaleia, la capitale de la Lycie-Pamphylie, où s'exercent la plupart des grandes fonctions qui valorisent la famille, et qu'elle cultive ses attaches montagnardes à Balboura où elle se contente de passer l'été [Coulton *et al.*, 159]. On pourrait multiplier les exemples de ces familles présentes dans plusieurs cités, où l'on se marie entre gens d'un même milieu quelle que soit la cité d'origine [Stein, 76].

Comme si la richesse et les fonctions civiques ne suffisaient pas, les notables accumulent encore les honneurs : préséance au théâtre ou au stade, statues, nourriture au prytanée, funérailles officielles dans un lieu réservé aux bienfaiteurs de la cité, titres enfin qui soulignent tout ce que la cité leur doit. Non seulement ils se voient reconnaître le titre d'évergète, mais aussi ceux de « sauveur », « fils ou fille de la cité », « père de la cité », « mère du conseil » ou « de la gérousia », « tropheus » (nourricier), devenant parfois de véritables « fondateurs » de leur propre cité. Au-delà des excès rhétoriques, ces titres traduisent la conviction que la cité doit son « salut » à celui qui la nourrit, sa « fondation » à celui qui la dote des édifices indispensables à la vie civique.

Comme pour se distinguer encore davantage, les notables provinciaux acquièrent souvent la citoyenneté romaine [Holtheide, 674]. Le mouvement commence dès l'époque républicaine en Asie et en Bithynie, s'accélère sous Claude, les Flaviens, Trajan et Hadrien. Au milieu du IIe siècle, la majorité des magistrats ou anciens magistrats des cités d'Asie, de Bithynie, voire de Lycie-Pamphylie, semble avoir bénéficié de la citoyenneté romaine mais il faut distinguer entre grandes et petites cités. Dans les petites cités de Pisidie ou de Phrygie, bien des notables ne sont pas citoyens romains au IIe siècle. Ainsi, les ambassadeurs envoyés au proconsul d'Asie par la petite cité de Takina en 212-213 prennent la peine de faire inscrire leur nom complet commençant toujours par Marcus Aurelius, preuve qu'ils viennent juste de recevoir le citoyenneté par l'édit de 212 (*AE*, 1989, 721, doc. 1).

Cette caste entretient par ailleurs des relations particulières avec les notables romains. Dès l'époque de la République, les relations personnelles entre riches grecs et notables romains ont pemis à des cités d'éviter charges et exactions [Quass, 73, p. 138-139]. La fréquentation de l'empereur et des hommes qui comptent dans l'administration impériale continue de jouer un rôle primordial et l'on voit de nombreux liens se nouer entre les notables d'Anatolie et de grandes familles romaines.

Cette situation est d'autant plus naturelle qu'une partie des élites provinciales d'Asie Mineure accède à l'ordre équestre et à l'ordre sénatorial [Halfmann, 851 ; Demougin, 883 ; Pflaum, 854]. Les premiers chevaliers d'Asie Mineure occupent des emplois dans l'administration impériale sous Claude, les premiers sénateurs sous Néron, mais il s'agit encore pour l'essentiel de descendants de colons romains. Sous les Flaviens accèdent à ces fonctions de vrais provinciaux. Ce cercle très étroit des sénateurs et chevaliers d'Asie Mineure constitue, au sein ou au-dessus de la caste des notables civiques, un groupe restreint dont les liens familiaux, par mariage ou adoption, peuvent être mis en évidence ; les femmes de cette aristocratie jouent donc un rôle essentiel dans les stratégies familiales [Dabrowa, 21].

LE PEUPLE ET L'ÉCONOMIE URBAINE

Dominé de si haut par une classe sociale consciente de sa supériorité, détentrice du pouvoir et de l'argent, placé dans une situation de dépendance sur laquelle on a rarement mis l'accent [Quass, 73, p. 184-185], le peuple apparaît peu dans sa vie quotidienne. Certes, en cas de crise, on le voit s'agiter comme à Prousa de l'Olympe où il menace de brûler la maison de Dion lors d'une émeute de la faim, ou encore à Éphèse lorsque la prédication de Paul remet en cause la suprématie d'Artémis d'Éphèse, dont le culte procure d'importants profits aux bijoutiers. Les magistrats et l'administration provinciale craignent les troubles qu'il peut causer et l'on se loue de l'harmonie nécessaire entre la *boulè* et le *dèmos* : de nombreuses émissions monétaires célèbrent la concorde entre eux.

Le peuple apparaît de façon plus concrète à travers les corporations. On connaît mal l'économie urbaine d'Asie Mineure mais de nombreux textes illustrent le développement des collèges professionnels en Asie Mineure [Waltzing, 956 ; Sartre, 23, p. 177-179], notamment dans le textile et la métallurgie. L'aspect proprement corporatiste nous échappe mais ces artisans honorent les dieux ou remercient des bienfaiteurs, comme n'importe quel thiase religieux. Cela n'exclut pas qu'ils aient pu jouer un rôle en cas de conflits du travail comme ceux que déclenchent les boulangers d'Éphèse ou les maçons de Milet [Buckler, 942], grèves d'artisans-patrons, qui refusent les conditions qu'on veut imposer à la vente de leurs produits.

Représenter les masses urbaines comme des groupes parasites qui vivraient au crochet des riches relève de l'illusion. Si le travail n'est sans doute pas un idéal social et moral pour l'homme grec de l'Antiquité, il n'en reste pas moins qu'un artisanat urbain très développé est identifiable dans de nombreuses cités d'Anatolie et que l'essentiel de la main-d'œuvre y est constitué par les citoyens et autres résidents libres. Bien que les textes exaltent la vie civique en occultant largement la vie économique, néanmoins la cité ne peut exister sans un développement économique qui fournit aux notables les moyens de leurs bienfaits [inventaire par Broughton, 962, 817-881].

Le textile constitue l'activité la plus en vue. Une longue tradition de filage, de tissage et de teinture de la laine existe en Ionie, notamment à

Milet. Mais à l'époque impériale, se développent de nouveaux centres dans l'intérieur, en Lydie autour de Thyatire, Philadelphie ou Saïttai, mais surtout à Laodicée du Lycos et ses voisines Hiérapolis et Colosses, aux confins de la Carie orientale et de la Phrygie. Cette courte énumération tient à ce que les sources privilégient soit des productions particulièrement réputées et exportées comme les tapis du Pont et de Cappadoce, soit celles qui nécessitent des infrastructures ou des investissements importants comme la teinturerie (surtout de la pourpre). Mais en réalité on trouve dans toutes les cités un artisanat textile plus ou moins développé, fondé sur l'élevage ovin des campagnes environnantes. Il en va de même pour le lin travaillé en Cilicie (Tarse, Anazarbe, Corykos) mais aussi à Thyatire, Éphèse, Milet, Tralles.

La seconde grande activité artisanale concerne le travail des métaux. La documentation littéraire privilégie l'exceptionnel comme les fabricants de statuettes d'argent d'Éphèse, mais l'épigraphie révèle des forgerons, orfèvres ou bijoutiers dans toutes les cités, parfois organisés en corporations comme à Thyatire, Sigée, Hiérapolis, Tralles, Smyrne, Éphèse.

Comme dans l'ensemble du monde antique, la céramique tient une place de choix dans la production artisanale de l'Anatolie. Étant donné le poids et le faible coût des ustensiles réalisés, les produits céramiques usuels sont toujours fabriqués sur place, ce qui impose qu'on produise partout une céramique commune encore assez mal classée et identifiée. On a attribué aussi à l'Asie Mineure la production d'une céramique plus soignée, la « sigillée orientale », ou *Eastern Terra Sigillata* (ETS). Sur la foi de Pline qui signale la qualité des céramiques de Samos (vaisselle de table), des gobelets de Pergame et des ustensiles de Tralles (Pline, *HN*, XXXV, 160), on a d'abord attribué à des ateliers de Pergame (sigillée A) et de Samos (sigillée B) une part importante de la production de l'ETS. Assez rapidement, on avait admis que les centres devaient être multiples [Broughton, 962, 831-832] mais les études récentes montrent aussi qu'il existe au moins sept groupes de sigillées orientales. La question des provenances est loin de faire l'unanimité mais on semble s'accorder sur la provenance pamphylienne de l'ETS II (partie de l'ex-sigillée A) (dont la production s'arrêterait vers 70 apr. J.-C.) et de l'ETS B (essentiel de l'ex-sigillée B). On reste dans l'incertitude pour le reste et on a proposé de déplacer au Proche-Orient une partie de la production de la sigillée A « pergaménienne » [J. Gunneweg, *Rei cretariae Romanae Fautorum, Acta*, 25-26, 1987, p. 119-129]. De même, l'étude des amphores d'époque impériale reste à faire, bien que l'on devine le maintien d'une production à Rhodes, Chios, Cnide, Cos, Colophon, Lesbos et en Cilicie [Sartre, 23*bis*, 297-298].

La production céramique englobe aussi les statuettes produites en grande quantité à Pergame jusqu'au Ier siècle [E. Töpperwein, *Terrakoten von Pergamon*, Berlin, 1976, p. 193-198], à Myrina d'Éolide jusqu'au début du IIe siècle et à Tarse et à Smyrne pendant toute la période [D. Bailey dans M. Henig, *A Handbook of Roman Art*, Ithaca, 1983, p. 194-195], ainsi que les terres cuites architecturales fabriquées partout.

Il faudrait ajouter à ce tableau trop rapide la fabrication de sarcophages sculptés ou les ateliers de sculpteurs dont il sera question plus bas. Mais si les sarcophages de Proconèse [Asgari, 99], de Dokimeion [Waelkens, 109] ou de Sidamaria ont atteint une réputation de premier plan, comme les sculptures d'Aphrodisias, cela ne représente sans doute, sur le plan économique, qu'un phénomène marginal : on trouve partout tailleurs de pierre et sculpteurs, charpentiers et maçons. De même, on connaît les chantiers navals de Nicomédie, de Cnide, de Lapethos de Chypre ou de Cyzique, mais la production a de bonnes chances d'avoir été émiettée à l'extrême, à l'image de ce que l'on observait encore à la fin du XIXe siècle où chaque estuaire de rivière sur la côte sud du Pont-Euxin abritait de petits chantiers navals qui construisaient et réparaient les bateaux à la demande [Robert, 18].

Il ressort de ce tableau que quelques activités sont présentes partout : textiles, travail des métaux, céramique, construction. Chaque cité engendre ces métiers du fait même de son développement. La fortune d'une cité découle non pas de l'existence de ces activités mais de la réputation d'un produit reconnu pour son excellence ou son originalité, ce qui suscite un mouvement d'exportation. En plus des étoffes teintes, des céramiques et des sarcophages sculptés, c'est le cas des produits cosmétiques et médicamenteux élaborés dans certaines cités à partir soit de produits agricoles locaux, soit de produits importés.

RIVALITÉS CIVIQUES

La notion d'*agôn*, de compétition, qui marque si fortement la vie municipale, s'étend au-delà du cercle civique [Harl, 61]. Une rivalité générale oppose les cités au sein des provinces anatoliennes : Éphèse et Pergame se disputent le titre de « Première d'Asie », et Smyrne, qui ne peut rivaliser sur ce point, se contente, mais avec quelle fierté, du titre de « première en beauté » [L. Robert, *Le martyre de Pionios, prêtre de Smyrne*, Dumbarton Oaks, 1994, p. 4-5]. Derrière elles, des cités sont heureuses de se prévaloir du titre de sixième (Nysa) ou septième (Magnésie du Méandre) [Robert, 19, p. 65-68, 76-77]. En Pamphylie, Aspendos s'honore du rang de 3e de Pamphylie (Philostrate, *Vie d'Apollonios de Tyane*, I, 15), alors que Sidè et Pergé s'opposent violemment pour la première place [Nollé, 164]. Une compétition aussi âpre oppose Nicée et Nicomédie en Bithynie, les amenant à faire des choix politiques sévèrement sanctionnés par l'empereur [Robert, 140]. Et pas question que quelqu'un oublie de saluer une cité par ses titres : Pergé les affiche sous l'empereur Tacite (275-276) avec hargne dans une belle inscription à sa propre gloire (*AE*, 1989, 724 ; Rouéché, 250).

Dans cette compétition, cet *agôn* qui établit comme rivales les cités de même importance dans une même province, l'empereur tient un rôle essentiel [Millar, 355, 407-456]. C'est de lui seul que dépend la collation des titres et avantages qui permettent à chacune de marquer sa supériorité, de signifier à ses rivales quelle place elle tient dans l'estime et l'amitié du prince. Comme le roi hellénistique avant lui, l'empereur est la source de tous les bienfaits. Les titres convoités font l'objet d'un contrôle sévère des autorités provinciales à partir du dossier établi par le *koinon* [Robert, 249]. Les titres accordés, chacun devra les respecter pour éviter les disputes. On multiplie, entre les cités comme à l'intérieur des cités [Sheppard, 75], les appels à la Concorde, vertu célébrée entre toutes mais rarement mise en application. Marc Aurèle peut bien faire lire un vibrant appel à la concorde civique par Aelius Aristide lui-même devant le *koinon* d'Asie en 167 (Aelius Aristide, XXIII, 73), les cités multiplier les émissions monétaires conjointes célébrant la concorde entre telle ou telle cité [Pera, 72], la discorde semble constante entre les cités rivales.

Chaque titre apporte son lot de privilèges ou d'honneurs. Ainsi, la liberté [t. I, 227-230], le plus envié des privilèges, est conférée avec parcimonie par les empereurs [liste dans Broughton, 962, 706-707]. Quelques cités en jouissent depuis l'époque républicaine, comme Aphrodisias qui l'a reçue d'Octave [Reynolds, 700, n° 13], et plusieurs cités de Carie qui y trouvèrent la récompense de leur attitude courageuse pendant la guerre mithridatique ou l'invasion de Labienus (Alabanda, Mylasa). Pline ajoute les noms de Chios, Samos, Ilion, Mitylène, Astypalea. D'autres la reçurent plus tard, comme Smyrne (en 20-19 av. J.-C.) et Cyzique (en 15 av. J.-C.), ou à des dates inconnues, comme Byzance et Amisos. Ce privilège place *de iure* la cité hors de la *formula provinciae* et la dispense donc de supporter les charges fiscales communes [Reynolds, 700, n° 15] et les liturgies, aussi bien la cité comme telle que les citoyens à titre individuel [*ibid.*, n° 14]. Mais elle n'est pas toujours accompagnée de l'*immunitas* : Alabanda a reçu en deux opérations distinctes du Sénat la liberté et l'exemption du tribut. L'immunité paraît plus rare que la liberté, bien qu'on en connaisse quelques exemples dès la fin de l'époque républicaine : Cnide (*I. Cnidos*, 12), Aphrodisias (*OGIS*, 454), Tarse, les cités lyciennes. Mais à l'inverse, Stratonicée et Termessos, cités libres, paient le tribut. L'immunité paraît rarissime sous l'Empire : d'après Pline l'Ancien, seule

Ilion en jouirait en Anatolie (*HN*, V, 124) sous Auguste, mais Alabanda et Cos en ont bénéficié au moins temporairement sous Claude. Les autres titres comportent à la fois des avantages pratiques et une dimension symbolique qui peut entraîner des retombées financières ou économiques. Ainsi, la néocorie est accordée aux cités qui possèdent un sanctuaire provincial du culte impérial, qui organisent des fêtes provinciales attirant foules et marchands. L'asylie, droit d'abriter les suppliants et d'échapper aux représailles, apparaît aussi comme un privilège des sanctuaires réputés : Pergé qui se flatte de ce privilège ne tarde pas à en déduire une équivalence entre Artémis d'Éphèse et Artémis de Pergé. Ce privilège est devenu douteux depuis la fin des guerres et de la piraterie ; Tibère a restreint sérieusement le nombre de sanctuaires bénéficiant de ce privilège et diminué l'étendue des terres asiles autour des sanctuaires réputés (Tac., *Ann.*, III, 60-63).

Dans cette compétition générale des cités, l'Histoire joue un rôle primordial. Aussi bien le passé mythique ou lointain que le passé proche, plus vérifiable. Quelle gloire pour Dokimeion de posséder les carrières de marbre qu'Attis ensanglanta [Robert, 17, p. 221-240] ! On se glorifie d'être « la plus ancienne » de sa province, comme Gangra-Germanicopolis, « la plus ancienne de Paphlagonie » [Robert, 18, p. 203-207 ; 12, p. 303-304 ; 16, p. 315-316]. Combien de cités défendent les privilèges obtenus par les services rendus à Rome. De crainte de les voir tomber dans l'oubli, Aphrodisias fait regraver au IIe siècle ou au début du IIIe siècle les services rendus à Q. Oppius assiégé dans Laodicée du Lycos lors de l'invasion de Mithridate en 88-87 av. J.-C. [Reynolds, 700, n°s 2 et 3]. Quelle chance pour la cité de compter un historien de qualité, un homme qui peut écrire dans une belle langue les mérites de sa cité : Tiberius Claudius Antéros de Mylasa a su « rendre (sa cité) plus glorieuse parmi les Grecs » [J. Crampa, *Labraunda. The Greek Inscriptions*, Lund, 1972, n° 66]. Cette exaltation du passé glorieux a trouvé indirectement un soutien impérial avec la création du *Panhellénion* par Hadrien [J. H. Oliver, *Marcus Aurelius. Aspects of Civic and Cultural Policy in the East*, Princeton, 1970], incitation officielle à valoriser l'appartenance à la communauté des Grecs. L'entrée dans l'institution est conditionnée par la preuve d'une longue tradition hellénique, que bien des cités récentes parvinrent à se procurer grâce aux parentés de peuple imaginées pour l'occasion [D. Musti, Sull'idea di *suggeneia* in iscrizioni greche, *ASNPisa*, 32, 1963, p. 225-239 ; Strubbe, 55] : combien de petites cités obscures se découvrirent une parenté avec les plus prestigieuses, Athènes et Sparte au premier rang, parfois les deux à la fois (Synnada), mais aussi Argos pour les cités ciliciennes comme Tarse [Chuvin, 176], Aigeai et Soloi, ou Aspendos de Pamphylie. En se dotant d'une colonisation légendaire prestigieuse, toute cité d'Asie Mineure pouvait prétendre remonter au plus lointain passé. Ainsi les Ambladiens ne sont-ils plus d'obscurs Pisidiens promus récemment à l'Hellénisme, mais d'authentiques « Lacédémoniens Ambladiens » [Hall, *AS*, 18, 1968, p. 76-77, n°s 21, 23].

La cité grecque reste un organisme d'une extraordinaire vitalité et le modèle qu'elle fournit ne cesse d'attirer tous ceux qui se veulent Grecs : on continue de créer des cités jusqu'au IVe siècle et au-delà ! Mais cette cité mérite le nom de gréco-romaine, comme la civilisation au sein de laquelle elle s'épanouit. Bien des traits, dans ses institutions et son cadre monumental, invitent à cette conclusion. Les *boulai* annuelles se sont figées en curies permanentes, la *summa honoraria* se généralise, et se crée un ordre des notables qui ressemble à l'*ordo decurionum* des cités d'Occident. De même, les cités se sont parées d'édifices nouveaux, comme les marchés enclos, les hippodromes, les amphithéâtres, correspondant au développement de nouveaux comportements sociaux, de nouveaux goûts importés d'Occident comme les spectacles de gladiateurs. Même un édifice comme le gymnase, symbole de l'hellénisme, qui était traditionnellement associé à un bain, devient, dans les constructions des Ier et IIe siècles, une simple annexe des thermes à la romaine, à tel point que les textes désignent parfois le gymnase par le terme de *balaneion* et les thermes par celui de *gymnasion*. D'ailleurs, les gymnasiarques dépensent davantage pour les bains que pour les activités gymniques. Dans un autre domaine, le *bouleuterion*, que le régime de notables a érigé en haut lieu de la vie civique, subit des modifications sensibles sur lesquelles J.-Ch. Balty a attiré l'attention [Balty, 212] aussi bien dans le plan, les techniques (recours aux murs rayonnants et aux passages voûtés en terrain plat) et le décor architectural qui l'assimile parfois à un odéon (il est vrai qu'on y donne aussi des cours et conférences). La cité grecque d'époque impériale, tout en restant pleinement grecque par son organisation et son système de valeurs, subit les influences d'Occident apportées par les maîtres du moment ou diffusées par les Romains et Italiens des cités et des colonies d'Anatolie [Millar, 54].

LE MONDE DES CAMPAGNES

RESSOURCES ET PRODUCTIONS

Les conditions climatiques commandent la grande variété de paysages agraires. Si le blé et l'élevage dominent partout, l'olivier et la vigne sont cantonnées à des régions au climat doux, bien que leur extension ait été plus vaste dans l'Antiquité qu'elle ne l'est aujourd'hui (jusqu'au Caucase : Strabon, XI, 3, 30). L'Anatolie jouit d'une incontestable prospérité, fondée sur la variété des ressources et leur répartition sur l'ensemble du territoire, bien que les grandes vallées de l'Ouest bénéficient de conditions plus favorables, ne serait-ce que parce qu'elles offrent une variété de ressources que le climat interdit aux régions centrales et orientales.

Les céréales forment la base de la polyculture anatolienne, depuis les qualités supérieures de froment et d'orge jusqu'à des variétés plus médiocres qui seraient propres aux provinces orientales (Pline, *HN*, XVIII, 81). Quelques régions sont plus réputées que d'autres comme terres à blé, la Phazémonitide du Pont et la Cappadoce, alors que d'autres cultivent des variétés particulières (zéopyros de Bithynie, blé d'Assos, zéa et olyra de Pergame). En revanche, millet, sorgho et sésame ne se trouvent que sur la côte pontique pour les deux premiers, en Cilicie et Pamphylie pour le dernier.

La vigne constitue la seconde grande activité agricole mais ne peut prétendre à la même extension que les céréales. Les vins réputés proviennent des îles de Chios, Lesbos, Cos et Rhodes, mais des vins de qualité honnête sont produits un peu partout, depuis la Bithynie jusqu'à la Lycie-Pamphylie. De plus, la culture s'étend plus loin à l'intérieur qu'aujourd'hui, comme on a pu le montrer pour la Phrygie orientale [Waelkens, 98] ou l'est de la Bithynie [Robert, 18, p. 66] et comme l'atteste Strabon pour la région de Mélitène (Strabon, XII, 2, 1) et le Pont oriental (XI, 3, 30).

L'olivier, troisième pilier de l'agriculture méditerranéenne, ne prospère que dans les îles et les grandes vallées et plaines côtières de l'Ouest égéen, bien que quelques vallées et la côte du Pont en acceptent la culture. Il est absent du plateau anatolien et des régions orientales. En revanche, les cultures arbustives s'étendent partout, selon les variétés, bien que le plateau central soit en grande partie sans arbres (une région proche du lac Tatta s'appelle Axylon, le pays « sans bois »). Noix, noisettes, amandes sont spécialement réputées sur les côtes de la mer Noire, mais on trouve partout figues, pommes, poires, cerises, que l'on exporte fraîches ou sèches. Il faudrait ajouter à cela des productions très spécifiques, plantes utilisées comme assaisonnement ou en cosmétique et en pharmacologie, qui constituent une source de revenus grâce aux exportations. Quant aux plantes textiles, on ne peut guère citer que le lin et le chanvre. Le lin est à l'origine d'un artisanat très important à Tarse, Sardes, Thyatire, Smyrne, et Éphèse. Le chanvre semble plus rare ; on en signale d'excellente qualité à Alabanda et on le travaille à Éphèse mais la matière première peut aussi bien venir de Colchide.

A ces cultures, il faut ajouter les ressources constituées par l'exploitation des forêts. De vastes forêts de pin et de mélèzes couvrent les hauteurs de Troade, celles de la région de Cyzique, de Bithynie (notamment dans le massif du mont Ida et dans l'Olympe au-dessus de Pruse), de Lycie et de Cilicie Trachée ainsi que les régions les plus élevées de Chypre (massif du Troôdos). Mais c'est surtout la côte pontique depuis la Bithynie jusqu'à la région de Sinope et de Trapézonte qui fournit en grande quantité les meilleurs bois de construction navale et ses corollaires, la poix et la résine. L'exploitation des forêts est facilitée par les multiples petits cours d'eau pérennes qui descendent vers le Pont-Euxin et où l'on pratique le flottage [Robert, 18, p. 67-76].

L'élevage, pratiqué partout, n'a retenu l'attention des auteurs anciens que par ses aspects exceptionnels. Ainsi, les chèvres, les ânes ou les mules, communs partout, ne sont presque jamais signalés. En revanche, les chevaux de Cappadoce, de Cilicie, d'Arménie, du Pont sont célèbres, de l'époque achéménide au Bas-Empire. L'élevage ovin, lui aussi général, connaît un développement d'autant plus spectaculaire en Galatie que le pays, très aride, n'a guère d'autres ressources que l'élevage. Bien que la laine produite soit médiocre, le roi Amyntas tirait une partie de sa fortune de plus de 300 troupeaux, et Strabon précise que bien d'autres ont fait fortune par ce moyen sur le plateau anatolien (XII, 6, 1). D'autres régions, comme la Phrygie, produisent une laine d'excellente qualité travaillée dans les centres lainiers de la région (Apamée, Hiérapolis, Laodicée du Lycos, Colosses), mais aussi à Milet. Il faudrait ajouter les produits de basse-cour et l'apiculture, pratiquée partout, mais dont seules certaines productions locales parviennent à la notoriété, comme les miels de Cos et de Chypre.

Les Anciens ont été unanimes à louer la variété, la qualité et l'abondance des poissons du Pont-Euxin et de la Propontide. La pêche, sur les côtes, dans les lacs et certaines rivières, y semble plus développée qu'ailleurs et alimente une véritable industrie du poisson en saumure, notamment à Sinope, Amastris, Tieion, Héraclée du Pont, Chalcédoine et dans les cités de Propontide. Il faut également signaler la pêche du murex qui, bien que donnant une pourpre inférieure à celle de Phénicie, se pratique surtout sur la façade égéenne, en Carie, à Chios, à Colophon, à Cos, à Rhodes, à Sigée notamment et fournit les ateliers de teinture installés dans les villes de l'intérieur.

LA PROPRIÉTÉ

La documentation épigraphique privilégie les grands domaines, notamment la propriété impériale, et il est donc difficile de mesurer l'importance de la petite et moyenne propriété. De plus, l'impact de la domination romaine reste mal connue, faute d'études des cadastres et des traces de centuration. Or, entre les colonies et les lotissements de type colonial, cet impact n'est sans doute pas négligeable.

A l'ouest de l'Anatolie, donations évergétiques et biographies de rhéteurs mettent en relief la grande propriété. Ainsi, Aelius Aristide possède quatre domaines à Hadrianoutherai [Robert, 12, p. 207-222], et le maître d'Apollonios de Tyane, Euxénos d'Héraclée, est payé de ses services par le don d'une propriété près d'Aigeai en Cilicie (Philostrate, *Vie d'Apollonios*, I, 7). Parfois, le domaine provient de la réalisation d'hypothèques, comme celui qu'Attalos a constitué à Apollonia de la Salbakè (*MAMA*, VIII, 413). L'importance des fondations évergétiques gagées sur la terre confirme cette prépondérance de la grande propriété. A Parion, le philosophe cynique Peregrinus Proteus peut offrir pour 900 000 deniers de terres à sa cité (Lucien, *De Mort. Peregr.*, 14-15). A Aizanoi, sous Claude ou Néron, un bienfaiteur anonyme fait cadeau des revenus d'un village entier pour des concours (*IGR*, IV, 582-584). A Oinoanda, C. Iulius Démosthénès gage lui aussi la fondation des *Demostheneia* sur les revenus de ses terres [Wörrle, 84] comme Ti. Claudius Agrippa pour une course de chevaux à Termessos (*TAM*, III, 1, 185). Ces évergètes possèdent donc assez de terres pour en céder sans se priver de l'essentiel de leurs revenus.

La grande propriété contribue de façon décisive à la production puisque quelques gros producteurs de blé d'Aspendos peuvent provoquer la disette en cachant leurs récoltes et que la foule accuse Dion d'affamer, à lui seul, la cité de Pruse. *A contrario* l'existence d'une masse urbaine totalement dépendante du marché et des distributions gratuites pour son approvisionnement montre que beaucoup ne possèdent plus de terres. L'épigraphie et l'archéologie confirment ces données littéraires. Ainsi, St. Mitchell [152, p. 1070-1080] a mis en évidence l'existence en Galatie de vastes domaines qui appartiennent pour les uns à des propriétaires étrangers à la région (surtout des Romains ne résidant pas sur place), comme ceux des Sergii Paulli près de Vétissos ou ceux de Considius avant leur confiscation, soit à des Romains résidant en Asie Mineure (M. Plancius Varus de Pergé dans le nord-ouest de la Galatie et le sud de la Pisidie, Sextius Paccius Valerianus Flaccus d'Attaleia au sud-est du lac Tatta), soit enfin à de grands propriétaires indigènes comme Pylaiménès, Albiorix ou C. Iulius Severus, descendants des derniers rois de Galatie, ou encore C. Iulius Quadratus Bassus, de Pergame, qui possède les *praedia Quadratiana* près de Laodicée Katakékauménè en Lycaonie ainsi qu'un village entier en Lydie orientale (*TAM*, V, 1, 245).

En Asie, sur le continent (Temnos, Alabanda, Parion) et dans les îles (Chios, Cos, Mitylène), des Romains ont acquis des terres en grandes quantités, parfois comme garanties des emprunts qu'ils avaient consentis aux cités ou aux particuliers incapables de rembourser (Cicéron, *Fam.*, XIII, 56 – *ep.* 234 – *Pro Flacco*, 51). Bien qu'il soit difficile de faire la distinction entre Romains d'origine et indigènes hellénisés, on devine encore la présence d'immigrants détenant des terres à Kymè d'Éolide, à Blaundos et à Thyatire en Lydie. Rubellius Plautus possédait dans la province d'Asie des domaines que lui confisqua Néron (Tacite, *Annales*, XIV, 22) ; Cn. Catilius Atticus possède des terres à Apamée-Myrleia, Considius en Phrygie Orientale, Appuleia Concordia en Galatie sous Claude. Ummidia Cornificia Faustina, nièce de Marc Aurèle, possédait de grands domaines chez les *Ormeleis* près de Cibyra, encore entre les mains de ses descendants en 270. A en juger par le nombre des intendants et agents de toute sorte nommés dans les inscriptions, on devine que beaucoup de ces grands propriétaires sont absents et gèrent de loin leurs domaines.

Il faut faire une place à part aux sanctuaires [Gara dans 102] en distinguant entre les sanctuaires d'Anatolie centrale et orientale dominés par une aristocratie sacerdotale indigène, et les sanctuaires civiques, gérés par les cités. L'étendue considérable des domaines sacrés est-anatoliens ne fait aucun doute à Comana du Pont (Strabon, XII, 3.32-36), Zéla (XII, 3.37), Comana de Cappadoce (XII, 2.3), Vénasa (3 000 *hiérodouloi* : XII, 2.5-6), Cabéira du Pont (XII, 3.31), Antioche de Pisidie (XII, 8.14). Mais les grands sanctuaires civiques d'Asie Mineure, comme celui d'Athéna Ilias à Ilion [*I. Ilion*, 71], ou d'Apollon de Didymes à Milet (Strabon, XIV, 1.5), sont également riches. Artémis d'Éphèse possède non seulement des carrières, des pêcheries, des marais salants et des pâturages mais aussi des domaines ruraux dans la vallée du Caÿstre. Les domaines des temples sont constitués depuis longtemps, comme le sanctuaire de Zeus d'Aizanoi qui possède sous le règne d'Hadrien des terres qui lui avaient été cédées par Attale Ier de Pergame et Prousias Ier de Bithynie (autour de 200 av. J.-C.). Ces domaines, constitués d'anciennes tenures clérouchiques, sont loués à très long terme à des particuliers qui payent une redevance [Laffi, 93 ; *MAMA*, IX, 1988, p. XXXVI-XLIII et p. 4-6, n° 8-9]. Le contrôle plus étroit des privilèges des sanctuaires par Tibère a peut-être mis un frein à l'expansion de leurs domaines (Tacite, *Ann.*, III, 60-63 ; IV, 14.).

La propriété impériale [Crawford dans 961] regroupe d'une part les mines et carrières, d'autre part des domaines agricoles. Pour les premières, la mainmise impériale dès les débuts du Principat ne fait pas de doute et un grand nombre de gisements entrèrent dans le *patrimonium*. On est loin d'avoir fait l'inventaire complet des mines et carrières exploitées sous le Haut-Empire [Waelkens, 108] mais le fait est avéré pour les carrières de marbre de Synnada à Dokimeion [Christol et Drew-Bear, 101], et celles de Proconnèse [Asgari, 99, 100], les carrières de Tralles, de Téos, des

Troknades de Phrygie, le granit gris de Troade, l'onyx de Cappadoce. Pour les mines, on exploite le minium *(miltos)* de Cappadoce, le fer de Bithynion, de Troade, de Cappadoce et des environs de Pharnakeia du Pont, le cuivre de Chypre, le molybdène de Cilicie, le plomb de Mysie et de Chypre. En revanche, les métaux précieux, or et argent, sont absents, à l'exception d'une galène argentifère exploitée près des Portes ciliciennes [Healy, 107 ; Dworakowska, 1001].

Il est beaucoup plus difficile d'apprécier l'étendue des domaines agricoles [Gara dans 102, p. 96-97]. On a cru longtemps qu'ils étaient importants dès le début de la domination romaine en Orient car, pensait-on, les Julio-Claudiens avaient dû hériter des domaines royaux de Galatie, de Cappadoce et du Pont. Or, à en juger par les inscriptions (bornes de domaines, mentions d'affranchis impériaux, de *tablarioi*, de procurateurs), les domaines impériaux furent des plus réduits au Ier siècle. Ils s'accroissent un peu sous les Flaviens mais ne prennent réellement de l'ampleur qu'à partir de Commode et sous les Sévères. L'annexion de la Galatie, comme celle de la Cappadoce un peu plus tard, n'aboutit pas automatiquement à la création d'immenses domaines impériaux. En Galatie, une partie de la terre royale a été utilisée pour la fondation des nouvelles colonies augustéennes. Tous les domaines royaux galates ne sont donc pas entrés dans le *patrimonium* d'Auguste, d'autant que les descendants d'Amyntas restent richissimes. C'est moins net en Cappadoce où Tibère a peut-être effectivement hérité des domaines royaux situés dans l'ouest du pays, près de Cadena, Nora et Archélaïs-Garsauira, ce qui pourrait expliquer sa soudaine générosité envers les Cappadociens (réduction du tribut : Tacite, *Annales*, II, 4.4).

Pour ce qui restait d'*ager publicus*, très important au Ier siècle av. J.-C. (Cicéron, *Sur la loi agraire*, I, 5 ; II, 50), une partie a été lotie à des Romains, comme à Attaleia. Parfois cela a servi à constituer une nouvelle cité ou à en accroître le territoire, comme l'*ager publicus* de la plaine killanienne [L. Robert, *Études épigraphiques et philologiques*, Paris, 1938, p. 260-265], passé en partie dans le territoire de Néapolis. Enfin, à l'occasion, il s'est mué en domaine impérial, ce qui est le cas pour une autre partie de la plaine killanienne (Pline, *HN*, V, 147) et pour l'*ager Oroandicus*, attesté comme domaine impérial [Robert, 13, XIII, p. 82-84].

Sous les Flaviens et les Antonins, des domaines impériaux se situent dans les hautes vallées du Granique, ainsi qu'en Lydie orientale et en Phrygie. En Galatie, de nouveaux domaines sont attestés au IIe siècle : les *praedia Considiana* remontent peut-être à des confiscations effectuées sous le règne de Tibère (deux *Considii* furent condamnés à cette époque) mais les *praedia Quadratiana* situés près de Laodicée Katakékauméné n'ont pas pu passer dans le domaine impérial avant le IIe siècle.

Mais c'est surtout à partir de Commode et sous les Sévères que se multiplient les domaines en Phrygie centrale [Strubbe, 97], souvent immenses, contigus les uns aux autres, à proximité de domaines impériaux plus anciens constitués de mines et carrières (carrières de Dokimeion). D'autres apparaissent en Phrygie Parorée autour de Tyriaion (*MAMA*, VII, 523-524), en Phrygie méridionale à Takina (*AE*, 1989, 721), en Pisidie et en Asie (autour de Philadelphie de Lydie, dans la vallée du Tembris près de Cotyaion), ainsi qu'en Bithynie [Flam-Zuckermann, 89].

Si l'on additionne ce que détiennent les riches Grecs des cités, les colons romains, les propriétaires étrangers, les temples, les cités et l'empereur, il reste assez peu de place pour la petite et moyenne propriété libre. Elle a beaucoup de chances de laisser moins de traces dans la documentation que les grands domaines mais son absence dans les textes ne prouve pas son inexistence. Dans les communautés rurales, il doit subsister des villageois propriétaires de leurs terres, à moins qu'ils n'exploitent les terres communes. Il faut également mentionner pour mémoire la propriété coloniale, importante en Phrygie comme en Pisidie. Chaque colon a reçu un lot suffisant pour son entretien sans que l'on puisse parler de grande propriété. Mais nous ignorons si, au fil du temps, il y a eu accaparement par une minorité et concentration foncière. Il existe des signes d'une tendance à la concentration de la propriété en dehors des colonies [Gara dans 102, p. 94-95] mais ces rares témoignages ne permettent pas de généraliser [Svencickaja, 934, p. 34-35].

MAIN-D'ŒUVRE ET EXPLOITATION

Les textes s'intéressent davantage à ceux qui possèdent qu'à ceux qui travaillent la terre ; de là il découle que modes d'exploitation et main-d'œuvre restent mal connus. Ainsi, on ne peut nier l'existence d'esclaves ruraux puisqu'ils sont assez nombreux sur le domaine de C. Iulius Quadratus aux Thermes de Thésée, en Mokadène, en 140-141, pour former une *familia*, sur le modèle des associations professionnelles (*TAM*, V, 1, 71) et que 107 esclaves travaillaient sur un domaine confisqué à Cibyra (*IGR*, IV, 914). Cependant, on peut estimer que la part du travail servile, au sens traditionnel, ne compte que pour une faible part dans la production agricole de l'Anatolie.

Dans les régions occidentales, des citoyens habitent la campagne et exploitent eux-mêmes leurs propriétés. Ils cultivent leur lopin seuls ou avec l'aide de quelques esclaves selon le schéma classique de la petite et moyenne propriété du monde égéen. Mais dans ces mêmes cités, on connaît l'existence, à l'époque hellénistique, de groupes de paysans libres mais non citoyens comme les *Pédieis* de Priène et de Magnésie du Méandre (*I. Priene*, 3, 14, 15, 16).

Pour les grands domaines, ils ne semblent pas exploités par des esclaves car ceux qu'on y rencontre sont plutôt des intendants, procurateurs ou économes. Les paysans sont libres bien qu'ils paraissent placés dans la dépendance d'un grand propriétaire, simple particulier, empereur ou sanctuaire, sans que le lien juridique soit clair.

Pour les domaines sacrés, les termes *hiérodoulos* ou *hiéros* désignent clairement un lien de dépendance avec un dieu. Il peut s'agir de personnes consacrées et placées librement au service du dieu mais P. Debord a montré qu'ils désignaient aussi des paysans dépendant des grands sanctuaires, *doulos* traduisant la dépendance, non l'esclavage au sens propre [Debord, 806, p. 83-90 et 117-124]. Ces groupes peuvent atteindre des chiffres considérables : 3 000 à 6 000 à Comana du Pont, peut-être autant à Zéla, 3 000 à Vénasa. La « laïcisation » de ces états-sanctuaires en *poleis* n'a probablement rien changé, et les villageois continuèrent à dépendre du dieu ou de la cité qui gérait ses biens.

En dehors des terres sacrées, les termes employés varient *(paroikoi, katoikoi, kômétai, enchôrioi, chôritai, géoteiktai)* mais aucun n'a un sens technique [Debord, 88]. Chercher à établir le statut des individus à partir du terme qui les désigne paraît donc une entreprise risquée, sinon désespérée [Svencickja, 934, p. 44-54]. Ni esclaves, ni serfs attachés à la terre, les paysans du domaine impérial d'Aragouè savent se plaindre et rappellent dans une lettre à l'empereur Philippe l'Arabe (244-249 ; *OGIS*, 519) qu'ils travaillent ici depuis des générations. L'existence de villages entiers travaillant pour des propriétaires privés [liste Robert, 12, p. 383] apparaît dès le Ier siècle : lorsqu'un propriétaire d'Aizanoi offre, sous Claude ou Néron, le village de Palox pour fonder un concours, le terme doit bien englober la terre et ceux qui la cultivent (*IGR*, IV, 582-583). De même, Domitius Rufus de Sardes, au milieu du IIIe siècle, possède tout le village de Tétrapyrgia, où il obtient le droit d'établir un marché mensuel (*TAM*, V, 1, 230). Cette situation prédomine sans doute largement en Galatie, en Cappadoce et dans le Pont où l'aristocratie locale possède de nombreux villages.

Ainsi, même si l'on ne peut établir des catégories juridiques précises, partout les puissants parvinrent à mobiliser à leur profit la force de travail des populations indigènes. La propriété consista souvent non pas à exploiter soi-même, mais à prélever une part de la production des villageois. En contrepartie, le propriétaire accorde une protection contre les bandits et les exactions du fisc : le patronat se met en place.

Bien des cités possèdent des villages établis sur leur territoire qui leur payent des redevances. Dion distingue d'ailleurs entre villages et cités selon ce critère (XL, 10). Sagalassos, en Pisidie, lors d'une opération de bornage avec le village de Tymbrianessos en 55, qui fait partie d'un domaine impérial, fait préciser qu'elle possède un cinquième du village (*SEG,* XIX, 765). Balboura perçoit les revenus de la *pentakômia* de Tyriaion située sur sa *chôra* [Naour, 130, n° 7], et d'autres exemples proviennent d'Apamée-Myrléia, Hadrianopolis de Lydie, Magnésie du Méandre, Aphrodisias, Philadelphie de Lydie, Sébastopolis du Pont et Byzance. Ces paysans, non citoyens, peuvent être les descendants d'indigènes soumis à l'époque de l'installation des Grecs dans la région. Le nom des *Thrakioukômètai* du territoire de Cyzique évoque leur origine indigène.

Les populations non hellénisées des villages situés sur le territoire des cités d'Anatolie intérieure, exclues de la citoyenneté, devinrent des dépendants tributaires, quelles que soient les formes exactes de cette subordination, exploitation directe des terres des colons ou versement d'une rente collective par village.

LA VIE A LA CAMPAGNE

L'étude des villages anatoliens reste à faire. Les descriptions antiques font défaut et le seul élément de l'habitat rural qui apparaisse dans les textes est la maison des riches. A Aspendos, selon Philostrate, ces riches habitent de grandes maisons dispersées à travers le territoire. En Galatie, les nobles galates possèdent des maisons fortes qui dominent les villages alentour. Il en va de même en Cappadoce et dans toutes les régions où il existe une aristocratie indigène peu urbanisée. De grandes maisons fortifiées avec tours apparaissent aussi en Cilicie Trachée mais leur datation n'est pas assurée [Hopwood dans 518]. Reste à découvrir ces grandes *villae* dont une seule vient de faire l'objet d'une exploration assez complète : sur l'île d'Élaioussa, face à Élaia, le port de Pergame, on a mis au jour les vestiges d'une villa-portique de type italien, datée de la première moitié du IIe siècle. Sur cet îlot, c'est davantage une résidence de plaisir qu'un bâtiment d'exploitation agricole [Hoffmann, 92].

Le paysan est la première victime des brigands, bandits, pillards, nomades. On connaît les tribus contre lesquelles Rome a lutté : *Homonadeis* paysans et pillards aux confins de la Lycaonie et de la Pisidie orientale (Strabon, XII, 6.5], *Kïetai* de Cilicie, tribus pontiques ravageant les environs de Trapézonte comme les Mosynèques qui vivent de la cueillette, de la chasse et de rapines (Strabon, XII, 3.17-18]. Les romans donnent l'impression qu'il n'y a que brigands et pirates de l'Asie Mineure à l'Égypte. On a beaucoup débattu pour savoir s'il fallait accorder quelque crédit à ces œuvres littéraires qui font des campagnes un lieu d'insécurité permanente [Saïd dans 50] et de sauvagerie [Scarcella, 96]. Mais c'est avant tout affaire de chronologie. En effet, passé le début du Principat, il faut attendre la seconde moitié du IIe siècle, et surtout les années 180, pour voir se multiplier les signes d'une recrudescence de l'insécurité et du brigandage rural (Fronton, *A Antonin le Pieux*, 8 ; *Martyre de Saint Polycarpe*, VII, 1). Les nombreux témoignages d'irénarques, de *diogmitai*, paraphylaques et orophylaques, chargés par les cités d'assurer l'ordre sur leur territoire, appartiennent à peu près tous à cette période [Robert, 12, p. 94-110 ; 13, X, p. 174-176 ; 16, p. 323]. Les policiers de la cité patrouillent dans les villages de la chôra de Hiérapolis de Phrygie, en Carie [Robert, 14, p. 42, 281-282], en Pisidie, en Cilicie. Des inscriptions mentionnent des expéditions contre les bandits autour de Boubôn, en Pisidie, sous le règne de Commode [Schindler, 167] ou la mort au combat d'un soldat dans l'Olympe de Mysie [Robert, 12, p. 97-98]. Le phénomène est plus accentué dans les régions montagneuses du sud et du sud-ouest de l'Anatolie où l'on multiplie les postes de *stationarii*, soldats romains gardant les carrefours et les points stratégiques. Cette recrudescence de l'insécurité coïncide avec la montée du mécontentement des ruraux [p. 348] accablés de charges au moment où la contrainte pèse plus lourdement sur les notables qui sont aussi leurs maîtres [Shaw, 932].

COMMUNAUTÉS VILLAGEOISES

Les plaintes collectives des villageois soulignent combien restent vivantes les structures villageoises autonomes. Organisées autour d'un sanctuaire propre comme à Almoura, sur le territoire d'Éphèse, dont le dieu Men est le « président » ou le « protecteur » ou fédéral comme celui de Zeus de Panamara en Carie, qui regroupe plusieurs villages et la cité de Kéramos, des communautés villageoises, conservent une personnalité propre. Agissant ensemble, elles se désignent par le terme de *dèmos* ou de *koinon*, mais le simple fait d'employer un nom collectif suffit le plus souvent à les distinguer. Elles gèrent un trésor, se réunissent en assemblée, votent des décrets, décident de procéder à des constructions d'intérêt collectif, de remercier des bienfaiteurs, de faire des dédicaces aux dieux du village ou d'écrire à l'empereur. La communauté villageoise adopte un comportement de *polis*, jusqu'à célébrer comme elle, la Concorde.

Ce type d'organisation semble insensible au fait que le village dépende ou non d'une cité. Cependant, là où elles ont pu éviter d'être incorporées à une *chôra* civique, les communautés rurales opposent une forte résistance aux cités voisines qui voudraient les placer sous leur coupe [Millar, 355, p. 541-544]. Strabon décrit des groupes de villages qui vivent de façon autonome dans le Pont, comme les *Heptakômètai* [XII, 3.17-18], en Isaurie comme les *Homonadeis*, retranchés dans des vallées d'accès difficile [XII, 6.5]. Certains villages peuvent avoir non seulement l'autonomie mais aussi le développement monumental minimum qui caractérise une cité, au point que Strabon emploie à leur propos le terme de *kômopolis*, « cité-village » (XII, 2.5 et 6.1 – Garsauira de Cappadoce – XII, 6.1 – Soatra en Lycaonie).

En revanche, les grandes fédérations tribales ont tendance à disparaître, comme les Mysiens de l'Abbaïtide (p. 346-347). On observe le même phénomène chez les *Homonadeis* de Pisidie, entre Lystra et Palaia Isaura. Après leur défaite de 4-3 av. J.-C., la communauté puissante qu'ils formaient semble avoir été dissoute ; dans le courant des Ier et IIe siècles, on n'identifie plus que des groupes restreints, comme les *Sédaseis* et surtout les *Gorgoromeis*, au bord du lac Trogitis. Là, cette communauté non autonome, qui ne possède ni magistrats, ni *boulè*, ni monnaie, vit au contact d'une *statio* installée près du lac. Le principal exutoire au surpeuplement éventuel reste l'enrôlement dans l'armée romaine (nombreux vétérans réinstallés dans la région et nombreux porteurs de *tria nomina*). La fondation de Lystra a bloqué toute possibilité pour les *Homonadeis* de descendre vers la plaine d'Iconion, et le renforcement des cités proches par Claude (Claudiomistea, Claudiconion, Claudioderbe) a consolidé le cordon sanitaire qui les contient tout en offrant de nouveaux points d'appui à l'hellénisation de la région [Hall, 90]. Leur maintien dans une position subordonnée peut être lié aux conditions de la reddition des *Homonadeis*, après une guerre difficile. Mais l'émiettement n'est pas moindre pour le peuple voisin des *Orondeis* qui a préféré faire la paix : administrés pendant un temps par un procurateur impérial [Robert, 13, XIII, p. 82-84], ils se répartissent un peu plus tard, au moins pour certains d'entre eux, entre les deux cités nouvelles de Pappa-Tibériopolis et Mistea fondées respectivement sous Tibère et Claude. Dans tous les cas, les anciennes structures tribales se trouvent émiettées en unités plus petites, ou disparaissent au sein des nouvelles cités. Les villages n'ont d'autre avenir que la subordination ou la promotion au rang de cité.

ROUTES ET ÉCHANGES

On a essayé de mesurer les effets de la position charnière de l'Asie Mineure entre l'Europe et le Proche-Orient ou plutôt entre le *limes* rhéno-danubien et le *limes* oriental [Gren, 105]. Mais la sururbanisation de l'Anatolie occidentale risque d'avoir davantage de conséquences sur sa vie économique. Le développement de la vie civique et une évidente prospérité jusqu'à la fin du IIe siècle ont évité que l'on s'interroge sur l'évolution générale et les conditions ou les limites de cette prospérité.

ROUTES, PORTS ET MARCHANDS

L'Anatolie ne semble pas jouer dans les échanges méditerranéens un rôle aussi important que l'Égypte ou les ports phéniciens. Cette illusion tient à ce que ne transitent pas par l'Anatolie les produits de luxe dont la tradition littéraire a conservé le souvenir. Si le développement des infrastructures portuaires, les mentions de nauclères et de marchands constituent un bon indice du trafic entre l'Anatolie et le reste de l'*oikouménè*, on doit cependant conclure à une forte activité, très dispersée.

Pour les routes, le réseau créé sous l'Empire à des fins militaires [p. 344] épouse pour l'essentiel un réseau préexistant de voies caravanières. Les grands axes conduisent des villes de la côte égéenne vers l'intérieur, Ancyre ou Iconion, et de là vers l'Euphrate et la Syrie. La construction de routes fréquentables en toute saison a pu faciliter les communications, stimuler les échanges et, dans une certaine mesure, créer de nouveaux courants d'échanges, notamment entre l'Ouest et les régions du *limes* de l'Euphrate dont il faut approvisionner les troupes. Mais cela ne représente qu'un aspect des échanges internes à l'Anatolie, et P. Debord [806] a montré que les sanctuaires indigènes constituent autant de marchés régionaux.

L'enquête archéologique reste sommaire pour les installations portuaires. Les grands ports d'Asie Mineure (Éphèse et Milet) s'ensablent et il faut les curer. Sur la côte sud, on aménage des quais à Sidè et à Phasélis, témoignage d'une activité croissante. Mais sur la côte nord, en dehors des grands ports comme Héraclée du Pont ou Sinope, de nombreux comptoirs reliés aux cités de l'intérieur captent une partie du trafic.

Il faudrait multiplier les monographies de villes pour mettre en évidence leurs relations privilégiées, dont témoignent les proxènes, les honneurs votés, les ambassades. Ainsi, L. Robert a pu montrer quel était le réseau de relations entretenues par la petite cité bithynienne de Prousias de l'Hypios. Située à proximité de la route de Nicomédie à Ancyre, elle est un centre très actif d'exploitation forestière. Pour cela, elle dispose sur la côte d'un *emporion* (*IGR*, III, 1427), centre des affaires. Le bois, descendu par flottage, est ensuite exporté vers les cités maritimes de Russie du Sud ou du Pont Gauche, qui en sont dépourvues. Les textes montrent comment Prousias entretient des relations avec Olbia, Tomis, le Bosphore

Cimmérien dont les rois sont ses bienfaiteurs encore au IIIe siècle [Robert, 18, p. 78-86]. Mais ces notations sont trop éparses encore pour que l'on puisse dresser un tableau des relations en l'Asie Mineure et le reste de l'Empire.

MONNAIES ET ÉCHANGES

L'Anatolie partage avec le reste du monde grec sous domination romaine le privilège d'avoir continué à émettre ses propres instruments monétaires. L'étude de la circulation monétaire peut sans doute aider à définir des courants d'échanges. Mais peut-on en déduire l'importance relative des cités les unes par rapport aux autres ? En d'autres termes, existe-t-il un lien réel entre les émissions monétaires et la vie économique des cités ?

En dehors de la monnaie impériale qui circule en Anatolie comme partout, il existe des émissions provinciales, frappées sur des étalons et selon des dénominations grecques, sous le contrôle de l'administration romaine. Ce sont en Asie les émissions de cistophores réalisées à Éphèse et Pergame sous Auguste, Claude, Titus, Domitien et Trajan, puis dans une vingtaine d'ateliers de cette province sous Hadrien, ainsi qu'à Nicomédie pour la Bithynie [Metcalf, 119]. Des émissions furent réalisées au nom du *koinon* en Galatie, à Chypre et en Bithynie. Les tétradrachmes de Césarée de Cappadoce semblent avoir la même fonction puisqu'en dehors de Tyane, aucune autre cité de Cappadoce ne bat monnaie.

D'autre part, de nombreuses cités grecques conservèrent jusqu'au milieu du IIIe siècle le droit d'émettre à leur nom un monnayage de dénomination grecque, les « impériales grecques » [Jones, 117]. Leur répartition géographique reflète l'urbanisation : la densité est forte en Bithynie, Asie, Pisidie, Lycaonie, Cilicie, alors qu'on ne compte que six ateliers en Pamphylie, quatre en Galatie (Ancyre, Germa, Passinonte, Tavium), deux en Cappadoce (Césarée, Tyane). Ce monnayage, souvent de bronze, quelquefois d'argent, est émis de façon discontinue ; même dans les cités importantes, les séries monétaires peuvent être séparées par dix ans ou davantage : Sardes n'émet aucune monnaie entre 175-176 et 195-196 [Johnston, dans 112] et à Hiérapolis de Phrygie les émissions se succèdent tous les vingt ans, de Trajan à Caracalla [Johnston, 116]. De plus, beaucoup de ces monnaies sortent des mêmes ateliers : graveurs et fondeurs se regroupent dans quelques cités où ils travaillent à la demande [Kraft, 118]. Pour les cités, battre monnaie est surtout affaire de prestige : la monnaie popularise les dieux, les titres et les emblèmes de la cité émettrice [Franke, 60 ; Harl, 61], quand elle n'affiche pas un programme, comme

les monnaies de concorde émise simultanément par deux cités [Pera, 72].
La première explosion du nombre des ateliers monétaires se produit précisément sous Hadrien, dont la politique d'exaltation du passé grec et des valeurs de la *polis* s'affiche autant par la création de nouvelles cités que par la réunion des Grecs dans le Panhellénion.

Même si l'émission de monnaies n'est pas perçue par les cités comme un instrument d'une politique économique, cependant les monnaies circulent et viennent augmenter la masse monétaire. Toutes cités grecques confondues (y compris en Europe et en Syrie), on observe que le nombre de cités émettrices augmente fortement jusqu'aux Sévères : de 148 cités battant monnaie sous Auguste on passe à 90 sous Claude, 218 sous Hadrien, 295 sous Marc Aurèle et 363 sous Septime Sévère. Compte tenu du caractère discontinu des émissions, il faudrait pondérer ces chiffres en tenant compte des années de règne, mais la tendance est nette. Faut-il en conclure que les cités sont plus florissantes et disposent de davantage de ressources métalliques ? Ce n'est pas sûr car l'administration impériale se décharge de cette tâche sur les cités, qui n'en tirent guère profit.

Dans ces conditions, il paraît hasardeux de lier activité économique et volume des émissions monétaires. Les calculs effectués par E. Dabrowa [21] pour la Bithynie restent donc suspects. Constatant que Nicée émet presque constamment deux fois plus que Nicomédie, il y reconnaît le principal centre économique de la Bithynie. Or il est difficile d'imaginer que l'activité y soit supérieure à celle de Nicomédie, capitale de la province, réputée pour ses chantiers navals [Robert, 19, p. 109-124] et pour son port qui exporte les produits lourds de l'intérieur comme les marbres de Phrygie (Pline, *Lettres*, X, 41). Dion souligne devant les Nicomédiens combien ils l'emportent sur les Nicéens en matière de commerce maritime (Dion, XXXVIII, 22). Les nauclères de Nicomédie sont répandus dans la Méditerranée orientale et son port figure comme tête de lignes de navigation vers Alexandrie, Rome, Éphèse, Thessalonique, la Phénicie, la Pamphylie ou l'Achaïe, dans l'édit de Dioclétien [Robert, 19, p. 118-120]. Ainsi, tous les indices contrarient les conclusions tirées du seul nombre des émissions monétaires.

Dabrowa en revanche a montré que, toutes cités bithyniennes confondues, on passe de 311 émissions au Ier siècle à 1 169 au IIe siècle et à 3 285 au IIIe. Dabrowa lie cette augmentation au passage des troupes pour les guerres orientales de Trajan et de Lucius Verus, puis celles des Sévères et de leurs successeurs. Cependant le phénomène s'observe partout, y compris dans des régions (Pisidie) où les troupes romaines ne passèrent pas. L'augmentation des émissions n'est donc pas liée directement à la présence des troupes mais aux réquisitions organisées partout en leur faveur. Il est surtout probable que la mobilisation croissante des ressources fiscales au profit de l'armée empêche l'État de frapper en quantité suffisante la monnaie dont ont besoin les provinces ; par contrecoup, l'administration impériale sollicite les cités pour se substituer à lui dans ce rôle. La monnaie n'apparaît pas comme un instrument économique, mais comme un moyen supplémentaire de prélèvement.

Il faudrait donc combiner tous les indices possibles pour dégager une tendance économique générale. T. R. S. Broughton [962] l'avait tenté à partir de listes quasi exhaustives – pour son temps – des travaux de construction, reconstruction et embellissement attestés dans les cités, des mentions de fondations et générosités des riches. Il en déduisait que l'époque d'Auguste et des Julio-Claudiens paraissait avoir été une phase de longue reconstruction à partir d'une situation de départ catastrophique. Après cette première phase, le temps des Flaviens et des Antonins montrait tous les signes d'une éclatante prospérité générale, atteignant son zénith sous Marc Aurèle. Les premiers signes d'un déclin apparaîtraient ensuite rapidement. Mais, en même temps, Broughton estimait que des reclassements économiques avaient lieu et que si certains centres prospéraient, d'autres connaissaient un déclin relatif assez tôt. Ainsi, en Carie les principaux centres se trouvent désormais dans l'intérieur, à Alabanda, Aphrodisias ou Stratonicée, alors que Mylasa, Halicarnasse ou Myndos déclinent.

Un indice seul ne peut suffire à établir la tendance. Mais la conjonction de plusieurs peut être révélatrice. Or on observe, à l'extrême fin du IIe siècle et au IIIe, à la fois une forte diminution des dédicaces de construction et des évergésies, un accroissement de la pression fiscale sur les cités par le biais des ateliers monétaires, la résurgence du brigandage et la multiplication des protestations contre les spoliations, qui paraissent autant de signes des difficultés du temps, bien avant que l'Asie Mineure ne soit ravagée par les Barbares.

CULTURE ET VIE RELIGIEUSE

L'Anatolie impériale apparaît comme le centre le plus brillant de l'hellénisme littéraire [Réardon, 209]. En dehors d'Athènes et d'Alexandrie, c'est à Éphèse, Smyrne, Rhodes que se forment et exercent les rhéteurs maîtres de la « seconde sophistique », tels Dion de Pruse [Desideri, 199 ; Jones, 203] et Aelius Aristide [Boulanger, 197 ; Oliver, 206, 207]. Le roman y connaît un essor incomparable avec Xénophon d'Éphèse et Lollianos d'Éphèse mais surtout Lucien de Samosate [Jones, 202] et

Philostrate [Anderson, 196]. L'histoire brille grâce aux Bithyniens Arrien de Nicomédie [Tonnet, 211], Dion Cassius [Millar, 204] et Hérodien, sans oublier Strabon d'Amaseia. A Pergame et à Cos étudient et pratiquent les médecins les plus célèbres, dont Galien de Pergame [Moraux, 205].

La prospérité de la région et les générosités des riches créent les conditions idéales d'un développement artistique exceptionnel : les écoles de sculptures (Aphrodisias, Proconèse, Dokimeion) contribuent à l'ornement de villes dont les édifices comptent parmi les plus somptueux du monde gréco-romain [Stierlin, 216]. Le phénomène s'observe non seulement dans les grands centres d'Asie Mineure comme Éphèse [Alzinger, 120 ; Bammer, 121], Milet [Kleiner, 128] ou Pergame [Radt, 131], mais aussi dans les villes de moyenne importance comme Aphrodisias [Erim, 126], voire petites comme Sagalassos [Mitchell et Waelkens, 163], Cremna [Horsley, 161] ou Balboura [Coulton, 159]. Le paysage urbain s'y modifie insensiblement par l'apport de monuments nouveaux [p. 366], mais toujours luxueux.

Mais l'Anatolie est loin d'être tout entière grecque. Certes les dieux grecs semblent triompher partout, au moins de nom. Mais que l'on gratte un peu, et, dans bien des cas, le dieu indigène perce sans difficulté sous l'apparence grecque [Robert, 17, p. 511-599]. Et que de divinités locales qui n'empruntent rien à l'iconographie religieuse grecque ! Des dieux comme Men [Lane, 232] ou Sabazios [Vermaseren et Lane, 221] sont localement très populaires et témoignent de pratiques religieuses étrangères à l'hellénisme comme les stèles de confession [Petzl, 234] ou le culte des anges [Sheppard, 238]. Chaque région, chaque canton possède ses propres dieux, bien étudiés en Phrygie [Drew-Bear, 223 ; Robert, 236], en Lydie [Keil, 231], en Lycie occidentale [Frézouls, 228]. Là encore, le tableau est fort incomplet dans les régions orientales de l'Anatolie et l'on connaît mal les dieux des grands sanctuaires indigènes, en dehors de Cybèle et Attis dont le culte a émigré dans tout l'Empire depuis Pessinonte [Thomas, 239]. La vogue des sanctuaires oraculaires semble égale à l'ouest [Fontenrose, 227, Parke, 233] et à l'est où le charlatan Alexandre d'Abonouteichos fait fortune avec son serpent Glykon [Lucien, *Alexandre ou le faux prophète*].

Les cultes témoignent que la majorité des habitants de l'Anatolie ne sont finalement touchés que superficiellement par l'hellénisme. Strabon, à l'époque d'Auguste, s'employait à souligner la variété et l'originalité des peuples anatoliens. Trois siècles plus tard, ses observations valent encore largement. Certes, les langues indigènes disparaissent peu à peu faute d'être écrites, mais le lycaonien est attesté à Lystra au milieu du Ier siècle (*Actes*, XIV, 11) ; le phrygien se limite à un formulaire funéraire, ce qui en ferait une langue morte [Mitchell, 152, p. 1060-1061 ; Von Aulock, 153, p. 34] mais le pisidien a livré quelques inscriptions qui attestent de sa survie comme langue écrite, et le galate survit au moins jusqu'à la fin du IVe siècle apr. J.-C.

L'hellénisation des indigènes reste faible comme en témoigne l'onomastique. En Lycaonie, on relève 40 % de noms lycaoniens contre 37 % de noms latins (pourcentage élevé que justifie la présence de colonies) et 23 % de noms grecs. Chez les Galates, les noms celtiques restent en honneur dans l'aristocratie. Plus à l'est, les textes sont trop rares pour qu'une étude statistique soit significative.

Aux indigènes, s'ajoutent de fortes communautés allogènes. En dehors des Romains (p. 349-350), les Perses et les Juifs sont les mieux attestés. Le peuplement iranien remonte à la domination achéménide (VIe-IVe s.) [Baslez, 85]. On a pu mettre en évidence cette présence iranienne en Ionie, en Lycie, en Carie, en Lydie, en Galatie à Tyriaion et à Laodicée Katakékauménè, dans la plaine killanienne et sur le plateau de Phrygie Parorée [Boyce-Grenet, 220] et plus encore dans l'est où Strabon souligne la fréquence des sanctuaires de dieux persiques en Cappadoce (XV, 3, 15), tandis que Zéla du Pont abrite un sanctuaire des dieux iraniens (XII, 3.37). Ces groupes sont avant tout composés de ruraux, descendants de colons militaires achéménides. Les cultes (Anahita-Artémis Persique et Ahura-Mazda) [Robert, *CRAI*, 1975, p. 306-330] et l'onomastique sont-ils de simples survivances superficielles [Briant, 86] ? L'hellénisation ne fait guère de doute puisque l'Artémis Persique se trouve honorée par des concours à la grecque à Hypaipa *(Artemisia)* ou à Philadelphie de Lydie *(Megala Sebasta Anaiteia)*.

La communauté juive, remontant partiellement à l'époque hellénistique, ne cesse de se renforcer [Trebilco, 262]. Les *Actes des Apôtres* et les *Lettres* de Paul mentionnent des communautés non seulement dans les grandes cités de la côte (Sardes, Éphèse) et de l'intérieur (Aphrodisias, Antioche de Pisidie), mais aussi dans de petites cités comme Lystra, Derbé, Colosses. Les découvertes archéologiques et épigraphiques ne cessent d'apporter de nouveaux témoignages sur leur présence en Anatolie [Juster, 500]. Ces communautés sont bien intégrées à la société urbaine d'Asie Mineure comme le montrent les exemples de Sardes, où synagogue et gymnase font bon ménage en centre ville [Kraabel, 258], et d'Aphrodisias, où les sympathisants païens sont nombreux [Reynolds et Tannenbaum, 260]. Les valeurs de la cité grecque, comme l'évergétisme, sont intégrées à la vie de la communauté [Lifshitz, 259].

Ces deux groupes principaux ne représentent pas, avec les Romains, la totalité de la population étrangère de l'Asie Mineure. Syriens, Pannoniens, Thraces, Macédoniens s'y ajoutent. Il faut imaginer des cités bigarrées, où se côtoyent Grecs, indigènes, étrangers, avec l'enchevêtrement de coutumes, de cultes, de droits et de langues que cela suppose. La variété des langues dont Strabon s'étonne à Cibyra devait se retrouver dans tous les ports et sur tous les marchés un peu fréquentés. Cette impression d'extrême diversité ethnique ressort bien à la lecture des *Actes des Apôtres,* du moins pour les villes mais elle ne devait pas être moindre dans les campagnes. Dès que l'on quitte la zone la plus occidentale, c'est-à-dire celle de vieux peuplement grec, la majorité des habitants restait fidèle aux traditions indigènes et n'était touchée que superficiellement par l'hellénisme.

CHAPITRE IX

L'Orient sémitique

PAR MAURICE SARTRE

Les pays bornés par la Méditerranée, la chaîne taurique, le Tigre, les déserts syro-mésopotamien et d'Arabie centrale, enfin par la mer Rouge et le Sinaï, se sont trouvés, plus ou moins durablement, intégrés à l'Empire romain. L'élément d'unité que constitue leur commune appartenance au monde culturel sémitique ne doit pas masquer la diversité des paysages, des ressources et du peuplement. Des montagnes boisées de l'Amanus aux oasis du Ḥijāz, de la côte phénicienne humide aux escarpements rocheux du Jébel Sinjār, la variété est de règle, ce qui interdit les généralisations.

LE PEUPLEMENT

LE FONDS SÉMITIQUE

Le peuplement de la Syrie résulte de migrations, de sédentarisations et de mélanges impliquant en majorité des peuples sémitiques. L'emploi de l'araméen comme langue véhiculaire, acquis dès l'époque achéménide, gomme, au moins superficiellement, les différences qui pourraient subsister entre les descendants des Cananéens, des Amorites et des Araméens, même si les Phéniciens ont su conserver, au moins partiellement, l'usage de leur propre langue jusque vers l'époque augustéenne [Briquel-Chatonnet, 187]. Cet ensemble araméen ou aramaïsé constitue la majorité de la population des campagnes depuis l'Amanus jusqu'à Gaza. Sa présence dans les villes se laisse plus difficilement cerner car l'onomastique y est largement grecque, mais elle n'est pas douteuse.

Dans toute la Syrie intérieure, depuis le milieu du Ier millénaire, s'installent d'autres Sémites venus du sud, les Arabes. Arrivés parmi les pre-

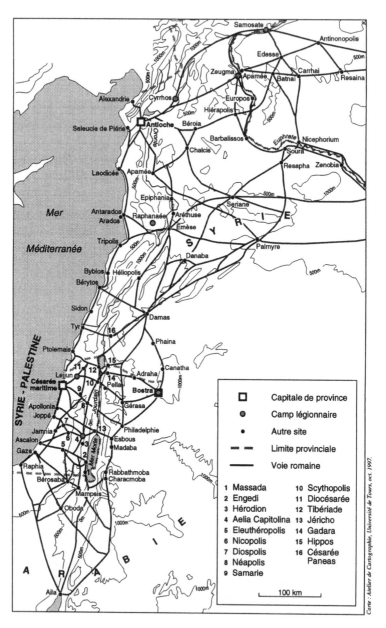

Les provinces syriennes et le nord de l'Arabie, IIᵉ-IIIᵉ siècles apr. J.-C.

miers, les Nabatéens ont étendu leur domination politique du nord du Sinaï aux abords de Damas et ont adopté une écriture et une langue écrite araméenne bien qu'ils continuent à parler l'arabe [Starcky, 146]. Comme les Ituréens de l'anti-Liban et de Damascène ou les Arabes de Palmyrène, très aramaïsés, seuls leurs cultes et l'onomastique révèlent encore clairement leur origine. Les milieux dirigeants sont fortement frottés d'hellénisme comme en témoigne notamment le développement architectural de leur capitale, Pétra [Balty, 134 ; Lindner, 137, 138 ; McKenzie, 139, 140].

En revanche, d'autres groupes, arrivés plus récemment, ont moins subi l'influence de la culture araméenne. On ne sait pas grand-chose des Arabes scénites (« vivant sous la tente ») que Strabon (XVI, 1.26) mentionne en Mésopotamie mais des pasteurs nomades installés depuis l'est de Damas jusqu'à l'entrée du wadī Sirḥān, que l'on a pris l'habitude de désigner sous le nom de « Safaïtes » bien qu'ils ne forment pas un groupe unique, [Sartre, 130 ; MacDonald, 128], continuent à parler et à écrire une langue arabe et utilisent un alphabet dérivé des écritures sud-arabiques, comme les Thamoudéens dans le nord du Ḥijāz [Van den Branden, 132].

L'installation progressive des Arabes sur les confins de la Syrie intérieure contribue à maintenir des liens étroits entre la Syrie des sédentaires et celle des nomades et transhumants. De ce fait, la Syrie n'apparaît pas seulement comme un lieu de transit entre l'Inde ou la Mésopotamie et les pays méditerranéens, mais aussi comme un lieu fréquenté par les Arabes de la péninsule Arabique. Ces relations constantes se traduisent par la présence de plus en plus sensible, et parfois majoritaire, des Arabes en Transjordanie, dans le Hauran et dans le Négev [Dussaud, 124], phénomène qui explique en partie l'originalité de ces régions par rapport au reste de la Syrie, notamment leur très faible degré d'hellénisation au début de la conquête romaine.

GRECS, ROMAINS ET AUTRES ÉTRANGERS

On ne peut mesurer avec précision quelle fut l'ampleur du mouvement d'installation des colons d'origine grecque ou macédonienne dans les nouvelles cités de Syrie du Nord à l'époque hellénistique. A l'époque impériale, on parvient rarement à identifier avec certitude leurs descendants [Rey-Coquais, 96] car ils ne se distinguent plus des Syriens hellénisés. L'hellénisation a en effet touché massivement les élites urbaines de Phénicie dès l'époque hellénistique, et est largement engagée dans les sociétés indigènes urbaines de l'intérieur de la Syrie ; aussi, de nombreux citoyens des anciennes fondations séleucides de Syrie du Nord comme ceux des villes indigènes transformées tardivement en *poleis* comme Damas [difficulté de dater les réorganisations du plan de la ville : Will, 105 ; discussion et sources : Weber, 104] ou des cités de Décapole sont des indigènes hellénisés. Ces Grecs, descendants des colons ou indigènes hellénisés, se répartissent très inégalement dans le pays puisqu'ils sont essentiellement des citadins. Le Hauran, la Transjordanie (en dehors de la Décapole), les régions montagneuses n'en comptent à peu près aucun au début du Principat [Sartre dans Dentzer, 109].

Les autres groupes allogènes n'apparaissent que de façon épisodique : des Perses, dont certains pourraient être installés depuis l'époque achéménide, sont connus à Antioche [Feissel, 85] et à Gérasa. Quant aux Arabes d'Arabie du Sud (Minéens, Sabéens, Qatabanites), Indiens et Parthes qui fréquentèrent la Syrie pour y faire du commerce, ils ne sont pratiquement pas attestés par l'archéologie ou l'épigraphie.

Les Occidentaux constituent en revanche un groupe mieux reconnu. Des vétérans ont été lotis dans les colonies de Bérytos sous Auguste, de Ptolémaïs sous Claude, de Jérusalem sous Hadrien. Hérode a installé ses propres vétérans (Gaulois, Germains, Thraces) à Samarie et à Gaba (Galilée). Mais le phénomène reste isolé et, en dehors des administrateurs et soldats de passage, la présence d'étrangers venus des autres provinces de l'Empire et installés durablement dans le pays est difficile à déceler. Les vétérans d'origine syrienne et les notables indigènes promus forment sans doute la majorité des citoyens romains attestés par les inscriptions [Sartre, 101].

ÉTAPES ET MOYENS DE L'INTÉGRATION

LA SYRIE AUGUSTÉENNE

La Syrie romaine offre au Ier siècle l'exemple de la diversité des pratiques d'administration provinciale puisque l'on eut recours aussi bien à l'administration directe par de hauts fonctionnaires qu'à des princes-clients décorés de titres variés. D'une province morcelée sous Auguste, ne recouvrant qu'une partie de l'espace syrien, on en vint par étape à un ensemble compact de quatre puis de sept provinces administrées directement.

La province de Syrie dont hérita Octavien était, à peu de choses près, la province de Pompée. Le cœur en était constitué par le nord et le centre du pays qui abritent à la fois les fondations séleucides et les cités phéniciennes, toutes *poleis* depuis longtemps. Mais les cités de la Décapole, un ensemble d'une dizaine de cités du nord-ouest de la Transjordanie (dont Gerasa, Gadara, Pella, Abila, Scythopolis, Philadelphie, Canatha) [Bietenhard, 76 ; Graf, 191] que des états-clients séparaient géographiquement du reste de la province, y avaient aussi été intégrées dès Pompée [carte t. I, 201-202] (mais Gadara et Hippos donnés à Hérode : Flavius Josèphe, *AJ*, XV, 217).

Octavien conserva l'essentiel du dispositif de Marc Antoine, avec quelques modifications dont certaines furent éphémères. Ainsi en 30 il confisqua le royaume de l'Amanus et la principauté d'Émèse mais les rendit dès 20 à des membres des dynasties locales. Seule restèrent acquises à la Syrie les annexions de la Cilicie plane (30 av. J.-C.), très urbanisée et qu'Antoine avait donnée à Cléopâtre, de Séleucie sur l'Euphrate-Zeugma et peut-être Doliché, enlevées pour des raisons stratégiques au royaume de Commagène [Millar, 24, p. 29-30], puis de Gaza, Gadara et Hippos (*AJ*, XVII, 320) (4 av. J.-C.). En revanche, la Judée d'Archélaos, confisquée en 6 apr. J.-C., fut rendue à Agrippa Ier en 41 et reprise en 44.

Cette discontinuité géographique de la province n'allait pas sans difficultés pratiques. Pour y remédier, le gouverneur de Syrie administrait la Judée d'une part [Ghiretti, 264], la Décapole de l'autre [Isaac, 44], par l'intermédiaire d'un préfet disposant de pouvoirs étendus mais placé sous son autorité.

LES ÉTATS-CLIENTS (cf. t. I, 197-206)

Marc Antoine avait eu largement recours à des notables indigènes, grecs ou non, pour administrer les régions les moins hellénisées de l'Empire en Méditerranée orientale [Buchheim, 134]. Auguste resta fidèle à cette conception, notamment en Syrie. Ainsi la province proprement dite est bordée de tous les côtés par des états-clients qui la séparent de toutes les autres provinces romaines : principauté de Cilicie Trachée, état sacerdotal des Teucrides autour du sanctuaire d'Olba un peu plus à l'est, royaume de l'Amanus dans la haute vallée du Pyramos, royaume de Commagène, principauté d'Émèse, royaume d'Hérode y compris ses appendices libanais et sud-syriens, royaume de Nabatène en Transjordanie et dans le Négev.

Mais des principautés indigènes, confiées à des tétrarques « amis et alliés du peuple romain » [Braund, 654], subsistent en plein cœur de la province elle-même. Les principautés du Liban (Chalcis du Liban, Arca, Abila de Lysanias) comptent parmi les plus vastes mais il en existe d'autres dans les secteurs montagneux ou steppiques. Pline (*HN*, V, 81-82) en nomme plusieurs dans les Monts Alaouites et affirme qu'il en existe dix-sept autres trop petites pour être citées. Celle de Dexandros, sans doute située dans la montagne non loin d'Apamée, est dirigée par un grand notable grec de cette cité [Rey-Coquais, 96].

Le maintien de ces états-clients s'explique le plus souvent par le caractère superficiel et limité de l'hellénisation, ce dont témoigne en particulier la faible densité du réseau urbain, même en Syrie du Nord puisque l'on trouve des tétrarchies à proximité d'Apamée ou d'Antioche. Si l'on ne peut guère prendre comme exemple le cas de la Judée, offrant trop de traits exceptionnels par rapport aux autres états-clients, en revanche, la politique des Hérodiens en Syrie du Sud permet de comprendre au mieux ce que Rome attend de ces princes-clients [Sartre, 26, 54, 116].

La disparition progressive de tout pouvoir étatique fort depuis le milieu du Ier siècle av. J.-C. a conduit la région au désastre dans les années 40-30 av. J.-C., car un brigandage incessant mit en péril l'exploitation agricole aussi bien que les communications. Le plateau basaltique du Trachôn (« rugueux »), au sud de Damas, constitue un repaire inexpugnable où se réfugient les hors-la-loi qui rançonnent les caravanes et razzient les villages environnants. La plaine de Bostra reste à l'abandon malgré ses bonnes dispositions agricoles et les caravanes hésitent à gagner Damas. Seuls les villages de la montagne (Jébel Druze) résistent et se protègent.

Après que l'Arabe Zénodôros, propriétaire de la région, se fût livré au brigandage, Auguste confia la région à Hérode le Grand en 23 av. J.-C. Celui entreprit aussitôt de créer des colonies militaires (Bathyra, Sour al-Lajā) [Cohen, 262] sur le pourtour et à proximité du Trachôn, dispositif complété par ses successeurs, Agrippa Ier (37-44) et Agrippa II (51-93). Mais ce quadrillage militaire se doubla d'une colonisation agricole et d'une politique d'urbanisation. Nous ne pouvons saisir le détail de la politique hérodienne qui semble s'appuyer à la fois sur des colons allogènes (Iduméens, Juifs babyloniens, Grecs) et sur des notables indigènes, notamment des officiers arabes. Mais on constate que cette politique aboutit à la disparition du banditisme avant la fin du Ier siècle apr. J.-C. L'œuvre de pacification et de mise en valeur avait assez progressé pour que Rome prenne en charge elle-même l'administration de la région. Les structures villageoises et civiques avaient secrété une classe de notables hellénisés assez nombreux pour que Rome leur confiât l'administration locale pendant qu'elle assurait les tâches d'intérêt général, notamment de sécurité. L'annexion couronne le succès de la politique des Hérodiens. A la mort d'Agrippa II, survenue en 92 ou 93, ses états furent donc intégrés à la province de Syrie [Frankfort, 656].

Les royaumes de Nabatène [Hammond, 136 ; Lindner, 137 ; Starcky, 146] et de Commagène [Sullivan, 663], malgré des traits originaux (ils sont bien antérieurs à la présence romaine dans la région et n'ont jamais été vaincus par elle ; les dynasties en place ne sont pas des créations romaines) ne se distinguent plus désormais des autres royaumes clients. Devenus depuis Pompée des alliés constants de Rome [Sartre, 145], les rois de Pétra ne peuvent accéder au trône sans l'accord de Rome : lorsque Arétas IV succéda à Obodas II sans demander l'approbation d'Auguste, il fut peut-être temporairement destitué (3-1 av. J.-C.) [Bowersock, 653]. De même, en confisquant la Commagène en 17 apr. J.-C. avant de rétablir Antiochos IV en 37, puis de le démettre pour lui rendre son royaume en 41, Rome marque clairement que César seul fait le roi, à Pétra et à Samosate comme à Jérusalem.

D'ailleurs, ce que l'on attend d'eux n'est pas différent de ce qui est assigné aux princes dont la fortune doit tout à Rome. En Commagène comme en Palestine ou en Iturée, les clients furent les propagateurs d'une politique d'urbanisation qui se solda par la fondation de quelques cités comme Germanikeia de Commagène et Césarée-Arca du Liban, mais le mouvement fut plus limité qu'en Anatolie. D'autres princes furent associés à une politique d'embellissement qui semble avoir été sinon élaborée du moins encouragée par les autorités romaines. Ainsi les Hérodiens couvrirent-ils de monuments somptueux les cités de Phénicie (Fl. Josèphe, *BJ*, I, 422-428 ; *AJ*, XIX, 335-337 ; XX, 211-212). Sous les Flaviens, Palmyre et Bostra bénéficièrent d'un développement urbanistique simultané [Bowersock, 77, mais Gérasa, intégré à cette opération par Bowersock, en est écarté par Seigne dans 29/IV] ; or, si à Palmyre, intégrée à la province dès 19 apr. J.-C., le gouverneur de Syrie put être l'agent d'exécution de la politique impériale, à Bostra, celle-ci fut mise en œuvre par le roi Rabbel II (71-106) qui avait fait de la ville sa résidence favorite [Sartre, 100].

L'INTÉGRATION DES ÉTATS-CLIENTS JUSQU'EN 106

Le gouvernement par client interposé permettait à Rome d'administrer à moindres frais mais privait le trésor impérial de rentrées fiscales, puisque les revenus étaient partagés avec le prince-client qui entretenait une armée [Gracey dans 518 ; Graf, 43] et payait des fonctionnaires. Par ailleurs, on ne pouvait exclure que des princes dirigeant un état important ne tentent de recouvrer davantage d'indépendance. L'administration romaine se méfiait des alliances qui pouvaient se nouer entre eux. Ainsi, le gouverneur de Syrie dispersa-t-il une réunion de princes-clients tenue à Tibériade à l'initiative d'Agrippa Ier. Quelles qu'en soient les causes, la politique d'administration directe se fit plus systématique dès le règne de Tibère, malgré des retours en arrière sous les règnes de Caligula et de Claude. On peut en marquer les principales étapes.

En 17, la Commagène [sur ses limites, French, 69] fut annexée en même temps que le royaume de l'Amanus, c'est-à-dire la haute vallée du Pyramos autour de Hiérapolis-Castabala et d'Anazarbe. Les deux royaumes furent incorporés à la province de Syrie. Mais dès 37 ou 38, Caligula restaura Antiochos IV en Commagène pour le déposer peu après. Le royaume, augmenté à l'ouest du territoire de la future Germanicieia fondée alors en l'honneur de Caligula ou de Claude, fut rendu à Antiochos IV par Claude dès 41 [French, 69].

En 19 au plus tard [Seyrig, 172] et peut-être cette année-là précisément [Will, 179], Palmyre fut incorporée à l'Empire, car il faut renoncer aux thèses repoussant son annexion à l'époque d'Hadrien. La présence de Germanicus dans la ville en 19, les opérations de bornage conduites par M. Ulpius Traianus, gouverneur de Syrie sous Vespasien, obligent à admettre une intégration précoce.

Parallèlement, les principautés hérodiennes du Liban et de Syrie du Sud passaient de mains en mains [Schürer, 254/I ; Sartre, 26, p. 30-32, 41-42]. Après la déposition d'Archélaos de Judée en 6 apr. J.-C., la mort de Philippe en 34 et l'exil d'Antipas en 39, les trois fils d'Hérode entre lesquels Auguste avait partagé le royaume de leur père, Agrippa Ier avait retrouvé en 37 une partie puis, en 41, la quasi-totalité des États d'Hérode le Grand. A sa mort en 44, son royaume fut annexé à la Syrie. Mais à partir de 50/51, Claude reconstitua par étapes au bénéfice d'Agrippa II un vaste état sud-syrien et libanais qui s'étendait de l'Anti-Liban au Jebel Druze. Judée et Samarie restaient sous administration directe et formèrent à partir de 70 une province distincte, celle de Judée.

En 72 la Commagène fut définitivement annexée à la Syrie sous prétexte qu'Antiochos IV complotait avec les Parthes. Ce roi était privé en même temps de la Cilicie Trachée (qu'il possédait depuis 41) [Sartre, 26, p. 38-39 ; 42], rattachée à la Cilicie Plane pour former une nouvelle province impériale prétorienne confiée à un légat résidant à Tarse.

Avant 78, Émèse fut à son tour intégrée à la province de Syrie [Seyrig, 149, Chad, 148]. En 92/93, le vaste royaume sud-syrien d'Agrippa II fut annexé, à peu près en même temps que disparaissait un royaume de Chalcidique (sans doute autour de Chalcis du Liban). Les petites tétrarchies de la montagne syrienne avaient dû subir le même sort dans le courant du Ier siècle. En 106 enfin le royaume de Nabatène devint une nouvelle province à lui tout seul, la province d'Arabie [Bowersock, 653]. Son étendue justifiait une telle disposition [Sartre, 54].

Il ne restait plus d'états-clients syriens et ciliciens en deçà de l'Euphrate et quatre provinces s'en partageaient l'espace. Durant plus d'un siècle et demi, l'Euphrate avait marqué la frontière entre Rome et les Parthes : toutes les annexions avaient porté sur des régions situées à l'ouest du fleuve. Les campagnes parthiques de Trajan, de Lucius Verus et de Septime Sévère aboutirent à créer de nouvelles provinces à l'est du fleuve [Chapot, 41].

DE TRAJAN A ZÉNOBIE, CONQUÊTES ET PARTAGES

La création des nouvelles provinces de Mésopotamie (en Haute-Mésopotamie) et d'Assyrie (l'ensemble de la Babylonie parthe) par Trajan à la suite de ses campagnes de 114-116 fut éphémère : la seconde fut abandonnée avant que Trajan ait quitté Babylone et la première fut évacuée dès l'avènement d'Hadrien [Maricq, 220]. En revanche, la principauté de Mésène (Characène) [Nodelman, 221], établie en Basse-Mésopotamie sur les bords du golfe Persique et dont l'amitié avait été réchauffée par la visite de Trajan en 115, subsista jusqu'en 151, date à laquelle les Parthes l'envahirent [Potts, 222 ; Bowersock, 213].

Les succès de Lucius Verus rendirent l'initiative à Rome. Dès 165, la frontière de la Syrie fut portée à Doura-Europos ; Rome prenait ainsi le contrôle du débouché, dans la vallée de l'Euphrate, de l'une des grandes voies caravanières reliant Palmyre à la Mésopotamie. A la même époque, les liens avec la principauté d'Edesse furent renforcés : Manu VIII (139-177), rétabli par Lucius Verus aux dépens d'un usurpateur pro-parthe (Wael b. Sahru, 163-165), émit un monnayage à l'effigie de la famille impériale romaine, avec la légende grecque : *Basileus Mannos philorhômaios* [Segal, 225].

Les campagnes de Septime Sévère de 195 et de 198-199 entraînèrent la création de nouvelles provinces au-delà de l'Euphrate. Dès 195, une province d'Osrhoène, dépourvue de légion et confiée à un procurateur de rang modeste, fut établie à la place de l'ancienne principauté d'Edesse, bien qu'Abgar VIII le Grand (177-212) ait conservé son autorité sur la ville même d'Edesse et ses environs immédiats [Wagner dans 518]. En 198 (moins probablement dès 195), une province de Mésopotamie fut installée à l'est de la précédente, au-delà du Khabour et au nord de l'Euphrate. Deux légions, stationnées à Singara et à Rhésaina, furent chargées de sa défense [Kennedy, 219] et placées sous l'autorité d'un préfet d'un rang élevé résidant à Nisibis [Kennedy, 218].

A la même époque, Septime Sévère, qui avait dû affronter la rivalité de son gouverneur, Pescennius Niger, partagea la trop riche et trop puissante Syrie en deux provinces : au nord, avec Laodicée puis, en 200, Antioche pour capitale, la *Syria-Koilè* regroupait la Commagène avec une grande partie de l'ancienne Syrie Séleucide, bien qu'elle ne descende pas au-delà d'Apamée ; au sud, Tyr devenait la capitale de la *Syria-Phoinikè*, qui englobait le sud de l'ancienne province de Syrie, la côte comme l'intérieur, amputé cependant du nord du Hauran qui fut rattaché, entre 193 et 214, à l'Arabie [Sartre, 54].

D'une unique province de Syrie, peu étendue et entrecoupée de principautés clientes à la mort d'Auguste, on était passé par étapes successives à sept provinces administrées directement par des fonctionnaires romains. Seules Edesse (jusqu'en 212-213) et Hatra (jusqu'en 242) [Drijwers, 216] conservaient un statut d'états-clients au cœur des nouvelles provinces.

Mais les difficultés dues à la fois à la pression des Perses Sassanides [Winter, 57; Kettenhofen, 47] et aux crises dynastiques qui secouaient l'Empire poussèrent les pouvoirs locaux à reprendre une certaine autonomie, avec ou sans l'accord de Rome. Déjà, Gordien III rétablit la dynastie édessénienne en la personne d'un roi Abgar, petit-fils d'Abgar le Grand, en 239-240 [J. Teixidor, 10, 11; Ross, 9], peut-être pour faire face à l'invasion perse. Restauration éphémère puisque Edesse redevint colonie romaine dès 241, mais qui peut traduire la détresse des autorités locales. Ailleurs, des indigènes se posèrent d'eux-mêmes en défenseurs, voire en restaurateurs, de la puissance romaine. Ce fut le cas d'Uranius Antoninus à Émèse en 253 [Baldus, 147; Balty, 40], mais surtout du Palmyrénien Odeinath et de sa famille.

L'histoire des princes de Palmyre au IIIe siècle s'est trouvée largement renouvelée par la découverte d'une inscription qui impose un nouveau schéma familial [Gawlikowski, 162] et repousse au milieu du siècle l'émergence de la famille. Malgré de nombreuses incertitudes, il apparaît qu'en octobre 251 au plus tard, un notable de la ville, Septimius Odeinath, qui s'associa son fils Septimius Hairan, acquit dans sa cité une primauté particulière soulignée par le titre d'exarque des Palmyréniens. Pendant plus de quinze ans, jusqu'à son assassinat en 267-268, il s'efforça d'écarter la menace des invasions perses, prenant parfois l'offensive (raids contre Ctésiphon en 262 puis 267-268), menace que l'incapacité des titulaires du pouvoir impérial laissait sans riposte. Sans rompre son allégeance envers Rome, il parvint à obtenir des empereurs successifs des titres *(consularis, épanorthôtès)* qui donnaient une base légale à son pouvoir quasi monarchique.

Après son assassinat, peut-être commandité par les Romains inquiets de sa puissance, sa veuve Zénobie [Equini Schneider, 158] s'empara de la réalité d'un pouvoir confié nominalement à son fils Wahballat. La rupture intervint à la mort de Claude II, lorsque Wahballat prit le titre d'*imperator*. La conquête de la Syrie (270), puis de l'Arabie, de l'Égypte et d'une partie de l'Anatolie désignait l'Auguste de Palmyre comme rival d'Aurélien. Celui-ci réagit rapidement. Après trois victoires remportées sur les troupes palmyréniennes à Tyane, puis à Immae (Antiochène) et Emèse, il rentrait dans Palmyre (printemps 272) d'où Zénobie s'était enfuie. A la suite d'une révolte de la ville (273 ?), Aurélien ordonna de la raser [Cizek, *L'empereur Aurélien*, 76-80 et 101-117, peut-être trop confiant en l'*Histoire Auguste*; Drijvers, 216; Sartre, 171].

LA DÉFENSE DU PAYS

Parmi les provinces orientales, la Syrie fut sous le Haut-Empire la mieux pourvue de troupes [Isaac, 22]. Quatre légions s'y trouvent sous les premiers Julio-Claudiens : III *Gallica*, VI *Ferrata*, X *Fretensis* et XII *Fulminata*. Chargées de garder la frontière de l'Euphrate, notamment dans la zone montagneuse où le contrôle de quelques passages assurent la sécurité de l'ensemble [Crow-French, 66; Wagner, 70, 71], elles furent aussi envoyées en Arménie lors de l'expédition de Corbulon et en Judée pour y réprimer une agitation permanente. D'ailleurs, après 70, la X *Fretensis* resta en garnison à Jérusalem tandis que la XII *Fulminata* était envoyée à Mélitène en Cappadoce. Mais, vers 56, la IV *Scythica* avait été installée à Zeugma en Syrie du Nord tandis que peu après 75 [Van Berchem, 55] la XVI *Flavia Firma* installait son camp à Samosate, dans l'ancienne capitale de la Commagène nouvellement annexée. Ainsi, sous les Flaviens, la Syrie proprement dite conservait ses quatre légions tandis que la Judée en abritait une en permanence. Le dispositif était complétée par la présence d'une flotte, la *classis Syriaca*, dont Séleucie de Piérie fut la base principale [Reddé, 549; Van Berchem, 56].

Quelques modifications intervinrent au IIe siècle. En 106, la VI *Ferrata* participa à l'occupation du royaume de Nabatène et vint installer son camp à Bostra alors que des éléments de la III *Cyrenaica*, venus d'Égypte stationnaient dans le sud de la nouvelle province [Préaux, 53]. En 123, la III *Cyrenaica* remplaça dans le camp de Bostra la VI *Ferrata* qui était transférée à Caparcotna, en Galilée. Ainsi, sous Hadrien, les provinces syriennes comptaient six légions, trois en Syrie proprement dite, deux en Judée et une en Arabie. Aucun changement n'intervint jusqu'à la création par Septime Sévère en 195-196 des trois légions *Parthicae*, dont deux, la I *Parthica* et la III *Parthica* furent cantonnées dans la nouvelle province de Mésopotamie. Armée d'occupation [Isaac, 22], l'armée romaine d'Orient s'appuie jusqu'aux Sévères sur un dispositif défensif assez léger. Malgré les travaux de pionniers du Père A. Poidebard [Poidebard, 51; Poidebard-Mouterde, 52] et d'A. Stein [Kennedy-Riley, 46], on ne peut guère parler d'un *limes* syrien, c'est-à-dire d'une réseau défensif cohérent établi en profondeur. Pour la Transjordanie les travaux récents [Parker, 50] montrent que le système défensif reste très discontinu jusqu'aux Sévères, voire jusqu'à la Tétrarchie. On se contente d'un rideau de troupes sans réelle efficacité potentielle, comme si, de fait, aucune menace sérieuse n'était prise en considération.

L'ORGANISATION DU CULTE IMPÉRIAL

Dès l'époque d'Auguste on organisa un culte impérial provincial. Le premier grand-prêtre en fut Dexandros, Grec d'Apamée et tétrarque « ami et allié du peuple romain » [Rey-Coquais, 96]. Ce culte, célébré à Antioche, connut aussi des ramifications régionales dans le cadre des « éparchies » : l'une au nord avait son siège à Antioche, l'autre au sud, se réunissait à Tyr, la troisième couvrait la Cilicie. En 72, une éparchie commagénienne vint s'y ajouter, tandis que la Cilicie s'en séparait dans le courant des années 80. Enfin, Hadrien créa une quatrième éparchie à Damas en divisant l'éparchie de Phénicie en deux [Rey-Coquais, 98]. Chaque éparchie possédait ses sanctuaires et son grand-prêtre, mais il existait à Antioche un « grand-prêtre des quatre éparchies » qui était le chef suprême du culte impérial en Syrie.

En Arabie, il est possible qu'un culte provincial ait été organisé assez tôt mais nous ignorons s'il était célébré à Bostra, capitale de la province, ou à Pétra, l'ancienne capitale royale, honorée du titre de métropole dès Trajan [*IGLJord.*, IV, 37]. En revanche, on a pu mettre en évidence un grand sanctuaire du culte de Philippe l'Arabe dans son village natal érigée en cité, Philippopolis [Gawlikowski-Amer, 182].

LE MONDE DES CITÉS

LA DIFFUSION DE LA *POLIS*

Les régions qui constituent les provinces syriennes n'ont bénéficié que très inégalement des efforts d'urbanisation réalisés à l'époque hellénistique [Jones, 695]. Au début du Haut-Empire, trois zones semblent privilégiées en ce domaine. En premier lieu, la Syrie du Nord, au nord de l'Eleuthéros (nahr al-Kébīr), abrite la totalité des fondations séleucides dans la région. Quelques-unes comptent parmi les plus grandes cités de l'Orient, notamment celles qui constituent la tétrapole syrienne : Antioche-sur-l'Oronte, Séleucie-de-Piérie, Apamée-sur-l'Oronte et Laodicée-sur-mer. D'autres, plus modestes, comme Séleucie-Zeugma, Cyrrhos, Epiphaneia, Béroia (Alep), Chalcis du Bélos ou Rhosos jouent un rôle régional.

Un deuxième groupe est constitué par les anciennes villes phéniciennes de la côte, d'Arados à Ptolémaïs. Elles se sont rapidement adaptées au modèle civique grec qu'elles connaissaient de longue date. A la différence des fondations séleucides, elles ne reçurent pas de colons grecs ou macédoniens en quantité importante. Dès le début de leur existence comme *poleis*, les cadres civiques furent donc constitués par les notables indigènes hellénisés.

Enfin, un troisième groupe composite comporte des cités de fondation plus récente, dispersées en Palestine (Gaza, Scythopolis), en Transjordanie (Gadara, Gérasa, Pella) et Syrie du Sud (Damas, Panias, Canatha). Il s'agit de villes indigènes qui ont acquis le statut de *poleis* tard à l'époque hellénistique. Certaines reçurent peut-être un peuplement grec ou macédonien (Gérasa, Gaza) mais l'élément indigène fut sans doute prépondérant à Damas et dans la plupart des nouvelles cités.

En dépit des conditions diverses de leur fondation, toutes ces cités apparaissent aussi grecques les unes que les autres puisqu'il n'y a plus guère de moyens de faire la différence entre Grecs d'origine et Syriens hellénisés. Beaucoup d'entre elles se sont dotées d'un brillant passé mythique, de légendes de fondation qui puisent leurs racines dans le plus ancien passé grec. L'intervention de Phéniciens dans la mythologie grecque, les récits des retours de la guerre de Troie permettaient sans peine de trouver à beaucoup des ancêtres dignes d'elles. D'autres se contentèrent d'aller chercher dans l'histoire d'Alexandre ou de Pompée des titres d'ancienneté qui contribuaient efficacement à leur gloire [Sartre, 26, p. 195-196].

A l'inverse, la Syrie centrale, la Syrie du Sud, la Transjordanie et la Palestine avaient été peu affectées par la création de *poleis*. L'effort principal d'urbanisation sous le Haut-Empire porta donc sur ces régions. Comme ailleurs en Orient, Rome ne chercha pas à imposer ses propres modèles (colonies, municipes) mais développa les structures existantes, celles de la *polis*. Il faut cependant mentionner quelques rares fondations coloniales: Auguste installa des vétérans à Bérytos (dont le territoire s'étend dans l'intérieur du Liban jusqu'à Baalbek-Héliopolis), Claude à Ptolémaïs, Hadrien à Jérusalem-Aelia Capitolina, mais il ne s'agissait pas de fondations *ex nihilo* puisque Bérytos et Ptolémaïs comptaient parmi les principales cités de Phénicie [Millar, 92].

Les fondations urbaines des princes-clients constituèrent au Ier siècle l'essentiel de l'effort d'urbanisation de la région. Hérode le Grand fut responsable des fondations de Césarée Maritime, de Samarie-Sébastè et d'Antipatris. Ses successeurs fondèrent Tibériade, Livias-Julias, Césarée de Philippe-Panias dans l'Hermon (refondation devenue plus tard Néronias) et peut-être Césarée du Liban-Arca (à moins qu'elle ne soit fondée par un prince ituréen ou émésénien).

A partir du IIe siècle, les fondations civiques se concentrent dans le

Hauran et la Transjordanie d'une part, en Palestine d'autre part. Dès l'annexion du royaume nabatéen, Bostra et Pétra furent dotées d'institutions municipales. Il en fut ensuite de même à Madaba, à Rabbath-Moab, à Charak-Moab, à Hesbous, à Soada-Dionysias (vers 185), à Shahba-Philippopolis (244-249). En Galilée, Sepphoris est devenue une Diocésarée sous Hadrien, puis les Sévères fondèrent Eleuthéropolis en 200 à Beth Gabra (Judée), Lydda-Diospolis reçut le rang de cité avant 201, Emmaüs-Nicopolis devint une Antoninopolis sous Elagabal. Bien que Septime Sévère et Caracalla aient ouvert les curies municipales aux Juifs qui pouvaient devenir magistrats et liturges sans que ces charges les obligent à violer la Torah, l'urbanisation renforçait la paganisation du pays car toutes ces cités étaient à forte majorité non juive. Il faut enfin signaler quelques créations isolées comme la promotion d'Appadana, sur le Moyen-Euphrate, au rang d'une Néapolis vers 254-255 (*P. Euphr.*, 3-4) [Feissel-Gascou, 4, 5].

LA VIE DES CITÉS

Les cités des provinces syriennes ne présentent guère de traits originaux par rapport à celles d'Asie ou de Grèce (t. I, 220-230, 251-269). Dirigées par les notables, elles ont recours comme les autres aux ressouces de l'évergétisme pour assurer leur fonctionnement. Le formidable développement monumental des villes de Syrie doit s'appuyer en bonne partie sur la fortune des particuliers. Ce qui subsiste de villes comme Apamée [Balty, 74, 75], Palmyre [Degeorge, 154], Gérasa [Browning, 78] ou Bostra [Sartre, 100], donne une bonne idée de la richesse des édifices, de l'ampleur des constructions. Partout les rues à colonnades, dont l'exemple a été donné à Antioche vers 20 av. J.-C., sont de rigueur, même dans des cités modestes. Ce développement, qui s'accélère au IIᵉ siècle, se poursuit sous les Sévères. En contrepartie, l'endettement des cités s'accroît. Des *curatores* chargés d'apurer les comptes civiques furent désignés pour toute la Syrie par Hadrien ; sous Marc Aurèle et Caracalla des *logistai* furent en fonction à Séleucie de Piérie, Alexandrie près d'Issos et Rhosos.

Quant à la vie civique proprement dite, l'absence de décrets nombreux pourrait faire douter de l'enracinement des pratiques civiques dans les cités de Syrie. Quelques indications contredisent ce pessimisme. D'une part, on connaît suffisamment d'inscriptions honorifiques pour attester de l'existence et du fonctionnement des institutions municipales (Rhosos, Apamée, Palmyre). D'autre part, les cités de Syrie et d'Arabie n'échappent pas aux luttes de factions (Tyr, Sidon – [Dion Cassius, 54.7.6] –, Gérasa) et aux rivalités entre cités qui caractérisent la vie civique en Asie

Mineure. Ces querelles, nourries par l'espoir de promotions glorieuses qui sont autant de signes de la faveur impériale, conduisent à la gloire ou à la ruine : Laodicée pour supplanter Antioche, Tyr par haine de Bérytos prirent parti pour Sévère contre Niger (Hérodien, III, 3, 3).

Comme ailleurs, les cités cherchèrent donc à se faire reconnaître la liberté [t. 1, 227-230], l'asylie, l'autonomie ou le statut de colonie [t. 1, 230-245 ; Millar, 92]. D'après Pline l'Ancien, Antioche, Laodicée et Séleucie étaient des cités libres mais rien ne prouve que Palmyre le devint au temps d'Hadrien [Sartre, 170]. Les cités qui continuèrent à battre une monnaie civique d'argent disposaient peut-être du même privilège : Séleucie jusqu'en 6 apr. J.-C., Antioche en 38, Sidon en 54, Tyr en 57 et Laodicée en 124. Mais la majorité des cités syriennes ne battit monnaie que tardivement et l'on ne peut donc rien en déduire quant à leur statut civique. Ce n'est en effet qu'à partir de Trajan en Syrie du Nord (Cyrrhus, Béroia, Hiérapolis, Zeugma, Chalcis), d'Hadrien et d'Antonin en Syrie du Sud et en Arabie (Abila, Capitolias, Pella, etc.) que les monnayages civiques deviennent nombreux en Syrie. On doit sans doute y voir le reflet de la prospérité du pays et de l'accroissement des besoins en métal frappé. Mais beaucoup se contentèrent d'utiliser la monnaie provinciale, constituée par les tétradrachmes frappées à Antioche [Kraay, 61].

Les émissions monétaires sont l'un des moyens que possèdent les cités pour faire connaître les titres que leur ont valu la faveur impériale [Kindler, 348]. Toutes participent à cette course aux titres. Damas, Tyr, Samosate, Pétra eurent droit au titre de métropole sous le règne d'Hadrien au plus tard, Laodicée l'obtint en 194, après qu'Antioche eut perdu tous ses titres pour avoir soutenu Pescennius Niger contre Septime Sévère [Ziegler, 106], Nisibis en 198. L'autonomie fut accordée à Laodicée, Rhosos, Tripolis, Tyr, Séleucie. A l'époque des Sévères, le privilège du statut colonial fut largement distribué en Syrie [Millar, 92] : Laodicée et Tyr le reçurent dès 198, avec *ius italicum*, tandis qu'Héliopolis devenait une colonie détachée du territoire de celle de Bérytos [Millar, 92, p. 32-34]. Bien d'autres cités furent ensuite promues : Nisibis peut-être dès 198, Carrhai, Rhésaina et Singara sous Septime Sévère, Edesse en 213, Émèse et Palmyre sous Caracalla alors qu'Antioche devenait colonie sans *ius italicum* à la même époque. Césarée-Arca et Sidon furent colonies sous Elagabal, Pétra en 221-222, Damas sous Elagabal ou Alexandre Sévère, Bostra sous Alexandre Sévère, Philippopolis sous Philippe l'Arabe ; Néapolis de Palestine le fut au plus tard sous Philippe. D'autres cas enfin restent probables mais de date incertaine (Doura-Europos : *P. Dura*, 32 ; Gaza : *IGR*, III, 1212), tandis que d'autres sont fort incertains (Ascalon, Gadara, Gérasa).

La participation des cités de Syrie à cet *agôn* civique montre combien

elles ont adopté le système de valeur des cités grecques. Il subsiste pourtant des clivages entre les villes de Syrie du Nord et de la côte d'une part,
celles du Sud et de Transjordanie d'autre part. Ainsi les notables municipaux, dans les anciennes cités, portent presque tous des noms grecs, et ont
assez souvent acquis la citoyenneté romaine. En revanche, dans les nouvelles cités de la province d'Arabie, magistrats et bouleutes font rarement
l'effort d'helléniser leur nom ; la citoyenneté romaine y paraît peu
répandue [Sartre, 29/IV]. Ces cités récentes fonctionnent donc avec des
notables superficiellement hellénisés et dont l'attachement aux traditions
indigènes paraît peu solide. Cela explique aussi qu'aucun sénateur ne soit
issu d'Arabie ou de Mésopotamie alors que quelques-uns proviennent de
Syrie du Nord [Bowersock, 849] La ligne de partage entre les deux types
de cités épouse la frontière entre royaume séleucide et états indigènes :
Émèse comme les cités de Nabatène ou de Palestine intérieure ne possède
qu'un vernis d'hellénisation. C'est ce que confirme indirectement l'absence de concours grecs à Palmyre, à Pétra, à Émèse, leur apparition tardive à Bostra et Adraha. Trois siècles d'occupation séleucide (ou lagide)
n'avaient pas influencé les campagnes mais avaient marqué fortement les
villes ; celles qui n'avaient pas subi cette imprégnation d'hellénisme avant
le Haut-Empire ne comblèrent jamais leur retard. Effet du hasard ou non,
celle ligne de partage correspond aussi à celle qui sépare les régions les
plus arabisées des autres. La vigueur des traditions culturelles arabes
s'ajoutant à une quasi-absence de pénétration de l'hellénisme avant
l'époque impériale suffit à expliquer leur profonde originalité.

LE MONDE RURAL

PROPRIÉTÉ ET EXPLOITATION DU SOL

Les domaines impériaux

Le plus célèbre et le mieux connu des domaines impériaux de Syrie est
constitué par la forêt libanaise qui fit l'objet, au moins depuis Hadrien,
d'une exploitation rigoureuse (*IGLS,* VIII/3). La propriété impériale ne
portait pas sur le sol mais sur quatre essences d'arbres, à coup sûr le cèdre
et le génévrier *excelsa*, et sans doute le chêne et le sapin de Cilicie. Le bornage effectué sous Hadrien dut correspondre à une réorganisation plutôt
qu'à une acquisition nouvelle, en rapport avec la remise en ordre du *Patri-*

monium et le souci de développement agricole. Des bornages furent effectués à la même époque en Palmyrène.

Il y eut d'autres domaines impériaux en Syrie puisque nous connaissons un procurateur chargé d'administrer la *regio syriatica* (*AE*, 1982, 877), mais la localisation de la plupart nous échappe encore. On a soutenu [Rey-Coquais, 25] que les principautés hérodiennes de Syrie du Sud étaient devenues des domaines impériaux en 92/93. Ce n'est pas impossible et cela y expliquerait peut-être la présence de nombreux vétérans, lotis individuellement, mais cela reste hypothétique. De même, les empereurs ont pu hériter de domaines royaux séleucides (mais qu'en restaient-ils en 64 ?) et nabatéens. De fait, des « villages impériaux » sont mentionnés au sud [*P. Yadin,* 16] et à l'ouest de la mer Morte [*P. Yadin* 11 ; Lewis, 7, 8] sous Trajan et Hadrien, ainsi que sur le Moyen-Euphrate en 245 [Feissel-Gascou, 4, 5]. Des confiscations intervinrent en Syrie du Nord (domaine d'Avidius Cassius en Cyrrhestique après 175) et un peu plus tard le patriarche juif R. Judah Ier aurait pris à ferme des terres appartenant à Caracalla sur le Golan (*TJ, Shebiith,* VI, 1). Tout ceci reste mal connu [Crawford, dans 961].

La propriété sacrée

On ne connaît pas dans la Syrie romaine d'exemple de sanctuaire possédant d'immenses territoires, comme en Asie. Cependant le sanctuaire de Zeus à Baitokéké possède des droits sur le village (*IGLS*, VII, 4028). G. Tchalenko [118] estimait que des villages du Massif calcaire dépendaient d'un sanctuaire voisin mais les documents montrent seulement que des sanctuaires villageois de Syrie du Nord sont propriétaires de terres et donc centres d'exploitation ; on ne peut en déduire que tout le village leur appartient, à une ou deux exceptions près (Khirbet Shaykh Barakat, Kafr Nabu) [Tate, 117]. Cependant, quelques sanctuaires peuvent avoir possédé des dépendants paysans si le terme de *hiérodouloi* que l'on rencontre parfois possède ici le même sens qu'en Anatolie.

La propriété privée

Les fondations coloniales séleucides avaient entraîné un vaste transfert de propriété en faveur des Grecs et des Macédoniens, et un nouveau mode de répartition du sol dont témoignent les cadastrations hellénistiques de Damas, Émèse et Alep [Dodinet, 110]. Sous le Haut-Empire, des indigènes hellénisés se sont ajoutés aux anciens colons de sorte que les notables des cités continuent d'être pour la plupart des propriétaires fonciers. De plus, la centuriation certaine, probablement augustéenne, d'une partie du territoire de Damas [Dodinet, 110] et d'Émèse (peut-être un peu plus tardive) [Van Liere, 119 corrigé Dodinet, 110] correspond à une réorganisation foncière, peut-être consécutive à l'installation de nouveaux propriétaires.

En dehors des territoires urbains, deux secteurs privilégiés ont fait l'objet d'enquêtes plus approfondies : le Massif calcaire en Syrie du Nord [Tchalenko, 118 ; Tate, 117], le Hauran en Syrie du Sud [Dentzer, 108, 109], mais les enseignements qu'on peut en tirer ne doivent pas être étendus sans contrôle à l'ensemble de la Syrie.

G. Tchalenko considérait que le Massif calcaire était à l'abandon à la fin de l'époque hellénistique. Il n'y subsisterait que de pauvres villages pratiquant une céréaliculture de subsistance. La conquête romaine entraînerait une double nouveauté : la culture de l'olivier et l'apparition d'une grande propriété qui ne se morcellerait pas avant le IVe siècle. Pour Tchalenko, ces grands propriétaires se seraient vu attribuer des domaines impériaux incultes et auraient mobilisé les villageois comme main-d'œuvre, bien que les paysans restent en possession de leurs anciennes terres. Leur fortune serait ainsi fondée sur le travail forcé et la culture de l'olivier, culture réservée aux plus riches, ceux qui peuvent attendre dix à douze ans les premières récoltes. Cette situation n'impliquerait cependant pas nécessairement des relations sociales tendues comme celles que l'on a cru pouvoir mettre en évidence en Cilicie [ci-dessus, p. 374].

G. Tchalenko fondait son hypothèse sur l'existence de belles maisons villageoises, parfois groupées, coexistant avec des maisons modestes d'un type plus ancien. Il faut donc que cette « grande propriété » ait été sans commune mesure avec les *latifundia* italiens, car on observe aux Ier-IIIe siècles une trop grande densité de riches maisons villageoises pour que l'étendue des domaines puisse être considérable. De même, on voit apparaître au IIe siècle une belle architecture funéraire liée à l'existence de notables villageois riches et « romanisés ». Ces « grands » propriétaires vivent au village, s'y font enterrer, y établissent des fondations et consacrent des offrandes dans les sanctuaires locaux. Parfois citoyens romains, s'agit-il de vétérans ou d'anciens fonctionnaires installés par Rome, comme l'estimait Tchalenko ? Certains paraissent être étrangers, et les vétérans sont nombreux, mais la présence de grands propriétaires indigènes ne fait aucun doute. Quant au développement de la culture de l'olivier, il reste problématique à cette époque [Tate, 117]. Que la présence romaine ait coïncidé avec la mise en valeur du secteur est une certitude si l'on en juge par les importantes traces de cadastration *(scamnatio-strigatio)* relevées dans toute la région ; mais on ne sait à quelle époque précise reporter chaque opération. Qu'il y ait eu des mesures agraires prises dès Pompée puis Auguste semble inévitable mais d'autres doivent remonter aux Flaviens, aux premiers Antonins puis aux Sévères [Tate, 117]. On ne peut s'empêcher de penser que la politique agraire d'Hadrien *(lex Hadriana de rudibus agris)* aurait trouvé là un bon terrain d'application et a pu être précédée ici comme en Afrique par des règlements locaux du type de la *lex Manciana*. Ceci implique que le développement agricole du Massif ne soit pas vraiment sensible avant le IIe siècle, ce que n'infirme pas l'archéologie, et accompagne le développement démographique observé dans toute la région entre le Ier et le milieu du IIIe siècle [Tate, 117].

Dans le sud de la Syrie, les notables des cités, propriétaires fonciers de quelque importance, conservent avec leur village d'origine, où ils résident le plus souvent, des liens solides (présence de tombeaux de famille, dons aux sanctuaires). Bien que les vétérans soient nombreux, ces notables paraissent majoritairement indigènes, ce qui exclut l'installation massive de colons venus de l'extérieur. Cependant, une observation plus fine révèle de sérieuses différences entre la plaine de Bostra et le secteur Lajā-Jebel Druze, aussi bien en matière d'organisation villageoise que de coutumes funéraires [A. Sartre, dans Dentzer-Orthmann, 21]. Cela peut traduire des différences de structures foncières : à une montagne de petits et moyens propriétaires aisés organisés en villages autonomes répondrait une plaine partagée, pour une bonne part, entre de grands domaines attribués à des étrangers (traces de centuriation) exploitant une population villageoise dépendante. La comparaison des structures des villages (présence de grandes fermes) [Dentzer-Villeneuve, 108], des maisons rurales [Villeneuve, 993] et de l'organisation cadastrale permettra de préciser les détails et surtout de fixer la chronologie des évolutions.

VILLAGES ET COMMUNAUTÉS VILLAGEOISES

Le maintien de tétrarchies au Ier siècle montre que toute la Syrie n'est pas divisée entre les cités, même en Syrie du Nord. Une partie des communautés indigènes conserve donc des structures villageoises indépendantes des cités voisines, parfois autour d'un sanctuaire.

On n'observe pas en Syrie, comme en Anatolie, la transformation des grands sanctuaires indigènes en cité à l'exception de Membidj-Bambyké [Goossens, 88] dès le IIe siècle av. J.-C. et de Baalbek-Héliopolis devenue colonie [Rey-Coquais, *IGLS*, VI]. Au contraire le sanctuaire de Zeus Baitokéké, dans l'arrière-pays d'Arados, resta indépendant de cette cité. Mais on connaît mal les sanctuaires indigènes.

Pour les villages eux-mêmes, on ne sait à peu près rien de leur organisation sous le Haut-Empire, sauf en Syrie du Sud [Macadam, 113,

114; McLean-Harper, 115; Sartre, 116]. Dans le Jebel Druze et sur le Lajā, de nombreuses inscriptions font connaître, parfois dès le IIe siècle et très souvent au IIIe et au IVe siècle, une vigoureuse organisation villageoise. Chaque communauté possède ses magistrats dont les titres évoquent des fonctions financières ou de surveillance *(pistoi, pronoetoi, épiscopoi, dioikètai, stratègoi)* et qui agissent en dehors de toute tutelle civique. Elle administre son trésor et ses sanctuaires, fait construire à ses frais ou grâce aux dons des évergètes des édifices publics (maison commune, auberge, thermes, théâtre, temples) qui sont l'ornement des villages. Le maintien de l'ordre relève de la compétence directe de l'administration romaine, et non des cités, ce qui confirme que les territoires civiques en Syrie du Sud ne couvrent qu'un espace réduit et que l'autonomie villageoise y reste la règle.

Faute d'indications pour l'époque hellénistique, on ignore quelle est la part de l'héritage indigène dans ces structures villageoises. Les institutions attestées sous l'Empire, directement héritées des structures ancestrales ou modifiées au moment de l'annexion, furent à coup sûr reconnues et encouragées par les autorités provinciales et se présentent comme un succédané des institutions civiques.

Les raisons d'une telle situation sont à chercher dans l'héritage historique (que nous ignorons à peu près entièrement) aussi bien que dans la situation culturelle de la région. Urbanisation et hellénisation vont de pair, la seconde engendrant la première : un minimum d'hellénisation des notables était indispensable pour créer une cité. Or, dans le Hauran, on ne put créer, tardivement, que de rares cités en recrutant les bouleutes nécessaires à leur fonctionnement parmi les notables villageois des environs.

A défaut d'une « urbanisation » prématurée, Rome a donc choisi de développer l'autonomie villageoise qui apparaît comme une étape sur la voie de l'urbanisation. De fait, certains de ces villages furent progressivement érigés en cité comme Soada-Dionysias, Shahbā-Philippopolis, Shaqqā-Maximianopolis, pour s'en tenir à des cités identifiées avec certitude. D'autres, décorés du titre de *métrokômia*, « village-mère », remplirent les fonctions d'un centre urbain pour les villages environnants et se situèrent à mi-chemin entre le village et la cité sous le Haut-Empire (Phaina, Zorava) avant de devenir au IVe siècle des cités de plein exercice.

Ce type d'organisation paraît propre à la Syrie du Sud où les communautés villageoises paraissent aussi vivantes que les cités. On devine un phénomène identique sur le Golan et dans l'anti-Liban, mais moins nettement affirmé. En revanche, on ne connaît rien de tel en Antiochène, en Cyrrhestique et en Chalcidique avant le Bas-Empire sans que l'on sache expliquer ces situations différentes.

LES NOMADES

Les sources antiques établissent une quasi-équivalence entre nomadisme et brigandage, au risque de se contredire. Ainsi Strabon explique que les caravanes ont renoncé à emprunter la vallée de l'Euphrate à cause des pillards et préfèrent suivre une route un peu plus septentrionale où sont aménagés des relais et des provisions d'eau ; or, il est probable que les nomades sont eux-mêmes responsables de cette organisation.

Il n'est pas question de nier la réalité du brigandage, bien attesté en plusieurs régions [Isaac, 269]. Du moins faut-il en apprécier l'étendue exacte, dans le temps et dans l'espace. Car la lutte contre les brigands sut porter ses fruits. Ainsi en Syrie du Sud et dans l'anti-Liban, les Ituréens apparaissent depuis l'époque de Pompée comme des pillards dont l'activité principale est de rançonner les voyageurs ; or il n'en est plus fait état après le règne d'Hérode. D'une façon générale, malgré des exceptions qui ne suffisent pas à accréditer la thèse d'une menace nomade [Graf, 125 ; Parker, 129], dès le milieu du Ier siècle, les nomades de Syrie et d'Arabie ne constituèrent plus une menace pour les sédentaires [Banning, 120, 121 ; Isaac, 22]. Entre l'Euphrate et le Ḥijāz, la protection militaire est minime, comme si l'on n'avait rien à craindre de ce côté-là : aucun raid, aucune razzia ne sont mentionnés avant le milieu du IIIe siècle.

On peut distinguer au moins trois groupes principaux parmi ces nomades : les groupes arabes regroupés abusivement sous le terme de « Safaïtes » nomadisent de la Damascène à la Transjordanie ; les Nabatéens, sans doute assez largement sédentarisés dans l'ancien pays d'Edom, le Négev et le Sinaï, sont à la fois marchands caravaniers et pasteurs ; les Thamoudéens, dans le nord du Ḥijāz, proches des Nabatéens, apparaissent surtout comme pasteurs.

Les Safaïtes [MacDonald, 128], pasteurs nomades qui ont laissé plusieurs milliers d'inscriptions rupestres, estivent sur le Jebel Druze et l'est du Lajā où certains groupes finissent par s'installer [Sartre, 130] et font paître après les pluies leurs troupeaux d'ovins, de chevaux et de dromadaires dans la steppe située à l'est. Ils approvisionnent en viande les marchés de la région et fournissent à l'armée romaine les animaux de bât ou de selle indispensables. Les chefs des tribus les plus puissantes ont été reconnus par les autorités romaines comme « stratèges des nomades » ou « ethnarques » et assurent le maintien de l'ordre sous le contrôle d'officiers romains. Un poste militaire romain contrôle Namara du Safa, au cœur de leur région de parcours.

On ne dispose pas pour les Nabatéens et les Thamoudéens du sud de la province d'autant de renseignements. Cependant on connaît quelques-uns de leurs points de rassemblement. Ainsi, à wadi Ram [Sartre, 54 ; Savignac, 203, 204], à l'est d'Aila, des foires se tenaient autour d'un sanctuaire d'Allat très fréquenté. Un poste romain y était installé où les soldats, trop peu nombreux pour jouer un rôle militaire, s'informaient des déplacements de tribus et de l'état des pâturages, et arbitraient les querelles. A Ruwwafa [Beaucamp, 122 ; Sartre, 54], situé quelques centaines de kilomètres plus au sud, un sanctuaire du culte impérial a été dédié sous le règne de Marc Aurèle et Lucius Vérus, entre 165 et 169, par la confédération des Thamoudéens mais à l'initiative des légats d'Arabie qui ont « rétabli la paix entre eux ». Les gouverneurs de la province étaient donc en mesure de faire régner l'ordre chez les Thamoudéens, d'apparaître comme des arbitres qualifiés en cas de conflit et d'y propager le culte impérial comme garant du loyalisme des tribus [Bowersock, 123].

LA PRODUCTION ET LES ÉCHANGES

TECHNIQUES ET PRODUCTIONS AGRICOLES

L'agriculture de la Syrie repose, comme souvent dans le monde méditerranéen, sur une rotation biennale des cultures qui supplée le manque d'engrais, quoique le développement de l'élevage ait pu, localement, fournir des ressources en ce domaine. Une grande partie de la Syrie bénéficie de précipitations suffisantes pour permettre une agriculture sèche de bon rendement. Cependant, on a relevé des aménagements hydrauliques dans plusieurs régions [Geyer, 112 ; Calvet-Geyer, 107]. Dans le Massif calcaire comme dans le Hauran, les citernes, creusées dans le roc ou construites, abondent aussi bien dans les villes (Bostra en possèdent deux gigantesques) que dans les villages ; elles emmagasinent pendant l'hiver (où pluies et neiges tombent en abondance) l'eau nécessaire pour la longue saison sèche (absence de toute précipitation de fin avril à début novembre). Mais on ne voit pas que ces citernes aient alimenté un réseau d'irrigation : elles servent aux hommes et au bétail, non aux cultures. De même, les aqueducs relevés à Canatha, Bérytos, Apamée, Bostra, Philippopolis sont destinés à approvisionner les villes, non à irriguer.

Une agriculture irriguée s'est cependant développée dans les grandes vallées et dans les oasis. Dans les vallées de l'Euphrate et de l'Oronte, on se contente de puiser dans le fleuve au moyen d'un chadouf ou, comme en Égypte, d'une vis d'Archimède. Dans l'oasis de Damas, un système complexe de dérivations du Chrysorrhoas (Barada) avant qu'il ne sorte des derniers contreforts de l'anti-Liban permet de répartir ses eaux dans un très vaste secteur. Dans le Négev, des aménagements plus complexes ont été relevés [Even-Ari, 111]. Dans un milieu très aride, les Nabatéens avaient mis au point un système de barrages et de murets qui permettait de rassembler l'eau tombée sur plusieurs centaines d'hectares pour en irriguer quelques-uns. Ce système s'est maintenu à l'époque impériale mais son efficacité reste faible car les pluies sont aléatoires et leur absence interdit toute culture.

La Syrie souffre des mêmes handicaps structurels que les autres provinces en matière de transports et de circulation des céréales. On loue en Syrie comme ailleurs les agoranomes qui ont bien fait leur travail (L. Iulius Agrippa à Apamée) [Rey-Coquais, 96], ce qui montre que l'approvisionnement des cités y est aussi difficile qu'ailleurs. On hésitera à tirer de la rareté de ces indications la preuve que l'équilibre entre besoins et production y est plus souvent atteint qu'ailleurs, bien que la céréaliculture reste la culture de base.

Le développement de l'olivier dans le Massif calcaire est attribué pour l'essentiel à l'époque romaine. Cette culture spéculative (les indigènes usent peu d'huile) est destinée d'abord aux marchés urbains de Syrie et l'on n'a pas la preuve de son exportation lointaine. Elle explique la mise en valeur d'une montagne aride où les céréales rendent mal. La vigne a pu jouer un rôle semblable en Damascène, dans l'anti-Liban, dans le Jebel Druze, et près de Laodicée-sur-Mer. Les vins syriens sont célèbres et exportés dans le monde méditerranéen ainsi que dans la péninsule Arabique.

L'élevage constitue un autre secteur de bon rapport. Sans parler de l'élevage ovin et caprin, traditionnel en milieu méditerranéen, et des dromadaires des nomades, les explorations récentes ont mis en évidence la fréquence de l'élevage du gros bétail (bovins et chevaux) dans le Hauran des sédentaires. Ce n'est pas un phénomène banal en pays semi-aride [Villeneuve dans Dentzer, 109].

LA PUISSANCE DE L'ARTISANAT

La Syrie bénéficiait dans l'Antiquité d'une grande réputation artisanale. Cette réputation paraît justifiée tant par la variété que par l'abandance et la qualité des productions. Encore les auteurs anciens n'ont-ils souvent retenu que ce qui les frappait par son luxe ou son originalité, ce qui n'est pas nécessairement le plus important d'un point de vue économique.

Parmi les produits de luxe, la production de pourpre à Tyr combine la présence sur place du murex et la possibilité de trouver des textiles de qualité à Tyr même et dans les villes syriennes (Gérasa, Laodicée, Byblos,

Bérytos). La teinture ajoute une plus-value considérable à des produits qui seraient vivement concurrencés par les productions d'Égypte ou d'Asie Mineure. La verrerie possède son principal centre à Sidon mais des ateliers importants existent aussi en Galilée. Le travail des métaux, où Sidon s'est taillée une grande réputation pour le bronze et Antioche pour l'or et l'argent, est pareillement dispersé en de nombreux centres : Damas, Jérusalem, Bostra, Bérytos, Palmyre produisent des armes, des outils et des ustensiles divers. Il existe donc dans tous les secteurs de l'artisanat une réelle dispersion de la production.

La Syrie a dû posséder de nombreux ateliers de céramique pour répondre aussi bien aux besoins de la vie quotidienne qu'aux nécessités du commerce (amphores à vin et à huile). Or, ceux-ci sont très mal connus. La seule production bien caractérisée est la céramique nabatéenne [Schmitt-Körte dans Lindner, 134 ; Negev, 142], à parois fines et décorée de motifs végétaux ; elle s'exporte peu et sa production cesse au IIᵉ siècle. Mais, on pense aujourd'hui que la Syrie est peut-être un centre de production de la sigillée orientale A bien que l'on ne sache pas si le centre s'en trouve à Antioche, à Tarse, à Obodas du Négev, voire à Chypre, ou dans tous ces centres (et quelques autres) à la fois.

LES TRADITIONS DU COMMERCE

La prospérité de la Syrie repose sur l'abondance de ses productions agricoles, la diversité de son artisanat et l'étendue de ses réseaux d'échanges. Paysans et artisans fournissent aux marchands de quoi alimenter leur activité et ceux-ci achètent au loin les produits de luxe qui, transformés, procurent les plus substantiels profits.

Les marchands syriens figurent parmi les principaux bénéficiaires du commerce réalisé entre l'Empire et les pays situé à l'est et au sud. Après avoir renoncé à contrôler directement les sources d'approvisionnement d'Arabie Heureuse (échec de l'expédition d'Aelius Gallus en 27 av. J.-C.) [von Wissman, 58], Rome se procure par leur intermédiaire la soie venue du pays des Sères [Janvier, 60], les épices et les aromates de l'Inde (poivre), de l'Arabie du Sud et de ses annexes africaines (cassia, cinnamone, myrrhe, encens) [Sidebotham, 1037]. Ces produits, assez peu coûteux sur les marchés d'origine, voient leur prix s'élever considérablement d'une part à cause des taxes imposées par Rome *(portoria)* [De Laet, 611], d'autre part en raison des prélèvements effectués par les intermédiaires : frais d'escorte des caravanes, coût du transport terrestre ou maritime, bénéfice des caravaniers. Dans les cinquante ou cent millions de sesterces que l'Inde et l'Arabie arracheraient à Rome chaque année [Veyne,

Annales, 1979, p. 211-244] figurent aussi les bénéfices réalisés par les sujets de l'Empire [Raschke, 62].

Au premier rang de ceux-ci, les Nabatéens ont longtemps convoyé les produits d'Arabie Heureuse vers Pétra puis Gaza et Rhinocolure. Mais, dès l'époque d'Auguste (Strabon XVI, 4, 23-24), ce trafic s'est largement détourné vers l'Égypte : Myos Hormos, Coptos et Alexandrie sont les étapes de la nouvelle route des épices, que fréquentent encore de nombreux marchands nabatéens. Même si quelques caravanes continuent d'approvisionner le marché syrien, la richesse de Pétra appartient au passé.

Palmyre [Starcky-Gawlikowski, 174 ; Will, 180], déjà riche lors du raid de Marc Antoine en 41 av. J.-C., connaît une prospérité exceptionnelle dès le Ier siècle, ce dont témoigne la dédicace du gigantesque temple de Bel en 32 apr. J.-C. En dépit d'un territoire pauvre [Will, 179], sa position exceptionnelle lui permet de contrôler, grâce à des troupes montées, l'ensemble du désert syrien entre l'Émésène et l'Euphrate et d'y assurer la sécurité des déplacements. De plus, son aristocratie chamelière fournit en abondance les moyens de transport indispensables à la traversée du désert [Schlumberger, 168]. Enfin, les marchands de Palmyre ont établi des comptoirs permanents en Babylonie (Ctésiphon, Vologésias), sur le golfe Persique (Spasinou Charax, île de Kharg, Bahrein) [Haerinck, 164 ; Seyrig, 173], et connaissent sans doute les routes au-delà, jusqu'en Inde et en Asie centrale. Ainsi, les marchands venus de la Méditerranée trouvent à Palmyre l'infrastructure nécessaire à leurs entreprises au-delà des frontières de l'Empire, chameliers, soldats [Will, 178, 180 ; Matthews, 165 ; Teixidor, 177] et banquiers [Gawlikowski, 163]. Palmyre se contente de tirer profit des services rendus car elle ne taxe pas les marchandises en transit, qui n'entrent pas en ville et sont entreposées dans des caravansérails construits à quelque distance [Dentzer, 155]. Le ralentissement observé des échanges dans la seconde moitié du IIIe siècle (aucune inscription caravanière entre 211 et 247, peut-être à cause de l'insécurité créée par l'arrivée des Sassanides à partir de 224) n'entraîne sans doute pas la fermeture des routes puisqu'il semble bien que des marchands continuent à fréquenter Palmyre, même si les prêts qui leur sont consentis atteignent désormais des taux élevés (30 et 32 %), à la mesure des risques encourus [Gawlikowski, 163].

Les ports syriens, de Gaza à Séleucie, jouent un rôle analogue. Ils offrent aux marchands les services d'armateurs nombreux et compétents. Mais les premiers utilisateurs sont les marchands syriens eux-mêmes qui sont nombreux à fréquenter les ports italiens et occidentaux. De plus, les villes de la côte profitent du transit de marchandises venues d'Orient pour ajouter une plus-value importante à ces produits : teinture de la soie en pourpre, retissage de la soie pour obtenir des étoffes plus fines ou des motifs recherchés, fabrication de cosmétiques et de produits élaborés à partir des épices et aromates importées ou locales. En échange, les artisans de Syrie fournissent l'essentiel des marchandises vendues en Arabie et en Inde en échange de la soie, des épices et des aromates. Il existe en effet en Inde du Nord comme en Arabie Heureuse une clientèle habituée aux produits hellénisants comme en témoignent, en Inde, les importations de verreries ou le développement de l'art du Gandhara. Le *Périple de la mer Erythrée* [Casson, 59], au milieu du Iᵉʳ siècle, confirme que les artisans égyptiens produisent en partie pour satisfaire le goût de cette clientèle ; les ateliers syriens agissent de même pour la verrerie, les textiles, la céramique (on a imité en Inde les sigillées A et B), les métaux en lingots ou travaillés, tandis que les campagnes exportent des vins et du blé.

La richesse de la Syrie ne repose donc pas seulement sur l'habileté de ses courtiers et de ses armateurs mais aussi sur la richesse de ses productions propres, la capacité de ses artisans à profiter des ressources locales ou importées, l'esprit d'entreprise de ses marchands qui fréquentent les ports du monde connu de la Bretagne à l'Inde.

LANGUES, CULTURES, CULTES

LES RÉUSSITES DE LA CULTURE GRECQUE

La Syrie avait fourni à la culture grecque hellénistique quelques-uns de ses plus brillants représentants [Rey-Coquais, 201]. Cette tradition se poursuit durant toute l'époque impériale où les différentes écoles philosophiques sont représentées : le stoïcisme par Boéthos de Sidon (IIᵉ siècle), le cynisme avec Oinomaos de Gadara (IIᵉ siècle), mais surtout l'école platonicienne et néoplatonicienne avec Maxime de Tyr (v. 125-185), Numénius d'Apamée (IIᵉ siècle), Longin (213-273) et Jamblique de Chalcis (v. 250-325). De même, de nombreux rhéteurs ont joué un rôle dans le développement de la seconde sophistique depuis Isée le Syrien (fin du Iᵉʳ siècle) jusqu'à Généthlios de Pétra, auteur d'un commentaire de Démosthène au IIIᵉ siècle, et à son concitoyen Callinicos qui enseigne la rhétorique à Athènes sous Dioclétien. Le roman est représenté par Héliodore d'Émèse, auteur des *Éthiopiques* ou *Roman de Théagène et Chariclée*, au IIᵉ, et plus brillamment encore par Lucien de Samosate, auteur de nombreux récits et romans.

Des Syriens contribuent avec talent à l'essor des sciences exactes, juridiques et historiques. Le cartographe, mathématicien et géographe Marin de Tyr élabore (Iᵉʳ-IIᵉ siècles) une description de la terre et donne des mesures qui seront reprises par Claude Ptolémée au milieu du IIe siècle. Nicomaque de Gérasa [McDermott, 196], musicien pythagoricien du milieu du IIe siècle, est surtout connu comme mathématicien, fondateur d'une arithmétique algébrique qui délaisse l'arithmétique géométrique de ses prédécesseurs. Le droit est brillamment illustré par le grand juriste Ulpien de Tyr, mort en 228, et l'école de droit de Bérytos restera célèbre jusqu'à la fin de l'Antiquité [Collinet, 81]. L'histoire enfin, déjà bien représentée à la fin du Ier siècle par Nicolas de Damas, compte parmi ses plus célèbres représentants Flavius Josèphe et son rival Juste de Tibériade.

Il faudrait réserver une place à la littérature chrétienne qui connaît un brillant essor dès le IIe siècle avec Justin Martyr, v. 100-165 (originaire de Néapolis) puis avec Bérylle de Bostra au début du IIIe siècle, Tatien d'Assyrie et Paul de Samosate au IIIe siècle.

Malgré le naufrage presque intégral de cette littérature, son existence témoigne de la vigueur de la culture grecque en Syrie. Pour autant que les lieux d'origine des auteurs dont le nom s'est conservé puissent servir de guide, on observe qu'aucune cité de quelque importance ne se tient à l'écart de la vie intellectuelle ; on ne s'étonne pas de trouver des centres traditionnels d'enseignement comme Tyr, Sidon, Tarse ou Apamée (Antioche est en revanche peu souvent citée), ou même des villes de Décapole comme Gadara et Gérasa [Rey-Coquais, 201 ; Gatier, 189]. Mais des villes indigènes tardivement hellénisées comme Samosate, Chalcis du Bélus, Emèse, Bostra et Pétra apportent leur contribution au développement de la culture grecque d'époque impériale. Le goût pour l'hellénisme en vogue se traduit, en sens inverse, par l'importation d'objets grecs comme les sarcophages attiques de Tyr [Linant, 194] ou d'Aréthuse et de Bostra [Koch dans 28].

LANGUES INDIGÈNES ET ARABISATION

Les réussites de la culture grecque ne doivent pas masquer que les campagnes syriennes offrent une résistance à peu près totale à l'hellénisation en dehors de quelques aspects superficiels qui n'affectent guère que les notables. Les villes elles-mêmes sont loin d'être totalement hellénisées, notamment dans le Sud. L'onomastique comme l'usage des langues indigènes témoignent de la vigueur des traditions locales et des progrès de l'arabisation.

L'onomastique de la Syrie romaine révèle certes des différences notables selon les régions [Rey-Coquais dans 77/1977]. Ainsi, dans les cités côtières de Phénicie, l'onomastique paraît à peu près complètement grecque au début de l'époque impériale. L'apparition de quelques noms indigènes dans l'épigraphie grecque sous le Haut-Empire ne doit pas s'interpréter comme un progrès ou une résurgence des traditions indigènes mais comme la preuve que l'usage du grec écrit a progressé dans des milieux qui jusque-là n'écrivaient pas et ont conservé des noms indigènes. Dans les cités de Syrie du Nord et de la Décapole, l'onomastique gréco-romaine est prépondérante. Cela apparaît nettement à Antioche comme à Apamée ou à Gerasa [Gatier, 189]. Pourtant on rencontre encore assez souvent des noms indigènes à Apamée ou à Gerasa : infiltration récente d'éléments indigènes ? Ou comme à Tyr, accès à l'écrit grec de gens qui auparavant n'écrivaient pas ?

Dès que l'on examine les inscriptions des villages, la prépondérance de l'onomastique sémitique éclate [Sartre, 100]. En Syrie du Nord et centrale, l'élément gréco-romain reste fort mais les textes datés du Haut-Empire sont rares : seule la minorité riche et hellénisée écrit alors. L'apparition massive des noms sémitiques dans les textes postérieurs (IVe-VIIe siècle) prouve que l'hellénisme est resté marginal. En Syrie du Sud comme en Arabie, en dehors des cités de la Décapole, on ne relève pas d'opposition villes-campagnes en ce domaine : l'onomastique sémitique l'emporte partout. C'est à peine si l'on relève une onomastique plus hellénisée à Bostra, capitale provinciale, et dans les anciens domaines hérodiens où noms sémitiques et noms gréco-romains sont à peu près à égalité. Au contraire, dans une agglomération indigène comme Umm al-Jimal, la proportion de noms sémitiques monte à 85 %. Au total, l'usage de noms grecs reste un phénomène superficiel à l'échelle de la Syrie puisqu'il n'apparaît relativement important que lorsque l'on considère la fraction de la population qui écrit ou fait écrire en grec.

La permanence des langues indigènes conforte les conclusions tirées de l'onomastique. Le phénicien survit jusqu'au IIIe siècle comme langue écrite mais semble d'un emploi rare. Au contraire, l'araméen s'affirme comme la langue du plus grand nombre, langue parlée et langue écrite. Sa forme palmyrénienne continue de s'écrire jusqu'à la fin du IIIe siècle ; mais c'est sous sa forme syriaque qu'il connaît dès le IIe siècle une « renaissance » littéraire qui ne s'expliquerait pas sans le maintien d'une forte culture populaire. Edesse apparaît alors comme le principal foyer de la culture syriaque, avec notamment Bardessane (154-222), auteur d'hymnes chrétiens et véritable fondateur de la poésie syriaque [MacMullen, 197, p. 33-35 ; Teixidor, 226].

Les tribus arabes utilisent leurs propres écritures, empruntées aux alphabets sud-arabiques, et dont l'usage est largement répandu : les 15 à 20 000 graffiti safaïtiques montrent qu'il ne s'agit pas d'un privilège de scribes. Mais ces écritures furent abandonnées (IIIe-IVe siècles) et l'arabe adapta à ses besoins l'écriture nabatéenne (inscription de Némara, 328 mais peut-être en possède-t-on un exemple dès le IIe siècle dans le Négev) qui jusque-là transcrivait un araméen fortement teinté d'arabe [Roschinski, 202].

A la différence de l'Anatolie où les indigènes écrivent le grec ou n'écrivent pas, en Syrie le grec n'est que l'une des façons d'écrire, sans doute la plus chic, celle que préfèrent les gens riches ou ceux qui souhaitent paraître cultivés. Mais le maintien des langues indigènes, y compris sous leur forme écrite, montre les limites de l'hellénisation [Millar, 198]. Il créait les conditions d'une rapide disparition du vernis culturel grec lorsque de nouveaux maîtres, dont la langue n'était plus la grec mais l'arabe, s'imposèrent dans le pays.

LES CULTES

La vie religieuse de la Syrie romaine comporte les mêmes composantes que celle des autres provinces de Méditerranée orientale : cultes civiques [Teixidor, 176], dieux du salut dont quelques-uns sont indigènes comme Atargatis et Adonis, dieux indigènes topiques ou ethniques [Sartre, 26, p. 459-500]. Cependant, elle a peu subi les influences extérieures et les dieux indigènes, assez divers selon les régions, tiennent le haut du pavé. On peut distinguer trois grands secteurs.

En Phénicie, chaque cité possède son propre panthéon, souvent dominé par une triade composée d'un dieu-père, d'une déesse-mère et d'un dieu-fils, ce dernier étant le dieu actif par excellence. Mais cette organisation ancienne peut se trouver occultée par le développement de cultes plus populaires. Ainsi, à Sidon, le dieu guérisseur Eschmoun-Asclépios prend l'ascendant sur les autres. A Tyr, Melqart, « le seigneur de la ville » jouit d'une suprématie absolue. A Byblos, c'est la déesse, Baalat, « la Maîtresse », qui tient le premier rang. Partout ces cultes ont une forte teinture agraire ou naturiste : le Baal local, maître de la pluie et de la végétation, est associé à la déesse Ashtartè, déesse de l'amour et de la fertilité.

Dans la Syrie intérieure des sédentaires araméens, les dieux locaux sont désignés comme « Baal », « Seigneur », ce qui cache assez souvent, comme à Damas, Hadad, dieu de l'orage et de la pluie, associé à Atargatis. Ce peut être aussi Baalshamin, dieu du ciel et maître des récoltes, vénéré comme dieu suprême, difficile à distinguer de Hadad, qui, comme lui, « répand l'opulence ». Le plus important réside dans l'épithète topique qui distinguent entre les multiples Hadad celui de Damas, de Bambyké ou de Gaza (Zeus Marnas).

A ces dieux suprêmes s'ajoutent de nombreuses divinités locales liées à des hauts-lieux, à des montagnes, à des phénomènes naturels : Baal-Marcod au-dessus de Bérytos, Elahagabal à Émèse, un Baal Madbachos (Zeus Bômos, « autel ») au Djebel Shaykh Barakat en Syrie du Nord [Callot, 188], parmi de multiples exemples.

Les dieux arabes enfin sont implantés dans toute la province d'Arabie et jusqu'à Palmyre et varient selon les tribus et les peuples. Chez les Nabatéens, la triade suprême associe un dieu de la montagne de Pétra, Dou-Shara (Dousarès) « le seigneur du Shara », devenu dieu dynastique, à une déesse guerrière, Allat, et une déesse céleste, al-Uzza [Starcky, 146]. On retrouve Allat à Palmyre, de même que chez les Safaïtes (Lât). Mais bien d'autres dieux, Azizos, Monimos, Ruda, Shai al-Qawm, le dieu édomite Qôs, font l'objet de cultes très populaires [Sourdel, 207].

Palmyre [Teixidor, 175] offre un mélange particulier qui est le reflet de sa position au carrefour de la Syrie, de la Mésopotamie et du désert. A un dieu local, Bôl, devenu Bel sous l'influence de Babylone, s'ajoutent des dieux indigènes (Iarhibol, Aglibôl, Malakbel), des dieux araméens (Baalshamin), des dieux mésopotamiens (Nabou, Arsou, Adad), des dieux arabes (Allat, Azizos).

Le procédé qui consiste à identifier les dieux indigènes à des divinités grecques apparaît tôt en Phénicie : les Grecs du temps d'Hérodote identifiaient déjà Melqart à Héraclès bien que ses traits spécifiques lui valent l'épithète « tyrien ». Bien plus tôt, Ashtarté était devenue l'Aphrodite phénicienne ou l'Aphrodite de Chypre (ou de Paphos), adoptée par les Grecs. Durant l'époque hellénistique et le Haut-Empire, l'usage de noms grecs pour désigner les dieux syriens ou arabes s'étend à toute la Syrie. Zeus a vocation pour désigner les maîtres des panthéons locaux et remplace ainsi n'importe quel dieu, avec une épithète topique : il est aussi bien Ruda des Safaïtes (Zeus *Safaténos*) que Hadad de Damas, Bel ou Baalshamin. D'autres équivalences, fondées sur des ressemblances plus ou moins étroites ou de vagues homonymies, s'établissent : Allat-Athéna, Arsou-Arès [Bowersock, 186], El-Kronos, Héraklès-Nergal (à Palmyre), Héra-Ashtarté, al-Uzza-Aphrodite [Zayadine, 212].

Ce phénomène d'identification peut s'étendre au domaine des représentations. Les Zeus locaux empruntent tout naturellement à Zeus *Olympios* le trône, la foudre et l'aigle. L'exemple le plus spectaculaire provient de Palmyre où Allat figure dans son temple sous les traits de l'Athèna Parthénos de Phidias [Gawlikowski, 161] !

Mais l'hellénisation reste limitée. Jupiter Héliopolitain (Baalbek) [Hajjar, 192] et Zeus-Hadad de Damas appartiennent à la série des dieux qu'une robe-gaine enserre. Hermès de Baalbek est entièrement emmailloté, posé sur un socle flanqué de deux lions et porte le *polos* sur la tête. La fidélité à la tradition se manifeste encore plus nettement à Palmyre, même si l'habitude d'habiller les dieux comme des soldats romains est nouvelle

[Seyrig, 206]. Chez les Nabatéens, l'absence de représentation des dieux reste la règle : on se contente du bétyle du dieu, pierre rectangulaire ou arrondie ; tout au plus relève-t-on parfois un bétyle avec des yeux et un nez stylisés.

Le respect des traditions apparaît aussi dans les sanctuaires dont certains empruntent à l'art gréco-romain des éléments de plan ou de décor alors que d'autres demeurent conformes aux modèles anciens.

Le sanctuaire de Jupiter Héliopolitain à Baalbek [Ragette, 200] fournit un bon exemple des premiers. Un temple périptère sur podium est précédé d'une grande cour à portique (IIe siècle), d'une avant-cour hexagonale (244-249) et de propylées momumentales (Caracalla) ; en contrebas se situe un sanctuaire moins important, dit de « Bacchus ». Le décor et l'aménagement d'ensemble sont incontestablement gréco-romains : colonnes, frises et frontons sculptés, riche décor architectural à l'intérieur comme à l'extérieur des édifices, et même, trait proprement romain, construction du temple sur un podium élevé. Mais de nombreux traits indigènes révèlent des pratiques cultuelles étrangères au monde grec : importance de la cour, qui abrite un petit autel pour les holocaustes et une grande tour-autel où se tenaient les banquets, présence de deux bassins à ablutions qui rappellent l'importance des rites de purification, érection de deux colonnes isolées jouant le rôle des bétyles. De telles cours, destinées à recevoir les fidèles (comme les parvis du temple de Jérusalem), se retrouvent dans tous les sanctuaires de quelque importance, à Palmyre, à Byblos, à Sia (Hauran) comme à Khirbet Tannur en Nabatène [Glueck, 190].

L'intérieur du temple doit peu aux traditions gréco-romaines. Celui dit de « Bacchus » à Baalbek se présente extérieurement comme un temple périptère classique sur podium, mais la *cella* est divisée en deux parties dont la partie postérieure, surélevée, devait être fermée, l'*adyton*, partie secrète du temple, « saint des saints ». Ce dispositif se retrouve dans de très nombreux temples de la montagne libanaise [Krencker-Zschietzschmann, 193 ; Taylor, 210] ou du Hauran [Butler, 15]. La plupart du temps, des escaliers construits dans l'épaisseur des murs permettent de monter sur le toit pour la célébration de certains sacrifices [Amy, 183]. Tous ces temples, parfois groupés par deux ou trois (Sfiré, Qalaat Fakhra), possèdent de vastes périboles délimités par de simples murs en pierres dressées.

Le sanctuaire de Bel à Palmyre [Amy-Seyrig-Will, 184], l'un des plus spectaculaires de tout l'Orient, consacré le 6 avril 32, symbolise parfaitement ce mélange de traditions indigènes et d'emprunts gréco-romains. Il se présente comme un vaste ensemble de 200 m de côté encadré de portiques achevés sous Hadrien. Le recours à une colonnade corinthienne pourrait donner à croire qu'on est en présence d'un édifice de type gréco-romain. En réalité, toute la structure du temple le dément. Celui-ci, situé à peu près au centre du péribole, se présente comme un rectangle orienté nord-sud, entouré d'une colonnade très élevée surmontée d'un entablement décoré d'une rangée de merlons triangulaires crénelés qui rappelle les décors de Mésopotamie. La *cella* s'ouvre sur un long côté. A ses extrémités, sont aménagés deux *thalamoi*, deux chambres-*adyton* se faisant face, où devaient figurer les statues divines et les symboles du dieu. Des escaliers permettaient de gagner le toit en terrasse.

On trouverait bien d'autres exemples de sanctuaires encore plus étrangers à l'architecture gréco-romaine malgré les emprunts décoratifs qui lui sont faits. En Arabie, dans le wadi Ram, près du sanctuaire rupestre d'Allat, un petit temple prostyle comporte une *cella* entourée d'un couloir qui permettait de faire procession. Ni le plan, ni le décor (à peu près absent) ne sont gréco-romains : seul l'usage de la colonne est un emprunt à l'art gréco-romain. A Pétra, le temple dit « aux lions ailés » se présente comme un temple prostyle mais au centre de la *cella* une colonnade carrée délimite une vaste estrade, qui est l'équivalent du *podium (môtab)* des sanctuaires de plein air où l'on dépose les bétyles durant les cérémonies.

Ces sanctuaires, très nombreux jusque dans les campagnes, prouvent la vogue de ce type architectural dans des zones pourtant assez faiblement hellénisées. Mais on comprend que le décor seul est gréco-romain, avec une tendance à la profusion [Lyttleton, 195], alors que la structure profonde, les aménagements cultuels, parfois même le choix de l'emplacement sont dictés par la tradition.

Ils rejoignent ainsi les nombreux sanctuaires indigènes tels que les sanctuaires de plein air. Certains sont de simples sanctuaires rupestres, liés à un rocher, une source ou quelque autre curiosité naturelle ou végétale. Dans le wadi Ram [Savignac, 203, 204], l'emplacement du sanctuaire rupestre d'Allat est dicté par le suintement d'une source en un lieu totalement désertique. A Pétra, on privilégie les sommets les plus escarpés où se dressent des « hauts lieux » [Starcky, 146]. Le plus célèbre consiste en une vaste esplanade rectangulaire évidée de manière à ce que les rebords fassent banquettes ; au centre d'un long côté, une estrade naturelle *(môtab)* a été réservée, pour poser les bétyles des dieux. Une autre partie réservée a constitué l'autel. Des citernes alimentées par l'eau de pluie servent aux ablutions et au nettoyage. En contrebas, deux obélisques gigantesques, dégagées de la masse rocheuse, figurent des bétyles. A Bostra sous les Sévères un sanctuaire a conservé cet aménagement traditionnel : sur une estrade en bois, à laquelle on accède par une échelle, se dressent trois bétyles représentant sans doute la triade nabatéenne, Dushara, Allat, al-Uzza [Sartre, 100].

Les emprunts faits à l'art méditerranéen constituent un vernis superficiel, destiné à donner aux dieux et aux sanctuaires de Syrie un aspect gréco-romain. Mais ni la nature des dieux, ni la célébration du culte ne s'en trouvent réellement affectées. Cet attachement aux cultes traditionnels explique aussi que les dieux étrangers n'aient pas trouvé beaucoup de fidèles en Syrie, en dehors des étrangers de passage. Nul doute aussi que cette fidélité soit l'un des fondements de la forte résistance de la Syrie à l'hellénisation [Teixidor, 211].

LES CRISES DE LA JUDÉE

La Judée partage avec le reste de la Syrie bien des traits économiques, sociaux, culturels. Les Juifs constituent cependant une minorité religieuse dont les aspirations et le comportement font de la Judée le principal foyer de troubles au Proche-Orient, notamment lors des révoltes survenues en 66-74 puis en 132-135.

Par ailleurs, nous disposons à leur égard d'une documentation sans égale grâce à la littérature inter- et néo-testamentaire, à Flavius Josèphe, à Philon d'Alexandrie, aux écrits de Qumran et aux Talmuds dont une partie éclaire la situation du judaïsme et des Juifs aux Ier-IIIe siècles. S'agissant d'une littérature juive sur les Juifs, nous connaissons pour une fois le point de vue des provinciaux, et non seulement celui des cercles dirigeants, grecs ou romains.

Enfin on ne peut ignorer une communauté d'où émerge peu à peu le christianisme primitif. C'est à partir du judaïsme hellénistique et contre lui que se développe et se définit la nouvelle religion. Parallèlement, après l'échec des révoltes et la destruction du Temple, le judaïsme se transforme lorsque l'espoir de reconstruire un État juif s'estompe. La synagogue remplace le Temple, la lecture le sacrifice.

L'ÉTAT HÉRODIEN ET SES AVATARS

Les Juifs ont connu à l'époque hellénistique une organisation étatique propre que les autres Syriens (en dehors des Nabatéens) ignorent. Certes, depuis la prise de Jérusalem par Pompée en 63 av. J.-C., ils sont soumis à la tutelle romaine mais, après diverses tentatives pour fragmenter l'autorité [Bammel, 260 ; Kanael, 271], Rome a confié à Hérode un royaume qui englobe la totalité de la Palestine et divers territoires d'outre-Jourdain. Ce royaume ne constitue cependant en rien l'État dont rêvent les nationalistes [Alon, 237] car Hérode ne peut être le restaurateur attendu de l'État juif indépendant promis par Yahweh. Les origines iduméennes de sa famille lui interdisent l'accès au grand-pontificat : juif de fraîche date, fils de l'arabe nabatéenne Kypros, son mariage avec l'hasmonéenne Mariamme ne suffit pas à fonder sa légitimité.

Malgré une tradition unanimement hostile, Hérode apparaît comme un souverain efficace et conscient de ses responsabilités [Grant, 658]. Nommé par Antoine et Octave en 41, au moment où les Parthes occupent en réalité toute la Syrie, il sut fait la reconquête du royaume, malgré l'opposition des milieux pharisiens (37). Confirmé par Octave au lendemain d'Actium, il entreprit d'embellir et de moderniser son royaume. La reconstruction de Samarie-Sébasté, l'édification d'une nouvelle capitale et d'un port commode en Palestine centrale, à La Tour de Straton devenue Césarée Maritime [Levine, 351 ; Ringel, 355], divers travaux d'embellisement à Jérusalem, y compris au Temple, pourraient lui valoir la considération de ses compatriotes. Or Hérode apparaît au contraire aux juifs pieux comme un impie dans tous ses actes. Certes, il fait reconstruire les divers parvis du Temple et les orne de portiques en utilisant les plus beaux et les plus coûteux des matériaux ; mais il scandalise les Juifs en y faisant placer un aigle d'or qui provoque un incident sanglant avec de jeunes Pharisiens que ces pratiques interdites choquent. Le même dédain des prescriptions juives éclate lorsqu'il fait célébrer à Jérusalem des concours isolympiques (27 av. J.-C.), avec tout ce que cela pouvait avoir de choquant aux yeux des Juifs : nudité des athlètes, caractère païen des cultes associés aux concours, des thèmes littéraires ou musicaux développés par les concurrents. L'évolution ultérieure qui voit les rabbins eux-mêmes fréquenter le gymnase et y puiser les images utiles à leur enseignement [Chambers, 318] est loin d'être amorcée.

Il paraît en revanche soucieux de plaire aux païens comme le prouvent ses multiples évergésies en Phénicie. De même il destine d'emblée Césarée aux Grecs, ce que Néron confirma plus tard. A Samarie-Sébastè s'installent ses mercenaires germains, gaulois et thraces. Dans les deux villes, un *Kaisareion* en l'honneur d'Auguste introduit officiellement le culte impérial. Roi par la grâce de Rome, détesté par les Juifs, Hérode s'appuie sur des mercenaires barbares et construit un réseau de forteresses destinées à le protéger de ses sujets plus que de ses voisins, clients comme lui : Masada [Cotton-Geiger, 229], l'Hérodion, Machéronte s'ajoutent aux forteresses hasmonéennes restaurées et aux palais de Jérusalem et de Jéricho. La brutalité du roi dans la répression des troubles comme à l'égard de ses proches, ses multiples mariages, les turpitudes supposées ou réelles qui se dérouleraient dans ces palais clos et souvent éloignés de la ville, tout contribue à accréditer l'image d'un tyran sanguinaire.

Pourtant, Hérode assure à la Palestine une certaine tranquillité en luttant contre les bandits juifs et arabes de Galilée et de Pérée [Isaac, 269].

Certes, il pressure le peuple pour payer ses constructions et sa brutalité dans la perception des impôts vise aussi à briser l'hostilité du peuple ; mais il n'a pas hésité à diminuer d'un tiers le montant des taxes en 20 av. J.-C., puis d'un quart en 14 av. J.-C. pour alléger la misère populaire. Il s'efforce d'assurer un approvisionnement convenable et lors de la famine de 25 av. J.-C., il vend une partie de ses biens pour acheter du blé. Ces aspects positifs ne comptèrent pour rien aux yeux des Juifs pieux.

Ses successeurs [Perowne, 274 ; Jones, 270] ne furent pas mieux considérés et Rome elle-même s'en méfiait. Les états d'Hérode furent répartis entre trois de ses fils, sans le titre royal. Or, dès 6 apr. J.-C., il fallut déposer Archélaos qui surpassait son père en brutalité et en cupidité sans faire preuve de la même efficacité puisque la guerre civile ravageait la Judée. Seul Agrippa Ier paraît avoir bénéficié d'un jugement favorable de la part des Pharisiens ; pieux, il fortifia Jérusalem et tenta de faire preuve d'indépendance en réunissant les rois clients à Tibériade. Jouissant de l'amitié de Claude, il parvint à récupérer la totalité du royaume d'Hérode, avec le titre royal mais son règne ne dura guère (41-44) [Schwarz, 276]. Après lui, son fils Agrippa II dut se contenter d'un royaume étendu de la Galilée au Hauran, qu'il conserva jusqu'à sa mort en 92-93 [Frankfort, 656]. Cette carence des princes-clients poussa Rome à administrer elle-même le pays.

LES DÉCONVENUES DE L'ADMINISTRATION DIRECTE

Dès 6 apr. J.-C., la Judée-Samarie fut annexée à la province de Syrie et administrée par un préfet résidant à Césarée [Ghiretti, 264]. Le gouvernement direct contribuait peut-être à alourdir les impôts car dès le temps de Coponius, premier préfet, une révolte éclata sous la direction de Judas le Galiléen contre la *capitatio*. Le plus grave était sans doute que *tributum soli* (12,5 %) et *capitatio* étaient désormais établis sur la base de recensements périodiques inaugurés par celui de Quirinius en 6 apr. J.-C., et s'ajoutaient aux nombreuses taxes et aux douanes intérieures, péages et octrois qui grevaient les échanges [Neesen, 424 ; Nicolet, 594].

Mais surtout le nouveau régime multipliait les occasions de souillure alors que les Juifs se montraient très attachés au respect des prescriptions de pureté rituelle, symbole de leur fidélité à la Torah. Or les préfets successifs se montrèrent peu soucieux de respecter le particularisme juif, malgré les instructions officielles plusieurs fois renouvelées d'Auguste à Claude [Saulnier, 259] sans que cela constitue une « charte » pour les Juifs [Rajak, 258]. Tout devint objet de confrontation : la présence des enseignes à Jérusalem, l'entrée des païens dans le Temple, la garde des vêtements du grand-prêtre. De ce fait, un conflit presque permanent opposa les représentants de Rome aux autorités juives traditionnelles.

Or, en Judée comme ailleurs, Rome avait besoin de s'appuyer sur les institutions existantes. Au niveau le plus élevé, la communauté est placée sous l'autorité conjointe du grand-prêtre et du Sanhédrin. Le grand-prêtre, bien qu'il ne soit plus choisi systématiquement dans la descendance d'Aaron, appartient presque toujours aux mêmes familles sacerdotales. Sa fonction, qui a cessé d'être viagère, se limite à administrer le Temple et à exercer conjointement avec le Sanhédrin un pouvoir judiciaire et règlementaire qui lui confère une réelle autorité en matière religieuse, notamment dans la Diaspora. Mais dès le règne d'Hérode, le grand-prêtre apparut comme un instrument entre les mains du pouvoir civil. Hérode avait nommé des grands-prêtres à sa convenance, sans prestige et parfois indignes. Le préfet Valerius Gratus (15-26) en nomma successivement trois en trois ans avant d'installer à ce poste Caïphe qui resta en place de 18 à 37. Les grands-prêtres devinrent les instruments des Romains comme ils l'avaient été d'Hérode, ce qui les privait de tout prestige aux yeux du peuple.

Le Sanhédrin [Mantel, 327] est un conseil à compétences multiples dont l'autorité s'exerce en Judée seulement, notamment en matière judiciaire. Il représente l'expression « démocratique » du gouvernement juif aux yeux des Pharisiens qui y sont de plus en plus nombreux. Mais le grand-prêtre et le sanhédrin sont tenus à l'écart des décisions politiques et confinés dans leurs fonctions religieuses et judiciaires bien que les Pharisiens contestent ces limites imposées à leur pouvoir. Dans ces conditions, à l'échelon des villes et villages, les conseils locaux (« les Anciens », « les Premiers ») ne pouvaient obtenir plus que d'être responsables de la justice quotidienne et de l'interprétation de la Torah, deux activités inévitablement liées.

Et pourtant, les Juifs, même privés d'autonomie, bénéficient d'un statut favorable. Il est abusif de soutenir que le judaïsme a obtenu le statut de *religio licita*, notion juridique inconnue des Romains, mais il est vrai qu'en vertu du respect des droits locaux pour tous les pérégrins de l'Empire, la Torah leur est reconnue comme loi. Par voie de conséquence, tous ses aspects religieux sont validés. Ainsi les Juifs sont exempts du service militaire. Le respect des interdits religieux (tabous alimentaires, respect du code de pureté rituelle, impossibilité de participer à d'autres cultes) empêchent en effet les Juifs de côtoyer les païens à l'armée. Dans le même esprit, Auguste et Claude rappellent que les Romains doivent respecter le Temple, Jérusalem, les livres sacrés ou les synagogues, ce qu'impose la reconnaissance de la Torah comme droit indigène des Juifs.

Ce faisant, les empereurs créaient une situation difficile pour les administrateurs romains car la Torah règle à la fois la vie civile et la vie religieuse de façon inextricablement mêlée. Des Romains peu avertis pouvaient estimer que les Juifs cherchaient à se distinguer des autres. Des institutions aussi fondamentales que la célébration du culte impérial, le défilé des enseignes militaires ou la pratique de la nudité athlétique se trouvaient interdites à Jérusalem, tandis qu'on ne pouvait convoquer un Juif le jour du sabbat devant le tribunal. Excédés par ce particularisme, les Romains ont été enclins à jouer les provocateurs à l'égard de gens qui paraissaient mépriser les non-Juifs dans toutes les circonstances de la vie quotidienne. Entre la susceptibilité exacerbée des uns et les réactions excédées des autres, les frictions, voire les explosions, étaient inévitables. Tout ceci se combinait à des causes plus profondes qui aggravaient les tensions et conduisaient d'un brigandage endémique à une révolte ouverte doublée d'une guerre civile.

STRUCTURES AGRAIRES ET HIÉRARCHIE SOCIALE

Les sources gréco-romaines et talmudiques présentent la Palestine comme une région prospère où les cultures méditerranéennes habituelles viennent bien : le blé y donne de 5 à 15 fois la semence et, les bonnes années, s'exporte par Tyr et Sidon. La vigne est répandue partout et les crus du Sharon, du Carmel, de Gaza, d'Ascalon, de Lydda sont assez célèbres pour trouver un marché hors de Palestine. L'olivier fournit une huile abondante en Judée mais celle de Galilée est réputée de meilleure qualité. A ces trois ressources essentielles s'ajoutent les baumiers et les papyrus de la vallée du Jourdain (Jéricho), l'élevage dans le Négev, en Pérée et en Samarie, les fruits, les légumes et la pêche, en mer et sur le lac de Génésareth (mer de Galilée). La prospérité d'ensemble n'est donc pas en cause [Applebaum, 339]. Mais les structures foncières sont sources d'inégalités. Depuis le retour d'exil, la Judée a été un pays de petits paysans libres et la colonisation juive en Galilée, très active depuis le IIIe siècle av. J.-C., s'est faite sur les mêmes bases. Mais dès le Ier siècle av. J.-C., la situation a changé et le gouvernement d'Hérode n'a fait que l'aggraver. En premier lieu, le relatif surpeuplement de la Palestine provoque un émiettement de la propriété foncière sensible en Judée et Samarie aux Ier siècle av. J.-C. - Ier siècle apr. J.-C. Les règles de succession en droit juif partagent les biens entre tous les frères, bien que l'aîné ait droit à deux parts. Dans le meilleur des cas, il reste seul à pouvoir vivre sur la terre tandis que ses frères vendent leur part. Mais la vente s'impose parfois à tous les héritiers, détenteurs de parcelles trop petites pour être rentables et rapidement endettés. Les propriétaires aisés profitent des circonstances pour accroître leurs domaines. Les paysans dépossédés survivent comme salariés ou, au mieux, comme fermiers ou métayers. Le fermage place le paysan dans une dépendance totale, car le propriétaire décide des cultures, fournit les semences et empoche les bénéfices. Le fermier se contente d'une part réduite qui l'empêche à tout jamais de se libérer de sa dette.

Les exemples de très grande propriété ne sont pas très nombreux en dehors des domaines royaux ou de la famille et des amis du roi (domaine de Salomé à Iamnia, domaines hérodiens d'Idumée et de Galilée). En revanche il existe une catégorie bien fournie de moyens propriétaires aisés utilisant soit des fermiers (Mt 21, 33), soit des salariés (Mt 20, 1-7). Il ne faut pas se laisser abuser par les Évangiles qui opposent volontiers très riches et très pauvres dans un but d'édification. Même en Galilée, où il existe de grands domaines des amis d'Hérode ou des puissants favorables aux Romains (en particulier près de Sepphoris) [Miller, 353], la catégorie des moyens propriétaires paraît bien représentée. Mais la petite propriété juive a souvent été éliminée des secteurs les plus riches. Hérode a loti ses vétérans dans des zones fertiles (6 000 dans les environs de Samarie) et les grands propriétaires accumulent les domaines là où les rapports sont les meilleurs.

L'endettement paysan, aggravé par une fiscalité exigeante [Hadas-Lebel, 404], paraît intolérable. Josèphe insiste sur les pillages des « brigands » à l'encontre des riches [Brunt, 342] et en 66 l'une des premières manifestations de la révolte fut de brûler les bureaux de l'enregistrement à Jérusalem. C'est que l'endettement peut conduire à la servitude ; celle-ci ne peut dépasser six ans et l'esclave ne doit être vendu à l'extérieur, mais son existence est symbolique de l'injustice sociale. En quittant Masada pour Jérusalem au début de la révolte, Simon bar Giora libère les esclaves, symbole efficace de la libération de tous les Juifs.

MESSIANISME ET ATTENTE ESCHATOLOGIQUE

En dehors des Sadducéens prêts à s'accommoder de n'importe quel pouvoir [Lemoyne, 288], la majorité des Juifs rêve d'un État où ils ne seraient soumis ni à la pression des Grecs, ni à l'exploitation des agents romains. Même le retour au statut d'*ethnos* autonome tributaire, dirigé par le grand-prêtre et le sanhédrin, conviendrait car la présence romaine pourrait être utile au maintien de l'ordre dans certaines régions troublées par les « bandits » et à la protection des Juifs des cités grecques voisines, victimes de violences. Mais cet objectif limité, auquel se rallient les milieux les plus modérés, se trouve dépassé chez la plupart des Juifs, travaillés depuis longtemps par une littérature eschatologique de nature apocalyptique et par une attente messianique de plus en plus impatiente [Monloubou-Cazelles, 329 ; Hellholm, 323 ; Gruenwald, 321].

Dès l'exil à Babylone (VIe siècle av. J.-C.), les Juifs ont commencé à attendre le « Jour de Yahweh » où débutera une Nouvelle Alliance qui marquera le triomphe des Justes. Cette vue eschatologique, enracinée dans les prophètes de l'exil et du retour d'exil, est ravivée par l'exégèse des docteurs. Dès le courant du IIe siècle av. J.-C., des apocalypses (« révélations ») en soulignent l'imminence et fournissent au peuple de nouvelles raisons d'espérer au plus profond du désespoir. Alors que chacun juge le malheur d'Israël insondable et craint que Yahweh ne l'ait abandonné, l'apocalypse rend courage par l'annonce du salut proche, car l'accumulation des malheurs s'interprète comme le signe de l'imminence du triomphe des Juifs. Le genre fleurit ainsi jusqu'à la révolte de Bar Kosiba (132-135 apr. J.-C.), puis disparaît lorsque l'espoir d'une restauration d'un État juif s'éloigne.

Ces spéculations sont partagée par de très nombreux Juifs, sans doute à peu près tous en dehors des milieux sacerdotaux dirigeants. Mais les points de vue différaient d'une synagogue à l'autre, d'un rabbin à l'autre, sur les signes avant-coureurs du « Jour », sur ce qui s'y passerait (résurrection de tous les hommes, des Juifs seuls, des Justes seuls ?) et sur les lendemains. Malgré ces nuances, la plupart des Juifs en sont venus, depuis le IIe et surtout le Ier siècle av. J.-C., à compléter leur vision de la fin des temps par la double idée du rétablissement d'un royaume terrestre et la venue d'un messie annonciateur.

L'attente du royaume hante les Juifs depuis l'exil. Pour beaucoup d'entre eux, la fin des temps coïncidera avec la restauration du royaume de David, événement purement terrestre. C'est peut-être à ce courant qu'appartiennent les fidèles de Jésus, qui insistent volontiers sur la filiation davidique de leur maître mais bien des Juifs attendent un royaume sans faire référence à David. Dans ce royaume à venir, le Temple purifié et confié à un grand-prêtre digne tiendra le premier rang au lieu d'être tenu en esclavage comme c'est le cas depuis deux siècles.

Par ailleurs, certains milieux pensent que le « Jour du Seigneur » sera préparé par un envoyé, un « oint » de Dieu *(meschiya, christos)* qui servira d'intermédiaire [Klausner, 324 ; Laperroussaz, 325]. Pour la plupart des Juifs, c'est un homme, né comme les autres (il est peut-être né sans qu'on le sache) mais tout-puissant. Pour d'autres, des signes effrayants ou le retour d'Élie précéderont sa venue. Face à lui se dressera une coalition de méchants dirigée par l'Antéchrist qui organisera le redoublement des malheurs. Yahweh triomphera finalement et le Messie régnera à Jérusalem. La diaspora se rassemblera, Jérusalem sera purifiée et reconstruite, l'âge d'or commencera. A la fin de son règne millénaire surviendra la fin des temps, la résurrection des morts (ou des justes) et la récompense ou le châtiment de chacun.

Il faudrait nuancer à l'infini ce résumé pour rendre compte de la diversité des conceptions. Mais le fond reste le même, l'attente d'un événement extraordinaire qui annoncera la libération des Juifs. Et l'impatience est vive. Car si le rêve d'État et l'attente messianique remontent loin, l'idée de leur réalisation imminente est chose nouvelle. Depuis le milieu du Ier siècle av. J.-C., l'exaspération messianique se fait plus pressante. Des spéculations de docteurs aboutissent à placer la date du salut dans les années 30 apr. J.-C, bien que beaucoup se refusent à proposer une date exacte. Tous ne s'y préparent pas avec autant de soin que les Esséniens retirés à Qoumran [Delcor, 279 ; Dupont-Sommer, 280 ; Laperroussaz, 286, 287], mais il est sûr que c'est l'une des préoccupations essentielles des Juifs au tournant de l'ère comme en témoignent les mouvements de révolte qui secouent la Palestine avant que n'éclate le soulèvement général de 66.

DU BRIGANDAGE AU SOULÈVEMENT GÉNÉRAL DE 66

Dès le règne d'Hérode la Palestine se trouve contrôlée par un réseau de postes fortifiés, de tours de guet et de voies stratégiques visant davantage à réprimer l'agitation qu'à prévenir une menace extérieure. Car le brigandage, combattu par Pompée, s'est maintenu, rançon des difficultés économiques, de l'endettement paysan et du chômage. Mais les descriptions de Josèphe montrent que l'attente eschatologique et messianique dicte aussi l'action de ces « bandits ».

La Galilée abrite le principal foyer d'agitation [Freyne, 246 ; Goodman, 295]. Au début de son règne, Hérode avait lutté contre Ezéchias le Galiléen qui harcelait Tyr. Son fils Judas se trouve parmi les trois messies qui surgissent à la mort du roi. Vaincu, il dirige une révolte en 6-7 apr. J.-C. contre le préfet Coponius. Josèphe (*BJ*, II, 118) le considère comme un « philosophe », fondateur d'une secte « sans rapport avec les autres ». En réalité, il est l'un des chefs zélotes, groupe qui partage les points de vue pharisiens en matière religieuse mais prône l'action violente contre les Romains afin d'aider à la venue du Messie [Applebaum, 227, 239 ; Horsley, 296]. Cet objectif légitime le pillage des biens des riches, alliés des occupants. Bien que Josèphe n'emploie pas le terme de zélote à son propos, la filiation entre Judas le Galiléen et les zélotes des années 66-73 ne fait guère de doute [Farmer, 281 ; Hengel, 282 ; Horsley, 284].

Les troubles ne cessent guère entre 4 av. J.-C. et l'explosion de 66, sous des prétextes divers. La mort d'Hérode laisse le champ libre aux messies qui mettent la Judée à feu et à sang [Horsley, 285]. Le gouverneur de Syrie rétablit l'ordre en crucifiant 2 000 Juifs. En 26, la prétention du préfet Ponce Pilate d'introduire les portraits impériaux à Jérusalem provoque une nouvelle révolte, tout comme, un peu plus tard, son intention de prélever des sommes déposées au Temple. Autour de 30, un prédicateur, Jésus de Nazareth tombe victime de la méfiance des autorités envers ses semblables car, en le proclamant roi, ses partisans le désignent comme un messie-agitateur. A la même catégorie appartient peut-être Barrabas (Lc 23, 17-25) dont la popularité pourrait s'expliquer par un message messianique plus exaltant que celui de Jésus, car plus immédiat. En 40-41, Caligula entend faire installer sa statue dans le Temple. L'agitation des Juifs oblige le gouverneur de Syrie à temporiser avant qu'il n'annule la mesure à la mort de l'empereur. Vers 44-46, un certain Thaddée accomplit des miracles devant des foules immenses ; le procurateur Cuspius Fadus fait disperser la foule et exécuter Thaddée. Les fils de Judas le Galiléen sont crucifiés sous le gouvernement de Tiberius Iulius Alexander, vers 46-48, sous l'accusation de brigandage. Vers 48-52, une émeute en riposte aux insultes d'un soudard entraîne une répression qui aurait fait 20 000 morts selon Josèphe. Vers 51-52, des zélotes vengent l'assassinat de Juifs galiléens en Samarie ; Cumanus réprime leur geste avec une telle férocité que le gouverneur de Syrie, Quadratus, décide de l'envoyer à Rome avec les responsables de l'agitation. Sous Félix, favori de Claude, l'émeute devient permanente. Après l'arrestation du chef zélote Eléazar, se déchaînent les Sicaires, extrémistes assassinant indistinctement Romains et Juifs modérés, afin de radicaliser la lutte [Horsley, 283]. Des prédicateurs enflamment les foules : un Juif égyptien annonce la fin de la domination romaine et conduit des milliers de fidèles contempler l'effondrement des remparts de Jérusalem. Félix les fait massacrer sans difficulté sous les murs de la ville. La situation ne fait qu'empirer sous Festus (60-62), Albinus (62-64) et Gessius Florus (64-66). L'attente messianique se fait d'autant plus impatiente que les Juifs se heurtent à l'hostilité croissante des Gentils. Ainsi, en réponse à une ambassade juive, Néron confirme Césarée comme cité grecque où les Juifs ne disposent d'aucun droit.

Tout contribue à exacerber les tensions et on peut considérer que la Palestine est en état de révolte larvée dès le début des années 60. Entre les prédicateurs et les « brigands » *(listim),* les « charlatans » (Josèphe) et les messies, existent des espérances communes qui enthousiasment le peuple. Des hommes comme Jean le Baptiste ou Jésus, prophètes d'apocalypse et de messianisme, bien qu'ils ne prêchent pas eux-mêmes la révolte (Jésus respecte l'autorité en place), alimentent l'espérance des foules. Rien d'étonnant à trouver Jésus crucifié entre deux bandits puisqu'aux yeux des autorités il n'est pas moins qu'eux fauteur de troubles [Brandon, 278].

Un fait nouveau se produit au milieu des années 60 : la classe dirigeante juive rompt ouvertement avec les autorités romaines, à la fois sous
la pression de la rue et en prenant conscience qu'elle n'a plus rien à perdre
[Goodman, 295]. En se plaçant à la tête du soulèvement, elle peut espérer
regagner ce dont l'a privé sa collaboration avec Rome : le pouvoir et le
prestige.

La guerre éclate en 66 après que Florus eût prélevé dix-sept talents
dans les réserves du Temple. Comme les Juifs se moquent de lui en faisant
la quête pour « le pauvre Florus », il abat sur eux une répression sanglante
qui provoque une furieuse bataille de rues à Jérusalem. Les modérés,
grand-prêtre et notables pharisiens, acceptent de faire un geste d'apaisement mais Florus les humilie. L'émeute reprend et triomphe : le Temple,
la ville basse, puis, dans l'été, la forteresse de l'Antonia tombent. Le
grand-prêtre Ananias est assassiné et la révolte s'étend à tout le pays.

Le gouverneur de Syrie, Cestius Gallus, se décide à agir à l'automne 66. Malgré quelques succès locaux, il ne parvient pas à reprendre
Jérusalem et ses troupes subissent un désastre à Beth-Horon. Ce succès
renforce le camp de la révolte. Les modérés prennent la tête des opérations
en nommant partout des chefs militaires de leur parti chargés de mettre le
pays en état de défense. Les Juifs paraissent solidaires dans l'épreuve, mais
cette unanimité n'est que de façade. Les chefs populaires se méfient des
notables et, parfois, refusent leur autorité, comme Jean de Gischala qui
harcèle Flavius Josèphe, investi par les modérés pour commander en Galilée, et qu'il soupçonne d'être vendu aux Romains. Cette rivalité entre
extrémistes et modérés, doublée de dissensions à l'intérieur de chaque
camp, fait de la « guerre juive » d'abord une guerre civile.

Au printemps 67, Vespasien est chargé de la conduite des opérations.
Il rassemble trois légions, vingt-trois cohortes auxiliaires, six ailes de cavalerie, ainsi que des renforts envoyés par les princes-clients de Commagène,
d'Émèse, de Nabatène, au total un peu moins de 60 000 hommes. Durant
toute l'année 67, il entreprend la reconquête systématique des points forts
de Galilée alors que les parties basses ont été évacuées sans combat. En
juin-juillet 67, Iotapata, défendue par Josèphe, tombe après trois mois de
siège, bientôt suivie par Tibériade et la plupart des postes fortifiés du nord
du pays.

L'échec de la révolte en Galilée contribue à ranimer la guerre civile en
Judée. Jean de Gischala, replié à Jérusalem, dénonce l'incapacité des
notables et incite le peuple à leur retirer sa confiance. A la fin de 67, les
zélotes se livrent à une épuration en règle. L'arrivée de renforts iduméens
à Jérusalem au début de 68 ôte aux modérés tout espoir de chasser Jean,
véritable tyran de la ville. Pendant ce temps, au printemps 68, Vespasien
s'empare, de force ou par persuasion, des cités de la Pérée de Transjorda-

nie, de Gadara, de Livias, d'Antipatris, de Iamnia, de Samarie, de Jéricho. Bientôt Jérusalem se trouve isolée.

La crise politique qu'ouvre l'assassinat de Néron (9 juin 68) paralyse
Vespasien pendant près d'un an. Loin de profiter de ce répit, Jérusalem se
détruit elle-même [Price, 299]. Simon Bar Giora, rival de Jean de Gischala,
entre dans la ville en mars-avril 69. Une troisième faction, celle d'Eléazar,
fils de Simon, s'ajoute aux deux premières pendant quelques mois. Au début
de 70, Simon Bar Giora tient la ville haute et une grande partie de la ville
basse ; Jean de Gischala contrôle la colline du Temple et Eléazar les parvis
du Temple avant d'être éliminé par ruse lors de la Pâque 70.

Le 1er juillet 69, Vespasien, proclamé empereur, a laissé la direction de la
guerre à son fils Titus qui reprend l'occupation de la Judée. Fin 69, seuls
Jérusalem, l'Hérodion, Masada et Machéronte lui échappent encore. Le
blocus de Jérusalem commence quelques jours avant la Pâque 70. Malgré
les ravages de la guerre civile, la ville tient bon. Après de gigantesques travaux d'encerclement contre lesquels les Juifs creusent des sapes efficaces,
Titus progresse lentement dans la ville. Josèphe, qui appartient désormais à
son entourage, tente en vain d'obtenir une reddition sans violence. La
famine s'installe en juin-juillet 70. A la fin juillet ou début août, les Romains
atteignent le secteur du Temple qui est incendié. Le 8 Gorpaios (fin août -
début septembre), toute la ville est entre les mains des troupes romaines. Les
survivants sont massacrés, envoyés aux mines, vendus comme esclaves ou
promis aux combats de gladiateurs. Jean de Gischala est condamné à la pri-
son à vie et Simon Bar Giora réservé pour le triomphe de Titus.

Pendant que Titus rentre à Rome, Lucilius Bassus s'empare de l'Hérodion, puis de Machéronte. Son successeur Flavius Silva assiège Masada, bastion juif tenu depuis le début de la guerre par Eléazar bar Yair, un descendant de Judas le Galiléen. Mais cet épisode, malgré son aspect symbolique et
son issue dramatique (suicide collectif de tous les assiégés, femmes et enfants
compris), n'a guère d'importance militaire, si ce n'est qu'il oblige Rome à
immobiliser d'importantes forces en Judée jusqu'en avril 74 (ou 73).

La révolte se termine par un désastre sans précédent. Jérusalem est en
ruine, le Temple détruit. Il n'y a plus ni grand-prêtre, ni sanhédrin. Pour
la première fois depuis plus de six cents ans les sacrifices sont interrompus.

LA RÉORGANISATION DE LA PALESTINE

Les violences des zélotes et l'impréparation des révoltés avaient poussé
de nombreuses villes et bourgades à se rendre sans combat dès les débuts
de l'offensive romaine. De même, bien des gens avaient fui les villes assiégées et s'étaient réfugiés derrière les lignes romaines, ce qui pouvait don-

ner l'impression aux Romains que la révolte n'avait touché qu'une minorité extrémiste. Celle-ci abattue, Vespasien pouvait se montrer apaisant. Dès 70, il avait constitué la Judée en province de plein exercice. Désormais, le gouverneur fut un sénateur de rang prétorien (consulaire au IIe siècle), commandant en même temps la Xe légion *Fretensis*, stationnée en permanence à Jérusalem. Pour le reste, Vespasien se contenta d'une seule mesure de portée générale : la taxe du didrachme, symbole des privilèges juifs, devint un impôt infamant (bien que léger) payé par les Juifs en l'honneur de Jupiter Capitolin. Au lieu de confisquer toute la Palestine à son profit comme le lui autorisait le droit de conquête, il fit saisir les biens des chefs et des militants les plus en vue, mais fit revendre les terres à ceux qui le voulaient, en dehors de quelques lots confiés à des vétérans (800 à Emmaüs-Nicopolis) ou à des amis (Josèphe) [Isaac, 297]. De fait, de nombreux Juifs restent propriétaires en Galilée et en Judée à la fin du Ier siècle et au IIe siècle [Applebaum, 305 ; Buechler, 343].

Pourtant le calme reste relatif. Quelques textes tardifs signalent des persécutions antijuives en Palestine avant la révolte de Bar Kosiba [Isaac-Roll, 310] mais rien n'est assuré avant la fin des années 120 puisque la révolte juive de 115-117 ne s'est pas étendue à la Palestine. Cette apathie peut s'expliquer par l'ampleur du désastre subi en 66-70, mais aussi par le fait que le nombre de morts (Josèphe parle d'un million, ce qui est excessif) et d'exilés a fait baisser la tension sociale extrême qui prévalait avant 66. Pourtant, le mécontentement existe. Il y eut des confiscation de terres, notamment en Judée où des propriétaires païens emploient des Juifs comme salariés ou comme fermiers, ce qui paraît une humiliation insupportable dans cette société de paysans propriétaires. La persistance du brigandage dont parlent les textes talmudiques illustre peut-être ce mécontentement latent [Isaac, 269] et il n'est pas indifférent que les paysans aient formé le gros des troupes lors de la révolte de Bar Kosiba.

Par ailleurs, l'opposition à Rome subsiste. Les descendants des zélotes sont influents jusque chez les rabbis, et l'attente messianique survit. L'écho des événements survenus en Égypte, à Cyrène, à Chypre dans les années 115-117 n'a pas pu laisser les Juifs indifférents. Une agitation certaine y règne et le choix de Lusius Quietus, qui venait de réprimer la révolte de la diaspora, comme gouverneur de la Judée en 118, peut être une indication en ce sens [Pucci, 314]. De même une deuxième légion fut stationnée en Palestine, d'abord la IIe légion *Traiana* vers 117-120, puis, en 123, la VIe légion *Ferrata*, tranférée d'Arabie à Caparcotna (Basse-Galilée) d'où elle pouvait rapidement intervenir en direction des principales agglomérations. Les autorités romaines paraissent inquiètes. On aimerait connaître les raisons de ces mesures, car notre ignorance obscurcit singulièrement la perception que nous avons des causes de la révolte de Bar Kosiba.

LA RÉVOLTE DE BAR KOSIBA (132-135)

On a longtemps pensé que la révolte répondait à deux décisons d'Hadrien au début des années 130. D'une part, il aurait interdit la circoncision à une date inconnue, peut-être vers 132. Il ne viserait pas particulièrement les Juifs mais étendrait à la circoncision les édits de Domitien et de Nerva contre la castration, pratique barbare aux yeux des Romains comme des Grecs. Or les Juifs la considèrent comme le symbole de l'alliance avec Yahwéh. L'interdire n'impose pas seulement aux Juifs un manquement religieux grave mais témoigne, à leurs yeux, de la volonté d'en finir avec le judaïsme comme au temps de l'édit de persécution d'Antiochos IV (167 av. J.-C.). En réalité, on déduit l'existence de cet édit d'Hadrien d'une mesure d'Antonin le Pieux autorisant les Juifs à circoncire leurs enfants, et eux seulement ; il n'est donc pas certain que le second annule une mesure plus restrictive du premier.

D'autre part, vers 130, Hadrien décida de reconstruire Jérusalem, sans doute pour rendre sa splendeur à une cité qui avait brillé dans le passé. Ne lui vint-il pas à l'idée que cette ruine avait un caractère sacré pour les Juifs et que tout édifice païen serait un sacrilège supplémentaire ? Il décida d'y faire construire une nouvelle colonie, *colonia Aelia Capitolina*, autour d'un temple de Jupiter Capitolin construit à l'emplacement de l'ancien Temple. Dès 131-132, la fondation était effective comme le prouvent des monnaies émises au nom de la nouvelle colonie [Isaac, 309].

Pour beaucoup, cette décision mit le feu aux poudres. Mais Pausanias et Eusèbe de Césarée imputent la révolte juive au seul esprit de rebellion de ce peuple et à son refus de la tutelle romaine. D'autre part, l'agitation, ou la crainte de l'agitation, paraît certaine dès le milieu des années 120. On a donc pu soutenir que les décrets d'Hadrien (y compris celui sur la circoncision, s'il a bien existé) représentaient des mesures répressives et qu'ils étaient à mettre en rapport avec d'autres mesures dont tout le monde s'accorde à dire qu'elles sont postérieures à la révolte de Bar Kosiba.

Il n'y a actuellement aucun moyen de trancher et l'on connaît trop mal le déroulement de la guerre pour décider des causes profondes et des prétextes de la révolte. Le principal chef est Simon Bar Kosiba, prince *(nasi)* d'Israël [son nom exact : Milik, 313]. Le caractère messianique que l'on prête au mouvement a des chances d'être une interprétation postérieure des rabbins, tout comme le nom de Bar Kokhba (« fils de l'étoile ») attribué plus tard, car ni les textes contemporains, ni le monnayage ne favorisent cette interprétation. Les légendes monétaires proclament le désir des Juifs de reconstruire le Temple et de libérer Israël (« an 1 de la Rédemption d'Israël», « an 2 de la Liberté d'Israël», « Pour la liberté de Jérusalem ») mais on ignore quelle part de ce programme fut réalisée.

Quelques rabbins se rallièrent (dont R. Aqiba, autorité spirituelle la plus en vue du judaïsme palestinien) mais les paysans de Judée formaient le gros des insurgés. Le mouvement est incontestablement bien implanté dans les collines de Judée dont les grottes ont servi de refuge. On y a retrouvé un réseau de galeries et de cachettes abritant les archives des insurgés dont l'organisation administrative et militaire paraît très centralisée. Mais il n'est pas sûr que le soulèvement ait dépassé les limites de la Judée, notamment les régions au sud de Jérusalem.

La guerre se prolongea au moins trois années pleines jusqu'en septembre 135. L'armée romaine subit des pertes écrasantes dont une légion entière, la XXIIᵉ *Deioteriana* [Mor, 581]. Pourtant, il est douteux que Jérusalem ait été durablement occupée par les révoltés. Les Romains finirent par triompher et la tradition rapporte qu'ils écrasèrent les Juifs à Bethar près de Jérusalem où Simon trouva la mort. Les autres chefs furent bientôt arrêtés et exécutés, dont R. Aqiba. La répression fut sévère même si l'on récuse le récit de Dion Cassius (LXIX, 14.3) qui estime qu'on détruisit 985 villages, que 580 000 Juifs trouvèrent la mort au combat et qu'un nombre encore plus grand mourut de faim. Mais il y eut de très nombreux prisonniers vendus comme esclaves sur les marchés extérieurs et nombreux furent les Juifs à fuir d'eux-mêmes.

La *Colonia Aelia Capitolina* fut achevée et peuplée de vétérans de la Vᵉ légion *Macedonica*. Pour en assurer le caractère païen, l'entrée à Jérusalem fut désormais interdite aux Juifs sous peine de mort, sauf le 9 Ab, anniversaire de la ruine du Temple. Les sanctuaires païens à Jupiter Capitolin, Aphrodite, Bacchus, Sérapis s'élevèrent en quelques années. Jérusalem devenait non seulement une ville païenne comme les autres, mais la seule de toutes qui soit interdite aux Juifs ! Le caractère juif de la région fut officiellement nié lorsqu'en 134 on changea le nom de la province de Judée en Syrie-Palestine (*AE*, 1904, 9).

Malgré le caractère limité des combats, le désastre était immense. Désormais, plus personne ne pouvait espérer une prochaine reconstruction du Temple ou même le simple retour des Juifs à Jérusalem, la ville sans Juifs. Une opposition zélote clandestine se maintint un temps mais dès le milieu du IIᵉ siècle elle a disparu. Le messianisme s'essouffle en même temps que les spéculations d'apocalypse, devenues suspectes : « Celui qui calcule la fin (des temps) n'aura pas de part au monde avenir », proclame un rabbi peu après 135. L'espérance demeure mais sa réalisation est repoussée dans un avenir lointain.

LA NOUVELLE ORGANISATION DU JUDAÏSME

La destruction du Temple en 70 avait interrompu les sacrifices pour la première fois depuis 586, tandis que le grand-prêtre et le sanhédrin disparaissaient dans la tourmente. Cependant la diaspora («dispersion») avait préparé les solutions de l'avenir puisque de nombreux Juifs n'avaient jamais fréquenté le Temple, ni assisté au sacrifice sans qu'on leur contestât la qualité de Juif. Autant que le Temple, la Torah a servi de point de ralliement aux Juifs venus prier dans les synagogues. Ses exégètes, les rabbis pharisiens [Mason, 289 ; Pelletier, 291] qui sont depuis longtemps les véritables guides spirituels du peuple, deviennent tout naturellement les chefs de la nouvelle communauté. Bien que beaucoup d'entre eux aient adopté une attitude modérée pendant la révolte, personne ne conteste leur autorité sur la communauté de Palestine après 70.

Pendant le siège, Rabbi Yohanan ben Zakkai [Neusner, 331] s'était enfui de Jérusalem en secret et avait fondé à Iamnia, avec l'accord des Romains, une école pour l'étude de la Torah. Au lendemain de la défaite, il prit les décrets indispensables concernant les jours fastes et la célébration des fêtes, transférant de fait à son entourage les compétences du Grand-Prêtre et du Sanhédrin. Le président de l'assemblée, le *nasi* se substitua au Grand-Prêtre comme chef spirituel des Juifs et interlocuteur des autorités romaines. Cette autorité nouvelle fut rapidement reconnue par tous les Juifs et par l'administration romaine qui avait besoin d'elle pour comprendre le droit indigène, dont l'usage subsistait.

Très tôt les maîtres pharisiens proposèrent une interprétation de l'histoire récente propre à rendre espoir aux Juifs. Selon R. Yohanan, en se libérant de son péché, seul responsable de ses malheurs, Israël retrouvera l'aide de Yahwéh. Désormais, l'homme pieux fera du respect de la Torah le centre de sa pratique religieuse. R. Yohanan légitime ainsi une vie spirituelle en dehors du système sacrificiel. Sur ce point essentiel comme sur d'autres, les docteurs prouvent leur capacité à donner une explication de la Torah adaptée aux circonstances. Le peuple trouve auprès d'eux les conseils de conduite dont il a besoin. De plus, les doctrines de l'au-delà qu'ils professent − survie et résurrection − sont une nouvelle source d'espérance au plus profond du malheur.

La grande œuvre de ces rabbis (les *Tannaïm*, «enseignants») fut de mettre par écrit les commentaires oraux que l'on se transmettait de génération en génération (la chaîne des rabbins pharisiens remontait ainsi à Moïse lui-même) et dont le souvenir risquait de se perdre. Plusieurs écoles fleurirent en même temps et sur bien des points les docteurs proposèrent des solutions divergentes. Peu à peu s'élabora une compilation (la *Mis-*

chna) dans laquelle R. Aqiba joua un rôle déterminant. Promulguée autour de 200 sous l'autorité du *nasi* Juda Ier, elle fut aussitôt adoptée par toutes les écoles (ou académies) de Palestine et transmise en Babylonie. Sur cette base, la seconde génération de rabbis (les *Amoraïm*) entreprit entre le IIIe et le Ve siècle de rédiger les commentaires détaillés *(Guemara)* dont la somme, réunie à la *Mischna*, constitue les Talmuds de Jérusalem et de Babylone.

La révolte de Bar Kosiba, malgré son extension limitée, avait mis en péril la réorganisation d'un judaïsme étroitement surveillé par les Romains. Les mesures répressives s'appliquaient à tous : l'interdiction de la circoncision fut maintenue (ou décidée) et on y ajouta l'interdiction de respecter le sabbat, d'ordonner des rabbis et d'étudier la loi. Cependant, Antonin choisit l'apaisement en autorisant à nouveau la circoncision des enfants juifs. Le judaïsme se voyait reconnaître l'une de ses pratiques essentielles, mais l'édit excluait toute conversion.

Le judaïsme retrouva une organisation propre quasi officielle. Avant même la fin de la révolte de Bar Kosiba, des rabbis avaient reconstitué un sanhédrin. Une réunion eut lieu à Usha, en Galilée, vers 140, regroupant à la fois les survivants du sanhédrin d'avant la révolte et des rabbis ordonnés clandestinement, malgré l'interdiction romaine. Les cours de justice retrouvèrent bientôt leur activité en commençant par les domaines où la législation impériale était incompétente (code de pureté, validité du mariage). Le poste de *nasi*, vacant depuis la mort de Gamaliel II pendant la guerre, fut confié à son fils R. Siméon II : le poste fut désormais héréditaire, ce qui donnait davantage de poids et de continuité à la fonction. Le patriarche devint l'interlocuteur privilégié des Romains et son autorité fut reconnue partout, y compris dans la diaspora, comme on le vit lorsque R. Juda Ier promulgua la Mishna.

Cet épanouissement des institutions juives avec l'approbation des autorités romaines est illustré par les traditions qui mentionnent l'excellence des relations entre les Juifs et les Sévères. Judas Ier aurait été l'ami de Caracalla et les *nasi* reçurent des terres dans la vallée de Jerzéel, sur le Golan et près de Lydda, tandis qu'ils s'entouraient de gardes du corps goths et germains, ce qui ne peut se concevoir sans l'accord des Romains.

Vers le milieu du IIIe siècle, la situation économique et sociale des Juifs a changé. Il faut désormais distinguer entre Judée et Galilée. Depuis 135, les Juifs se trouvent minoritaires dans les régions du Sud et de la côte, formant de petits noyaux autour d'Hébron, de Iamnia, de Lydda, de Jéricho, entre Livias et Beth Nimra en Pérée, autour de Narbata dans la plaine du Sharon. Le centre de gravité du peuplement juif en Palestine s'est déplacé vers la Galilée dont la prospérité agricole et artisanale ne se dément pas. Elle devient la terre juive par excellence, abritant le *nasi* et le sanhédrin. Pourtant, là aussi le dépeuplement juif est assez important pour inquiéter les chefs de la communauté. Nombreux sont les Juifs qui ont fui la répression, y compris parmi les rabbis eux-mêmes. Les rabbis palestiniens se livrèrent donc à une intense propagande en faveur de la Terre Sainte. Désormais, vivre en Palestine, déclarent-ils, « vaut autant que l'observance de toutes les prescriptions de la Torah prises ensemble ». La propagande en faveur du retour au pays des ancêtres s'amorçaient donc au lendemain même des défaites qui avaient accéléré la dispersion.

CHAPITRE X

L'Égypte

PAR JOSEPH MÉLÈZE-MODRZEJEWSKI

LA « SINGULARITÉ » DE L'ÉGYPTE

LA FIN DES LAGIDES

Alors que se préparait le complot qui devait coûter la vie à Jules César à la mi-mars 44 av. notre ère, Cléopâtre VII (51-30 av. notre ère), dernière représentante de la dynastie lagide, se trouvait à Rome en compagnie de son frère-époux et corégent, Ptolémée XIV, et de Césarion, le fils qu'elle avait eu de César en 47. Les historiens n'ont pas fini de se demander quels projets du célèbre couple furent anéantis par les Ides de Mars : le monde romain a-t-il évité de justesse la mise en place d'un « empire bicéphale », avec une capitale à Rome et une autre à Alexandrie, le dictateur devenant le maître de l'Égypte par son mariage avec la « reine courtisane », pour lequel devait lui être accordée une autorisation exceptionnelle ? (Suétone, *César*, 79). Le fait est que, dans son testament, César n'a même pas mentionné son fils Césarion. Cléopâtre décida de plier bagage et de regagner son royaume.

Revenue à Alexandrie, elle se débarrassa de son frère Ptolémée XIV et prit comme corégent Césarion qui devint ainsi Ptolémée XV César. Les succès du parti césarien allaient bientôt fournir à Cléopâtre l'occasion d'une nouvelle expérience dans l'alliance romano-ptolémaïque. En 41 av. notre ère, à Tarse, le triumvir Marc Antoine, que la ville d'Éphèse venait de saluer comme un « Nouveau Dionysos », a été foudroyé par les charmes de la « Nouvelle Isis-Aphrodite ». La liaison se prolongea à Alexandrie pendant l'hiver 41/40 dans les délices de la « vie inimitable ». Au début de 40, la menace parthe arrachait Antoine à Cléopâtre ; il espérait la rejoindre rapidement, mais ne la retrouva qu'à l'automne 37, à Antioche. Antoine, récon-

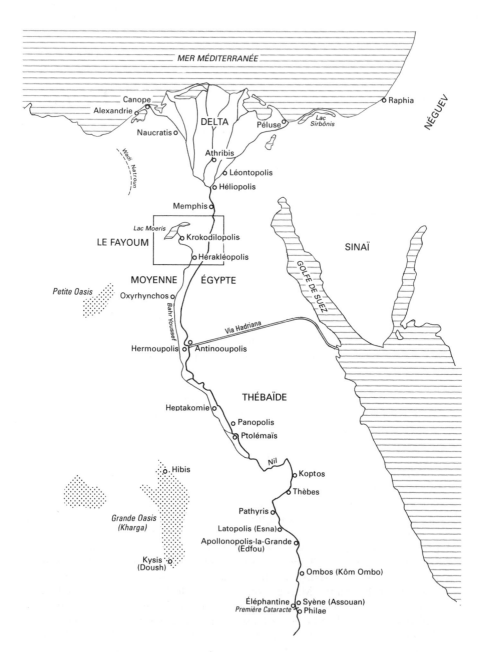

L'Égypte romaine

cilié entre-temps avec son rival Octave et marié avec la sœur de celui-ci, Octavie, décida alors de rompre le pacte qui trois ans plus tôt (paix de Brindes, septembre 40 av. notre ère) lui avait donné en partage le pouvoir sur l'Orient. Par calcul politique – ou pour les beaux yeux de Cléopâtre – il choisit de jouer la carte lagide. Une série de mesures prises pendant l'hiver 37/36 dessinèrent les contours d'un Orient romano-ptolémaïque, ébauche de l'Orient d'Auguste.

L'Égypte se taillait la part du lion. Antoine cédait à Cléopâtre plusieurs territoires syriens, Chypre, la Cyrénaïque, une partie de la Crète et une partie da la Cilicie Trachée – autant de régions conquises par Rome et réduites à l'état de province ou confiées à des rois vassaux, «amis et alliés du peuple romain». Ces concessions, dont la régularité a été d'avance acceptée par une décision du Sénat, devaient aider l'Égypte dans l'accomplissement de la tâche qui lui fut confiée par le triumvir : reconstituer son potentiel naval. Elles furent complétées en 34 av. notre ère à Alexandrie, pendant une curieuse cérémonie, à l'occasion de laquelle Cléopâtre fut proclamée «Reine des Rois», alors que les enfants qu'elle avait eus d'Antoine se voyaient attribuer le titre royal et de vastes royaumes : l'Arménie et l'Empire parthe, qui restait à conquérir, pour Alexandre Hélios, la Libye et la Cyrénaïque pour sa sœur jumelle Cléopâtre Sélénè, les pays à l'ouest de l'Euphrate pour le jeune Ptolémée Philadelphe, le cadet portant le nom programmatique de son illustre ancêtre [Schrapel, 10]. L'Orient romano-lagide se transformait ainsi en «une sorte d'empire fédéral ptolémaïque, avec Alexandrie pour centre» [Will, 12].

La défaite d'Antoine et de Cléopâtre à Actium, en octobre 31 av. notre ère, a anéanti tous ces rêves de restauration de la puissance des premiers Lagides, sinon de construction d'un Empire romain d'Orient. Le suicide d'Antoine, puis celui de Cléopâtre annoncèrent au monde l'échec de la tentative d'intégration entreprise par le triumvir avec la complicité de l' «Égyptienne». Césarion fut mis à mort : face à Octave, il n'y avait pas de place pour un «deuxième César». Le sort d'Alexandre Hélios, comme celui de son frère Ptolémée Philadelphe junior, nous échappe. Seule survivante connue, Cléopâtre Sélénè fut mariée à Juba de Maurétanie. Il n'y avait plus de Lagides en Égypte.

La dynastie étant effacée, la politique égyptienne de Rome se trouva à un tournant décisif. Elle consistait jusqu'à présent à maintenir à Alexandrie un roi-client, moyennant éventuellement une prestation financière substantielle de sa part pour le soutien qu'on lui apportait [Thompson, 11]. Ces procédés étant désormais impraticables, le moment de l'annexion advint. La dernière monarchie hellénistique encore nominalement souveraine allait devenir une province romaine.

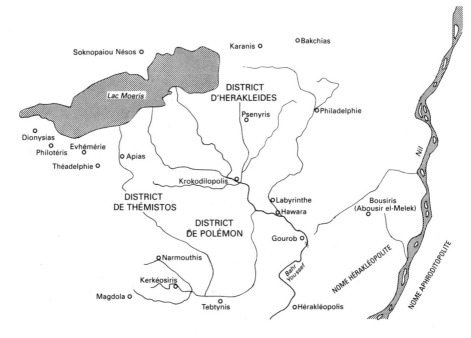

Le Fayoum (nome arsinoïte)

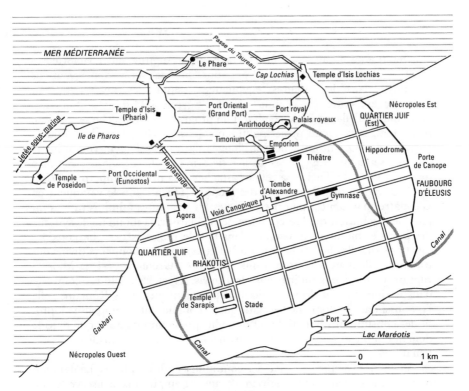

Alexandrie

Les conditions dans lesquelles s'était préparée et accomplie la conquête destinait l'Égypte à une situation particulière parmi les composantes de l'Empire. Elle déterminait pour les siècles à venir sa « singularité », qui nous apparaîtra tout au long de ce chapitre sur le triple registre institutionnel, socio-économique et religieux.

PROVINCE IMPÉRIALE OU DOMAINE DU PRINCE ?

Début août 30 av. notre ère, Octave, futur Auguste, entre victorieusement à Alexandrie. Préparée par une longue série d'interventions romaines dans les affaires égyptiennes depuis les années 60 du II⁰ siècle av. notre ère, l'annexion de l'Égypte à l'Empire est un fait accompli. Qu'elle ait été le résultat d'un programme ou qu'elle se soit faite peu à peu, sans aucun projet politique cohérent [Gruen, 9], la conquête romaine de l'Orient est achevée. Plongée dans un isolement voulu, interdite aux sénateurs, l'Égypte se trouve désormais entre les mains du prince qui, comme le dit Tacite, la retient attachée à la maison impériale *(Hist.,* 1, 11 : *domi retinere).* Successeur des Lagides [Huzar, 26], le vainqueur de Cléopâtre maintient à peu près intactes les structures administratives du pays, le calendrier, qu'il se contente de régulariser, la monnaie, le système des poids et mesures ; il assume, dans le rôle religieux des pharaons, les fonctions rituelles liées à la crue du Nil et accepte les honneurs divins dus traditionnellement aux souverains d'Égypte [Grenier, 17-19]. Mais la rupture n'en est pas moins sensible [Lewis, 21 et 22]. Elle est complète dans le domaine du droit public qui appartient aux seuls Romains ; elle l'est aussi dans le domaine législatif que le conquérant monopolise au profit des constitutions impériales et des édits préfectoraux, ainsi que dans le domaine judiciaire où la *cognitio* provinciale remplace les juridictions ptolémaïques [Amelotti, 23].

Voici un exemple de ce jeu des continuités et des ruptures. La datation des documents par années de règne, dans un empire qui conserve le système républicain de la datation par consulats, peut apparaître comme une continuité monarchique. Les dates consulaires et postconsulaires n'entrent en usage en Égypte que vers la fin du III⁰ siècle et se généralisent sous Dioclétien. En revanche, le fait que les noms de plusieurs mois du calendrier égyptien aient été dédoublés par des appellations en l'honneur de divers membres de la maison impériale ne peut pas être invoqué dans le même sens. Ni les pharaons ni les Lagides ne donnaient leurs noms aux mois du calendrier. L'exemple est venu de Rome même, avec les deux mois d'été dédiés à Jules César (juillet) et à Auguste (août). Un papyrus du règne de Gaius Caligula (*P.Oxy.*, LV, 3780, 40-42 de notre ère) nous a conservé la liste de dix mois égyptiens rebaptisés par cet empereur en l'honneur de divers membres de sa famille et de lui-même : Sebastos (Thôth, en l'honneur d'Auguste) ; Sôtêr (Phaophi, attribution discutable) ; Neos Sebastos (Hathyr, en l'honneur de Tibère) ; Ioulieus (Choiak, en l'honneur de Jules César ou de Julie, fille d'Auguste et aïeule de Gaius) ; Theogenios (Tybi, en l'honneur de Gaius lui-même ?) ; Nerôneios (Mecheir, en l'honneur de Néron, le frère de Gaius) ; Gaïeios (Phamenôth, le premier changement introduit par Gaius) ; Agrippineios (Pharmouthi, en l'honneur de la mère de Gaius) ; Germanikeios (Pachon, en l'honneur de son père) ; Drousilleios (en l'honneur de sa sœur ou de sa fille). Par la suite, on devait revenir à un calendrier plus traditionnel.

L'annexion de l'Égypte à l'Empire a rompu la continuité politique ; la souveraineté étatique de la monarchie lagide ne s'est pas prolongée au profit du prince dans une « union personnelle » ou « réelle » avec l'État romain. Seule subsiste une incontestable continuité de certains aspects de la fonction royale. Dans un double héritage, grec et égyptien, ce sont, un peu paradoxalement, les aspects égyptiens de la royauté lagide qui se perpétuent après la conquête : Auguste n'est pas *basileus*, mais il a des attributs du pharaon. Cela ne suffit pas cependant à justifier l'idée autrefois largement répandue selon laquelle l'Égypte romaine aurait été un « domaine privé », rattaché à l'Empire par une « union personnelle » ou « réelle ». Cette théorie n'est pas très réaliste. Comparer les rapports entre l'Égypte et l'Empire romain à ceux qui ont existé plus tard entre le Grand Duché de Finlande et l'Empire russe, comme le faisait un auteur allemand au début du XXe siècle [Neumann], ou dire qu'Auguste était roi en Égypte et *princeps* à Rome comme la reine Victoria était reine en Angleterre et impératrice aux Indes [Mommsen] n'est guère plus sérieux. Les survivances monarchiques de l'Égypte romaine cachent mal la réalité institutionnelle qui est bien celle d'un régime provincial. Parler de « domaine privé » ou de « métairie », c'est remplacer une problématique complexe par une rhétorique nébuleuse.

Nous tiendrons donc pour acquis qu'à la suite de la conquête l'Égypte a été bel et bien réduite à l'état de province romaine [Geraci, 15, 16, 24 ; Bowman, 14 ; Rathbone, 28]. Après le partage de 27 av. notre ère, l'Égypte devient une province impériale, encore que le seul texte historique qui en parle (Dion Cassius, 53, 12, 7) mentionne non pas le pays, mais sa population (les « Égyptiens »). Sans doute n'est-elle pas tout à fait une province comme les autres : son isolement, son gouvernement entre les mains d'un simple préfet équestre, l'interdiction faite aux sénateurs et à l'élite des chevaliers de se rendre en Égypte sans autorisation impériale [Manfredini, 27] sont les signes d'une incontestable singularité. Mais cette singularité, que justifient des considérations d'ordre politique et économique, ne comporte rien qui ne soit compatible avec les règles du droit public romain en matière de régime provincial. Elle n'introduit dans l'organisation des conquêtes aucune anomalie ni extravagance (théorie du « domaine privé »). L'Égypte est une province impériale de type procuratorien dotée d'un statut qui lui garantit le maintien de particularismes locaux dans un cadre juridique conforme aux principes du droit public romain.

LE STATUT AUGUSTÉEN DE L'ÉGYPTE

Conformément à une tradition établie dès l'époque républicaine, Auguste a doté l'Égypte d'un statut qui organisait les rapports entre le conquérant et les conquis. Ce statut s'insère dans une série de mesures tendant à régulariser les pouvoirs d'Auguste après Actium ; il rejoint les actes normatifs – lois, plébiscites, sénatus-consultes – relatifs à des questions telles que le *nomen Augusti*, le partage des provinces, l'*imperium* proconsulaire, la puissance tribunicienne. C'est dans ce contexte qu'il faut replacer la loi mentionnée par Ulpien (*D.*, 1, 17, 1) au livre 15 de son *Ad edictum*: un vote comitial confirmant les pouvoirs d'Auguste sur l'Égypte « soumise à la domination du peuple romain » (*Res gestae*, 21, 1). Un tel vote aura consacré les principes du régime provincial égyptien : l'autorité exclusive d'Auguste sur l'Égypte, au nom du peuple romain, et le droit de gouverner cette province par un chevalier muni d'un *imperium* « à la manière d'un proconsul » *(ad similitudinem proconsulis)*. A partir de là, plusieurs décisions ont été prises pour régler le détail des questions administratives et politiques consécutives à la conquête : les compétences du gouverneur, le degré d'autonomie des cités grecques, Alexandrie en tête, la condition des habitants, l'organisation financière, l'administration de la justice provinciale.

Il faut en effet abandonner, en ce qui concerne l'Égypte, l'idée d'une seule *lex data,* une loi organique [Taubenschlag, 126], à l'exemple de celles qui sont attestées par les sources littéraires pour la Sicile *(lex Rupilia),* la Macédoine *(lex Aemilia),* la Bithynie *(lex Pompeia)* ou la Syrie-Palestine *(lex Gabinia).* En Égypte, nous avons affaire à un ensemble d'actes normatifs de nature et de date diverses. C'est ainsi que les pouvoirs du préfet d'Égypte ont été définis, non pas dans le cadre d'une charte octroyée par Auguste, mais, on vient de le dire, par une loi comitiale. Créant une façade de régularité constitutionnelle pour la préfecture d'Égypte, cette loi, inspirée de la politique augustéenne de « restauration républicaine », correspond aux déclarations d'Auguste à propos de la souveraineté du peuple romain sur l'Égypte. Toutefois, donner l'*imperium,*

prérogative par excellence sénatoriale, à un chevalier fut un geste auda-
cieux, « une manière d'outrage à la dignité du Sénat » [J.-P. Boucher], et
C. Cornelius Gallus, premier titulaire de ce pouvoir, en a supporté les
conséquences quand son heure fut venue.

La loi mentionnée par Ulpien n'ayant pas défini dans le détail les
attributions du préfet, ses compétences furent précisées par la suite au
moyen de constitutions impériales. On entend ainsi parler de constitutions
d'Auguste, dont l'une autorisait le préfet à instruire les procès et à prononcer des décrets comme un véritable magistrat (Tacite, *Ann.*, 12, 60), alors
qu'une autre confirmait son droit de procéder aux affranchissements « par
la vindicte » (Modestin, *D.*, 40, 2, 21 ; cf. *Gnom.*, § 20). D'autres constitutions ont fixé les modalités du système administratif, comme la division du
pays en épistratégies, et les principes de l'organisation financière. Le *Gnomon de l'Idiologue* (voir ci-après) rappelle, sur ce dernier point, une *forma
divi Augusti,* complétée par la suite par des décisions des empereurs, des
préfets, du Sénat et les idiologues successifs (*Gnom.,* préambule).

Contrairement aux hypothèses autrefois admises par certains papyrologues, le statut augustéen de l'Égypte n'a pas comporté de dispositions
relatives au droit privé pratiqué par les populations égyptiennes ; nous
verrons plus loin selon quels critères a été organisé l'encadrement officiel
de la vie juridique des habitants. En revanche, un des premiers éléments
constitutifs du statut visait la cité d'Alexandrie, conformément à la tradition qui plaçait le problème des relations entre le pouvoir romain et les
cités grecques d'un pays conquis au premier rang des questions à régler.

Plutarque (*Antoine*, 80) et Dion Cassius (51, 16-17), puisant sans doute
à la même source, ainsi que l'empereur Julien qui s'en fait l'écho (*Ép.,* 51)
nous ont transmis le récit de l'entrée triomphale d'Octave à Alexandrie en
août de l'an 30 av. notre ère, dix mois après Actium, et du discours qu'il
a prononcé à cette occasion – en grec, précise Dion – au gymnase, devant
la foule. C'est un discours de pardon. Octave absout les Alexandrins (auxquels Dion a associé les Égyptiens) de toute faute dont ils se sont rendus
coupables à son égard, et cela pour trois raisons. La dernière revient dans
les trois textes, à savoir l'amitié d'Octave pour son maître Areios Didy-
mos, philosophe alexandrin et ami de Mécène, qui participe activement à
cette rencontre ; les deux autres sont le souvenir d'Alexandre le Grand et
la beauté de la cité pour Plutarque, le dieu Sarapis et Alexandre pour
Dion, Sarapis et la beauté de la cité pour l'empereur Julien.

Le crime des Alexandrins est évident : ils sont coupables de complicité
avec les ennemis vaincus d'Octave – Marc Antoine et Cléopâtre. N'ont-il
pas clairement proclamé leur soutien à leur reine en lui conférant, à la
suite du règlement de 37/36 av. notre ère, le titre de *philopatris,* « celle qui
aime sa patrie » – sous-entendu la cité d'Alexandrie (*BGU,* XIV, 2376,

36/35 av. notre ère) ? Mais Octave ne pouvait pas envisager, explique Dion, de condamner toute une population qui pourrait se rendre utile aux Romains. La raison d'État dictait l'amnistie à laquelle la rhétorique fournissait une justification appropriée.

La triple motivation du pardon a trouvé un prolongement, lourd de conséquences politiques, dans les modalités dont il a été assorti. Elles se présentent comme une triple opération antisénatoriale : les sénateurs romains ne pourront pas se rendre en Égypte, sauf autorisation spéciale du prince ; il n'y aura pas à Rome de sénateurs d'origine égyptienne ; la cité d'Alexandrie elle-même devra, comme le dit Dion Cassius, « se gouverner sans sénateurs » (bouleutes). Ce triple interdit nous apparaît comme une première pièce du statut augustéen de l'Égypte : *instituta Augusti*, dit Tacite (*Ann.*, 2, 59) à propos de son premier volet, à quoi correspond l'expression grecque *ta tachtenta*, « règles fixées », chez Dion Cassius (51, 17, 3). Mais c'était évidemment le dernier volet, la mesure punitive concernant la *boulè* d'Alexandrie, qui représentait pour les intéressés la condition la plus dure du pardon qu'Octave venait de leur accorder. Cette mesure allait jouer un rôle de premier plan dans le contentieux qui devait opposer les Alexandrins à Rome jusqu'aux réformes de Septime Sévère.

L'ÉGYPTE IMPÉRIALE

D'AUGUSTE AUX FLAVIENS

Au lendemain de la conquête romaine, en 26/25 av. notre ère, sinon dès l'an 30, l'Égypte adopte le calendrier julien réformé par Auguste. L'année commence désormais le 29 août (1er Thôth), et une fois sur quatre, le 30 août, car un sixième jour épagomène est ajouté à la fin de chaque année qui précède l'année bissextile du calendrier romain modifié par Jules César ; le décalage d'un jour qui se produit ainsi disparaît le 1er mars, le 29 février de l'année bissextile romaine ayant déjà été pris en compte dans le calendrier égyptien cinq mois plus tôt. Ces subtilités sont à l'origine des erreurs dans la conversion des dates égyptiennes en dates juliennes, fréquentes chez les historiens modernes [Skeat, 29].

La première année égyptienne d'Auguste, 30/29 av. notre ère, commence fin août (= le 1er Thôth) de l'an 30. Elle fait suite à la 22e année de Cléopâtre VII, qui est aussi la 7e, car Cléopâtre utilise, depuis 37/36, un double comput pour commémorer les donations qu'Antoine lui avait faites en Syrie. En réalité, Auguste est le maître de l'Égypte dès le début du mois d'août et, après le suicide de Cléopâtre une dizaine de jours plus tard (sans doute le 17 Mésoré = 12 août), le règne de celle-ci n'est plus qu'une fiction [Skeat, 1993]. Plus tard, pour faire coïncider le début du règne d'Auguste avec la prise d'Alexandrie le 8 Mésoré (= 2 août), sera créée une « ère augustéenne » *(kratésis)* dont font état les papyrus et les monnaies alexandrines [Grenier, 25]. A la différence des Lagides, qui commençaient leur règne le jour même du décès du prédécesseur, Auguste n'est donc pas l' « héritier royal » de Cléopâtre. Il en sera de même pour Tibère dont la première année égyptienne ne commence pas à la mort d'Auguste le 19 août 14 de notre ère, mais, on va le voir, un mois plus tard.

Dès le début du règne d'Auguste sur l'Égypte (30 av. notre ère - 14 de notre ère), C. Cornelius Gallus, son premier préfet, devait faire face, avec succès du reste, à deux insurrections locales, l'une à Heroonpolis, dans le Delta oriental, l'autre dans la Thébaïde. Cette deuxième insurrection a donné lieu à une expédition militaire jusqu'à Syène ; Gallus en a donné le compte rendu, en 29 av. notre ère, dans une célèbre inscription trilingue (textes latin, grec et hiéroglyphique) trouvée dans l'île de Philae devant le temple d'Auguste (*OGIS*, II, 654 ; *Inscr. Philae*, II, n° 128 ; Bresciani, 52). La référence au « renversement *(katalysis)* des rois d'Égypte » par laquelle commence ce document met l'accent sur une rupture de continuité entre la monarchie lagide et la domination romaine sur l'Égypte.

Cornelius Gallus est l'auteur de poèmes dont des fragments, révélés par un papyrus latin trouvé à Qasr Ibrim, en Nubie, prétendent au titre de plus ancien manuscrit de poésie latine actuellement connu. Il est aussi un homme qui paraît, rétrospectivement, avoir trahi la confiance de son maître. Un papyrus d'Oxyrhynchos publié en 1971 (*P.Oxy.*, XXXVII, 2820) a jeté sur Gallus le soupçon d'avoir voulu exploiter ses victoires égyptiennes à des fins personnelles : il aurait cherché à frapper sa propre monnaie, en manifestant ainsi son intention de s'emparer du pouvoir sur l'Égypte contre Rome. Il est vrai que la tournure grecque qui a été interprétée dans ce sens pourrait signifier aussi « forger des armes » ; dans ce cas, le texte en question concernerait, non pas Cornelius Gallus, mais plutôt son successeur, Aelius Gallus, et ferait allusion aux préparatifs en vue d'une expédition en Arabie heureuse dont parle Strabon (16, 4, 22-24 = C 780-782). Le soupçon demeure cependant, et s'aggrave : si ces préparatifs guerriers doivent être attribués à Cornelius Gallus, celui-ci apparaîtrait comme un candidat à l'usurpation, décidé à proclamer la sécession de l'Égypte sous son gouvernement propre, au prix d'un conflit armé avec Rome [Hauben, 53 ; Lewis, 54].

Après la mort d'Auguste le 19 août 14 de notre ère, le règne de son successeur Tibère (août 14 - mars 37) ne commence qu'après le changement d'année le 1er Thôth, c'est-à-dire le 29 août, et la célébration de l'apothéose le 17 septembre de cette même année. C'est ainsi que s'explique la mention d'une 44e année d'Auguste (par ex. à Gebel Silsileh, *SB*, III, 6845, à dater du 20 Thôth = 17 septembre 14 de notre ère), alors qu'en fait sa mort a eu lieu avant la fin de la 43e année de son règne [Montevecchi, 30].

Germanicus, neveu et fils adoptif de Tibère, est venu en Égypte en 19 de notre ère [Weingärtner, 31]. Cette visite a laissé quelques traces dans les papyrus, notamment un intéressant compte rendu de sa rencontre avec les Alexandrins avec le texte du discours qu'il a prononcé (en grec) à cette occasion (*P.Oxy.*, XXV, 2435 *recto*). Tacite l'évoque dans une phrase célèbre (*Ann.*, 2, 59), où il range le gouvernement de l'Égypte parmi les « mystères du pouvoir » *(dominationis arcana)*.

Pendant le bref règne de Gaius Caligula (mars 37 - janvier 41) les affrontements judéo-païens à Alexandrie culminent, au cours de l'été 38, dans un pogrom de la population juive, dont le philosophe Philon nous a laissé une bouleversante description (*Contre Flaccus*, 55 sq.). La responsabilité en revient au préfet Aulus Avilius Flaccus, ami et « compagnon » de Tibère. Envoyé comme gouverneur en Égypte par cet empereur au début de 32, il tenta de promouvoir un programme de réformes qui suscita une réaction hostile de la part des nationalistes alexandrins. Après la mort de Tibère, il risquait d'être destitué, mais obtint un sursis. Les Juifs en paient les frais. En même temps, ambassadeurs juifs et grecs d'Alexandrie essaient de faire aboutir à Rome les revendications respectives des deux communautés. La révocation de Flaccus en octobre 38, suivie de sa déportation sur l'île d'Andros, n'a pas suffi à mettre fin à la tension qui perdura jusqu'à l'assassinat de Caligula le 24 janvier 41.

Sous Claude (janvier 41 - octobre 54), le contentieux judéo-alexandrin connaît de nouveaux rebondissements avec le procès du gymnasiarque Isidôros accusant le roi Agrippa Ier et le peuple juif de tramer un complot « œcuménique » contre la stabilité de l'Empire. Isidôros perd le procès et est condamné à mort. Une longue lettre impériale, que Claude fait parvenir aux Alexandrins en octobre 41 et que nous connaissons depuis 1924 grâce à un papyrus de Londres (*P.Lond.*, VI, 1912), annonce une série de mesures tendant à rétablir la paix civile dans la turbulente cité. La paix règne déjà dans la *chôra*. La mer Rouge a été débarrassée des pirates qui l'infestaient ; le commerce avec l'Orient, et jusqu'à l'Inde, peut reprendre dans une relative sécurité. La présence militaire de Rome en Égypte se fait plus discrète : elle est réduite à la seule garnison de Nicopolis, près d'Alexandrie.

Le règne de Néron (octobre 54 - juin 68) est assombri en Égypte par une crise économique dont les signes précurseurs apparaissaient déjà vers la fin de celui de Claude. Les traces en sont nombreuses dans les papyrus. L'égyptophilie de Néron, dont se font l'écho les auteurs latins (Suétone, Tacite), est connue, et l'on peut, si l'on veut, l'interpréter comme « un message politique de bienveillance et de paix » s'adressant à l'Égypte [Cesaretti, 32, 33]. On ne doit cependant pas surestimer la portée réelle d'un tel message. Une stèle de Coptos montrant Néron devant Min et Osiris, conservée au Musée de Lyon, témoigne d'une idéologie impériale plus romaine qu'égyptienne [Perrin, 34]. Contre l'idée d'une politique néronienne tendant à égyptianiser la population hellénophone militent les liens que cet empereur entretient avec les élites grecques d'Égypte ; ils se manifestent à Alexandrie dans les nouveaux noms de tribus utilisant les épithètes honorifiques du protocole impérial, et dans la *chôra*, dans la courtoisie qui caractérise la correspondance que Néron échange avec les représentants de la « cité » d'Arsinoé et des catœques du nombre des 6 475 (*SB*, XII, 11012). Le philosophe Sénèque, auteur d'un ouvrage sur l'Égypte qui ne nous est pas parvenu, a pu exercer une influence sur ce type de contacts entre le pouvoir impérial et les élites locales.

Les dernières années du règne de Néron sont marquées par une recrudescence du conflit judéo-alexandrin. Tiberius Julius Alexander, fils de l'alabarque (directeur des douanes) Alexander et neveu du philosophe Philon, nommé préfet d'Égypte en 66, doit aussitôt calmer une nouvelle explosion de violence. Flavius Josèphe (*Guerre*, 2, 490 sq.) parle à ce propos de « cinquante mille cadavres ». Pendant la crise des années 68-69 qui s'est ouverte après la mort de Néron, Tiberius Julius Alexander entretient des relations secrètes avec Galba et n'attend pas d'être confirmé dans ses fonctions de préfet d'Égypte pour promulguer, le 6 juillet 68, un édit que nous a conservé l'inscription du temple d'Hibis dans l'oasis de Kharga ; il y salue l'avènement de Galba et annonce une série de mesures tendant à mettre fin aux abus dont se plaignent ses administrés [Chalon, 57 ; *Lois des Romains*, VII/7, rééd. partielle]. L'année suivante, après avoir officiellement reconnu d'abord Othon puis Vitellius, il trame déjà l'avènement de Vespasien, qui a besoin de l'appui de l'Égypte pour se faire proclamer empereur [Barzanò, 56].

L'acclamation de Vespasien par les troupes romaines stationnées à Alexandrie, le 1er juillet 69, est aussi l'œuvre de l'habile préfet. Un lambeau de papyrus nous a transmis l'écho des festivités en l'honneur de Vespasien organisées par Tiberius, qui salua en personne le nouveau souverain (*P.Fouad*, I, 8 = *CPJud.*, II, 418 *a*). L'acclamation à Alexandrie sera le *dies imperii* de Vespasien. Sous le règne de cet empereur (juillet 69 - juin 79) et sous ceux de ses successeurs Titus (juin 79 - septembre 81) et Domitien (septembre 81 - septembre 96), d'importants travaux d'amélioration du système de canaux sont entrepris en Égypte. Après la chute du

Temple de Jérusalem en 70, Titus victorieux, revenant à Rome, fait une halte à Alexandrie. Une lettre privée sur papyrus (*P.Oxy.*, XXXIV, 2725) nous en indique le moment précis : le 25 avril 71, vers 7 heures du matin [Montevecchi, 35]. Domitien soutient la diffusion en Italie des cultes de Sarapis et d'Isis. Une période de prospérité s'ouvre devant l'Égypte. Elle va se perpétuer sous les Antonins, pendant une bonne partie du IIe siècle de notre ère.

L' « ÂGE D'OR » DES ANTONINS

Après le bref règne de Nerva (septembre 96 - janvier 98), celui de Trajan (janvier 98 - août 117) commence par la reprise du difficile dialogue romano-alexandrin, comme en témoigne une lettre impériale adressée à la cité d'Alexandrie à l'automne 98 de notre ère (*P.Oxy.*, XLII, 3022). Bien qu'il ne soit jamais venu en Égypte, Trajan porte à ce pays un intérêt particulier dont la plus claire expression est le canal reliant la mer Rouge au Nil, au niveau où se trouve aujourd'hui Le Caire, creusé par ordre de l'empereur, probablement suivant le tracé d'un ouvrage plus ancien. Un autre événement notable de ce règne, mais d'un genre très différent, fut la destitution de C. Vibius Maximus, homme de lettres brillant, préfet d'Égypte entre août 103 et mars 107 de notre ère. Il n'est pas sûr que sa disgrâce ait été provoquée par les méfaits dont l'accusent les sources papyrologiques et au premier rang desquels figurent ses relations coupables avec un jeune homme d'une bonne famille alexandrine. En 115, alors que Trajan se trouve en Mésopotamie, éclate à Cyrène la révolte juive qui s'étendra à l'Égypte et à Chypre. Elle va durer deux ans et se soldera par l'anéantissement total des communautés juives d'Alexandrie et d'Égypte.

Le début du règne d'Hadrien (août 117 - juillet 138 de notre ère) coïncide avec la fin de cette révolte. Dans une lettre aux stratèges de nome datée du 25 août 117, le préfet d'Égypte Q. Rammius Martialis annonce son avènement (*P.Oxy.*, LV, 3781). Hadrien a été proclamé empereur à Antioche le 11 août de la même année ; la nouvelle a mis à peine deux semaines pour parvenir à Alexandrie. Le nouvel empereur châtie les coupables et prend une série de mesures destinées à redresser le pays ravagé par deux années de guerre ; il rebâtit Alexandrie, accorde aux cultivateurs des allégements d'impôts et crée des comptes spéciaux pour la gestion de terres qui se sont retrouvées sans maître à la suite des hostilités. La mise en place d'une « Bibliothèque d'Hadrien », archives centrales où sont enregistrés et conservés des documents, se situe dans le même contexte.

En 130, Hadrien visite l'Égypte en compagnie de son épouse, l'impératrice Sabine. Il s'intéresse au Musée d'Alexandrie et s'applique à promouvoir les traditions grecques. En souvenir de son favori, le bel Anti-noous noyé dans le Nil, il fonde, selon le modèle grec, une nouvelle cité, Antinooupolis ; une route *(via Hadriana)* la relie à travers le désert oriental au port de Bérénice sur la côte occidentale de la mer Rouge. Mais il se passionne aussi pour l'Égypte égyptienne. Dès 120, il accorde aux prêtres égyptiens un privilège leur permettant d'échapper à l'interdiction de la circoncision qui vient d'être proclamée pour tout l'Empire. L'égyptophilie d'Hadrien est célèbre ; en témoignent le type monétaire de Ptah à Alexandrie et la villa Adriana en Italie [Bakhoum, 36].

Après celui d'Antonin le Pieux (juillet 138 - mars 161), qui a offert, peut-être à l'occasion d'une visite, un hippodrome aux Alexandrins, le règne de Marc Aurèle (mars 161 - mars 180) a été troublé par une révolte des « bouviers » *(boukoloi)* dans le Delta, en 172-173 [Baldini, 38 ; Bertrand, 39 ; Yoyotte et Chuvin, 41]. Elle fut réduite par le gouverneur de Syrie, Avidius Cassius, fils de C. Avidius Héliodorus, préfet d'Égypte de 137 à 142. En 175, Avidius Cassius se proclama empereur, et, reconnu par les Alexandrins, régna sur l'Égypte pendant trois mois, de la mi-avril à la mi-juillet (*P.Col.*, II, 85 ; *O.Caire GPW*, 113). Le préfet en charge, Calvisius Statianus, a rallié l'usurpateur en proclamant son « avènement » dans un édit promulgué en avril 175 (*P.Amst.*, I, 27 = *SB*, XII, 10991). Il semble que l'un et l'autre aient cru à la fausse nouvelle du décès de Marc Aurèle : plutôt qu'un aventurier qui aurait conspiré contre le pouvoir impérial, Avidius Cassius apparaît comme un ambitieux qui n'a pas eu de chance [Spiess, 40]. Un an plus tard, Marc Aurèle visite l'Égypte et pardonne aux Alexandrins leur infidélité.

Associé au pouvoir par Marc Aurèle en 176, Commode (mars 180 - décembre 192) continue le comput de son prédécesseur, donc depuis 161, ce qui lui permet d'arriver à trente-trois années régnales. L'Égypte affronte des difficultés économiques qui se manifestent dans un abaissement des montants versés au titre de l'annone. Archéologie et numismatique attestent des changements qui caractérisent le règne de Commode : despotisme, dont les extravagances annoncent la fin de l'« âge d'or » des Antonins, et promotion d'un programme monétaire favorisant les thèmes historico-monétaires au détriment des types religieux [Bakhoum, 37].

DES SÉVÈRES A L'AVÈNEMENT DE GALLIEN

Dans la compétition à la succession au pouvoir qui s'ouvre en 193, l'Égypte est d'abord favorable à Pescennius Niger, qui commandait un détachement de l'armée romaine à Syène, mais passe facilement à l'Africain Septime Sévère (avril 193 - février 211). Après une brève visite en Égypte en 194, celui-ci y revient en 199-200 avec son fils Caracalla pour un séjour plus long, dont la trace dans les documents papyrologiques apparaît sous la forme de décisions prises à l'occasion de cette visite, tels les célèbres *Apokrimata* du *P.Col.*, 123 (*Lois des Romains*, VIII/19) [Coriat, 43, 44].

Dans le cadre d'une importante réforme administrative, Septime Sévère dote de conseils *(boulai)* les métropoles égyptiennes qui deviennent ainsi *civitates (poleis)* ; à cette occasion les Alexandrins retrouvent enfin leur *boulè*, mise en sommeil par Auguste. L'Africain s'efforce de poursuivre la politique culturelle d'Hadrien, offrant des thermes, un gymnase et des temples à Alexandrie et aussi en entreprenant, pensait-on, la restauration de la statue chantante de Memnon si bien qu'elle cessa de chanter ; mais comme Memnon chantait encore en 205, après la visite de Septime Sévère, cette malheureuse initiative conviendrait mieux à son fils Caracalla [Lukaszewicz, 46], à moins de l'imputer à la reine Zénobie de Palmyre qui régnait sur l'Égypte dans les années 270-272 [Bowersock, 42].

Suivant l'exemple de Commode, Caracalla, associé au trône en 198, poursuivra, après la mort de son père Septime Sévère en février 211, le comput des années régnales de celui-ci depuis 193, jusqu'à sa 25e année (avril 217). Entre décembre 211 et février 212, il se débarrasse de son frère cadet Géta, associé au pouvoir en même temps que lui, et obtient du Sénat romain la condamnation de sa mémoire. Cette *damnatio memoriae* de Géta, proclamée par le préfet d'Égypte L. Baebius Aurelius Iuncinus dans un édit connu grâce à un papyrus de Berlin (*BGU*, XI, 2056), a laissé de nombreuses traces dans les documents d'Égypte [Heinen, 45] ; à cette occasion, on a martelé aussi, dans un décret exemptant les prêtres du dieu crocodile Soknopaios de la culture forcée des terres, le nom de L. Lusius Geta, préfet d'Égypte en 54 de notre ère, qui, l'homonymie mise à part, n'avait évidemment rien à voir dans cette affaire (*OGIS*, II, 664 = *I.Fay.*, I, 75 et pl. 55).

Par un édit promulgué en 212, dont il sera encore question plus loin, Caracalla a étendu le droit de cité romaine en faveur de tous les pérégrins de l'Empire, excepté certains « marginaux » (les déditices). Le texte de la version grecque de cet édit *(Constitutio Antoniniana)* nous est parvenu, malheureusement en piteux état, dans un papyrus qui, publié en 1910 (*P.Giss.*, 40, col. I = *Lois des Romains*, VIII/21), n'a pas cessé à ce jour de nourrir d'interminables débats ; ceux-ci portent sur l'étendue de cette décision, les restrictions dont elle était assortie et ses conséquences pour la vie juridique des provinciaux élevés au rang de citoyens de Rome. Cette mesure englobait les Égyptiens de souche, ce qui n'empêcha pas son auteur d'ordonner trois ans plus tard leur expulsion d'Alexandrie sans respecter un minimum de civilité à l'égard de ces nouveaux citoyens. « Les vrais Égyptiens », lisons-nous dans l'édit qu'il promulgua à cet effet

(*P.Giss.,* 40, col. 2, 27-29), « peuvent être identifiés sans peine par leur langage, qui montre bien qu'ils s'approprient l'aspect et le caractère d'une autre population (les Grecs) ; par leur seul comportement, qui est à l'opposé du mode de vie civilisé, ils se dénoncent comme paysans égyptiens ».

Le séjour de Caracalla à Alexandrie en 215/216 a laissé d'autres tristes souvenirs. La délégation qui vint à sa rencontre suscita la colère du prince et fut condamnée à mort. Le même sort frappa le préfet en charge M. Aurelius Septimius Heraclitus. Le projet de créer une phalange formée de jeunes Alexandrins selon un modèle macédonien ou spartiate a débouché sur un massacre de la jeunesse alexandrine au printemps 216 [Lukaszewicz, 46].

Le règne de Macrin (avril 217 - juin 218) s'étend en Égypte sur deux années. La *damnatio memoriae* de cet empereur a eu pour effet une manipulation du calendrier égyptien. Sa première année égyptienne a été ajoutée à la 25e année de son prédécesseur Caracalla, prolongeant celle-ci, cinq mois au-delà de son décès, jusqu'au 28 août 217. La 2e année égyptienne de Macrin a profité à Élagabal, dont le règne commence en Égypte le 29 août 217 (1er Thôth), alors qu'en fait il n'a pris effectivement le pouvoir qu'au début de juin 218, après sa victoire sur Macrin. Ce dernier étant éliminé à titre posthume, Élagabal devient ainsi le successeur direct de Caracalla. Mais déjà Ptolémée Ier Sôter avait été pour les Grecs le successeur direct d'Alexandre le Grand, les héritiers de celui-ci, à savoir son demi-frère Philippe Arrhidée et son fils Alexandre IV, ayant été gommés dans le comput des années régnales. Élagabal subira à son tour la *damnatio memoriae* après sa mort en mars 222 (première attestation : *P.Oxy.,* XLIX, 3427). A cela s'ajouteront bientôt les qualificatifs peu flatteurs d' « impie » et de « petit », *anosios* et *mikros* (*P.Oxy.,* XLVI, 3299, 2) ; une troisième épithète, *koryph(os)* (pour *koroiphos*), qui a été interprétée comme un terme alexandrin désignant un homosexuel passif (*P.Oxy.,* XLVI, 3298, 2), pourrait se comprendre simplement comme « coureur de jupons » [Lukaszewicz].

Alexandre Sévère (mars 222 - février/mars 235), adopté par Élagabal, a été élevé à la dignité de César en 221, le 26 juin, date de l'adoption de Tibère par Auguste en 4 de notre ère : le prestige du grand prédécesseur sert à rehausser l'autorité du nouveau prince. Un papyrus d'Oxyrhynchos publié en 1966 (*SB,* X, 10295) semble conserver un message du jeune empereur dans sa première année de règne (entre le 25 mars et le 27 avril 222 de notre ère), mais l'attribution de ce document reste controversée. Une lettre d'un haut fonctionnaire aux autorités locales annonce la visite qu'Alexandre Sévère projetait d'effectuer en Égypte en compagnie de sa mère Julia Mammaea (*SB,* XIV, 11651), mais nous ignorons si ce projet a été réalisé. Il pourrait être mis en rapport avec les préparatifs de la campagne contre les

Perses (231-233) et, dans ce cas, l'auteur de cette lettre serait M. Aurelius Zeno Januarius, *dux (stratêlatès)*, haut commandant militaire aux côtés du préfet d'Égypte, attesté en 231 ; mais si le séjour d'Alexandre Sévère en Égypte devait se situer entre la victoire sur les Perses en 233 et le triomphe à Rome en septembre de cette même année, l'auteur de cette lettre serait le préfet d'Égypte Maevius Honoratus.

Pour le règne de Maximin et Maxime (235-238), on retiendra l'information sur les festivités organisées à l'occasion de l'élévation de ce dernier à la dignité de César (*SB*, I, 421). Un papyrus de Tebtynis en date du 8 juillet 239 nous fait connaître un rescrit de Gordien III (238-244) précisant que la légitimité d'un enfant ne dépend pas de la déclaration de naissance (*Lois des Romains*, VIII/23). Un programme de réformes visant à alléger le poids des liturgies et à améliorer la production agraire, élaboré à l'initiative de Philippe l'Arabe (244-249), nous est parvenu dans un papyrus d'Oxyrhynchos (*P.Oxy.*, XXXIII, 2664). La persécution des chrétiens sous le règne de Dèce (249-251), ordonnée par cet empereur en 249, est illustrée par une abondante documentation papyrologique, sans laquelle cet éphémère empereur « n'aurait eu guère de titre pour passer à la postérité » [Lewis, 1983/1988].

LES ROUAGES DU RÉGIME PROVINCIAL

LES ORGANES CENTRAUX

Depuis Auguste, le gouvernement de l'Égypte est confié à un chevalier, homme de confiance du prince. Son titre officiel est « préfet d'Alexandrie et d'Égypte » *(praefectus Alexandreae et Aegypti)*, ou « préfet d'Égypte » tout court (*praefectus Aegypti, eparchos Aigyptou* en grec). Ce titre n'apparaît régulièrement dans les préambules des édits et dans les requêtes *(hypomnêmata)* soumises au gouverneur qu'à partir de l'époque des Flaviens. Ailleurs, son emploi est sporadique et paraît exceptionnel [Bastianini, 48, 49]. Le titre employé couramment est *hêgemôn*, littéralement « commandant » ou « guide ». Depuis le règne de Néron, le préfet a droit à l'épithète honorifique *vir egregius (kratistos)* ; vers le milieu du IIe siècle il devient « clarissime » *(lamprotatos)*, titre normalement réservé aux sénateurs, et, un peu plus tard, « perfectissime » *(diasemotatos)*. En cas de vacance imprévue, le titulaire disparu ou absent peut être remplacé à titre transitoire par un procurateur faisant fonction de préfet *(diadechomenos tên hêgemônian)*.

Pendant les trois siècles qui vont de la conquête romaine de l'Égypte au règne de Gallien, près d'une centaine de titulaires se sont succédé à la préfecture d'Alexandrie [Bureth-Bastianini, 47]. La durée moyenne d'exercice de la charge est donc d'environ trois ans ; en règle générale, elle est d'une ou deux années. Les préfectures qui se sont prolongées pendant cinq, six ou sept ans peuvent être considérées comme très longues. Il en est ainsi, pour ne citer que quelques noms relativement célèbres, de Gnaeus Vergilius Capito sous Claude (47-52), de Ti. Claudius Barbillus sous Néron (55-59), de Servius Sulpicius Similis sous Trajan (107-112), de M. Sempronius Liberalis sous Antonin le Pieux (154-159), de Ti. Claudius Subatianus Aquila sous Septime Sévère (205-210), de Maevius Honoratianus sous Alexandre Sévère et Maximin (231-238). Le record semble être détenu par Gaius Galerius, préfet d'Égypte sous Tibère, attesté de manière sûre en 22/23 de notre ère, mais resté en charge probablement pendant une période beaucoup plus longue, peut-être quinze ans (16-31), jusqu'à sa mort dans l'exercice de ses fonctions [Balconi, 55]. Le changement de titulaire se fait habituellement pendant l'été, vers la fin de l'année égyptienne.

La plupart des préfets viennent de Rome et d'Italie, mais on compte aussi parmi eux quelques Gaulois et Espagnols, à commencer par le premier titulaire du poste, C. Cornelius Gallus, originaire de Fréjus. Le « recrutement local » n'est possible que parmi les Alexandrins possédant le droit de cité romaine. Tel est le cas de Ti. Julius Alexander, préfet d'Égypte de 66 à 70, issu d'une famille de notables juifs d'Alexandrie, dont le père avait reçu le droit de cité romaine de la part d'Auguste. Il était donc né citoyen romain et c'est à tort que Tacite, par un mépris qu'il affiche sans gêne tant pour les Égyptiens que pour les Juifs, l'affuble d'une « nationalité égyptienne » (ou « juive » ?) (*Hist.*, 1, 11). On connaît deux cas de préfets pris parmi les affranchis impériaux : Hiberus, en 31, et M. Aurelius Epagathus, en 223-224. Ces nominations sont exceptionnelles. Hiberus remplace provisoirement C. Galerius, préfet en titre, alors que pour Epagathus, impliqué dans le meurtre du juriste Ulpien, il s'agit d'une mesure d'éloignement plutôt que d'une véritable promotion.

Dans la hiérarchie équestre, la préfecture d'Égypte occupe une place élevée, immédiatement avant la préfecture du prétoire qui en est le sommet. Plusieurs préfets d'Égypte ont accédé à ce poste, devenant ainsi les premiers personnages dans l'Empire, après l'empereur lui-même. A l'inverse, il pouvait arriver que fût condamnée, après sa mort, la mémoire d'un préfet indigne, comme celle d'un mauvais prince *(damnatio memoriae).* Le fait est attesté par une inscription martelée, publiée par J. Leclant en 1951 (*SEG*, XXXI, 1548), mais l'identité du personnage qui a été frappé par cette mesure n'est pas bien établie ; les candidats possibles sont

C. Vibius Maximus (103-107 de notre ère), Petronius Quadratus (125 ? de notre ère), T. Flavius Titianus I (126-133 de notre ère).

Le préfet gouverne le pays à la fois comme le représentant de l'empereur et comme le successeur effectif des souverains lagides et des pharaons. Pour les populations égyptiennes, il incarne la souveraineté romaine qui s'est substituée à la monarchie ptolémaïque. Dans les requêtes qui lui sont soumises, on lui attribue les vertus et les pouvoirs qui furent autrefois ceux des rois Lagides. A cet égard, il n'est pas interdit de dire qu'il gouverne l'Égypte « à la place des rois », *loco regum* (Tacite, *Hist.*, 1, 11 ; et déjà Strabon 17, 1, 12 = C 797), ou qu'il gouverne « en vertu d'un droit régalien », *regio iure* (Ammien Marcellin, 22, 6, 6). Un antique tabou lui interdit de naviguer sur le Nil en période de crue, comme il le défendait aux rois d'Égypte (Pline l'Ancien, *Hist. nat.*, 5, 9 [10]).

Le préfet exerce une activité législative par la voie des édits qu'il promulgue et il administre la justice provinciale. Son *imperium* quasi proconsulaire comporte un pouvoir judiciaire *(imperium mixtum)*. Il est le maître de la justice dans le pays, qu'il s'agisse de citoyens romains ou de pérégrins grecs et égyptiens [Anagnostou-Canas, 115]. Une partie de l'administration de la justice lui incombe personnellement ; pour en assurer la marche, il tient, selon un calendrier et un itinéraire fixes, des assises judiciaires à Alexandrie, à Péluse et à Memphis *(conventus, dialogismos)* [Foti Talamanca, 116]. Pour le reste, il délègue son pouvoir à un fonctionnaire civil ou militaire *(iudex datus)* plus ou moins compétent qui statuera à sa place en vertu de cette autorisation *(ex anapompês)* ou qui à son tour déléguera éventuellement l'affaire à un subordonné. Le préfet échappe ainsi à l'avalanche de requêtes dont il est saisi lors du *conventus*, ne réservant à sa décision que les cas qui exigent impérativement son intervention personnelle.

Aux côtés du préfet, d'autres hauts procurateurs équestres possèdent un pouvoir juridictionnel propre qu'ils tiennent de l'empereur. Tel est d'abord le cas du *iuridicus* d'Alexandrie *(dikaiodotès)*, investi d'une compétence judiciaire *(iuris dictio)* qu'il exerce à Alexandrie pendant que le préfet est en déplacement au *conventus* [Kupiszewski, 58]. Il en va de même, dans le domaine financier, de l'idiologue, responsable des finances provinciales. Depuis Hadrien, le grand prêtre *(archiereus)* d'Alexandrie et d'Égypte exerce une juridiction qui lui est propre dans le contrôle des cultes ; on le voit notamment donner des autorisations pour la circoncision de jeunes prêtres égyptiens sous forme de décision judiciaire. Ces pouvoirs ne font pas concurrence à la juridiction du préfet, mais sont complémentaires de celle-ci. Ainsi toutes les manifestations d'une activité judiciaire dans l'Égypte romaine soit sont l'expression, directe ou indirecte, d'une prérogative préfectorale, soit la complètent dans un domaine déterminé. Bien entendu, à l'occasion d'une visite impériale en Égypte, cette prérogative s'efface devant l'empereur, qui en est la source. Une liste des cas réservés à la juridiction du préfet limite l'appel à l'empereur après une sentence préfectorale (*P.Yale*, inv. 1606 = *SB*, XII, 10929).

C'est au préfet qu'appartient le contrôle des légions romaines qui sont stationnées en Égypte. La province étant interdite aux sénateurs, leur commandement ne peut pas revenir à un légat de légion de rang sénatorial, comme c'est la règle ailleurs. Un préfet de légion *(praefectus legionis)* de rang équestre, subordonné au préfet d'Égypte, exerce le commandement effectif. Sous ses ordres se trouvent des préfets de camp *(praefecti castrorum)*. D'après Strabon, trois légions étaient présentes en Égypte sous Auguste. Nous ne connaissons que deux d'entre elles : la *III Cyrenaica* et la *XXII Deiotariana*. Sous Tibère, ces deux légions partagent le même camp près d'Alexandrie. La *III Cyrenaica* sera la première à acclamer Vespasien en 69. Trajan l'envoya en Arabie et la remplaça à Alexandrie par la *II Traiana*. La *XXII Deiotariana,* mentionnée pour la dernière fois en Égypte en 119 de notre ère, disparaît mystérieusement [Alston, 79].

Sous les ordres du préfet d'Égypte, une administration centrale participe à la gestion des affaires provinciales. Son concours est indispensable au gouverneur qui maîtrise mal ses dossiers. En dressant, dans son *Contre Flaccus,* le portrait du « bon gouverneur » selon le modèle d'un vertueux monarque hellénistique, Philon d'Alexandrie louait Avilius Flaccus d'avoir tenu à « se familiariser à fond avec les affaires de l'Égypte ». L'éloge fait bien ressortir le caractère exceptionnel de ce préfet par opposition aux autres qui brillaient avant tout par un notoire amateurisme [Brunt, 50]. Mais ils savaient écouter les conseils de leurs collaborateurs, assesseurs et experts juridiques *(nomikoi),* que nous voyons dans nos documents relatifs à l'administration de la justice.

Outre le préfet, quelques autres procurateurs impériaux exercent des compétences particulières. Le premier en grade est le *iuridicus (dikaiodotès) Alexandreae et Aegypti,* chevalier romain nommé directement par l'empereur. On a vu qu'il était investi d'une compétence judiciaire propre. Il pouvait aussi, à l'occasion, agir comme vice-préfet. Un autre haut fonctionnaire judiciaire, l'archidicaste, dirige à Alexandrie les services du notariat public *(katalogeion)* et la procédure de recouvrement de créances en vertu des documents exécutoires (exécution « parée », comparable à celle dont bénéficient de nos jours les effets de commerce) [Wolff, 128].

L'administration des finances provinciales est confiée à un procurateur équestre qui porte le titre ptolémaïque d'*idiologue* (préposé au « compte privé ») [Swarney, 59]. Lui aussi est doté d'une juridiction propre pour régler le contentieux fiscal. Il exerce un contrôle sur les associations, ainsi que sur les biens et les revenus des temples. Un important document de l'époque des Antonins, le *Gnomon de l'Idiologue,* résume en grec une série de dispositions contenues dans un recueil d'instructions *(liber mandatorum)* adressées à Alexandrie, dès la fin du règne d'Auguste, par les services financiers de Rome et enrichies par des décisions ultérieures. Au IIIe siècle, peut-être depuis Septime Sévère, les finances égyptiennes passent sous la responsabilité d'un *rationalis (katholikos)*.

De la charge d'idiologue il faut distinguer celle de « grand prêtre » *(archiereus)*, secondé par un *antarchiereus*, procurateurs responsables du contrôle des cultes et du clergé. Après des essais épisodiques sous le règne de Néron, sinon dès l'époque de Tibère [Rigsby, 61], la charge a été instituée comme une fonction permanente par Hadrien, très probablement entre juin et août 120 de notre ère. La date peut être établie par le rapprochement de deux fragments d'un édit du préfet T. Haterius Népos concernant la discipline intérieure des temples égyptiens (*P.Fouad*, 10 et *P.Yale*, inv. 1394, *verso* = *SB*, XII, 11236). L'identité du titulaire qui fut nommé à cette date n'est pas établie ; nous avons le choix entre le savant L. Iulius Vestinus, épistate du Musée, grand prêtre au début du règne d'Hadrien, et Bienus Longus, qui exerçait cette fonction en 123 [Parássoglou, 60]. L'institution de cette charge, qui signifie une officialisation du culte impérial en Égypte, est en rapport avec le privilège accordé au clergé local en matière de circoncision, pratique interdite par le même Hadrien à l'échelle de l'Empire mais exceptionnellement autorisée au profit des prêtres égyptiens, sous condition de respecter les règles d'une procédure complexe soumise à l'autorité de ce procurateur. Les données égyptiennes aident à clarifier sur ce point le conflit entre le pouvoir impérial et les Juifs qui, frappés par le même interdit, devront attendre le règne d'Antonin le Pieux pour bénéficier d'un privilège semblable.

LES CITÉS GRECQUES

Alexandrie. — Comme sous les Lagides, Alexandrie tient une place à part sous la domination romaine [Balconi, 63]. Elle est à la fois une cité grecque et le siège d'un gouvernement central, la chancellerie du préfet d'Égypte ayant remplacé la cour royale. En vertu d'une fiction constitutionnelle, Alexandrie n'est pas « en Égypte », mais « près de l'Égypte », *ad Aegyptum* [Huzar, 68]. Aussi les procurateurs impériaux qui administrent de cette province portent-ils dans leur titre la double mention : « Alexandrie et Égypte » (préfet d'Alexandrie et d'Égypte ; *iuridicus* d'Alexandrie et d'Égypte ; grand prêtre d'Alexandrie et d'Égypte) [Geraci, 51]. S'ouvrant à la Méditerranée par ses deux ports maritimes, à l'Égypte et, au-delà, à l'Afrique et à l'Orient, par son port intérieur sur le lac Maréotis, Alexandrie est un puissant centre commercial à l'échelle de l'Empire.

Strabon, qui y séjourna pendant quelques années au début du règne d'Auguste et en donna une description détaillée (17, 1, 6-18 = C 791-802), a pu dire avec raison qu'elle était « le plus grand comptoir de l'oikouménè », la terre habitée des Anciens.

Au début de l'époque romaine, le total des habitants d'Alexandrie devait se situer entre 500 000 et 600 000 individus, ce qui, compte tenu des moyens techniques alors disponibles pour l'approvisionnement d'une ville, représente le plafond démographique d'un centre urbain dans le monde gréco-romain [Delia, 67]. Le romancier Achille Tatius, originaire d'Alexandrie, n'exagère pas trop quand il parle de sa ville natale : « Si je considérais la ville, je doutais qu'un peuple pût la remplir ; et si je regardais le peuple, je m'étonnais qu'une ville pût le contenir. Ainsi la balance était égale » (*Leucippé et Clitophon*, V, 1, 6). La plus grande ville du monde hellénistique, deuxième, après Rome, dans l'Empire romain, Alexandrie se place aux premiers rangs des « mégapoles » de l'Antiquité.

« Ville multiple », *polypolis*, comme le dit Philon (*Contre Flaccus*, 163), Alexandrie n'était pas une cité homogène mais un agglomérat de communautés différenciées entre elles par l'origine des individus qui les composaient et par leur mode de vie. Ville grecque, elle attire les paysans égyptiens ; quittant leurs villages pour fuir la misère et l'oppression fiscale, ils y viennent se perdre dans la foule de la mégapole qui offre à ces « anachorètes » un abri aussi sûr que le désert. L'élément grec domine, mais seule une partie des habitants appartient au corps civique alexandrin proprement dit, organisé en tribus, phratries et dèmes [Delia, 66]. Il semble en effet qu'Alexandrie ait adopté, dès l'époque ptolémaïque, la règle de la double ascendance comme condition de citoyenneté : pour être Alexandrin, il faut être né de père et mère alexandrins. Dans ces conditions, les mariages mixtes, à la différence de ce qui devait se passer à Antinooupolis, ont conduit fatalement au rétrécissement du corps civique.

Privé par Auguste de son conseil *(boulè)*, Alexandrie était représentée à l'extérieur par ses magistrats, en particulier le gymnasiarque, et ses « anciens », les gérontes. Les titres des magistrats alexandrins, qu'il faut se garder de confondre avec les fonctionnaires royaux maintenus sous l'Empire, renvoient aux traditions grecques. Ainsi, la révélation d'un gynéconome dans un papyrus ptolémaïque (*P.Hib.*, II, 196) fait sentir, dès le IIIe siècle av. notre ère, le rôle de l'héritage athénien. Pour l'époque augustéenne, on peut citer les hiérothytes qui, dans certains cas, interviennent dans la conclusion du mariage des citoyens d'Alexandrie, un acte notarial *(synchôrêsis)* étant suivi par un deuxième acte à passer devant ces magistrats. La nature de cette double opération n'est pas définitivement éclaircie ; il faut toutefois écarter aussi bien l'idée anachronique d'un « acte civil » suivi par un « acte religieux » que celle, difficile à démontrer, d'une influence de la pratique égyptienne de la *chôra* dans laquelle une « convention d'alimentation » pouvait être suivie d'un « écrit de paiement ».

Le gymnase reste le centre administratif de la ville [Burkhalter-Arce, 64]. Le fameux Musée et son annexe, la Bibliothèque, poursuivent sous l'Empire l'activité brillamment inaugurée sous Ptolémée Ier. Ils forment un ensemble qui, tenant à la fois d'une académie des sciences, d'une université et d'un vaste centre de la recherche scientifique, n'avait pour seule finalité que de fournir aux savants et auteurs qui y étaient accueillis un cadre optimal pour la production et la transmission du savoir dont ils étaient les artisans et les dépositaires. Sans doute l'époque de gloire à laquelle s'associent les noms d'un Callimaque, d'un Ératosthène de Cyrène, d'un Aristophane de Byzance ou d'un Aristarque de Samothrace est-elle déjà loin. Mais des savants comme le « mécanicien » Héron au Ier siècle de notre ère et le géographe Ptolémée sous les Antonins assurent encore la renommée de l'institution [Argoud *et al.*, 62].

L'incendie de la Bibliothèque en 47 av. notre ère, dont Jules César aurait été l'auteur involontaire selon Plutarque (*César*, 49), relève d'une légende ; en fait, il semble que l'incendie n'ait affecté que les dépôts de blé et de papyrus brut [Canfora, 65]. Une nouveauté de l'époque romaine est à signaler : à côté des vrais savants et auteurs, on voit à présent se multiplier des membres qui doivent leur appartenance au Musée à des mérites militaires et politiques plutôt qu'à des qualités scientifiques ou littéraires. Nommés par l'empereur, ces « académiciens honoraires » exercent à l'occasion – noblesse oblige ! – une activité de mécénat culturel dans la *chôra*. Tel semble être, par exemple, le cas de Ti. Claudius Demetrius fils de Bion, banquier alexandrin et citoyen romain, membre « non scientifique » du Musée vers 50 de notre ère (*P.Oxy.*, XXVII, 2471).

Ptolémaïs. — Créée par Ptolémée Ier Sôter pour contrecarrer l'influence du puissant clergé thébain, Ptolémaïs est la seule cité grecque fondée en Égypte par les Lagides. A l'époque de Strabon, elle apparaît à cet auteur (17, 1, 42 = C 813) comme la plus grande ville de la Thébaïde. Elle garde, sous l'Empire, ses structures et ses institutions : un corps civique « à la mode grecque », c'est-à-dire un *démos* avec des subdivisions traditionnelles, un sénat *(boulé)* et un collège de prytanes. Nous le savons grâce à un document de l'époque des Antonins, le *P.Fouad*, inv. n° 211 (160 de notre ère), dossier concernant le droit de désigner les néocores dans le temple de Sôter à Coptos que Ptolémaïs revendiquait en vertu d'un privilège remontant au passé lagide. Les prytanes, sous la présidence d'un archiprytane, dirigent en fait la cité, au détriment du *démos*. L'assemblée civique *(ekklesia)* a disparu, ou a été réduite à une simple formalité. L'activité législative de la cité, telle qu'elle se manifeste dans un *psêphisma* relatif au mariage et au divorce (*P.Fay.*, 22), est du ressort des magistrats de la cité plutôt que de celui de l'assemblée des citoyens.

Naucratis. — Nous savons peu de choses sur Naucratis, comptoir grec dans le Delta sur le bras Canopique du Nil, à quelque 70 km au sud de la côte, établi à l'époque de la restauration saïte sous le règne d'Amasis (570-526 av. notre ère), sinon sous celui de Psammétique Ier (664-610 av. notre ère). Seul établissement grec dans cette région inhospitalière avant la fondation d'Alexandrie au début de 331 av. notre ère, Naucratis est devenue une vraie cité *(polis)* à la veille de la conquête macédonienne, probablement vers le milieu du IVe siècle av. notre ère. Engorgé par la vase et le sable, le bras Canopique du Nil a fini par disparaître ; coupé de la mer, le port de Naucratis était condamné à disparaître lui aussi. Mais ses lois ont survécu jusqu'à l'époque des Antonins. Hadrien s'en servira au profit d'Antinooupolis.

Antinooupolis. — Fondée par Hadrien le 30 octobre 130 de notre ère (l'hypothèse d'une date plus tardive, 134, doit être écartée) sur la rive orientale du Nil, face à Hermoupolis, mais un peu plus en amont, à l'endroit où s'est noyé dans le fleuve son favori Antinoous, Antinooupolis est la dernière des quatre cités grecques d'Égypte [Montevecchi, 69]. On discute sur la question de savoir si la noyade d'Antinoous était due à un accident (Dion Cassius, 69, 11, 2-3) ou s'il s'agissait d'un sacrifice, sous forme d'un suicide rituel, destiné à apaiser le dieu Nil, effectivement assez parcimonieux pendant les deux crues qui précédèrent cet événement [Bonneau, 105]. L'archéologie a permis de reconstituer le tracé de la fondation : un grand rectangle, appuyé par un de ses côtés sur la rive et ceint par un mur de briques sur les trois autres, était traversé par deux grandes avenues, nord-sud et est-ouest, avec une intersection près du fleuve, point de rencontre souligné par quatre colonnes géantes à proximité du tombeau d'Antinoous, au cœur de la cité. Celle-ci se trouvait dans le nome hermopolite (un nome antinoïte n'est attesté qu'en 300 de notre ère), mais la mention d'une « nomarchie » laisse supposer l'existence d'un territoire appartenant à la cité elle-même.

Les « Nouveaux Hellènes » – c'est ainsi que l'empereur philhellène appela les citoyens de la cité créée par lui – ont été recrutés parmi les élites locales : colons de Ptolémaïs, Grecs de la *chôra* (« gens du gymnase » ; catœques arsinoïtes) ; vétérans de l'armée. Le corps civique était réparti en dix tribus, selon l'exemple clisthénien, chacune comportant cinq dèmes. Les noms des tribus renvoient au fondateur, à sa famille, au héros éponyme de la cité assimilé à Osiris après sa mort, et à Athènes, glorieux modèle de la fondation. Un sénat *(boulè),* un collège de prytanes (sans doute un par tribu, comme à Ptolémaïs), divers magistrats présidaient aux destinées de la cité. Parmi ces derniers, on relève la présence d'un nomarque, avec des attributions territoriales et judiciaires ne dépendant pas du stratège hermopolite.

Hadrien, on vient de le signaler, a doté Antinooupolis d'une législation empruntée à celle de Naucratis. A cette occasion, les lois de Naucratis ont été modifiées sur certains points pour convenir à leurs nouveaux usagers. C'est ainsi que fut accordé aux Antinoïtes le droit de se marier avec les Égyptiens *(epigamia)*, qui n'existait pas à Naucratis. Dressant un barrage aux mariages mixtes, la vieille ville grecque du Delta protégeait l'intégrité de sa substance qui risquait de se dissoudre en milieu barbare. Au contraire, ce qui devait être protégé à Antinooupolis, c'étaient les liens de famille qui rattachaient les « Nouveaux Hellènes » aux « Égyptiens », terme désignant ici les Grecs de la *chôra* ayant participé au peuplement de la fondation d'Hadrien.

Ce droit d' « intermariage » n'est qu'un des nombreux privilèges dont bénéficiaient les Antinoïtes grâce à Hadrien et à ses successeurs [Zahrnt, 71]. Quant aux autres, ils concernent la dispense des liturgies *(munera)* et de la tutelle hors de la cité ; la dispense des droits de mutation *(enkyklion)* ; le droit d'élever les enfants aux frais de l'État ; le droit d'être jugé par les tribunaux de la cité ; la priorité d'exécution *(protopraxia)* au profit du trésor de la cité ; le droit de fêter les grands Jeux antinoéens en l'honneur d'Antinoous. Malgré toutes ces faveurs, la fondation d'Hadrien n'était en fait, derrière une façade d'institutions poliades, qu'un cas d'application du régime municipal de son siècle [Sturm, 70].

LA CHÔRA

Le pays était divisé en trois grandes régions, les épistratégies : le Delta ou Basse-Égypte (le « pays d'en bas ») ; l'Heptanomie et l'Arsinoïte ; la Thébaïde. Chaque région était placée sous l'autorité d'un épistratège, procurateur romain de rang équestre nommé par l'empereur *(procurator ad epistrategiam)*. Le titre et la fonction remontent à l'époque lagide, mais de son prédécesseur ptolémaïque l'épistratège romain ne gardait que le nom. Il était muni de larges pouvoirs civils et administratifs, mais sans compétence militaire et, à la différence du *iuridicus* d'Alexandrie et de l'idiologue, sans juridiction propre. La charge, instituée par Auguste, s'est maintenue jusqu'aux réformes de Dioclétien, vers 300 de notre ère, peut-être avec une modification intervenue dans la deuxième moitié du IIe siècle, un système quadripartite se substituant à celui des trois épistratégies [Thomas, 78].

Chaque épistratégie regroupait plusieurs nomes, une quarantaine au total. Le nome était administré par un stratège, nommé par le préfet d'Égypte et responsable directement devant lui [Bastianini et Whitehorne, 72]. Le titre, hérité lui aussi du passé ptolémaïque, est trompeur, le stratège étant cantonné exclusivement dans l'administration civile. Il en va de même pour son adjoint, le basilicogrammate ou scribe royal, autre héritage ptolémaïque purement nominal, doté de compétences essentiellement financières. Les trois districts *(merides)* du nome arsinoïte (le Fayoum) avaient chacun son stratège et son basilicogrammate. Le scribe royal pouvait, en cas de besoin, remplacer le stratège dans l'exercice de ses fonctions. Entre le gouvernement alexandrin et la population provinciale, les stratèges, la plupart du temps eux-mêmes pérégrins, parfois naturalisés romains, constituaient une véritable courroie de transmission dans le jeu de collaboration entre les nouveaux maîtres du pays et ses habitants.

Le stratège résidait dans la métropole du nome, grande bourgade qui, malgré son nom comportant souvent le terme de *polis*, « cité » (*Arsinoitôn polis, Herakleou polis, Hermou polis*, etc.), n'était en fait qu'une *kômé*, un village [Casarico, 73]. Il faut attendre les réformes de Septime Sévère pour voir les métropoles égyptiennes, chefs-lieux de nome, s'élever au rang de *civitates*. Plusieurs d'entre elles étaient divisées en quartiers *(amphoda)*, chacun sous la responsabilité d'un scribe de quartier *(amphodogrammateus)*. Le système ptolémaïque de la division du nome en toparchies et en villages *(komai)*, avec les autorités locales traditionnelles, le comarque, sorte de maire, et le comogrammate, scribe de village, en tête, fut maintenu. Malgré son rang peu élevé dans la hiérarchie administrative, le comogrammate était devenu sous l'Empire l'agent du contrôle central à l'échelle du village. La sécurité publique était à la charge d'un *archéphodos*. Les villageois conservaient une représentation, les anciens du village *(presbyteroi kômês)*, que l'administration romaine tendait à transformer en fonctionnaires chargés de responsabilités financières.

Les villes de la *chôra*, et en particulier les capitales de nome, nous sont bien connues grâce à la documentation papyrologique [Lukaszewicz, 76]. Tel est notamment le cas d'Oxyrhynchos, souvent étudiée. On connaît bien la topographie et les structures urbaines de cette ville, avec ses quartiers, ses rues, ses bâtiments, ses nécropoles, et on peut déterminer sa place dans le nome dont elle était le chef-lieu [Krüger, 75]. Oxyrhynchos est également l'un des lieux qui nous ont fourni la majeure partie des textes littéraires grecs trouvés en Égypte. La présence de nombreux Alexandrins, propriétaires de terres dans le nome Oxyrhynchite, parmi lesquels on trouve quelques membres du Musée d'Alexandrie, a sans doute favorisé l'essor des bibliothèques locales. Un *scriptorium* dépendant de la Bibliothèque d'Alexandrie existait probablement dans la capitale du nome. Les habitants d'Oxyrhynchos avaient leurs savants et leurs lecteurs, amoureux de la littérature grecque, dont quelques-uns ont pu être identifiés, tel Théon fils d'Artémidôros, auteur de commentaires sur l'*Odyssée*, sur Théocrite, sur Pindare et d'autres poètes lyriques.

Pour une autre ville de province, Hermoupolis-la-Grande (Moyenne-Égypte), il convient de faire état d'un lot de documents papyrologiques appartenant à la Bibliothèque nationale d'Autriche qui représentent une partie des archives municipales de cette ville à l'époque de l'empereur Gallien [M. Drew-Bear, 74]. Ces textes nous font connaître les magistrats et les conseillers municipaux dans leurs relations avec l'autorité romaine, laissent entrevoir les mécanismes de la comptabilité municipale et permettent d'apprécier le rôle politique des athlètes auxquels la ville verse des pensions en reconnaissance de leurs mérites. La particularité de ce dossier réside dans le fait que nous avons là d'authentiques documents d'archives, au sens propre du mot (dépôts de pièces administratives conservées par un organisme officiel), par opposition à des collections constituées occasionnellement par des particuliers auxquelles le terme d' « archives » est appliqué abusivement par un usage invétéré.

Les échanges entre la ville et la campagne sont souvent difficiles à démêler. Comme au temps des Lagides, la métropole attirait l'élément grec, favorisant la persistance du clivage qui, depuis la conquête macédonienne, opposait en Égypte la ville grecque (cités et métropoles de nome) à la campagne égyptienne (bourgs et villages). Des raisons géographiques et politiques faisaient que la circulation des richesses dans les villes dépassait légèrement les besoins immédiats de subsistance de la campagne environnante. Mais il serait exagéré de soutenir que la ville de l'Égypte romaine était une « ville de consommation », ou une « ville parasite », au détriment du village [Bonneau]. Le postulat d'une opposition systématique entre la ville et la campagne doit être nuancé.

SOCIÉTÉ ET ÉCONOMIE

CITOYENS ET NON-CITOYENS

A la suite de la conquête, la société provinciale a été réorganisée d'après les catégories romaines. La situation que les Romains ont trouvée en Égypte ne se laissait pas régler par les seules grandes divisions du droit civil : hommes libres − esclaves, citoyens − non-citoyens. Il a fallu appeler au secours le droit fiscal pour aboutir à des solutions capables de satisfaire à la fois le pouvoir romain et les populations provinciales, et plus particulièrement les élites hellénophones dont Rome ne pouvait pas se passer dans la gestion des affaires provinciales.

Un principe élémentaire du droit civil romain opposait les citoyens aux non-citoyens. Dans le contexte provincial égyptien, cette opposition faisait surgir, dans la première catégorie, deux groupes distincts : citoyens des cités grecques d'Égypte, les Alexandrins en tête, et citoyens romains, groupe très limité en nombre au départ, mais qui devait s'agrandir rapidement pour englober en 212 l'ensemble de la population libre. Alexandrie a conservé son corps civique, avec ses subdivisions traditionnelles, tribus et dèmes ; l'accès au statut de citoyen passait par l'éphébie, apprentissage de la *politeia*, sous le contrôle d'un « exégète » [Legras, 83]. Il en va de même pour les deux autres cités, Naucratis et Ptolémaïs, et, à partir de 130 de notre ère, pour Antinooupolis, fondation d'Hadrien. En revanche, contrairement à une opinion largement admise sur la foi de la correspondance de Pline avec Trajan (*Épist.*, 10, 5-7 et 10), l'admission à la cité alexandrine comme condition d'accès à la citoyenneté romaine n'était pas une exigence juridique rigoureuse ; pour un pérégrin non citoyen, ce n'était là qu'une sorte de promotion culturelle qui le qualifiait comme candidat à la *civitas Romana* [Delia, 66].

Quant aux Romains, mis à part les citoyens de vieille souche envoyés ou venus de Rome pour un bref séjour, tels les préfets d'Égypte et autres procurateurs impériaux ou des commerçants et des touristes occasionnels, l'élément romain est représenté en Égypte par des pérégrins romanisés, c'est-à-dire des Grecs ayant reçu le droit de cité romaine par un acte de faveur impériale. Il s'agit d'Alexandrins que le pouvoir romain désirait distinguer en raison de leur activité et leur condition sociale, et de membres des élites hellénophones de la *chôra* parmi lesquelles se faisait le recrutement local de l'armée : ils recevaient la citoyenneté romaine lorsqu'ils quittaient honorablement le service *(honesta missio)*. Socialement et culturellement, ces nouveaux Romains ne se distinguaient guère de leurs compatriotes grecs des milieux dont ils étaient issus, encore qu'il leur arrivât de célébrer des fêtes aussi typiquement romaines que les Saturnales, comme le faisait vers 100 de notre ère, à Tebtynis, le vétéran Lucius Bellenus Gemellus (*P.Fay.*, 119).

On a pu noter la fragilité de la citoyenneté romaine concédée aux vétérans en Égypte : elle disparaît souvent à la deuxième ou troisième génération (exemple : la famille de Gaius Julius Niger à Karanis). Au IIe siècle de l'Empire, ce phénomène pourrait s'expliquer par le fait qu'à partir d'environ 140 de notre ère les enfants conçus pendant la durée du service de leur père ne recevaient plus le droit de cité et le *conubium* (faculté de contracter un mariage valable selon le droit romain) au moment du congé de celui-ci ; les diplômes militaires en font foi. Dans d'autres cas, on peut avoir affaire à un vétéran qui, ayant reçu la citoyenneté romaine et le privilège de *conubium,* épousait une femme pérégrine autre que celle pour laquelle ce privilège lui avait été conféré ; le *conubium* n'ayant d'effet qu'à l'égard de la femme à laquelle il était uni au moment de quitter le service, ou de la première qu'il épouserait après le congé, les enfants d'un second mariage contracté avec une pérégrine n'étaient pas citoyens romains. Mais ce n'est pas là une règle générale : les archives de Marcus Lucretius Diogenès, un important dossier récemment édité, ont été constituées par l'arrière-petit-fils de Marcus Lucretius Clemens, cavalier dans les troupes auxiliaires, devenu Romain au début du IIᵉ siècle de notre ère après avoir terminé honorablement son service ; ses descendants ont conservé la citoyenneté jusqu'à l'époque des Sévères [Schubert, 92].

Tous ceux qui n'étaient ni citoyens romains ni citoyens d'une cité grecque d'Égypte étaient, aux yeux de la loi romaine, des « Égyptiens » *(Aegyptii, Aigyptioi).* Sans doute les termes d' « Égyptien » et d' « Hellène » n'ont-ils pas entièrement perdu leur signification originelle ; ils gardent une connotation culturelle et sont parfois utilisés pour distinguer l'élément grec de l'élément autochtone. C'est ainsi que le *Gnomon de l'Idiologue* pénalise l'adoption par un « Égyptien » de l'enfant recueilli dans un dépotoir public (§ 41) : le droit alexandrin, qui se reflète dans ce paragraphe, était hostile à l'adoption d'un enfant grec (les Égyptiens, on le sait, ne pratiquent pas l'exposition d'enfants nouveau-nés) par un indigène. Ici, le terme « Égyptien » est à prendre littéralement, au sens d'Égyptien de souche. Il en est de même du terme « Hellène » lorsqu'il s'agit d'opposer les Grecs aux Juifs. Mais dans la grande majorité des cas, « Égyptien » est synonyme de pérégrin d'Égypte ne possédant pas la citoyenneté d'une des cités grecques.

La communauté des Hellènes, dont faisaient partie sous les Lagides les immigrants hellénophones capables de se prévaloir d'une origine étrangère extérieure à l'Égypte et réputée « civique », n'a pas survécu à la conquête romaine. Cette entité, plus culturelle que juridique, était trop hétérogène dans ses composantes pour être reconnue comme une seule « nation » ou un seul « peuple » *(natio* ou *populus).* Il ne pouvait être question non plus de donner aux Grecs d'Égypte un statut civique dans leurs cités d'origine auxquels renvoyaient les marques d'origine *(ethnikon)* transmissibles héréditairement de père en fils. Les descendants des Hellènes ont rejoint la masse des Égyptiens autochtones. Il s'est formé ainsi un vaste « tiers état », juridiquement uniforme, mais profondément diversifié sur le plan culturel et national.

Les inconvénients de cette situation ont été corrigés à l'aide du droit fiscal. La désagrégation de la communauté des Hellènes a eu pour contrepartie une série de mesures destinées à « récupérer » l'élément grec. Dès le règne d'Auguste, la postérité des Hellènes a été séparée de la masse paysanne indigène en vertu d'un triple critère : habitat urbain, propriété foncière, culture grecque. Les habitants des métropoles, les propriétaires fonciers du Fayoum, les « gens du gymnase », soigneusement sélectionnés, ont été autorisés à payer l'impôt personnel *(capitatio, laographia)* à taux réduit. La réduction oscillait entre la moitié et un quart. Mais ce qui comptait, ce n'était évidemment pas le montant, mais le fait même de la réduction qui séparait les Grecs de ceux que l'empereur Caracalla a pu appeler dédaigneusement les « vrais Égyptiens », paysans indigènes.

Faute de pouvoir leur reconnaître une qualité civique, les Romains, par le biais d'une discrimination fiscale, ont donc accordé à leurs favoris grecs un statut particulier : ils les ont érigés en ordres de notables provinciaux, au sens romain du terme *ordo* (*genos* ou *tagma* en grec) [Mélèze Modrzejewski, 87]. Nous entendons parler d'un « ordre métropolitain » *(mêtropolitikon genos)* et d'un « ordre du gymnase » *(tagma tou gymnasiou)* ; il en va de même pour les « catœques arsinoïtes du nombre de 6 475 », groupe privilégié de propriétaires fonciers dans le Fayoum qui tirait son nom d'une répartition initiale de parcelles devenue par la suite un élément de la dénomination officielle de ce groupe [Canducci, 82]. La sauvegarde de leurs droits était garantie par un système de contrôles administratifs (recensement quatrodécennal, déclarations de naissance, déclarations d'*epicrisis*).

Les métropolites jouissaient de divers privilèges, dont peuvent témoigner notamment les portraits funéraires peints sur planchettes qui apparaissent dans le Fayoum à partir de 30 de notre ère et dont le lien avec ces milieux favorisés a été souligné de manière convaincante [Nowicka, 90]. Les « gens du gymnase » ne constituaient pas un groupe à part, mais formaient une sorte de « super-élite » au sein de groupes de métropolites privilégiés. S'il est vrai en effet que tous ceux qui sont « du gymnase » sont également métropolites et paient la capitation à taux réduit, le contraire ne l'est pas : tous les métropolites ne sont pas « du gymnase ».

Être « métropolite à 12 drachmes » ou être « du gymnase » dans l'Égypte romaine est une nouvelle manière d'être grec. Vu sous cet angle, l'hellénisme n'est jamais mort dans l'Égypte romaine. Il bénéficie d'un statut nouveau, les lointaines patries ancestrales ayant été remplacées par des patries réelles, les métropoles de nome. Le lien entre celles-là et celles-ci se noue sur une référence culturelle au passé poliade, dont la copie de la *Constitution d'Athènes* aristotélicienne, faite à l'initiative d'un notable hermopolitain à l'extrême fin du Ier siècle de notre ère, est un exemple notable [Mélèze Modrzejewski, 88]. Il faut souligner à ce propos le climat de bonne entente et de coopération entre les notables locaux, bénéficiaires du système, et le pouvoir romain qui l'a institué et l'a fortifié avec soin. Cette alliance entre l'autorité romaine et les notables de la *chôra* égyptienne contraste à la fois avec ce que nos sources nous apprennent sur les tensions et affrontements qui caractérisent les rapports entre Rome et les Alexandrins et avec ce que les «prophéties» égyptiennes, comme l'«Oracle du Potier», suggèrent à propos de la résistance à l'Empire dans les milieux autochtones [Potter, 91].

Restent les esclaves. Ils ne jouent qu'un rôle très limité dans la production, le recours au travail du paysan libre étant plus rentable pour un propriétaire terrien que l'emploi de la main-d'œuvre servile. L'esclavage dans l'Égypte romaine est un phénomène urbain, à caractère essentiellement domestique ; à cet égard, la situation qu'on trouve sous l'Empire est l'aboutissement d'une évolution qui a commencé à l'époque ptolémaïque [Biezunska-Malowist, 81 ; Straus, 93]. En dehors d'Alexandrie, qui groupe le gros de la population servile, le nombre des esclaves tend à s'accroître dans les métropoles de la *chôra*. Leurs propriétaires sont des Grecs, membres des élites locales. Malgré leur rôle économique secondaire, l'importance numérique des esclaves, qui représentent environ 10 % de la population dans la *chôra* et bien plus à Alexandrie, est un facteur notable de l'équilibre social. Il ne pouvait pas rester sans influence sur l'ensemble des relations entre les divers groupes de la population provinciale.

PRODUCTION ET COMMERCE

En vertu du droit de conquête, la terre d'Égypte appartient à l'empereur. Comme dans les autres provinces impériales, elle fait partie des *praedia tributoria,* dont les revenus sont collectés par le fisc impérial, alors que le sol des provinces sénatoriales constitue les *praedia stipendiaria,* propriété du peuple romain. C'est du moins le principe théorique que pose le juriste Gaius (*Inst.,* 2, 7) lorsqu'il énonce que «sur le sol provincial la propriété *(dominium)* revient au peuple romain ou à César, alors que nous ne pouvons en avoir que la possession ou l'usufruit». En fait, ce n'est là qu'une métaphore qui définit en termes de *dominium* la souveraineté romaine, impliquant l'impôt foncier *(stipendium* ou *tributum),* auquel échappe le sol italique. La formule de Gaius ne doit pas nous empêcher de parler de propriété privée à propos des terres d'Égypte.

Une partie des catégories foncières ptolémaïques a survécu à la conquête. Il n'y a plus de domaine royal, qui sous les Lagides occupait à peu près la moitié des superficies cultivables en Égypte, mais son nom, «terre royale» *(basilikê gê),* subsiste comme une des espèces de terre domaniale. De même, la disparition des clérouchies (tenures militaires

évoluant vers la propriété privée) n'a pas entraîné la disparition des
« terres clérouchiques ». En souvenir de leur origine (attributions faites
par le roi à des colons, originellement non aliénables et non transmissibles
par voie d'héritage) ces terres ne peuvent pas faire l'objet d'une vente,
mais changent de mains au moyen d'une « cession » *(parachôrêsis)*. Parallèlement à cette survie, purement nominale, apparaissent des catégories
nouvelles, telle la « terre publique » *(gê dêmosia,* équivalent grec d'*ager
publicus)*, autre espèce de terre domaniale.

Des terres confisquées aux partisans de Cléopâtre ou simplement mises
en vente par leurs propriétaires furent acquises par des membres de la
famille impériale, leurs affranchis, des personnalités romaines et alexandrines [Parássoglou, 101 ; Kehoe, 97]. Ainsi se formèrent les grands
domaines privés *(ousiai)*. A partir du règne de Claude, ces terres retour-
nent progressivement au patrimoine du prince, tout en conservant les
noms de leurs premiers attributaires. Nous avons ainsi, à l'intérieur du
domaine impérial, un « domaine de Mécène », un « domaine de Sénèque », etc. Sous les Flaviens, les diverses propriétés impériales ont été réunies, probablement dès 70 de notre ère, en un ensemble administratif
commun, le « compte patrimonial » *(ousiakos logos, ratio patrimonii)*, composé de deux masses distinctes : les « domaines de Vespasien » et les
« domaines de Titus ». Cet ensemble fut placé sous l'autorité d'un procurateur impérial, le *procurator usiacus*. La réforme a eu pour effet l'apparition
d'une nouvelle catégorie foncière : la « terre ousiaque » ; elle n'a pas fait
disparaître les catégories anciennes (« terre royale », « terre publique »).
La variété ainsi créée n'avait qu'une signification comptable ; elle n'impliquait pas une différenciation juridique.

La disparition des domaines privés (qui vont se reconstituer à l'époque
byzantine) a provoqué une polarisation de la propriété foncière : le domaine
impérial d'une part, une petite et moyenne propriété de l'autre. L'exemple
de Karanis [Geremek, 96] montre une répartition des terres privées dans le
Fayoum aux IIe et IIIe siècles entre propriétaires grecs et propriétaires
romains, le nombre de ces derniers allant en croissant parallèlement à la
superficie des parcelles qui va de 1 à 15 aroures (env. 0,20 à 3 ha). La possession d'une exploitation agraire d'environ 3 ha procure donc la prospérité
qui caractérise les classes aisées de la population provinciale. Épimachos fils
de Polydeukès, propriétaire foncier dans le nome hermopolite à l'époque de
Vespasien à qui nous devons la redécouverte de la *Constitution d'Athènes*
d'Aristote copiée au dos de ses carnets de compte, fait figure d'homme riche
avec ses 50 aroures (env. 10 ha) de terre.

L'extension de la propriété foncière privée a nécessité des mesures de
contrôle de la part du gouvernement romain. A la fin du règne de Néron
ont été créées les « archives des acquêts » *(bibliothêkê tôn enktêseôn)*, office

cadastral ayant pour vocation à la fois la conservation des titres et la publicité foncière. L'existence de cet organisme n'implique pas nécessairement celle d'un véritable marché foncier. Les ventes et les cessions de terres en Égypte sous le Haut-Empire paraissent fonctionner comme des ajustements de transferts de propriété opérés par le jeu des rapports familiaux (dots, donations, successions). Un dossier comme celui des « archives » d'Héroninos [Rathbone, 100] nous fait connaître la vie quotidienne dans une grande exploitation agricole du Fayoum au IIIe siècle de notre ère. L'image qu'il nous restitue est celle d'une organisation du travail relativement « moderne », qu'il s'agisse de la pratique contractuelle mise en œuvre pour l'exploitation du domaine, du transport et du « marketing », ou de la comptabilité domaniale.

L'Égypte est le « grenier de l'Empire ». Une grande partie du blé égyptien, acheminé vers Alexandrie au titre de l'impôt foncier ou du fermage des domaines, part par la mer à destination de Rome. Ces livraisons couvraient, paraît-il, un tiers des besoins annuels de la capitale de l'Empire. Le rôle de l'Égypte est, comme le dit Tiberius Julius Alexander dans son édit, « de contribuer avec zèle, au sein de la prospérité, à l'approvisionnement et à la grande félicité des temps présents » [Chalon, 57, l. 4-5]. Selon la célèbre formule de Th. Mommsen, « Rome a capitulé devant la flotte annonaire, aliénant son antique liberté contre son pain quotidien » [*Röm. Staatsrecht*, 1038]. Tacite note à ce propos qu'Auguste avait « isolé » *(seposuit)* l'Égypte, de crainte que « l'Italie ne fût affamée par quiconque s'établirait dans cette province où, tenant les clefs de la terre et de la mer, on pouvait, même avec une faible garnison, résister à d'immenses armées » (*Annales*, II, 59). Précieuse comme productrice de blé, l'Égypte était en effet une proie des plus faciles à défendre pour quiconque réussirait à s'en emparer.

Cette vocation nourricière de l'Égypte ne justifie pas l'idée d'une « politique de rapine » à l'état pur ; un système d'échanges au profit des élites locales fonctionnait parallèlement au devoir d'approvisionnement de Rome qui déterminait l'économie égyptienne sous l'Empire [Foraboschi, 94 ; Geraci, 95]. L'image d'une Alexandrie que quittent des navires chargés de blé pour y revenir vides est trop pessimiste. Des travaux récents et des documents nouveaux confirment plutôt celle d'un grand emporium international, lieu où se croisent les exportations d'Égypte et les importations vers l'Égypte, relais de trafic vers l'Afrique et l'Orient.

Outre le blé, l'Égypte exporte le papyrus, support matériel de l'écriture, dont elle est pratiquement l'unique productrice [Lewis, 99]. Elle fournit également à Rome des pierres et des minéraux précieux. L'armée romaine veille au contrôle de l'exploitation des carrières du Désert arabique et de la Basse-Nubie. Le grès fin de Nubie, le granit rouge de Syène, l'or du Ouadi Hammamât, le calcaire de Ptolémaïs, le porphyre rouge du Mons Porphyritès, le granit gris du Mons Claudianus, les émeraudes, serpentines, basaltes étaient transportés sur des routes construites à cet effet, qui ouvraient en même temps aux Romains l'accès de l'Éthiopie au sud, de l'Arabie heureuse et des Indes à l'est. On connaît assez bien l'administration et le fonctionnement des travaux dans les carrières, l'organisation du transport des pierres et leur utilisation dans l'architecture [Klein, 88 ; Peacock, 102].

FISCALITÉ, LITURGIES, CIRCULATION MONÉTAIRE

Impôts. — L'impôt foncier auquel est soumis le sol provincial apparaît sous la forme d'une redevance en nature, variable en fonction de la valeur de la terre *(kat' axian)*. Les propriétaires privés payaient l'impôt proprement dit ; les termes employés à ce propos changent selon les lieux et le montant [Wallace, 111]. Dans l'Arsinoïte, où la plupart des terres sont d'anciennes tenures clérouchiques exploitées autrefois par les « cavaliers catœques », l'impôt, *monartabia katoikôn*, était d'une artabe (30 à 40 l) par aroure (0,20 ha). Il en était de même dans l'Hermopolite *(artabieia kat' arouran)* et dans la Thébaïde. Ailleurs, comme dans l'Oxyrhynchite, le montant de la redevance était majoré de 50 % (1 1/2 artabe par aroure). En période de crise, la charge fiscale pouvait revêtir la forme d'une obligation imposée aux voisins de cultiver des terres domaniales qui n'avaient pas trouvé de fermiers volontaires ; ce devoir pesait sur des individus *(epibolê)* ou, collectivement, sur tout un village, qui procédait alors à une répartition *(epimerismos)*. Il ne faut pas confondre avec l'impôt foncier proprement dit les redevances versées par les fermiers du domaine *(ekphoria)*, qui pouvaient être modifiées compte tenu de la qualité de la crue du Nil [Bonneau, 105, 106].

A ces versements en nature et à la culture forcée qui les accompagnait éventuellement venaient s'ajouter divers impôts en espèces, comme le *naubion*, destiné, du moins en théorie, à financer l'entretien des digues et canaux, et d'autres qui étaient perçus sur les produits des vignobles, des vergers et des jardins potagers *(geômetria, apomoira, eparourion)*. Des impôts en espèces étaient prélevés également sur les animaux (petit bétail, chameaux, ânes et chevaux, porcs). Un réseau bancaire – banques publiques, banques privées, banques affermées – participait à la collecte des impôts [Bogaert, 104].

Quant aux impôts personnels, le plus important et le mieux connu d'entre eux est la capitation *(capitatio, laographia)* qui concerne la majeure partie des habitants de l'Égypte romaine. Il frappait les mâles, hommes libres et esclaves, de 14 à 62 ans, selon des taux dont le montant diminuait à mesure qu'on se déplaçait vers le sud : il était de 40 drachmes par an dans l'Arsinoïte, de 16 drachmes dans l'Oxyrhynchite, de 12 drachmes dans l'Hermopolite, de 10 drachmes dans la Thébaïde. En étaient exemptés les citoyens romains et les citoyens des cités grecques d'Égypte, conformément à la tradition classique en vertu de laquelle un citoyen ne payait pas d'impôt, mais acquittait tout au plus une « contribution » *(tributum, eisphora)* pour aider la collectivité à supporter les dépenses de caractère public, notamment en temps de guerre. L'exemption s'étendait, par voie de privilèges, à d'autres catégories de personnes : les savants du Musée *(philosophoi),* certains prêtres (un *numerus clausus* : 50), certains fonctionnaires locaux, les champions de jeux athlétiques.

Cette fiscalité reposait sur un système de déclarations que devaient faire, tous les quatorze ans, en exécution d'un édit préfectoral, les chefs de famille « maison par maison » *(kat' oikian apographai),* pour eux-mêmes et pour les personnes dont ils étaient responsables [Montevecchi, 86 ; Bagnall et Frier, 80]. Le principe de ces déclarations, qui remontait au statut augustéen de l'Égypte, n'était pas une exclusivité égyptienne : un passage célèbre de l'évangile selon Luc (2, 1-3) ne mentionne-t-il pas un « recensement œcuménique » ordonné par Auguste ? Des opérations correspondant à cet ordre se sont déroulées en Syrie et en Judée sous le gouvernement de P. Sulpicius Quirinus, en 6/7 de notre ère, ainsi que dans d'autres provinces de l'Empire. Ce qui est particulier à l'Égypte, c'est que ce système y a fonctionné avec une parfaite régularité pendant deux siècles et demi, d'Auguste à Gallien, la généralisation de la citoyenneté romaine en 212 n'ayant rien changé à cet égard.

Les membres des ordres de notables provinciaux payaient, on l'a vu, la capitation à taux réduit. Leur condition privilégiée était soumise à un contrôle rigoureux. La qualité de métropolite « fiscalement protégé » étant héréditaire, il fallait, pour en bénéficier, prouver « la double ascendance métropolitaine » du candidat, c'est-à-dire son appartenance au groupe par filiation paternelle et maternelle. A cet effet, les parents ou les proches collatéraux présentaient pour les jeunes contribuables qui entraient dans la quatorzième année de leur âge, seuil fatal de la majorité fiscale, des demandes relatives à la vérification et la confirmation de leurs titres *(epicrisis).* Cette procédure, attestée par de nombreux témoignages documentaires [Nelson, 89], nous permet de connaître de belles généalogies, très grecques dans leur esprit, à travers plusieurs générations. Dans une demande d'*epicrisis* faite en 269 on remonte à un ancêtre qui avait été inscrit dans une première liste des métropolites privilégiés à Oxyrhynchos, établie dans la 34ᵉ année égyptienne d'Auguste, en 4/5 de notre ère *(PSI,* V, 457).

D'autres impôts personnels s'appliquaient à des catégories socioprofessionnelles, comme les artisans, notamment les tisserands [Wipszycka, 103], pour l'exercice de leur métier, et confessionnelles, à savoir les Juifs. Depuis la destruction du Temple de Jérusalem en 70 de notre ère, la traditionnelle contribution d'un demi-shekel que les Juifs versaient pour celui-ci a été convertie par Vespasien en une redevance affectée au culte de Jupiter Capitolin dont le sanctuaire fut ravagé par un incendie en 69 de notre ère *(Ioudaikon telesma, denarii duo Iudaeorum)*. Depuis Domitien, elle était recueillie par une caisse spéciale, le *fiscus Iudaicus*. Bien qu'il frappe tous les Juifs en Empire, cet « impôt juif » n'est attesté directement qu'en Égypte, grâce à des ostraca qui nous sont parvenus en grand nombre. Il y a aussi des impôts personnels qui reposent sur le principe de la responsabilité collective : les voisins des fuyards et des indigents devaient répartir entre eux la charge fiscale pour combler les manques laissés par les contribuables qui disparaissaient dans le désert – ou à Alexandrie – en fuyant le fisc *(merismos anakekhôrekotôn)* ou qui, réduits à la misère, devenaient insolvables *(merismos aporôn)*.

Des taxes de douane et de transit de marchandises, des péages pour les personnes et pour les animaux étaient perçus à diverses occasions : aux frontières du pays, aux limites nord et sud d'épistratégies, à l'entrée et à la sortie des oasis. De nombreux reçus conservés par les papyrus ont permis une analyse détaillée du système douanier de l'Égypte grecque et romaine et de sa signification sociale [Sijpesteijn, 110]. Un important document épigraphique nous a conservé le tarif des droits à payer à l'alabarque pour le passage à Coptos, proclamé par le préfet M. Mettius Rufus le 10 mai 90 de notre ère ; il nous laisse apprécier l'importance du trafic qui existait dans le désert de l'Est, importante voie d'échanges commerciaux entre l'Empire et l'Inde (A. Bernand, *I.Portes*, n° 67).

Liturgies. — L'Égypte lagide n'ignorait pas le recours à des corvées imposées aux paysans dans la *chôra* et les services obligatoires (liturgies) que les citadins devaient accepter en raison de l'état de leur fortune selon une tradition héritée de la cité grecque. Ce système a connu une extension considérable sous le Haut-Empire. Plusieurs fonctions, exercées d'abord à titre volontaire, se transformèrent en liturgies *(munera)*. Les nominations se faisaient habituellement par tirage au sort, pour une période qui allait d'une année à trois ans, à partir de listes établies par les autorités locales en fonction du *poros*, c'est-à-dire du minimum de fortune nécessaire pour accepter la charge, variable selon la nature des services à remplir. Au IIe siècle de notre ère, la quasi-totalité des fonctions administratives, allant de la perception des impôts au maintien de l'ordre public, était couverte par le système liturgique [Lewis, 108 ; Sijpesteijn, 77]. A cela s'ajoutent les corvées corporelles, tel le *penthemeros* (corvée de cinq jours) pour des travaux de terrassement et d'entretien des installations hydrauliques nécessaires au bon fonctionnement de l'agriculture égyptienne.

Des dispenses (*apolysis, excusatio,* etc.) étaient prévues pour certaines catégories de personnes, comme un privilège héréditaire attaché à leur statut (citoyens romains, Alexandrins, Antinoïtes), mais aussi en récompense des services rendus à l'État et à la collectivité (vétérans, rhéteurs, prêtres, médecins, athlètes vainqueurs de jeux, certains artisans, pères de cinq enfants), ou en raison d'une incapacité physique ou matérielle (indigents, femmes, vieillards, malades). On pouvait échapper à la liturgie en abandonnant les biens dont la possession avait justifié la désignation *(cessio bonorum).* Il était également possible de faire appel d'une nomination liturgique abusive. Le droit romain ne connaissait qu'un moyen de recours contre les désignations aux *honores* et aux *munera* : l'appel *(appellatio),* avec effet suspensif, en attendant une décision judiciaire (*D.,* 49, 4, 1, 2). En Égypte, l'*appellatio* n'apparaît qu'au IIIe siècle de notre ère et elle ne joue qu'un rôle secondaire. En règle générale, les nominations jugées abusives ou illicites par les intéressés suscitaient des requêtes adressées aux fonctionnaires supérieurs et visant la libération immédiate du liturge, et non pas la suspension de sa nomination en vue d'un procès contradictoire [Rupprecht, 109]. L'usage provincial s'écarte, sur ce point, du schéma qui se dégage des sources juridiques officielles.

Circulation monétaire. — Comme tant d'autres institutions locales, la monnaie ptolémaïque a survécu à la conquête. Au lendemain de celle-ci, le tétradrachme alexandrin était l'équivalent du denier romain ; par conséquent, une drachme valait un sesterce. Cependant, cette parité était purement nominale, car, d'une part, la monnaie égyptienne ne devait pas sortir du pays et, d'autre part, le denier n'était pas admis à circuler en Égypte. Les étrangers qui arrivent à Alexandrie devaient changer leurs deniers en monnaie locale, qui servait également pour la solde des troupes romaines stationnées en Égypte.

A partir de la septième année du règne de Tibère, 20/21 de notre ère, l'atelier d'Alexandrie commença à frapper une monnaie utilisant la fonte des deniers, à laquelle on ajoutait une quantité variable de cuivre. Fermé sous Caligula, l'atelier alexandrin reprit sous Claude la frappe du tétradrachme et de la monnaie divisionnaire, mais le titre du tétradrachme allait baisser progressivement alors que celui du denier resta stable. Par la suite, le rapport denier/tétradrachme subit des fluctuations, tantôt dans un sens, tantôt dans l'autre, jusqu'à l'inflation du IIIe siècle qui dévalorisa autant la monnaie provinciale que le denier.

Le denier reste l'unité de compte pour l'impôt. Afin de protéger le fisc contre les fluctuations monétaires, un système de compensation a été mis en place depuis le règne d'Auguste. L'impôt était payé en monnaie locale, mais à l'occasion de la conversion du tétradrachme en denier un supplément fut perçu. Ainsi, alors que la drachme valait toujours 6 oboles, le denier ne valait pas 24, mais 28 ou 29 oboles. Dans les comptes privés, le tétradrachme à 28-29 oboles remplaçait le tétradrachme à 24 oboles. Pour le paiement de l'impôt, un pourcentage obligatoire de 6,25 % était ajouté au montant dû par le contribuable. Prime de change au profit du denier, ce supplément *(prosdiagraphomena)* devint rapidement une sorte de surtaxe [Gara, 107].

Quant à la monnaie de bronze, elle déclina depuis le règne de Marc Aurèle pour disparaître au cours des années qui suivirent le règne de Caracalla. A sa place, à partir du milieu du IIe siècle, une monnaie divisionnaire de plomb, anonyme pour la plupart, fut frappée dans des ateliers locaux ; elle apparaît comme une monnaie de compte, à circulation réduite et sans valeur libératoire.

ADHÉSION ET RÉSISTANCE A L'EMPIRE

LE CONTENTIEUX ROMANO-ALEXANDRIN

On a évoqué plus haut le problème du sénat alexandrin (la *boulè*), principale victime de la « triple opération anti-sénatoriale » accompagnant le pardon accordé par Octave aux Alexandrins après la victoire sur Antoine et Cléopâtre. Le problème du rétablissement de la *boulè* se trouve au centre du contentieux romano-alexandrin sous le Haut-Empire. En témoignent quelques documents officiels, comme la lettre de Claude aux Alexandrins (*P.Lond.,* V, 1212, 41 de notre ère), ainsi que les pièces du dossier, mi-documentaire mi-littéraire, connu sous le nom d'*Actes des Alexandrins (Acta Alexandrinorum)* ou *Actes des martyrs païens d'Alexandrie* [Musurillo, 114]. Malgré la part d'élaboration littéraire qui oblige à les manier avec prudence, ces documents sont pour l'historien une source précieuse pour l'étude du jeu de forces entre le pouvoir impérial et une élite provinciale qui défend ses droits. Ils nous proposent une « vision des vaincus », cas très rare dans l'Antiquité.

L'expression employée par Dion Cassius (51, 17, 2) à propos de la décision d'Auguste concernant la *boulè* d'Alexandrie est ambiguë : que veut dire exactement « se gouverner sans sénateurs » ? L'analyse des sources disponibles laisse supposer qu'Auguste s'est contenté d'interdire le renouvellement périodique des bouleutes. La *boulè* était condamnée à disparaître par extinction progressive. Les Alexandrins allaient évidemment tout faire pour empêcher ce désastre. Une ambassade, dont semble faire partie le dernier secrétaire de la *boulè* encore vivant, tente, vers 20/19 av. notre ère, de faire revenir Auguste sur sa décision (*PSI*, X, 1160, « le papyrus de la *boulè* »). On insiste sur les avantages que le pouvoir impérial aurait à tirer de la présence d'un conseil alexandrin en ce qui concerne les intérêts du trésor, le contrôle de la population et les relations avec Rome. Auguste promet de régler le problème à l'occasion de sa prochaine visite à Alexandrie. Mais celle-ci n'aura jamais lieu.

Deux autres démarches furent effectuées en 10/9 av. notre ère, en Gaule (*P.Oxy.*, XLII, 3020), et à Rome en 13 de notre ère, peu avant la mort de l'empereur (*P.Oxy.*, XXV, 2435 *verso*). Pas d'ambassade auprès de Tibère, mais son fils adoptif Germanicus, à l'occasion de sa visite à Alexandrie en 19 de notre ère, n'a certainement pas échappé aux revendications tendant à rétablir la *boulè* (*P.Oxy.*, XXV, 2435 *recto*). Sous Caligula, une ambassade de gérontes alexandrins (*P.Yale*, II, 107) est venue à Rome, probablement avant celle des Juifs d'Alexandrie que nous connaissons grâce au récit de Philon *(Ambassade à Gaius)*. Sous Claude, un procès intenté fin avril 41 de notre ère par le gymnasiarque Isidôros fils de Dionysios au roi juif Agrippa Ier fournit aux Alexandrins l'occasion de donner à l'empereur quelques leçons sur la manière de gouverner l'Empire ; il se termina par une sentence capitale à l'encontre de l'accusateur et de son compagnon, le greffier Lampon (*CPJud.*, II, 156 *a-c* ; *P.Oxy.*, XLII, 302) [Mélèze Modrzejewski, 112]. En novembre de la même année 41, dans sa *Lettre aux Alexandrins* (*P.Lond.*, VI, 1912), Claude évite une réponse directe à la revendication alexandrine, préférant confier le dossier de la *boulè* au préfet d'Égypte Aemilius Rectus pour une étude dont les conclusions ne semblent jamais avoir été formulées.

Le dialogue reprend sous Trajan. Dès son avènement en 98 de notre ère, il adresse aux Alexandrins une lettre (*P.Oxy.*, XLII, 3022), dans laquelle il les recommande à son « ami » C. Pompeius Planta, préfet d'Égypte entre septembre 98 et février 100 de notre ère, connu par la correspondance de Trajan avec Pline le Jeune ; le préfet veillera au maintien de la paix, à l'approvisionnement de la cité et au respect des droits collectifs et individuels. La revendication relative à la *boulè* semble à nouveau renvoyée aux calendes grecques. Nous assistons ensuite, comme sous Caligula et sous Claude, à un affrontement de deux ambassades alexandrines, l'une grecque, l'autre juive, l'ambassade grecque étant conduite par un certain Hermaïscos, fidèle réplique du gymnasiarque Isidôros qui sert de modèle à tous les « martyrs païens d'Alexandrie » (*P.Oxy.*, X,

1242 = *CPJud.*, II, 157). Un miracle de Sarapis, dont un buste a accompagné les Alexandrins, interrompt la procédure ; l'issue en paraît pourtant avoir été fatale pour Hermaïscos, comme ce fut le cas de son prédécesseur sous Claude [Mélèze Modrzejewski, 113]. Aucun miracle en revanche ne parvient à rétablir la *boulè*. Les Alexandrins devront attendre le règne de Septime Sévère pour obtenir satisfaction dans le cadre d'une réforme qui a doté d'un sénat municipal toutes les capitales de nome.

Mince satisfaction après un si long combat. Du moins le courage et les sacrifices des Alexandrins ne seront-ils pas oubliés. Sous les Sévères, les diverses pièces des *Acta Alexandrinorum* ont été réunies en une sorte de saga à la gloire des hommes qui osèrent affronter le pouvoir impérial au prix de leur vie pour la gloire de leur cité. Ce sont des fragments de cet ouvrage, complétés par des textes isolés plus anciens (Ier siècle de notre ère), qui, grâce aux papyrus, nous restituent aujourd'hui l'ambiance idéologique des affrontements romano-alexandrins et judéo-païens, aux Ier et IIe siècles de l'Empire.

DROIT IMPÉRIAL ET DROITS LOCAUX

L'évolution de la vie juridique, richement illustrée par la documentation papyrologique, offre un autre exemple de la dynamique des rapports entre le pouvoir impérial et les traditions locales. Le débat des juristes, inauguré par l'ouvrage de Ludwig Mitteis sur le « droit impérial » et le « droit populaire » (local) dans les provinces de l'Orient hellénisé, présente à ce titre un intérêt non négligeable pour les historiens [Mitteis, 122]. Ce débat porte, d'une part, sur la qualification à donner aux règles et pratiques juridiques grecques et égyptiennes qui se manifestent dans nos documents après la conquête augustéenne ; d'autre part, et sur ce point les discussions restent particulièrement vives, il s'agit de savoir si et dans quelle mesure la généralisation du droit de cité romaine par Caracalla en 212 a modifié les conditions et la nature de cette survie.

Le droit de l'Égypte ptolémaïque a survécu à la conquête romaine sous forme de coutumes locales *(mos regionis, consuetudo loci)*. En font partie certaines lois royales, qui sont encore invoquées sous le Haut-Empire, ainsi que les traditions juridiques de la population hellénophone (un droit commun grec, la « koinè juridique »), comme celles de la population autochtone (*nomoi tês chôras*, le « droit du pays ») [Mélèze Modrzejewski, 119]. Les Romains ne les ont pas codifiées. Le « droit urbain » *(nomoi astikoi)*, que mentionne le jugement d'un préfet dans un papyrus d'Oxyrhynchos du IIe siècle (*P.Oxy.*, IV, 706), n'est certainement pas un « code de lois » établi par les Romains pour les citoyens d'Alexandrie, ni pour ceux de Ptolémaïs et de Naucratis [Taubenschlag, 126]. L'expression renvoie au droit romain lui-même : à défaut d'une règle locale susceptible d'offrir la solution du différend qui lui a été soumis, le préfet d'Égypte fait appel au droit de Rome qui, selon le principe énoncé par le juriste Julien (*D.*, 1, 3, 32 pr.), lui sert d'étalon de mesure.

Une autre codification, cette fois-ci pour les populations de la *chôra*, a été envisagée par quelques historiens, à la suite de Th. Mommsen, à propos d'un groupe de documents du IIe siècle dans lesquels il est question d'une « loi des Égyptiens », *nomos tôn Aigyptiôn* en grec. D'après Mommsen, ce terme désignerait un code de lois applicables aux pérégrins d'Égypte. En fait, il s'agit là d'un terme que les juges romains employaient en parlant du droit effectivement utilisé dans la pratique quotidienne par les provinciaux, sans qu'il puisse être question d'envisager l'existence d'un « code ». Curieusement, cette « loi des Égyptiens » n'est « égyptienne » que par son nom ; les règles qui sont invoquées à cette occasion appartiennent à la tradition grecque. Les « Égyptiens » en question sont les pérégrins d'Égypte ne possédant pas le droit de cité dans une *polis* grecque [Mélèze Modrzejewski, 120, n° IX].

Si elle n'est pas synonyme d'une codification, la « loi des Égyptiens » se conserve parfois sous forme de recueils établis par des praticiens locaux à partir de dispositions tirées éventuellement de la législation des Lagides et de celle des cités grecques d'Égypte. Il ne faut pas confondre cette « loi des Égyptiens » avec le droit égyptien proprement dit, « la loi du pays » *(nomos tês chôras)*. Depuis la domination perse, une partie de ce droit avait revêtu la forme de recueils en égyptien démotique, dont nous avons aujourd'hui plusieurs exemplaires (notamment celui trouvé à Hermoupolis-la-Grande, improprement appelé « code d'Hermoupolis »), et dont une traduction en grec avait été confectionnée au IIIe siècle avant notre ère. Cette traduction a survécu à la conquête romaine et a été copiée à l'époque des Antonins (*P.Oxy.*, XLVI, 3285). Sans doute les dispositions qu'elle contenait pouvaient-elles encore éclairer le juge provincial sur l'état du droit effectivement pratiqué par les Égyptiens indigènes et influencer éventuellement sa décision. Mais elles ne s'imposaient pas dans l'administration de la justice à la manière des règles légales. Comme les traditions juridiques de la population hellénophone, elles n'étaient aux yeux du juge romain que des coutumes ayant cours dans le pays.

Le comportement de l'autorité provinciale à l'égard de ces coutumes variait en fonction de la distinction fondamentale qui, pour les Romains, opposait la cité, seule digne d'avoir son droit propre, à la campagne, incapable d'une vie juridique autonome. C'est ainsi qu'une loi royale ptolémaïque concernant des privilèges au profit d'une cité grecque avait toutes les chances d'être reconnue et confirmée par l'autorité romaine, non pas parce qu'elle émanait d'un roi disparu, mais parce qu'elle survivait dans le cadre d'une cité. Le préfet Vergilius Capito, l'idiologue Lysimachus et le grand prêtre adjoint *(antarchiereus)* Ulpius Serenianus étaient bien d'accord pour reconnaître un privilège accordé autrefois à la cité de Ptolémaïs par les Lagides, à savoir le droit de désigner par décret les néocores dans le temple de Sôter à Coptos et d'en percevoir le bénéfice (*P.Fouad,* inv. n° 211 = *SB,* VI, 9016, 160 de notre ère). En revanche, dans la *chôra,* un *diagramma* royal, auquel se réfère un pérégrin à propos d'une construction illicite élevée sur son terrain, n'impressionne pas spécialement le juge romain : hors du cadre poliade, l'origine royale d'une règle juridique est sans importance (*P.Tebt.,* I, 488, 121/122 de notre ère).

Nous ne devons cependant pas nous faire trop d'illusions sur la réalité de l'autonomie des cités d'Égypte en ce qui concerne leur droit. La survie des lois poliades n'est pas contestable en elle-même. La « réception » des lois de Naucratis, transplantées par Hadrien à Antinooupolis, prouve que ces lois étaient encore vivantes au IIe siècle de l'Empire, comme l'étaient les lois alexandrines dont la survie s'affirme dans nos sources. En revanche, les règles nouvelles créées pour les citoyens des cités d'Égypte étaient l'œuvre d'empereurs romains, les organes poliades n'étant plus capables de produire la loi. Cet arrêt d'une activité législative propre à la cité va de pair avec l'extinction de juridictions autonomes. En dernière analyse, la situation dans les cités ne diffère donc pas beaucoup de celle qui caractérise la survie des droits locaux dans la *chôra.*

Quant au droit romain, il apparaît dans nos documents sous deux espèces : un « droit impérial » (le *Reichsrecht* de la doctrine allemande), droit romain commun à tous les citoyens de Rome, et un « droit provincial », fait par les empereurs et les préfets pour la seule Égypte. La législation matrimoniale d'Auguste (lois caducaires), dont l'application en Égypte est attestée amplement par le *Gnomon de l'Idiologue* et par les documents faisant état des privilèges reconnus aux mères de trois enfants *(ius liberorum),* est représentative du premier volet. Les constitutions impériales, essentiellement des rescrits, et les édits préfectoraux conservés par les papyrus et les inscriptions constituent le second.

Sur le premier point, à la différence des textes transmis par les recueils officiels de constitutions impériales, comme le *Code Théodosien* et le *Code de Justinien,* les papyrus d'Égypte nous livrent des textes complets, souvent précédés d'un long préambule dont l'intérêt historique n'est pas négligeable. A côté de quelques rares documents latins (par ex. l'édit sur les délais des appels à porter devant l'empereur, *Lois des Romains,* VIII/17), ces textes nous sont parvenus dans des versions grecques émanant des services *ab epistulis Graecis* de la chancellerie impériale ou élaborées à Alexandrie par les bureaux de la préfecture d'Égypte.

Il n'est pas nécessaire d'insister sur la valeur des témoignages papyrologiques pour notre connaissance de la législation impériale. Une mesure aussi importante que l'édit de Caracalla portant généralisation du droit de cité romaine, longtemps connu seulement par des allusions dans quelques textes juridiques et littéraires, ne nous est devenue directement accessible, dans un piteux état il est vrai, que grâce au papyrus de Giessen 40, col. I. Pour Hadrien, dont seul un édit figure au *Code de Justinien (CJ*, 6, 23, 1, sans date), les papyrus nous fournissent une bonne dizaine de références. Si son édit accordant aux cultivateurs égyptiens des délais pour le paiement des redevances foncières (*Lois des Romains*, VIII/14, 136 de notre ère) n'a qu'une portée locale, la lettre de cet empereur au préfet d'Égypte Q. Rammius Martialis concernant les droits successoraux des enfants des soldats (*ibid.*, VIII/12, 119 de notre ère), qui reconnaît officiellement la valeur juridique de la parenté cognatique, témoigne au contraire d'une évolution du droit romain qui intéresse l'Empire dans sa totalité.

L'étude des documents papyrologiques permet également de faire revivre des lois impériales pour lesquelles nous ne disposons ni du texte lui-même ni de références explicites relatives à ce texte, mais dont l'existence se révèle par leurs effets qui sont saisissables dans nos documents. Deux exemples notables : le décret (sentence pénale) d'Hadrien condamnant les rebelles juifs et ordonnant la confiscation de leurs biens après l'échec de la révolte des années 115-117 de notre ère [Mélèze Modrzejewski, 141], et la loi de Caracalla protégeant les unions endogames contractées par les provinciaux avant 212 de notre ère et qui demeurent exceptionnellement légitimes après cette date (*P.Oxy.*, XLIII, 3096, 223/224 de notre ère).

Quant au préfet d'Égypte, l'*imperium* dont il est muni lui permet de déployer une activité législative en promulguant des édits *(ius edicendi)*. Pour la période qui nous intéresse, une cinquantaine d'édits sont connus grâce aux papyrus et aux inscriptions [Purpura, 123]. Aux textes entièrement ou partiellement conservés s'ajoutent de nombreuses références ou allusions indirectes, lettres et circulaires, décisions judiciaires, réponses à des requêtes et plaintes [Bureth, 47]. Contrairement à l'édit du préteur à Rome, dont la vigueur était limitée dans le temps par la durée de la charge de son auteur, la validité des édits préfectoraux fut permanente, comme l'était déjà celle des lois et ordonnances des Lagides. Mais plutôt qu'une continuité ptolémaïque, on serait tenté de voir là encore un élément du statut augustéen, Auguste ayant donné au *praefectus Aegypti* l'autorisation de faire la loi en Égypte.

Certains savants ont pensé qu'à côté des édits promulgués au gré des circonstances et sans limitation de durée, le préfet d'Égypte promulguait aussi, au moment de son entrée en charge, un édit judiciaire *(edictum pro-*

vinciale), à l'instar de l'édit prétorien de Rome. Mais cette hypothèse ne résiste pas à l'analyse des sources. Celles-ci montrent que les préfets d'Égypte assuraient effectivement, au profit des citoyens romains résidant en Égypte, l'application d'institutions fondées sur l'édit prétorien, telle la *bonorum possessio,* création prétorienne par excellence dans le domaine du droit successoral, qui ne pouvaient fonctionner que par référence à l'édit. En revanche, l'idée d'un *edictum* judiciaire complet et régulier, que désignerait l'adjectif *katholikos,* « général » [Purpura], est fallacieuse. Ce qualificatif convient aux édits impériaux, dispositions d'ordre général applicables à tous, mais ne suffit pas à faire accréditer l'hypothèse d'un édit provincial judiciaire attribuable au préfet d'Égypte [Katzoff, 118].

Source par excellence de la législation provinciale dans l'Égypte romaine, les édits préfectoraux peuvent porter sur des matières très diverses. Ils peuvent aussi bien régler un point de droit ou de procédure qu'ordonner la publication d'un texte émanant de la chancellerie impériale ou annoncer un événement politique, tels l'édit de L. Aemilius Rectus publiant la lettre de Claude aux Alexandrins (*P.Lond.,* VI, 1912, col. I), l'édit de L. Lusius Geta annonçant l'avènement de Néron en 54 (*P.Oxy.,* VII, 1021) ou celui de L. Baebius Iuncinus notifiant la *damnatio memoriae* de Géta, décrétée par le Sénat après son assassinat au début de 212 (*BGU,* XI, 2056). Certains sujets reviennent constamment : répression des abus et exactions commis par les fonctionnaires ; travaux obligatoires (liturgies) auxquels sont soumis les habitants ; exemptions accordées à certaines catégories de ceux-ci (notamment les prêtres) ; publicité foncière et sécurité des opérations contractuelles. Exemple : l'édit de M. Sempronius Liberalis du 29 août 154 de notre ère (*BGU,* II, 372 ; *W.Chr.,* 19) proclamant des mesures destinées à remédier à la fuite *(anachôrêsis)* des agriculteurs [Strassi Zaccaria, 125].

Il faut souligner la double tendance de cette législation provinciale. Dans certains cas, elle est, incontestablement, un facteur de romanisation : plusieurs dispositions rapportées par le *Gnomon de l'Idiologue* pourraient être invoquées en ce sens. Dans d'autres, elle entérine au contraire des solutions empruntées à l'expérience locale ; elle élève alors la coutume pérégrine au rang d'institution officielle. L'édit du préfet d'Égypte C. Avidius Héliodorus (137-142 de notre ère) dans le *P.Oxy.,* XLI, 2954 peut témoigner de cette tendance « hellénisante » du droit provincial [Herrmann, 117]. Il traite de la copropriété d'immeubles sans s'embarrasser de la distinction qui existe entre la copropriété en parts idéales *(pro indiviso)* ou en parts verticales *(pro diviso),* conforme au droit romain, et la copropriété en parts horizontales, « par étage », largement pratiquée en Égypte mais contraire au principe en vertu duquel la construction appartient au propriétaire du terrain *(superficies soli cedit).* En cas de vente d'une part, il réserve aux copropriétaires et aux voisins un droit de retrait ou de préemption dans des délais prescrits que le vendeur doit respecter sous la menace de peines sévères (confiscation du prix de vente sans préjudice d'autres châtiments). La reconnaissance officielle d'un tel privilège, inconnu à Rome, au profit des voisins et copropriétaires consacre la pratique hellénistique qui annonce des usages semblables à Byzance *(protimésis)* et dans l'Occident médiéval (retrait de voisinage).

L'ÉDIT DE CARACALLA ET SES EFFETS

Resté seul au pouvoir après l'assassinat de son frère Géta en février 212, Caracalla conféra le droit de cité romaine *(civitas Romana)* à tous les habitants libres de l'Empire qui ne l'avaient pas encore, excepté les déditices, terme qui semble s'appliquer en l'occurrence aux rebelles et ennemis vaincus de Rome. On tiendra pour acquis que le papyrus de Giessen 40, col. I, contient la version grecque de l'édit qui rendait publique cette décision *(Constitutio Antoniniana de civitate)*, et non pas une déclaration d'intention, un additif ou encore quelque mystérieux bienfait sans rapport avec le droit de cité [Buraselis 129 ; Mélèze Modrzejewski, 130]. Une « clause de sauvegarde » (l. 8 : *menontos...*) proclamait le maintien en vigueur d'un élément concernant la condition des anciens pérégrins promus au rang de citoyens romains. Il s'agit manifestement de leurs devoirs liturgiques et fiscaux, et non pas de leurs lois et coutumes ancestrales. La promotion des provinciaux au rang de citoyens de Rome ne devait pas nuire à l'équilibre financier de l'Empire qui tenait à l'effort imposé aux collectivités locales. Les nouveaux citoyens continueront à payer les impôts et à remplir les charges liturgiques dans le cadre de leurs communautés d'origine.

A cet égard, l'édit de Caracalla s'inscrit dans une chaîne que jalonnent, d'Octave à Marc Aurèle, les actes concernant la concession du droit de cité et dont il est le dernier maillon. Attestant le principe selon lequel le statut politique du citoyen *(civitas)* est dissociable de son statut fiscal *(immunitas)*, ces actes prouvent que l'on pouvait devenir Romain sans cependant être libéré des charges financières que l'on supportait en tant que pérégrin. On le voit aussi bien, en 7/6 av. notre ère, dans les édits d'Auguste trouvés à Cyrène (*Lois des Romains*, VIII/2), que dans la « table de Banasa », dossier concernant la concession du droit de cité romaine, entre 168 et 177, à une famille de notables berbères, document célèbre qui a déjà suscité beaucoup de commentaires (*Inscr. antiques du Maroc*, II, 95 ; l'édition des *Lois des Romains*, VIII/16, est inutilisable). La citoyenneté romaine est donnée sous réserve du maintien des droits de la communauté d'origine (*salvo iure gentis*, « étant sauvegardé le droit de la tribu ») dans le cadre de laquelle le nouveau citoyen continue à supporter le poids de ses devoirs financiers envers Rome (*sine diminutione tributorum et vectigalium populi et fisci*, « sans diminution des impôts et redevances dus au peuple romain et au fisc impérial »).

Les documents d'origine égyptienne confirment amplement cette conclusion. Il est en effet certain, même si des auteurs mal informés s'obstinent à prétendre le contraire (par ex. *L'Histoire*, 200, 1995, p. 79, n. 1), que la masse des pérégrins d'Égypte ne bénéficiant pas de privilèges fiscaux a été comprise dans la généralisation du droit de cité romaine, au même titre que les citoyens des quatre cités grecques et les notables des métropoles. Cela ne les a pas libérés des charges fiscales qu'ils supportaient jusqu'alors. En janvier 248, trente-six ans après l'édit de Caracalla, un contribuable égyptien dans le Fayoum payait encore la capitation au taux plein de 40 drachmes (*P.L.Bat.*, XIX, 14). Le système qui assurait les privilèges fiscaux aux ordres de notables continua de fonctionner. Le dernier recensement quatrodécennal eut lieu en 257/258, cinquième année égyptienne de Valérien et de Gallien. L'intervention palmyréenne a compromis le recensement suivant, qui aurait dû se tenir en 271/272. L'avènement de Dioclétien y a mis fin définitivement.

On voit qu'elle était la vraie mesure de l'universalisme romain : une *civitas* œcuménique consacrant l'appartenance de tous les hommes libres dans l'Empire à une « patrie commune », donc une définition uniforme du statut politique, mais diversité du statut fiscal. Dion Cassius n'était pas très loin de la vérité, malgré la flagrante subjectivité de son propos, quand il dénonçait les motifs bassement matériels de la générosité de Caracalla (77, 9, 4-5). Les bénéficiaires ont néanmoins apprécié le bienfait : l'épithète « Grand » *(Megas, Magnus)*, attestée pour Caracalla, « Antonin le Grand », à partir de 213 de notre ère par les sources épigraphiques et papyrologiques, paraît moins due à ses victoires militaires qu'à l'enthousiasme suscité dans certains milieux provinciaux par la généralisation de la citoyenneté romaine [Mastino, 131]. Elle oppose Caracalla à Élagabal, « Antonin le Petit » (*P.Oxy.*, XLVI, 3299, 2, et XXXI, 2551, *verso*, I, 20).

Quant à la vie juridique des nouveaux citoyens, la généralisation du droit de cité romaine en 212 n'a pas créé l'alternative autour de laquelle s'était engagé le débat des juristes : « lutte » entre les droits locaux réduits à l'état d'usages illégaux face au droit romain, seul droit officiellement obligatoire pour tous les citoyens de l'Empire [Mitteis, Arangio-Ruiz, Talamanca], ou au contraire persistance d'un pluralisme parfaitement légal, l'apparente contradiction entre la force obligatoire du droit romain et le maintien des droits locaux pouvant se justifier par la « double citoyenneté » des anciens pérégrins, devenus citoyens romains sans cesser d'appartenir à leurs collectivités d'origine [Schönbauer, Taubenschlag]. La question qui se pose n'est pas de se demander si les droits locaux ont été éclipsés par le monopole du droit romain ou s'ils ont réussi à lui résister dans un système de « coexistence égalitaire » ; elle est de savoir comment ils ont été intégrés à l'ordre juridique de l'Empire en tant que coutumes provinciales romaines [Mélèze Modrzejewski, 121 ; Spagnuolo Vigorita, 124].

Les problèmes qui ont pu surgir à cette occasion ont reçu, selon les cas, des solutions diverses. Certaines institutions locales présentaient, du point de vue romain, un caractère anodin ; elles reposaient sur des techniques étrangères au droit romain sans pour autant en contredire les principes sur le plan moral ou politique. On pouvait facilement, par un artifice formel les adapter aux exigences du droit officiel, de façon à satisfaire et l'autorité impériale et les provinciaux attachés à leurs traditions anciennes. Exemple : la clause stipulatoire, conférant à toute convention, quelle qu'elle soit, la valeur d'une obligation verbale abstraite créatrice d'effets exécutoires en justice. D'autres se prêtaient plus difficilement à de telles adaptations. Tantôt, elles étaient condamnées (par ex. les mariages endogames), tantôt, vidées de leur substance, elles ne conservaient qu'une apparence de survie purement formelle (par ex. *apokeryxis,* abandon d'enfant, assimilé à l'*abdicatio liberorum* romaine). On connaît également des cas où, le *Reichsrecht* s'effaçant devant la coutume provinciale, celle-ci parvient à triompher, on l'a vu à propos de l'édit d'Avidius Héliodorus, comme droit officiel à l'échelle de l'Empire.

PAÏENS, JUIFS, CHRÉTIENS : PAIX ET GUERRE

TEMPLES, PRÊTRES, CULTES

A en croire Diodore de Sicile, à la veille de la conquête romaine le tiers du sol de l'Égypte aurait été entre les mains des prêtres. L'information est certainement exagérée, mais elle correspond à ce que l'on sait par ailleurs des privilèges et concessions conférés au clergé égyptien par les derniers Lagides. Sous Auguste, cette situation change radicalement. Les terres des temples sont confisquées au profit de l'État et le clergé perd son autonomie financière. Les privilèges dont il jouissait sont diminués, sauf aux échelons les plus élevés de la hiérarchie. Les obligations des prêtres et le patrimoine des temples sont soumis à un minutieux contrôle étatique dont plusieurs dispositions du *Gnomon de l'Idiologue* (*Gnom.*, § 71-97) traduisent la sévérité. Chaque année, les temples doivent déclarer l'état de leur personnel et de leurs biens désignés par le terme de *cheirismos*, c'est-à-dire objets appartenant au dieu et placés sous la surveillance étatique [Burkhalter, 134]. Seules les élites sacerdotales bénéficient d'un traitement de faveur, dont les marques patentes sont l'exemption de l'impôt personnel *(laographia)* et, depuis Hadrien, l'autorisation de la circoncision, par ailleurs interdite, mais qui en Égypte demeure une condition d'accès incontournable à l'exercice des fonctions cultuelles. Privé de l'influence politique qu'il pouvait exercer occasionnellement sur le pouvoir ptolémaïque, le clergé égyptien sous l'Empire se confine dans son rôle de gardien des traditions religieuses de l'antique Égypte.

La vitalité de la religion égyptienne sous la domination romaine est perceptible dans les travaux de construction au profit de grands temples, tel l'ensemble monumental de Philae dont le plus bel élément, le « kiosque » (reposoir), date de l'époque de Trajan, et de nombreux sanctuaires locaux. La diffusion de cultes égyptiens dans l'Empire, notamment ceux de Sarapis et d'Isis, en est une autre manifestation. Malgré les transformations subies à cette occasion pour les adapter aux conditions locales, ces cultes restent durablement marqués par leurs origines égyptiennes [Dunand et Zivie-Coche, 137 ; MacMullen, 138].

Les dieux grecs importés en Égypte établissent des rapports de bon voisinage avec les divinités locales et s'identifient à elles. Dès le Ve siècle av. notre ère Hérodote signalait déjà quelques-unes de ces équivalences : Osiris et Dionysos (*Hist.,* II, 42), Horus et Apollon (*Hist.,* II, 156). Il en va de même pour Amon qui devient Zeus, pour Hathor qui devient Aphrodite, pour Neith qui devient Athéna, pour Thôth qui devient Hermès, etc. Cette *interpretatio Graeca* a pu être présentée comme l'expression d'une « paix des religions » [A. Bernand, 133]. Elle est souvent source d'embarras pour les historiens : dans un document grec, un nom grec d'une divinité, par ex. Aphrodite, peut se référer à cette divinité elle-même ou à son équivalent égyptien, Hathor.

Inversement, du côté égyptien une *interpretatio Aegyptiaca* permettait de convertir en termes de tradition nationale des représentations de divinités grecques. Tel est le cas des Dioscures (Castor et Pollux), dieux jumeaux protecteurs des navigateurs, sans équivalent égyptien selon Hérodote (*Hist.,* II, 50), dont l'image pouvait cependant être lue par les Égyptiens comme celle de deux dieux locaux, les frères crocodiles. A l'occasion, ils pouvaient former une triade, en s'adjoignant un personnage féminin, comme on le voit dans un relief taillé sur le rocher qui domine la ville d'Akôris : les Dioscures en compagnie d'Hélène, pour les Grecs (et pour la quasi-totalité des commentateurs modernes), frères crocodiles en compagnie d'Isis pour les Égyptiens.

Ce voisinage des cultes grecs et égyptiens n'a pas été sans amorcer un jeu d'interactions entre les deux traditions. Les Égyptiens ne semblent pas avoir éprouvé un grand intérêt pour des cultes importés par les nouveaux maîtres du pays ; leur univers religieux, toujours riche et vivant, leur suffisait amplement. Sans doute des transformations se produisent-elles dans la représentation traditionnelle des dieux d'Égypte. Mais elles s'opèrent à l'intérieur d'un cadre national, qui évolue selon sa logique propre, plutôt qu'elles ne paraissent imputables à une influence grecque. Les Grecs au contraire, comme les Romains, adhèrent volontiers aux cultes égyptiens dont l'attrait était puissant et la pratique ouverte aux étrangers. Cette adhésion produisit de nouveaux modes de représentation de divinités locales à l'usage de leurs nouveaux adeptes.

Dans l'art alexandrin (la coupe Farnèse), le Nil androgyne se transforme en vieillard barbu étendu sur une couche de roseaux et portant dans sa main une corne d'abondance : incarnation originelle d'une puissance créatrice de vie, il devient garant de la prospérité du pays qu'il fertilise par sa crue annuelle au profit du souverain grec, puis romain. C'est ce pouvoir fertilisant que traduit aussi, dès le premier siècle de l'Empire, la nouvelle image d'Osiris, celle d' « Osiris canope », la tête du dieu sortant d'un vase qui lui sert de corps. Une nouvelle image d'Isis se détache du modèle traditionnel, coiffée et vêtue à la grecque, sinon nue, mais couverte de bijoux. Les modèles élaborés à Alexandrie sous les Lagides se répandent dans la *chôra* à l'époque romaine sous une forme « populaire » : de nombreuses figurines en terre cuite moulée diffusent à travers le pays les nouvelles représentations des dieux égyptiens, en particulier celles d'Isis [Dunand, 136]. L'ampleur du phénomène donne à penser qu'il ne se limitait pas au seul milieu grec. Les Grecs qui ont adopté l'Isis égyptienne restituent à l'Égypte une Isis hellénisée, Isis-Tyché maîtresse des destins.

Le Haut-Empire est une période propice pour Sarapis, divinité protectrice des Alexandrins. Il les protège dans leur résistance à l'Empire, jusque dans la capitale romaine (Actes d'Hermaïscos, ci-dessus). Produit d'un syncrétisme précoce, ce dieu était né dans le milieu des « Hellénomemphites », les Grecs de Memphis, au contact des traditions égyptiennes, avant la conquête macédonienne de l'Égypte. Sous l'Empire, Sarapis prend un aspect nouveau : associé à Zeus et à Hélios, il devient une puissance solaire à vocation universaliste. Parmi ses nombreux sanctuaires, celui d'Alexandrie, dans le quartier de Rhakotis, ancien village égyptien, était particulièrement célèbre. Construit au milieu du IIIe siècle avant notre ère, il abrita pendant plus de sept siècles, jusqu'à sa fermeture en 391 de notre ère par ordre de l'empereur chrétien Théodose Ier, une magnifique statue de la divinité, qu'une tradition grecque attribuait au célèbre sculpteur Bryaxis, un des décorateurs du Mausolée d'Halicarnasse.

Typique pour l'Égypte, le culte des animaux (zoolâtrie) posait un problème aux Grecs et plus encore aux Romains. A l'occasion de son entrée triomphale à Alexandrie en août 30 av. notre ère, Octave a refusé de voir Apis, déclarant qu'«il avait l'habitude d'adorer des dieux, non du bétail» (Dion Cassius, 51, 16, 5). Le poète Juvénal, dont le dédain pour les Égyptiens (tel Crispinus, un nouveau riche d'origine égyptienne installé à Rome) est bien connu, se moquait des «monstres auxquels l'Égyptien voue un culte insensé» (*Satire* XV). Une différence profonde séparait en effet, à cet égard, la conception gréco-romaine, situant l'homme «entre bêtes et dieux», de la conception égyptienne dans laquelle «toutes les formes de la vie peuvent être porteuses du divin» [Dunand, 135]. Cependant, ces diverses approches du problème des rapports entre le divin, l'animal et l'humain n'ont pas réussi à troubler la «coexistence pacifique» des polythéismes en Égypte.

Les progrès du christianisme n'ont pas modifié sensiblement cette situation dans la *chôra*; la violence des affrontements entre païens et chrétiens se cantonna à Alexandrie. Les chrétiens d'Égypte perpétueront les pratiques funéraires de leurs ancêtres païens. Ils n'hésiteront pas à momifier leurs défunts et à déposer dans leurs tombes des objets que ceux-ci utilisaient de leur vivant. La guérison miraculeuse fournit un autre exemple de la persistance, en milieu chrétien, d'attitudes et de pratiques païennes traditionnelles. La représentation égyptienne de l'au-delà est intégrée à l'imaginaire de la religion nouvelle : les dieux égyptiens peuplent désormais l'enfer chrétien. De nos jours encore, les Coptes monophysites se plaisent à revendiquer leurs «racines spirituelles» pharaoniques.

APOGÉE ET DESTRUCTION DU JUDAÏSME ÉGYPTIEN

Pour les Juifs, le Haut-Empire représente à la fois une époque d'apogée culturel, qu'illustre avec éclat l'œuvre exégétique du philosophe Philon, et une époque de déchéance politique qui se terminera par la tragique destruction des communautés juives d'Alexandrie et d'Égypte à la suite de la révolte des années 115-117 de notre ère [Mélèze Modrzejewski, 140].

L'ancienneté de l'établissement juif à Alexandrie, que Flavius Josèphe fait remonter à Alexandre le Grand, est confirmée dès le début du IIIe siècle av. notre ère par des inscriptions funéraires de la nécropole d'El-Ibrahimiyeh. Les pratiques onomastiques qu'elles nous font connaître attestent une rapide et profonde intégration des Juifs à la société des conquérants hellénophones. D'Alexandre à Hadrien, à Alexandrie et sur les bords du Nil, les Juifs vivent leur judéité en termes de langue et culture grecques, tout en restant fidèles aux principes monothéistes de leur foi ancestrale. Des cas d'apostasie, comme celui de Tiberius Julius Alexander, neveu du philosophe Philon, qui a abandonné le judaïsme pour se dévouer au service de l'Empire, sont exceptionnels.

Au Ier siècle de notre ère, le philosophe Philon parle d'un million de Juifs à Alexandrie. Le chiffre, qui est le double de la population de la ville, est fantaisiste. Des recherches récentes suggèrent un ordre de grandeur de quelque 180 000 individus, soit un tiers de l'ensemble des habitants de la capitale [Delia, 67]. En tenant compte des établissements juifs dans les métropoles de la *chôra,* les villes de province, on arrive à un maximum de 300 000 sur une population globale d'environ huit millions et demi, dont un million et demi d'immigrants et quelque sept millions d'indigènes. Les Juifs représenteraient donc environ 3 % du total, proportionnellement le triple de ce qu'ils représentent en France à la fin du XXe siècle.

Dans l'Égypte des Lagides, les Juifs faisaient partie de la communauté des « Hellènes », groupe dominant des conquérants hellénophones. La conquête romaine a changé cette situation de fond en comble. La restructuration de la société provinciale a produit une brusque détérioration de leur statut. Ceux qui habitaient les villes de province, les descendants des soldats des Lagides, n'ont pas été compris dans la sélection conduisant à la mise en place des ordres de notables. C'est en vain que l'on chercherait un nom juif dans les documents, pourtant nombreux, relatifs au contrôle des titres *(epicrisis)* auquel sont soumis les fils de notables pour bénéficier des privilèges fiscaux attachés à leur condition. Les raisons de cette élimination restent obscures. Peut-être tiennent-elles en partie à l'attitude des Juifs eux-mêmes, traditionnellement allergiques aux opérations de recensement.

La situation n'est guère meilleure à Alexandrie. Les Juifs d'Alexandrie possèdent une organisation, avec leurs « anciens » *(presbyteroi)* et leurs « leaders » *(hegoumenoi tou plethous)* ; on entend aussi parler d'un ethnarque qui gère les affaires juives à Alexandrie et règle des litiges par voie d'arbitrage (Strabon cité par Josèphe, *Ant.,* 14, 117). A partir de là, certains savants ont postulé l'existence d'une communauté autonome des Juifs alexandrins, un *politeuma,* aspirant à l'égalité des droits avec le corps civique, la *polis* grecque [Kasher, 139]. Cette hypothèse, qui projette dans le Haut-Empire romain des schémas communautaires du Moyen Age et des Temps Modernes, attribue à la notion de *politeuma* une vertu dont celle-ci n'était pas dotée : un *politeuma* n'est guère plus qu'un club militaire et religieux qui regroupe des soldats d'une même origine ; il n'est pas équivalent de *polis,* cité. La première mention d'une communauté juive en Égypte, au sens que ce mot revêt aujourd'hui, date de l'époque de Dioclétien (291 de notre ère), et le mot employé à ce propos n'est pas *politeuma,* mais *synagogé*, terme qui signifie « assemblée » avant de désigner une maison de prière. Les spéculations qui tendent à attribuer aux Juifs d'Alexandrie une organisation comparable à celle du corps civique grec devraient être abandonnées.

N'étant pas citoyens d'un *politeuma*, plus imaginaire que réel, les Juifs, n'étaient pas non plus, sauf rarissimes exceptions, citoyens alexandrins. Tout aussi rarissimes sont les cas des Juifs alexandrins promus au rang de citoyens romains ; en fait, on ne connaît qu'une famille de riches notables, l'alabarque Alexandre, frère de Philon, et ses fils, ayant atteint cet honneur par un acte de faveur impériale, de la part d'Auguste probablement. Aussi, dans sa *Lettre aux Alexandrins*, l'empereur Claude a-t-il pu dire qu'ils « vivaient dans une cité qui n'était pas la leur », sans se soucier du fait qu'ils y fussent établis depuis quatre siècles. N'étant pas « Alexandrins » au sens formel *(Alexandreis)*, ils étaient « Juifs d'Alexandrie » *(Ioudaioi apo Alexandreias)*, tournure qu'emploie, en 5/4 avant notre ère, un certain Hélénos, fils de Tryphon, quand sa qualité de citoyen, qu'il prétendait détenir de son père, a été contestée (*CPJud.*, II, 151).

Les cadres institutionnels qui permettent aux Juifs d'Égypte de conserver une identité propre, conciliable avec leur culture grecque, relèvent de la pratique synagogale, centrée sur la lecture de la Tora dans la version alexandrine des Septante. Plusieurs inscriptions grecques nous ont conservé, depuis le milieu du IIIe siècle av. notre ère, des dédicaces de synagogues en Égypte. Le souvenir de la grande synagogue d'Alexandrie, que mentionne le philosophe Philon, a survécu dans la description qui en fut donnée pour l'époque des Antonins dans le Talmud. On nous la présente comme une sorte de grande basilique, avec des colonnades disposées l'une devant l'autre : comparée à ce que, grâce à l'archéologie, nous savons des synagogues juives de l'époque, cette « double colonnade » qu'évoque le récit talmudique paraît bien mériter sa qualité de « splendeur d'Israël » qui lui est décerné dans le récit talmudique [Mélèze Modrzejewski, 113].

L'état de déchéance dans lequel se trouvèrent les Juifs d'Égypte sous la domination romaine ranima les vieilles querelles judéo-païennes. Une première explosion se produisit sous le gouvernement d'A. Avilius Flaccus, préfet d'Égypte entre 32 et 38 de notre ère, bien connu pour ses excès grâce au témoignage de Philon que les papyrus permettent de compléter [Sly, 1996]. Comme Hélénos, fils de Tryphon, mentionné plus haut, Philon n'est ni citoyen alexandrin, ni citoyen romain (comme l'est son frère Alexandre). Pourtant, lui aussi considère Alexandrie comme sa patrie et accepte la réalité de l'Empire romain comme un espace politique dans lequel les Juifs peuvent conserver, sinon une indépendance nationale, du moins, et c'est ce qui compte avant tout, la liberté du culte ancestral grâce aux privilèges que le pouvoir romain leur a accordés et qui mettent la pratique du judaïsme à l'abri de l'idolâtrie ambiante : l'exemption du devoir de comparaître devant les tribunaux le jour du shabbat, le droit de recevoir une indemnité pécuniaire à la place d'une mesure d'huile à l'occasion de distributions publiques, le droit de faire poursuivre comme un crime grave (sacrilège) le vol de leurs livres sacrés, ou encore la substitution du bâton au fouet comme peine corporelle. Alexandrin de fait, citoyen potentiel d'une « patrie commune » à l'échelle de l'Empire tout entier, Philon engage devant Caligula un combat *(agôn)* sur la situation politique des Juifs, sur leur *politeia (Ambassade à Gaius,* 349). Ce n'est certainement pas là une « lutte pour l'émancipation » ou pour l'égalité des droits civiques, notions anachroniques pour l'époque de Philon. La *politeia* que revendiquent les Juifs, c'est la judéité elle-même, comme statut individuel et comme mode de vie conforme aux préceptes de la Tora.

Cette situation débouche en fin de compte sur une catastrophe. Pendant plus de deux ans, de l'été 115, 18ᵉ année égyptienne de Trajan, à août-septembre 117, début du règne d'Hadrien, une guerre acharnée souleva contre le pouvoir romain les Juifs dans divers points de la diaspora d'Occident (Cyrène, Égypte, Chypre) et d'Orient (Mésopotamie), et peut-être même en Judée. Le bilan est désastreux pour le judaïsme hellénisé en Égypte : il a péri dans la tourmente, corps et biens. Cette guerre n'a malheureusement pas eu son Flavius Josèphe pour nous être contée comme celle de 66-72. Mais les événements, leurs causes et leurs conséquences peuvent être aujourd'hui assez fidèlement reconstitués grâce à l'éclairage que l'archéologie, pour la Cyrénaïque, et la papyrologie, pour l'Égypte, projettent sur les rares textes littéraires – païens, juifs et chrétiens – dont on disposait jusqu'alors. Le plus important de ceux-ci est une notice d'Eusèbe de Césarée utilisant le témoignage d'auteurs païens du IIᵉ ou du IIIᵉ siècle de notre ère, difficilement identifiables pour nous (*Hist. eccl.,* 4, 2, 1-2).

Les papyrus nous aident à suivre l'escalade dont la source d'Eusèbe dessine la progression. Les événements commencent, dans la bonne tradition des querelles judéo-païennes, comme un soulèvement *(stasis)* des Juifs contre leurs voisins grecs. Les désordres *(thoryboi)* se multiplient à travers le pays. Ainsi, ce qui n'était au début qu'un trouble local *(tarachos, tumultus),* devient une véritable guerre *(polemos).* Le chef du corps expéditionnaire romain Marcius Turbo massacre les rebelles juifs par milliers. Sa position en Égypte est celle d'un envoyé de l'empereur, muni de pouvoirs spéciaux ; le préfet d'Égypte, M. Rutilius Lupus (attesté entre janvier 113 et janvier 117), lui est subordonné pour le temps de sa mission. En Mésopotamie, une mission analogue a été confiée à Lusius Quietus, dont le nom s'est maintenu dans la « guerre de Quietus » *(polemos shel Qitos)* des textes rabbiniques.

La source d'Eusèbe parle des Grecs qui se replièrent à Alexandrie en fuyant les rebelles et s'en prirent aux Juifs alexandrins, empêchant ceux-ci de rejoindre leurs compagnons d'armes. C'est à ces affrontements que se réfère probablement l'édit du préfet d'Égypte M. Rutilius Lupus (*P.Milano Vogliano*, II, 47 = *CPJud.*, II, 435, col. III-IV), en date du 14 octobre 115. Le préfet s'adresse aux Grecs d'Alexandrie qui veulent faire payer aux Juifs de la ville le prix des désordres dont sont coupables leurs congénères dans la *chôra* et rappelle la nécessité du recours à la justice, en condamnant les tentatives de lynchage. Cependant, la lutte continue dans la campagne égyptienne. Les Juifs doivent combattre non seulement contre l'armée romaine, mais aussi contre les Grecs et les Égyptiens qui la soutiennent. Encore à l'extrême fin du IIe siècle de notre ère, la population grecque d'Oxyrhynchos commémorera, dans une fête annuelle, le souvenir du «jour de victoire» *(hêmera tôn epinikiôn)* de cette guerre au cours de laquelle elle avait combattu contre les «Juifs impies» (*CPJud.*, II, 450).

Les documents comptables conservés par les papyrus et les ostraca d'Égypte éclairent d'un jour cru le tragique bilan de la révolte. Ainsi, pour la seule ville d'Apollonopolis-la-Grande (Edfou), dans la période qui va de 71/72 à mai 116 de notre ère, quelque soixante-dix ostraca grecs laissent connaître les contribuables assujettis à l'«impôt juif» auquel étaient soumis les Juifs dans l'Empire depuis le règne de Vespasien. Ce chiffre, dû au hasard des trouvailles, ne représente bien entendu qu'un échantillon de la population juive d'Edfou. Le dernier reçu que nous ayons pour cet impôt juif date du 18 mai 116 de notre ère. Ici se termine la série d'ostraca d'Edfou concernant l'impôt juif. La communauté juive d'Edfou a cessé d'exister. Dans le Fayoum, à Karanis, grande bourgade qui comptait certainement plus d'un millier d'hommes adultes au milieu du IIe siècle de notre ère, on ne trouve qu'un seul contribuable qui paye l'impôt juif après la révolte. Quand on pense au nombre et à la vitalité des Juifs du Fayoum, amplement attestés par nos documents tout au long de la période ptolémaïque et au début de la domination romaine, la présence de cet unique survivant est à elle seule un affligeant témoignage du désastre.

Les documents fiscaux permettent d'aller encore plus loin. Ils attestent l'existence en Égypte, au milieu du IIe siècle de notre ère, de deux comptes spéciaux destinés à gérer les biens attribués au domaine à la suite de la révolte : le «patrimoine des Grecs décédés sans héritier» *(pekoulion Hellênôn aklêronomêtôn)* et le «compte juif» *(Ioudaikos logos)*. Les Grecs en question sont les combattants morts pendant la révolte sans successeurs légitimes ou testamentaires ; les Juifs sont des rebelles frappés de la confiscation de leurs biens *(aphêiromênoi)* en tant que «biens des condamnés» *(bona damnatorum)*. Les agents du fisc impérial en Égypte appliquent une sentence d'Hadrien condamnant les Juifs coupables de sédition qui est en l'occurrence un des cas d'espèce du crime de lèse-majesté [Mélèze Modrzejewski, 141]. Cette sentence ne nous est pas parvenue directement, mais elle est saisissable à travers ses manifestations dans les documents comptables.

Sous l'effet de la sanction prononcée à l'égard des rebelles, les rares survivants se sont retrouvés totalement démunis. Privés de leurs maisons et de leurs terres, ils ne pouvaient pas former le noyau d'une reconstruction. Parler à ce propos d' «extermination» n'est guère exagéré. C'est ce que fait un observateur contemporain, Appien d'Alexandrie, mentionnant un «Trajan qui extermina la nation juive en Égypte» (*Guerres civiles*, 2, 90). Cette mention valide celle du «massacre» dont il est question dans les sources talmudiques évoquant le souvenir de la communauté juive d'Alexandrie détruite par le «méchant Trajan».

L'ÉMERGENCE DE L'ÉGLISE D'ALEXANDRIE

La fin tragique du judaïsme hellénisé en Égypte aide à percer le mystère qui entoure les origines du christianisme dans ce pays. En effet, les deux premiers siècles du christianisme égyptien sont obscurs. Ce n'est qu'à l'extrême fin du IIe siècle de notre ère que nous rencontrons son premier représentant historiquement connu, l'évêque Démétrios, un contemporain de Clément d'Alexandrie et d'Origène, qui passe pour avoir été le fondateur du Didascalée, célèbre École de Catéchèse. Et pourtant il est difficilement imaginable que cette grande métropole, capitale spirituelle de l'Orient hellénisé, soit restée insensible au message qui, dès le milieu du Ier siècle, se répandait de Jérusalem à travers la Méditerranée. Comment expliquer les raisons de ce silence de nos sources ?

Au début des années 1930, le théologien allemand Walter Bauer avait proposé une réponse qui a eu pendant longtemps un certain succès. Selon lui, le silence qui enveloppe les débuts du christianisme en Égypte serait dû au caractère hétérodoxe de celui-ci : l'Église alexandrine des deux premiers siècles aurait été dominée par le gnosticisme. Aussi, après le triomphe de l'orthodoxie antignostique au tournant du IIe siècle, aurait-elle été rétrospectivement condamnée à l'oubli.

L'existence de sectes et de doctrines gnostiques à Alexandrie au début de l'Empire ne peut être niée, encore que la frontière entre «orthodoxie» et «hérésie» ne soit pas facile à tracer pour cette époque. Il est vrai que les deux seuls chrétiens alexandrins qu'on puisse nommer avec quelque certitude avant la fin du IIe siècle sont les gnostiques Basilide, sous

Hadrien, et Valentin, sous Antonin le Pieux ; les « orthodoxes », Pantène, le maître de Clément, et Clément lui-même, sont des étrangers : le premier est un stoïcien converti d'origine sicilienne, le second, fils d'un affranchi païen, est Athénien. Toutefois, le témoignage des papyrus ne permet pas d'affirmer que les textes gnostiques aux deux premiers siècles de l'ère chrétienne soient plus nombreux que les textes chrétiens n'appartenant pas au gnosticisme. Aussi la thèse gnostique a-t-elle suscité une réaction critique des papyrologues et une autre explication, plus convaincante, a été proposée : si le christianisme primitif n'a laissé que peu de traces en Égypte avant la fin du IIᵉ siècle, c'est qu'il a été anéanti avec l'ensemble du milieu au sein duquel il était né, à savoir la communauté juive d'Alexandrie. Le premier christianisme alexandrin fut un judéo-christianisme ; détruit pendant la révolte de 115-117, il sera remplacé par un christianisme d'origine païenne, grecque et égyptienne [Ritter, 147].

A l'appui de cette thèse rattachant les origines du christianisme égyptien à la communauté juive d'Alexandrie, on peut citer les rares témoins d'une présence chrétienne à Alexandrie aux Iᵉʳ et IIᵉ siècles de notre ère. Le premier de ceux-ci est l'empereur Claude qui dans sa *Lettre aux Alexandrins* ordonne aux Juifs d'Alexandrie qu'ils « n'invitent et ne fassent plus venir des Juifs de Syrie » ; on ignore qui sont les « invités », mais ce passage de la lettre de Claude convient tout à fait à l'idée d'un christianisme importé de Jérusalem (la « Syrie ») à Alexandrie et implanté au milieu de la communauté juive dès le règne de Claude [Botermann, 143].

Un deuxième témoin, plus sûr, est Apollos, Juif d'Alexandrie converti au christianisme, rival de Paul de Tarse (*Actes*, 18, 24 et s. ; *I Cor.*, 3-9 ; 16, 12). Cet « homme éloquent, puissant dans les Écritures », qui passe aux yeux de certains auteurs, à commencer par Martin Luther, pour le véritable auteur de la très philonienne *Épître aux Hébreux,* atteste l'existence d'une communauté judéo-chrétienne à Alexandrie vers 50 de notre ère, si l'on retient la version « occidentale » (Codex de Bèze) des *Actes des Apôtres* selon laquelle il aurait reçu le baptême « dans sa patrie », c'est-à-dire à Alexandrie même.

Paul lui-même, qui au cours de ses nombreuses missions n'est jamais venu à Alexandrie − où il aurait pu parler le grec, sa langue maternelle, alors qu'il envisageait une mission en Espagne pour laquelle il devait d'abord apprendre le latin, qu'il ne connaissait pas (*Rom.*, 15, 24), − cautionne aussi la thèse judéo-chrétienne. Son apparente absence d'intérêt pour les merveilles alexandrines s'expliquerait par le partage du « champ de la mission » entre les apôtres (*Gal.*, 2, 7-9) : Paul, « apôtre des gentils », et Barnabé prêcheront la « Bonne Nouvelle » parmi les païens, laissant à Pierre, Jacques et Jean le fils de Zébédée l'action missionnaire parmi les Juifs. Si Paul n'est pas venu à Alexandrie, c'est qu'Alexandrie relevait de la mission palestinienne, ses chrétiens étant des judéo-chrétiens.

La thèse judéo-chrétienne rend mieux compte du mystère du christianisme alexandrin primitif que la thèse gnostique. Elle se reflète dans la tradition copte qui attribue à l'évangéliste Marc la fondation de l'Église d'Alexandrie, ce dont se fait l'écho une brève notice d'Eusèbe renvoyant à des sources plus anciennes (*Hist. eccl.*, 2, 16). Le récit beaucoup plus développé que les *Actes de Marc* nous proposent de son martyre à Alexandrie nous transporte dans un cadre qui paraît bien être celui du milieu juif et suggèrent d'inscrire sa mort au tragique bilan du pogrom antijuif de 66 de notre ère [A. Martin, 146 ; Cannuyer, 144]. Du reste, les deux thèses ne s'excluent pas mutuellement. Entre la gnose et le judéo-christianisme il y a des passerelles qui peuvent justifier une coexistence. Il faudrait retenir surtout l'idée d'une succession chronologique : à un judéo-christianisme initial succéderait, après la catastrophe de 115-117, une période de reconstruction pagano-chrétienne, marquée par une crise gnostique ; les tentations hétérodoxes surmontées, la communauté pagano-chrétienne pourra devenir, à la fin du IIe siècle, la base de la Grande Église antignostique [Griggs, 145].

Dans ce contexte, la révolte des années 115-117, qui annonce la séparation du judaïsme et du christianisme, apparaît en même temps comme le nœud d'une continuité qui rattache celui-ci à celui-là. En effet, si l'on admet que la communauté judéo-chrétienne d'Alexandrie a disparu, avec l'ensemble de la diaspora juive en Égypte, dans la tourmente de la révolte, c'est aussi parmi les judéo-chrétiens d'Alexandrie qu'on devra chercher, à côté de quelques notables juifs, les rares survivants de cette communauté. C'est ainsi qu'on devrait sans doute interpréter la présence dans une ville de province, à Oxyrhynchos ou dans le Fayoum, du plus ancien manuscrit chrétien d'Égypte actuellement connu, qu'on date d'environ 125 de notre ère, feuillet d'un codex avec un fragment de l'évangile selon Jean (*P. Rylands,* 457) : il pourrait bien avoir appartenu à un judéo-chrétien d'Alexandrie qui s'est réfugié dans la *chôra*.

Il en va de même pour ce qui est du sauvetage d'une partie importante du patrimoine spirituel du judaïsme alexandrin. Des textes juifs en langue grecque, rédigés en Syrie ou en Asie Mineure et perpétuant des souvenirs alexandrins, tel le *IV* Livre des Maccabées* ou les *Oracles sibyllins,* paraissent attribuables à des Juifs qui ont réussi à survivre au désastre en raison de leur position sociale. En revanche, la Bible des Septante et l'œuvre exégétique de Philon auront survécu à la catastrophe grâce aux judéo-chrétiens. Faite par les Juifs pour les Juifs, la « Bible d'Alexandrie » sera désormais une Bible chrétienne. Cette indéniable continuité spirituelle nous fait sentir toute la profondeur de l'abîme qui sur le plan des réalités humaines sépare le judaïsme hellénisé du christianisme gréco-égyptien reconstitué à partir de la gentilité, qui ne tardera pas à revendiquer pour lui seul la qualité de « Vrai Israël ».

CONCLUSION: INTÉGRATION IMPARFAITE

Dans l'ensemble, la domination romaine sur l'Égypte sous le Haut-Empire n'a abouti qu'à une intégration limitée et imparfaite de cette province qui paraissait à Tacite « difficile d'accès, grosse productrice de blé, agitée et instable à cause de sa mauvaise religion et de son dérèglement, ne connaissant pas les lois et ignorant les magistratures romaines » (*Hist.*, 1, 11). D'Auguste à Gallien, l'Égypte reste en marge de l'Empire ; seule Alexandrie, mégapole méditerranéenne, échappe en partie à cette marginalité. Sa singularité institutionnelle, économique et culturelle aide l'Égypte à préserver son double héritage, égyptien et grec. La généralisation de la citoyenneté romaine en 212 de notre ère ne modifie guère cette situation, apportant seulement un changement formel du statut politique des habitants. Un changement institutionnel plus profond n'interviendra qu'à la fin du IIIᵉ siècle avec les réformes administratives et fiscales de Dioclétien. Résultat des mesures de précaution tendant à monopoliser au profit de l'empereur le contrôle des richesses égyptiennes, la singularité et l'isolement ont été pendant trois siècles les facteurs qui dominèrent la politique égyptienne du Haut-Empire romain.

Conclusion

PAR CLAUDE LEPELLEY

Les Modernes depuis le XVIIIe siècle, soit depuis Montesquieu et Gibbon, furent obsédés par ce qu'ils appelèrent la « décadence » de l'Empire romain. Ils cherchèrent à expliquer sa disparition en Occident au Ve siècle, sous les coups des envahisseurs germaniques, par un déclin qui aurait affecté depuis longtemps aussi bien le pouvoir politique et l'armée que la culture et la moralité. En fait, ils prirent souvent pour une analyse objective les considérations moroses et pessimistes des Anciens, situant un âge d'or dans un passé mythique ou idéalisé, et dépréciant de parti pris l'époque où ils vivaient : Cicéron regrettait les Vieux Romains vertueux, Tacite sous l'Empire avait la nostalgie de la République. Au vrai, le problème n'est pas que l'Empire ait à un moment pris fin, mais plutôt qu'il ait réussi à vivre si longtemps, et qu'une autorité politique unique ait pu gouverner et maintenir en gros dans la paix, pendant un demi-millénaire ou plus, des territoires s'étendant de l'Atlantique à l'Euphrate, du Sahara aux limites de l'Écosse, de la péninsule Ibérique aux rives de la mer Noire (soit d'est en ouest une distance comparable à celle qui sépare la côte de l'Atlantique de la côte du Pacifique aux États-Unis) ; territoires habités par des peuples multiples, opposés par leurs langues, leurs traditions culturelles et religieuses, leurs modes de vie, leur histoire souvent belliqueuse. Telle est la question majeure que doit se poser un historien de l'Empire. Ce livre présente les grandes régions du monde romain dans leur diversité ; il relève donc leurs spécificités, leurs différences, mais chaque chapitre doit pourtant rendre compte d'une intégration pour l'essentiel réussie dans l'ensemble impérial. Ainsi, pour ne citer qu'un exemple, à la romanisation de l'Occident s'oppose la souple adaptation à l'Empire d'un monde grec jaloux de son particularisme, et fier jusqu'à l'excès d'une civilisation qu'il jugeait unique et parfaite.

L'origine familiale des dynasties impériales révèle parfaitement l'évolution de tout l'Empire au long de trois siècles. Les Julio-Claudiens appartenaient aux plus anciennes *gentes* du patriciat de la vieille Rome. Les Flaviens étaient issus d'une famille de simples notables d'Italie centrale. Les Antonins venaient d'Espagne et de Gaule narbonnaise ; ils descendaient pour une part de familles d'Italiens venues jadis dans ces provinces, mais assurément liées au cours des générations par bien des alliances matrimoniales avec les autochtones. Les Sévères, eux, étaient de purs provinciaux, d'origine africaine (Septime Sévère) et syrienne (l'impératrice Julia Domna). La crise du IIIe siècle amena au pouvoir, dès 235 avec Maximin le Thrace, puis définitivement après la mort de Gallien en 268, avec les empereurs dits illyriens, des officiers issus des régions danubiennes et balkaniques, d'extraction fort modeste, qui déployèrent une grande énergie pour repousser les barbares et rétablir l'unité impériale : Rome dut alors son salut, non aux sénateurs ou aux habitants de l'Italie, ni même à ceux des provinces les plus riches et les plus romanisées, mais à des gens originaires de zones marginales et d'un milieu social peu élevé. Le secret de la réussite de l'Empire réside dans cette possibilité d'intégrer et de rendre solidaires de son destin de multiples individus issus des peuples disparates, naguère soumis par la force à la domination de Rome. Processus profondément différent de ceux qui régirent les impérialismes antiques antérieurs, ainsi les empires perse ou macédonien, mais aussi les empires coloniaux modernes.

L'Italie du temps de la République fut le grand laboratoire où s'élaborèrent les modalités de cette intégration. Agrégat de peuples disparates et fréquemment opposés, unifiée par une longue conquête souvent brutale, l'Italie fut, lentement et par à-coups, agrégée dans la *civitas romana*, les dernières étapes, soit l'assimilation, au nord, de la Gaule cisalpine jusqu'aux Alpes, ayant été franchies au temps de César et d'Auguste. C'est sous la République que fut élaboré le système du municipe, permettant d'accéder à la cité romaine tout en restant citoyen de sa propre cité, qui gardait son autonomie au sein de la patrie commune romaine. L'histoire du Haut-Empire est celle de l'application progressive aux provinces de ce processus qui avait montré précédemment son efficacité en Italie.

Les modalités précises de cette assimilation ont été analysées dans le premier volume de cet ouvrage et, pour chaque région, dans les chapitres précédents du présent livre. Nous ne voulons, dans cette conclusion, que retenir quelques points majeurs du processus et de ses étapes. Rappelons d'abord des retards et des limites. Tacite, au début de ses *Annales* (I, 9), présente une manière de bilan du long principat d'Auguste. Avant une dure diatribe, il expose les arguments des partisans du régime, soit en fait les thèmes de la propagande augustéenne. Selon ce point de vue, l'empereur avait fait prévaloir pour les citoyens romains le « droit » *(ius)* et pour les « alliés », la modération *(modestia)*. Les « alliés » *(socii)* étaient évidemment les habitants des provinces, que l'on désignait par ce terme honorable, jadis utilisé pour les Italiens non citoyens. La « modération » qu'on leur garantissait était une administration sans vexations ni exactions, l'autorité du prince imposant aux représentants de Rome une conduite intègre et sans excès de pouvoir. La réalité fut souvent moins idyllique ; pourtant, note toujours Tacite *(An.,* I, 2), les provinciaux accueillirent avec faveur le changement de régime, « car ils avaient vu d'un mauvais œil le gouvernement du Sénat et du peuple, à cause des conflits des grands » (comprenons les guerres civiles) « et de l'avidité des magistrats ». La paix augustéenne et le strict contrôle de l'empereur sur l'administration furent donc reçus avec soulagement. Pourtant, Auguste et ses deux premiers successeurs ne cherchèrent pas à étendre aux provinciaux la citoyenneté romaine. L'intégration de l'Italie prit alors tout son effet, le Sénat et les dirigeants étant recrutés désormais dans toute la péninsule. Les provinciaux, quant à eux, devaient rester soumis à une autorité en principe bienveillante, mais qui pouvait, dans les faits, apparaître pesante.

On ne doit pas, en effet, se satisfaire d'une vue idéalisée, présentant le Haut-Empire comme un âge d'or pour les provinces romaines, après la dure tyrannie de la République finissante. Au vrai, les témoignages ne manquent pas sur la pesanteur de l'*imperium* romain au temps du Principat. Dans le monde grec, qui pourtant s'accommoda très bien de la domination romaine, ce fut un lieu commun chez les écrivains que d'évoquer la servitude des cités, en deuil d'une souveraineté perdue en fait dès le temps de Philippe de Macédoine et d'Alexandre. Les conquêtes de l'époque impériale furent aussi brutales que les précédentes ; Tacite en témoigne pour la Bretagne, et c'est à ce propos qu'il prête au chef calédonien Calgacus la terrible (et très excessive) formule *ubi pacem vocant, solitudinem faciunt,* « là où ils disent amener la paix, c'est le désert qu'ils créent » (*Vie d'Agricola,* XXX). Évoquant l'habile politique de romanisation menée dans l'île par son beau-père Agricola entre 77 et 82, ainsi que le goût naissant des Bretons pour l'urbanisme et la culture de Rome, le même Tacite concluait que « dans leur inexpérience, ils appelaient civilisation ce qui contribuait à leur asservissement » (*ibid.,* XXI). Encore au temps de Trajan, le Sénat condamna le proconsul d'Afrique Marius Priscus, qui s'était livré à des exactions dignes d'un des pires gouverneurs du temps de la République (Pline le Jeune, *Lettres,* II, 9). De tels méfaits n'étaient pas exceptionnels, et l'immense puissance laissée aux gouverneurs de province leur permettait bien des abus (cf. P. A. Brunt, *Charges of Provincial Malad-*

ministration under the Early Principate, Historia, 10, 1961, p. 189-277). Les exemples les mieux connus sont les préfets et les procurateurs de Judée : Flavius Josèphe montre que ce ne fut pas seulement leur totale incompréhension de la singularité des usages juifs qui poussa le peuple à la révolte, mais aussi leurs exactions et leur brutalité.

Sous les principats qui suivirent celui d'Auguste, le processus d'intégration fut lent, et il ne toucha d'abord que des élites provinciales restreintes. On le voit bien par l'utilisation, dans les provinces occidentales, du droit latin, lui aussi transposé de l'Italie républicaine. L'octroi du *latium* à des cités ou à des régions entières (ainsi l'Espagne sous Vespasien) permettait l'accès des dirigeants locaux à la citoyenneté romaine, accordée lors de l'exercice des magistratures municipales ; mais on constate aussi une romanisation des institutions des cités latines, avant même leur accession au rang de municipe. Tout se passa par étapes, et selon des cadences plus ou moins longues : ainsi, on peut remarquer que l'Afrique se romanisa plus lentement que la Gaule ou l'Espagne, l'autorité romaine ne cherchant pas à brusquer un processus, qui fut pour l'essentiel spontané.

Le discours prononcé en 48 par l'empereur Claude devant le Sénat pour amener les sénateurs, malgré leurs réticences, à admettre des Gaulois parmi eux, est connu par le résumé qu'en donne Tacite (*Annales*, XI, 23-25) et par le long passage conservé sur l'inscription dite « Tables Claudiennes de Lyon ». Claude déploya dans ce discours une vaste érudition sur les divers peuples voisins intégrés dans la communauté romaine à ses lointaines origines. Pour l'empereur, l'heure était venue d'ouvrir les portes de la cité, et même celles du Sénat, à des peuples bien plus lointains.

On vit les résultats de cette politique pour la Gaule lors des graves événements de 68-70. Des peuples gaulois, ainsi les Lingons et les Trévires, s'étaient joints à la révolte du Batave Civilis. Tacite prête au général Cerialis, envoyé par Vespasien, un discours aux révoltés gaulois (*Histoires*, IV, 74). L'amnistie qui leur était proposée était assurément une habile décision de Vespasien. Le discours était plutôt une réflexion personnelle de Tacite sur les rapports entre Rome et les provinces. Les Gaulois, disait Cerialis, ou plutôt Tacite, n'avaient nul intérêt à se séparer de Rome, dont l'armée les protégeait de la menace d'invasions germaniques. Les impôts payés par les provinciaux n'avaient pour but que l'entretien de cette armée : ils étaient donc utiles, nécessaire au bien de tous. Pour le reste, « tout était commun » entre Italiens et provinciaux, « il n'y avait ni privilège ni exclusion », puisque des Gaulois commandaient des légions, gouvernaient leurs propres provinces ou d'autres. Cette dernière allusion concernait les provinciaux admis dans le Sénat, et accédant donc aux fonctions de légat de légion, de proconsul ou de légat de province, ce qui était exact pour des aristocrates gaulois depuis la décision de Claude. Les délégués des cités réunis à Reims en 70 se rallièrent à ses vues, et ils décidèrent « au nom des Gaules » un ralliement sans réserve à Vespasien et à l'Empire (Tacite, *Histoires,* IV, 68-69).

Ces épisodes révélaient comment s'ouvrait désormais toute grande la voie vers la constitution d'une manière de patrie romaine universelle, où s'effaçaient les différences entre descendants des conquérants et descendants des vaincus. L'expression la plus profonde et la plus pertinente de ce processus se lit dans le panégyrique de Rome prononcé sous Antonin le Pieux, au milieu du IIe siècle, par le rhéteur smyrniote Aelius Aristide. Certes, le genre littéraire du discours d'éloge impliquait de prêter toutes les qualités à l'individu ou à l'entité politique qui en était le sujet, sans reculer parfois devant la plus plate flatterie. Ces morceaux d'éloquence pouvaient pourtant conduire l'orateur à exprimer une réflexion politique judicieuse. Ici, Aristide a observé que les empires précédents (l'Empire perse, les hégémonies exercées par Athènes ou Sparte sur le monde grec, l'empire d'Alexandre et de ses successeurs) avaient été éphémères, parce qu'ils avaient dominé les peuples conquis sans les intégrer dans une citoyenneté commune. Seule Rome avait réussi à instituer une citoyenneté universelle. Du coup, nul besoin pour elle d'entretenir des garnisons dans les cités : en tenaient lieu les citoyens de la cité qui étaient en même temps citoyens romains. Plus tard, le juriste Modestin (lui aussi, selon toute probabilité, d'origine orientale), allait exprimer cette notion dans une formule lapidaire : « Rome est notre patrie commune » (*Digeste,* L, 1, 33). Modestin écrivait au IIIe siècle, après la généralisation en 212, de la citoyenneté romaine par l'édit de Caracalla, qui donna à cette notion son acception plénière. La fin du IIe siècle et le début du IIIe siècle ont vu l'apogée du droit romain ; or une bonne part des grands jurisconsultes avaient été formés à l'école de droit de Béryte (Beyrouth) et étaient d'origine orientale : rien n'est plus révélateur de l'extension de la romanité aux dimensions de l'Empire.

La citoyenneté et le droit ne suffisaient pas pour cimenter les peuples de l'Empire. La civilisation initiale hellénistico-romaine, répandue dans toutes les provinces par un système scolaire uniforme et efficace (soit en latin, soit en grec), était un puissant facteur d'unification. Mais cette base commune était enrichie par des apports provinciaux ni latins ni helléniques : on pense aux religions orientales, lentement diffusées dans tout le monde romain, au rayonnement discret du monothéisme juif, bientôt relayé par le christianisme. Pensons aussi à des apports techniques, comme ceux venus de la Gaule, pour le charroi, l'usage du tonneau ou celui des vêtements cousus.

Un seul peuple avait résisté sans concession et désespérément à la domination romaine : le peuple juif, qui pouvait sembler rebelle à une idéologie politique et culturelle païenne, inconciliable avec son monothéisme. Trois affrontements sanglants se succédèrent : la guerre de 66-70, qui vit la destruction du Temple de Jérusalem et la disparition de ce qui restait d'autonomie à la Judée, le conflit violent qui opposa Juifs et Grecs en Égypte, à Chypre et à Cyrène à la fin du règne de Trajan, et enfin la seconde grande guerre de Palestine, sous Hadrien de 132 à 135. Or, à partir du règne d'Antonin le Pieux, les rapports entre les Juifs et Rome s'apaisèrent ; un *modus vivendi* fut trouvé, qui permettait aux Juifs de vivre paisiblement dans l'Empire, selon leur loi, leurs usages, les principes de leur religion. Les textes du Talmud, rédigés alors, témoignent de cet établissement d'une intégration souple et apaisée dans un Empire désormais tolérant ; ils témoignent d'autre part d'une intense créativité dans le domaine religieux, rendue pour une part possible par la tolérance bienveillante dont les communautés juives bénéficièrent jusqu'à la fin du IVe siècle. Venant après tant d'incompréhensions et tant de conflits sanglants, cette heureuse issue n'était pas le moindre des succès de la monarchie antonine.

Ce sont les épreuves qui révèlent la solidité d'un état ou d'une société. Les premières grandes invasions, qui menacèrent l'Empire dès les années 230, puis déferlèrent sur lui à partir du milieu du IIIe siècle, n'apparurent à aucun des peuples provinciaux comme une occasion opportune pour s'affranchir de la domination romaine. La sécession gauloise, entre 260 et 274, n'avait pour but que de protéger des Germains des territoires se considérant comme partie intégrante de l'Empire. A Athènes en 267, l'historien Dexippe leva une milice de volontaires pour résister aux Goths, en se référant aux glorieux souvenirs des guerres médiques. Depuis le IIe siècle, les armées, devenues purement défensives, se recrutaient pour l'essentiel dans la zone frontalière qu'elles défendaient. Quand, dans la seconde moitié du IIIe siècle, les empereurs et les dirigeants se recrutèrent dans leur sein, avant tout dans les pays danubiens et balkaniques, on vit ces citoyens des zones marginales et d'origine modeste réussir l'exploit de repousser l'envahisseur et de maintenir l'unité de l'Empire. Loin d'être l'expression d'une prétendue décadence, la crise du IIIe siècle révéla le succès d'une politique séculaire : c'est à l'intégration des provinces dans la *communis patria* romaine que l'Empire dut sa longue et souvent brillante survie. Les peuples de l'Empire le considéraient alors comme le meilleur des mondes possibles ; ils mettaient donc tout en œuvre pour assurer son maintien, et échapper ainsi à ce qu'ils ne voyaient que comme un chaos barbare.

En 416, au moment de l'épreuve ultime qui vit la fin de l'Empire en Occident sous les coups des envahisseurs, le poète gaulois Rutilius Namatianus rendit un vibrant hommage à Rome ; or, ce qu'il retenait de son histoire, c'était d'abord l'extension de la citoyenneté aux provinciaux : « Tu as fait du monde entier une patrie unique, et en accordant aux vaincus la participation à ton droit » (c'est-à-dire au droit de cité, à la citoyenneté romaine), « tu as fait une seule Ville de ce qui, jadis, était l'univers »[1]. Telle fut, de fait, la plus grande réussite du Haut-Empire romain.

---

1. Rutilius Namatianus, *Sur son retour*, 63-66, CUF-Budé, p. 5.

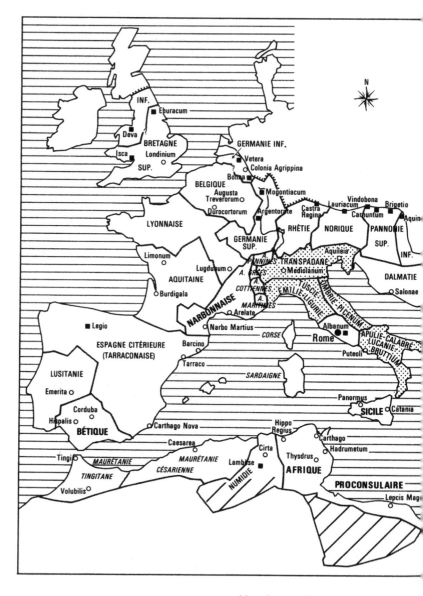

L'empire romain vers 200

Source : F. Jacques et J. Scheid, *Rome et l'intégration de l'Empire,* t. I,
Nouvelle Clio, PUF, 1990, p. 396-397.

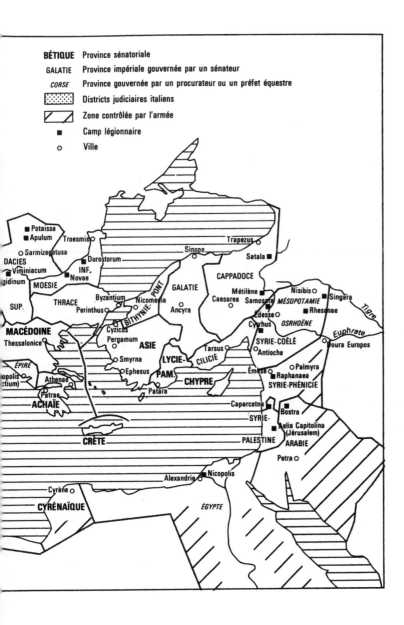

BÉTIQUE — Province sénatoriale
GALATIE — Province impériale gouvernée par un sénateur
CORSE — Province gouvernée par un procurateur ou un préfet équestre
▒ — Districts judiciaires italiens
▨ — Zone contrôlée par l'armée
■ — Camp légionnaire
○ — Ville

■ Potaissa
■ Apulum   Troesmis
○ Sarmizegetusa   Trapezus ○
DACIES   ■ Durostorum   Sinope
■ Viminiacum   INF.   Satala ■
gidinum   Novae ■
MOESIE   CAPPADOCE
THRACE   Byzantium   GALATIE   Métilène ■   Nisibis ○
SUP.   Perinthus ○   Nicomedia   Caesarea ○ Samosate   *MÉSOPOTAMIE*   ■ Singara
                                                Ancyra   ■ Rhesanae
MACÉDOINE   Cyzicus ○   Édesse ○   *OSRHOËNE*   Tigre
Thessalonice ○   Pergamum ○   Cyrrhus ○
                          ASIE   Tarsus ○   SYRIE-COÉLÉ ○ Doura Europos   Euphrate
ÉPIRE   Smyrna ○   LYCIE-   CILICIE   ○ Antioche
opolis   Athenae ○ Ephesus ○ PAM.   Émèse ○ ○ Palmyra
ctium)   Patrae ○   Patara ○   CHYPRE   ■ Raphanaea
ACHAÏE   SYRIE-PHÉNICIE
                       Caparcotna ○   ■ Bostra
                          SYRIE-   Aelia Capitolina
              CRÈTE   (Jérusalem)
                          PALESTINE   ARABIE
                                    Petra ○
              Alexandrie ○ Nicopolis
○ Cyrène
CYRÉNAÏQUE   *ÉGYPTE*

Index général

Table des cartes

Table des matières

534   *Rome et l'intégration de l'Empire*

Imprimé en France
Imprimerie des Presses Universitaires de France
73, avenue Ronsard, 41100 Vendôme
Janvier 1998 — N° 44 464